本书是教育部人文社会科学重点研究基地华中师范大学中国农村研究院 2016 年基地重大项目

『海内外农村调查资料整理、翻译与研究』项目的成果（16JD81005）

满铁农村调查

主编 **徐 勇 邓大才**

主译 **李俄宪**

本卷译者 **吕卫清 尹仙花**

本卷校订 **张晶晶**

总第 **8** 卷

地方类 第 **2** 卷

GUANGXI NORMAL UNIVERSITY PRESS

广西师范大学出版社

·桂林·

满铁农村调查·地方类
MANTIE NONGCUN DIAOCHA DIFANGLEI

图书在版编目（CIP）数据

满铁农村调查. 地方类. 第 2 卷 / 徐勇，邓大才主编；
李俄宪主译；吕卫清，尹仙花译. —桂林：广西师范大学
出版社，2018.3
ISBN 978-7-5598-0613-0

Ⅰ. ①满… Ⅱ. ①徐… ②邓… ③李… ④吕… ⑤尹…
Ⅲ.①南满洲铁道股份公司—农村调查—调查报告 Ⅳ.
①D693.79

中国版本图书馆 CIP 数据核字（2018）第 008717 号

广西师范大学出版社出版发行

（广西桂林市五里店路 9 号　邮政编码：541004）
　网址：http://www.bbtpress.com
出版人：张艺兵
全国新华书店经销
湖南省众鑫印务有限公司印刷
（长沙县榔梨镇保家村　邮政编码：410000）
开本：787 mm × 1 092mm　1/16
印张：57.75　　字数：1400 千字
2018 年 3 月第 1 版　　2018 年 3 月第 1 次印刷
印数：0 001~1 000　　定价：468.00 元
如发现印装质量问题，影响阅读，请与印刷厂联系调换。

《满铁农村调查》编辑与翻译委员会

总　序

　　我们华中师范大学中国农村研究院是专门从事农村问题研究的机构,并以调查为基本方法。我们将满铁农村调查资料翻译成中文出版的设想已有10多年。

　　满铁农村调查资料是指20世纪上半期由日本"南满洲铁道株式会社"(简称"满铁")支持的对中国调查形成的资料。由"满铁"支持的中国调查长达近40年,形成了内容极其庞大的调查资料。"满铁调查"的开展是出于长期侵占中国的需要,但由这一调查形成的资料对于了解当时的中国有重要的参考价值,且调查方法也有其独特性。

　　中国是世界农业文明古国,也是世界农村大国,但从学理上对中国农村进行专门和系统的研究时间不长,有影响的论著还不多。10多年前,一系列由美国籍学者撰写的关于中国农村研究的专著被翻译成中文,在学界引起很大反响,随后成为专业领域研究的必读书。如黄宗智的《华北的小农经济与社会变迁》、《长江三角洲小农家庭与乡村发展》,杜赞奇的《文化、权力与国家:1900—1942年的华北农村》,马若孟的《中国农民经济:河北和山东的农民发展:1890—1949》等。这些书的共同特点是:它们均是在利用日本满铁调查资料基础上写成的。日本满铁调查也因此广泛进入当今中国学界的视野。一时间甚至有人表示:"中国农村在中国,中国农村调查在日本;中国农村在中国,中国农村研究在美国。"无论这一说法是否成立,但满铁农村调查的影响却是不可忽视的。只是满铁资料大多是日文的,中国学者在阅读和了解日文资料方面有困难。尽管有国内出版社出版了部分满铁调查资料,也主要是日文的影印版,仍然难以让更多学者使用。为此,我们有了将满铁农村调查资料翻译成中文,让更多学者充分阅读和使用这一资料的念头。

　　与此同时,我们华中师范大学中国农村研究院在整合过往的农村调查基础上,于2006年开启了"百村观察计划",对中国农村进行大规模调查和持续不断的跟踪观察。为了实施这一调查计划,我们邀请了国内外学者进行有关方法论的训练,同时也希望借鉴更多的调查资料和方法。日本满铁调查资料的翻译出版进一步进入我们的视野。在2006年启动"百村观察计划"时,我们甚至提出在农村调查方面要"达到满铁,超越满铁"的雄心勃勃的目标。翻译满铁调查资料的想法更加明晰。当本人将这一想法告知时任华中师范大学社会科学处处长的石挺先生时,得到他积极赞同。但这项工程的重点是日汉翻译,需要一个高水平的强有力的翻译团队,于是他引荐了华中师范大学外国语学院副院长、日语系主任李俄宪教授,同时还给了一定的经费支持。此事得到专门从事日本语教学和研究的李俄宪教授的积极响应,并同意率领其团队参与这项工作。受华中师范大学中国农村研究院的委托,时任副教授的刘义强负责联系保存有满铁日文资料的国内相关机构,并得到支持。2010年,满铁资料翻译工作正式启动。由于原文资料识别困难,最初的翻译进展较为缓慢,几经比对审核。2012年,译文进入出版程序,得到了时任中国社会科学出版社社长的赵剑英先生的鼎力支持,该出版社的编辑室主任冯春风女士特别用心,还专门请专家校订和核实。2014年,时任华中师范大学中国农村研究院执行院长的邓大才教授具体负责推进翻译出版联系工作。在各方面努力下,由华中师范大学中国农村研究院和黑龙江档案馆联合编译的《满铁调查》一书,于2015年1月由中国社会科学出版社正式出版。

100多万字的《满铁调查》出版后,中国学者得以从较大范围一睹满铁调查资料的真容,这在中国学界也是一件大事。2015年1月23日,由华中师范大学中国农村研究院与中国社会科学出版社共同主办的《满铁调查》中文版出版发行学术研讨及新闻发布会在北京召开。此次会议非常重要。来自中国农业博物馆、南开大学、北京交通大学等高校和科研机构的"满铁调查"研究专家参加了会议,并提了很好的建议。与会专家中,南开大学的张思先生长期利用满铁调查资料从事研究,并有丰硕成果;在中国农业博物馆工作的曹幸穗先生,长期从事满铁资料的整理和研究,并专门著有以满铁调查资料为基础撰写的《旧中国苏南农家经济研究》一书。在他看来,"满铁对农户的调查项目之详尽,可以说是旧中国的众多调查中绝无仅有的"。此次会议的重大收获是,曹幸穗先生建议我们主要翻译满铁农村调查方面的资料。

曹先生的建议引起我们高度重视。2015年1月26日,华中师范大学中国农村研究院专门召开了满铁调查翻译出版推进会,调整和重新确立了翻译的主要方向和顺序,形成了新的翻译计划。新的计划定位为"满铁农村调查",主要翻译"满铁调查"中有关农村方面的内容,并从著名的中国农村惯行调查资料翻译开始。这之后,我们又先后邀请曹幸穗和张思先生到华中师范大学讲学,他们对新的翻译计划提出了进一步的建议。曹先生还多次无私地向我们提供了相关资料目录和线索,供我们翻译出版使用。同时,我们也从整体上充实和加强了资料收集和翻译编辑的力量。

《满铁农村调查》翻译出版计划是在已出版的《满铁调查》一书基础上形成的,但已是全新的设计,资料来源更为广泛和直接,翻译出版的进展也大大加快。同时,它也是与由华中师范大学中国农村研究院主持的2015版大型中国农村调查工程相辅助的翻译计划。我们希望能够通过《满铁农村调查》的翻译为我们正在实施的中国农村调查及其学界提供有益的借鉴。

《满铁农村调查》的翻译出版是一个庞大的计划,付诸实施难度很大,特别是没有固定的经费支持。但我们认为,中国是一个正在崛起的大国,理应有相应的文化工程。好在主持与参与《满铁农村调查》翻译出版的人都有些许明知有难而为之的理想主义精神,愿意为此事作出贡献。特别是由华中师范大学日语系主任李俄宪教授担任主译的翻译团队在翻译方面作出了巨大贡献。李教授团队可以说是举全系师生之力,包括日籍教授,来从事这一工作。他们不是简单的翻译,而是将其作为一项事业。在翻译过程中,他们遇到了《满铁调查》中使用的语言、专业词汇、地名等大量难题,但本着对事业高度负责的精神,认真校核,精心推敲,力求准确。这项事业的推进凝聚了翻译团队的大量心血。目前,这一得到多方面支持和多人参与其中的浩大工程已步入快车道,现已翻译2千万字,计划为1亿字左右。

我们向参加这一工程的人员表示真诚的谢意和敬意!为这一工程作出任何贡献的人士都将镌刻在这一工程史册之中!

徐　勇

2015年7月15日

出版说明

　　华中师范大学中国农村研究院主持编译的《满铁农村调查·地方类》，系在我社整理影印日文原版《满铁调查报告》的基础上，辑录、翻译其中关于中国农村实时实地详情的调查报告总集。南满洲铁道株式会社（简称"满铁"）编写它们的初衷是为侵华服务的，然而时至世界反法西斯战争胜利70余年后的今天，其中有关中国广大乡村地区翔实的数据和调查记录，仍然可被视作20世纪前半叶中国乡村经济社会面貌的重要档案，其出版价值和研究价值将会得到越来越多的人关注。

　　这些档案资料原是日本侵华时期编写的，有以下问题需提请读者注意：

　　一、支那问题。支那是对中国的蔑称，除"印度支那""交趾支那"等专有词汇外，专指中国的"支那"一词，均已改为中国。

　　二、伪政权问题。日本侵华期间在占领区扶植数个伪政权，其中以伪满洲国时间最久。以东北地区为主要调查对象的"满铁"调查材料中夹杂有大量的伪满洲国年号、官制、行政区划、货币、度量衡等制度方面内容，并且在叙述人口情况时，将满洲人与中国人、苏联人、日本人等并列视为异国国民，这显然是具有分裂中国的企图的。这些原始细节可以作为日本侵华罪证之一，同时为使研究者更好地了解档案原貌，所以我们未作删改，保留原用法。

　　三、侵华经济机构问题。日本侵华期间，有许多以经济组织形式成立的机构，诸如"南满洲铁道株式会社""满洲劝业银行""东亚劝业公司""满洲拓殖公社"等，实际上都是为侵华服务的。这些原始细节可以作为日本侵华罪证之一，同时为使研究者更好地了解档案原貌，所以我们未作删改，保留原用法。

　　四、抗日问题。"满铁"调查报告站在日方立场对中国共产党、抗日武装、抗日将领均加蔑称，并将战争责任归向中方，此类问题除加注外，对蔑称业已匡正。

　　五、表格问题。原调查报告编成于20世纪前半叶，因种种原因表格多有不规范之处，为免曲解，今保留原貌，不擅作修改。

广西师范大学出版社

2018年3月

编译说明

第 2 卷

本卷共收录了17篇调查报告书,其排列原则是按照调查地区的顺序排列。本卷前半部的调查地区主要位于今辽宁省,包括当地概况、农业状况等,后半部则位于北满(长春以北)地区,集中介绍当地的农家经济状况等内容。

在编译过程中,我们发现了一些具体问题,如文字表述、表格处理、内容统一、立场问题等。经编译委员会商量,决定对本卷出现的问题进行如下处理:

1.调查报告书原文(以下简称"原文")不完整导致的问题

现存的部分报告书原文内容并不完整,导致它们的目录与正文无法完全对应,或是缺少相应的照片、图片、表格等。为保证内容前后一致,我们删除了译文中无正文对应的目录项,以及缺少相应的照片、图片、表格、注释等内容的过渡性文字。

2.原文表格出现的问题

(1)原文中有部分表格的排列顺序为从右至左。为符合现代读者的阅读习惯,我们在译文中将这类表格的排列顺序改为从左至右。并且,符合表格制作规范的前提下,尽可能少地变动原表。

(2)部分原文属于速报,表格所提供的一些数据不够准确、严谨,但无法确认是单项数据不准,或是只有总和不准。经过细致核对原文后,我们未修改此类不准确的数据,而是在译文中的此类数据旁边加"#"标注,并在少数有数据问题之处加了注释说明。

3.原文印刷不清晰导致的问题

原文中有部分文字及数据印刷不清晰,导致译者和编者无法辨认。在译文中,我们统一用"＊"表示这部分内容。确属原文缺字、漏字,则用缺字符"□"表示。

4.原文前后不一致导致的问题

原文中有部分地名、人名前后不一致的现象。我们根据出现频率、当地语言习惯等,在译文中对此加以统一。作物名称、农具名、牲畜名的译法,我们也在译文中尽量保持统一。

5.原文撰写者导致的问题

(1)立场问题

①原文中出现多处对中国、共产党、抗日武装、抗日将领等的污蔑之辞,我们对此类内容在译文中加了注释说明。

②原文中诸如九一八事变、七七事变责任的归属问题,涉及领土主权的问题(如"间岛地

区"这一称谓),涉及少数民族习俗和宗教的叙述等,我们在译文中保留了原文内容,但对此加了注释说明。

③原文对伪满洲国的评价,仅代表日方调查员立场,我们对此类译文加了注释说明。

④原文有部分段落宣扬"圣战""王道""大东亚共荣"及军国主义思想,且与调查无关,已在译文中删去相应内容。

⑤原文中提及苏联与日本、中国的关系的相关内容,以及日本调查员描述的苏联对待白俄流亡者的态度、立场,仅代表日方调查员立场,已在译文中加了注释说明。

(2)准确性问题

原文中有部分史实错误及其他不准确或含义不明的描述(如本卷中的"农用自行车""熊绳"等)。我们保留了原文的相关叙述内容,但对此类译文加了注释说明。

6.对原文中印章的处理

原文中有部分报告书的封面上盖有印章,由于印章本身与报告内容并无直接联系,我们在译文中删去了这些印章。

7.地名问题

原文中有一部分乡村地名未标注对应的汉字,而是用日语片假名来表示。经查询,我们找到了部分地名对应的中文,直接将片假名改为中文地名。针对查询后未能确认对应中文的地名(主要是蒙古语、俄语地名),我们标出了其罗马字读音,供读者参考使用。

8.植物名、人名问题

原文中有部分植物名、人名未能译出,译文中仅以日语罗马字读音或片假名标注,供读者参考使用。

9.各级标题问题

原文各篇报告书由满铁调查部的不同部门、不同调查员撰写,并无统一的格式,导致每篇报告书的各级标题编序格式不统一。译文保留了原文中的"第一章"、"第一节"、"第一"、"一"等各级标题,但将原文中的"イロハ"顺序改为中文中与此对应的"一"、"1"、"(1)",便于中文读者阅读。

10.纪年问题

原文的纪年方式混乱,在同一时期有公元纪年、民国纪年、日本年号纪年、伪满纪年四种纪年方式。我们在译文中保留了原文的纪年方式,但对伪满洲国年号等加了注释说明。

11.单位问题

原文中使用了大量度、量、衡、面积等单位,其中包括较多日语单位,不方便中文读者阅读。我们在译文中将陌、畒、瓩等公制单位直接改为公顷、吨和千克。因调查进行之时,中国各地的度、量、衡、面积单位较为混乱,调查报告中一般会附有中国单位与日制单位之间的换算,因而为每个单位添加注释是不必要的。在此我们列出了日制单位与公制单位之间的换算关系,读者可以此作为参考。

	日 制	公 制
长度单位	1 里 = 36 町 = 36×60 间 = 36×60×6 尺 1 尺 = 10 寸 = 10×10 分	1 里 ≈ 3927.2 米 1 町 ≈ 109.09 米 1 间 ≈ 1.818 米 1 尺 ≈ 30.3 厘米 1 寸 ≈ 3.03 厘米
重量单位	1 贯 = 100 两 = 100×10 匁 1 斤 = 160 匁 1 匁 = 10 分 = 10×10 厘	1 贯 ≈ 3.759 千克 1 斤 ≈ 600 克 1 匁 ≈ 3.759 克
容积单位	1 石 = 10 斗 = 10×10 升 = 10×10×10 合 = 10×10×10×10 勺	1 石 ≈ 180.39 公升 1 斗 ≈ 18.039 公升
面积单位	1 町 = 10 反(段) = 10×10 亩 = 10×10×30 坪 = 10×10×30×10 合	1 町 ≈ 9917 平方米 1 反 ≈ 991.7 平方米 1 亩 ≈ 99.17 平方米 1 坪 ≈ 3.306 平方米

邓大才　张晶晶

2017 年 12 月

导　读

第 2 卷

自 1906 年创立至 1945 年日本战败，满铁调查机构在其首任总裁后藤新平支持下，派遣调查人员深入中国(特别是东北地区)城乡开展实地调查，系统地搜集了中国的政治、经济等情报，为日本政府、军部提供了制定侵华政策所需的参考资料。九一八事变后，日本侵略者全面占领中国东北，并扶植了伪满洲国政府。随着日本侵华程度的加深，为适应建设殖民地的需要，满铁调查机构的农村调查活动逐渐走向规范和系统。其调查的重点地区在中国北方的农村，调查内容则可分为中国农村习俗调查及以农村经济调查为重点的系列调查两大部分。

《满铁农村调查·地方类》系列丛书收录的报告书，便属于以农村经济调查为重点的系列调查组成部分，多以调查区域(县)为单位，简介当地的农村经济概况，探讨其殖民地开发价值。编辑本系列译文，旨在深度开发满铁农村调查资料，为我所用。

一、本卷收录的报告书概况

本卷共收录了 17 篇满铁调查报告书。负责搜集资料、撰写各篇调查报告书的调查队成员隶属于满铁调查机构的常规性调查团队。调查区域主要在今东北三省范围。其中，前半卷的调查范围主要集中在今辽宁省，属于当时的南满(长春以南)地区；后半卷则以当时的北满(长春以北)地区为主。调查内容主要是农村经济，包括具体的农户经济调查、各地农业及社会状况等。调查方法以实地调查为主，兼用文献法，既有调查员通过访谈、直接观察等方式收集的资料，也有案卷、账簿等文献资料。

本卷收录的 17 篇报告书均为内部资料油印件，涉及日本在东北的移民计划等内容，旨在为日本的海外殖民服务，属于当时的机密文件。每篇报告书有相对固定的格式：封面上写明报告名称、编号及时间，在绪言或序中介绍调查目标、调查概要、中日度量衡换算比率等，正文则分章节或项目详细介绍调查地区的情况。本卷收录报告书的写作时间从 1934 年延续至 1942 年，大多集中于 1937 年—1942 年。各篇报告书所描述的细节，可以在一定程度上反映九一八事变、七七事变后中国东北农村的经济、社会状况。该资料是研究我国东北地区近代史、九一八事变后的中日关系等课题的重要资料，也对我国当前的振兴东北战略有一定的借鉴意义。

二、各报告书概要

尽管本卷收录的调查报告书集中于农村及农户经济方面，但其内容及结构并不完全统一，下文将按排列顺序逐一介绍各篇报告书的概要。

1.《营口附近辽河沿岸农业调查报告》

该报告书完成于1934年,基于日本关东军特务部主持的营口北方辽河左岸地区适合移民地区的调查资料编撰而成,调查内容为当地的农业状况,调查目标是为日本寻找合适的移民地区。报告书共分为10章,具体介绍了当地的土地概况、土地利用状况、农耕方法、农业经营、交通/运输及水陆运费、市场及物价、饮用水和燃料、地价、治安状况、租税/公共收费方面。

调查地区位于辽河左岸,横跨营口、海城两县,地势平坦,人口以满洲人①为主。当地的农耕始于清初,土地开垦及利用状况良好。旱田的地租可分为定额地租(用现金或粮食缴纳)和分益地租,租佃期限通常为一年。租税由地主承担,村费由佃农全部或部分承担。水田多由朝鲜人耕种,佃耕水田则全部分益缴纳粮食地租。当地有很多来自华北的农业移民,农业劳动力有过剩的趋势。剩余劳动力在冬季去城里做苦力或收割芦苇。雇工分为年工、月工(很少)、日工,雇主通常只雇佣本村劳力。副业主要是采集、贩卖芦苇及制作、贩卖苇席,另有小规模渔业和养殖业。九一八事变前,当地农民的主要金融机关是粮栈、油坊、烧锅等;九一八事变后则靠互助金融和典当。当地的水陆交通及市场贸易较为便利,饮用水包括过滤后的河水和井水(硬度高)。治安方面有小股抗日势力。租税和公共收费包括田赋、亩捐和村公费。

2.《盖平②—营口县区域内盖平地区调查报告书》

该报告书完成于1939年,由满铁调查部调查员和满洲拓殖公社合作完成,调查目的在于寻找适合自由移民的迁入地。该报告书的最大特点在于整体性,即把水库工程与当地的人文、社会、自然环境并重,并提出不同的解决方案及对策。报告书具体包括2个方案,均由5个部分组成,详细介绍了移民计划概要、库区现状、平原地带现状、土地改良计划、移民迁入计划。

其中,第一方案较为详细地介绍了在目标移民地点(分属于盖平、营口两县)修建水库的可行性及当地状况,以及建成水库后安置日本移民及当地水库移民的设想。具体包括库区和平原地带的位置及地势、土质及地下水位、根据土地名目类别划分的土地面积、相关河流及流域状况、历史上的自然灾害状况、当地居民状况、交通及通信状况、治安及卫生/教育状况、水库建成后库区居民的安置及移民迁入后平原地区居民的安置、计划安置日本移民地区的气象等细节。第二方案选定的水库修筑地点不同于第一方案,着重介绍不同于第一方案的具体情况。

3.《通化、凤城间经济概况调查》

该报告书完成于1937年,调查地区是凤城—通化区间有待开通的东边道纵贯铁路的影响范围,调查内容是铁路干线影响范围内的经济概况,调查目的则是选择适合当地情况的经济发展策略。报告书共分为3部分,即影响范围内的状况、旅客与货物数量预测和参考资料。

铁路的影响范围包括凤城、宽甸、桓仁、通化、辑安(今吉林省吉安市)。由于实行聚居村庄制、土地歉收等原因,导致当地人口急剧减少。铁路沿线大多属于山岳地区,气候、水土适宜农作物生长,农民当中有半数是佃农。铁路影响范围内耕地少,且有抛荒土地。当地的森林资源及矿产资源丰富,具有开发价值。交通运输主要靠水运和陆运,夏季和冬季情况不同。铁路

---

① 指伪满洲国的国民。
② 今辽宁省盖州市,隶属于营口市。

干线设计有 A、B 两种可行线路。A 线影响范围内的人口约有 52 万,预测人口增长率为 1.5%、铁路利用率为 30%,可推出第一年旅客人口约为 17 万人。除特种货物外,特产、杂货等贸易大半属于安东(今辽宁丹东)商业圈。铁路干线开通后,有利于输出当地的农产品、输入杂货,也有利于开采当地的森林资源和矿产资源并运输出去。

4.《凤凰城烟草耕作组织现状调查报告》

该报告书完成于 1937 年,由满铁产业部负责,其调查对象为凤凰城①的烟草耕作组织,调查目的在于了解该组织的状况。报告书共分为 13 章,包括该组织的设立目的、历史变迁、组织结构、组织成员、负责人、业务范围、预算和资金、活动区域、和地主的关系、监督、合作社活动的固定区域和五年计划/农业合作社设立计划的关系等内容。

该组织的前身是 9 个日本人建立的"东亚烟草南满黄烟组织",最终在满铁公司及其他组织指导帮助下,成为由伪满洲国监督的统一组织。组织成员为安东省内种植黄色烟草的人,共 1 千余人,满人最多,其次为朝鲜人,日本人最少。该组织内部设有中小组织制,但有名无实。销售、金融方面均有外部支持。该组织对其成员的加入/退出、出资、责任等均有详细规定。其组织成员涵盖地主、自耕农、自耕农兼佃农、佃农等各个阶级,主导阶级是地主或村中有势力的人,日本人、朝鲜人比满人更有势力。其会长是凤城县县长,副会长是县参事官,理事由会长委任,评议员及监事从组织成员中选出。业务重点是技术指导、烟叶干燥和销售。耕作资金从伪满洲国中央银行贷款,以小组织连带借用的形式发放使用。组织涵盖凤城、安东两县种植黄色烟草的人,但耕种者大部分是凤城人。凤城县当局强制耕种者加入该组织,并协助解决生产过剩地区的烟草销售问题。合作社与凤城县政府联系密切,并制定了增产计划。但县合作劳动组织的成立导致该组织一分为二,不利于安东的原组织成员。

5.《宽甸县、凤城县农业调查报告书》

该报告书完成于 1937 年,由满铁产业部负责,调查目的是为顺利完成东部产业铁道建设而了解宽甸、凤城的农业基本状况,调查时间为 30 多天。受当地抗日武装力量影响,调查员无法单独行动,因此调查不够充分。报告书所使用的数据以当地县级、省级机关的调查统计数据为基础,不够充分、准确。报告书共分为 15 部分,即 14 节正文和结语,介绍了调查地区的位置、地势、气候、户数/人口、面积及土地利用状况、佃耕惯例、农作习惯、农产品种植面积及产量、农家/户数人口及土地占有状况、畜牧、林业、副业、农业金融及朝鲜人概况。

调查地区位于中朝边境的多山地区,没有大面积平原。由于当时设置无人区和实施聚居村庄制度,两县人口逐年递减。宽甸的耕地面积很少,只占土地总面积的 1.2%;而凤城的耕地面积则较为宽广。两地佃耕惯例一致,租佃合同为一年。地租及捐税等费用由地主与佃农平摊或地主一人承担;学校、警察、村费(自卫团费、道路费)等由佃农承担;无地主的情况下,上述费用由村子承担。地主和佃农按比例分成,用实物缴纳定额租税。种植烟草、水稻、养殖柞蚕情况下的租税与普通农作物有所区别。报告书指出,当地佃农负担沉重,加剧了农村的凋敝。

---

① 即凤城,今为辽宁省丹东市下属县级市。

当地主要农作物是玉米、高粱、谷子和稗子,经济作物则是棉花、烟叶、青麻等。柞蚕养殖曾是一项重要副业,受九一八事变影响而衰落。宽甸的农户及农业人口数量占当地户数及人口数中的绝大多数,凤城的农户及农业人口比例远低于宽甸。农户副业以养殖猪、鸡为主,其次为养蚕等。受九一八事变影响,当地农业金融基本陷入停顿。当地的朝鲜移民逐年递增,大部分为农民,佃农居多。朝鲜农户的副业多为养殖、编草绳/草席等。朝鲜人可通过安东金融会及个人来借贷。调查员最后指出,导致当地农民贫困的主要原因有三点:其一为自然灾害的影响,其二是柞蚕业的萧条,其三是九一八事变后治安不佳,影响农业生产。

6.《关东州外果树团体联合会现状调查报告》

该报告书完成于1937年,调查对象是关东州①外由日本人组织的农业团体——果树团体联合会,调查目的是了解该团体的状况,以便充分维护伪满洲国境内的日本经营者之利益。与本卷第4篇报告书《凤凰城烟草耕作组织现状调查报告》类似,该报告书共分为13章,包括该组织的设立目的、历史、组织结构、组织成员、负责人、业务范围、预算及资金、活动区域、保护状况、与地主的关系、监督、合作社活动的固定区域和五年计划/农业协同组合设立计划的关系等内容。

联合会有四个分支组织,即瓦房店/熊岳城/盖平/鞍山果树组织。组织及其成员加入了满洲农业信用组织、满洲农业团体中央会等组织。该组织对加入、退出没有条文规定,对成员收取单位面积的固定费用,借贷由个人承担。联合会有理事长/常务理事各1人,理事若干,监察2人。内部各分支组织选出的负责人没有显著的阶级差异性。该组织集生产、经营、销售于一体,生产方面业绩相当好,但经营、销售情况不佳。联合会的四个分支组织在满铁沿线附近,其成员所在区域主要在复县(今辽宁瓦房店)、盖平、海城、辽阳四地,产品主要运往新京(今吉林长春)。满铁对其发放补助金,提供技术指导,并监督经营状况。果园经营者基本借用满铁附属地来经营。报告书最后指出,上级组织的统一管理很有必要,伪满洲国当局应考虑日本农民的特殊性,维护其利益。

7.《昭和14年满人农家经济调查报告(其一)——辽阳县千山村下汪家峪屯》

该报告书完成于1941年,所用调查资料是在定点追踪性调查的基础上收集而来。调查地点位于奉天省辽阳县千山村,调查内容是该村15户人家在1939—1941年间的经济状况,报告书具体展示了接受调查的15家农户在1939年8月初至1940年7月底的收支情况。调查目的是明确种植经济作物对农家(农户)经济产生的影响,为农作物价格政策及改善农业经营提供资料。具体调查方法是根据经营模式、经营规模、村庄阶层结构比例、记账能力等选择合适的农家,把预先设计好的"农家经济簿"发放给被调查农家,由一名常驻村庄的调查员(伪满洲国人)负责登记各户财产状况、劳动状况、现金及实物收支等农家经济相关事宜,按照调查联合会的方法统计、做记录。受农民的记账能力、记账时间等因素限制,数据的准确性、全年经营整体情况、劳动力/生产费用与增产作物之间的有机联系等详细情况难以检验并完整呈现。但调

---

① 关东州,特指1898—1945年间位于辽东半岛南部的租借地,包括旅顺港(亚瑟港)和大连港(达里尼港),先后为俄国、日本强行租借。

查员尽可能地收集了关于农家经济的详细资料,具有较大的研究价值。

该报告书由 4 部分组成,即调查村庄概况、调查结果、总结及附录。调查村庄概况包括 6 个方面,具体介绍了村庄的自然条件及其他概况、户口、土地、农业经营形态及规模、作物及家畜、农业情况。调查结果由 4 部分组成,包括农家经济基础、农家经济结算、农家经济成果结构、农业经营结算。总结部分概述了调查村庄及被调查农家的情况。附录包括本调查的统计方法(农家经济的基础、农家经济结算、农家经济成果结构、农家经营结算)和 35 个附表。

调查村庄所在的辽阳县是南满代表性地区,也是南满主要的棉花产区,在农村机构及农家经营结构方面与北满有显著区别。调查村庄的农家经济主要靠棉花,经营方式是依靠自家劳动力的集约型农业经营,比偏重雇佣劳动力的粗放式经营方式先进。接受调查的 15 户当中,有自耕农 9 户、自耕兼佃农 6 户,所选样本在当地具有典型性。家庭结构多为人口少于 10 人的小家庭,棉花种植基本靠自家劳动力,雇佣劳动力大部分为女工。由于自耕兼佃农承担的地租增加,自耕农的户均收入和经济结余均高于自耕兼佃农。调查得出结论,由于棉花收益对当地农家经济影响巨大,因此首要任务是引进新的耕作技术,同时指导农家改进经营。

8.《昭和 14 年满人农家经济调查报告(其二)——肇州县朝阳村大地窝堡》

该报告书完成于 1942 年,与前一篇报告书属于同一系列调查计划,所用调查资料是在定点追踪性调查基础上收集的。调查地点是伪滨江省肇州县朝阳村大地窝堡,调查内容是该村 12 户人家在 1939—1941 年间的经济状况,报告书详细地展示了接受调查的 12 家农户在 1939 年 8 月初至 1940 年 7 月底的收支情况。具体调查方法与上一篇报告书相同。

该报告书的写作结构与前一篇相近,但有细微差别,具体由 3 部分组成,分别是调查村庄概况、调查结果及附录。调查村庄概况包括 7 个方面,具体介绍了村庄的自然条件及其他概况、户口、土地、农业经营形态及规模、作物及家畜、农业情况、其他经营状况及生活状态。调查结果部分概述了接受调查的 12 户农家情况。附录包括本调查的统计方法(农家经济基础、农家经济结算、农家经济成果构成、农业经营结算)和 34 个附表。

调查村庄位于北满地区,燕麦是主要经济作物。最初选定了 15 户调查对象,实际参与统计的是 12 户,分为自耕农 7 户、佃农 5 户,没有自耕兼佃农。当地农村家庭规模比南满农村大,劳动力全是男性,妇女儿童不参加劳动,且各户耕种土地面积差距悬殊。报告书按照土地耕种面积将 12 户农家分为 4 组,具体比较了各组的农家经济结算、农家经济成果结构、所得性支出结构、家计费结构、财产性收入及支出结构、农业经营结算等方面情况。

9.《昭和 14 年满人农家经济调查报告(其三)——呼兰县孟家村刘泉井区》

该报告书完成于 1942 年,与前两篇报告书属于同一系列调查计划。调查地点是伪滨江省呼兰县孟家村刘泉井区,调查内容是该村 13 户人家在 1939—1941 年间的经济状况,报告书详细地展示了接受调查的 13 家农户在 1939 年 8 月初至 1940 年 7 月底的收支情况。具体调查方法与上一篇报告书相同。

该报告书的写作结构与前一篇基本相同,具体由 3 部分组成,分别是调查村庄概况、调查结果及附录。调查村庄概况包括 7 个方面,具体介绍了村庄的自然条件及其他概况、户口、土地、农业经营形态及规模、作物及家畜、农业情况、其他经营状况及生活状态。调查结果部分概述了接受调查的 13 户农家情况。附录包括 34 个附表。

调查村庄位于北满地区,甜菜和亚麻是主要经济作物。最初选定了 15 户调查对象,实际参与统计的是 13 户,分为三类,分别是自耕农 4 户、佃农 3 户、自耕兼佃农 6 户。报告书从家庭结构、家庭财产结构、年初各户财产状况、农业经营地结构及耕地经营概况等方面介绍了接受调查的 13 家农户的整体情况,随后按照耕种土地面积多少将 13 户分为 5 组,比较各组在农家经济结算方面的情况,分类展示农家成果结构、所得性支出结构、家计费结构、财产性收入和支出结构、农业经营结算、农业经营费等方面的情况,最后比较了 5 组农家的农业经营核算情况。这类以户为单位的定点追踪性调查,为研究日据时期东北地区农业经济提供了不可多得的详细数据。

10.《绥中县凌家屯官庄升科地调查报告书》

该报告书完成于 1939 年,调查地点在伪锦州省绥中县凌家屯,调查目的是勘察土地,以便解决类似的纠纷,调查重点在于了解当地清末民初时期基于永佃关系的土地制度。虽然调查地点的升科地经历了清末的官地私有化,但截至调查时仍保持着由旧管理人(庄头)和世袭佃户(永佃户)分割占有土地的形态,是一种特殊的土地所有权类型。报告书所用的资料主要是案卷、民间文书等文献资料。尽管调查员也收集了访谈资料,但由于难以找到能讲述情况的老人等实际问题,基本未采用这些资料。报告书分为 7 个部分,分别为概说、关于地主凌云阁、关于永佃户、关于永佃权、关于永佃户的私人财产、关于永佃户的现租、处理上考虑的要点。

报告书首先从官庄及庄头两方面介绍了清代庄园制度及其遗留问题。官庄概况,具体包括官庄的种类、沿革、数目、庄地、庄户、佃户,官庄的丈放,以及丈放后的官庄庄地状况。而庄头凌云阁的情况,则包括其家系、庄地数、丈放时的庄地面积、凌庄头的丁佃、永佃地、现租地、结钱、凌云阁的私产。之后,报告书通过分析文献介绍永佃户的相关情况,并重点介绍了永佃权方面的情况,包括佃耕的世袭、佃耕地的分种、庄地的承领、永佃地的优先买收、永佃地卖价的分与、对于增租夺佃的保障、永佃权的让渡等方面。最后,报告书指出当地土地纠纷的实质是升科地的所有权与使用权分割造成一地两主,由此导致主佃纠纷,并提出了调整方法、调整机构方面的解决方案。

11.《康德 2 年北满农家收支状态调查》

该报告书完成于 1936 年,由满铁经济调查会负责,调查目的是了解康德 2 年(1936 年)北满农家的收支状态。调查员在农耕规模相对较大区域(今属黑龙江省)的铁路沿线农村地区选择了具有典型性的 24 户农家,在当地农闲时期做了约一个月的调查,收集访谈资料,并在此基础上进行统计。报告书分为 5 个部分,包括概说、调查农户概况、农户收入、农户支出、平均每晌地收支差额比较。报告书指出,与前一年相比,北满农家收支状态有所好转,农民生活状态总体而言比较安定。

12.《昭和 11 年北满农家收支状态调查》

该报告书完成于 1937 年,由满铁经济调查会负责,调查目的是了解昭和 11 年(1936 年)北满农家的收支状态。调查员在铁路沿线各县分别选取了 14 户农家,趁当地农闲时间展开了约一个月的实地调查,收集访谈资料,并在此基础上进行统计。由于调查时间有限、调查户数少、调查内容不完善等原因,其内容无法反映北满农村经济的整体情况。但根据统计结果及调查员的观察,报告书指出,当地农家经济持续复苏,逐渐从九一八事变后的逆境中复苏。本报告书与前一篇结构一致,分为5个部分,包括概说、调查农户概况、农户收入、农户支出、平均每晌地收支差额比较。

13.《三宅博士北满视察谈》

该报告书完成于1938年,是根据从事农业试验工作的三宅博士对北满农业开发的演讲内容整理而成。他概括介绍了北满农业的情况,分析其要点,提出在当地发展农业的设想,为日本移民去当地开发农业做准备。

经过实地视察,三宅博士发现北满自然环境的地方差异很大,发展农业时需考虑种植合适的农产品。随后,他指出北满农业大致分为三个农业地带:牧区、小麦栽培区、大豆/小麦/粟和玉米种植区。他对发展当地农业提出了自己的看法。例如,由于当地种植期短,为了有效利用劳动力,必须发展家畜养殖,为此要种植饲料作物。为改良当地农业,还需要完善排水设备、维持和增进土地肥力、种植防风林或水源涵养林等。此外,还要寻找适合当地的农业耕作方法,考虑设置共同放牧场,改良品种、防治病虫害。由于北满地区与北海道、库页岛环境相近,可引进当地先进的农业技术、农业知识及技术指导者。

14.《北满农家经济调查报告(其一)》

该报告书完成于1940年,由满铁经济调查会负责,调查目的在于了解战时状况下的北满农家经济状态,便于制订和实施农业政策。具体调查方法与本卷收录的报告书《昭和14年满人农家经济调查报告(其一、其二、其三)》类似,调查员把设计好的"农家经济簿"发放给各农户让其记账,由调查负责人在月底誊写内容,并在此基础上进行统计。记账调查持续了3年多,该报告书反映的是第1年的数据统计情况。当年选择了3个地区的9户,最终可用的有效数据由双城、阿城的5户提供。因此,报告书对比了上述两地的情况。

报告书主要分为3个部分,包括调查目的/方法及调查农家的选择、调查结果和附录。调查结果分类介绍了农家经济的基础、农业经济的决算、农家经济成果的构成、农业经营的决算。附录部分则介绍了调查农户所在村庄(双城县大白家窝堡和阿城县火烧蓝旗屯)的概况和本调查的统计方法。由于参与调查的农户数量少,仅凭这些统计项目无法得出具有推广性的结论。但关于调查农户的相关数据及统计较为完备,具有一定价值。

15.《北满农家经济调查报告(其二)》

该报告书完成于1940年,与前一篇报告书属于同一系列调查计划,调查目的、具体调查方法等也与上篇相同。该报告书反映的是记账调查实施第2年的情况。与上一年相比,提供有效数据的调查农户增加到6户。报告书由4部分组成,包括调查目的/方法及调查农家的选定、调查结果、结论和附录。

报告书分类介绍了农家经济的基础、农户的经济决算、农家经济成果的构成、农业经营的决算。经过逐项列举,报告书最终指出,由于收入减少、开支增加,农民陷入比上一年更困苦的状态,这一趋势还会持续到下一年度。

16.《北满农家经济调查报告(其三)》

该报告书完成于1940年,与前一篇报告书属于同一系列调查计划,调查目的、具体调查方法等也与上篇相同。该报告书反映的是记账调查实施第3年的情况,提供有效数据的调查农户仍是6户,双城和阿城各3户。由于积累了前期调查经验,外加受到其他机关类似调查的启发,调查数据更为准确。报告书由两部分组成,即调查目的/方法及调查农家的选定、调查结果。

报告书分类介绍了农家经济的基础、农家经济的决算、农家经济成果的构成、农业经营的决算。由于收支不平衡、各类支出增加速度快,当时农民的生活很困苦。通过3年间各户经济状况的变化,可以看出当时北满地区的农村经济逐步陷入窘境。

17.《从昭和12年到昭和14年北满农家收支状况调查》

该报告书完成于1940年,由满铁经济调查会负责。调查内容是1937-1939年三个年度北满地区的农家收支状况。调查员一方面统计了北满农作物产量,另一方面在主要产区(今属黑龙江省)实地考察、访谈农民,之后在上述两类资料基础上完成了本篇内容。

报告书由5个部分组成,包括概说、调查农家的相关情况、农家收入、农家支出、每晌收支差额比较。通过比较,报告书指出,尽管整体而言农业经济有逐年好转的趋势,但当地大部分农民是经营规模极小的零散农民,仅靠农业收入很难维持家庭生计,很多人要依靠非农收入,这是值得重视的问题。

三、使用本卷资料时的注意事项

通过阅读本卷所收录的调查报告书,读者可以了解九一八事变及七七事变后东北三省农村的经济概况及日本满铁农村调查资料的细致程度。但仍有以下注意事项,需要提醒专业研究者在使用资料时特别留意:

1.由于当时的实际状况,日本调查员无法做到长期参与观察当地农民的实际生活。因此,受农民的配合程度及受教育水平等因素影响,各报告书所记录的数据、访谈资料的可信度有待商榷。

2.受政治立场及个人观念的限制,报告书具有一定局限性。例如,部分撰写报告书的日本调查员以"文明、先进"自居,把东北的地广人稀地区视为"原始、落后"的待开发地,忽略当地的生态环境价值。读者在阅读和使用此类资料时,需保持客观、理性的态度。

张晶晶

2017 年 12 月

总

目 录

昭和 9 年 11 月

经济资源调查报告书第　93　号

奉天　2　号农业第　2　号

营口附近辽河沿岸农业调查报告

秘

满铁经济调查会第二部

调查员　渡边骏

调查员　福井文吉

目 录

绪　言

  本报告是基于参加昭和9年10月关东军特务部主持的营口北方辽河左岸地区移民适宜地调查得到的资料编写而成。这次移民计划的具体内容由于是军事机密,所以禁止发表,本报告仅止于罗列在该地进行实地调查后得知的农业状况。

  报告中当地惯用度量衡和我国(日本)度量衡的比率如下所示:

1裁尺=1尺1寸4分

1木尺=1尺05分

1斗=1斗4升5合

1斤=140匁

1天地=2,400弓=6.009反

第一章 土地的现状

一、位置及地势

调查地域是与营口北方相连的东西达 16 公里,南北达 30 公里的辽河左岸的一片区域,东边以营口到牛庄城的牛庄街道为界,西和南北到辽河。

经纬度是北纬 40°42′ 至 55′,东经 122°6′ 至 25′,纬度大致和日本青森市一样。

地势为高低差不过一米的一览无遗的平坦土地,东部到牛庄街附近仅仅只升高两米左右,向东平缓倾斜上升。

本地区的平均地面海拔约为 32 米(根据营口航政局的海拔数据,在田庄台对岸的水道水源地,今年灌溉期间的辽河平均潮位为海拔 31.10 米),处于较高地势的大高坎、后刘家青堆子、罗家屯和赏军台地方的村庄聚落比平均海拔高 1.4 米左右。越往北海拔一般比较低,北小房身附近低 0.4 米,沿着牛庄街道的沼泽地带低 0.6 米左右。

二、地质及土质

地质上属于第四纪新层的冲积层,是由辽河泛滥,冲刷堆积的黏土形成的土壤,颗粒十分细微,所以过于湿润的时候会变得泥泞,干燥的时候会形成坚硬的岩石阻止地表水的渗透。整个地区基本碱性比较弱,但有的地方会出现碱斑。

土质方面因辽河泛滥有机物的堆积本应形成良好的土壤,但是由于(一)同时耕地会被流砂覆盖,(二)地下水位高,(三)牲畜少肥料的生产量少,(四)购买肥料的收支不足相偿等原因,一般的既耕地还不如从苇塘等新开垦出的土地肥沃。

三、水利状况

围绕着本调查地域西半部的辽河发源于很远的热河省,是流经南满洲大半的一大河流,太子河、浑河等南满洲大小河流均流入该河,因此它水量丰富,直到很远的上流也能通船,本地域附近 40 吨以上的大船也可自由航行。因此沿岸村庄和营口间的交通运输基本为船运。

并且本地域除了船运以外,还可以在满潮水位上升时利用辽河的水作灌溉进行水稻栽培。不仅如此,这次的开垦田地计划定下的方针也以该河为用水资源。关于辽河河水将在下面稍作阐述。

该河从南满的平坦地区迂回流过,落差平缓,所以感潮区域达到上游约 130 公里的沙丘地带,本地域附近的平均潮涨潮落差为 1.9 米左右,今年从 5 月到 9 月间的营口水道水源地(田庄台对岸)的水位观测结果显示平均潮位海拔为 31.10 米,平均满潮位为 32.07 米,平均退潮位为 30.12 米,所以相对于地区内的平均地面海拔 32.00 米来说,平均潮位低 0.9 米,平均满潮位高 0.07 米,平均退潮位低 1.88 米。

下面看一下与垦田计划最有关联的辽河灌溉期间的缺水量和含盐量。根据辽河航政局观测到的流量记录显示,从大正 14 年到昭和 4 年 5 年间缺水量最大的是 6 月,5 月次之。其中最大缺水量为 20.7 秒立方米(738 个),本观测期间连续 12 天是在 27.8 秒立方米(1000 个)以下。河水的含盐量根据在营口水道水源地的分析试验结果显示,从大正 11 年到今年的 12 年灌溉期间含盐量均为 1/1000 以下,只有大正 15 年 7 月 6 日是 3.93/1000,同年 6 月 5 日为 1.481/1000。从这样的两次记录看,本地方的水稻种植几乎不用考虑河水盐分浓度。

四、气象状况

明治 38 年到昭和 5 年关东厅营口气象观测所观测的结果如下所示:

	1 月	2 月	3 月	4 月	5 月	6 月	7 月	8 月	9 月	10 月	11 月	12 月	计
各月平均气温	-9.9	-7.0	0.2	8.8	15.9	21.4	24.8	24.3	18.3	10.7	0.9	-7.1	平均 8.4
各月平均最高气温	-4.3	-1.5	5.3	14.4	21.3	26.4	29.0	28.9	23.8	16.5	6.0	-2.0	平均 13.7
各月平均最低气温	-15.7	-13.0	-5.0	3.0	10.3	16.2	20.5	19.9	12.8	5.1	-4.3	-12.6	平均 3.1
各月平均蒸发量	34.8	46.2	89.1	160.4	217.4	218.7	194.7	169.8	139.5	106.5	57.4	36.5	1,471.0
各月平均降水量	7.5	5.6	18.7	25.5	49.7	58.8	173.7	158.5	77.3	47.4	21.7	7.2	651.6
各月平均降水日数	4	3	5	6	9	10	13	11	8	6	5	4	84

从明治 38 年到昭和 5 年	第一位		第二位		第三位	
	数量	时间	数量	时间	数量	时间
最大日降雨量(毫米)	209.3	明治 44 年 8 月 13 日	184.0	大正 6 年 7 月 25 日	150.3	大正 11 年 7 月 13 日
最大四小时降雨量(毫米)	96.8	明治 44 年 8 月 12 日	74.1	大正 11 年 7 月 13 日	73.7	大正 15 年 7 月 20 日

降雪	初	11 月 1 日	终	3 月 30 日
降霜	初	10 月 1 日	终	4 月 12 日
无霜期间			平均	180 天

五、主要村庄户口、人口

(一)营口市内各国籍人口

(县公署调查)

	满人	日本内地人	朝鲜人	外国人	计	备注
大同元年 6 月	110,473	214	472	103	111,262	满铁附属地除外
大同元年 12 月	118,378	266	559	85	119,288	
大同 2 年 6 月	119,010	244	486	94	119,834	
大同 2 年 12 月	127,940	不详	不详	不详	—	
康德元年 6 月	130,662	307	187	100	131,256	

(二)主要村庄户口、人口

	村名	户口	人口		村名	户口	人口
营口县	赏军台	198	1,315	营口县	五道沟	15	102
	牛牧养	145	1,002		石佛寺	120	702
	铧尖子	91	614		黄家塘	47	273
	东西青堆子	446	3,001		白家塘	36	225
	獐子沟	46	349		张家岗子	65	334
	牛圈子	88	584		槐家房	22	151
	外店	44	342		鸡爪沟	120	1,500
	马家坨子	116	790	海城县	黑于沟	70	350
	董家塘	13	102		西红草泡	30	160

(三)辽河沿岸朝鲜农民分布状态

(昭和 9 年 4 月　营口领事馆调查)

村名	户口	人口	水田耕作面积(晌)
多岛堡	12	41	91
多家子	17	80	121
小林子	12	41	65
土宝	13	90	85

村名	户口	人口	水田耕作面积(晌)
大弓湾	8	41	52
鲤鱼沟	17	85	110
盖家堡子	28	120	185
魏家塘	8	32	51
赏军台	11	72	123
老网堡	10	50	53
马家塘	20	87	110
聚宝盆	12	55	92
胡家街	15	80	90
八棵树	13	57	121
尹家堡	9	57	71
西长塘子	24	108	164
高坎湾	7	36	41
青天咀	15	74	120
赵家堡	19	104	148
通子沟	31	155	190
四天荒	9	49	52
二荒地	10	49	67
黄家堡	8	41	42
姬家塘	10	68	100
张家塘	45	156	220
大房身	8	41	36
计	391	1,869	2,604

第二章　土地利用状况

本地很早就开始农耕(280年前的顺治七年),因此,每年都不会因辽河等泛滥而遭遇水灾,低洼湿地也相对得到了有效开垦利用。而且,占据了大部分未开垦土地的辽河沿岸的芦苇池塘也是本地唯一的副业——苇席制造的原料供应地。相对于其他已开垦的熟地而言,更有效得到了利用,因此本地区未开垦没有收成的土地只不过是,牛庄街道附近的水泡子和其周边的低湿地。然而因为这些既耕地上种植的农作物受频发水灾影响,加上土质的关系,因此其农作物种类受到极度限制,主要种植高粱、大豆、稗、水稻、旱稻等。各种农作物的种植比例如下表所示:

作物 地区	高粱	大豆	稗	旱稻	粟
西南部	55%	25%	20%	—	
北部辽河沿岸	50%	10%	25%	15%	—
东部	50%	20%	10%	10%	10%

而作为当地的经济作物,只有局部地区种植的青麻和沿牛庄街道地区的陆地棉、本地棉。

特别值得注意的是,本地区的水稻种植尤为兴旺。辽河附近一带的土地都是利用辽河水位满潮时的自然灌溉成为水田(主要是大邱种、其他有少量京种和北海道种),其总面积大约有4,000晌(其中的2,600晌由朝鲜佃农经营)。过去的水田作业是由移民的朝鲜农民经营,但是由于近年来水田耕作有利可图,因此在当地定居的满农之间掀起了一股水田热潮,不少人耕种从旱田转变为种水田,水田的面积逐年增加,不出数年已达到惊人的数量,听说就连县当局也提议在满农水田种植户之间设立以水田灌溉为目的的水利合作社。

第三章　农耕法

一、开垦方法

(一)从荒地到旱田

首先用镐头除掉草根,把土块打碎后,用犁耙起垄,这一天的工序大致如下:

镐头作业:30人　　　1天地

粉碎土块:10人　　　1天地

起　　垄:1人3马　2天地

(二)从熟地芦塘到水田

和前面一样,先用镐头将草根挖掉、碎土块,筑畦后再用水车等工具将水注入,压平地面。各项作业每天地所需人数如下表:

	镐头作业	碎土块	筑畦	注水平地	备注
熟地开垦	20	10	5	2	
芦苇塘开垦	25	13	5	2	

二、耕地及播种

春季解冻后依照翻地的方法耕地,筑畦,再用木头碌子镇压,这一天的工序如下:

翻耕筑畦:1人2马　1.5—2天地

镇　　压:1人1马　6天地

水稻以外的各种农作物则是都通过进行劐种,即先用劐子将垄台挖出一条播种沟,然后用拉子覆盖上土。一天4—5人、2匹马可耕种2天地的地。播种水稻是条播,1天地需要3人。当地的平均单位播种量如下:

播种量 作物	每天地中国斗		每段日本斗	
	上等地	下等地	上等地	下等地
高粱	0.6	1.0	0.14	0.24
大豆	1.5	2.0	0.36	0.48

续表

作物 ＼ 播种量	每天地中国斗		每段日本斗	
	上等地	下等地	上等地	下等地
粟	0.4	0.8	0.10	0.19
稗	0.4	0.5	0.10	0.12
旱稻	2.0	3.0	0.48	0.72
水稻	4.0	5.0	0.96	1.20
小豆	1.2	1.5	0.29	0.36
小麦	3.0	—	0.72	—
大麦	3.0#	—	1.20	—
青麻	0.7	—	0.17	—

三、轮作和施肥

虽然高粱和大豆是组合轮作的,但是高粱的连作也很多,即使是轮作,也常常是高粱两年、大豆一年这种比率,其他的农作物大抵也是连作的。

一般由于牲畜数量很少,肥料生产也很少,因此旱田耕作的施肥量也很少,每年都只是用土和黄粪以1∶1的比例混合成的土粪施肥(少数村庄使用堆肥),两万斤左右的肥料施在一天地的土地上,完全不施肥的地方也相当多。一般水田开垦后四到五年,通常1天地要用豆粕500斤左右。

四、除草中耕及培土

(一)除草

一般来说,大豆、高粱、粟、旱稻、水稻、青麻除草三回,麦类、稗除草两回,其中大豆和高粱有时除草四回,而稗有时则不需要除草(除草期参考农业季节)。

水稻是直接用手除草,其他都是用锄头,高粱第二回除草时要同时进行间苗。各种农作物除草1天地所需人数如下:

	第一回	第二回	第三回	第四回
大豆	5人	4人	3人	3人
高粱	3—4人	5人	3—4人	3—4人
粟、青麻	4—5人	4人	3—4人	—
稗	3—4人	3—4人	—	—

	第一回	第二回	第三回	第四回
水稻	10 人	10 人	10 人	—
旱稻	5 人	5 人	5 人	—
小麦	4 人	—	—	—
大麦	3 人	3 人	—	—

(二) 中耕、培土

一般中耕和培土是在除草之后马上同步进行,高粱中耕两回,麦类中耕一回,大豆有时只中耕两次,稗有时完全不除草,只进行一次中耕。

各农作物第一次中耕培土都用带小铧子或劐子的犁杖,第二回开始用大铧子,第三、第四回中耕则把草束绑在镱上,使泥土充分培于作物的根部。中耕培土一般 1 天需要 2 匹马 1 人,每回耕 2 天地。

五、收获及单位收成

(一) 收割

除大豆外,其他农作物一般用镰刀收割后,以适当大小捆束成把,然后大约 10 把扎成一捆,立在田里十日左右使其干燥。大豆不捆在一起就那样放在田里使其干燥。然后在充分晒干之后搬运到打谷场内堆起来集中脱粒。高粱切穗一般是在地里进行,也有的是运到打谷场后再切穗。

各农作物收割 1 天地的地所需人力如下:

大豆、高粱、粟、稗	5 人
水稻	15 人
青麻、旱稻	6—7 人
麦类	4 人

用大车(2 人、3 马)将已晒干的农作物运回院子时 1 天地的工作情况如下:

大豆、粟、稗、旱稻、麦类	1.0—1.5 天地
高粱(包括切穗)	1.0 天地
青麻	0.5 天地
水稻(搬运 1 天地收获物所需人力)	10 人

(二) 单位收成

本地区处于辽河下游沿岸的低平地段,受潮汐和多雨天气影响,水灾较为频繁,因此其农作物是否能丰收一部分会受到水灾左右。以十年为单位来看,丰收、普通收成、歉收均各占3—4年。因此,下表所显示的单位收成是把十年间的丰收和歉收情况考虑进去取得的平均值:

(1)西南部地区

产量 \ 作物	高粱	大豆	粟	稗	旱稻	满人耕作的水稻		朝鲜人耕作的水稻	
						熟地开垦	芦苇塘开垦	熟地开垦	芦苇塘开垦
每天地(中国石)	2.5	2.3	1.4	2.6	1.8	8.0	＊＊	12.0	14.0
每段(日本石)	0.6	0.6	0.3	0.6	0.4	1.9	2.4	2.9	3.4

(2)北部辽河沿岸地区

产量 \ 作物	高粱	大豆	小豆	粟	稗	旱稻	大麦	小麦	青麻
每天地(中国石)	4.6	2.9	1.8	4.1	3.4	5.8	4.6	2.3	680 斤
每段(日本石)	0.9	0.7	0.4	1.0	0.8	1.4	1.1	0.6	15.6 贯

注:①(1)(2)芦苇 1 天地总共 5,700 斤,每段 131.1 贯;
②(2)的水稻收成量和(1)相同。

(3)东部地区

产量 \ 作物	高粱	大豆	粟	稗	旱稻	芦苇
每天地(中国石)	2.9	2.5	1.6	2.9	3.9	4,300 斤
每段(日本石)	0.7	0.6	0.4	0.7	0.9	98.9 贯

注:①水稻收成与(1)(2)相同。

各农作物每 1 天地的秸秆的平均产量如下所示:

作物	秸秆产量
大豆	2,000—2,500 斤
粟	1,500 斤
高粱	3,600 斤
稗	1,000—1,500 斤
旱稻	1,500—2,000 斤

六、脱粒及选别

把高粱、大豆以适当的厚度摊在院子里,再用石头碌子碾压脱粒;粟、稗和麦类则是把穗与穗相对摆放成一个圆形,赶碌子的站在中间,(牲畜)拉动石头碌子脱粒。

脱粒后的粮食会被集中到院子中间,用扬掀进行风选。

水稻一般极少使用脱粒机脱粒,大多数都是把稻秆使劲往石头上敲打来脱粒。各农作物1天地分量的脱粒选别所需人力、物力数目如下所示:

农作物	人数	马	碌子
大豆、高粱、麦类	4—5	3	3
粟、旱稻	8—10	3	3
稗	6—8	3	3
水稻	10—12	—	—
青麻	15		

七、储藏

主要是放在土壁子屋里贮藏,但是一些贫农就直接在炕上铺上席子或者用芦苇依次堆在院子里贮藏,蔬菜类一般放在菜窖贮藏。

八、农业季节

下表所示为本地主要作物的农业季节(皆为阴历):

农作物	播种期	除草期			中耕培土			收割期
		第一回	第二回	第三回	第一回	第二回	第三回	
大豆	四月上中旬	四月下旬—五月上旬	五月中下旬	六月中下旬	除草后	除草后	除草后	八月中下旬
高粱	四月上旬	四月下旬—五月上旬	五月中下旬	六月上中旬	五月上旬	六月下旬	—	八月中下旬
粟	四月中旬	四月下旬	五月中旬	六月中旬	除草后	除草后	除草后	八月上旬
稗	四月中下旬	四月下旬	五月上旬	—	除草后	除草后	—	七月中下旬
旱稻	四月上旬	四月下旬	五月中旬	六月中旬	除草后	除草后	除草后	八月下旬
水稻	四月中下旬	五月上旬	五月下旬	六月下旬	—	—	—	八月下旬—九月上旬
小麦、大麦	三月中旬	三月下旬	四月上旬	—	除草后	—	—	六月中下旬

续表

农作物	播种期	除草期			中耕培土			收割期
		第一回	第二回	第三回	第一回	第二回	第三回	
青麻	四月中旬	四月下旬	五月中旬	六月中旬	除草后	除草后	除草后	七月中旬

注:①大豆需要除草四回,第一回在四月下旬,第二回在五月上旬,第三回在五月中旬,第四回在五月下旬。

②大豆需要中耕两回,第一回在五月上旬,第二回在六月中旬。

③高粱需要除草四回,分别在四月下旬,五月上、中、下旬。

④高粱需要中耕三回,分别在四月上旬,五月上、中旬。

九、灾害状况

(一)旱灾

满洲地区气象的共同点就是春季降水少,因而农田比较干,其程度往往会妨碍到农作物的生长,不过也没什么特别值得一提的大旱灾。但纵观大正 13 年以来的降雨状况,在农作物灌溉期间没有 6 毫米以上降水的干旱天气持续 30 天以上的有 3 年,所以预计每四到五年会有一次严重的连续干旱天气。

(二)水灾

本地区发生水灾的原因有两种:其一是雨季时由东部海城县水位高的地方涌入的水会使这一区域积水,另一个原因就是直接由辽河的泛滥引起的。

本地区的直接积水面积大约是 970 平方公里,雨季的时候,这些地方的雨水暂且会集中在东部的大小几个水泡子里,接下来这些水,北部的在北小房身,中部的经青堆子、赏军台,南部的在鸡爪沟,也就是在三个地方分别流入辽河。然而这些排水道不仅全部是落差小、排水口窄,还长期缺少疏浚打理,水草茂盛,大大降低了排水能力,因此即便是少量的连续降水,从高水位地段涌来的水,即刻会引发地区内河水泛滥,积水又极大地损害了农作物的生长。像今年虽然没有辽河泛滥引发的洪灾,但由于 8 月份雨水从高水位地段流入,造成本地区几乎全部被淹,甚至于水位没膝,洪水滞留了 20 天左右,而且依据当地的降水情况来看,像今年这种程度的洪灾预计每两年会有一次。

下面,对于辽河泛滥所引发的洪灾,在当地做了调查,其结果显示,由于辽河泛滥引发的洪灾最严重的一次是在明治 21 年(光绪五年)①,其次是大正 12 年(民国 12 年)和昭和 5 年。

纵观最近 40 年,大小洪灾总共有 8 次,也即每 5 年会遇到一次洪灾,洪灾一般集中在 7 月下旬到 8 月中旬(阳历),洪水滞留期长短与洪水的大小并无太大关系,在整个地区会持续 30 天左右。水深排名第一的要数明治 21 年的大水,那时水深在平均地面高度之上约 2 米,而大正 12 年和昭和 5 年约高出 1.4 米,这一点通过观察本地区居民居住状况也能略有所知——本

---

① 编者注:原文有误,明治 21 年为 1888 年,即光绪十四年。

地区地势较低处的民房都是先在地面上修筑约 1.5 米的土堆,然后在土堆上搭建的。明治 21 年大洪水时,不仅辽河水流的大部分都经双台子河流入渤海,而且现在马家坨子、月芽子、青堆子以及赏军台等各村庄残存下来的小水沟本来是辽河的干流,大洪水时,在蔡家屯变成了如现在所见的直流。还有,位于北老湾西北的张家塘村庄原本是和北老湾的土地连在一起的,昭和 5 年的洪水时,两地直接被辽河干流截断,变成如今的小岛留了下来。此外,北小房身及外皮子附近的河道变化也是在最近 20 年来发生的。像这样由于辽河河道经常发生变迁移动,扬水机场的设立等辽河沿岸工程的实施就特别需要注意。

(三)鸟害

本地区的稻子到播种期和成熟期时,常会有无数的野鸭飞来,在一夜之间把好不容易长出的稻穗吃个精光,因此本地区绝不能轻视这种鸟害。

(四)病虫害

农作物的病虫灾害没什么值得特别说明,不过由于一般低湿地多,据说当地居民中常有疟疾发生。

(五)盐碱地

由于本地区都是碱性土壤,因而相当大地阻碍了农作物的生长,也限制了农作物种植的种类。

十、水田用水量

本地区水田的用水量从气候及其他相关因素推算如下:

(一)叶水面蒸发量

根据营口观测所自明治 38 年到昭和 7 年这 28 年间的记录所示,稻作期(从每年的 5 月 5 日到 9 月 15 日)中,最大的用水期是 7 月下旬到 8 月上旬,这 21 天的蒸发量总计如下:

多年平均　　117.8 毫米

第三位　　　157.5 毫米(明治 41 年)

而且,同时期稻子的叶面水蒸发量是蒸发计所显示蒸发量的 1.6 倍,最大用水期的叶面水蒸发量是:

多年平均　　$117.8 \times 1.6 \times 0.033 \times 108000 / 20 \times 86400 = 0.0388$ 町秒尺[①]

第三位　　　$157.5 \times 1.6 \times 0.033 \times 108000 / 20 \times 86400 = 0.0519$ 町秒尺

(二)有效雨量

在同一时期求得的降水的利用水量如下表所示:

---

① 译者注:计算用水量的单位。

	雨量（毫米）	利用率	利用水量（町秒尺）
多年平均	138.7	六成	0.0181
第三位	17.3	七成	0.0023

（三）渗透水量

从土质及地形来看，渗透水量为 0.005 町秒尺。

（四）最大用水量

我们使用根据上表所列的第三位的数据求得的结果，并预计水路损失为一成，则最大用水量为：

（0.0519−0.0023+0.005）×1.1＝0.06006　町秒尺

再者，从与本地区隔辽河相望的营口安全农村的实绩来看，该村使用扬水机每秒扬水 150 立方尺，可以灌溉 2,400 町步的水田，这样的效果是十分好的。把上面的水量换算一下就是 0.0625 町秒尺。

因此，根据前面计算出来的 0.06006 町秒尺和营口安全农村的实际 0.0625 町秒尺来看，保守估计本地的最大用水量为 0.065 町秒尺。

第四章　农业经营

一、佃耕惯例

本地方实行的租佃制度大致分为定租和分益地租。定租是缴纳现金或者缴纳粮食,而分益则全部是缴纳粮食。

租佃契约的期限一般是一年,在作物脱粒完成之后,到农历十二月末之前,对来年的租佃内容先做出口头协议,这种情况,不用提前缴纳地租,缴纳粮食也不一定需要保证人,总之视那个人的信用程度而定。

现金缴纳地租的话,都是要在定契约的同时交现金,如果是缴纳粮食,一般限定为高粱,在秋季粮食脱粒后由地主收取。碰到农作物歉收的时候,缴纳粮食的佃户会有减免,而缴纳现金的佃户则没有。

缴纳现金和粮食产生的租税都由地主承担。村里的公共费用是这样的情况:如果佃农是现金缴纳地租,则其费用全部由佃农承担,如果是缴纳粮食,则佃农承担公共费用的四到六成。本地区平均每天地的地租(国币/中国斗)如下表所示:

(1)西南地区

	上等地	中等地	下等地	水田	备注
定租现金	12.00 圆	10.00 圆	6.00 圆	—	分益时谷秆也以相同比率分配
定租纳粮	2.1 石	1.7 石	1.1 石	—	
分益纳粮	—	—	—	对半	

(2)北部辽河沿岸地区

	上等地	中等地	下等地	水田	备注
定租现金	21.00 圆	15.00 圆	8.00 圆	30.00 圆	分益时谷秆也以相同比率分配
定租纳粮	2.8 石	2.0 石	1.5 石	—	
分益纳粮	五成	四成半	四成	对半	

（3）东部地区

	上等地	中等地	下等地	水田	备注
定租现金	13.00 圆	9.00 圆	4.00 圆	—	分益时谷秆也以相同比率分配
定租纳粮	2.5 石	1.6 石	1.0 石	—	
分益纳粮	五成	五成	五成	—	

（4）朝鲜人的水田佃耕

营口县水源地附近则是由朝鲜人进行水田佃耕,全部实行分益缴纳粮食。在开垦的第一年缴纳其收成的两成,第二年三成,第三年五成,第三年以后每年都缴纳五成给地主作为地租,不过水田开垦费和租税及公共收费全部由地主承担,佃农只需要把每年的马耕费和肥料费各分担一半。

二、经营的规模

就地区内 14 家农户调查得出的耕作 1 天地所需劳力等资源的数据如下所示:

平均 1 天地所需劳力　　0.38 人

平均 1 天地所需役畜　　0.20 头

村名	种植面积（晌）	务农人数					役畜数
		家人	年工	月工（月）	日工（日）	年工换算（人）	
鸡爪沟	10	3	2	—	50	3.2	马2
六区大房身	15	1	4	8.5	20	6.1	马3
六区大房身	20	—	4	—	150	4.6	马3
马家坨子	15	2	4	—	70	6.3	马5
马家坨子	12	1	1	—	40	2.2	马3
赏军台	10	—	2	—	40	2.2	马2
赏军台	13	2	—	—	—	6.0	马3
五区大房身	33	3	—	42.5	100	8.4	马4
五区大房身	30	10	—	51	100	16.4	马4
鲍家堡子	4	—	3	—	20	3.1	马1
北小房身	9	3	—	8.5	100	4.4	马2
曹家屯	15	2	3	—	50	5.2	马3

村名	种植面积 （晌）	务农人数					役畜数
		家人	年工	月工（月）	日工（日）	年工换算（人）	
大高坎	13	5	—			5.0	马2.5
大高坎	8	1	1	8.5	20	3.1	马3
每天地 平均	计207	—	—	—	—	计78.2 平均0.38	计40.5 平均0.20

注:①家人中务农者视为年工。

②月工超过8个半月视为1名年工。

③日工超过255天视为1名年工。

三、农业劳动力的状态及工资

本地区由于过去来自华北的农业移民流入很多,因此现在农业劳动力呈现出毋宁说是过剩倾向。冬季时这些过剩劳动力就转到营口埠内做苦力或者收割芦苇等,因此劳力获得十分容易。无论是年工还是月工、日工,一般雇主都仅使用本村劳力,所以不需要给雇工提供住宿,仅供应伙食即可。

年工的雇佣契约期限一般是从旧历1月22日到10月20日的10个月,平均工资是60圆,其中一半是签订契约时支付,另一半则是契约到期的时候支付(赏军台剩余的另一半在端午节时支付)。

值得注意的是,营口县第五区、第六区两大房身以及北小房身附近年工受雇佣时,契约是分为春季5个半月,秋季3个月两个时段,这是一个特例。在这样的情况下其平均工资,前者是27圆,后者是23圆。

本地区雇佣月工的情况很少,只有在秋季农忙期时才会雇佣月工,其平均工资是10圆。

日工的平均工资是4角5分,而青天咀在雇佣朝鲜日工时,有的不另外提供伙食,把伙食费10角算在工资里支付。

下表显示了以国币支付的各地农业工资情况:

（单位：圆）

地名		年工		月工	日工	备注
		期限（月）	工资			
营口县	第六区	大房身	10.0 秋 3.0	60 27		0.5	①如无特别注明，工资都是指支付给满人的 ②朝鲜人日工伙食自理 满人的年工、月工、日工的伙食均由雇主承担
		赏军台	10.0	50	秋 10	0.4	
		青天咀	10.0	75		朝鲜人 0.7 满人 0.5	
	第五区	大房身	春 5.5 秋 3.0	29 22		0.4	
		北小房身	10.0 春 5.5 秋 3.0	55 25 24		0.4	
		曾家屯	10.0	60	秋 10	0.5	
平均			10.0 春 5.5 秋 3.0	60 27 23	秋 10	朝鲜人 0.7 满人 0.45	

四、役畜饲养状态

牲畜以马为主，其次是骡子和驴子，牛极少。因为地区内每户农家经营的耕地很少（一般只有2—3天地的耕地），因此每户所拥有的役畜数量也很少，大概3户农家平均会有1头。本地区通常不是农耕地就是低湿地，因此没有多余的土地用作放牧。农户不得已只好圈养牲畜，只是在农闲的时候才利用少量的空地放牧。

一匹马一年间所需饲料如下所示（满洲单位）：

稗草或者谷草　　1,200 斤

豆粕　　　　　　400 斤

高粱　　　　　　　6 石

农忙期一天所需饲料如下所示：

稗草或者谷草　　　10 斤

高粱　　　　　　0.2 斗

豆粕　　　　　　　4 斤

五、副业

副业主要是采集低湿地附近的用作苇席的芦苇贩卖和芦苇制造贩卖,以田庄台和营口为主要市场。北小房身附近的农户在冬天3个月的农闲期都以采集贩卖用于苇席的芦苇作为副业,每户平均收入大概有50—60圆,从事苇席制造的同样收入也有40圆,而赏军台和鲍家堡子的农户一个冬天通过苇席制造所得收入分别有20圆等等,收入相当可观。因此,在那些为连年水灾导致农作物歉收而烦恼的沿岸地区农民当中,有相当一部分还不如说是靠这一副业的收入来维持生计的。

除上述情况外,本地的副业还有鲤鱼沟和其他辽河沿岸地带的辽河渔业,以及北房身附近的芦苇塘中依附其小河的渔业,还有全地区范围内的养猪、养鸡等副业,但规模却很小。

六、农业金融及利息

在事变发生前,农民的主要金融机关是粮栈、油坊、烧锅等,事变后这些以农民为对象的金融活动也基本停止了。现在占据金融首位的是互助金融和典当,月利一般在2—3分;还有以土地作为抵押物的典地以及押地,均可借贷到地价的六—七成,月利息抵押的话在3分左右。

第五章　交通、运输及水陆运费

营口县第六区一带位于营口西北方 3—6 里处,离辽河沿岸不远,因此水运十分便利。而且此处道路四通八达,主要村庄间都安装了电话,且到冬季的时候,营口和水源地之间会有定期公汽往来,因此交通十分便利。

营口县东部边境一带是海城和营口两县下面的一个有名的低湿地(芦苇池塘),距离营口 6—12 里,离牛庄城 5—6 里。因为是低湿地,夏季的时候从外面须得绕很远才能进入本地方,冬季的时候虽然苇塘结冰,但因芦草茂盛,因此车辆也无法通行。然而因为这附近一带有相当多的村庄定居,道路也没有这么糟糕,再加上安装有电话,所以还是比较便利的。

至于产品的运输,夏季辽河沿岸地带常用水运,其他地方则一年四季多用陆运。不过,虽说是水路便利的地方,由于产品大量上市,因此临近冬季时粮食基本上都是用大车进行陆运。

几个村庄和营口间运输 1 石谷物平均所需运费(满洲单位)如下所示:

(1)马家坨子—营口(大豆、高粱、旱稻、水稻)

水运	从产地到装船地	5 角
	船费(含装卸费)	5 角
	从埠头到粮栈	1 圆 2 角
	总计	2 圆 2 角

大车运(65 华里)

	车费	1 圆 2 角

另外,两者都必需的粮栈费用(手续费等)　7 角

(2)北小房身—营口(70 华里)

大车	旱稻、稗、麦类	7 角
	大豆、高粱	1 圆

(3)曾家屯—营口(65 华里)

大车	夏秋	2 圆
	冬	1 圆 3 角

第六章　市场及物价

　　本地区周边有牛庄、田庄台以及营口三大市场,前两者都有大约2万人的满人街,因此在此处基本都能买到满、蒙的日用杂货,然而作为谷物的集散市场,其利用价值却有限。营口不仅拥有12万人口,且是辽东湾边的一大开放港口,因此设施齐全,商铺栉比鳞次,十分繁华,所有的农产品在此大量集散吞吐,确有大市场之风范。也因此,古往今来谷物买卖基本都在此处交易,将来也应该有效利用这一点,使其变为一有利资源。另外,据满农所说,和营口相比,牛庄里出售的谷物价格通常1石会低1圆2角左右。

　　下表所示为谷物价格和其他一般商品的价格:

(一)本地谷价

(单位:圆)

地名	年度	高粱	大豆	粟	稗	旱稻	小麦	大麦	青麻	水稻	备注
大房身	去年末	—	—	—	—	—	—	—	100斤	—	本地斗每石
	今年十月	7.50	10.00	8.00	3.00	7.00	13.00	4.00	5.00	9.50	
北小房身	去年末	7.00	10.00	—	2.00	7.50	11.00	4.00	6.00	—	国币支付
	今年十月	8.00	10.00	—	2.50	8.00	12.00	4.50	6.00	—	
曾家屯	去年末	5.50	8.00		2.00	6.00					
	今年十月	6.00	10.00		3.00	6.00					
马家坨子	去年末	—	—	—	—	—	—	—	—	—	
	今年十月	7.00	10.00	8.00	4.00	9.00				10.00	
总平均		6.83	9.67	8.00	2.75	7.25	12.00	4.16	5.67	9.75	

(二)营口、田庄台的谷价(昭和9年10月上旬)

(单位:圆)

品名	营口	田庄台	备注
大豆	12.50	13.00	中国斗每石
高粱	9.00	9.50	国币支付
粟	—	9.50	

续表

品名	营口	田庄台	备注
玉米	13.00	—	
大麦	5.20	—	
小麦	12.20	—	
大米	33.00	34.00	
高粱米	12.00	12.00	
小米	16.00	15.50	
白米(旱稻)	28.00	22.00	
绿豆	11.90	11.50	
旱稻	—	8.30	
水稻	10.50	—	

(三) 一般物价(昭和 9 年 10 月上旬)

(单位:圆)

品名	单位	营口	田庄台
线麻	1 斤	0.40	0.35
叶子烟	1 斤	0.30	0.25
豆粕	56 斤	1.34	52 斤 1.30
豆油	1 斤	0.09	0.10
食盐	1 斤	0.08	0.08
白糖	1 斤	0.14	0.15
烧酒	1 斤	0.16	0.14
白面(一号)	42 斤	2.70	2.75
粉条子	1 斤	0.20	0.22
牛肉	1 斤	0.25	0.20
猪肉	1 斤	0.28	0.25
羊肉	1 斤	0.30	0.25
石油	1 斤	0.14	0.14

品名	单位	营口	田庄台
洋蜡	1包	0.20	0.25
火柴	1包	0.05	0.05
棉花	1斤	0.45	0.48
细布	1尺	0.12	0.14
粗布	1尺	0.10	0.10
席子	1张	0.60	0.50
靰鞡	1双	2.50	2.55
青筋麻袋	1条	0.50	0.53
柴火(高粱秆)	100束	1.70	1.50
柴火(柳条)	100斤	1.50	—
煤	1吨	有烟 12.00 无烟 18.00	—
吊洋灯	1个	0.25	0.25
洗脸盆	1个	0.30	0.35
大车	1辆	100.00	100.00
播种犁	1架	3.00	3.00
铁锹	1个	0.50	0.55
木锹	1个	0.28	0.30
铁叉子	1个	0.35	0.35
碾子	1套		40.00
苇子	80斤	0.50	0.50
石头磙子	1个	—	3.00
红松原木	长 3 丈 径 8 寸	—	8.00
公马	1头	70.00	70.00
公牛	1头	60.00	60.00
骡	1头	70.00	70.00

续表

品名	单位	营口	田庄台
驴	1 头	30.00	30.00
猪	1 斤	0.12	0.13
鸡	1 只	0.35	0.35

注:度量衡是使用地方惯用的,价格用国币表示。

第七章　饮用水和燃料

　　辽河沿岸地方一般是将混浊的河水引入住宅区附近,待其沉淀后取上层的水饮用。而曾家屯、大高坎等牛庄街道附近地方则是饮用井水,井水虽然是无色透明的,但仍能尝得出其中含有一定的盐分,硬度也相当高,因此将来的饮用水还是取过滤后的河水为好。

　　除低湿地外,柳树和榆树遍地分布,而从低湿地可以取用丰富的芦草作主要燃料,因此几乎没有树木被砍伐的痕迹。除了芦草的其他主要燃料有豆秸、秫秸。

第八章　地价

(一)最近买卖实例

(大同 2 年　营口县公署调查)

地区	地目	每天地平均价格(元)	每反日币(圆)	摘要
营口县 第六区 附近	盐碱荒地	107.16	20.54	国币 1 元相当于日币 1.15 圆[①];日本人加藤 收购实例
	熟地	174.62	33.47	
	荒地	174.29	33.41	
	荒地	100.00	19.17	
营口县 第五区 附近	盐碱荒地	108.18	20.73	
	苇塘	154.28	29.57	
	熟地	80.87	15.50	
	芦苇荒地	456.97	87.59	

(二)地方居民给出的地价

(1)营口县第六区附近

地目	上等地		中等地		下等地	
	元/天地	圆/反	元/天地	圆/反	元/天地	圆/反
水田	350.00	68.08	290.00	55.58	220.00	42.19
旱地	350.00	68.08	250.00	47.92	190.00	36.42
苇塘	300.00	57.50	200.00	38.33	100.00	19.17
荒地	—	—	100.00	19.17	—	—

---

① 编者注:前文用圆来表伪满洲国币,第八、第十章为与日币区分,以元与圆相区别。实际就货币币面看,两者均用圆。

(2)营口县第五区附近

地目	上等地		中等地		下等地	
	元/天地	圆/反	元/天地	圆/反	元/天地	圆/反
旱地	230.00	44.83	150.00	28.75	85.00	16.29
荒地	—	—	55.00	10.54	—	—

第九章　治安状况

　　当地虽然没有大的匪患,但小土匪却没有完全绝迹,所以尚需警戒。不过如今民心渐安,再加上治安工作的长足发展,相信会日渐改善。

第十章　　租税、公共收费

本地方横跨营口和海城两县,下图所示这两县的农业相关的租税和公共收费:

(一)营口县

(元/天地)

	上等地	中等地	下等地	砂碱地	苇塘	负担关系	
						地主	佃农
田赋	1.80	1.50	1.10	0.80	0.70	全部	—
亩捐	1.40	1.10	0.90	0.60	0.60	全部	—
村公费	3.50	3.50	3.00	3.00	3.00	四成	六成
总计	6.70	6.10	5.00	4.40	4.30	—	—

(二)海城县

(元/天地)

	上等地	中等地	下等地	砂碱地	苇塘	负担关系	
						地主	佃农
田赋	4.00	3.20	2.30	0.80	0.80	全部	—
亩捐							
村公费	3.50	3.50	3.00	3.00	3.00	四成	六成
总计	7.50	6.70	5.30	3.80	3.80		

如前所述,两县的租税及公共收费由地主、自耕农、佃农所负担的部分,换算成每反以日币支付如下所示:

（圆/反）

县名	类别	上等地	中等地	下等地	砂地	苇塘
营口县	地主	0.87	0.76	0.61	0.49	0.47
	自耕农	1.28	1.17	0.96	0.84	0.82
	佃农	0.41	0.41	0.35	0.35	0.35
海城县	地主	1.03	0.88	0.67	0.38	0.38
	自耕农	1.44	1.29	1.02	0.73	0.73
	佃农	0.41	0.41	0.35	0.35	0.35

注：国币 1 元相当于日币 1 圆 15 钱。

然而上表中佃农所负担部分的数据表示的仅是当佃农通过定租纳粮和分益纳粮来缴纳田租时的情况,若地租是以现金缴纳,则由佃农全额负担村公费。

昭和 14 年 2 月

盖平—营口县区域内盖平地区调查报告书

秘

满铁·调查部

第一方案

凡 例

    本调查报告是我们于昭和 12 年 2 月到 3 月之间与满拓公社合作完成，内容为适合作为自由移民迁入地的调查报告书。本报告书作为当地的开拓计划资料而被增印。

负责人　　　　　　　　　　　岩上启

昭和 14 年 2 月　　　　　　　调查部调查员　农业第 1 系

目 录

一、设定移民计划概要

工程

目的 设定以水田耕作为主的聚居移民点

位置 被营口、大石桥及盖平3城镇包围,横跨营口县第一区东白庙子、江家房,营口县第二区岔口房、柳树屯及盖平县第一区青石岭铺、盖平县第四区滕家坨子等2县4区6个村的地域

面积 总预定面积 18,000 町步

其中
- 水田 10,000 町步
- 旱地 5,000 町步
- 征用地和其他 3,000 町步

土地改良工程 **水库**

位置 盖平县第五区团甸村及东高家村区域内

流域面积 100,000 町步(约1,000平方千米)

满水面积 1,470 町步

有效贮水量 33,218 町尺(10,066町米)

堤塘法
- 种类 土堤塘
- 最顶端宽 8 米
- 内侧25%至30%铺人造石材,外侧25%
- 高 22.3 米
- 全长 1,050 米

工程费用

水路

导水渠及用水干线	3 条	总长	55,800 米
用水支线及用水支渠	360 条	总长	645,000 米
排水沟及排水干线	8 条	总长	112,000 米
排水支线及排水支渠	360 条	总长	600,000 米
合计	731 条	总长	1,412,000 米
农用道路	6 条	总长	72,000 米

土地改良

工程费用 7,350,000 圆 每反 49.00 圆

其中
- 灌溉设施费 4,700,000 圆 每反 47.00 圆
- 收购土地费 2,650,000 圆 每反不到 17.67 圆

工程进度 {
第1年度　完成土地收购及测量设计,工程施工完成30%,但不包括开田工程
2年度　工程施工完成约35%,但不包括开田工程
3年度　完成剩余工程及开田工程的40%左右
4年度　完成剩余的开田工程及进行一部分除盐作业

移民的入住　总户数　2,500户

预计平均每户水田4町步,旱地2町步,共计6町步。

时期　移民事业第6年春季全部迁入

每户移民
的收入 {
政府补助费　金额　1,625,000圆　平均每户650圆

满拓[①]通融　金额　12,907,700圆　平均每户5,163.08圆

其中 {
固定资金 {
灌溉设施、土地收购费用及利息 } 10,657,700圆,平均
住宅建筑费用及其他 } 每户4,263.08圆
流通资金　经营农业费用　2,250,000圆　平均每户900.00圆

固定资金　前5年不用还,5年后,总756,175圆,每户每年302.47圆,分25
年均等偿还

流动资金　前5年不用还,5年后,总216,775圆,每户每年86.71圆,分15
年均等偿还

合计　972,950圆,每户每年389.18圆

移名每
户收支 {
迁入第1年度亏损额　604.80圆

迁入第2年度亏损额　84.16圆

迁入第3年度纯收益额　153.14圆

迁入第4年度纯收益额　397.27圆

迁入第5年度纯收益额　397.27圆

迁入第6年度以后到第20年度各年度纯收益额　266.24圆

迁入第21年度以后到第30年度各年度纯收益　352.95圆

迁入第31年度以后各年度纯收益　655.42圆

平均每户移民
的资产预测 {
迁入30年后　总资产　13,594.90圆

其中 {
土　地　(依照原价)　3,576.58圆
房屋及其他(作为固定资本投入的部分)　1,336.50圆
迁入30年间的经营农业纯收益　8,681.82圆

---

① 　译者注:九一八事变后,日伪政权为配合日本帝国主义的移民侵略计划,加紧了对东北的土地掠夺。1932年,日
　　本在东北成立"日满土地开拓公司",以没收、强夺并销毁地契等方式大量掠夺东北土地,分给日本移民耕种。
　　1937年9月,日本、伪满洲国政府和满铁、东拓、三井、三菱、住友等财团共同出资5,000万元,将该公司改组为满
　　洲拓殖公社(简称"满拓"),使之成为日伪推行移民侵略的"国策性使命实行机关",专门从事"移住用地的取得、
　　管理及出卖"。

二、水库内的现状

1.位置及地势

本水库位于盖平县东方约 15 千米处,在大牟马岭附近拦截清河。若要建所需蓄水量为 9,000 町米的大水库的话,满水面积约需 1,470 町步。区域横跨盖平县第五区东高家村及团甸村内的 10 个屯,是一个东西 9 千米、南北 2 千米左右的矩形。清河石岸与山岳相接,左岸有大约 1.5 千米坡度比较缓的耕地,一直延伸到山脚。可以说此地是作为水库最合适的地方。

2.土质及地下水位

水库区域内土壤为冲积层壤土①和钙红土,其区域内东高家村多壤土,团甸村多钙红土,两村的土质都非常好。表层土壤呈淡黑色或者淡黄色,深度为 0.3 到 0.5 米,号称盖平县地区内土质最好的耕地。关于地下水位,清河沿岸一般约 3 米,山脚 6 到 8 米。

而且,本水库有砂金矿脉,目前,其附近有两三个地方,正在小规模地采掘砂金。

3.根据土地名目类别划分的土地面积

本水库的满水面积为 1,470 町步,计划将洪水位定为比此水位高 1.8 米,所以,此处,对洪水面积 1,660 町步的浸水区域做如下记载:

(单位:天地)

所有权	村别	相关屯数	熟地			荒地	墓地	住宅用地	林地	其他不可耕地	合计
			上	中	下						
民有地	团甸村	3	73	284	183		23	55	17	8	643
民有地	东高家村	7	295	580	555	35	47	121	54	25	1,712
合计	2	10	368	864	738	35	70	176	71	33	2,355
不同土地名目面积所占比例(%)			15.7	36.7	31.3	1.5	3.0	7.5	2.9	1.4	100

注:根据土地名目类别划分的土地面积是在各村、各屯所调查的面积。

4.相关河流及流域状况

清河作为本水库的水源同时也是盖平县与岫岩县的县界。发源于魏家大岭连脉的干流与发源于海城县第二区自家堡北方约 4 千米的三角山附近的支流,在本水库区域内的东高家村现家峪屯合流,向西流约 20 千米到达盖平县城以南,继续向西流,在流至 3 千米处横穿连京线,注入辽东湾。此河流全长达 76 千米。

水库拦截地点流域面积为 1,030 平方千米(66.2 方日里)。

拦截水库的河流长 40 多千米,河身蜿蜒曲折。拦截地点上流的河床坡度大,为 1/400 甚至 1/500,下流坡度稍缓,但仍有 1/500 到 1/700。河床由沙砾层构成,不适合做工程建设材

① 译者注:壤土为混有 30%左右粘土的土壤。这种土质水分与养分的吸收、透气性俱佳,适宜作物栽培。

料。实地考察了本河流干流和支流的流出状况,得出以下结果:

干流和支流的流量观测表

河流名称	观测地点	观测日期	到观测地点为止的流域面积(km²)	流量(m³/s)	摘要
清河干流	旺户屯附近	4月9日	595	5.590	水面宽16米,最大水深0.85米
清河支流	旺户屯附近	4月9日	356	0.910	水面宽10米,最大水深0.40米
清河干流	大牵马岭附近	4月7日	1,030	6.630	水面宽35米,最大水深0.80米

注:由上表可知干流单位流域面积的流量是支流单位流域面积的3.5倍,但如果仅凭此就判断其流域状态的好坏未免有些操之过急。综合军政部门发行的地图和当地居民的介绍可以得出:干流流域内与支流流域内相比,耕地面积少且山岳地带多,森林状况良好,而事实也的确如此。

关于本河流的枯水期水量没有任何可供调查的资料,这也是综合当地居民的说法,推定在大牵马岭附近枯水期水量大约为1.50秒立方米。

5.历史上的自然灾害状况

本水库区域内有南北背靠山岳丘陵的小平地,宽度为2千米到3千米。河岸仅有几处地方遭水灾,但其面积较小。

6.现住居民的一般状况

(1)**根据职业类别划分的户口**

村名	相关屯数	农业		商业		工业		其他		合计	
		户数	人口	户数	人口	户数	人口	户数	人口	户数	人口
团甸村	3	214	1,404	—	—	4	16	10	32	228	1,452
东高家村	7	770	5,111	12	90	18	100	25	125	825	5,426
合计	10	984	6,515	12	90	22	116	35	157	1,053	6,878

(2)**农户类别及耕作面积**

(单位:天地)

村名	地主数量	地主兼自耕农		自耕农		自耕农兼佃农		佃农		农业劳工	合计	
		户数	面积	户数	面积	户数	面积	户数	面积		户数	面积
团甸村	4	19	105	90	180	74	156	19	27	8	214	468
东高家村	2	21	83	536	998	158	346	39	75	14	770	1,502
合计	6	40	188	626	1,178	232	502	58	102	22	984	1,970
占总数的比例(%)	0.6	4.1	9.5	63.6	59.8	23.6	25.5	60	5.2	2.1	100	100

续表

村名	地主	地主兼自耕农		自耕农		自耕农兼佃农		佃农		农业劳工	合计	
	数量	户数	面积	户数	面积	户数	面积	户数	面积		户数	面积
平均每户面积			4.70		1.88		2.16		1.76			2.00

（3）根据居住地类别划分的地主数目及面积

本水库区域内的地主大多在村内居住，仅有 4 家地主在县城居住，而且仅拥有 45 天地的土地而已。

（4）农作物的收成、耕作面积及谷类价格

村别	类别	高粱		谷子		大豆		棉花		其他
		粮石①（石）	高粱秆（斤）	粮石（石）	秆草（斤）	粮石（石）	秆（斤）	重弹棉花（斤）	秆	秆
团甸村	产量 上	5.0	2,700	4.5	1,200	4.0	1,800	100		
	中	4.0	2,200	3.5	1,000	3.0	1,400	70		
	下	3.0	1,700	2.5	800	2.0	1,000	50		
东高家村	产量 上	4.5	2,500	4.5	1,200	3.5	1,600	85		
	中	3.5	2,000	3.5	1,000	2.5	1,200	65		
	下	2.5	1,500	2.5	800	2.0	1,000	50		
两个村的耕作面积及比例		1,010天地	51.3%	295天地	15.0%	316天地	16.0%	251天地	12.7%	98天地,5%
两个村平均谷类价格		每石15圆	100斤0.15圆	每石11圆	100斤0.8圆	每石18圆	100斤0.30圆	100斤120圆		

注：每石的谷类价格以盖平县城内旧制斗的市价为准。

（5）家畜、家禽的饲养状况及价格

（单位：圆）

村别	耕作面积（天地）	类别	家畜					每头耕作面积	家禽			
			牛	马	马	驴	合计		猪	鸡	鸭	合计
团甸村	468	数量	44	25	29	34	132	3.54	219	1,375	211	1,805
		价格	50	90	100	25			16	0.5	0.45	

---

① 译者注：指粮食，以石计量，故称。

村别	耕作面积（天地）	类别	家畜					每头耕作面积	家禽			
			牛	马	马	驴	合计		猪	鸡	鸭	合计
东高家村	1,502	数量	104	33	34	101	272	5.52	308	1,430	100	1,838
		价格	60	100	120	25			20	0.5	0.45	
合计	1,970	数量	148	58	63	135	404	4.88	527	2,805	311	3,643
		平均价格	55	95	110	25			18	0.5	0.45	

（6）施肥状况

全区域内土地没有进行施肥,一般每天地土地大约使用 15,000 斤的土粪。最近随着农村文化建设的发展与治安、交通网的改善,化肥、豆饼以及硫铵的使用也逐渐盛行。

（7）政府或公共团体征收的费用

类别	团甸村				东高家村				摘要
	上	中	下	荒	上	中	下	荒	
国县税	1.80	1.50	1.20	0.90	2.00	1.50	1.30	0.60	单位为天地
村费	1.68	1.68	1.68	1.68	1.80	1.80	1.80	1.80	单位为天地
农会费	0.06	0.06	0.06	0.06	0.03	0.03	0.03	0.03	单位为天地
义仓费①	0.20	0.20	0.20	0.20	0.20	0.20	0.20	0.20	义仓费共收 1.8 升稻谷,但暂时可折合成现金
合计	3.74	3.44	3.14	2.84	4.03	3.53	3.33	2.63	

（8）佃耕惯例

由于佃农契约为口头契约,所以需要每年进行更新。国县税主要由地主负担,村费及其他政府或公共团体征收的费用主要由佃农负担。地租主要缴纳实物,但也有的地方缴纳金钱。以下为不同村的每天地地租。

村别	以实物缴纳	以金钱缴纳	摘 要
团甸村	2 石到 3.5 石	30 圆到 45 圆	实物缴纳只用高粱
东高家村	1.5 石到 3 石	25 圆到 40 圆	实物缴纳只用高粱

---

① 译者注:义仓费即保管费。

（9）土地价格

本地区是被山岳包围的盆地,据说三四年前由于治安混乱以及交通不畅等因素,土地价格十分低廉。但近年来随着治安和交通的改善,物价上涨,土地价格也随之暴涨。由于这种状况很少见,所以很难预测土地的确切价格。下表是根据各村公所及靠其他手段得到的地价:

（单位:圆）

村别	熟 地			住宅用地	墓地	荒地	林地	摘要
	上	中	下					
团甸村	600	460	350	700	450	—	150	以每天地为单位计算（日本5反4亩）
东高家村	540	420	330	600	400	50	170	以每天地为单位计算（日本5反4亩）
平均	570	440	340	650	425	50	160	

注:土地实际销售价格为本表的所示的80%左右。

（10）动产（含不动产）

（单位:圆）

类别 \ 村别		团甸村			东高家村			合计		
		数量	销售价	新置办费	数量	销售价	新置办费	数量	销售价	新置办费
住房（间）	上	205	120	200	349	80	150	554	100	180
	中	410	80	150	735	50	90	1,145	65	120
	下	220	50	70	775	40	50	995	45	60
杂房	农舍	—	—	—	40	18	25	40	18	25
	库房	8	28	35	68	20	25	73#	24	30
围墙（丈）	砖墙	150	15	20	—	—	—	150	15	20
	石墙	3,500	3	4	9,000	3	4	12,500	3	4
碾磨	碾子	44	45	50	108	40	50	152	42	50
	磨	105	5	6	180	5	6	285	5	*
坟墓	土坟	535	—	10	1,365	—	8	1,900	9	*
井	石砌	21	45	55	63	35	45	84	*	*
树木		2,500	0.33	—	5,900	0.33	—	8,400	0.33	—

（11）燃料及工程使用用材料

如前所示,由于各村落都背靠山岳,所以农户的燃料十分充足。

碎栗子石、碎石子、沙子等工程建造材料由于可以从附近的山上和河流开采到,所以工程费用应该很低。此外,钢筋混凝土等建筑材料都从盖平县运入。这些材料的单价全都记录在平原地带的工程事项中。

(12)**农业报酬与衣食住行**

（单位:圆）

村别	工　资				大车2架马车	房屋租金		摘要
	小工①	木匠	月工	年工		在当地的称呼	单价	
团甸村	0.35	0.70	6	75	3	1间房子1年	10	
东高家村	0.35	0.60	6	70	2.8	1间房子1年	15	
平均	0.35	0.65	6	72.5	2.9		12.5	

7.度量衡比较表

类别	当地	日本	摘要
面积	1晌	0.54町步	1晌=6亩,1亩=360弓,1弓=5尺平方
长	1尺	1尺4分	
容积	1石	1.57石	
重量	1斤	1.066斤	

8.交通及通信状况

(1)**到县城、车站及市场的距离**

以水库的中心地东高家村赶马河屯为起点来表示与其他各地的距离,向西大约18千米处为盖平县城,距此中心地最近的车站也正是盖平车站,县城是农作物交易的主要市场。本水库地区内人口稠密,但与之相反农业耕地却很少,所以谷类的输出量基本为0。东高家村开设的小市场仅仅进行家畜及其他谷类的交易而已。

(2)**水陆交通工具及利用状况**

起于盖平县城贯穿本水库区域,通向岫岩县城的警备道路、大车道路是唯一的交通道路,马车的往来频繁。由于清河拦截地点以东没有架桥,所以一到夏季涨水期渡河就极其困难。

然而,同时也由于本河流的河床坡度极大,所以洪水仅仅在一两天内就会退去,恢复到平常水位,所以,应该说交通比较便利。

(3)**邮局及其代办所所在地、电报局及其他**

东高家村有代办所,销售邮票、明信片,也经营小包裹邮寄业务。关于收发信业务,由代办所隔日往返于县城办理。没有电报局及其他通信机关。

(4)**电话的有无及功能、其他**

以第五区警察署所在地赶马河为中心,附近的各分驻所及村公所都有联系县城的直通电话。

---

① 译者注:在木匠的手下做建筑物的修理等的技术员。

9.治安及卫生、教育状况

（1）匪害

据说,在过去,附近一带的治安非常不好,经常遭受匪害。后来,通过扩充警备及治安整顿,使得最近匪患渐渐消失了。

本地区历史上的匪害情况如下所示:

年份	匪害次数	总人数	匪害类别及武器	当时的根据地	受害程度
大同3年	120	2,500	土匪 步枪	第五、六区	被绑架的满人大约70人(其中3人惨遭杀害,其他人都被放回村子),物品及其他受害较小
康德元年	95	1,200	土匪 步枪	第五、六区	被绑架的满人大约50人(其中5人惨遭杀害,其他人被放回村子),物品及其他受害较小
康德2年	23	300	土匪 步枪和棍棒	第六区	人质约30人,物品及其他受害较小
康德3年	4	24	土匪 棍棒	第六区	现金约230圆

（2）警备

本地从以前开始就设置有警察分署作为警备机构。但由于警察分署的数量很少,所以当遭受匪害时往往寡不敌众,因此,当地居民经常处于一种恐慌的状态。基于这种情况,县当局去年扩充了警察力量,以下为警察署驻屯所在地及人员情况:

类别	驻屯地	人员	装备	警戒范围	摘要
警察署	赶马河子	13	步枪11 手枪5	第五区内	本警察署管辖范围内有11个分驻所,共77人
分驻所	东高家村	5	步枪5 手枪1	东高家村附近	
自卫队	各村落	平均30人			年龄18到40岁之间的当地居民轮流值班看守

（3）卫生

（A）没有地方病、流行病等。

（B）卫生设施

没有卫生设施,仅在高家屯、洛水寨及赶马河子等地有两三名中医而已。

（C）对于一般耕畜的疾病也没有什么值得特别记载的,但在高家屯内有一名兽医。

（D）饮用水

由于在溪谷，所以本地的饮用水状况非常好，凿井深度一般为8到12米。

（E）关于虫害也没有值得特别记载的事项。

（4）教育

作为儿童教育机构，初级学校在本水库附近得到普及，各屯都开办了学校，其入学率高达80%以上。

水库地区的教育状况如下表所示：

村别	学校数	教师人数	儿童数	学习年限	摘要
团甸村	2	2	90	4 年	关于学费，每人每年补助 3 圆，各相关屯有补助
东高家村	6	8	335	4 年	关于学费，每人每年补助 3 圆，各相关屯有补助
合计	8	10	425		

10.水库设置后现住居民的安置

关于该问题，听取了盖平县参事官的意见。县地区内大部分是山岳地带，农耕地少，与此相反，人口却很稠密，因此一般的农户都极度贫困，维持自家生活都很困难。

本地区的农村勉强能做到自给自足。因此，像一般农村一样当地农民不想失去土地。白旗站附近贫瘠的碱性土地相当于本地区土地的十几倍，国家的政策是将这些土地改造成良田，并将日本农民移居至此以开发产业和增强国力。为了完成这一使命，不得已而收购当地农民的土地，因此，作为县当局应该在收购的同时给以当地农民其他的援助，并在慎重考虑到县地区内完全没有让这些满洲农民移居的迁移替换地这一情况的基础上，选定其他合适的迁移替换地。

以上是县当局的意见。针对本问题，在实际解决前，需要与县当局多次协商从而制定出最好的具体解决方案。

三、平原地带现状

1.位置、地势

本地区位于连接营口、大石桥及盖平3座城市的三角地区内，从地理学上来看，位于东经122°13′、北纬40°13′附近，横跨营口县第一区东白庙子、江家房，第二区岔口房、柳树屯及盖平县第一区青石岭铺，第四区滕家坨子等2县6个村。本地区东南为东南走向的连京线，西与盐田地区相接，北方一带为平原。关于地势，从连京线白旗站东部的前蚂虹嘴子附近到柳树屯附近基本上高度相同，柳树屯附近到南方的江家房及东白庙子附近大约为 1/8000 乃至 1/10000 缓缓下降的斜坡。

2.土质及地下水位

本地区属于第四纪新地质层，由冲积土壤形成的碱性土壤，其碱性成分的分布状况跟土质好坏状况不完全契合，一般情况下，东部地带含盐量少，土质较好；随着向西北推进，含盐量越来越多,盐田地分界附近基本没有已耕地。

另一方面,地下水位比较浅,东部为 7 米到 10 米,西部为 2 米到 3 米,东西部地下水含盐量都很高,不适宜作饮用水。

各村关于土质、地下水位的详细情况如下所示:

村别	土壤类型		土壤颜色	表土深度	土质好坏	地下水位	饮用水的好坏
营口县 东白庙子村	沙壤土		表土—灰色 深层土—黑色	20 厘米到 30 厘米	不良	3 米到 2 米	含有盐分, 不好
营口县 江家房村	沙壤土		表土—灰色 深层土—黑灰色	20 厘米到 30 厘米	不良	5 米到 10 米	含有盐分, 不好
营口县 岔口房村	东部 西部	黏土 沙壤土	表土—黑色 深层土—黑灰色	30 厘米到 40 厘米	东部—稍好 西部—不好	3 米到 8 米	除大平山麓稍 好外,其他一 般都不好
盖平县 滕家坨子村	东部 西部	黏土 沙壤土	表土—淡黄色 深层土—黑色	30 厘米到 40 厘米	东部—良好 西部—不好	2 米到 8 米	东部稍好, 西部不好
盖平县 青石岭铺村	东部 西部	黏土 沙壤土	表土—黑灰色 深层土—黑色	30 厘米到 40 厘米	东部—稍好 西部—不好	3 米到 6 米	全地区内都 不好

石田农场曾委托公主岭农业试验场对白旗站附近的土壤进行分析,以下为得出的结果:

实验序号	原始标本中的比率(%)			干燥后标本中的比率(%)		
	1	2	3	1	2	3
水分	2.440	1.590	7.020	—	—	—
总氮量	0.075	0.057	0.079	0.077	0.058	0.081
腐殖质	0.420	0.300	0.720	0.430	0.305	0.774
全水溶性物质	0.722	0.059	1.688	0.740	0.060	1.815
水溶性盐类	0.590	0.041	1.400	0.609	0.042	1.506
氯气	0.324	0.009	0.782	0.332	0.009	0.841
碳酸	—	—	—			
小苏打	0.012	0.003	0.009	0.013	0.003	0.013
硫酸	0.040	—	0.141	0.041	—	0.152

如上表所示,氯气最高含量为 8‰,最小为 0.1‰。现有的荒地——西部地区氯气含量大致在 5‰到 8‰之间,没有大的差别。

3.根据土地名目类别划分的土地面积

（单位：天地）

所有权	村别	熟地不同级别面积					墓地	可耕荒地	沼泽地、道路、山地及其他	合计
		菜园地	上	中	下	合计				
私有地	营口县东白庙子	200	110	230	640	1,180	38	220	220	1,658
	营口县江家房村	90	120	410	580	1,200	25	540	190	1,955
	营口县岔口房村	307	580	870	1,180	2,937	87	1,500	550	5,074
私有地	盖平县滕家坨子村	288	1,735	1,098	860	3,981	92	850	240	5,163
	盖平县青石岭铺村	55	135	152	280	622	8	70	70	770
	合计	940	2,680	2,760	3,540	9,920	250	3,180	1,270	14,620
不同土地名目面积的比例(%)		6.4	18.3	18.9	24.2	67.8	1.7	21.8	8.7	100

注：①不同土地名目面积是根据各村屯所的调查记述的,其中岔口房村的土地面积中包含了属于柳树屯村的土地面积。

②石田农场约1,376天地的所有地中不包含以上这些土地名目面积。

4.相关河流及流域状况

盖平、营口两县的县界河流发源于汤池北方干家大岭附近,向西南流下约20千米就到达本地区的东部,继续西流,注入辽东湾。本河流的河床坡度为1/5000左右。在河流上游距入口约5千米处,生活着3户朝鲜国内农民,他们利用本河流的流水耕作着约6.6天地的水田。

5.历史上的自然灾害状况

没有病虫、霜雹等灾害,但局部的污水停滞造成一定灾害,而且连续干旱的情况下,受到碱性的不良影响也很大。各村此类灾害的状况如下所示:

村别 \ 灾害	康德3年				康德2年				康德元年			
	水灾		旱灾		水灾		旱灾		水灾		旱灾	
	时期	受灾程度	时期	受灾程度	时期	受灾程度	时期	受灾程度	时期	受灾程度	水害	受灾程度
营口县东白庙子村	—		—		7月	收获总面积的一成	—		—		5月	一半的面积只收获五成

灾害 村别	康德3年				康德2年				康德元年			
	水灾		旱灾		水灾		旱灾		水灾		旱灾	
	时期	受灾程度	时期	受灾程度	时期	受灾程度	时期	受灾程度	时期	受灾程度	水害	受灾程度
营口县江家房村	—		—		7月	一半的面积只收获三成	5月	收获总面积的三成	—			一半的面积只收获五成
营口县岔口房村	—		—		7月	一半的面积只收获两成	5月	收获总面积的四成	—		5月	一半的面积只收获五成
盖平县滕家坨子村	—		—		7月	一半的面积只收获两成		—	7月	1/3的面积只收获一成		-
盖平县青石岭铺村	—		—		7月	一半的面积只收获两成		—	7月	1/3的面积只收获一成		-

6.现住居民的一般状况

(1)根据职业类别划分的户口

村别	屯数	农业		工业		商业		其他		合计	
		户数	人口	户数	人口	户数	人口	户数	人口	户数	人口
营口县东白庙子村	6	399	2,338	25	150	25	136	135	782	584	3,406
营口县江家房村	3	310	1,858	—	—	—	—	52	550	362	2,408
营口县岔口房村	9	958	7,172			9	70	325	1,518	1,292	8,760
盖平县滕家坨子村	10	986	6,938	20	88	30	184	267	1,365	1,303	8,575
盖平县青石岭铺村	3	125	784	1	6	1	6	10	55	137	851
合计	31	2,778	19,090	46	244	65	396	789	4,270	3,678	24,000

注:上表中"其他"一栏中大部分的劳动者,主要从事盐田作业。

(2)农户种类及其耕作面积(菜园地除外)

（单位:天地）

村别	地主	地主兼自耕农		自耕农		自耕农兼佃农		佃农		农业劳动者	合计	
		户数	面积	户数	面积	户数	面积	户数	面积		户数	面积
营口县东白庙子村	2	17	56	216	532	66	180	88	212	10	399	980
营口县江家房村	2	—	—	290	1,064	9	44	1	22	8	310	1,110
营口县岔口房村	30	10	50	873	2,546	5	14	10	20	30	958	2,630
盖平县滕家坨子村	5	5	26	786	3,305	104	328	12	34	74	986	3,693
盖平县青石岭铺村	—	2	11	116	531	2	7	5	18	—	125	567
合计	39	34	143	3,281	7,978	186	573	116	286	122	2,778	8,980
占总数的比例(%)	1.4	1.2	1.6	82.1	88.8	6.7	6.4	4.2	3.2	4.4	100	100
每户平均耕作面积	—		4.2		3.5		3.1		2.4	—		3.2

注:上表中所使用的耕作面积单位"天地"与营口县及盖平县地区内所使用的不同,本表中统一按每天地合10亩计算。

(3)根据居住地类别划分的地主数目及面积

（单位:天地）

村别	村内居住		县地区内居住		省内居住		省外居住		合计	
	户数	面积	户数	面积	户数	面积	户数	面积	户数	面积
东白庙子村	301	1,498	4	120	1	20	1	20	307	1,658
江家房村	301	1,955	—	—	—	—	—	—	301	1,955
岔口房村	918	4,972	18	27	70	75	—	—	1,006	5,074
滕家坨子村	900	5,129	6	24	5	10	—	—	911	5,163
青石岭铺村	120	760	3	10	—	—	—	—	123	770
合计	2,540	14,314	31	181	76	105	1	20	2,648	14,620
比例(%)	95.9	97.9	1.2	1.3	2.9	0.7	—	0.1	100	100

（4）农作物的收成、耕作面积及谷类价格

村别	类别		高粱 粮石（石）	高粱秆（斤）	谷子 粮石（石）	秆草（斤）	大豆 粮石（石）	豆秆（斤）	秆子 粮石（石）	秆（斤）	稻谷 粮石（石）	秆（斤）	其他
东白庙子村	收成	上	2.5	1,600	—	—	—	—	—	—	—	—	
		中	2.0	1,300	—	—	—	—	1.5	400	—	—	60 天地
		下	1.5	1,000	—	—	—	—	1.0	300	—	—	
江家房村	收成	上	3.0	2,000	2.5	800	2.0	1,000	2.5	600	—	—	
		中	2.5	1,700	2.0	700	—	—	2.0	500	—	—	70 天地
		下	2.0	1,400	1.5	500	1.5	800	1.5	400	—	—	
岔口房村	收成	上	4.5	3,000	4.0	1,300	4.0	2,000	—	—	—	—	
		中	3.5	2,400	3.0	1,000	3.0	1,500	—	—	—	—	90 天地
		下	2.0	1,400	—	—	2.0	1,000	2.5	600	—	—	
滕家坨子村	收成	上	5.0	3,200	5.0	1,600	4.0	2,000	—	—	3.0	900	
		中	3.5	2,400	3.5	1,100	3.0	1,500	3.0	700	2.0	700	75 天地
		下	2.0	1,400	2.0	700	2.0	1,000	2.0	500	1.0	400	
青石岭铺村	收成	上	3.5	2,500		3.5	1,100	3.0	1,600	—	—		
		中	2.5	1,900		2.5	800	2.0	1,100	—	—		10 天地
		下	1.5	1,200		1.5	500	1.0	600				
合计	耕作面积及比例		5,891	65.6%	1,356	15.1%	673	7.5%	593	6.6%	162	1.8%	305 天地 3.4%
合计	谷类平均价格		每石 15 圆	100 斤 0.45 圆	每石 11 圆	100 斤 1.10 圆	每石 20 圆	100 斤 0.45 圆	每石 5.5 圆	100 斤 0.50 圆	每石 15 圆	100 斤 0.4 圆	

注：以上表格所示的谷类价格是以旧制升为计量单位，根据去年末的当地行情制作而来，度量衡统一按营口县的标准计算。

（5）家畜、家禽的饲养状况及价格

（单位:圆）

村别	耕作面积（晌）	类别	家畜					每头耕作面积（天地）	家禽			
			牛	马	骡子	驴	合计		猪	鸡	家鸭	合计
东白庙子村	980	数量	3	33	28	33	97	10.1	70	350	35	455
		价格	50	80	100	25			15	0.5	0.6	
江家房村	1,100	数量	—	50	50	90	190	5.8	400	350	45	795
		价格	—	100	120	30			20	0.4	0.4	
岔口房村	2,630	数量	10	120	180	200	510	5.2	270	880	140	1,290
		价格	60	100	120	35			30	0.5	0.5	
滕家坨子村	2,692	数量	15	80	270	210	575	6.4	150	1,200	200	1,550
		价格	50	100	120	30			40	0.55	0.50	
青石岭铺村	567	数量	8	15	238	24	85	6.7	30	500	50	580
		价格	0	90	100	30			20	0.6	0.6	
合计	8,980	数量	36	298	566	557	1,457	6.2	920	3,280	470	4,670
		均价	53	94	22	30			25	0.51	0.52	

（6）施肥状况

肥料多为土粪,一般每天地使用10,000斤乃至12,000斤的土粪。

据说,蔬菜栽培一般每天地使用豆饼约300斤,硫铵约200斤;每100斤豆饼价格为3.50圆左右,硫铵稍高一些。

（7）政府或公共团体征收的费用

（单位:圆）

类别	东白庙子村				江家房村				岔口房村			
	上	中	下	荒	上	中	下	荒	上	中	下	荒
国税	2.0	1.2	1.0	0.6	1.54	1.10	0.66	0.33	1.50	0.8	0.6	0.44
县税	0.8	0.6	0.5	0.3	1.46	1.40	1.34	0.67	1.50	1.2	1.1	0.66
农税	1.5	1.5	1.5	1.5	2.00	2.00	2.00	2.0	2.00	2.0	2.0	2.0
农会费	0.5	0.5	0.5	0.5	0.1	0.1	0.1	0.1	0.1	0.1	0.1	0.1
义仓费	0.3	0.3	0.3	0.3	0.3	0.3	0.3	0.3	0.3	0.3	0.3	0.3
合计	5.1	4.1	3.8	3.2	5.4	4.9	4.4	3.4	5.4	4.4	4.1	3.5

续表

类别	滕家坨子村				青石岭铺村			
	上	中	下	荒	上	中	下	荒
国税	1.75	1.5	1.2	0.67	1.75	1.50	1.20	0.67
县税	1.25	1.0	0.8	0.33	1.25	1.0	0.8	0.33
农税	2.75	2.75	2.75	2.75	2.50	2.50	2.5	2.5
农会费	0.05	0.05	0.05	0.05	0.05	0.05	0.05	0.05
义仓费	0.55	0.55	0.55	0.55	0.55	0.55	0.55	0.55
合计	6.35	5.85	5.35	4.35	6.1	5.6	5.1	4.1

注:①政府或公共团体征收费用以1天地为单位。
　　②东白庙子村及江家房村除上表的课税外,还缴纳自卫团费。关于自卫团费,东白庙子村每户缴纳0.68圆;江家房村的此项课税则将农户分为5个等级,1等级每户3圆,2等级每户2.40圆,3等级每户1.80圆,4等级每户1.20圆,5等级每户0.80圆。

(8)佃耕惯例

佃农契约为为期1年的口头契约,政府或公共团体征收的费用由地主负担,佃租有金钱缴纳和实物(主要以高粱为主)缴纳两种方式。缴纳的数额各村不同,以下为各村缴纳的费用。

村别	金钱缴纳	实物缴纳	摘要
东白庙子村	每晌上等地缴纳10圆　秋季缴纳	缴纳高粱、粮食及秆收成的1/3	
江家房村		缴纳收成的1/2	
岔口房村	—	每晌缴纳1.5到2石	
滕家坨子村	每晌上等地缴纳30圆　春季缴纳	每晌缴纳2到3石	
青石岭铺村	—	每晌缴纳1到2石	

(9)土地价格

本地区营口县岔口房村东部及盖平县滕家坨子村东部的大约1,300町步土地被视为较好耕地,其余的土地碱性都较强,每天地的收成在3石以下的土地占了大部分。

土地叫价较高,但实际销售价格是其五成左右才最合理。下表为各村公所及通过其他途径得到的土地价格数据。

(单位:圆)

村别	熟　　地				草地	可耕荒地	摘要
	菜园地	上	中	下			
东白庙子村	120	120	90	70	90	40	村内的平均地价以每10亩来计算

村别	熟	地		草地	可耕荒地	摘要
	菜园地	上	中	下		

村别	菜园地	上	中	下	草地	可耕荒地	摘要
江家房村	100	100	80	50	80	20	村内的平均地价以每10亩来计算
岔口房村	250	250	150	100	140	20	村内的平均地价以每10亩来计算
滕家坨子村	420	400	300	200	280	40	村内的平均地价以每10亩来计算
青石岭铺村	380	350	280	200	280	35	村内的平均地价以每10亩来计算
平均	270	344	208	121	200	25	根据面积比得出的平均地价

（10）动产（含不动产）

（价格：圆）

地方\项目		东白庙子村			江家房村			岔口房村		
		数量	销售价格	新置价格	数量	销售价格	新置价格	数量	销售价格	新置价格
住房（间）	上	130	40	80	350	100	160	610	80	100
	中	520	30	50	—	—	—	2,200	40	70
	下	400	20	30	850	30	60	840	20	40
杂房	牲畜房	12	20	30	20	30	40	35	20	40
围墙（丈）	砖墙	20	8	12	—	—	—	—	—	—
	石墙	—	—	—	—	—	—	—	—	—
	土墙	570	4	6	500	2	4	3,500	2	4
碾磨	碾子	10	20	40	11	50	80	8	30	50
	磨	15	2	5	20	5	10	27	5	8
坟墓	土坟	700	—	110	750	—	10	4,500	—	10
井	石砌	2	70	100	10	50	80	35	50	80

地方\项目		滕家坨子村			青石岭铺村			合计		
		数量	销售价格	新置价格	数量	销售价格	新置价格	数量	销售价格	新置价格
住房（间）	上	530	70	100	60	80	100	1,680	74	1.08
	中	2,300	50	70	120	60	80	5,140	45	68
	下	820	30	50	170	40	60	3,080	28	48
杂房	牲畜房	45	20	40	4	25	40	1,116	23	38

续表

地方\项目		东白庙子村			江家房村			岔口房村		
		数量	销售价格	新置价格	数量	销售价格	新置价格	数量	销售价格	新置价格
围墙（丈）	砖墙	5,000	7	10	—	—	—	5,020	7.5	11
	石墙	2,000	5	8	500	2	3	2,500	3.5	5.5
	土墙	9,500	3	5	1,000	1	2	15,070	2.4	4.2
碾磨	碾子	50	50	70	10	40	60	88	38	60
	磨	75	5	98#	15	6	10	1,252#	4.6	8.2
坟墓	土坟	4,500	—	10	400	—	5	10,850	—	90
井	石砌	60	100	180	2	50	60	109	64	100

（11）燃料及工程使用材料

（价格：圆）

类别	单位	单价	摘要	类别	单位	单价	摘要
石灰	1 吨	12.00	农村没有，此处为盖平县城的价格	砖	100 块	上 2.20 中 1.80	盖平及营口价格
谷秆	100 斤	0.40	高粱秆及其他农户一般燃料	草袋	1 袋	0.12	盖平及营口价格
杂草	1 架	0.15	高粱秆 1 架大约 30 斤	柴枝	1 捆	0.65	直径 0.3 米左右
方材	1 才①	0.18	盖平县城内的价格	筋②	1 千克	0.22	盖平价格
板材	1 才	0.20	盖平县城内的价格	钉类	1 千克	0.28	盖平价格
圆木	1 才	0.11	盖平县城内的价格	水泥	50 千克	1.38	盖平价格
基石	1 平方米	2.20	面 30 厘米，扣 35 厘米	石灰	140 斤	0.90	盖平价格
栗子石	1 立方米	1.50	盖平价格	火药	1 箱	33.00	盖平价格（根据鞍山和营口）每箱装入 22.5 千克
砂石	1 立方米	2.50	从清河采集及运送到县城内的费用之和	炸药	1 箱	31.00	
*	1 立方米	1.00	从清河采集及运送到县城内的费用之和	劳动者	1 人	1.00 1.20	满人木匠 满人石匠

---

① 译者注："才"为日本度量木材体积的单位，木材的 1 间（约 3cm×3cm×182cm）。

② 译者注：钢筋混凝土结构建筑物内的骨架。

（12）**农业报酬与衣食住行**

(单位:圓)

村别	工 资				大车 3架车	房 租		摘要
	小工	木匠	月工	年工		单位	单价	
东白庙子村	0.35	0.75	7.5	50.0	3.0	1个房间1年	5.0	
江家房村	0.30	0.70	8.0	70.0	4.0	1个房间1年	8.0	
岔口房村	0.25	0.60	7.5	70.0	3.0	1个房间1年	5.0	
滕家坨子村	0.30	0.70	10.0	80.0	3.5	1个房间1年	10.0	
青石岭铺村	0.30	0.70	10.0	80.0	3.5	1个房间1年	8.0	
平均	0.30	0.69	8.6	70.0	3.4	1个房间1年	7.2	

备注:本地区与营、盖县盐田相邻,因此西部地区的居民大部分靠从事盐田劳动来维持生计。据说,从3月到10月的8个月间,降雨期大约1个月(7月中旬到8月中旬),这期间为休业期,伙食费全部由雇主负担,每人大约有50圆乃至70圆的现金收入。

7.度量衡比较表

类别	当地		日本		摘要
	营口县地区内	盖平县地区内	营口县地区内	盖平县地区内	
面积	1晌=10亩 1亩=240弓	1晌=6亩 1亩=240弓	6反步	3.6反步	1弓大约为5平方尺,报告书中统一为1天地=10亩
长	1尺	1尺	1.045尺	1.045尺	
容积	1石	1石	1.667石	1.90石	报告书中统一按营口县的容积计算
重量	1斤	1斤	0.906斤	0.906斤	

8.交通、通信状况
（1）**到县城、车站及市场的距离**

本地区是横跨营口、盖平两县,东西长约10千米,南北长约18千米的广大区域,各村到各地的距离如下表所示:

村别	县城	最近车站	市场
营口县东白庙子村	营口县城西北有约10千米的警备道路	只能利用营口盐田北方约11千米的小路	营口城内为主要市场
营口县江家房村	营口县城西北11千米处有警备道路	向北约6千米到达营口县老边站	营口城内为主要市场

续表

村别	县城	最近车站	市场
营口县岔口房村	从营口县城西北约 16 千米处的小路到警备道路约 6 千米	只能利用大平山站东约 7 千米的小路	营口城内和大石桥为主要市场,大平山站前也有小市场
盖平县滕家坨子村	盖平县城南方约 15 千米处的西边有警备道路	本地区有大平山及白旗站等	盖平县城和大石桥为主要市场,且附近有两、三个小市场
盖平县青石岭铺村	盖平县城东南约 9 千米以内有警备道路	盖平站东南约 5 千米处接近白旗站	盖平城内为主要市场

(2)水陆交通工具及利用状况

本地区的农作物及其他作物主要靠大车运往各主要市场及最近的车站。一般,3 架车的大车 1 次运载量为 3 石到 4 石。

(3)邮局及其代办所所在地、电报局及其他

目前,没有这样的设施,但由于本地区到县城及其他主要城市都很近,且最近的车站也有电报业务等,所以极为方便。

(4)电话的有无及功能和其他

本地区的 5 所警察分所设有警备电话,可以和县公署通电话。

9.治安及卫生、教育状况

(1)匪害

本地区位于连京线及营口县之间的三角地区,由于临近营口、大石桥、盖平 3 县,再加上西边面朝辽东湾等原因,治安很好,历史上没有需要特别记载的匪害。

(2)警备

本地区设置的警备如下表所示:

村别	类别	驻屯地名	人员	装备	警备范围	备注
东白庙子村	营口县城警察署分驻所	(地区外)东白庙子	3	无	本村内	地区外的地方以相近地区表示
江家房村	大石桥警察署分驻所	江家房	3	无	本村内	
岔口房村	大石桥警察所分驻所	岔口房西七里沟	33	无	本村内	
滕家坨子村	薄洛甫警察署分驻所	滕家坨子	6	步枪 6	本村内	
青石岭铺村	盖平县城警察署分驻所	(地区外)青石岭铺	4	步枪 3 手枪 1	本村内	

注:除此之外,以上各屯虽然没有枪支,但有 20 到 30 名的自卫团。

（3）**卫生**

（A）关于地方病及流行病没有需要特别记载的事项。

（B）没有卫生设施,各村各有一两名治疗轻伤的中医。

（C）关于一般耕畜的疾病也没有需要特别记载的事项。

（D）饮用水

本地区各个地方都能看到水井,但是除了大平山麓的一两口井和离大平山站最近的两三口井外,其余水井的水都含有盐分,不能当做饮用水使用。现在当地的大多数居民将存储雨水作为唯一的饮用水。据说,满铁调查组对白旗站附近的地下水及其他水质的进行测试,结果得出,这些地区的水的含盐量在7‰左右,不适合饮用。

（E）未发现害虫。

（4）**教育**

各村都设立了初级学校作为当地的教育机构,其入学率为适龄入学儿童数的五成左右,各地的情况如下表所示:

村别	学校数	教师数	儿童数	结业年限	学费	摘要
东白庙子村	2	2	55	4年	男4圆 女2圆	本村另外还有5所学校,但都没设在本村内。县补助金为1年280圆,村补助金为1年1,800圆
江家房村	2	3	95	4年	男4圆 女2圆	本村另外还有3所学校,但没设在本村内。县补助金为1年240圆,村补助金为1年2,840圆
岔口房村	5	5	150	4年	男4圆 女2圆	本村另外还有4所学校,但没设在本村内。县补助金为1年180圆,村补助金为1年3,000圆
滕家坨子村	6	6	205	4年	男4圆 女2圆	本村里另外还有7所学校,县补助金无,村补助金4,000圆
合计	15	16	505	4年	男12圆 女8圆	

10.移民迁入后现住居民的安置

本地区的已耕地占耕地总面积的50%左右,但依本计划进行的土地改良工程结束后耕地面积将倍增。因此,这将必然导致日本农民移居本地之初会出现劳动力不足现象。另一方面,应确立对与本地区毗连的营业盐田地的扩张计划,因此,应该认为大部分现住居民会接受此计划。

此外,对本计划无法接受的剩余的居民,应将他们和水库库区的现住居民一起统一迁移到别处。

11.气象

距本地区最近的营口观测所的气象记录如下：

（1）气温

观测地	类别	1 月	2 月	3 月	4 月	5 月	6 月	7 月	8 月	9 月	10 月	11 月	12 月	平均
营口	月平均	−107	−171	−14	90	156	212	250	242	188	113[#]	08	−66	83
营口	月最高平均	−50	−14	57	147	219	262	294	289	244	171	67	−21	139[#]
营口	月最低平均	−165	−129	−57	32	114	163	209	199	135	56	−39	−118	33[#]

（2）初霜、晚霜及结冰解冻的时期

类别＼年度	自昭和 10 年至昭和 11 年	自大正 11 年至昭和 9 年 13 年间的基数	摘　要
初霜	10 月 5 日	大正 12 年 10 月 6 日 昭和 2 年 10 月 6 日	根据营口观测所的记录
晚霜	4 月 2 日	大正 13 年 4 月 26 日	根据营口观测所的记录
结冰	10 月 15 日	昭和 2 年 10 月 6 日	根据营口观测所的记录
解冰	4 月 11 日	大正 11 年 4 月 4 日 昭和 4 年 4 月 4 日	根据营口观测所的记录

（3）降雨量

营口逐年各月降雨量表

年次＼月别	1 月	2 月	3 月	4 月	5 月	6 月	7 月	8 月	9 月	10 月	11 月	12 月	合计
大正 11 年	75	81	105	130	759	484	2,599	1,910	1,362	185	315	26	8,031
大正 12 年	7	15	545	465	319	1,039	2,105	4,290	558	1,187	655	178	11,363
大正 13 年	20	22	175	286	241	802	2,288	126	694	1,002	406	33	6,095
大正 14 年	14	22	253	466	303	824	352	1,613	402	316	153	57	4,775
昭和元年	54	79	58	94	143	96	1,630	2,983	686	215	307	124	6,469
昭和 2 年	50	13	277	82	542	248	2,769	745	613	1,158	117	213	6,726
昭和 3 年	241	77	75	265	388	144	2,835	746	803	387	305	40	6,305
昭和 4 年	60	7	6	222	367	206	1,543	2,461	203	554	130	250	6,008
昭和 5 年	20	33	430	384	163	531	2,119	1,730	1,180	327	180	—	7,097
昭和 6 年	69	29	55	302	648	883	1,286	1,486	525	364	94	170	5,911

月别 年次	1 月	2 月	3 月	4 月	5 月	6 月	7 月	8 月	9 月	10 月	11 月	12 月	合计
昭和 7 年	一	149	35	398	1,038	424	1,618	981	509	534	69	16	5,771
昭和 8 年	16	72	241	323	524	964	1,605	2,710	305	357	161	128	7,406
昭和 9 年	一	90	143	205	270	1,435	1,548	2,026	203	265	250	85	6,520
昭和 10 年	42	6	16	45	179	1,469	2,200	385	129	825	327	96	5,719
昭和 11 年	3	77	52	467	941	511	1,222	1,358	1,490	218	360	210	6,909
合计	671	772	2,466	4,134	6,824	10,060	27,719	25,550	9,660	7,894	3,729	1,626	101,105
平均	45	51	164	276	455	671	1,846	1,703	644	526	249	108	6,740

（4）蒸发量

营口逐年各月蒸发量表

月别 年次	1 月	2 月	3 月	4 月	5 月	6 月	7 月	8 月	9 月	10 月	11 月	12 月	总计
大正 11 年	279	398	847	1,832	1,904	2,391	1,834	1,520	1,235	1,284	514	356	14,394
大正 12 年	404	547	835	1,374	1,930	2,199	1,779	1,391	1,285	989	454	337	13,524
大正 13 年	466	566	760	1,301	2,085	1,813	1,518	2,250	1,520	1,189	570	435	14,473
大正 14 年	434	606	918	1,612	1,636	1,791	1,961	1,498	1,332	1,176	678	396	14,238
昭和元年	418	543	1,083	1,896	3,232	2,722	2,235	1,227	1,236	971	693	287	15,544
昭和 2 年	248	368	532	1,532	1,809	2,002	1,679	1,519	1,426	913	558	261	12,847
昭和 3 年	209	285	619	1,609	2,086	2,026	1,735	1,460	1,237	918	428	282	12,894
昭和 4 年	259	375	904	1,391	1,807	3,297	1,643	1,478	1,480	943	488	206	14,271
昭和 5 年	189	271	663	1,567	2,455	2,394	1,616	1,767	1,414	920	365	243	13,864
昭和 6 年	235	290	890	1,329	1,919	1,939	1,934	1,357	1,312	1,043	539	194	12,981
昭和 7 年	294	209	723	1,512	2,197	2,304	1,921	1,732	1,301	888	647	333	14,060
昭和 8 年	294	372	614	1,496	1,982	1,771	2,015	1,516	1,392	947	521	296	13,216
昭和 9 年	231	386	706	1,441	1,892	1,571	1,593	1,329	1,307	965	528	354	12,303
昭和 10 年	316	551	1,058	1,902	2,423	1,660	1,338	1,690	1,721	1,114	443	267	14,483
昭和 11 年	255	292	752	1,132	2,018	2,054	2,266	1,653	1,208	1,054	588	330	13,602
合计	4,531	6,059	11,905	22,926	30,374	31,934	27,067	23,387	20,606	15,314	8,014	4,577	206,694
平均	322	404	794	1,528	2,025	2,129	1,804	1,559	1,374	1,021	534	305	13,780

四、土地改良计划

本地区总面积约为 1 万 8 千町步,其中,大部分为碱性地带。这些土地不适合作为水田,因此,将这些土地和现有的荒芜地及下等熟地改良为水田。已耕熟地的上、中等地的约 5,000 町步维持现状,作为旱地耕作,并进行施肥改良。

以下为灌溉设施概要:

1.灌溉

(1)用水量

推定本地区种稻时间及其他与大房身地区相同,由此推算出本地区单位用水量为 0.00169 町秒米。将水渠内的损耗以及除盐部分考虑在内,就要增加约 36%——用水量为 0.0023 町秒米(日水深 20 毫米)。

(2)用水源

本工程的现状如上所述,在盖平县第五区大牟马岭将清河截断,修筑水库。在上述单位用水量及水库库区降水量基础上推算出过去 15 年间水库各年的单位内容积,结果如下表所示:

自大正 11 年
至昭和 11 年　　历年水库容积一览表

年次	顺序	内容积		摘　要
		毫米	町尺	
大正 11 年	7	471.0	1,554	
大正 12 年	10	416.6	1,375	
大正 13 年	9	422.1	1,393	
大正 14 年	2	817.6	2,698	
昭和元年	1	839.1	2,769	
昭和 2 年	14	197.9	653	
昭和 3 年	4	654.9	2,161	
昭和 4 年	6	500.2	1,651	
昭和 5 年	3	705.6	1,328	
昭和 6 年	15	174.7	577	
昭和 7 年	8	424.4	1,401	
昭和 8 年	5	506.5	1,671	
昭和 9 年	13	327.2	1,080	
昭和 10 年	11	347.9	1,148	
昭和 11 年	12	341.3	1,126	

上表显示，最大单位蓄水量是昭和元年的 839.1 毫米（2,769 町尺）。以此为准，算上除盐水以及池内损耗等，推定蓄水量为 900 毫米（2,970 町尺），那么开田面积 1 万町步则需要 9,000 町米（29,700 町尺）的蓄水量。

（3）水库

堤塘附近的地基海拔 42 米，预定有效蓄水位海拔为 44 米，库满水位为 60 米。

（A）满水面积　1,470 町步

（B）最大水深　16 米　平均水深约 6.85 米

（C）储存量　　10,066 町米（33,218 町尺）

（D）堤塘

堤塘的右岸定在大牟马岭屯东边突出丘陵的中部，这附近一带是片麻岩绝壁；左岸定在东西干家屯中部的平缓丘陵上。堤塘根基的深度只有根据钻井的结果计算才会准确，确切深度要依据附近岩石形状以及钻井情况推算，即在地表以下 10 米到 11 米处，几乎到达了岩盘。堤塘全长 1,050 米，最深 22.3 米，依此而定标准。

（E）排水渠和泄洪道

排水渠修筑于右岸的岩盘上。泄洪道则通过边渠将水导引至急流工程从而排泄水流。在边渠延长 250 米处修建一个阻水带。这些排水渠和边渠急流工的修建，除部分铺设垫板外，其余部分全部使用混凝土。水缛工①以下的排水渠则用土木材料，并将水排放至旧水渠。

依照上述排水渠和泄洪道的截面情况，再根据实际测量，可求出洪水量：

$$A = 562\,㎡ \quad P = 510m \quad M = 0.03 \quad S = 1500m^3/s$$

$$U = \frac{NR}{D + \sqrt{R}} = \frac{2554 \times 1.1}{1.05 + 0.713} = 1.59m^3/s$$

$$Q = AU = 562 \times 1.59 = 894m^3/s$$

为期待工程更加安全，将速度加算六成左右，即采用 $1,430m^3/s$ 的速度。如果把水库内的洪水调节率看做 30% 的话，则从排水渠排出的洪水量约为 $1,000m^3/s$。

据此，分别推算排水渠和泄洪道的截面的各个部分，如下所示：

排水渠溢流堰内部

$$\begin{cases} b = \dfrac{q}{CH^{\frac{3}{2}}} \\ C = V\sqrt{2g} \end{cases}$$

推出

$H = $ 溢流水深 1.80 米

$$\therefore b = \frac{1.000}{0.45\sqrt{9.8 \times 2} \times 1.8^{\frac{3}{2}}} = 208 \approx 210 \ 米$$

---

①　译者注：原文如此，所指不明，疑为水利工程用语。

边渠的宽幅：

边渠的长度和溢流堰宽度相同，若将其斜度定为 1/50 的话，那么边渠距溢流堰起点 40 米和 200 米处的宽度为

$$b = \frac{qx}{Vxd}$$

qxa = 溢流堰堰长各点的溢流量(m^3/s)

ux = 各点(边渠距溢流堰起点 40 米和 200 米处) 处边渠的流速(m/s)

b = 各点(边渠距溢流堰起点 40 米和 200 米处) 处边渠的水深(m)

距起点 40 米处

$$b = \frac{40 \times 4.762}{0.197 \times 16.6 \times 3} \approx 19.4m$$

距起点 200m 处

$$b = \frac{200 \times 4.762}{0.412 \times 16.6 \times 3} \approx 46.4m$$

按照上述两点所需要的宽度值，边渠起点处宽幅设为 15 米，终点宽幅设为 50 米，以下延长 250 米设为斜率为 1/20 的陡峭水路，其末端所需宽度按照希尔[①]公式推算如下：

$$Vx = \left[\frac{2g}{K} - \Sigma^{-KH}(-V^2) \right]^{1/2}$$

$$V = 6.84^m/m \quad 2g = 19.6$$

$$K = \frac{2g}{RC^2 sinq} = \frac{19.6}{268 \times 74^{-2} \times 0.05} = 0.0267$$

$$KH = 0.0267 \times 12.5 = 0.3338$$

$$\frac{2g}{K} = \frac{19.6}{0.0267} = 734.08$$

$$\Sigma^{-KH} = 2.718^{-0.3338} \approx -0.3338 \times 0.43429 = -0.144966$$

$$\therefore Vx = \left[(734.08 - 0.7162)(734.08 - 46.79) \right]^{1/2}$$

$$= 241.94^{1/2} \approx 15.55m^3/s$$

$$\therefore b = \frac{q}{Vd} = \frac{1.000}{15.55 \times 3} = 21.44 \approx 22m$$

根据以上计算结果，急流工末端所需宽幅为 22 米。

除水缛工设施外，根据将落水口附近设成喇叭口形的方案，在距落水口末端 50 米的上游处将急流工宽度设为 28 米，以下设为喇叭形开口，水缛工水流落口处宽度设为 60 米，设定水缛工的长为 30 米，深 1.8 米。(从出水口底部计算)

水缛工以下的泄洪道土木工程延长约 420 米处就是清河。

---

① 译者注:原文为"ヒル"，疑为工程计算公式。

按照"库达[①]"公式计算水道截面：

$$V = \frac{ND}{D\sqrt{R}} \qquad\qquad S = 1 : 500 = 0.025$$

$$V = \frac{2.852 \times 2.80}{0.594 + 1.67} = 3.527 m^3/s$$

$$D^{②} = AU = 31.8 \times 3.527 = 1.122$$

　到此,排水渠和泄洪道的相关计算告一段落。以上将有关排水渠和泄洪道的平面略图作了简略概括。

　　(F)供水塔和导水管

　　供水塔和导水管修筑在堤塘右岸山脚的基岩上。供水塔的尺寸,外直径10米,内直径5米,高22米。供水塔由混凝土建造,塔的内外表面由石板砌成,形状为圆形。给水阀建造为宽1.1米,高1.25米的长方形。水库满水位海拔60米,以下每隔5.5米(每段上的给水阀的中心到下一段的给水阀中心的距离)设置1段,共设3段。每段设3个给水筏,每个给水筏所需水量为7.67m³/s,流速为5.58m/s。

　　此处所需水落差为：

$$H = \frac{U^2}{2gC^2} = \frac{5.58^2}{2 \times 9.8 \times 0.07^2} \approx 3.24m$$

　所需水落差3.24米的情况下,当蓄水位海拔高达47.87米时就应该能送所需水量,即可送全有效蓄水量的约94%。

　　实施筑堤工程时可用导水管排水,竣工后,导水管可充当用水引出工具。依此确定施工过程中的河水排出量。

　　采用本地区过去15年间(除了6月至8月3个月)日最大降水量第2的(昭和11年9月)59.7毫米,将其流出率视为60%,24小时可排除这些水量的话,每秒约排出424立方米,则导水管应设为可排出总水量15%的截面,对于剩余的水可以考虑从排水渠排出。

　　导水管截面如图所示,算出其排水量：

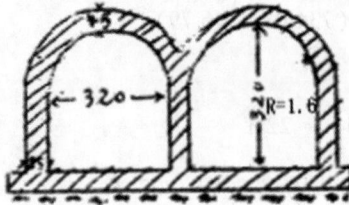

$$U = 3.50 m^3/s$$

$$G = AU = 9.14 \times 2 \times 3.50 = 63.98 m^3/s$$

　　所需水差为 H：

---

① 译者注:原文为"クッター",此处为汉语音译。
② 译者注:原文印刷不清晰,疑为"D"。

$$H = (1 + f_1 + f_2 \frac{L}{R}) \frac{V^2}{2g} = [1 + 0.505 + 0.00316]^{①}(1 + \frac{0.0305}{0.8}) \times \frac{102}{0.8} \times \frac{3.5^2}{19.6} = 1.215m$$

即以每秒 64 立方米的速度排水所需水落差为 1.22 米。所以,施工时要在考虑此因素的基础上建成所有设施。

（G）代用道路

关于本工程的现状,前面已经指出,修筑水库后需要代用道路代替连接盖平县城和岫岩县城的警备道路。

即从牵马岭屯为起点,从堤塘左岸沿山腰一直延伸到高家屯附近,此道路全长约 10 千米,宽 10 米。

（H）修建水库对上游和下游的影响

需要收购满水水面以上 1.8 米,即洪水水面以下由于修建水库而淹没的所有土地及不动产（含动产）。对于现住居民的安置像上述那样,在慎重考虑的基础上妥善安置。跟偏远地区的交通联系以及物资运输则依托代用道路,希望没有不便之处。本水库下游地区有连京线上的铁桥,上游有从清河引水的营口上水道,以及满铁盖平站的上水道。

盖平县城东南有蔬菜种植园,上水道路所需水量仅为 0.3~0.5m³/s。在本水库拦截地点的末流,清河流域面积达到约 300 平方千米,所以仅自然水流就足以满足需求。本计划中前述所需水量通过导水管出口排水,对蔬菜种植园没有不良影响。

（4）水渠

（A）导水渠

导水渠以导水管出口为起点,修砌用水潜管横穿泄洪道底部,然后在大牵马岭屯向北延伸约 2 千米处左转,通过石佛寺,再西下至郭家屯。利用长 2 千米的隧道贯通李勾山与高丽山中间的山岳,出茂林沟,再沿旧河川流向西北,最后在前蚂虹嘴子村落的西方分为 1 号、2 号两条用水干线。此导水渠总长约 1,585 千米。

该输水道详情如下表所示:

测　　点	距离 (m)	构造	横断面(m)					斜度	所需水量 (m³/s)	计划水量	
			底宽	水深	全高	内外比	顶宽			流速 (m/s)	流量 (m³/s)
自 0（+）100 米至 64 号	9.5	土木工程	20	1.8	2.4	1.5	左 3 右 2	8,000	23.0	0.611	24.97
自 77（+）50 至 64 号	2.0	隧道混凝土	内直径 3.6 马蹄形　水深 3.06②					800	23.0	2.50	24.38
自 77（+）50 至 80（+）50	0.45	土木工程	20	1.8	2.4	1.5	左 20 右 30	8,000	23.0	0.611	24.97

① 译者注:原文此处无括号,疑为丢失,此处括号为译者加注。

② 译者注:此处原文有竖线。

续表

测　点	距离 (m)	构造	横断面(m)					斜度	所需 水量 (m³/s)	计划水量	
			底宽	水深	全高	内外比	顶宽			流速 (m/s)	流量 (m³/s)
自 80(+)50 至 85(+)50	0.75	急流工 混凝土		1.1	2.4	内 0.5 外 1.5	左 20 右 30	50	23.0	8.30	25.06
自 85(+)50 至 90(+)110	0.80	土木 工程	20	1.8	2.4	1.5	左 20 右 30	8,000	23.0	0.611	24.97
自 90(+)100 至　　94 号	0.30	急流工 混凝土		1.1	2.0	内 0.5 外 1.5	左 20 右 30	70	23.0	7.20	34.91
自　　94 号 至　106+50	1.85	土木 工程	20	1.8	2.4	1.5	左 20 右 30	8,000	23.0	0.611	24.97

（B）用水干支线

1 号用水干线在前述导水渠末端往北约 95 千米,即大平山站西南穿过连京线,向西北方向流去,在约 7 千米处,向左转,出江家房村落后再向左转流向西方,止于兴隆屯北部。

2 号用水干线沿导水渠末端西南方向流下,在约 4 千米处向右转,同样横穿连京线,与铁路平行,继续流向西南方向,止于白狼山西方。除这些外,修一条合适的 27 千米的用水支线。

上述用水干支线的截面根据"库达"公式计算,结果如下:

线名	灌溉 面积 (町步)	所需水量 (m³/s)	全长 (km)	水路截面					斜度	通水量	
				底宽 (m)	水深 (m)	全高 (m)	内外比	顶宽 (m)		流速 (m/s)	流量 (m³/s)
第 1 号干道	9,300	21,59	9.5	40	1.4	2.2	1.5	3.0	1/6000#	0.40#	23.57
第 1 号干道	6,800	5,64	7.0	34	1.3	2.1	1.5	3.0	1/1000#	0.37	17.29
第 1 号干线	2,760	6.35	4.5	16	1.2	1.9	1.5	3.0	15,000	0.35	7.05
第 1 号干线	960	2.21	9.0	6	1.0	1.7	1.5	左 2.0 右 3.0	10,000	0.52#	2.40
第 2 号干线	700	1.61	10.0	6.0	0.75	1.2	1.5	左 2 右 3	6,000	0.56#	1.91
(1 号干线) 1 号支线	1,600	3.68	2.5	15	0.75	1.2	1.5	2.0	6,000	0.59#	4.71
(1 号干线) 1 号支线	1,000	2.30	4.5	10.0	0.7	1.2	1.5	2.0	6,000	0.35	2.7
(1 号干线) 线 2 号支线	800	1.84	6.0	8.0	0.7	1.2	1.5	2.0	6,000	0.35	2.22

线名	灌溉面积（町步）	所需水量（m³/s）	全长（km）	水路截面					斜度	通水量	
				底宽（m）	水深（m）	全高（m）	内外比	顶宽（m）		流速（m/s）	流量（m³/s）
3号支线	850	1.96	8.5	8.0	0.7	1.2	1.5	2.0	6,000	0.35	2.22
4号支线	1,500	3.45	4.0	15	0.75	1.2	1.5	2.0	8,000	0.33	3.99
4号支线	800	1.84	4.5	8	0.70	1.2	1.5	2.0	8,000	0.30	1.90
5号支线	1,200	2.76	4.0	12	0.75	1.2	1.5	2.0	8,000	0.33	3.24
5号支线	600	1.38	4.0	7	0.70	1.2	1.5	2.0	8,000	0.30	1.60
6号支线	1,800	4.14	4.0	16	0.80	1.3	1.5	2.0	8,000	0.35	4.82
6号支线	800	1.84	4.5	8	0.70	1.2	1.5	2.0	8,000	0.30	1.90
7号支线	500	1.15	3.5	6	0.60	1.1	1.5	2.0	6,000	0.30	1.20
各小支线20条	平均350	0.81	全长4.5	5.0	0.50	0.8	1.5	1.2	5,000	0.30#	0.86

2.排水

本地区现况如上所述,是极为平坦的区域,目前区域内及区域外的污水由4条河沟排出。这些河沟的水流量与其流域面积相比条件很差,无法承受本地区的污水排出压力,因此两岸低地易造成污水泛滥,导致农作物频繁受灾。在本地区西部,即盐田边界附近的荒芜地带,在水灾时有深达1米的积水,且延续四五天。因此,康德3年,营口与盖平两县公署对作为两县县界的河流进行了修整。但是,仅在两岸修筑了简易堤塘,不足以应对所有排水。另一方面,本地区西部与盐田毗邻,淡水流经此地,对盐田劳动作业有不良影响。因此,本计划在综合考虑周围关系的基础上作出如下规划:

（1）排水量

本地区排水量与大房地区排水量无较大差别,所以,直接采用大房地区数据,经推算排水量定为0.00582町步秒米。

（2）排水路

沿第1号用水干线修建排水沟,使流经本地区东部的其他地区的污水沿排水沟排出。

将此排水沟分成4个区域,上游的3个区域中,每个区域建3条用水潜管,利用用水潜管将污水引到排水干线,再从排水干线排出,这些内容将在以下记述。这3个区域的污水从这些用水潜管排出。第4个区域的污水则从用水干线使之向西流,在距用水干线末端3千米处排放至旧河流。另一方面,流经本地区南部的其他地区的污水,挖一条排水沟至连京线,排水沟用潜管的形式穿过用水干线下部,流至本地区的排水支线。连京线各拦截处以下的污水集中到排水沟,通过用水干线下面的潜管导流至区域内的排水支线。

区域内的污水通过这5条排水干线排出,其中有2条干线的修建需要把盐田区域考虑在内。为了使污水能直接流出盐田,在其地区边界修建排水沟,从而将污水导入这两条排水干线,横穿盐田地区,进而流向辽东湾。除以上 2 条排水干线外,地区内另修建了了两三条合适的排水支线以求解决所有排水问题。用"库达"公式计算以上排水路的截面积结果如下:

线名	流域面积（町步）	排水量（m³/s）	全长（km）	横截面（m）			斜度	通水量	
				底宽	水深法			流速（m/s）	流量（m³/s）
东部排水沟	平均 800	4.66	9.5	11	1.0	2.0	8,000	0.38	4.94
东部排水沟	1,500	8.73	7.0	20	1.0	2.0	8,000	0.41	9.02
东部排水沟	1,000	5.82	16.5	12	1.0	2.0	7,000	0.45	6.30
南部排水沟	平均 700	4.07	5.0	12	0.8	2.0	7,000	0.39	4.24
西部排水沟	平均 400	2.33	5.0	6	0.8	2.0	3,000	0.41	2.33
西部排水沟	3,200	18.62	2.0	20	1.5	2.0	6,000	0.59	20.35
西部排水沟	平均 1,000	5.82	6.0	10	1.2	2.0	6,000	0.48	6.80
西部排水沟	平均 300	1.75	4.5	4	0.8	2.0	3,000	0.49	2.19
西部排水沟	平均 2,000	11.64	4.0	15	1.4	2.0	8,000	0.49	12.21
西部排水沟	4,000	23.82	3.5	25	1.5	2.0	8,000	0.56	23.52
1 号排水干线	5,000	29.10	7.0	24	1.8	2.0	6,000	0.68	33.77
2 号排水干线	2,500	14.55	7.5	13	1.5	2.0	4,000	0.72	14.55
2 号排水干线	7,500	43.65	1.5	25	2.0	2.0	4,000	0.81	46.81
3 号排水干线	19,000	110.58	5.0	46	2.2	2.0	4,000	1.01	111.98
3 号排水干线	20,500	119.31	4.0	50	2.2	2.0	4,000	1.02	122.98
3 号排水干线	28,500	165.87	3.0	65	2.3	2.0	4,000	1.08#	172.88
4 号排水干线	500	14.55	10.0	14	1.5	2.0	6,000	0.60	15.30
4 号排水干线	5,700	33.17	3.0	29	1.6	2.0	6,000	0.66	34.00
5 号排水干线	平均 2,000	11.64	8.0	11	1.5	2.0	6,000	0.59	12.39
1 号排水支线	1,200	6.98	3.5	9	1.2	2.0	5,000	0.54	7.38
2 号排水支线	8,000	46.56	2.5	25	2.0	2.0	5,000	0.82	47.56
3 号排水支线	平均 800	4.66	6.0	6	1.2	2.0	5,000	0.51	5.14
各排水小支线 20 条	平均 400	2.33	37.0	40	1.0	2.0	5,000	0.44	2.64

3.农业道路

本地区东南有连京线,北方有营口线贯通境内,连接营口、盖平和大石桥3座城市的警备道路环绕区域外围,交通和物资运输都极为便利。地区内的交通非常落后,随着本地区的改良,将修建宽5米,总长75千米的农用道路。

4.改良工程费概算明细

总金额 735 万圆 每反地平均 49.00 圆

其中 {
工程费 470 万圆 水田每反 47.00 圆
收购费 265 万圆 水田、旱田每反 17.67 圆
}

明 细 （单位:圆）

款	项	目	金额	摘 要
工程费			4,700,000.00	水田每反 47.00 圆
	水库费		1,540,000.00	
		堤塘费	890,000.00	全长 1,050 米,堤塘最高 22.3 米,根基深 25 米,(填土=246,000 立坪①,根基=31,000 立坪)
		取水塔和导水管费	115,000.00	取水塔外直径 10 米,内直径 5 米,高 22 米,45,000 圆;导水管内直径 3.2 米,高 3.2 米,半圆长 102 米,2 套 70,000 圆
		排水渠和泄洪道费	490,000.00	排水渠长 210 米,平均高 5.13 米,侧沟平均宽度 32.5 米,泄洪道急流工长 250 米,平均宽度 39 米,水缛工程长 30 米,泄洪道末流建筑工程长 420 米,宽 100 米(掘凿=48,000 立坪)
		代用道路费	45,000.00	全长 10 千米,宽 10 米
	导水渠费		840,000.00	
		土木工程费	269,000.00	土木工程全长 12.6 千米,宽 20 米
		用水潜管费	35,000.00	内侧尺寸宽 1.8 米方形,高 1.6 米,长 45 米,3 套,1 处
		排水潜管费	15,000.00	内侧尺寸 1.5 米方形,长 35 米,2 套,1 处
		落差工费	24,000.00	高 3 米,2 处;高 2 米,1 处
		隧道费	380,000.00	全长 2,000 米,内宽 3.6 米,马蹄形
		流入工费	2,200.00	宽 3 米,2 处,1,000 圆 宽 1.5 米,4 处,1,200 圆

---

① 译者注:立坪是六尺立方。

款	项	目	金额	摘　要
		急流工费	98,000.00	第 1 号宽 2.2 米,长 750 米,56,000 圆 第 2 号宽 2.6 米,长 500 米,42,000 圆
		制水门费	6,800.00	宽 2 米,4 套,1 处
		桥梁费	10,000.00	混凝土桥,宽 6 米,长 5 米,1,400 圆 土桥,平均宽 3.5 米,长 25 米,8 处,8,600 圆
	第 1 号 用水干线费		353,000.00	
		土木工程费	158,000.00	全长 30 千米,宽 40,3.4 米,16 米,6 米
		用水潜管费	85,000.00	内侧尺寸 1.8 米方形,长 25 米,4 套,25,000 圆 内侧尺寸 1.8 米方形,长 70 米,4 套,60,000 圆
		铁道潜管费	55,000.00	内侧尺寸 1.8 米方形,长 60 米,4 套
		排水渠费	7,000.00	宽 2 米,3 套,2 处
		制水门费	15,000.00	宽 2.5 米,八套,1 处,10,000 圆 宽 2.5 米,四套,1 处,5,000 圆
		分水门费	9,000.00	7 处
		分水管费	2,000.00	内直径 0.3 米,长 8 米,20 处
		桥梁费	22,000.00	混凝土桥,宽 6 米,长 15 米,1 处,3,800 圆; 土桥,宽平均 3.5 米,14 处,18,200 圆
	第 2 号 用水干线费		40,000.00	
		土木工程费	23,000.00	全长 10 千米,宽 6 米
		铁道明渠费	0	利用现有明渠
		横段潜管费	7,600.00	内侧尺寸 1.5 米方形,长 17 米,2 套,1 处
		制水门和 排水渠费	4,000.00	制水门宽 2 米,4 套 排水渠宽 2 米,1 处
		分水管费	1,200.00	内直径平均 0.3 米,长 4 米,7 处
		排水暗渠费	—	内直径 1 米混凝土管(利用现有暗渠)
		桥梁费	4,200.00	混凝土桥,宽 6 米,长 10 米,1 处,2,400 圆 土桥,宽平均 3.5 米,4 处,1,800 圆
	用水支线费		160,000.00	
		土木工程费	128,000.00	7 条,全长 50 千米
		铁道明渠费	—	2 处,利用现有明渠

款	项	目	金 额	摘　要
		架樋费	1,600.00	宽 2 米,长 15 米,1 处
		分水门费	5,000.00	小支线分支,20 处总费用
		分水管费	2,400.00	内侧尺寸 0.15 米方形,木制导水管平均长 4 米,80 处总费用
		桥梁费	23,000.00	内侧尺寸 3.5 米,30 处总费用
	小支线费		44,000.00	
		土木工程费	38,000.00	20 条,总长 45 千米
		桥梁费	6,000.00	平均宽 3.5 米,25 处
	排水沟费		200,000.00	沿用水干线延伸的东南部排水沟利用取土旧址,扩大挖掘范围
		土木工程费	181,000.00	东部截排水沟全长 33 千米,71,000 圆 南部截排水沟全长 5 千米,6,000 圆 西部截排水沟全长 25 千米,104,000 圆
		桥梁费	19,000.00	混凝土桥,宽 6 米,2 处,6,000 圆 土桥,宽平均 3.5 米,20 处,13,000 圆
	排水干线费		461,000.00	
		土木工程费	422,000.00	5 条,全长 49 千米
		铁道明渠费		2 处,利用现有明渠
		桥梁费	39,000.00	混凝土桥,宽 2 米,2 处,19,000 圆 土桥,宽平均 3.5 米,2 处,20,000 圆
	排水支线费		39,000.00	
		土木工程费	34,300.00	3 条,全长 12 千米
		铁道明渠费	—	1 处,利用现有明渠
		桥梁费	4,700.00	混凝土桥,宽 6 米,长 15 米,1 处,3,800 圆 土桥,宽 3.5 米,2 处,900 圆
	排水小支线费		45,000.00	
		土木工程费	38,000.00	20 条,总长 37 千米
		桥 梁 费	7,000.00	平均宽 2.5 米,35 处
	路费		80,000.00#	
		农具费	80,000.00	总长 72 千米,宽 5 米 土木工程和土木工程的建造物费用

款	项	目	金额	摘 要
	开田费		310,000.00	
		支渠费	150,000.00	用水、排水支渠,宽 0.8 米,每反 1.50 圆
		平整田地费	160,000.00	田埂及平整田地费,每反 1.60(水田 10,000 步) 水田 1 区划 2 反步,长 50 间,宽 1.2 间
	测量设计费 工程监督费		409,000.00	
		测量设计费	80,000.00	水田仅 10,000 町步,预计每反 0.8 圆
		工程监督费	329,000.00	预计约占工程费的 8%
	预备经费		179,000.00	预计约占工程费的 4%
		预备经费	179,000.00	
收购费			2,650,000.00	水田 10,000 町步,每反 19.13 圆 } 平均每反 旱田 5,000 町步,每反 14.72 圆 } 17.67 圆
	水库费		1,077,000.00	
		土地收购费	787,000.00	征用地收购地券面积 1,272 町步
		不动产 (含 动产) 费	290,000.00	水库库区内房屋,其他不动产(含动产)的搬迁费
	导水渠费		63,000.00	
		土地收购费	38,000.00	用地收购面积 50 町步
		不动产 (含 动产) 费	25,000.00	
	平原地带费用		1,220,000.00	
		土地收购费	1,179,000.00	土地收购地券面积 9,598 町步
		不动产 (含 动产) 费	41,000.00	只收购施工上带来妨碍的那部分
	杂费		224,000.00	
		收购杂费	224,000.00	预计约占收购额的 10%
	预备经费		66,000.00	
		预备经费	66,000.00	预计约占收购额的 25%

5.改良工程年度比例表

款　　项		第1年度	第2年度	第3年度	第4年度	总计	摘要
工程费		1,504,000	1,551,000	1,431,000	214,000	4,700,000	
	水库费	385,000	616,000	539,000	—	1,540,000	1年度25% 2年度40% 3年度35%
	导水道费	252,000	336,000	252,000	—	840,000	1年度30% 2年度40% 3年度30%
	第1号用水干线费	176,500	105,900	70,600	—	253,000	1年度50% 2年度30% 3年度20%
	第2号用水干线费	24,000	16,000	—	—	40,000	1年度60% 2年度40%
	用水支线费	80,000	22,000	48,000	—	160,000	1年度50% 2年度20% 3年度30%
用小支线费		30,800	13,200		—	44,000	1年度70% 2年度30%
截流输水道		100,000	60,000	40,000	—	200,000	1年度50% 2年度30% 3年度20%
排水干线费		184,400	138,300	138,300	—	461,000	1年度40% 2年度30% 3年度30%
排水支线费		—	15,600	23,400		39,000	2年度40%
排小支线费		—	18,000	27,000		45,000	2年度40%
道路费		48,000	32,000	—		80,000	1年度60% 2年度40%
开田费		—	—	124,000	186,000	310,000	3年度40%
测量设计和工程监督费		178,700	105,300	105,300	19,700	409,000	1年度测量设计全部 工程费30%,2、3年度工程费各32%,4年度工程费为6%

续表

款　　项		第 1 年度	第 2 年度	第 3 年度	第 4 年度	总计	摘要
	预备经费	44,600	62,700	63,400	8,300	179,000	1 年度约 25%，3 年度各约 35%，4 年度约 5%
收购费							
		2,650,000	—	—	—	2,650,000	
	水库费	1,077,000	—	—	—	1,077,000	1 年度全部
	输水道费	63,000	—	—	—	63,000	1 年度全部
	平原地带费用	1,220,000	—	—	—	1,220,000	1 年度全部
	收购杂费	224,000	—	—	—	224,000	1 年度全部
	预备经费	66,000	—	—	—	66,000	1 年度全部

6.工程结项前后的不同土地面积

土地名目类别	工程结项前地券面积（町）	征用地面积(町)				竣工后实测预定面积	摘　要
		水渠用地	承水与排水道占地	道路用地	总计		
水田						10,000	
旱田	5,388	351	69	46	466	5,000	
可耕荒地	2,640	68	263	30	361		
不可耕地	1,570	15	36	5	56	2,117	包括现居民房屋用地、墓地及其他山地、沼泽地等
总计	9,598	434	368	81	883	17,117	

五、移民迁入计划

1.农业移民

本方案覆盖盖平、营口两县,预计对岔口房和滕家坨子附近以耕种水田为主的居民进行集体移民,村落构成和共同事业等参考大房身地区。

2.移民点的建设及移民迁入

(1)建设

收购预定面积为 18,000 町步的全部土地,预计有水田 10,000 町步(另外旱地 5,000 町步,征用地及其他 3,000 町步),灌溉及排水设施的建设由满拓实施。

（2）**各年度建设比例**

第 1 年度　收购土地，测量设计，完成 30% 的工程施工，但不包括开田工程。

第 2 年度　完成 35% 的工程施工，但不包括开田工程。

第 3 年度　完成剩余工程以及 40% 的开田工程。

第 4 年度　完成剩余开田工程以及部分除盐作业，整个地区的除盐作业以及移民迁入者的房屋建设。

（3）**移民的迁入**

移民工程第 6 年度 2 月迁入总户数 2,500 户，而且先遣队要在前一年的 4 月派出约主力队的两三成户数的户主。

3.政府补助金及设施

对移民的补助金和设施参考大房身地区。

4.移民农户经营农业方针

经营方法以及其他一切事务皆参考大房身地区。

5.资金筹措及偿还方法

（1）**资金筹措表**

资金类别	经费项目	所需金额（圆）	政府补助金额	满拓融通资金	摘　要
固定资金	土地费用	3,576.58			
	住房	750.006			腰砖，坯子制成用波浪形铁板铺就 15 坪，单价 50 圆
	附属农舍	150.00			仓库及苦力农舍，坯子 10 坪，单价 10 圆，共 100 圆；马棚 20 圆；猪圈 20 圆；鸡棚 10 圆；总计 150 圆
	井	40.00	650.00	4,263.08	5 户共 1 口井 2 角，每户 40 圆
	马车	90.00			马车 1 辆 60 圆，铡刀 1 把 5 圆，马具 1 套 2 圆，总计 90 圆
	一般农具	120.00			西洋式犁及其他参考附表 3
	家畜	136.50			牛 1 头，100 圆；猪，1 头，25 圆；鸡 23 只，每只 0.5 圆，共 11.50 圆；总计 136.50 圆
	公共产业设施费	50.00			种苗场 14 圆；炼油厂 15 圆；捣谷机 21 圆；总计 50 圆
	小　计	4,913.08			
流通资金	经营农业费用不足额	900.00	—	900.00	
合计		5,813.08	650.00	5,163.08	

(2)各年度偿还借款的数额推算表

（单位:圆）

年度别／类别	工程第6年度迁入第1年度	工程第7年度迁入第2年度	工程第8年度迁入第3年度	工程第9年度迁入第4年度	工程第10年度迁入第5年度	分年偿还额
固定资金	4,263.08	—	—	—	—	302.47
流通资金	900.00	—	—	—	—	86.71
合 计	5,163.08	—	—	—	—	389.18
累计额	5,163.08	5,163.08	5,163.08	5,163.08	5,163.08	
支付利息	258.15	258.15	258.15	258.15	258.15	

注:借款利息为年息5%,每年度12月份计入利息。

固定资金的偿还延缓5年,5年后分25年均等偿付。

流通资金的偿还延缓5年,5年后分15年均等偿付。

固定资金和流通资金由满拓筹措。

附表　土地费(每户的土地收购费和灌溉设施费)

（单位:圆）

年度别／类别	第1年度	第2年度	第3年度	第4年度	第5年度	合 计	摘　要
土地收购费灌溉设施费	4,154,000	1,351,000	1,431,000	214,000		7,350,000	工程费概算及年度百分比参考水田每反66.13圆,旱田每反14.72圆
利息	170,000	252,980	342,179	400,413	425,784	1,591,456	
小计	4,324,100	1,803,980	1,773,179	614,413	425,784	8,941,456	
累计	4,324,100	6,128,080	7,901,259	8,515,672	8,941,456		
每反						平均59.61	
每户						3,576,580	总户数2.50

注:①总面积1,7117町步

明细

水田　1万町步

旱田　5千町步

宅地、道路、水渠、征用地　2117町步(约12%)

不可耕地及其他土地

②收购费为年息5%,年额计算在内。灌溉设施费为年息5%,该年度的半年费用计算在内。每户土地的价格为第5年度末的计算金额。

6.移民的收支计算

（1）**不同耕作年度收支及盈亏预算表**

（单位：圆）

收支别	种类	工程6年度 迁入初年度	工程7年度 迁入2年度	工程8年度 迁入3年度	工程9年度 迁入4年度	工程10年度 迁入5年度	工程11年度 迁入6年度
收入	谷类销售收入	617.13	801.63	686.13	1,166.13	1,166.13	1,166.13
	畜产品销售收入	—	69.60	123.40	194.53	194.53	194.53
	副业销售收入	32.00	32.00	32.00	32.00	32.00	32.00
小计		649.13	903.23	1,141.53	1,392.66	1,392.66	1,392.66
支出	经营农业费用	534.28	460.71	461.71	462.71	462.71	462.71
	家计费	540.50	179.53	179.53	185.53	185.53	185.53
	偿还费	89.00	89.00	89.00	89.00	89.00	89.00
小计		963.78	929.24	730.24	737.24	737.24	737.24
	扣除	−346.65	173.99	411.29	655.42	655.42	655.42
	利息	258.15	258.15	258.15	258.15	258.15	258.15
	年度偿还金额						389.18
	再扣除	−604.80	−84.16	153.14	397.27	397.27	266.24

注：粮食销售收入是粮食总生产量减去自家粮食消费量（第2年度种子以及到第2年度收割为止的粮食种苗）后剩余部分的销售收入。

畜产销售收入是牛、猪、鸡蛋的销售收入。

副业销售收入是草袋的销售收入。经营农业费、生计费、生活费参考附表六。

（2）**移民的资金推算表**

（单位：圆）

类别＼年度	工程第6年度 迁入第1年度	工程第7年度 迁入第2年度	工程第8年度 迁入第3年度	工程第9年度 迁入第4年度	工程第10年度 迁入第5年度	工程第11年度 迁入第6年度
收支超出与不足额	346.65	173.99	411.29	655.42	655.42	655.42

续表

年度 类别	工程第 6 年度 迁入第 1 年度	工程第 7 年度 迁入第 2 年度	工程第 8 年度 迁入第 3 年度	工程第 9 年度 迁入第 4 年度	工程第 10 年度 迁入第 5 年度	工程第 11 年度 迁入第 6 年度
上一年度 结转金额	—	295.20	211.04	364.18	761.45	1,158.72
流通资金	900.00					
持有现 金合计	900.00	469.19	622.33	1,019.60	1,416.87	1,814.14
支付利息 分年偿付额	258.15	258.15	258.15	258.15	258.15	分年偿付 额 389.18
次年度结 转金额	295.20	211.04	364.18	761.45	1,158.72	1,424.96

注:次年度的结转金额是由年初持有现金总额减去支付利息和分年偿付额,再加上超出与不足额计算得出的。

附表目录

1.谷类销售收入明细表

2.家畜收入明细表

3.经营农业费、生计费、偿还债务费支出明细表

4.家畜费支出(现金)明细表

其他的明细表以大房身地区为准。

附表 1　谷类销售收入明细表

类别	年度	种植 面积 (反)	每反 收量 (石)	收成 (石)	自家消费(石)				减去销 售量	单价	金额	摘　要
					食物	饲料	种苗	总计				
水 稻	1	40	2.0	80.0	7.43		4.00	11.43	68.57	9.00	617.13	出糙率为 48%, 但 3%为碎米及 其他
	2	40	2.5	100.0	6.93		4.00	10.93	89.07	9.00	801.63	
	3	40	3.0	120.0	6.43		4.00	10.43	109.57	9.00	986.13	
	4	40	3.5	140.0	6.43		4.00	10.43	129.57	9.00	1,166.15	

续表

类别	年度	种植面积（反）	每反收量（石）	收成（石）	自家消费（石）				减去销售量	单价	金额	摘 要
					食物	饲料	种苗	总计				
大豆	1	50	0.6	3.0	0.19	2.51	0.30	3.00				酱油、豆酱的原料
	2	5	0.7	3.5	0.19	3.01	0.30	3.50				
	3	5	0.8	4.0	0.19	3.51	0.30	4.00				
	4	5	0.9	4.5	0.19	4.01	0.30	4.50				
小米	1	5	0.8	4.0	3.97		0.03	4.00				出糙率为48%，全供食用
	2	5	0.9	4.5	4.47		0.03	4.50				
	3	5	1.0	5.0	4.97		0.03	5.00				出糙率为48%，稗子除外全供食用
	4	5	1.1	3.5#	1.97#		0.50	0.03	5.50			
高粱	1	5	0.8	4.0			3.85	0.15	4.00			
	2	5	0.9	4.5			4.35	0.15	4.50			
	3	5	1.0	5.0			4.85	0.15	5.00			
	4	5	1.1	5.5			5.35	0.15	5.50			

类别	年度	种植面积（反）	每反产量（石）	销售用草袋绳索原料	铺草	饲料	肥料施料			
稻草	1	40	300	12,000	2,900	1,200	5,900			
	2	40	380	15,200	4,200	1,200	7,800			
	3	40	450	18,000	4,600	700	10,700			
	4	40	500	20,000	4,600	600	12,800			

附表 2　家畜收入明细表

年度	小牛	小猪	肥猪	死猪	鸡蛋	死鸡	总计	平均
1	—							
2		（6）18.00			（2,400）48.00	（6）3.60	69.60	

续表

年度	小牛	小猪	肥猪	死猪	鸡蛋	死鸡	总计	平均
3		(5)15.00	(2)40.00		(3,000)60.00	(14)8.40	123.40	
4	(1)50.00	(4)12.00	(2)40.00	(1)10.00	(3,600)72.00	(12)7.20	191.20	
5		(4)12.00	(4)80.00		(3,600)72.00	(12)7.20	171.20	
6	(1)50.00	(4)12.00	(4)80.00		(3,600)72.00	(12)7.27	221.20	
7							194.53	3年平均值

备注:①卖掉满3岁的小牛,按3年繁殖2头的比例计算(减去死亡率)。

②母猪繁殖为每年1.5次,每次产仔8只(减去死亡数量)。4只在断奶期卖掉,养大其余4只第2年再卖掉,母猪养3年。

③母鸡1窝孵11只,小鸡(减去公鸡死亡率)3年后卖掉,1只鸡1年可孵120个蛋。

附表3　移民农户每户不同年度经营农业费、生计费和偿还债务费明细表　　(单位:圆)

类别 年度	第1年度	第2年度	第3年度	第4年度	摘　要
起耕除盐费					第1年度因为买牛,费用不计算在内
种苗费	53.57				稻谷每反1斗,每石10圆,4町步需4石,共40圆。大豆每反6升,5反需3斗3圆3钱(1石10.10圆)。小米每反6合,5反需3升,每石7.7圆23钱。高粱每反3升,5反1斗5升,每石7.40圆,1圆11钱。蔬菜每反3.00圆,2反6圆。紫花苜蓿每反4升,1升0.80圆,共3圆20钱
肥料费	60.00	80.00	80.00	80.00	
家畜费	41.00	23.00	24.00	25.00	
工资	216.80	221.30	221.30	221.30	第1年,年工每人每年120圆,日工每人每天0.50圆,193.6人96.80圆,总计216圆80钱 第2年,年工每人120圆,日工每人0.50圆,202.6人共101.30圆,总计221圆30钱
包装材料费	36.50	10.00	10.00	10.00	麻袋　水田　第1年60个,从第2年开始每年增加18个 　　　旱田　第1年13个,第2年开始等量增加2个 　　　水田　第1年60个,每个0.50圆,共30圆 　　　　　　第2年18个,每个0.50圆,共9圆 　　　旱田　第1年13个,每个0.50圆,共6.50圆 　　　　　　第2年2个,每个0.50圆,共1圆 总计10圆

续表

类别＼年度	第1年度	第2年度	第3年度	第4年度	摘　要
共同产业设施费	53.21	53.21	53.21	53.21	水渠、排水路、水库的保养费,每反0.65圆,共26圆
					使用捣米机固定费用2.61圆;使用种畜厂和炼油厂的固定费用23圆,总计25.61圆
					碾过的精白米和小米合计5.47石,所需要的实际费用,石油1升,润滑油若干1.6圆
租税捐	24.00	24.00	24.00	24.00	水田、旱田每反40钱,总计30圆
警备费	—	—	—	—	未计算在内
建筑修缮费	28.20	28.20	28.20	28.20	建筑物940圆的3%
农具修缮费	21.00	21.00	21.00	21.00	农具210圆的10%
合　计	534.28	460.71	461.71	462.71	第1年度每反8圆90钱 第2年度每反7圆67钱

家计费

类别＼年度	第1年度（圆）	第2年度（圆）	第3年度（圆）	第4年度（圆）	摘　要
饮食费	140.75	23.03	13.03	23.03	
居住费	3.00	3.00	3.00	3.00	拉门纸、平板玻璃、火炕、用莎草做的用纸,此外,修理费等,预计每年平均3圆
衣着费	40.00	25.00	25.00	25.00	初年度　防寒衣物、之后的防寒修理、偿还债务费、劳动服、衬衣,此外,新置办费用1年25圆
照明取暖费	66.25	67.50	67.50	67.50	初年度　石油2罐、木炭2草袋、火柴6包,每月1.25圆,11个月共13.75圆;第2年往后15.0圆。煤炭:第1年的2月到4月1.5吨,5月到9月0.5吨,10月到12月1.5吨,总计3.5吨,单价15.00圆,共52圆50钱;第2年以后,每年使用煤炭4吨,每吨15.00圆,共60圆
					第2年以后　通过高粱、大豆、谷类自给800束,预计可节约0.5吨煤炭的价钱(7.50圆)
家具费	40.00	5.00	5.00	5.00	迁入当时不能带的东西40圆,此外,偿还债务费每年5.0圆
卫生费	18.00	20.00	20.00	20.00	每年每人5圆,4个人的费用。第1年计算11个月的费用

续表

类别＼年度	第 1 年度(圆)	第 2 年度(圆)	第 3 年度(圆)	第 4 年度(圆)	摘　要
教育费	5.00	6.00	6.00	12.00	小学儿童每个人的图书费及文具费共 6 圆计入教育费中。但是,第 1 年计入 11 个月的费用,4 年以后计入两个人的费用
杂费	27.50	30.00	30.00	30.00	通信费、应酬费、嗜好品等每月 2.50 圆,1 年 30 圆。第 1 年计入 11 个月的费用
合计	340.50	179.53	179.53	185.53	第 1 年每户每月 28.37 圆,每人 9.46 圆;第 2 年每户每月 14.96圆,每人 4.99 圆

偿还债务费

类别＼年度	第 1 年度(圆)	第 2 年度(圆)	第 3 年度(圆)	第 4 年度(圆)	摘　要
建筑费	47.00	47.00	47.00	47.00	建筑物 750 圆,仓库及农仓 150 圆,井 40 圆,使用年限 20 年,偿还债务费 5%
农具费	42.00	42.00	42.00	42.00	农具马车费 210 圆,使用年限 5 年(马车农具)20%
家畜费					由于让家畜繁殖,幼崽出生替换老家畜,所以预计没有偿还费
合计	89.00	89.00	89.00	89.00	
总计	963.78	729.24	730.24	737.24	

附表 4　家畜费支出(现金)明细表　　　　　　(单位:圆)

年度	类别和数量		牛瘟预防	猪霍乱	食盐		其他	合计
					消费量	消费额		
2	成牛	1	7.50	16.70	10.950 〉 19.710	4.93	1.37	23.1
	小牛	1			8.760			
	种猪	1	9.20					
	肉猪	2						
3	成牛	1	7.50	17.30	10.950 〉 21.900	5.48	1.22	24.1
	小牛	1			10.950			
	猪	1	9.80					
	肉猪	3						

续表

年度	类别和数量		牛瘟预防	猪霍乱	食盐		其他	合计
					消费量	消费额		
4	成牛	1	7.50	17.90	10.950 ⎫ 24.090 13.140 ⎭	6.02	1.08	25.1
	小牛	1						
	猪	1	10.40					
	肉猪	4						
5	成牛	1	7.50	17.90	10.950 ⎫ 24.090 13.140 ⎭	6.02	1.08	25.1
	小牛	1						
	猪	1	10.40					
	肉猪	4						

注:牛瘟预防费　成牛　5 圆、小牛　2.50　食盐 { 成牛　1 天 20 克　7,300 克
小牛　1 天 10 克　3,650 克

猪霍乱预防费　肉用 0.60　　种猪 1 天 12 克　　4,380 克

肉 1 天 6 克　　2,190 克

第二方案

第二式案

目　录

一、移民计划概要

目的 设定以水田为主的聚居移民点

位置 跨越营口县第二区岔口房、盖平县第一区青石岭铺、盖平县第二区滕家坨子两县3区3个村

面积 总预定面积 11,000 町步

其中 ｛ 水田 6,000 町步

旱田 3,000 町步

征用地和其他 2,000 町步

工程 ｛ **土地改良工程** **水库**

位置 盖平县第五区榜什堡、第六区虎山、接官村区域内

流域面积 40,000 町步（400 平方千米）

满水面积 850 町步

有效蓄水量 20,196 町尺（1,200 町米）

堤塘法 ｛ 种类 土堤坝

顶宽 8 米

尺寸 内侧 30% 或 25% 铺石块,外侧 25% 铺石块

高 26 米

全长 300 米

水路

导水渠和用水干线	3 条	全长	40,800 米
用水支线和用水支渠	218 条	全长	394,000 米
排水沟和排水干线	6 条	全长	66,000 米
排水支线和排水支渠	216 条	全长	365,500 米
合计	443 条	全长	866,300 米
农用道路	6 条	全长	45,000 米

工程费用 ｛

土地改良

工程费额	4,550,000 圆	每反	50.56 不足
其中 ｛ 灌溉设施费	3,080,000 圆	每反	51.33 有余
土地收购费	1,400,000 圆	每反	16.33 有余

工程进度 {
第 1 年度　土地收购、测量设计以及完成 50% 的工程施工但不包括开田工程
第 2 年度　完成剩下工程和 40% 的开田工程
第 3 年度　完成剩余开田工程和一部分除盐工作,建造第一批移民迁入所需房屋及其他
移民的迁入　总户数　1,500 户,每户水田 4 町步、旱田 2 町步,预定共 6 町步
时期　移民工程第 5 年度春季完成所有迁入工作
春季第二批 75(户)
}

每户移民
的收入 {
政府补助金　金额　975,000 圆　每户　650 圆
满拓通融资金　金额　7,722,300 圆　每户　5,148.20 圆
其中 {
固定资金 { 灌溉设施　土地收购费和利息,6,372,300 圆
住宅建筑费及其他 } 每户 4,228.2 圆
流动资金　经营农业费用　1,350,000 圆　每户 900 圆
}
固定资金　前 4 年不用还,4 年后分 25 年偿还,总 452,115 圆,每户每年 301.41圆
流动资金　前 4 年不用还,4 年后分 10 年偿还,总 130,065 圆,每户每年 86.71圆
合计　582,180 圆,每户每年 388.12 圆
}

移民每
户收支 {
迁入第 1 年度亏损额　604.06 圆
迁入第 2 年度迁入　83.42 圆
迁入第 3 年度纯收益额　153.88 圆
迁入第 4 年度纯收益额　398.01 圆
迁入第 5 年度纯收益额　398.01 圆
迁入第 6 年度至第 20 年度各年度纯收益额　267.30 圆
迁入第 21 年度至第 39 年各年度纯收益额　354.01 圆
迁入第 31 年度以后每年的纯收益额　655.42 圆
}

移民每户
资产推定 {
迁入 30 年后　总资产　金额 13,610.22 圆
其中 {
土　地(原价不变)　3,561.70 圆
房屋及其他(作为固定资本投资)　1,336.50 圆
迁入后 29 年间的经营农业纯收益额　8,713.02 圆
}
}

二、库区内现状

1.位置及地势、土质

本水库位于从盖平城开始,沿盖岫道路向东延伸 23 千米处,并在石门岭附近截断清河。

因此,水淹区域横跨盖平县第五区榜什堡和第六区虎山村、接官村 3 个村落。其地势是溪谷,河岸有带状耕地存在,土质基本是粘壤土。

2.清河流域及其他状况

清河是盖平和岫岩的县界,它发源于魏家大岭附近,穿过山岳地带西下 30 千米到达石门岭。这些地区的流域面积约 400 平方千米(25.7 平方里),河床由砾岩层构成,其斜度很大,为 1/300 乃至 1/400,河道非常弯曲,河道的宽度不同,但低水河床宽约 25 米,这个数据基本上没有大的误差。

3.现住居民的一般状况

(1)**户口和不同土地名目的面积**

(单位:天地)

村名	屯数	现住居民		不同土地名目面积					摘要
		户数	人口	熟地	菜园地	墓地	其他荒地山地	总计	
第五区榜什堡村	3	180	1,240	270	30	10	110	420	1 天地为 5.4 反
第六区虎山村	3	650	3,720	980	120	40	200	1,340	
第六区接官村	1	70	460	120	15	5	18	158	
合计	7	900	5,420	1,370	165	55	328	1,918	

注:本水库的洪水面积为 1,000 町步,再加上约 300 町步的内岛,共 1,300 町步的区域,上表根据县公署和村公所针对这 1,300 町步区域做的调查记录而制。

(2)**农作物的收成及种植状况**

类别	收成(每天地)			种植面积	谷价(圆/石)	摘要
	上	中	下			
高粱	4.0	3.0	2.0	710	13—15	本水库区域内耕地量不足住户需求,每户平均耕地面积约 1.5 天地,农户的 82% 都是自耕农
谷子	3.5	2.5	1.5	320	10—12	
大豆	3.0	2.5	1.2	170	17—18	
玉米	3.0	2.5	1.2	110	14—15	
其他				60		
总计				1,370		

(3)**不动产(含动产)**

类别	住宅			杂房		石墙	碾磨		土坟	井
	上	中	下	农舍	库房		碾子	磨		
数量	80	540	1,690	8	5	5,200	30	120	6,000	50

类别	住宅			杂房		石墙	碾　磨		土坟	井
	上	中	下	农舍	库房		碾子	磨		
销售价格	100	60	40	20	20	2.5	30	5	—	30
新置办费	150	90	50	30	30	3.5	40	6	5	40

(4)土地价格

本水库内的土地价格比原案的价格便宜约30%,一般情况下每天地上等地400圆,中等地300圆,下等地200圆,但实际销售价格不到该价格的80%。

4.交通运输状况

连接盖平县和岫岩县的警备道路和从大石桥出发经由渴池连接盖岫道路的铁路总局"巴士"道路在榜什堡合为一条主要道路,此道路经过石门岭到达岫岩,因此,交通比较便利。

5.治安状况

本水库附近如上所述,如果是山岳地带的话,人家分散在各处,交通不便。因此,到康德3年春季,这里一直都是土匪的贼窝,被称为极其危险的地区。后来,县公署将分散在各处的人家聚集在一起居住,同时,补修、新建了警备道路,在加上大力整顿治安,使得土匪将其根据地转移到了偏远地区。现在隐藏在距水库东部约10千米处的刘家台和头道沟附近,骚扰当地居民。但是,目前当地警察署和自卫团正倾力扫荡土匪,所以,不久后就可有良好的治安。

6.水库建造计划及相关居民的安置

如上所述,现住居民不能实现自给自足,不得已而向其他村求助,非常贫困。县当局也在致力于制定救助贫农的对策,所以,本方案中对现住居民的安置较为容易可行。

三、平原地带现状

本方案预定区域中除了原方案中的东北部一带,其他区域大致情况与原方案无较大差别,所以,在此省略,这里仅叙述一下其概要。

1.位置

横跨营口县第二区岔口房村、盖平县第四区滕家坨子村、盖平县第四区青石岭铺村这2县3村约11,000町步的区域。

2.区域内现居民及不同名目的土地面积

村名	屯数	现住居民		不同熟地等级土地面积				可耕未垦地	山地、沼地、墓地、其他	合计
		户数	人口	菜园地	上	中	下			
岔口房村	6	764	4,968	182	462	333	681	1,280	400	3,338
滕家坨子村	7	610	3,984	170	1,160	820	780	830	240	4,000

续表

| 村名 | 屯数 | 现住居民 | | 不同熟地等级土地面积 | | | | 可耕未垦地 | 山地、沼地、墓地、其他 | 合计 |
		户数	人口	菜园地	上	中	下			
青石岭铺村	3	137	851	55	135	152	280	70	70	762
合计	16	1,511	9,803	407	1,757	1,305	1,741	2,180	710	8,100

3.不动产(含动产)

(单位:圆)

| 类别 | 住户 | | | 牲畜棚 | 围墙 | | | 碾子 | 磨 | 土坟 | 井 |
	上	中	下		砖墙	石墙	土墙				
数量	660	2,540	1,000	46	2,800	1,300	7,700	37	60	5,200	50
销售价格	77	50	30	21	7	3.5	2	40	5	—	67
新置办费	100	70	431	40	10	4	3.5	60	10	8	106

四、土地改良计划

根据本方案,更改水库位置后,开田面积为 6,000 町步,另外,加上旱田 3,000 町步,征用地和不可耕地约 2,000 町步,总面积 11,000 町步。对这些土地的改良与原计划并无太大差别,仅仅是变更了水库位置和局部改变了区域内的灌排设施,所以在此仅记述其概要。

1.水库

(1)满水面积和蓄水量

计算本水库所需蓄水量时,采用原方案中的单位蓄水量即 0.9 町米,总计约 5,400 町米(17,820 町尺)。为保证安全,截流地点的地基海拔 92 米以下为死水,满水面海拔为 112 米,满水面积为 850 町步,这种情况下平均水深(斟酌原方案后决定)7 米,可蓄水 5,950 町米(19,635町尺)。

(2)堤塘

堤塘右岸约 1/5 是岩壁;关于左岸,延伸有约 150 米的平坦地,然后成为倾斜度约1/20的丘陵,左岸建于丘陵半山腰处,其长 300 米。堤塘的高要比洪水面有高出 2 米的余地,堤坝顶端海拔 116 米的时候,堤塘最高需约 26 米。

(3)排水渠和泄洪道

排水渠建于左岸丘陵的挖掘岩盘上,需长 88 米。泄洪道和排水渠呈直角修建,急流工程用混凝土建造,全长为 180 米;水缛工程用土木工程建造,长 350 米,这些工程距离旧河川 480 米。这些渠道的截面尺寸利用原方案中的公式计算得出结果。

(4)供水塔和导水管

供水塔和导水管修建于右岸山麓的岩盘上。供水塔外直径 9 米,内直径 4 米,高 25 米。

供水阀宽1米,高1.2米,用两个这样的供水阀分别设在供水塔上,从而将供水塔分为上、中、下3段。导水管内宽3米,高2.75米(上部半圆),长110米,这样的导水管埋设2根。这些工程全用混凝土制造。

(5)代用道路

根据以上记述内容,盖岫道路局部需要替代道路,即以西门岭往西约1千米处附近为起点,以左岸洪水面以上的山腰,即道马寺附近为终点,长约6千米,宽8米。

2.水渠

(1)导水渠

从水库导水管出口向下流18千米至现在的河流,在大牟马岭(原方案中的水库堤塘位置),修筑拦水堰;或在比原方案中的位置更加向下游四五千米处的沈家屯附近修筑,从这里引水,将水导引至隧道入口。在以上两种方案中,本计划选择前者。实际施工之际再对两者进行比较研究。

(2)用水干支线

第1号用水干线在前蚂虹嘴子以北约7千米处横穿连京线,之后,继续向北流3.5千米,然后左转,继续流,流至大平山东部为止,全线长15千米。

第2号用水干线和原方案相同,所以在此省略。

修建适当的用水支线18条(总长64千米)。

3.排水路

排水沟沿两条用水干线修建,这跟原方案一样,即从第1号用水干线末端开始向西挖掘约3千米,将水排放至旧河流。排水干线采用原方案的第1、第2、第3号线,再为这些排水干线修建16条适当的排水支线。

4.农用道路

为使预定地区的交通运输便利通畅,修建宽5米,全长达45千米的农用道路。

5.改良工程概算明细书

总额　　　　455万圆　每反平均50.56圆

其中 { 工程费　308万圆　　水田每反　　　　51.33圆
收购费　147万圆　　水田、旱田每反　16.33圆

明　细　　　　　　　　　　　　　　　(单位:圆)

款项目			金额	摘　要
工程费			3,080,000.00	水田每反51.33圆
	水库费		830,000.00	
		堤塘费	295,000.00	长300米,堤塘高26米,根基深6米 (填土—74,000立坪　根基—2,300立坪)

续表

款项目		金额	摘要
	取水塔和导水管费	110,000.00	取水塔,外直径7.5米,高25米 导水管,内宽3米,高2.75米,半圆长110米,2根
	排水渠和泄洪道费	390,000.00	排水渠长88米,高3米 泄洪道急流工长180米,土木工程长350米 (挖掘—40,000立坪)
	代用道路费	35,000.00	长6千米,宽8米
取入堰费		20,000.00	
	截堰	12,000,00	钉板桩,栗子石沉排,高1.8米,延长60米
	取入水门和排土沙费	8,000.00	取入水门宽2米,4套 排土沙渠宽2米,2套
导水渠费		627,000.00	
	土木工程费	202,000.00	土木工程全长12.6千米,宽12米
	排水潜管费	12,000.00	内径1.5米方形,长27米,2套
	落差工费	19,000.00	3处
	隧道费	300,000.00	1处
	流入工程费	2,200.00	6处
	急流工程费	78,000.00	2处
	制水门费	5,800.00	1处
	桥梁费	8,000.00	9处
第1号用水干线费		260,000.00	
	土木工程费	120,000.00	总长15千米
	用水潜管费	68,000.00	2处
	铁道潜管费	45,000.00	1处
	泄洪道费	3,500.00	1处
	分水门费	7,000.00	5处
	分水管费	1,200.00	12处
	桥梁费	15,300.00	10处
第2号用水干线费		40,000.00	
	土木工程费	23,000.00	全长10千米

款项目			金额	摘 要
		铁道明渠费		利用现有明渠
		横穿潜管费	7,600.00	1 处
		制水门和泄洪道费	4,000.00	1 处
		分水管费	1,200.00	7 处
		排水暗渠费		利用现有暗渠
		桥梁费	4,200.00	5 处
	用水支线费		128,000.00	5 条,总长 34 千米
	排水小支线费		35,000.00	13 条,总长 30 千米
	排水沟费		140,000.00	
		土木工程费	126,000.00	东部排水沟长 18 千米,50,000 圆 南部排水沟长 5 千米,6,000 圆 西部排水沟长 14 千米,70,000 圆
		桥梁费	14,000.00	17 处
	排水干线费		314,000.00	
		土木工程费	290,000.00	3 条,总长 29 千米
		桥梁费	24,000.00	
	排水支线费		31,000.00	2 条,总长 9.5 千米
	排水小支线费		36,000.00	14 条,总长 26 千米
	道路费		50,000.00	总长 45 千米
	开田费		186,000.00	每反 3.10 圆,6,000 町步的总费用
	测量设计与工程监督费		264,000.00	
		测量设计费	48,000.00	水田仅 6,000 町步 预计每反 0.8 圆
		工程监督费	216,000.00	预计约为工程费的 8%
	预备金		119,000.00	
		预备金	119,000.00	预计约为工程费的 4%
收购费			1,470,000.00	水田 6,000 町步,每反 17.94 圆; 旱田 3,000 町步,每反 13.16 圆 平均每反 16.33 圆

续表

款项目		金额	摘　要
水库费		559,000.00	
	土地收购费	410,000.00	收购地券面积 1,036 町步
	不动产（含动产）费	149,000.00	水库库区内的房屋、其他不动产（含动产）和搬迁费
导水渠费		36,000.00	
	土地收购费	30,000.00	收购用地面积 40 町步
	不动产（含动产）费	6,000.00	
平原地带费		720,000.00	
	土地收购费	692,000.00	土地收购，地券面积 5,686 町步
	不动产（含动产）费	28,000.00	只收购对施工造成障碍的那部分
各项杂费		131,000.00	
	各项收购杂费	131,000.00	预计约收购费的 10%
预备金		24,000.00	
	准备金	24,000.00	预计约收购费的 2%

6.改良工程年度比例表

（单位：圆）

款　项		第 1 年度	第 2 年度	第 3 年度	合计	摘要
工程费		1,452,000	1,500,000	128,000	3,080,000	
	蓄水池费	373,500	456,500	—	830,000	1 年度　45%　2 年度　55%
	取入堰费	—	20,000		20,000	
	导水渠费	344,850	282,150#	—	627,000	1 年度　55%　2 年度　45%
	第 1 号用水干线费	143,000	117,000		260,000	1 年度　55%　2 年度　45%
	第 2 号用水干线费	32,000	8,000	—	40,000	1 年度　80%　2 年度　20%

款　项		第1年度	第2年度	第3年度	合计	摘要
	用水支线费	57,600	70,400	—	128,000	1年度　45% 2年度　55%
	用水小 支线费	—	35,000	—	35,000	
	排水沟费	84,000	56,000	—	140,000	1度年　60% 2年度　40%
	排水干线费	188,400	125,600	—	314,000	1年度　60% 2年度　40%
	排水支线费	—	31,000		31,000	
	排水小 支线费	—	36,000	—	36,000	
	道路费	30,000	20,000	—	30,000	1年度　60% 2年度　40%
	开田费	—	74,400	111,600	186,000	2年度　40% 3年度　70%
	测量设计和 工程监督费	145,200	108,000	10,800	264,000	1年度测量设计 全部,监督费45% 2年度,监督费50% 3年度,监督费5%
	预备金	53,450	59,950	5,600	119,000	1年度约45% 2年度约50% 3年度约5%
收购费		1,470,000			1,470,000	
	水库费	559,000	—		559,000	1年度全部
	导水渠费	36,000	—		36,000	1年度全部
	平原地带费	720,000	—	—	720,000	1年度全部
	各项收 购杂费	131,000	—	—	131,000	1年度全部
	预备金	24,000	—	—	24,000	1年度全部

7.工程结项前后不同名目土地面积

（单位：町）

土地名目别	工程施工前地券面积	征用地面积				结项后实测预定面积	摘要
		水渠占地	排水沟排水路占地	道路占地	合计		
水田	—	—	—	—	—	6,000	
旱田	2,882	245	43	29	317	3,000	
可耕荒地	2,040	46	158	20	224		
不可耕荒地	764	13	22	4	39	1,420	包含现住居民住宅用地、墓地，此外还包括山地、沼泽地
合计	5,686	304	223	53	580	10,420	

五、移民迁入计划

1.农业移民

按照第1方案执行。

2.移民点的建设和迁入

（1）建设

收购总预定面积11,000町步的全部，预计水田6,000町步（此外，旱田3,000町步，征用地及其他2,000町步），完善灌溉、排水设施。

以上工程由满拓实施。

（2）工程建设年度计划

第1年度

完成土地收购、测量设计及工程施工50%，但不包括开田工程。

2年度

完成剩余工程及40%的开田工程。

3年度

完成开田工程及部分除盐工作。

4年度

整个地区的除盐作业及移民的房屋建设和其他。

（3）移民迁入

共1,500户在第5年度2月份迁入。先遣队在前一年的4月份派遣相当主力队两三成的户主。

3.政府补助金和设施

按照第1方案执行。

4.移民农户的农业经营方针

按照第 1 方案执行。

盖平县按照第 2 方案执行。

5.资金筹措和偿还方法

(1)**资金筹措表**

(单位:圆)

资金别	经费项目	所需金额	政府补助金额	满拓通融资金	摘要
固定资金	土地费用	3,561.70			
	房屋	750.00			腰砖　坯子制造用波浪形铁板铺就,15 坪,单价 50 圆,合计 750 圆
	附带农舍	150.00			仓库和苦力农舍　坯子造,10 坪,单价 10 圆,共 100 圆;马棚 20 圆;猪圈 20 圆;鸡窝 10 圆;合计 150 圆
	井 马车	40.00 90.00	650.00	4,248.20	每 5 户 1 口井,200 圆,每户 40 圆;马车 1 辆 60 圆;铡刀 1 个 5 圆,1 套 2 圆;合计 90 圆
	一般农具	120.00			西洋式犁及其他参考附表 3
	家畜	136.50			牛,一头 100 圆;猪,一头 25 圆;鸡,23 只,单价 0.5 圆,共 11.50 圆;合计 136.50 圆
	共同产业设施	50.00			种畜场 14 圆;炼油厂 15 圆;碾米机 21 圆;合计 50 圆
	小计	4,898.20			
流通资金	经营农业费用不足额	900.00		900.00	
合计		5,798.20	650.00	5,148.20	

(2)**借款年度偿还额推算表**

(单位:圆)

类别 ＼ 年度	工程 5 年度 迁入第 1 年度	工程 6 年度 迁入 2 年度	工程 7 年度 迁入 3 年度	工程 8 年度 迁入 4 年度	工程 9 年度 迁入 5 年度	分　年 偿还额
固定资金	4,248.20					301.41

续表

年　度 类　别	工程 5 年度 迁入第 1 年度	工程 6 年度 迁入 2 年度	工程 7 年度 迁入 3 年度	工程 8 年度 迁入 4 年度	工程 9 年度 迁入 5 年度	分　年 偿还额
流通资金	900.00					86.71
合　计	5,148.20					388.12
累计金额	5,148.20	5,148.20	5,148.20	5,148.20	5,148.20	
支付利息	257.41	257.41	257.41	257.41	257.41	

注:借款利息为年息 5%,每年度计入 12 个月的利息总额。

关于固定资金的偿还,前 5 年不用还,5 年后分 25 年均等偿付。

关于流通资金的偿还,前 5 年不用还,5 年后分 15 年均等偿付。

固定资金和流通资金由满拓筹措。

(附表) 土地费用(每户的土地收购费和灌溉设施费)明细表　　　(单位:圆)

年　度 类　别	初年度	2 年度	3 年度	4 年度	合　计	摘　要
土地收购费 灌溉设施费	2,922,000	1,500,000	128,000	—	4,550,000	工程费概算及年度百分比参考 水田每反 69.27 旱田每反 13.16
利息	109,800	189,090	239,245	254,407	792,542	
小计	3,031,800	1,689,090	367,245	254,407	5,342,542	
累计	3,031,800	4,720,890	3,088,135	5,342,542	—	
每反地	—	—	—	—	平均 59,370	每反水田　81.05 每反旱田　15.91
每					3,561,700	总户数 1,500 户

注:①总面积　11,000 町步

明细

水田　6000 町步

旱田　3000 町步

房屋用地、道路、水渠征用地　2000 町步(18% 多)

不可耕地及其他

②土地收购费为年息 5%,将 1 年的(利息)总额计算在内。每户的土地价格为第 4 年度末的计算额。灌溉设施费为年息 5%,将该年度半年的年息计算在内。

6.移民收支计算

(1)不同年度的耕作收支和盈亏预算表

（单位：圆）

收支类别	类　别	工程第5年迁入第1年	工程第6年迁入第2年	工程第7年迁入第3年	工程第8年迁入第4年	工程第9年迁入第5年	工程第10年迁入第6年
收入	谷类销售收入	617.13	801.63	986.13	1,166.13	1,166.13	1,166.13
	畜产销售收入	—	69.60	123.40	194.53	194.53	194.53
	副业销售收入	32.00	32.00	32.00	32.00	32.00	32.00
小计		649.13	903.23	1,141.53	1,392.66	1,392.66	1,392.66
支出	农业经营费	534.28	460.71	461.71	462.71	462.71	462.71
	生活费	340.50	179.53	179.53	185.53	185.53	185.53
	偿还费	89.00	89.00	89.00	89.00	89.00	89.00
小计		963.78	729.24	730.24	737.24	737.24	737.24
结算结果		−346.65	173.99	411.29	655.42	655.42	655.42
利息		257.41	257.41	257.41	257.41	257.41	
分年支付金							388.12
再次计算结果		−604.06	−83.42	153.88	398.01	398.01	267.30

注：①谷类销售收入是谷类总生产量减去自家谷类消费量(第2年度种子以及第2年收割之前的粮食种苗)
　　后剩余部分的销售收入。
　　②畜产销售收入是牛、猪、鸡蛋的销售收入。
　　③副业销售收入是草袋的销售收入。
　　④迁入第4年开始成为成熟年度。

(2)移民的资金推算表

（单位：圆）

类别 \ 年度	工程第5年迁入第1年	工程第6年迁入第2年	工程第7年迁入第3年	工程第8年迁入第4年	工程第9年迁入第5年	工程第10年迁入第6年
收支多与少金额	−346.65	173.99	411.29	655.42	655.42	655.42
上一年度结转金额	—	295.94	212.52	366.40	764.41	1,162.42
流通资金	900.00					
手头现金	900.00	469.93	623.81	1,021.82	1,419.83	1,817.84

年度\类别	工程第5年迁入第1年	工程第6年迁入第2年	工程第7年迁入第3年	工程第8年迁入第4年	工程第9年迁入第5年	工程第10年迁入第6年
支付利息各年分年支付额	257.41	257.41	257.41	257.41	257.41	分年支付额 388.12
第2年结转金额	295.94	212.52	366.40	764.41	1,162.42	1,429.72

注:次年的结转金是由年初手持现金总额减去支付利息、再减去分年支付额、最后加减过与不足金额计算得出的。

7.迁入30年后每户移民的资产推定

土地　3,561.70圆　水田4町步　旱田2町步　原价计算

房屋及其他(作为固定资产投资的部分)　　　　1,336.50圆　参考第5项表(1)

迁入后第29年经营农业　纯收益金额　　　　8,712.02圆　不将预备金利息估计在内

合计　　　　　　　　　　　　　　　13,610.22圆

昭和 12 年 5 月

通化、凤城间经济概况调查

满铁·产业部

绪　言

　　本调查的目的是通过调查修建铁路所必要的地形、资源、产业以及经济状况等,选定适合当地情况的经济线路。

　　资源概况调查班得到命令,于 20 日从大连紧急出发,经由梅河口岸到达通化。在与线路测量班班长商谈结束后,我们就立刻着手调查。

　　当时正好是 2 月,积雪 1 尺有余。沿路以外时有匪徒出没,测量掩护部队人数也只限定在 25 人之内,因此要调查沿路以外的情况是不可能的,于是调查仅在一定范围内展开。由于一同工作的各位调查员们竭尽全力,很快就完成了初期目标。2 月 16 日,我因为要进一步做比较线路的调查而离开 1 班加入 2 班,并对八河滩—凤城之间的货物上市情况进行调查,调查结束后,3 月 5 日归任。这样前后总共用了 44 天时间。

　　此外,矿产资源调查由矿业课植田房雄负责,农业情况调查由农林课横田廉一负责。有关两人报告的详细情况此处不作详细报告。

产业部交通课第三铁路负责人
斋藤义人

目 录

◆ **附表**

总　论

　　干线以安奉线的凤城（高山）为起点，途经宽甸、桓仁，一直延伸至通化，即所谓的东边道纵贯铁路，预计全长 274 千米。东边道山峦纵横起伏，地形错综复杂，平原稀少，完全不能和辽河河口地区相比。这里曾是安东的生命，现在扩大了森林采伐区域，然而木材的上市仍不能恢复到以前状况。

　　加之，由于山峦重叠起伏不定，东边道自古以来就被视为土匪盗贼的巢穴。这里不仅有满洲国的流寇，还有从北朝鲜来的共产党游击队也在此横行无忌，以致当地农民疲弱不堪，达到极点，有必要给予他们积极有效的救济。虽然对矿产资源还没有进行详细的调查，但综合专家的论述可以得出以下结论，即在治安恢复和交通机构的完备相互促进的前提下，有效利用企业自身价值，应该能为当地开发做出很多贡献。

　　此外，关于营业收支的预测，需要干线路建设方案具体实施后才能进行，所以，本报告只限于记述经济概况情况。

一、势力圈内的现状

　　当地一带处于安东及沈海线的沿线地区，自古以来就很发达。但最初，除了鸭绿江和浑江的水路运输外只有少量的车马运输，交通不便，因此物资的输出输入一直都是以安东为中心。昭和 11 年 4 月，从梅河口至通化的全长 131.7 千米的铁路建设开始施工，同年 11 月竣工。从今年 2 月 1 日开始，梅河口—柳河之间的（32.7 千米）线路开始非正式运营。因此，以通化为中心的各主要城市间的物资运输途径发生了变化，例如，通化县物资的输入与输出目前主要就是通过沈海线经由奉天完成。此外，如果从通化到鸭绿江沿岸的辑安的铁路建设也开始施工的话，梅河口—辑安之间线路的运营也就近在咫尺。如果计划与朝鲜方面的满浦镇线路连通的话，全线开通后，满洲到朝鲜之间的交通将会迅速发展起来。近年来，东边道的线路网逐渐完善，各县之间以及从沈海线南杂木站开始途经兴京贯通通化、桓仁的道路也可以通汽车。协荣汽车公司、安东产业汽车公司等在其他各主要城市间也经营运输业务。综观这些交通状况，目前的物资运输情况与本预定线路开通之际预测的概况基本一致。

　　干线路势力圈推定大致如下面所示：

(一)势力圈的推定及圈内面积与人口

县名	利用率(%)	面积(公顷)	户数	人口
凤城	20	533,053	15,506	85,096
宽甸	40	827,966	17,106	131,406
桓仁	95	265,807	26,370	203,277
通化	50	34,428	13,843	89,083
辑安	10	110,592	2,014	14,423
合计		1,771,846	74,838	523,285

根据以上结果可知,平均1公顷为0.295人。

此外,在人口方面由于近年来当地实行聚居村庄制并且一直歉收的缘故,许多农民离开了这里。最近这3年间人口急剧减少,情况非常严重。下面以宽甸、桓仁、通化3县为例来看。

县别	康德元年		康德2年		康德3年	
	户数	人口	户数	人口	户数	人口
宽甸	39,967	330,927	42,491	328,886	44,041	314,640
桓仁	29,937	222,868	28,682	218,538	19,438	143,532
通化	33,536	203,789	28,675	184,394	25,061	167,866

与康德元年度相比,康德3年的人口减少率,宽甸为4.9%,桓仁为35.59%,通化为17.62%,可以看出桓仁县的减少率最大。随着治安的恢复,不难想象人口也能恢复至以前。

(二)土地利用状况及农业

总体来看,本干线沿线地带,大部分都属于山岳地带,大体上北边陡,南边平缓,倾斜耕作的农田耕地很多,未耕地较少。

以下为势力圈内的土地利用状况:

势力圈内各县土地利用状况表　　　　(单位:公顷)

县别\类别	圈内面积	利用率(%)	不可耕地 占总面积的比率(%)	不可耕地 面积	可耕地 占总面积的比率(%)	可耕地 面积	已耕地 占总面积的比率(%)	已耕地 面积	未耕地 占总面积的比率(%)	未耕地 面积
凤城	533,053	20	95.5	509,277	4.5	23,776	100	23,776		—
宽甸	828,113	40	97.8	810,005	2.2	18,108	100	18,108		—

类别 县别	圈内面积	利用率（%）	不可耕地		可耕地		已耕地		未耕地	
			占总面积的比率（%）	面积	占总面积的比率（%）	面积	占总面积的比率（%）	面积	占总面积的比率（%）	面积
桓仁	265,807	95	80.1	212,951	19.9	52,857	83.4	44,107	16.6	8,750
通化	34,428	50	12.4	4,281	87.6	30,147	35.2	10,616	64.8	19,531
辑安	110,592	10	96.9	107,122	3.1	3,469	71.9	2,495	28.1	974
合计	1,771,993		92.8	1,643,636	7.2	128,357	77.2	99,102	22.8	29,250

注：根据安东省公署调查资料显示（一晌为0.6144公顷），以上表格中，势力圈内未耕地面积仅相当于可耕地面积的两成，可供将来开发的剩余土地较少。此外不可耕地面积占了总面积的大部分地区——92.8%的地区，特别是像凤城、宽甸两县没有未耕地。现在无人居住的地带过去是农耕地，预计这些土地会随着治安的恢复到往日状态。（关于农业的相关专业概况，农林课的横田氏也参加了这次实地调查，在他的报告中只描述了其概况而没有做详细论述。）

当地气候水土正好适宜农产品的生产，以大豆、高粱、玉米的生产为主，人参、柞蚕、烟草等特殊用途的作物也有希望种植。

被视为朝鲜人垄断经营的水田耕作，现在也仅为总种植面积的5%。如果设立适当的指导机构，对技术以及金融交易方面给予合理的指导的话，这方面应该也会有很大发展，况且当地也具备这样的自然条件，特别是在柞蚕栽培方面，据说宽甸、凤城两县在满洲国占有很重要的地位。当地土质主要是黄土质的洪积土，很适合农业耕作。但由于土壤中含有相当多的钾元素，造成了有机质与黑色素成分的缺乏。所以，有必要增加像堆肥与绿肥那样的有机物肥料的产量（有关土质的状况以省公署调查为依据）。

从农业经营状况来看，自耕农占全体农民户数的大约32%，自耕农兼佃农与佃农分别占18%与50%（自耕农中包含地主）。

农业经营者类别户数表

地主	总农户数	自耕农	自耕兼佃耕	佃农	占总户数比例（%）		
					自	自兼佃	佃
凤城	50,425	14,436	12,736	12,253	29	25	46
桓仁	26,811	7,564	3,374	15,873	28	13	59
通化	24,028	861	649	22,518	4	3	93
宽甸	40,053	12,000	8,493	19,560	29	21	50
辑安	16,697	3,359	1,253	12,058	20	8	72

续表

地主	总农户数	自耕农	自耕兼佃耕	佃农	占总户数比例(%)		
					自	自兼佃	佃
合计	158,014	38,220	25,252	82,260	22	14	64

农民中有五成为佃农,经营水田耕作的朝鲜人中一大半都是佃农,满族人作为地主也给了他们很多实惠,他们对现状很满意,全身心地投入到水田开垦工作中,这是他们的优点所在。下面是有关各县的旱田以及水田的耕地面积情况。

势力圈内耕地面积表 (单位:公顷)

类别 县别	旱田			水田			总计
	自耕	租种	合计	自耕	租种	合计	
凤城	10,094	12,930	23,024	303	450	753	23,777
桓仁	13,831	22,496	36,327	—	2,195	2,195	38,522
通化	486	9,345	9,831	—	785	785	10,616
宽甸	5,967	10,064	16,031	92	135	227	16,258
辑安	622	1,714	2,335#	17	144	161	2,496
合计	31,000	56,548	87,548	412	3,709	4,121	91,669

根据上表可以看出,这里的已耕地面积和前面所述的势力圈内的已耕地面积之间有大约7,000公顷的出入,这是因为势力圈内的已耕地面积中包含被荒废的土地面积。也就是说,上述的势力圈内的已耕地中有一部分应该属于现在的无人居住地带。

农产品的生产及消费

由于地势上的关系,除浑江、瑷河流域及公路沿途以外,势力圈内耕地很少。由于近年来设立了聚居村庄制度,作为治安工作的首要任务,加上禁止在山里偏僻地带居住,公路和铁路沿线 500 米以内禁止种植农作物等原因使得出现了 7,433 公顷的荒废土地。势力圈内主要农产品为大豆、高粱和玉米,玉米和高粱是农民的主食。此外,除大豆和水稻之外的作物没有输出的迹象。

势力圈内农产品种植面积以及收成表 （单位：公顷、吨）

品种\类别	凤城县 种植面积	凤城县 收获面积	凤城县 收成	桓仁县 种植面积	桓仁县 收获面积	桓仁县 收成	通化县 种植面积	通化县 收获面积	通化县 收成
大豆	4,391	4,313	6,819	9,637	9,613	11,776	5,115	5,115	6,343
其他豆类	1,543	1,525	2,227	1,193	1,185	1,255	785	785	605
高粱	4,073	4,007	7,133	7,984	7,931	11,642	3,141	3,141	5,834
小米	1,273	1,256	1,754	5,825	5,798	6,534	3,550	3,550	3,291
玉米	11,826	11,745	25,839	7,946	7,890	12,589	5,356	5,356	8,087
小麦	—	—	—	270	270	212	293	293	230
水稻	1,540	1,516	4,002	1,892	1,892	3,747	643	643	1,412
旱稻	505	486	737	144	144	170	61	61	86
其他杂粮	3,431	3,419	4,556	1,566	1,566	1,410	950	950	1,031
合计	28,582	28,267	53,067	36,457	36,289	49,335	19,894	19,894	26,919

品种\类别	宽甸县 种植面积	宽甸县 收获面积	宽甸县 收成	辑安县 种植面积	辑安县 收获面积	辑安县 收成	合计 种植面积	合计 收获面积	合计 收成
大豆	8,498	8,498	11,999	733	733	979	28,374	28,272	37,916
其他豆类	3,534	3,534	3,972	51	51	59	7,106	7,080	8,111
高粱	5,255	5,255	9,700	512	507	824	20,965	20,841	35,133
小米	4,397	4,397	5,245	193	193	204	15,238	15,194	17,028
玉米	22,590	22,590	49,652	836	830	1,429	48,554	48,411	97,596
小麦	22	22	19	7	7	8	592	592	469
水稻	362	362	1,035	177	177	486	4,614	4,590	10,682
旱稻	67	67	93	—	—	—	777	758	1,086
其他杂粮	3,498	3,498	3,809	160	157	164	9,605	9,590	10,970
合计	48,223	48,223	85,524	2,669	2,655	4,153	135,825	135,328	218,998

　　参考前面表格主要作物的种植率，可看出在 218,998 吨的农产品收成中，农作物种植以玉米为主，大豆、高粱次之。

品种	收成（吨）	种植率（%）
大豆	37,916	17.3

续表

品种	收成(吨)	种植率(%)
高粱	35,133	16.0
小米	17,028	7.8
玉米	97,596	44.6
稻子	10,682	4.9
其他	20,643	9.4
合计	218,998	

根据上表农产品收成,推定当地消费及生产剩余额如下:

1)1个人所需食品和各类消费 1年 302.6千克
2)1头家畜所需饲料 1年 381.7千克
3)1公顷地所需播种量 1年 345.2千克

从上表可看出,当地农民把玉米作为主食。且从农产业加工品需求很少这一点可看出,当地的大豆消费为每人14.5千克。

消费量的计算

1)人的食品和各类消费 158,346吨
2)家畜1年的饲料 15,407吨
3)种子1年的消费量 46,715吨
合计 220,468吨

消费量总计为220,468吨,而土地总收成为218,998吨,仍有1,470吨的不足,虽然很少,但从运往安东和南杂木站方面的货物上市情况来看,势力圈内人口中,通化县有3万6千贫困者,桓仁县有1万6千饥民。由于他们没有食物,为不知明日该如何度过而彷徨着,所以应该将这些人的人均粮食和各类消费计算在内,但要按时间将这些数据全部精确地表示出来非常困难。考虑到过去在通化、桓仁两县分别有11万石和15万石的货物输出,所以估计随着治安恢复后应可恢复至往日。再加上,铺设干线路前,很多人来到了这里,所以,所谓的经济景气现象应该会不期而来。

势力圈内家畜数量表

	凤城	桓仁	通化	宽甸	辑安	合计
牛	5,454	4,515	991	5,109	330	16,399
马	1,704	2,199	660	1,500	352	6,415
骡	1,327	1,720	430	1,000	188	4,665
驴	3,886	3,612	576	4,576	234	12,884
山羊	1,736	1,327	79	4,935	60	8,137
绵羊	11	411	44	—	—	466
猪	13,150	13,651	7,433	13,444	638	48,318
鸡	38,736	10,870	44	20,200	3,777	73,627
鹅	509	369	—	50	49	977
鸭	18,934	3,084	—		479	22,497

另外,关于家畜饲料,只计算牛、马、骡、驴四种牲畜。

(三)林业以及矿业

应被视为森林地带的有:临江、长白、抚松及通化的一部分地带,以临江县城为中心的鸭绿江上游地区,以及沿着鸭绿江支流的浑江一直至通化县地带的一部分。根据省公署调查显示,该地带森林储备量为 433,351 千石,面积为 903 千町步,年生产量约为 150 万石。根据实业部调查显示,以上 4 县合计森林储备量为 216,882 千石,年采伐量达到约 646 千石。产品都集聚在安东市,其中的大半用于木材加工,一部分用于当地消费。关于森林的分布状况,鸭绿江沿岸以阔叶树为主,而在内陆地区针叶树分布较多,并可知针叶与阔叶树比率为6∶4,关于树种有待专家的专业报告。关于干线路木材的上市途径,本来鸭绿江上游的森林木材能靠木排运送到安东,浑江上游的森林木材在通化的北方八道沟用编组的大木筏途径通化、桓仁运至安东。但是由于康德 2 年以来禁止木排的制作及放流,安东市场断了木材来源。为了满足梅通线建设工程所需材料,也只进行了 3 万石的集体采伐。目前,随着造林计划的实施,当地在指导与奖励修建苗圃、开展绿化运动等方面倾注着全力。

从现状来考虑,干线路货物上市希望很渺茫。但在以通化为中心的临江、长白、抚松各县的交通机构完善、治安维持稳定的情况下,可消除集体采伐的不便之处,再进行统一管理使得采伐能顺利进行,因而应该能满足安东及本溪湖方面的需要。

当地很有名的浑江木材于康德 2 年被运往安东,圆木材与方木材合计 11 万石上市。

从事森林工作的人都是从山东来的满族人,没有朝鲜人。住在通化、临江县的人中,每年外来的劳动者也占不到 1/5。康德元年在三岔子一带从事采伐工作的苦力大约达到了1,000人。

关于工资,在山里从事采伐工作的人,工资基本上采用的是月薪制,从事木排相关工作的人在工作结束后根据利率支付相应的工资。在此期间的粮食供应由把头负责。

类别	工资类别	金额	备注
领工人	月薪	16.00	
伐木工	月薪	14.00	
锯木工	月薪	12.00	
*人	日薪	1.10	
大夫	月薪	10.00 12.00	这不属于专业工作,所以工资一般比较低。
修路工	月薪	10.00 12.00	
牛犁把式	日薪	3.00	2人(3头牛)
马犁把式	日薪	7.00	3人(7匹马)
筏夫		150.00 180.00	从开始到木排的漂流终点为止(筏夫一起乘坐木排)
筏夫		60.00 80.00	仅仅是指放木排的人

　　关于势力圈内的矿产资源,当地矿产资源蕴藏量十分丰富,很有发展潜力。对于蕴藏量的具体数目,由于调查不充分,深感有必要重新进行深入调查。

　　虽然还没有详细的调查资料,但是根据干线矿产资源上市情况可以预测,位于通化铁厂子的煤炭和临江县的赤铁矿等一定要会到重视。但由于最近专家们计划实施钻探试验,所以,相信有关这些地区的资源埋藏量和煤质的精确调查报告很快就会出来。目前铁厂子地方,每天的资源运出量为煤炭20吨,焦炭1吨。

　　下面为相关各县的矿山调查表,以供参考。

通化县矿山调查表

矿种	所在地	负责人(部门)	申请日期	面积(m²)
金	一区金杨村	桥本续德	民国6年	6,000
煤炭	二区杨木桥子	桥本续德	民国10年	2,000
煤炭	二区打牛沟	治安维持会	康德3年	1,500
煤炭	三区铁厂子	县公署	民国14年	2,000
粉煤	三区瓦窑沟	萧沛霖	民国13年	1,000
粉煤	三区高福沟	刘文阁	民国11年	1,000

桓仁县矿山调查表

煤炭　　干沟子　　实兴煤矿公司　　民国 7 年　　年产 550 吨

凤城县矿山调查表

石灰石　　五区通远堡　　韩明忠　　民国 17 年　　50 亩

以上是已开发的矿山。其他还未开发、正在申请中的有金、银、铜、铅、石棉等矿山,这些都分散在各地,其企业价值总体上还不明确。

(四) 交通状况

势力圈内的交通工具有马车、汽车、空运和水运,并且夏季和冬季的情况都不一样。比起夏季,冬季的匪徒比较少,因此汽车、马车和雪橇利用率比较高。

下面按县别记录了势力圈内必需的汽车路线作为参考(省公署调查资料)。

通化县可通行汽车路线表

路线名		县地区内起始点与终点	县内全长	主要经过地	备注
桓仁 通化	线	桓、通县界—通化	56	大泉源、快堂帽子	
通化 临江	线	通化—通、临县界	56	头道沟门	
通化 辑安	线	通化—通、辑县界	23	夹皮沟	
通化 兴京	线	快堂帽子—通、兴县界	49	砂缝、三棵榆树	
通化 柳河	线	通化—通、柳县界	37	二密岭、干沟子	
辑安 濛江	线	辑、通县界—头道沟门	55	四道沟、六道沟门	
富有街 大泉源	线	辑、通县界—大泉源	21	三家堡子	
英哥布 逢沿	线	英哥布—通、兴县界	33	小八家、三棚甸子	
干沟子 半截荒沟门	线	干沟子—半截荒沟门	39	大横道河子、闹市子沟	干沟子、大横道河子有 8 千米路不通
通化 大荒沟	线	二密岭—通、全县界	47		
二密河口 大横道河子	线	二密河子—大横道河子	13		

续表

路线名	县地区内起始点与终点	县内全长	主要经过地	备注
通化 三道沟 线	大庙沟—通、辑县界	53	太平沟、大砂子、荒沟门、六道沟门、大南岔	老人沟、通辑县界间有 4 千米路不通
四道沟 下四平街 线	四道沟—通、临县界	10	下四平街	
小计		492 千米		

桓仁县可通行汽车路线

路线名	起点与终点	全长	主要经过地	备注
宽甸 桓仁 线	宽、桓县界—桓仁	39	庆乐泡	
桓仁 通化 线	桓仁—桓、通县界	44	边石哈达	
桓仁 辑安 线	桓仁—桓、辑县界	70	马圈子、石龙双岔头	山与山之间有 3 处地方共 10 千米路不通
桓仁 兴京 线	四沟—桓、通县界	22	晌水河子	
桓仁 永陵街 线	桓仁—桓、兴县界	54	四道河子、二户来、化尖子	
桓仁 大湾沟 线	桓仁—大湾沟	37	四道河子、二户来、化尖子	下四平街、大湾沟间有 2 千米路不通
桓仁 碱厂 线	庆乐泡—桓、本县界	60	菜园子、八里甸子	柞木台子、桓本县界间有 2 千米路不通
沙尖子 北甸子 线	沙尖子—北甸子	62	头道阳岔、横道川	横道川、北甸子间有 5 千米路不通
边石哈达 红庙子 线	边石哈达—桓、兴县界	21	野猪沟、半背	野猪沟、桓兴县界有 11 千米路不通
甸子 红庙子 线	甸子—桓、兴县界	46	二户束、东灯、高力道	甸子、冯家堡子间还有东灯桓兴县境间有 4 千米路不通
冯家堡子 木孟子 线	冯家堡子—木孟子	15		

续表

路线名	起点与终点	全长	主要经过地	备注
老人沟化尖子　线	老人沟—化尖子	24	南河子	木孟子、化尖子间有 6 千米路不通
冯家堡子八里甸子　线	冯家堡子—老人沟	22	大恩堡	
合计		516 千米		

宽甸县可通行汽车路线表

路线名	县内起点与终点站	县内全长	主要经过地	备注
安东宽甸　线	凤、宽县界—宽甸	56	毛甸子	
宽甸桓仁　线	宽、甸县界	73	马日三、牛毛	
凤城宽甸　线	县界—毛甸子	28	望宝石	
宽甸本溪　线	马日三—县界	30	车古鲁泡	
宽甸长甸河口　线	宽甸—长甸河口	50	永甸城	
永甸城沙尖子　线	永甸城—县界	89	大平哨	大平哨、沙尖子间有 10 千米路不通
永甸城小菜沟　线	永甸城—小菜沟	30	小长甸子	
安东辑安　线	安、宽县界—宽、辑县界	156	长甸河口、小蒲石河	安宽县界、小菜沟与小蒲石河—宽辑县界间有 100 千米路不通
车古鲁泡兴隆峪　线	车古鲁泡—兴隆峪	34		老平、兴隆峪间有 3 千米路不通
合计		546 千米		

凤城县可通行汽车路线表

路线名	县内起点与终点	县内全长	主要经过地	备注
安东凤城　线	凤城—凤城县界	15		

续表

路线名	县内起点与终点	县内全长	主要经过地	备注
凤城 本溪　　线	凤城—县界	70	刘家河、通远堡	
凤城 宽甸　　线	凤城—县界	42	大堡、石头城	
石头城 赛马集　　线	石头城—黄家滴	52	洋草沟、三股流	王家堡子和白旗之间有3千米道路不通
洋草沟 车古鲁跑　　线	洋草沟—宽、凤县界	22	牛河口	有1处地方6千米路不通
合计		201 千米		

　　辑安县的路线中,有一条一直延伸至通化的长 91 千米的路线以及一条通往桓仁的 85 千米的路线。此外,从通化到临江有可能实现通行的是一条途经通化线热水河子、五道沟及临江线的八道口、林子头的长达 141 千米的路线,此线路在临江和抚松之间的路段长为 100 千米。

　　以上所述为可通行汽车路线。这些路线的运费都很高,因此路线的利用者数量被限制在最小限度内,一般人不利用这些路线。以下为当地的汽车运费率表。从通化途经兴京到达南杂木,以及从桓仁途经新京到达南杂木的两条路线的经营权属于协荣汽车公司。通化、桓仁、宽甸、安东相互之间,以及从宽甸县城到长甸河口的路线的经营权属于安东产业汽车公司。

协荣汽车旅客运费表(桓仁—永陵街间)

	旅客运费表					
公里程	桓仁	1.80	2.40	3.90	4.80	5.70
	30	二户来	60	210	300	390
	40	10	化尖子	150	240	330
	65	35	25	都都伙洛	90	180
	80	50	40	15	榆树底下	90
	95	65	52	30	15	永陵街

备注:

①运费为 1 公里 6 钱。

②运费在 10 钱以下的按四舍五入法处理。

③5 岁及五岁以下的免费,6 岁至 10 岁的半票。

④持有优待乘车证的人可免费。

⑤公务员乘车凭证件半价。

⑥学生半票,但需要该生持有所属学校校长颁发的折扣证。

⑦团体乘车按协约乘车价格计算。

本表以截止到昭和 12 年的情况为依据。

南杂木—通化间

通化	1.00	2.10	2.80	3.60	4.30	5.10	6.30	7.50	8.50	9.40
20	快大帽子	1.10	1.80	2.60	3.30	4.10	5.30	6.50	7.40	8.50
41	21	英哥布	80	1.50	2.30	3.00	4.30	5.40	6.40	7.40
56	36	15	三株榆树	80	1.50	2.30	3.50	4.70	5.70	6.70
71	51	30	15	旺清边门	80	1.50	2.80	3.90	4.90	5.90
86	66	45	30	15	东昌台	80	2.00	3.20	4.20	5.20
101	81	60	45	30	15	兴京	1.30	2.50	3.50	4.50
126	106	85	70	55	40	25	永陵街	1.20	2.20	3.20
149	129	108	93	78	63	48	23	木奇	1.00	2.00
169	148	128	113	98	83	68	43	20	上夹河	1.00
189	169	148	133	118	103	88	63	40	20	南杂木
					里程(公里)					

兴京—桓仁间

桓仁	1.80	2.70	3.60	4.50	5.30
30	拐磨子	90	1.80	2.70	3.60
45	15	昀水河子	90	1.80	2.70
60	30	15	旺清边门	90	1.80
75	45	30	15	东昌台	90
90	60	45	30	15	兴京
		里程(公里)			

货物等级及运费表(以截止到昭和 12 年 2 月的情况为依据)

货物等级

一级品

枪炮以及火药类、危险物品类、货币金银类、鸦片、古董等高价物品和人参。

二级品

　　铁制品、木制品、烟草、生麻、药品类、兽皮类、丝绸和毛线纺织品、各种油类(危险品除外)、白酒啤酒类、日用杂品以及食品。

　　三级品

　　杂粮类、麻袋草席类、薪炭类、农具、土木工具类。

　　货物运费率(按 100 千克 100 千米算)

　　一级品

　　5 圆 00 钱

　　二级品

　　3 圆 70 钱

　　三级品

　　3 圆 40 钱

货物运费表
一级品

桓仁起点										
公里程　　千克 　站名	10	20	30	40	50	60	70	80	90	100
30　二户来	20	30	50	60	80	90	110	120	140	150
40　化尖子	20	40	60	80	100	120	140	160	180	200
65　都都伙洛	30	70	100	130	150	200	230	260	290	330
80　榆树底下	40	80	120	160	200	240	280	320	360	400
95　陆街	50	100	150	200	250	300	350	400	450	500
陆街起点										
20　木奇	10	20	30	40	50	60	70	80	90	100
40　上夹河	20	40	60	80	100	120	140	160	180	200
60　南杂木	30	60	90	120	150	180	210	240	270	300

二级品

桓仁起点										
公里程　　千克 　站名	10	20	30	40	50	60	70	80	90	100
30　二户来	10	20	30	40	60	70	80	100	100	110
40　化尖子	20	30	50	60	80	90	110	120	140	150

桓仁起点											
65	都都伙洛	20	50	70	100	120	140	170	190	220	240
80	榆树底下	30	60	90	120	150	180	210	240	270	300
95	陆街	40	70	110	140	180	210	250	280	320	350
陆街起点											
20	木奇	10	10	20	30	40	40	50	60	70	70
40	上夹河	10	30	40	60	70	90	100	120	130	140
60	南杂木	20	40	70	90	100	130	160	180	200	220

三级品

桓仁起点											
公里程	站名 千克	10	20	30	40	50	60	70	80	90	100
30	二户来	10	20	30	40	50	60	70	80	100	110
40	化尖子	10	30	40	60	70	80	100	110	130	140
65	都都伙洛	20	50	70	90	120	140	160	180	210	230
80	榆树底下	30	60	80	110	140	170	200	230	160	280
95	陆街	40	70	100	130	170	200	230	270	300	330
陆街起点											
20	木奇	10	10	20	30	30	40	50	50	60	70
40	上夹河	10	30	40	50	70	80	100	110	120	140
60	南杂木	20	40	60	80	100	120	140	160	180	200

备注:

①1个货件有包括两种以上的等级不同的货物时,按等级高的品种来计算。

②货物等级表内没有规定的货物,按等级表内的类似品种进行处理。

③1份货的最低运费的计算重量为20千克。

安东产业公司汽车运费表

营业公里程

安东—宽甸间　　　　100千米

安东—桓仁间　　　　220千米

宽甸—桓仁间　　　　120千米

旅客运费

1千米为5钱,对长途旅客可相对便宜些。

货物运费

货物等级大体上和协荣公司相同,因而此处省略。

一级品　　　100斤1千米为6钱

二级品　　　100斤1千米为5钱

注:此外,专卖品、管制用品等规定特别的运费率,安东—桓仁间1.5吨货物大约需要90—100圆。装载特产品南下(即从桓仁至安东)大约1.5千克需要60圆。

关于马车运费,在当地开展精确调查非常困难。作为搬运货物用的大车有靠1头牛乃至5头牛牵引的,1头牛牵引的车载量为1,500斤乃至3,000斤,1天的行程牛车、马车各不相同。大致情况如下:

牛车(4架牛车)夏季(40里)冬季(70里)1天2.00圆—2.50圆

马车(4驾马车)夏季(50里)冬季(100里)1天3.00圆—3.50圆

此外,考虑到往回运货物的情况,在这方面也制定了相应的运费。

水运是本势力圈内的主要交通手段,上游地方尤其是在浑河流域,通化、桓仁两县地区内大小城镇罗布,农产品沿这些地区下行,杂货类沿这些地区上行等,贸易往来非常多。作为货物运输机构,满洲使用艚船,朝鲜使用平底船。近年来对平底船的需求越来越多,而对艚船的需求逐渐在减少。

这些船类主要是利用风力、水流等自然因素,但到了最近,出现了用螺旋桨船运送旅客的现象。航业公会是作为水运业满洲方面统制机关而组织起来的,以下是航业公会所拥有的船只数量(截止到康德3年5月)。

大 艚	(山东型)	30
小 艚	(天津型)	35
小 尖	天津型	619
	山东型	800
对 尾	山东型	31
	天津型	30
小 拨	通化型	47
	桓仁型	47
敞 口	通化型	140
	桓仁型	140
客 尖	天津型	20
	山东型	8
舢 板	(安东型)	18
砂 槽	天津型	12
	山东型	10 (预定有少许增加)
合 计		1,800

(五) 工商业概况和物资输入输出状况

从本势力圈内的交易来看:1)通化、辑安的一部分地区应属于梅辑线势力圈;2)由于鸭、浑两江结冰的缘故,一年内有半年时间无法进行水运,商品只能储存在仓库内;3)必须将通化、桓仁两地的一部分列入为沈海沿线地区;4)近年来发达的汽车运输由于运费较高,在本势力圈内无法形成一定的市场规模。通化、桓仁、宽甸县都是以杂货店、酿造业、油房等为主。仅有几家杂货店作为兼业,销售从附近地区运来上市的杂粮,不过经营状况非常差。

以下按次序叙述最近各县的货物上市情况。

1.通化县

由于在通化至山城镇间有汽车运货方式,物资的输入输出都靠汽车,使得靠水路进行的通化与安东方面的交易呈逐渐减少的趋势。

康德4年度运往山城镇上市货物数量预计如下所示:

大　豆	1,000 吨(2,000 吨收获中)
线　麻	385 千斤
青　麻	30 千斤
人　参	20 千斤
茸	10 千斤
铜	205 千斤
猪　毛	20 千斤
蜂蜜以及其他	130 千斤
合计	786 千斤(换算为吨约为 500 吨)

预计共有约1,500吨的上市量,运进量约为2,000吨。

此外,关于水运情况将在后面记述,水运货物中完全没有特产,只有少量货物采用水运方式。

2.桓仁县

从桓仁县采用陆路运输方式途经兴京到南杂木站上市的主要是大豆、水稻等物品。本年整个1月份协荣汽车公司经营的业务中有精米150吨运出,此外,各主要城市也有相互间的交易买卖。此外,还有途经沙尖子依靠浑江以及鸭绿江进行的水路运输。

康德3年桓仁县物品输出数量如下:

大　豆	20,000 石
大　米	4,158 石
线　麻	68,820 斤
皮　张	303,100 斤
药　材	30,557 斤
豆　饼	845,700 斤
合计(换算为吨)	3,454 吨

与上述的运出量相对,从安东方面运入的货物量如下:

大　盐	1,492,470 斤
面　粉	1,126,800 斤
苇　席	161,200 斤
砂　糖	301,000 斤
棉　花	135,000 斤
布　匹	608,640 斤
卷　烟	60,350 斤
其他海产品	106,540 斤
咸　鱼	28,650 斤
鲜　果	84,230 斤
火　柴	59,310 斤
纸　张	148,110 斤
瓷　器	62,510 斤
胶　皮　鞋	94,240 斤
煤　油	320,670 斤
其他杂粮	7,253,600 斤
合　计	12,043,520 斤
约	6,961 吨

注:货物品种不同单位不同,但依据在当地获得的资料统一将单位换算成吨。

3.宽甸县

宽甸县物资的运出与运入状况是这样的,由于县地区内山岳重叠起伏,马车运输非常不便,而鸭绿江的水路运输自古以来就很发达,使得江岸边的长甸河口、小蒲石河、白菜地、石柱子、浑江口、大荒口、太平哨、蒲石河口、牛毛坞等地区都形成了小商贸市场,进而分割形成各自的商业圈,所以此地向外运出的特产可直接从产地搬运至最近江岸的粮栈。因此和通化、桓仁两县的情况不同,这些地方的城内只有少数杂货店经营从附近地区上市的杂粮。

将来干线路铺设后,估计上述交易状况也不会有什么变化。

往常从县城运往安东的货物,大半都要经过长面河口;来自太平哨的货物全部运至小蒲石河;来自牛毛坞、天雅河方面的货物运至沙尖子,然后这些货物再从这些地方通过民船或马车运至安东。

关于此商贸区分散状况,如果不在县城设置相关的金融机构来谋求资金流通的话,将无法解决这一问题。以下为康德 3 年度安东航政局有关货物运出与运入统计情况:

鸭绿江下航方向按发送地划分的货物数量表 （单位：吨）

类别 发送地	大豆	小豆	谷类	豆饼	杂粮	白米	合计
临江	5,581	11	5	1,473	695	5	7,770
宽甸	11,424	1,344	591	73	3,123	—	16,555
桓仁	4,198	234	66	148	42	188	4,876
辑安	4,775	195	50	832	668	4	6,524
合计	25,978	1,784	712	2,526	4,528	198	35,725

鸭绿江上航方向按发送地划分的货物数量表 （单位：吨）

类别 发送地	谷类	盐	杂货	面粉	烟草	油类	合计
临江	1,187	10,761	2,360	2,194	133	445	17,080
辑安	1,704	943	1,668	1,609	69	58	6,051
宽甸	1,163	1,373	3,653	1,361	52	209	7,811
桓仁	1,059	330	492	507	58	35	2,481
合计	5,112	13,407	8,173	5,671	312	747	33,423

依据上述上下航方向货物统计表可知，桓仁县的货物运出为 4,876 吨，运入为 2,481 吨；宽甸县的货物运出为 16,555 吨，运入为 7,811 吨。桓仁县的货物运出入都要经过沙尖子，宽甸县的货物运出入都要经过长甸河口。

目前在安东和桓仁间已开通汽车运行，预计在冬季多少也会有人利用这些汽车。汽车运营业主要是运送旅客。而货物运输方面，由于运费较高，土特产品中只有大米和玉米可以盈利。其他货物要按现行运输价格的话也会出现亏损，故应由商贸交易的运输机构来运输。

4. 凤城县

凤城县地区内的商业地区主要以凤城、龙王庙、草河口为主。由于作为商业根基的农民的购买力比较薄弱，需要靠赊购才能进行交易，而且商家只能在每年的秋季农作物收获时分才能要回赊欠债款，因此使得资金基本没有什么流通性。因此在当地要做专门的商业经营非常困难，不得已只能兼营几种产品。

本县安奉线的各站中，草河口、通远堡、凤凰城、高丽门等为主要站。在冬季结冰期，高粱、大豆、玉米大量上市，尤其是玉米的品质被誉为全满洲第一。到了 11 月份，柞蚕开始大量被运出。应属于本势力圈的石头城、大堡附近的特产，主要在县城上市，且货物均靠马车运输。石头城—凤城间的马车运费如下所示：

马车（装载 1,200 斤）　　1 辆单程　　　　4.00 圆

牛车(装载　800斤)　　　1辆单程　　　　2.50圆—3.00圆

此外,石头城村的货物运出与运入数量如下:

运出	运入	
大豆　　2,000石 柞蚕　150,000千(1千=12斤)	白面　　4,000袋(1袋=42斤) 豆油　　30,000斤 酒　　　3,000提(1提=1.5斤) 石油　　50,000斤 盐　　　100,000斤	

将此数据换算一下可得出,运出总共约为335吨,运入总共为176吨。此外,还运入15吨煤炭,以及顺瑷河漂流而下的木排,其木材总量为5,000根,另外还有200石水稻上市。

此外,大堡村向凤城运出货物数量如下:

玉　米	1,000石	每斗1.40圆
粳　子	9,000石	每斗1.30圆
大　豆	1,000石	每斗1.50圆
高　粱	800石	每斗1.20圆
花　生	20,000斤	每斤0.50圆
烟　叶	186,000斤	每斤0.30圆
合　计	1,629吨	

通过铁路从凤城县城运往安东上市的大豆、玉米、红粮的数量,康德3年度大约为3,800吨,其中大约三分之一的货物来自大堡附近。上述干线路势力圈内的两个城市,由于铁路沿线地带分布有肥沃的农耕地,迁往此地的人必会逐渐增多。如果对其开发进行适当指导的话,该地带将会成为势力圈最有发展前景的地区。

以下为康德3年度以县城为中心的货物运出与运入状况表:

以县城为中心的货物运出、运入状况表(康德3年度)

运入				运出			
品种	数量	金额(圆)	路线	品种	数量	金额(圆)	路线
大豆	17,868石	321,620	从附近上市的货物	大豆	20,209石	383,971	安东
玉米	2,897石	46,352		玉米	2,484石	42,228	安东
红粮	4,734石	61,542		红粮	6,176石	85,464	安东
洋面	67,600包	310,960	新京 安东				
砂糖	38,040包	39,942	安东				

续表

运入				运出			
品种	数量	金额(圆)	路线	品种	数量	金额(圆)	路线
咸盐	7,897 担	47,382	营口				
咸鱼	96,120 斤	11,534	安东 大连				
鲜鱼	89,552 斤	13,432	安东				
罐头	8,209 罐	2,873	安东				
纸烟	20,733 盒	33,161	奉天 安东				
棉布	70,837 匹	73,378	奉天 安东				
花洋布	4,218 匹	16,872	安东				
人造丝	2,806 匹	19,642	奉天 营口				
尺布	5,284 匹	17,437	营口				
胶皮鞋	37,438 双	26,206	营口				
化妆品	29,133 件	8,739	营口				
药材	2,798 件	26,581	营口				
瓷器	41,835 件	3,346	安东				
海纸	7,831 件	12,528	安东				
煤油	9,562 罐	36,541					

此外,如上所述,宽甸、凤城是经济作物山藕的著名产地,其上市量在势力圈内各县情况如下所示:

凤　城	12,000 笼
宽　甸	12,000 笼
桓　仁	3,000 笼
通　化	600 笼
辑　安	3,000 笼
合计	30,600 笼
换算	15,300,000 斤(每笼 500 斤)

将以上数量换算为吨的话则大约为 7,650 吨。这些货物在安东经过中间人介绍可被运往日本的岐阜、福井等纺织业地区。所以,这些货物在干线路上市行情当然非常有发展前景。以下为最近 3 年各县货物运出与运入额,作为参考。

各县货物运出与运入额统计表   (单位：圆)

起点	终点	运出			运入		
		康德3年	康德2年	康德元年	康德3年	康德2年	康德元年
桓仁	奉天	80,213	156,886	131,683	1,757,877	2,175,378	2,082,717
	安东	176,939	636,414	864,118	1,184,909	1,546,589	1,517,369
	通化				8,567	9,156	10,335
	合计	257,152	793,300	985,801	2,951,353	2,731,123	3,611,421
通化	山城镇	334,742	240,990	821,264	1,009,090	957,760	689,060
	安东			430,400			
	合计	334,742	240,990	512,664	1,009,090	957,760	689,060
凤城	安东	511,663	434,387	402,979	373,894	425,141	435,886
	奉天				253,697	274,589	287,638
	营口				73,963	91,619	84,656
	附近				429,514	443,374	95,354
	合计				1,131,068	1,234,723	903,534
宽甸	安东					267,938	

二、旅客与货物数量推定

客货数量的推定非常困难。以下是干线路铺设中两条比较线路的相关情况，我做现场调查的地点属于 A 线路。我认为有必要做记录，以供参考。

A 线路经过地方   通化、桓仁、八河滩、高力桥   274 千米
B 线路经过地方   通化、桓仁、宽甸、蛤蟆塘   293 千米
以上新修线路费用为
A 线路   34,053 千圆
B 线路   39,097 千圆

(一)圈内旅客的推定

A 线势力圈内的人口为 523,285 人，其中铁路利用者如前所述。势力圈内近年来人口呈逐年下降趋势，且占总人口 72% 的农民实行聚居村庄制度，这些农民也因为耕地面积减少而苦不堪言，再加上当地尚未设立金融机构，商业资金的筹措非常困难，使得农民和商人之间的贸

易往来很少。从这些方面来看,人口很难能够快速增长。但受干线路铺设工程影响而移居到当地的人口会有所增加,将来朝鲜人也会移居此地,我们计划将他们集中起来统一管理,随着计划的实施,当地人口必然会增加。根据最近安东省公署就移民计划进行的一项调查,调查结果如下:东边道中朝鲜移民点面积为 213,875 公顷,若按每户 3 公顷计算,原需收容 50,000 户人家,实际大概最多为 30,000 户,共约 200,000 人。

以下为本势力圈内各县适合移民的地带状况:

(安东省公署调查)

县别	适宜地总面积(公顷)	能够收容户数(1 户 3 人)
宽甸	2,580	856
桓仁	640	217
通化	2,300	766
辑安	68,920	23,034
合计	74,440	24,873

依据上表可知共有 24,873 户,1 户 3 人的话,共可收容 74,619 人。辑安县的 2 万 3 千户勉强不算过大。

根据此项移民计划,移民至此地的人数为上述的 7 万 4 千人,将此人数视作 5 万人,这些移民分 10 年移入,则每年铁路利用者可增加 5 千人。关于旅客的推定,应该对该地的政治、经济情况进行深入考察后进行。本势力圈内各县目前还处于所谓的原始经济活动阶段,所以住民的定居程度无法估计。干线路铺设前会有人陆陆续续地来到这里,但是可以预测其数量不会激增。

根据经济调查会的调查显示,奉吉线地区的自然人口增长率大致为 1.8%。目前本地区由于治安状况欠佳,不少人迁往外地,故推断人口增长率为 1.5% 比较合适。干线路于昭和 12 年开工,到竣工完成要花 4 年时间。推定如下:

势力圈内人口	523,285 人
移民增加	20,000 人
自然增加	32,000 人
合计	575,396 人

根据以上数据可知,铁路利用率为 30%,第 1 年度的旅客人数为 172,619 人。此外,虽然应该利用干线路的旅客数量可以推定,但是还有待进一步深思熟虑,所以此处省略不做详述。

(二)圈内货物数量的推定

圈内货物交易市场主要是安东。干线路开通后,除了特种货物外,特产、杂货等的贸易,大半都应属于安东商业圈。

然而考虑到 A 线路和 B 线路的情况,将来多狮岛港成为干线路货物的吞吐港的话,在距离问题上 B 线路将会变得更有利;安奉线有修建双轨的计划,但是修建费存在显著差异,这样的话选择 A 线路将会更有利。

另外,以安东为起点至奉吉线梅河口的距离比较如下:

安东—通化—梅河口之间　　　　　　　　451.2 千米

安东—奉天—梅河口之间　　　　　　　　506.1 千米

运输距离若前者缩短 54.9 千米,预计未来京图线与安东之间,梅河口以北的奉吉线安与东之间会有货物来往,但此处省略不做详述。

1.农产品及杂货

圈内各县的农产品仍然处在自给自足的阶段,只有少量大豆、水稻运出销售。近年来随着耕地面积的减少,收成也一年比一年少,不过这只是特殊情况,并非长久以来一直如此。

大同 2 年度自然条件相对比较好,农产品的运输如前所述,是通过当时唯一的交通方式—浑江水路进行运输。当时的货物运输数量如下所示:

大同 2 年度水路运输情况　　　　　　　　　　　(单位:吨)

县别	大豆	杂粮	豆饼	合计
通化	13,607	1,491	709	15,807
桓仁	10,348	2,820	125	13,293
宽甸	6,528	1,486	196	8,210
合计	30,483	5,797	1,030	37,310

以上总运输量为 37,310 吨,都是通过浑江及鸭绿江运往安东上市。随着干线路铺设的完工、地方治安状态恢复,运出货物的数量估计也能被控制在最小限度内。此外,辑安县货物运出的大半都在梅辑线势力圈内进行交易,在与通化县相邻的一部分地区上市的货物,以及当地治安状况和人口等因素恢复往常后,以凤城县城为中心的货物运输量(只是运输距离短,收入较少)应如下所示。

农产品可能运出量推定

县别	数量(吨)	备注
通化县	5,904	大同 2 年度运出数量的 50%
桓仁县	13,293	大同 2 年度运出数量的 100%
宽甸县	6,622	康德 3 年度靠水运上市的货物总量的 40%
辑安县	1,957	康德 3 年度靠水运上市的货物总量的 30%
凤城县	1,875	从县城运出上市的货物总量的 50%
合计	29,651	

另外如上述所示,天蚕的上市应非常值得期待,目前被运往安东的总量约为 7,650 吨,有可能通过干线路上市。

势力圈内人口 523,285 人,以 1 人 1 年需求量为 200 千克来推算的话,则日用杂品的总运入量应为 10,466 吨。

此外,根据现状推算:

康德 3 年桓仁县杂货运入量为 6,961 吨,宽甸县运入杂货量为 7,811 吨,辑安县运入量为 5,129 吨,通化县为 2,000 吨,辑安县及临江县的杂货运入应暂时维持现状,以凤城县城为中心的杂货运入量大约为 3,000 吨。通过干线路输入的上市货物数量推定如下:

县别	数量(吨)	备注
桓仁	6,961	一直以来都经过沙尖子
宽甸	3,910	吸收 50% 经过长甸河口的货物
辑安	1,026	吸收 50% 由水路运输的货物
通化	2,000	目前,从奉天出发经由山城镇的杂货先运至安东,再经安东运入通化
凤城	3,000	根据石头城、大堡、瑷阳、边门、车古噜泡等主要城市运入的货物数量推断
合计	16,897	

上述干线势力圈内各县农产品及日用杂品运入的推定数据比过去的状况要好。这是根据过去农产品运出数量、经济鼎盛期人口数量多,以及参考当时居民需求量的基础上推断出来的。随着干线路的铺设,当地会出现经济景气,经济景气会使人口增加,也会使商业交易更加活跃,这些理所当然会使货物运出入数量增加。铺设工程完工后,暂时营业会转变为正式营业,并且开业初年度定为昭和 16 年度。具体推定如下:

(单位:吨)

类别	货物数量	开业初年度数量
农业(包括柞蚕)	37,301	44,761
日用杂品	16,897	20,276
合计	54,198	65,037

注:由于目前各方面概况都在变化,所以开业初年度的货物推定数量应该会有所增加,大概增加 20%。

2.林产品

从林产品的上市状况来看,抚松、通化两县的浑江流域有很多山林地带,但由于匪患不断、交通不便的缘故,只有抚松县的部分地区向县外输出木材。这里的木材大部分仅仅被用于当地消费,作为家用薪炭而已。

在临江、长白两县的鸭绿江上游地带,鸭绿江伐木公司采伐树木做成木排并运往安东,昭和11年度运往安东的木头中有普通木材15万石、薪炭材1万指[1],这些木材在安东加工并被运往本溪、奉天、新京方面以及朝鲜方面上市。此外,安奉线沿线的草河口上游地区有开采薪炭材的情况,但仅仅是用作自家消费而已。由于干线路势力圈内各县长年乱砍乱伐以及居民保护林木意识的缺乏,使得通化县城以南一带已经没有森林了。

通化以北的浑江上游地带已成立了警卫队,并进行集体采伐。干线路的铺设用材均由通化方面供给,而凤城方面供应的木材则被用于鸭绿江上游的木排制作。

目前通化林务司在向国民大力宣传护林爱林思想,并奖励植树造林,严禁私自采伐,浑江木排业已不像往日般欣欣向荣。可以考虑根据需求采伐。

3.矿产品

所谓东边道的"宝库"就是该地区的矿物。该地矿物埋藏量大得惊人,铁、煤炭、铜、铅、石棉等分散在本地区各地。目前虽然申请开采的人达数百之多,但多数矿物还未被开采,仅仅有一两处地方通过原始方法挖掘煤炭或采金,算得上已开采的矿区。最近据说有专家进行试锥,探索可采性。目前,关于矿产运输货物数量的预测为,(通化修建钢铁厂)把临江县的铁矿运到通化炼制,每年能炼成约300千吨生铁、51千吨副产品,计划将这些产品经安东运至多狮岛,再从多狮岛向外输出。另外,通化附近有煤炭约100千吨,计划将这些煤炭输送至安东(产业部计划)。

此外,在通化与桓仁之间也应会有一些矿产。

三、参考资料

随着近年梅通线路的铺设,通化县城的商业也渐渐繁荣起来。近年从日本本土移居至此的人数呈逐年增长趋势,但主要以土木建筑人才为主,商业方面的人才流入尚无明显迹象。

在矿产品方面,通化金厂公司的经营地——大庙矿的金矿是以前被中国人发现的金矿。昭和7年抵抗军唐聚五占领了通化,对当地矿物再次进行了开采。唐军衰败后暂时放弃了此地。之后昭和11年2月日本本土人桥本清德氏来此尝试开采,同年6月遭土匪袭击,不幸身亡。在这之后,商业家田中乾一接任了此处的所有业务,一直经营至现在。此外在小米营沟(通化南面12千米)有日本人经营的石棉采矿公司。

(一)日本本土人户口统计(通化县)

年次	户数	人口
昭和9年	53	149
昭和10年	96	325

---

[1]　译者注:疑为当地计算薪柴的量词,此处保留原文。

续表

年次	户数	人口
昭和 11 年	233	900

此外,还有非常多的朝鲜人来到到当地,通化、兴京、桓仁 3 县的居民在昭和 11 年末时为 6,274 户,33,610 人。居民中 90% 为农民,他们住在山里偏僻的地方,虽说是偏僻之地,但并不是完全没有人迹。事变后遭到匪徒祸害,他们逐渐移居到了安全的地带,使得一时间当地户口数急剧下降。但最近随着治安的恢复,重新回来务农的人又渐渐多了起来,其中大部分都是贫农和佃农,他们的生活水平和满族人的佃农基本一样。这些农民春耕季节时能从通化金融会筹措到农耕资金,从而可以不再受满人地主的高利贷剥削。

以下为全县区域内朝鲜人户口及农耕关系资料,以供参考。

(二) 朝鲜人户口统计

年次	户数	人口
昭和 9 年	1,527	8,868
昭和 10 年	1,566	9,036
昭和 11 年	1,608	9,110

(三) 全县区域内水田与旱田面积及收成调查表 (昭和 10 年)

水田种植面积	稻米收成	每反收成	将来水田可耕面积	旱田种植面积
2,651 町	36,118 石	1.16 石	420 町	1,140 町

收获量(石)					
小米	大豆	高粱	玉米	小豆	合计
400	690	247	635	90	2,062

注:以上表格依据通化领事分馆的调查制作。

（四）通化县按城市划分的人口表

		其中满人的数量	
县城	37,719 人		36,725 人
热水河子	6,573 人		6,555 人
六道沟	4,403 人		4,312 人
四道沟	8,891 人		8,575 人
快堂帽子	3,666 人		3,262 人
大泉源	1,283 人		1,251 人
三棵榆树	1,739 人		1,720 人
小横道河子	585 人		541 人
新安堡	2,835 人		2,723 人
合计	67,694 人		65,664 人

（五）通化县城市计划

考虑到通化县城 30 年后的人口增加情况，为通化县城投入了 65 万圆，目前通化城市计划正在实施中。计划要旨如下所示（通化城镇计划班调查）：

现在人口　　　　　　　　　37,719 人

30 年后预测人口　　　　　　110,000 人

预测的增加人口　　　　　　72,281 人

预计以上人口增加的理由有以下几条：

1）从地势上来看

①浑河沿岸均以通化为中心，附近再也没有如通化这般能建立城市的平坦地带了。

②通化在历史上就很有名，而且风光明媚，被认为是满洲的京都。

2）从产业上来看

①伴随着矿产业的开发，应能看到重工业发展的前景。

②依据满铁产业 5 年计划，成为第二个鞍山。

③在伴随木材砍伐禁令的解除后，木材市场重新运作，木材工业得到振兴发展。

3）从交通上来看

①铁路建设（特别是安通线）完工。

②梅通线开通后，沈海巴士以通化为中心在以下线路区间内经营。

辑安线　　　　　临江线

桓仁线　　　　　兴京线

③航空网的发展

航空公司明年开通以下线路的航空运营。

安东线　　　　辑安线

此外,目前开通的航空路线为桓仁、通化、奉天之间来往路线。

4)从行政上来看

①目前,首都应有的各行政机关都在通化设立了分机构,并且规模越来越大,有可能成为东边道行政机关的中枢地带。

(六)桓仁县主要城市户数及人口

（县公署调查）

	户数			人口		
	农户	商户	合计	农民	商民	合计
沙尖子	645	102	747	4,983	806	5,789
二户来	607	62	675	5,564	425	5,989
化尖子	186	17	203	3,440	142	3,582
普乐堡	124	14	138	1,140	127	1,267

(七)普乐堡村户口一览表

（村公所调查）

屯别	屯长	户数	男(人)	女(人)	合计
城头甸	房守安	160	622	437	1,059
一面城	肖振和	145	507	443	950
牛毛沟	尹长发	175	703	581	1,284
普乐堡	刘发	121	494	411	905
库仓沟	刘长春	208	832	663	1,495
大青沟	宗振有	174	718	588	1,306
刊椽沟	曹恩五	178	778	608	1,386
合计		1,161	4,654	3,731	8,385

(八)桓仁县工商业调查表

(县公署调查)

店名	资本额(圆)	雇员	支出额(圆)	备注
玉丰和	7,000	33	6,900	
永聚和	2,780	9	2,500	
永利昌	100	2	400	玉丰和为杂货商,裕成泉为烧锅的代表
裕成泉烧锅	22,000	40	15,000	上述店铺分为上、中、下3个等级
公主成油房	3,000	3	1,000	
聚林木铺	50	2	200	

(九)桓仁县家畜种类一年所需饲料费调查表

(村公所调查)

类别	金额(圆)	饲料	类别	金额(圆)	饲料
牛	37	草料及豆皮子	骡	40	草料及豆皮子
马	45	豆秸类	驴	35	
猪	10	糠 类	鸡	2.2	
山羊	6	草	鸭	2.5	玉米、小米、豆精类
绵羊	6.5	草	鹅	3.1	

(十)农户税金调查表(康德3年度)

(县公署调查)

税种	税额	税种	税额
地 捐	94,211	车 捐	4,700
地 税	43,898	牲畜捐	4,200
房 捐	4,000	屠宰捐	2,000
户 捐	18,000	婚 捐	620
合计		171,009 圆	

注:农户有16,645户,年纳税金额为171,009圆,每户平均纳税额为10.27圆。

(十一) 桓仁县朝鲜人户口调查表

年次	户数	人口
昭和 9 年	1,466	9,601
昭和 10 年	1,513	10,063
昭和 11 年	1,456	10,071

(十二) 桓仁县地区内朝鲜人旱田作物与水田的面积以及耕地面积表

旱田耕作面积		1,554 町
收成	小米	3,242 石
	大豆	8,874 石
	高粱	1,216 石
	玉米	4,554 石
	合计	17,886 石
水田种植面积		2,656 町
收成		36,655 石
每反收成		1.3 石
未来可耕种面积		259 町

(十三) 宽甸县主要城市户口及耕地亩数

（昭和 11 年 10 月调查）

街村名	户数	人口	耕地亩数	备注
县城	1,626	11,122	—	带"○"标志的为村公所所在地
○石湖沟	913	6,711	19,788	
亮子沟	788	5,205	23,920	
罗圈甸子	406	3,017	6,281	
○坦甸	335	3,050	7,065	
磙子沟	328	3,572	5,694	
长阴子	625	4,629	22,050	
中皮闸	255	2,084	5,851	
○青椅山	522	3,201	19,129	
赫甸	603	3,980	18,180	
大水沟	513	3,659	13,534	

街村名	户数	人口	耕地亩数	备注
红角沟	356	2,723	9,023	
○大川头	335	2,245	10,767	
南青沟	381	2,594	9,355	
长岭子	529	3,611	14,746	
三道沟	783	5,419	11,427	
○车轱辘泡	343	2,808	8,269	
观水洞	375	2,724	5,626	
岔沟	523	3,585	14,532	
○双山子	800	5,788	11,425	
柏林川	641	4,698	9,715	
大边沟	231	1,695	3,668	
○八河川	790	5,939	13,184	
井峪	409	3,327	7,820	
样册子	538	3,826	10,275	
四平街	116	1,344	6,819	
○青山沟	1,347	9,901	11,298	
○铁路子	551	3,695	6,271	
泉山社	294	2,403	6,186	
○牛毛坞	839	5,755	9,135	
轿顶子	419	3,461	7,658	
高坎子	263	1,910	3,489	
太平哨	360	2,701	—	
步达远	930	6,748	9,380	
○关门砬子	940	8,368	14,581	
○泡子沿	510	4,332	10,260	
夹皮沟	970	7,162	16,839	
下漏河	1,362	9,263	12,874	
高岭地	548	3,872	5,734	
○南吊幌子	389	3,208	7,583	
北吊幌子	288	2,181	4,893	

街村名	户数	人口	耕地亩数	备注
太平沟	373	2,866	4,919	
○大青沟	469	3,536	5,391	
碾子沟	568	4,044	7,904	
石柱子	729	4,487	6,532	
秋果碧	534	3,787	5,534	
大荒沟	530	3,511	5,196	
○蒲石河	285	2,126	554	
小蒲石河	340	1,682	4,960	
腰岭子	374	2,542	4,120	
久财沟	886	5,630	10,244	
○白菜地	837	5,496	16,202	
小荒沟	267	1,873	1,975	
库仓沟	398	2,597	6,527	
○小长甸子	707	4,799	11,406	
蒿子沟	529	3,960	10,317	
○长甸河口	414	2,500	—	
苏甸	732	5,025	8,989	
桦树甸子	617	4,173	8,309	
长甸	903	5,304	15,410	
○永甸	412	2,902	6,780	
碑碣子	1,031	7,431	17,495	
碑沟	555	3,994	10,692	
古楼子	989	6,546	14,963	
东洋河	376	2,723	2,996	
砬子河	705	4,669	5,908	
○安平河	1,146	8,465	30,105	
太平川	323	2,640	6,248	
夹河口	277	2,254	6,896	
○毛甸子	485	3,398	8,892	
天蟾镇	542	3,962	25,261	

街村名	户数	人口	耕地亩数	备注
大荒沟	546	4,737	10,977	
台沟村	375	3,483	11,613	
杨木川	563	3,986	9,860	
玄羊砬子	683	4,957	17,075	
合计	43,575	313,103	734,591	

(十四)凤城县主要城市户数、人口以及耕地面积表

村　名	户数	人口	耕地亩数
县　城	3,791	23,521	950
城　北	944	5,552	13,716
城　西	858	4,615	12,183
大　堡	939	6,918	18,133
三官庙	623	3,787	16,241
草　河	938	5,962	11,166
朝　凤	657	3,836	14,192
边　门	914	3,814	13,946
梨　树	580	3,645	13,366
鸡冠山	909	4,301	12,751
薛扎山	731	4,796	13,612
石　城	954	5,071	12,821
影壁山	795	3,760	8,183
叆　阳	650	4,705	9,683
梨树甸	672	4,356	9,539
龙非村	526	3,765	9,682
东　汤	776	5,004	10,671　有温泉
石　岭	776	5,124	11,450
白　庙	912	6,003	11,430
汤泮城	690	3,739	10,485
边　沟	677	3,903	10,200

村　名	户数	人口	耕地亩数
鸽　洞	603	3,587	9,203
北　阳	720	4,574	12,930
公　安	641	4,833	12,350
松树咀	716	5,038	10,779
安　平	660	4,759	12,598
万　全	614	3,800	12,350
群　河	588	4,847	12,288
长　山	734	3,687	10,320
山　岔	636	4,682	10,779

(十五) 凤城县所需救济的难民调查表

村名	人口	需救济人口
县城	23,530	120
环城村	10,167	230
大堡村	10,705	284
草河村	9,789	202
边门村	7,459	190
鸡冠山村	12,015	139
石城村	8,831	752
嫒阳村	12,826	740
东汤村	10,128	670
边沟村	7,490	600

注: 上述是县公署调查的农村复兴计划书的附记资料。

(十六) 各县车马数量调查表

桓仁县车马数量　　　　　　　　　　　　　（圆）

马车	165 辆	每辆	4.00—5.00
牛车	62 辆	每辆	3.00—4.00
花鼓车	44 辆	每辆	4.00—5.00
木头车	28 辆	每辆	2.00—2.50

合计　　　　　　299 辆

宽甸县各村车马数量调查表(单位:辆)

县　城	8	车毂轮泡	71				
石湖沟	10	牛毛坞	15	下漏河	16	永甸	64
坦　甸	9	铁路子	11	石柱子	19	长甸	36
青椅山	13	青山沟	25	大青沟	7	古楼子	29
大川头	12	关门碴子	20	蒲石河	66	杨木川	26
双山子	46	吊幌子	17	白菜地	28	毛甸子	26
八河川	76	泡子沿	19	小长甸子	16	安平石	20
合计	705						

备注:上述车辆是指在必要时能出动的车辆。

凤城县车马数量表	(辆)
大车	1,668
花轱辘车	215
牛车	4,997
轮车	80
合计	8,960

(十七) 通化林务署管辖内的木材市场行情表

(康德 4 年 1 月)

树种及种类	尺寸		品质	单位	价格
	长度级别	圆木顶口直径			
白松木材	2.0 尺以下	1.0 尺以下	上等	100 石	580.00
			一般	100 石	480.00
		1.1 尺—1.5 尺	上等	100 石	580.00
			一般	100 石	550.00
		1.6 尺—2.0 尺	上等	100 石	680.00
			一般	100 石	560.00
	21 尺以上	1.0 尺以下	上等	100 石	560.00
			一般	100 石	530.00
		1.1 尺—1.5 尺	上等	100 石	680.00
			一般	100 石	580.00
		1.6 尺—2.0 尺	上等	100 石	680.00
			一般	100 石	650.00

续表

树种及种类	尺寸		品质	单位	价格
	长度级别	圆木顶口直径			
红松木材	20 尺以下	1.0 尺以下	上等	100 石	650.00
			一般	100 石	570.00
		1.1 尺—1.5 尺	上等	100 石	720.00
			一般	100 石	620.00
		1.6 尺—2.0 尺	上等	100 石	760.00
			一般	100 石	650.00
	21 尺以上	1.0 尺以下	上等	100 石	660.00
			一般	100 石	640.00
		1.1 尺—1.5 尺	上等	100 石	750.00
			一般	100 石	660.00
		1.6 尺—2.0 尺	上等	100 石	790.00
			一般	100 石	780.00
水曲柳薰波罗木材	20 尺以下	1.0 尺以下	上等	100 石	650.00
			一般	100 石	590.00
		1.1 尺—1.5 尺	上等	100 石	670.00
			一般	100 石	640.00
		1.6 尺—2.0 尺	上等	100 石	700.00
			一般	100 石	640.00
	21 尺以上	1.0 尺以下	上等	100 石	640.00
			一般	100 石	670.00
		1.1 尺—1.5 尺	上等	100 石	680.00
			一般	100 石	640.00
		1.6 尺—2.0 尺	上等	100 石	740.00
			一般	100 石	680.00
椴木木材	20 尺以下	1.0 尺以下	上等	100 石	40.000
			一般	100 石	350.00
		1.1 尺—1.5 尺	上等	100 石	470.00
			一般	100 石	400.00
		1.6 尺—2.0 尺	上等	100 石	500.00
			一般	100 石	47000

续表

树种及种类	尺寸		品质	单位	价格
	长度级别	圆木顶口直径			
	21 尺以上	1.0 尺以下	上等	100 石	470.00
			一般	100 石	400.00
		1.1 尺—1.5 尺	上等	100 石	540.00
			一般	100 石	450.00
		1.6 尺—2.0 尺	上等	100 石	580.00
			一般	100 石	500.00
白松 电线杆用材	28 尺以下	6 寸以下	上等	每根	7.00
			一般	每根	6.50
	28 尺以上	6 寸以上	上等	每根	8.00
			一般	每根	7.00
杂木 薪炭材 白炭 黑炭			上等 一般	一指 一指 一担 一担	14.00 12.00 2.60 2.20

(十八)通化县工商业调查表

种类	店数	资本金额(圆)	销售金额(圆)
粮　栈	1	4,300	18,622
木材业	3	8,200	7,137
山　货	4	11,600	196,905
杂　货	58	45,480	600,271
绸缎布匹	13	147,700	845,053
鲜　货	4	2,200	58,635
药　业	5	300	1,400
五金业	3	1,300	14,647
书　店	4	9,100	43,200
旧货商	11	940	8,684
钟表店	5	1,200	8,900
鞋　店	3	1,000	3,540
盐面业	52	45,000	82,939

续表

种类	店数	资本金额（圆）	销售金额（圆）
肉　商	10	1,795	75,446
饭　店	16	20,780	104,447
旅　馆	7	510	2,634
皮　行	14	2,230	25,901
合　计	213	303,635	2,098,361

公司名称	种类	资本（圆）	年产值（圆）
通化县恒火柴公司	火柴业	32,000	48,374
春和泰	油坊	10,000	33,000
东茂公司	油坊 木材厂	8,000	12,000
谦泰润	烧锅	9,000	7,500
东盛泉	烧锅	18,000	21,816
鸿春源	油坊	500	6,970
公益涌	油坊	800	12,000
复增德	油坊	500	8,299
东和益	油坊	500	8,915
玉合祥	油坊	500	12,000
通化电灯公司	电灯电力	150,000	20,279
东兴石灰	烧制石灰	200	2,000
砖瓦窑	烧制砖瓦	300	3,000
德发织袜工厂	织袜	50	1,000

(十九)桓仁县商业调查表

种类	店数	资本金额（圆）	销售金额（圆）
书籍商	3	1,000	7,910
杂货业	35	118,922	109,067
素食业	10	5,300	43,392
＊菜业	3	620	5,040
饭馆业	4	1,800	18,310
其他	7	1,900	15,939

(二十)宽甸县工商业现状调查

店名	种类	资本金额(圆)	年销售额(圆)	年生产总值(圆)	从业人员	年支出(圆)
福德盛	杂货	10,000	65,200	324	38	6,200
长盛丰	杂货	1,000	7,300	130	3	600
福源祥	杂货	5,000	51,246	224	23	4,900
德茂庆	杂货	11,000	51,750	675	32	4,500
恒发德	药商	300	10,257	—	13	3,500
洪泰祥	杂货	4,000	32,132	400	17	3,800
万聚源	杂货	5,000	42,417	755	15	4,500
同和德	杂货	3,000	4,230	—	9	500
天太昌	杂货	800	20,827	500	12	1,500
协增永	杂货	2,500	27,110	97	9	2,614
复丰德	杂货	506	3,162	—	5	400
四合兴	糕点商	500	945	490	9	1,400
吉长庆	杂货	500	5,162	232	3	800
公顺长	杂货	500	5,162	26	7	400
天兴德	杂货	2,500	12,316	432	4	800
新茂德	杂货	4,000	37,103	910	22	2,800
志和成#	药商	1,500	6,698	500	12	1,500
富太兴	杂货	400	12,300	330	6	900
积玉德	杂货	800	21,800	660	7	1,500
凤美洋行	杂货	1,000	12,310	330	3	900
福顺成	杂货	5,000	97,383	930	41	8,800
公记号	杂货	2,000	4,120	—	10	420
兴顺太	药商	1,000	9,160	840	11	1,900
德盛玉	杂货	800	11,476	246	11	900
福合商店	杂货	200	12,100	710	6	500
长茂盛	杂货	400	5,000	100	5	400
天合太	杂货	400	5,910	141	6	450
同春玉	杂货	300	21,340	634	7	1,500

续表

店名	种类	资本金额(圆)	年销售额(圆)	年生产总值(圆)	从业人员	年支出(圆)
德增福	杂货	1,000	26,530	853	13	1,800
福顺合	杂货	300	20,171	547	8	1,500
协盛东	杂货	1,000	18,000	700	7	1,100
普字营	印刷	800	4,500#	450#	6	900
瑞远长	杂货	300	21,800	780	8	1,400
教育印刷社	印刷	500	2,512	102	9	400
马记书局	书店	300	3,210	—	9	320
余合成	杂货	2,000	41,956	1,190	29	3,000
隆盛鞋店	鞋店	500	6,340	134	10	500

(二十一)凤城县工商业者调查

行业	店铺数量	资本金(圆)	从业人员	年交易(圆) 购买额	年交易(圆) 销售额	支出(圆)	利润(圆)
烧锅	2	47,500	76	101,441	161,831	32,840	27,550
油坊	1	8,000	16	49,000	50,000	6,750	3,650
酱园	3	870	10	20,900	23,000	2,799	1,401
织袜庄	6	1,800	26	19,800	21,620	4,028	639
鞋铺	12	2,900	37	15,950	18,330	4,726	928
皮铺	12	3,400	35	12,830	15,940	4,912	1,802
首饰铺	6	2,050	15	8,530	9,420	2,380	1,707#
铁炉	14	4,650	55	17,110	21,060	5,212	1,538
靰鞡铺①	4	9,250	21	13,080	18,970	31,210	3,450
维园铺	1	50	2	100	200	140	60
木器铺	4	1,070	13	3,450	3,900	1,251	340
大车铺	3	800	12	2,500	4,310	1,196	678
刻字铺	4	5400	10	610	1,190	911	75
黄酒馆	2	500	9	1,600	2,150	732	130

---

① 译者注:靰鞡(wù la)又写作"乌拉(wù la)"、"兀剌(wù la)",其名称来自满语对皮靴称谓的音译,是一种东北人冬天穿的"土皮鞋"。

续表

行业	店铺数量		资本金 (圆)	从业人员	年交易(圆)		支出 (圆)	利润 (圆)
					购买额	销售额		
笔　铺	2		300	15	1,800	2,000	1,170	
香　铺	1		3,000	14	10,000	8,960	1,560	440
缫丝厂	2		1,800	55	10,900	12,500	3,705	115
玉石铺	1		100	2	600	730	130	27
点心铺	13		2,790	38	29,230	36,250	4,932	3,508
杂　货	74	17#	9,560	451	690,079	879,960	101,992	85,970
当　铺	4	11#	2,000	26	135,240	170,227	19,740	16,100
药　铺	22		8,850	77	29,329	51,400	11,685	11,120
鲜果铺	15		4,850	46	37,873	52,470	7,158	6,970
饭　馆	19		3,240	96	21,062	31,060	9,897	1,850
估衣铺	6		1,000	13	16,340	20,260	2,271	1,640
书　铺	6		2,150	23	20,657	28,620	3,747	4,300
照相馆	2		550	4	1,615	3,000	7,200	600
成衣铺	19		1,140	34	955	9,467	4,083	1,540
肉　铺	6		570	16	6,308	9,750	2,441	1,410
石灰铺	4		960	10	7,480	10,600	1,450	1,640
鲜鱼铺	3		600	8	6,740	9,570	1,195	1,650
理　发	13		1,340	32	910	4,720	3,049	1,000
镶　牙	2		650	2	227	470	384	—
钟　表	5		710	8	1,562	3,150	1,278	900
汽　车	1		400	3	110	300	420	—
染　坊	4		2,500	23	25,615	31,150	3,560	2,500
茶　庄	1		1,000	5	4,870	6,300	830	600
山　货	6		1,600	20	14,465	21,450	3,540	3,420
澡　堂	2		600	26	3,360	7,100	2,390	1,350
运　输	2		600	5	280	2,880	760	1,950
镜子铺	3		800	11	1,838	3,620	1,385	400
锡　铺	1		100	3	480	980	350	150
碗　铺	1		350	4	350	728	399	—

行业	店铺数量	资本金（圆）	从业人员	年交易（圆）		支出（圆）	利润（圆）
				购买额	销售额		
煤　商	1	500	5	22,500	26,000	95	2,600
洋铁铺	1	100	2	65	156	137	—

（二十二）安东产业汽车股份有限公司近况

安东产业汽车股份有限公司成立于昭和 11 年 3 月。最初由昭和 9 年 9 月创立的满洲递信汽车有限公司改制而成。最初注入启动资金为 8 万圆，再加上安东的有吉山县的宣吉及其他 11 名合资者的融资，形成了现在的规模。

营业用车数量为客车 13 辆，货车 79 辆，各自运营路线的公里程如下表所示：

安　东—九连城　　　　　11.5 千米
安　东—宽甸　　　　　　100 千米
宽　甸—长甸河口　　　　46 千米
宽　甸—桓仁　　　　　　120 千米
桓　仁—沙尖子　　　　　57 千米
桓　仁—横道川　　　　　20 千米
桓　仁—通化　　　　　　85 千米　　经过当局认可，最近开始运营
凤凰城—石头城　　　　　35 千米　　经过当局认可，最近开始运营

昭和 11 年 5 月到 12 月期间不同路线收入额及乘客数量记载如下：

区　间　　　　　　　　　货车收入
安东—宽甸　　　　　　　40,000 圆
宽甸—长甸河口　　　　　1,000 圆
宽甸—桓仁　　　　　　　66,000 圆
桓仁—沙尖子　　　　　　10,000 圆
桓仁—横通川　　　　　　4,600 圆
合计　　　　　　　　　　121,600 圆

不同路线乘客数量一览表
安东—九连城　　　　　　34,320 人
安东—宽甸　　　　　　　3,000 人
宽甸—长甸河口　　　　　8,624 人
宽甸—桓仁　　　　　　　4,800 人
桓仁—沙尖子　　　　　　12,000 人
桓仁—横通川　　　　　　7,700 人

合计	70,444 人
各路线中重叠区间的乘车费用	
安东—宽甸	4 圆/人
宽甸—长甸河口	2 圆 3 角/人
宽甸—桓仁	7 圆/人

　　关于杂货的运费,安东、宽甸之间为每100千克1圆5角,宽甸、桓仁之间为每100千克3圆。后者比前者的公里程只多了20千米,但运费却几乎高了1倍,公司方面解释说这是由于道路上比较危险、途中用于警戒的费用较高。此外,关于宽甸运往安东、桓仁运往宽甸的货物,从桓仁运出的是大豆、小豆、大米,从宽甸运出的是大豆、小豆。而且,将食盐从长甸河口运到偏远地区多用卡车。此外,宽甸县及凤城县偏远地区驻扎的日军部队的补给线路是以安东为基点,目前所需粮食军备等的运输要借用安东产业汽车公司的汽车,据说使用金额为每辆货车(载重1吨半)每天23圆,1年支付15万圆。

　　如果认定该公司东边道纵贯铁路建设工程已着手实施,那么考虑到施工期间物资的流动量及乘客数量激增等诸因素,预期资本金额将达到50万圆,因此,有必要事先注入50%的资本金,尤其更要持续关注的是:必须将项目资金的扩充考虑在今后的计划之内。

附表:

主要城市标准劳动工资表

种类	工资(圆)		备注
	朝鲜人	满族人	
木匠	0.90	0.85	木匠工资因地区和技术的不同而异,(平均工资虽如上记载,但)最高1圆,最低80钱;石匠工资为平均工资
石匠	0.80	0.90	
伐木工	0.80	0.85	
泥瓦匠	0.80	0.85	
铁匠	0.80	0.85	
人夫	0.50	0.35	

主要城市物价比较表

(单位:圆)

品名	单位	通化	桓仁	宽甸	凤城	备注
大米	1 立升	0.110	0.090	0.132	0.390	
高粱	1 立升	0.075	0.051	0.064	0.080	
小米	1 立升	0.110	0.066	0.090	0.100	
玉米	1 立升	0.050	0.036	0.050	0.170	

品名	单位	通化	桓仁	宽甸	凤城	备注
大豆	1立升	0.065	0.042	0.055	0.060	
白菜	1立升	0.030	0.028	0.030	—	
萝卜	1斤(0.5千克)	0.020	0.014	0.015	—	
花生	1斤	0.035	0.026	0.025	—	
韭菜	1斤	0.200	—	—	—	
豆芽菜	1斤	0.030	0.037	—	—	
黄花鱼	1斤	0.200	—	—	0.200	
大哈鱼	1斤	0.200	—	—	0.200	
猪肉	1斤	0.320	0.230	0.220	0.320	
牛肉	1斤	0.240	0.160	0.150	0.300	
鸡	10个	10.000	—	—	—	
三面粉	1袋	0.530	6.000	5.100	4.800	
玉米面	1斤	0.060	0.047	0.050	0.040	
粉条	1斤	0.180	0.180	0.180	0.180	
豆腐	1斤	0.030	0.030	0.030	0.030	
干豆腐	1斤	0.100	0.090	0.090	0.070	
烧酒	1斤	0.300	0.300	0.320	0.340	
黄酒	1斤	0.150	0.150	0.150	0.150	
大方茶	1斤	1.600	—	—	—	
哈德门	1盒(10支)	0.050	0.050	0.050	0.050	
红糖	1斤	0.150	0.150	0.150	0.130[#]	
粗盐	1斤	0.080	0.125	0.090	0.070	
豆油	1斤	0.260	0.220	0.220	0.250	
酱油	1斤	0.200	0.180	0.240	0.200	
棉花	1斤	0.700	0.700	0.700	0.700	
粗蓝线	1斤	1.100	1.200	1.200	1.200	
白花*布	1尺(1/3米)	0.100	0.150	0.150	0.150	
蓝工林布	1斤	0.160	0.160	0.160	0.150	
布鞋	1双	1.000	1.200	1.200	1.000	
袜子	1双	0.200	—	—	0.180	

续表

品名	单位	通化	桓仁	宽甸	凤城	备注
鹰牌煤油	1 斤	0.160	0.160	0.170	0.150	
块煤	1 吨	16.800	—	—	13.700	
粉煤	1 吨	10.000	—	—	—	
木炭	100 斤	2.000	1.500			
劈柴	100 斤	0.500	0.370			
火柴	1 包(10 盒)	0.055	0.070	0.070	0.060	

注：此外,各村庄有些物价稍高,但大致与上述相同。

昭和 12 年 10 月

凤凰城烟草耕作组织现状调查报告

满铁·产业部

序　言

　　随着满洲国农业组织的设立,查明已有农业团体的现状是很有必要的,所以今年 3 月进行了此次调查。

昭和 12 年 10 月 5 日
产业部　农林科

目 录

第一章　设立目的

大正 6 年,满铁公司对凤凰城①地方的气候风土进行了实地调查,调查结果显示这里适合美国品种的黄包烟草的种植。大正 7 年在凤凰城设立烟草试验场,试种获得良好的栽培效果。东亚烟草股份公司租借前面所提到的作物进行试种的同时,还筹划烟叶的增产。因偶然机会从朝鲜渡来的以种植烟草为目的的七名日本人,加上居住在凤凰城的两名日本人,通过贷款组织了"东亚烟草南满黄烟组织",并种植了 140 天地。他们默默忍受着当时中国官府营业者的压迫,认真地经营着自己珍爱的耕作。直到大正 11 年的这期间计划逐渐实现增产,但由于前面提到的障碍及气候不顺等原因,只能维持最初的经营面积。大正 11 年时,由于前所未有的霜害,给栽培者彻底的打击,东亚烟草公司在该年中止了此项事业。

由于东亚的事业中止,组织成员无奈只得放弃。幸好通过满铁的斡旋,获得了安东省实业公司的贷款,另外从满铁得到了补助经费,从而渐渐看到本组织事业得以继续的希望。

此后情况逐渐变得对烟草栽培事业有利起来,中国的栽培者也逐渐增加。一方面促进了中日两国人民的融合,另一方面中国有权势的人从旁援助,土地的借贷也变得容易,最终摆脱了一直以来的困境。

昭和 3 年,为了改善事业,坚决地实行了组织成员的淘汰制度。被淘汰的人及其他一些人另外成立了凤凰城耕作组织,此组织一直持续到了昭和 5 年。

之后最早的中国人工商业者在凤凰城创立了"官督绅办烟草同行会",在官署的监督下仿照黄烟组织开展耕作资金的融通、验收和销售。虽然也计划着促进业者的福利,但是由于缺乏技术的指导,并没有获得很好的效果。

到了昭和 4 年,与昭和 3 年分离出去的组织重新统一了起来,并扩大了组织。昭和 5 年由于病虫灾害的蔓延使产量、品质急剧下降,与此同时还遭受价格暴跌的打击。昭和 7 年之后,由于治安没有保证,耕作上的不便较多,并没有取得什么显著的发展。

本县耕作地带由于治安上的原因,大多不均匀地分布在凤凰城、高丽门附近。导致栽培者很难找到适合耕种的土地,而且由于同一土地年年耕种,导致土地贫瘠化和病虫害的蔓延,耕作者的收益年年递减。加之各种组织的并立,加深了这种弊害。而且验收、销售各区都有许多不利因素,同时也导致经营者的相互不安,中心产地最终走向自我消亡。

到今日才有了打开窘境的机遇。依赖于满铁公司及其他组织的指导援助,网罗了安东省管辖下的美国种烟草耕作人员,设立了现在的凤凰城烟草耕作组织。

---

① 　编者注:清置凤凰厅,1913 年改凤凰县,因与湖南省凤凰县同名,次年改名凤城县。

第二章　历史变迁

　　如第一章所述,由于各种障碍因素,置之不理只会导致自我消亡。为了打开窘境,在满洲国官署的监督下,组织统一的团体,为了谋求产地的稳固化,在设立组织的同时,在官署的支持下还不断执行"不认可非组织成员的耕作""生产烟叶都由组织验收销售"等原则。

第三章　组织

一、内部组织

组织的构成成员包括安东省内黄色烟草栽培者,内地、朝鲜、满洲等成员总数共计1,135名。大部分为满人,计1,003名,朝鲜人189名(其中日本人10多名)[①]。

凤凰城烟草耕作组织里,朝鲜人、满洲人分别成立了中级组织,进一步以村或地域为单位组织五户以上的耕作者成立小组织。然而中级组织没有任何实质的功能,是有名无实的组织。从一直以来的运营状况来看本组织是以小组织为单位实行管辖,即虽然理论上本组织是中小组织制,但实情让人遗憾。所以有必要实行改组,每个地区要成立中级组织,实现彻底的统管指导。

二、和外部的联络关系

在产品销售的策略上为方便起见,销售方面与三井物产驻奉天事务所保持着密切的联系,生产、干燥、资金的融通方面则一直以来依赖中央银行。

---

① 译者注:时朝鲜已与日本合并,此处朝鲜人包括生活在中国的朝鲜人和来自朝鲜的"日本人"(非日本内地)。

第四章　组织成员

一、加入、退出

规定条款第十八条　如果要加入本组织,想加入的人要有所属的小组织并获得该小组织的认可,得到该小组织成员的推荐之后方能申请。

加入本组织的申请由委员会进行决议。同意其加入的时候,将此决议通知申请人,让其提交誓约书。在收取了第一次的投资金之后,将其录入组织成员名册。

(以下省略)

第二十条　组织成员要提前一个月作出申请,只有在获得委员会同意的时候,才能在事业年度结束的时候退会。

第二十二条　以下事由之一会导致该成员经委员会的决议被开除:

(一)认定组织成员怠慢投资金的缴纳、借款以及其他债务偿还之时适用此条。

(二)不自行进行烟草的耕作,认定其作为组织成员有不恰当之处时。

(三)认定其有妨碍组织事业的行为之时。

(四)由于犯罪或其他事由致其丧失信誉之时。

(五)其他违背组织誓约条款之时。

最近随着治安的好转,一直以来只限于铁路沿线的烟草栽培迅速向内地发展,栽培面积也逐年加速扩大。这使得在昭和12年旧组织中一些素质、耕作成绩不好以及被认定有不当行为的组织成员被开除。同时以凤凰城为中心,耕作过剩地带鉴于以往的实绩,确立了减少耕作面积的方针。

而且产地的烟草热使昭和10年希望加入的人数超过了800。根据这种情况,即使按照耕地的情况最大限度地认可申请者加入,也不过是申请者的半数。根据这一事实,本组织如何控制不适当的耕作者,保持组织的健康发展是一项需要考虑的重大问题。

二、出资

1份的出资金额为国币75圆,1出资份数附上1天地的耕地就算是2份。规定1名耕作者的份数为1股以上不是2股。得到组织的认可,2个以上的共同出资人也是可以的,不过得在申请的同时需支付15圆的出资金额,剩下部分从第二年度开始分期每年支付10圆直到付清。

三、责任

规定条款第二十七条　组织成员有承担耕作资金以外的偿还组织债务的义务。

规定条款第二十八条　由于事业上的需要,组织融通的资金小组织成员有连带归还的义务。

小组织自身不会成为负债对象,以小组织的组合成员为负债偿还对象,本组织也同样。也就是说严格意义上组织自身没有责任,小组织对本组织负无限责任,本组织对小组织负无限责任。

四、组织成员

尽管县当局鼓动废止耕作,但也认可完成耕作种植的人员作为别的组织的成员进行一年期的耕作。耕作者的验收、销售的管理等一切都在组织中完成。

也就是说此时在验收、销售等方面,可以看作是利用组织成员之外的组织。但是因为两组织包括所有的耕作者,所以原则上是不存在组织成员外的组织利用。如上所示的这种不规范的现象也在逐渐减少。

五、组织成员的阶级构成和主导阶级

构成人员有地主、自耕农、自耕农兼佃农、佃农等各个阶级。主导阶级是地主或者村中有势者。从不同人种来看,日本人是最有势力的,朝鲜人其次,这呈现出和组织成员中人数相反的现象。

第五章　负责人

　　组织的会长是凤城县县长,组织副会长是县参事官。理事由会长委任,有工资且任期为3年。评议员及监事的任期为2年,从组织成员中选出。

　　会长总领组织的业务,副会长辅佐会长,会长出现意外情况时,副会长代理其职位。理事在组织成员大会及委员会的决议中,接受会长的任命并履行职务。评议员征求意见审议重要事项,监事监察业务。

　　评议员由4名日本人、4名朝鲜人、8名满洲人的比例构成,监事则为日、朝鲜、满各1名。因此很明显会员极少的日本人及会员其次少的朝鲜人各有五名评议员和监事,组织成员突破1,000人的满人却只有9名负责人。如果将日鲜的票决权合起来的话可超过满人,即组织内负责人如前所述,日本人处于最优势的地位,日、朝鲜、满人中地主或有势力的人就可以当上负责人。

第六章　业务

一、业务内容

依据规定条款,本组织业务如下所示:

1.为组织成员进行事业资金的筹措和借贷。

2.决定组织成员的烟草耕作区域和面积。

3.改良烟叶的生产事业。

4.购买烟叶生产上的必需品。

5.对生产的烟叶进行收纳鉴定保管和共同销售。

6.经营烟叶采种苗圃和配发种子。

7.召开品评会及讲习谈话会。

8.促进其他组织成员的共同福利,有计划地指导和经营生活改善等事业。

以上各种业务中,组织重点关注的方面是技术指导、干燥和销售事务。

二、实际业绩

在以凤凰城为中心的耕作过剩地带,有病虫害的发生和连种等。为了除去弊害,决定减少耕作面积,并且和县当局签订协议,由组织在其他闲余的新场地进行实地调查,适宜地区则编为新产地,同时把过剩地带素质良好的人员迁往新产地。两处的人员都组织成为一个小组织,并谋求栽培技术的提升。去年白旗24家族迁移过去了,结果如果将本组织今年的单位面积产量设为100的话,24家族的产量则是119,并且品质也更好。

年份	组织平均	白旗
康德2年	2.053圆	1.988圆
康德3年	1.943圆	2.116圆

如上成绩所示,在熟地病虫害等灾害也减少了,与迁移之前相比,可以想象得到栽培、干燥技术等也会有所提升。

像这样在迁移后的初年就取得了如此良好的成绩。这也成为预定在今后继续进行此项事业的理由。

另外,由于地处偏远,新产地的栽培技术不成熟等,并没有指望有很好成绩。因此计划增加指导人员,并实行各地分驻制度等方针,以期望实现彻底的指导。

共同采购物品中,肥料是由组织指定提供的,其他的根据组织成员的申请而配发。昭和

10 年共同采购的总金额达到 15 万 8 千多圆。

共同采购状况

物品名称	数量	金额（圆）	备注
苗床肥料（胡麻油粕）	27,760 贯	5,574.95	
本圃肥料（油粕）	406,550 贯	112,992.59	
过磷酸石灰	7,980 贯	2,304.57	
硫酸钾	29,025 贯	13,766.98	
微粉炭	1,470 吨	9,582.62	
温度计	407 个	488.40	
麻绳	111,500 根	1,338.00	
病虫害预防物品		305.39	
包装用菰	56,030 个	8,617.00	
绳	25,383 个	3,253.09	
总计		158,223.59	

　　肥料的共同采购稍微带有一些强制性的倾向。组织成员中大部分是满人，他们缺少对施肥的价值、效果的正确认识，如果置之不顾的话恐怕会使耕地荒废。所以基于此多少不得不实行强制。

　　关于产品的验收方法一直以来有种种争执。昭和 2 年在和相关方面协商之后设定了烟叶验收章程，在此章程的基础上进行公平的验收，结果去年的验收没有遇到障碍，开展顺利。

　　昭和 11 年验收本叶 460,851 贯，聊干#40,393 贯，屑叶 25,920 贯。

　　在监督机构中，组织以外的机构是不许进行生产烟叶的验收销售的，所以通过组织得以全部销售。如前所述依赖于三井物产的照应的同时，派出组织成员去山东出差，进行市场价格的调查（满洲烟草的价格与支付给美国及山东烟草的市价大致相似），进而努力达成合适的价额构成。

　　昭和 11 年的销售成绩目前不详，昭和 10 年的销售额为 53.8 万圆（单价 2.203 圆）。大部分卖给了英美的托拉斯，只有少量六等品以下的产品卖给了东亚烟草公司。

烟叶销售状况

区分	烟叶种类	等级	量（贯）	金额（贯）	备注
再干燥品	本叶	一等—七等	232,239.30	704,395.18	平均单价 3.033 圆
未干燥品	本叶	一等—十等	234,003.58	423,101.22	

区分	烟叶种类	等级	量（贯）	金额（贯）	备注
	聊干	一等—四等	27,130.80	22,875.14	
	屑	一等—四等	31,364.70	18,788.20	
	芽	一等—三等	5,477.10	4,598.28	
再干燥品	屑	一等—三级	1,415.10	584.14	
总计			538,064.98	1,185,257.49	

昭和 11 年从三井物产贷款建设烟叶再干燥工厂，昭和 10 年开始进行所产烟叶的再干燥。工厂建设所需总金额 126,843 元，11 年再干燥业绩如下：

等级	厚叶		薄叶		合计	
	樽数	数量	樽数	数量	樽数	数量
一等	15	1,020	—	—	15	1,020
二等	49	3,332	—	—	49	3,332
三等	169	11,492	11	704	180	12,196
四等	413	26,432	18	1,152	431	27,584
五等	700	44,800	76	4,560	776	49,360
六等	975	58,500	150	9,000	1,225	67,500
七等	948	57,567	228	13,680	1,176	71,247
计	3,269	203,142	483	29,096	3,752	232,239

再干燥工厂昭和 11 年收支如下表所示：

收支区分	项目	金额（圆）
收入	再干燥烟叶销售额	704,151.85
	未干燥销售额	42,648.20
	再干燥碎叶销售额	111,495.97
计		758,295.97
支出	检收烟叶费	691,133.33
	工厂建设费偿还金	13,360.06
	支出利息	3,021.88
	办公费	3,978.79
	事业费	33,504.29

收支区分	项目	金额(圆)
支出	偿还金利息	4,858.00
	维持、维修费	3,510.00
	组织经费负担	4,929.59
总计		758,295.97

　　如上表所示,再干燥工厂经营的第一年度可以说取得了良好成绩。所以可以预想今后随着再干燥烟叶产量的增加,将会获得更大的利润。

　　组织在外面有收纳仓库(凤凰城、高丽门、汤山城)和验收包装厂。随着栽培面积的扩大,上述的三个地方变得不够且不方便,于是计划昭和12年在鸡冠山增设设施的同时,扩大凤凰城的仓库。通过在主要生产地建设收纳仓库,农民也就没有必要搬运产品到远而偏僻的市场,可以按照规格统一价格安心地进行产品的销售。

　　另外遇到天灾等其他不可抗拒的灾害时,有以救济为目的的烟草耕作机构组织的救济会。设定了一定的灾害评定标准,并据此支出救济金。昭和11年水灾2,017圆,干燥室火灾2,240圆,烟叶火灾1,000圆,其他支出650圆,共计5,907圆。

　　如上所述,组织成立后基本上发展顺利,应该说在逐年发展的道路上不断前进,这是由于在烟草栽培技术、销售方面得到特殊的监督官厅的强力支持,依靠组织经营者的才能,另外构成成员的素质也的确是一个原因。

　　组织包含全部的耕作者,与组织外的耕作者难以进行比较。

　　如下所示,组织的收入有组织费(每天地2圆),销售手续费(每贯2钱),收纳手续费(每贯2钱),收入利息,杂项收入(由于责任者不在,所以明细不详)等。

　　支出中主要是薪水、补贴、收纳费、支付利息等,收支对比,收纳和支出大概相当。销售利润可观,借款和放贷利息的差额利润很大。

　　再者,昭和11年满洲国的补助金增加到1万圆。

第七章　预算及资金

一、预算(昭和 10 年)

开销		获利	
项目	金额(圆)	项目	金额(圆)
薪俸	11,075.34	组织费	6,475.00
杂费	911.40	销售手续费	10,804.94
各补贴	6,734.77	收纳手续费	10,804.94
旅费	3,517.31	集体购买手续费	4,697.11
消耗费	680.63	收入利息	53,445.95
备用品费	450.49	加入费	1,875.00
收纳费	10,368.86	补助金	4,000.00
保管费	2,641.00	再干燥收入	4,929.59
警备费	2,329.75	杂收入	10,653.82
销售费	4,360.86		
会议费	509.62		
通信费	192.84		
接待费	494.71		
修缮费	83.18		
支付利息	47,658.63		
杂费	1,601.43		
合计	107,686.36	合计	107,686.36

二、耕作资金

耕作资金从满洲中央银行借入,以小组织连带借用的形式如下表所示。(昭和 10 年)

组织成员的借贷额依据苗床、本圃的成绩及预计产量的调查结果来决定,收回则从烟草销售货款中扣除征收。

回数	贷款人员	贷款额(圆)	每天地平均贷款(圆)	摘要
第一回	935	176,765.00	54.00	
第二回	933	68,092.50	21.00	
第三回	933	135,226.02	41.00	
第四回	933	32,375.00	1,000	
第五回	920	31,987.00	1,000	
第六回	890	40,972.52	1,300	
第七回	890	76,747.54	2,600	
第八回		9,300.00	特别追加贷款	
第九回		571,466.08	17,500	

　　共同采购肥料及其他费用大部分从耕作资金中的一部分烟草销售货款中征收,产品全部由组织来销售。贷款只要是没有遇到天灾及其他特别事情的情况下,征收是可靠有保证的,中央银行对组织很信赖,所以资金筹措很顺利。

第八章　活动区域

　　根据规定条款,"本团体是由凤城、安东两县内的黄色烟草耕作者成立的组织"。据此规定,本团体自然包括两县的耕作者,但在安东县与凤城县的接壤地带只有少量的栽培者,而且耕作者中大部分都是凤城县民。

　　但是,凤凰城、张家堡、大梨树、高丽门、四台子、大堡、白旗等地方栽培业兴旺,在张家堡、大梨树、高丽门,从事耕作者以及耕作面积与其他任何地方相比都明显多得多。

第九章　保护

　　由于可行使满洲国实业部、奉天实业厅和监督凤城县的权力,任免理事被认可,并要接受理事的预决算的报告。

第十章　和地主的关系

　　满洲国政府分别在昭和 10 年支付 4 千圆,昭和 11 年支付 1 万圆的辅助金。凤城县当局对耕作者的强制加入,栽培地域的决定,耕作过剩地区的方面销售缓慢等问题上作出了积极的援助。在强有力的统治之下农民团体也会服从。

第十一章　监督

　　烟草耕作一般在上好耕地进行,这种地的地租比起中等、下等耕地要贵得多。正因为是烟草耕作,会征收特别高的地租。从地主那获得的特殊利益或者针对地主的激烈性运动近年来也没有了。

第十二章　合作社活动的固定区域和五年计划的关系

　　合作社与凤城县政府有着密切的联系,由此根据烟草增长五年计划书制定了增产计划。因此,在实现五年计划中没有丝毫不利的影响。

第十三章　合作社活动的固定区域和农村合作社设立计划的关系

　　由于县合作劳动组织的设立,本团体一分为二,这使耕作者较少的安东县一侧的团体成员处于不利的状况。因此,在指导、购买、销售、干燥等相关的环节上统辖本县团体组织的上级组织避免利害冲突和不平等的情况尤为重要。

昭和 12 年 12 月

满洲关系立委 * 第 7 * 第 1 卷第 5 号

宽甸县、凤城县农业调查报告书

秘

满铁·产业部

序 言

　　本调查报告是为了东部产业铁道建设顺利建成而提前所做的实地调查。协作部门有产业部交通科以及四平街建设事务所的第二班实地调查队。他们以宽甸县和凤城县的农业基本状况为调查任务，小队于 1 月 31 日由大连出发，3 月 3 日归队。由于事变后的匪贼横行，东部地带已被他们据为己有。但是随着近年来日满军警的苦心经营，这一地带匪贼的行踪已消失殆尽。话虽如此，由于县境附近的山中发现了其余党的踪迹，周边警备已严令禁止任何单独的行动，所以本调查报告中有些不充分的地方。因此，本报告是以县机关以及省机关等部门的调查统计数据为基础制成的。近年来全县已基本处于治安稳定的状态，最近每年县机关统计的数据虽既不充分也不能相信很正确，但对此也无可奈何。

　　关于本调查队的经济以及一般关于货物上市的相关调查有专人负责，故此处不加以赘述。

昭和 12 年 6 月
产业部农林科农产系
田所信次郎

目 录

第一节　位置

宽甸县

宽甸县东部的浑江口与辑安县接壤，距宽甸城有 220 华里。县城西边 110 华里处的台沟岭与凤城县接壤，南面 100 华里处的长甸河口面临鸭绿江，县城以北 125 华里处以马鹿沟为界与桓仁县遥相呼应。总面积为 74 万 7,980 天地（298 方日里）。

凤城县

凤城县与宽甸县、岫岩县、本溪县、安东县、庄河县、海城县和辽阳县接壤，南边面朝黄海。以县城为中心整个疆域如下：

以县城为中心，向东望去，在相距 15 华里的台沟岭与宽甸县接壤。

在东北方 180 华里处的阳边门与宽甸县接壤。

在西方 145 华里处的哨子河与岫岩县接壤。

在南边 180 华里处面朝黄海。

以县城为中心，向北望去，在距离 130 华里的弟兄山与本溪县接壤。

在东南方 190 华里处的窟窿山与安东县接壤。

在西南方 165 华里处的黄土坎与庄河县接壤。

在西北方 240 华里处的云峰岭与海城县及辽阳县接壤。

南北走向有 310 华里，东西横断距离有 220 华里，周长有 1,060 华里，总面积约为 68,200 平方华里。

第二节　地势

一、宽甸县

影壁山脉横贯县境中央一直延伸到鸭绿江江岸，台沟岭、马鹿沟及西北方其他的 * 大岭、大车岭、泉沟岭、远 * 岭、高丽岭、山葡萄岭、双岭子、五道岭、车道岭等等山岳丘陵的支脉向四面八方延展开来。在这跌宕起伏的山脉之间的狭窄地域里，有嗳河、长甸河、浑江及其所属支流牛毛生河、安平河、宴房河、南鼓河、牛庄河、小雅河等河川流域。这些河川流域没有大平原，只有一小部分地区作为耕地开垦。另外，宽甸县城附近由高原地带构成，但是面积并不大。

二、凤城县

县内中央由安奉铁路纵贯南北,由此文化的风潮也从北向南推进。同时凤城县紧邻南黄海、叆河、洋河、草河润泽全境,然而沿岸都缺少大平原。西北方向是山脉地带,且一直延伸到远方。特别是凤凰山、帽盔山等山峰或高或低,巍峨耸立。

山脉当中,远处的有开始于东部长白县的山脉,近处是开始于北方分水岭的本溪湖的山脉。

整个走势由西北向东南延伸。其山貌则是以极其复杂的磐石峭壁为主,共计有 59 座山,67 座岭和 4 涧 12 谷。

叆河发源自宽甸县西柏林川,全长 400 华里最后汇入鸭绿江。其次,有发源于本溪县分水岭的草河。其上流为二道河,途中河势下降,又称为头进河。其行程为 390 华里,一直抵达蓝旗岭,最终汇入叆河。其他的大小支流合计有 19 条。

第三节　气候

宽甸县与凤城县因为是相邻两县,所以气候极为相似。宽甸县是山岳地带,而凤城县则是一部分面向黄海且县内是为数不多的河川地带,所以相比于宽甸县,凤城县的寒暑季节的气候显得更为温和一些。

从附表中所列举数据可以看出,1 月最低气温甚至可以达到 -22—-30℃。有时下降到零下二十八九度。在宽甸县气温低于 -30℃ 并不罕见。严寒季节时,甚至连呼吸的空气都可以结冰了。从热河方向过来的高气压常常在北方西伯利亚一带停滞,随后在中国南部或者黄海方向引起低气压。随即北方的气流面向南方快速移动,不停地刮起了所谓满洲风的北风。

虽然寒气逼人,但这个气流的回旋是有规律的,大约两三天就结束了。气流南下停留后气温会再度上升,这就是所谓的三寒四温。

一年当中,从此刻开始到 3 月上旬河流沟渠全部冻结,不管是湿地还是江河,对于人员流动和车马行走并没有造成妨碍。从 3 月下旬到 4 月上旬由于冰川融化河水增量,随后气温上升。从 7 月下旬开始直至 8 月上旬,因为水量的持续增长水位抵达警戒线。此时连日降雨,衣服、家具等很容易发霉。

8 月下旬到 9 月上旬,气温会急速下降,从盛夏转至深秋也不过是转眼一瞬间的事情。随后寒气渐渐加重,10 月上旬开始降霜。一到下旬,当地的某些积水处甚至在水面表层积有薄冰。相比凤城县,宽甸县的结冰期要略早一些。以康德 3 年为例,从 10 月 2 日开始降霜到同月 17 日即可看见积水水面的薄冰。

进入 11 月之后,较小的河川水量会急速减少。树木的树叶也尽数凋零,整个县城全是一副寒冬的景象。到了 12 月,县内的河流沟渠也会开始慢慢结冰,到下旬全县整个川河就会全部冻结。

下表即为两县的气象表：

宽甸县气象表　　(观测站是县机关　40°45′N、124°45′E)

康德 3 年		气温			地下2 米温度	地面温度	云量	降水量（毫米）	蒸发量（毫米）	极端气温		极端降水量	风		降水日
		10 点	最高	最低						最高	最低		最强	方向	
1 月	上旬平均	−12.8	−8.3	−20.9	7.5	−11.8	12	合计 0.5	合计 8.3	−3.6	−31.2	3.2	2	W	4
	中旬平均	−15.8	−12.5	−23.8	6.5	−10.6	14	合计 3.2	合计 7.1						
	下旬平均	−15.0	−12.3	−23.1	5.5	−10.7	2.6	合计 2.4	合计 6.6						
	全月平均	−14.5	−10.7	−22.6	6.5	−11.3	1.8	合计 6.1	合计 22.0						
2 月	上旬平均	−11.1	−6.5	−19.0	4.6	−9.3	4.0	合计 2.3	合计 8.9	0.5	−27.5	5.2	1	SW	6
	中旬平均	−8.2	−3.9	−16.8	3.8	−7.1	1.0	合计 5.7	合计 9.7						
	下旬平均	−9.1	−5.4	−19.2	3.4	−8.1	1.2	合计 0.0	合计 10.4						
	全月平均	−9.5	−5.2	−18.3	4.0	−8.1	2.1	合计 8.0	合计 29.0						
3 月	上旬平均	−6.9	−3.2	−16.8	3.0	−5.4	1.5	合计 2.3	合计 12.5	10.5	−19.8	20.3	3	NW	8
	中旬平均	−2.4	0.5	−10.1	2.8	0.6	6.8	合计 33.7	合计 9.4						
	下旬平均	1.9	5.7	−4.0	2.7	2.5	2.9	合计 3.6	合计 16.6						
	全月平均	−2.4	1.2	−10.1	2.8	0.7	3.7	合计 39.6	合计 38.5						

康德3年		气温			地下2米温度	地面温度	云量	降水量(毫米)	蒸发量(毫米)	极端气温		极端降水量	风		降水日
		10点	最高	最低						最高	最低		最强	方向	
4月	上旬平均	7.1	10.2	1.6	2.5	6.9	6.3	合计6.0	合计20.8	18.2	−2.0	18.0	2	NW	13
	中旬平均	7.8	11.5	1.1	2.8	4.6	6.6	19.9	20.0						
	下旬平均	11.8	15.1	2.7	3.3	16.6	5.4	12.4	28.6						
	全月平均	8.9	12.3	1.8	2.9	11.0	6.1	38.3	69.4						
5月	上旬平均	14.9	18.4	4.6	3.4	19.9	5.6	合计8.7	合计33.9	27.5	0.0	44.5	3	SW	12
	中旬平均	17.0	22.1	8.6	4.1	21.6	6.0	合计87.6	合计32.0						
	下旬平均	17.3	21.2	9.1	5.7	20.7	5.6	合计21.8	合计38.3						
	全月平均	16.4	20.5	7.5	4.4	20.7	5.7	合计118.1	合计104.2						
6月	上旬平均	18.0	21.2	10.9	6.9	20.7	7.2	合计6.1	合计28.7	29.6	7.5	30.8	2	NE	13
	中旬平均	20.8	23.8	15.5	8.3	23.8	8.2	合计68.2	合计26.5						
	下旬平均	23.2	26.7	15.2	9.7	29.4	4.5	合计2.4	合计37.6						
	全月平均	20.6	23.9	13.8	8.3	24.6	6.9	合计76.7	合计93.8						
7月	上旬平均	23.6	26.8	15.3	10.9	28.7	6.7	合计40.7	36.0	34.5	12.4	214.3	2	SW	19
	中旬平均	26.4	30.1	19.7	12.0	30.1	6.3	合计37.6	46.4						
	下旬平均	23.6	27.1	19.7	15.2	26.6	8.5	合计428.0	21.5						
	全月平均	24.5	28.0	18.3	12.8	28.4	7.2	合计506.3	103.9						

康德3年		气温			地下2米温度	地面温度	云量	降水量（毫米）	蒸发量（毫米）	极端气温		极端降水量	风		降水日
		10点	最高	最低						最高	最低		最强	方向	
8月	上旬平均	25.7	28.8	21.2	16.4	31.1	6.8	合计 37.0	合计 37.3	30.5	12.0	47.0	1	S	13
	中旬平均	22.9	26.6	16.1	16.8	28.7	4.0	合计 57.9	合计 35.4						
	下旬平均	25.3	27.1	17.6	17.1	28.4	5.5	合计 67.6	合计 37.4						
	全月平均	24.6	27.5	18.3	16.8	29.4	5.5	合计 162.5	合计 110.1						
9月	上旬平均	22.6	25.3	18.4	17.5	25.3	8.1	合计 102.6	合计 18.5	30.0	5.2	39.0	2	S SW	16
	中旬平均	20.2	22.8	10.9	17.9	25.1	3.6	合计 44.7	合计 26.8						
	下旬平均	19.6	22.2	10.1	17.5	24.1	3.8	合计 44.2	合计 26.9						
	全月平均	20.8	23.4	13.2	17.6	24.8	5.2	合计 191.5	合计 72.2						
10月	上旬平均	16.3	19.3	6.7	16.9	20.0	3.0	合计 14.4	合计 25.0	23.7	-3.1	39.5	3	NW	7
	中旬平均	11.7	14.9	2.8	16.1	15.4	3.8	合计 47.5	合计 17.6						
	下旬平均	9.4	12.3	3.6	15.1	11.1	4.7	合计 9.8	合计 17.4						
	全月平均	12.4	15.5	4.3	16.0	15.4	3.4	合计 71.7	合计 60.0						
11月	上旬平均	5.8	8.5	-0.6	13.9	5.2	5.0	合计 50.7	合计 9.4	12.3	-16.4	25.5	2	NW	14
	中旬平均	0.8	4.1	-4.9	12.6	2.0	5.4	合计 15.0	合计 8.9						
	下旬平均	-1.3	1.7	-6.3	11.2	0.6	6.0	合计 46.4	合计 5.8						
	全月平均	0.4	4.8	-3.9	12.6	2.6	5.4	合计 112.2	合计 24.1						

续表

康德 3 年		气温			地下2 米温度	地面温度	云量	降水量(毫米)	蒸发量(毫米)	极端气温		极端降水量	风		降水日
		10 点	最高	最低						最高	最低		最强	方向	
12 月	上旬平均	−5.5	−2.9	−10.4	9.9	−1.9	1.1	—	合计7.6	4.0	−23.5	10.8	2	NW	3
	中旬平均	−4.6	−0.8	−10.8	9.3	−2.4	4.5	合计21.2	合计7.6						
	下旬平均	−11.3	−5.5	−19.5	7.8	−5.2	2.6	—	合计6.6						
	全月平均	−7.3	−3.1	−13.8	9.0	−3.2	2.7	合计21.2	合计21.8						

备注:10 月 2 日开始霜降,10 月 16 日开始降雪,10 月 17 日结冰,11 月 30 日停止降雨,4 月 2 日开始降雨。

<h3 align="center">凤城县气象表　　　(县城某观测站　康德元年 12 月末)</h3>

		气温		最高		最低		地表	温度
		本年	前五年年均	本年	前五年年均	本年	前五年年均	本年	前五年年均
一月	上旬	−15.3	−10.5	−7.9	−4.7	−23.0	−17.6	7.2	7.0
	中旬	−12.0	−10.8	−6.0	−4.9	−18.4	−19.2	7.3	7.3
	下旬	−14.0	−9.8	−7.5	−6.8	−20.8	−18.2	6.8	7.4
二月	上旬	−8.4	−8.3	−0.4	−3.4	−15.9	−15.6	7.7	7.8
	中旬	−5.0	−7.1	0.7	−1.3	−11.5	−15.2	8.1	7.6
	下旬	−5.0	−4.5	1.4	−1.1	−12.4	−10.9	7.9	7.5
三月	上旬	−5.0	−2.1	2.2	2.8	−11.9	−11.2	6.9	7.2
	中旬	−1.0	1.1	5.4	5.7	−5.5	−7.6	7.8	6.9
	下旬	0.0	5.5	4.8	9.8	−4.0	−3.8	7.5	6.7
四月	上旬	4.2	8.4	10.1	13.7	−1.4	−2.2	6.7	6.6
	中旬	5.3	9.7	13.4	13.5	−1.2	−0.9	6.2	5.6
	下旬	10.5	12.4	17.5	16.9	4.2	2.1	6.1	5.7
五月	上旬	13.2	14.4	21.6	19.2	5.9	4.5	6.5	6.2
	中旬	16.5	17.9	24.1	22.7	10.2	7.5	6.5	6.4
	下旬	16.7	19.9	22.5	24.8	11.5	8.3	7.1	5.8

		气温		最高		最低		地表	温度
		本年	前五年年均	本年	前五年年均	本年	前五年年均	本年	前五年年均
六月	上旬	17.7	20.4	23.7	25.5	13.0	11.3	7.5	6.9
	中旬	18.3	22.9	22.3	27.8	15.6	13.8	8.3	6.8
	下旬	21.6	24.4	26.3	29.3	17.8	15.8	8.0	6.4
七月	上旬	23.0	25.0	25.9	29.5	20.9	18.1	8.6	7.3
	中旬	23.8	25.0	27.9	28.5	21.0	20.5	8.2	8.2
	下旬	24.3	25.5	29.0	29.5	20.8	19.1	7.9	8.3
八月	上旬	24.6	26.7	29.2	30.7	21.2	19.9	8.0	7.6
	中旬	22.1	24.2	26.6	30.2	18.8	18.4	8.3	7.2
	下旬	20.5	23.4	25.5	28.0	16.8	15.5	8.0	7.2
九月	上旬	18.7	22.5	23.7	26.9	14.9	13.2	7.8	6.6
	中旬	16.9	20.2	23.7	25.4	11.0	10.5	6.9	7.6
	下旬	15.7	17.4	22.2	23.2	9.9	9.5	7.2	7.0
十月	上旬	10.4	14.3	18.6	19.3	3.8	6.1	6.5	6.8
	中旬	8.4	11.7	16.0	17.7	2.0	2.4	6.6	5.9
	下旬	7.2	9.4	14.5	15.8	0.3	−0.6	7.0	5.9
十一月	上旬	4.1	4.4	9.8	9.9	−1.2	−3.5	7.0	7.1
	中旬	1.1	0.8	8.4	5.0	−5.0	−5.7	7.3	7.4
	下旬	−3.1	−0.6	3.5	4.7	−8.6	−7.0	7.5	7.8
十二月	上旬	−4.3	−2.3	3.5	2.3	−11.1	−9.0	7.5	7.8
	中旬	−5.1	−5.9	1.3	−1.2	−12.3	−11.7	7.7	7.6
	下旬	−6.7	−7.7	−0.9	−2.7	−12.5	−14.0	8.3	7.6
合计平均		7.2	8.8	13.3	14.3	1.3	1.2	4.0	6.9

		降水量		降水	日数	蒸发量	
		本年	前五年平均值	本年	前五年平均值	本年	前五年平均值
一月	上旬	0.0	2.3	—	—	7.5	5.9
	中旬	0.0	2.4	1	3.6	7.9	8.0
	下旬	3.5	2.0	—	—	8.4	9.7

		降水量		降水	日数	蒸发量	
		本年	前五年平均值	本年	前五年平均值	本年	前五年平均值
二月	上旬	0.0	2.1	—	—	12.2	11.1
	中旬	5.6	2.3	3	4.8	10.5	12.2
	下旬	4.5	4.1	—	—	13.0	10.4
三月	上旬	0.0	3.3	—	—	18.6	17.3
	中旬	21.7	2.2	9	5.2	13.1	20.8
	下旬	2.7	14.6	—	—	21.3	28.7
四月	上旬	12.7	7.8	—	—	16.2	35.0
	中旬	3.9	16.5	6	4.8	33.2	39.2
	下旬	2.0	14.5	—	—	40.6	57.4
五月	上旬	23.3	27.2	—	—	43.9	40.0
	中旬	21.9	21.4	9	1.0	35.6	42.6
	下旬	1.9	22.2	—	—	42.7	58.5
六月	上旬	99.3	26.1	—	—	35.9	43.3
	中旬	73.3	33.1	2.0	9.2	28.1	50.7
	下旬	42.5	20.7	—	—	35.2	53.3
七月	上旬	99.9	36.8	—	—	26.9	43.6
	中旬	70.7	74.6	1.5	15.6	32.4	32.7
	下旬	137.7	121.5	—	—	45.4	40.2
八月	上旬	134.9	61.8	—	—	35.5	39.0
	中旬	186.9	57.2	1.8	12.6	26.1	38.8
	下旬	51.1	118.8	—	—	34.4	36.2
九月	上旬	28.7	30.7	—	—	29.5	35.2
	中旬	28.1	20.7	7	7.6	41.8	23.9
	下旬	7.3	44.7	—	—	28.3	29.4
十月	上旬	4.6	29.0	—	—	24.3	25.0
	中旬	19.9	12.1	8	6.6	22.8	26.6
	下旬	8.4	10.9	—	—	22.2	23.6

		降水量		降水	日数	蒸发量	
		本年	前五年平均值	本年	前五年平均值	本年	前五年平均值
十一月	上旬	25.2	5.6	—	6.6	18.0	13.9
	中旬	1.5	15.0	7	6.6	12.5	10.7
	下旬	0.3	4.5	—	—	11.0	10.9
十二月	上旬	—	2.1	—	—	11.4	9.1
	中旬	6.1	10.7	4	7.2	8.6	8.0
	下旬	2.1	2.0	—	—	8.5	9.5
合计平均		1,174.5	883.5	107	91.4	875.5	980.2

第四节　户数、人口

截至去年 10 月,宽甸县人口为 32 万 6,000 人。宽甸县去年 11 月的总户数为 4 万 3,575 户,总人口为 31 万 3,000 人。时至今年 1 月减少到 29 万 6,000 人。等到解冻期前后,人口还会有递减的现象。

凤城县今年 1 月末的总户数为 7 万 7,305 户,总人口为 52 万 1,563 人。凤城县也有着与宽甸县相同的人口逐年递减的倾向,但其倾向不如宽甸县严重,具体情况不得而知。

从去年末到今年初人口递减的现象日渐显著,其原因主要是当地为了消灭匪贼或防止匪贼侵害,从去年秋天开始设置无人区及实施聚居村庄制度。

下表为宽甸县和凤城县的村庄及人口概况:

宽甸县第一区

新街村名	旧街村名	户数	人口	耕地亩数
宽甸街	县城	1,626	11,122	—
	石湖沟村之一部	138	1,150	986
	合计	1,764	12,272	986
石湖沟村	石湖沟村	775	5,561	18,801
	亮子沟村	788	5,205	23,920
	罗圈甸子村	406	3,017	6,281
	合计	1,969	13,783	49,003

新街村名	旧街村名	户数	人口	耕地亩数
坦甸村	坦甸村	335	3,050	7,065
	磙子沟村	328	3,572	5,694
	长阴子村	625	4,629	22,050
	牛皮闸村	255	2,084	5,851
	合计	1,543	13,335	40,660
青椅山村	青椅山村	522	3,201	19,129
	赫甸村	603	3,980	18,180
	大水沟村	513	3,659	13,534
	红角沟村	356	2,723	9,023
	合计	1,994	13,563	59,867
大川头村	大川头村	335	2,245	10,767
	南青沟村	381	2,594	9,355
	长岭子村	529	3,611	14,746
	三道沟村	783	5,419	11,427
	合计	2,028	13,869	46,296
合计街 1、村 4		9,298	66,822	196,813

宽甸县第二区

新街村名	旧街村名	户数	人口	耕地亩数
车毂轮泡村	车毂轮泡村	343	2,808	8,269
	欢水涧村	376	2,724	5,626
	岔沟村	523	2,585	14,532
	合计	1,242	9,117	28,427
双山子村	双山子村	800	5,788	11,425
	柏林川村	641	4,698	9,715
	大边沟村	231	1,695	3,668
	合计	1,672	12,181	24,809

续表

新街村名	旧街村名	户数	人口	耕地亩数
八河川村	八河川村	790	5,939	13,184
	井峪村	409	3,327	7,820
	样册子村	538	3,826	10,275
	四平街村	116	1,344	6,819
	合计	1,853	14,436	38,098
合计村 3		4,767	35,734	91,335

宽甸县第三区

新街村名	旧街村名	户数	人口	耕地亩数
青山沟村	青山沟村	1,347	9,901	11,298
	合计	1,347	9,901	11,298
铁路子村	铁路子村	551	3,695	6,271
	泉山社村	294	2,403	6,186
	合计	845	6,098	12,457
牛毛坞村	牛毛坞村	839	5,755	9,135
	轿顶子村	419	3,461	7,658
	高坎子村	263	1,910	3,489
	合计	1,521	11,126	20,282
合计村 3		3,713	27,125	44,039

宽甸县第四区

新街村名	旧街村名	户数	人口	耕地亩数
关门砬子村	太平哨街	360	2,701	—
	步达远村	930	6,748	9,380
	关门砬子村	940	8,368	14,581
	合计	2,230	17,817	23,961
泡子沿村	泡子沿村	510	4,332	10,260
	夹皮沟村	970	7,162	16,839
	合计	1,480	11,494	27,099

续表

新街村名	旧街村名	户数	人口	耕地亩数
下漏河村	下漏河村	1,362	9,263	12,874
	高岭地村	548	3,872	5,734
	合计	1,910	13,135	18,608
吊幌子村	南吊幌子村	389	2,708	7,583
	北吊幌子村	288	2,181	4,892
	太平沟村	373	2,868	4,919
	合计	1,050	7,757	17,394
合计村 4		6,670	50,203	87,062

宽甸县第五区

新街村名	旧街村名	户数	人口	耕地亩数
大青沟村	大青沟村	469	3,536	5,391
	碾子沟村	568	4,044	7,904
	合计	1,037	7,580	13,295
石柱子村	石柱子村	729	4,487	6,532
	秋果碧村	534	3,787	5,534
	大荒沟村	530	3,511	5,196
	合计	1,793	11,785	17,262
合计村 2		2,830	19,365	30,558

宽甸县第六区(街基地)

新街村名	旧街村名	户数	人口	耕地亩数
蒲石河村	蒲石河	285	2,126	554
	小蒲石河村	340	1,682	4,960
	腰岭子村	374	2,542	4,120
	久财沟村	886	5,630	10,244
	合计	1,885	11,980	19,878

新街村名	旧街村名	户数	人口	耕地亩数
白菜地村	白菜地村	837	5,496	16,202
	小荒沟村	267	1,873	1,975
	库仓沟村	398	2,597	6,527
	合计	1,502	9,966	24,750
小长甸子村	小长甸子村	707	4,799	11,406
	嵩子沟村	529	3,960	10,317
	合计	1,236	8,759	21,724
合计村 3		4,623	30,705	66,307

宽甸县第七区

新街村名	旧街村名	户数	人口	耕地亩数
长甸村	长甸河口村	414	2,300#	—
	苏甸村	730	5,025	8,989
	桦树甸子村	617	4,173	8,309
	合计	2,666	17,002	32,709
冰甸村	冰田村	412	2,902	6,780
	碑村	1,031	7,431	17,495
	碑沟村	555	3,994	10,692
	合计	1,998	14,327	34,967
古楼子村	古楼子村	989	6,546	14,963
	东阳河村	376	2,723	2,996
	砬子沟村	705	4,669	5,908
	合计	2,070	13,938	23,867
合计村 3		6,734	45,267	91,543

宽甸县第八区

新街村名	旧街村名	户数	人口	耕地亩数
安平河村	安平河村	1,146	8,465	30,105
	太平川村	323	2,640	6,248
	夹河口村	277	2,254	6,896
	合计	1,746	13,359	43,249
毛甸子村	毛甸子村	485	3,398	8,892
	天蟾镇村	542	3,962	25,261
	大荒沟村	546	4,737	10,977
	台沟村	375	3,483	11,613
	合计	1,948	15,580	56,744
杨木川村	杨木川村	563	3,986	9,860
	玄羊砬子村	683	4,957	17,075
	合计	1,246	8,943	26,935
合计　村3		4,940	37,882	126,929
全县总计街1、村25		43,575	313,103	734,591

备注:如上表所示,宽甸县已于去年年末实行了街村合并和散村聚集的政策。

本表于去年11月由县机关调查所得。

凤城县街村区域表

区别	新街村	旧街村	户数	人口	耕地亩数
第一区	凤城街	县街	3,791	23,521	950
		小计	3,791	23,521	950
	环城街	城北村	944	5,552	13,716
		城西村	858	4,615	12,183
		小计	1,802	10,167	25,899
	大堡村	大堡村	939	6,918	18,133
		三官村	623	3,787	16,241
		小计	1,562	10,705	34,374

区别	新街村	旧街村	户数	人口	耕地亩数
	草河村	草河村	938	5,962	11,166
		朝凤村	657	3,836	14,192
		小计	1,595	9,798	25,358
	边门村	边门村	914	3,814	13,946
		梨树村	580	3,645	13,366
		小计	1,494	7,459	26,312
	鸡冠山村	鸡冠山村	909	4,301	12,751
		薛礼站村	731	4,796	13,612
		暖河村 沙子岗一部	390	2,918	7,382
		小计	2,030	12,015	33,745
合计	村6		12,274	73,665	146,638
	石城村	石城村	954	5,071	12,821
		影壁山村	795	3,760	8,183
		小计	1,749	8,831	21,004
	叆阳村	叆阳村	650	4,705	9,683
		梨树甸村	672	4,356	9,539
		龙兆村	526	3,765	9,682
		小计	1,848	12,826	28,904
第二区	东汤村	东汤村	776	5,004	10,671
		石岭村	776	5,124	11,450
		小计	1,552	10,128	22,121
	白庙村	白庙村	912	6,003	11,430
		汤泙城村	690	3,739	10,485
		小计	1,602	9,742	21,915
	边沟村	边沟村	677	3,903	10,200
		鸣洞村	603	3,587	9,203
		小计	1,280	7,490	19,403
合计	村5		8,031	49,017	113,347

区别	新街村	旧街村	户数	人口	耕地亩数
第三区	龙庙村	龙王庙村	1,319	8,124	13,994
		东兴村	776	5,619	13,742
		曹家堡村	634	4,994	11,839
		小计	2,729	18,737	39,575
	珠山村	珠山村	679	5,136	12,779
		太平村	694	5,410	12,535
		长岭村	708	5,223	11,300
		小计	2,081	15,769	36,614
	西尖山村	桦山村	491	4,429	14,939
		西尖山村	883	6,355	13,815
		依蓝苏村	855	6,156	10,467
		小计	2,229	16,940	39,221
	黄土坎村	杨名山村	1,398	8,806	13,679
		黄土坎村	817	5,935	11,858
		吉盛村	796	5,579	12,564
		小计	3,011	20,320	38,101
	新兴村	李家岭村	864	6,446	15,563
		大椅村	617	4,595	12,751
		高桥村	786	5,787	11,640
		小计	2,267	16,828	39,954
	龙岗村	双山村	911	7,030	11,068
		盖家坝村	895	3,749	11,926
		枣沟村	767	5,465	12,019
		小计	2,573	16,241	35,013
	东尖山村	东尖山村	477	3,283	5,663
		东安村	958	6,723	13,059
		富安村	489	3,966	13,249
		卧龙村	613	4,254	12,020
		小计	2,537	18,226	43,991

区别	新街村	旧街村	户数	人口	耕地亩数
	滨海村	北井村	1,098	7,580	13,023
		滨海村	662	4,763	10,245
		柞木山村	489	3,600	11,245
		石桥村	498	3,764	12,326
		小计	2,747	19,707	46,839
合计	村8		20,174	142,768	319,308
第四区	白旗村	白旗村	950	5,253	13,229
		天惠村	695	4,351	10,198
		泉村	711	4,751	10,186
		小计	2,356	14,355	33,613
	洋河村	龙泉村	534	3,819	10,659
		洋河村	566	3,004	12,624
		小计	1,100	6,823	23,283
	三宝村	鸣窝村	649	4,263	10,300
		三宝村	799	5,318	10,103
		小计	1,448	9,361	20,403
	仁山村	尖山窑村	1,052	7,553	11,289
		三清村	672	4,932	10,549
		安福村	626	4,453	10,426
		小计	2,350	16,938	32,264
	葛藤村	葛藤村	651	4,778	10,389
		小汤沟村	805	5,908	10,280
		小计	1,456	10,686	20,669
	宝山村	宝山村	627	4,188	10,308
		红旗村	680	5,700	18,346
		小计	1,307	9,888	28,654
合计	村6		10,017	68,271	158,886
第五区	通远堡村	通远堡村	883	5,276	11,245
		草河口村	885	5,465	11,245
		小计	1,768	10,741	22,144

区别	新街村	旧街村	户数	人口	耕地亩数
	刘家村	刘家河村	725	3,681	10,371
		楔家壹村	507	3,690	11,198
		小计	1,232	7,371	21,569
	桃源村	桃源村	882	7,043	10,578
		魔岭村	586	4,388	10,590
		小计	1,468	11,431	21,168
	四门村	四门村	769	6,498	10,916
		秋木庄村	891	5,357	13,565
		暖河堡村一部	238	1,643	2,509
		小计	1,898	13,498	26,990
合计	村4		6,366	43,041	91,871
	红旗村	里沟村	738	4,926	10,251
		红旗街村	561	4,436	12,044
		小计	1,299	9,363	22,295
	杨木村	杨木沟村	571	3,865	10,744
		双庙村	720	5,126	13,462
		小计	1,291	8,991	24,386
	合隆村	背阴寺村	560	4,176	13,608
		大方绅村	856	5,492	14,285
		何家岗村	456	3,519	13,472
第六区		东尖山村 黑鱼泡一部	242	1,621	5,598
		小计	2,114	14,808	46,963
	德盛村	德盛村	652	4,615	12,135
		乐土村	913	6,076	11,526
		小计	1,565	10,691	23,661
	贵山村	贵山村	673	4,497	13,996
		大华岭村	803	5,345	13,478
		小计	1,476	9,842	27,474

区别	新街村	旧街村	户数	人口	耕地亩数
	蓝旗村	蓝旗村	560	3,866	12,372
		蒙古荣村	581	4,144	15,257
		镶白旗村	623	4,035	13,472
		小计	1,764	8,010	41,101
合计	村6		9,257	64,118	185,880
第七区	北汤村	北汤村	720	4,574	12,930
		公安村	641	4,833	12,350
		小计	1,361	4,833	12,350
	松树咀村	松树咀村	716	5,038	10,779
		安平村	660	4,759	12,598
		小计	1,376	9,797	23,377
	万全村	万全村	614	3,800	12,350
		薛河村	588	4,847	12,288
		小计	1,202	8,647	24,638
	长山村	长山村	734	3,687	10,320
		山岔村	636	4,682	10,779
		小计	1,370	8,369	21,099
合计	村4		5,309	36,220	94,394
第八区	石庙村	石庙村	541	5,491	9,124
		青城村	747	5,914	9,636
		小计	1,288	11,405	18,760
	汤沟村	青河口村	592	4,826	10,090
		大汤沟村	542	4,595	9,138
		小计	1,134	9,421	19,228
	九沟村	九沟峪村	554	3,792	9,556
		七角碑村	1,180	8,263	8,631
		岳山村、三家子一部分	125	1,033	2,719
		小计	1,859	13,088	20,906

续表

区别	新街村	旧街村	户数	人口	耕地亩数
	黄花甸村	岳山村	848	5,795	6,587
		黄花甸村	748	4,754	9,021
		小计	1,596	10,549	15,608
合计	村4		5,877	44,463	74,502
总计	村43		77,305	521,563	1,184,826

第五节　面积及土地利用状况

宽甸、凤城两县的总面积和土地的利用状况如下表所示:

(康德2年安东省政府调查)

县别	总面积	可耕地			不可耕地	可耕地面积与总面积之比	
		既耕地	未耕地	合计		既耕地(%)	未耕地(%)
宽甸县	5,616,000 晌	66,034	—	66,034	5,549,966	1.2	—
凤城县	4,338,000 天地	193,492	—	193,492	4,144,508	4.5	—

注:以宽甸县10亩以及凤城县6亩为一个单位。

由上表可以看出宽甸县561万6,000晌的总面积当中,已耕地面积为6万6,034晌,在未耕地为零的情况下,已耕地只占了总面积的1.2%,这个数据与安东省境内的各县相比是最少的。正如前文所述,本县地势以山岳地带为主,耕地大多分布在山谷之间或是在河川流域,虽然面积很大但几乎没有像样的平原,可以耕作的土地几乎都被开垦,就连陡峭的山腹也被用作耕地。在与当地县负责人谈话后得知,此县几乎每年都要遭受水灾,其中原因诸多。本县土表层浅薄,而且如前文所述,本县的急坡陡峭之地也被用作耕地,大雨的侵害所造成的土表流失也就不难想象了。

下面按行政区划来看一下各区的耕地亩数(可参考户数和人口表)。

宽甸县					
区别	耕地亩数	废弃耕地	既耕地亩数	准废弃亩数	扣除既耕地亩数
第一区	196,813	28,357	168,356	1,530	166,826
第二区	91,335	9,924	81,414	28,383	53,031
第三区	44,039	11,849	32,190	17,815	14,372

宽甸县				
区别	耕地亩数	废弃耕地	既耕地亩数	准废弃亩数	扣除既耕地亩数
第四区	87,062	34,990	52,092	14,972	33,120
第五区	30,558	3,878	26,680	5,640	21,040
第六区	66,307	6,279	60,028	10,830	49,158
第七区	91,543	18,656	72,886	1,023	71,863
第八区	126,929	13,081	113,848	1,573	112,275
合计	736,831	127,014	609,817	81,766	528,051

注:上表所提到的废弃耕地指的是因为无人区政策而被荒废的耕地(康德3年实施)。

准废弃耕地指的是因为村庄聚居制度而导致距离耕地太远无法耕种的区域。

由于无人区政策及村庄聚居制度导致了大约30%的耕地面积流失。

第一区宽甸街附近的农村是整个县耕地分布最多的区域,第八区的毛甸子村和安平河村附近位于第二,长甸村、冰甸村附近也属于耕地面积较多区域。

相较于宽甸县来说,凤城县的耕地面积要广阔的多。光是已耕地面积就有19万3,492天地,约占全县总面积的4.5%。全县铁路沿线的边境地区是山岳地带,而在全满都有为数不多的河川地带,其流域丰饶,平原广阔,特别是面朝黄海的腹地,面积宽广,土地肥沃,可以称之为县之宝库。

按行政区划来看耕地的分布状况如下表:

凤城县			
区别	可耕地亩数	废弃亩数	既耕地亩数
第一区	146,638	150	146,488
第二区	113,347	2,425	110,922
第三区	319,308	无	319,308
第四区	158,886	3,567	155,319
第五区	91,871	245	91,626
第六区	175,880	1,867	184,013
第七区	94,394	651	93,743
第八区	74,502	1,020	73,482
合计	1,184,826	9,925	1,174,901

注:废弃亩数是因为康德3年开始实施的聚居村庄制度所导致的废弃耕地,其数量和宽甸县相比要少很多,仅有0.9%。

换句话说,临黄海的第三区是耕地最多的区域,占了总耕地面积的 28%,位居第二的是第六区,其次是第四区,接下来是第一区。

大同 2 年 4 月,在水田较为盛行的草河沿岸大堡附近以及洋河沿岸,各区的稻田亩数如下表所示:

区别	稻田亩数	备注
第一区	11,708	草河沿岸
第二区	1,774	叆河草河沿岸
第三区	5,559	大洋河沿岸
第四区	2,096	
第五区	1,160	
第六区	11,300	大洋河沿岸
第七区	788	
第八区	370	
合计	34,757	

宽甸县的水田经营面积,康德 3 年仅为 8,396 亩,面积极少。

第六节　佃耕惯例

宽甸县和凤城县比邻相对,所以佃耕的惯例没有差别。通常佃农的合同期都是一年,税金及其他的负担中,地租及捐税等费用都由地主与佃农平摊或者地主一人承担。学校、警察、村费(自卫团费道路费)等由佃农承担。这是惯例,但也有例外,即在无地主的状态下,以上经费则由村子来承担,但这种情况比较少见。

租种一般实行的是地主和佃农按比例分配收成的形式,通常是五五分成。其次实行的是实物定额缴纳租税的形式。佃农向地主缴纳玉米或者高粱。但因土质的好坏收成会有所不同,其标准是:

上等地 2.0—2.5 石/天地

中等地 1.8—2.0 石/天地

下等地 1.0—1.5 石/天地

此外,在种植烟草的情况下,地租由佃农全部缴纳的情形居多。通常是 1 天地 30 圆左右。

如果种植水稻的话,佃农要上交给地主 1 天地 100 圆左右的押租。此外,也有被称作典地租种和转典租种的形式,还有多种多样的组合形式。这些形式一眼很难识别清楚。

柞蚕养殖的情况下,养殖厂的所有者和佃农以六四的比例分成。佃农在这种情况下主要工作通常是看管。

以上是当地佃耕惯例的概述。由此可见,比起地主,佃农身上背负着繁重的课税及其他负担,虽然契约合同上签订的是五五分成的比例,但是实际上地主六成佃农四成才是实情。

并且,近期养蚕业的不景气导致人口过剩,这更加剧了当地人民对耕地的需求。尽管内地匪贼猖獗,但地租一点没有减少。因此说地主在事变后,把暂时提高的村费转嫁给了佃农。他们为了逃避匪贼,大部分都住到城里去了。这些不住在当地的地主残酷地压榨农民,由此更加剧了农村的凋敝。

并且契约合同在短期内,租种权的变动很大,导致佃农们不再专心于施肥耕作,这种所谓的掠夺式耕作持续的结果,就导致了耕地的生产力下降。这些都是导致农村经济等各个方面不景气的原因。

第七节　农作习惯(凤城县)

名称	活动事项
立春	从清朝开始,立春前一天各地方官员都要前往郊外,开设地坛,向土地神谢恩,随即作为人民的榜样,官员们都要拿起锄头进行耕作演示。现在已经废止。
雨水	整理车辆农具以及囤积杂木作为燃料。
惊蛰	向田地施肥以做好耕作的准备。桑蚕人家则是使蛾产卵。
春分	除杂草,种大蒜。
清明	扫墓
谷雨	播种粟、稗、唐#、黍,然后栽培高粱、大豆、蔬菜等。桑蚕业则是给刚孵化的幼蚕喂嫩叶。
立夏	除杂草整理嫩苗的同时将土地刨松。
小满	犁地培苗,播种大豆、红薯,这称作莳地。
芒种	第二次刨地的同时,种植水稻、甘薯。
夏至	第二次刨地。
小暑	除杂草,桑蚕业则是收夏茧养育秋蚕。
大暑	切麻。
白露	将之前囤积的杂木取出,作为冬天的燃料。养蚕人家则是取蚕茧。
秋分	收获季节。
寒露	在庭院内囤积谷物。
霜降	将蔬菜全部摘取,埋入家畜等产出的肥料,收集杂木作为开春的燃料。
立冬	将稻穗收藏到谷物储藏室。
小雪	将柴火木炭搬运到市场销售。
大雪	债权债务的结算期。

冬至	把大米搬到市场销售。
小寒	债务利息的支付。
大寒	既是纳税期,也是筹备酒肉准备过年的时期。

第八节　农产品种植面积及收获量

由于当地是以玉米为主食,所以玉米的种植面积最大,产量也最高。其次是高粱、谷子和稗子。而通常种植面积和收获量都位居第二的大豆,在此地就演变成只能在玉米和高粱播种的间歇期才会播种的作物。

凤城县的水稻耕种面积也有逐年增大的趋势。本县属于全满洲也为数不多的河川地带,且位处草河沿岸、大堡附近,以及大洋河、叆河沿岸拥有丰饶的种植区域。从事水稻种植的多为朝鲜人。随着种植事业的发展,朝鲜人的迁入情况可想而知,对于其努力程度真是令人敬佩。在李家堡子就有本公司委托经营的机械化水田。

宽甸县的水稻种植不如凤城县兴盛,康德 3 年的耕地面积仅有 1,183 天地。其中有地势的原因,根据县当局的调查发现,适合做水田的所剩土地面积如表所示。此地的开拓以及治安的完善都是此后值得期待的。

除此之外,作为特殊用途,还种植了如棉花、烟叶、青麻、线麻、花生等。其中最有名的就是凤城县的黄色烟草。康德 3 年的时候,产量就已达到 611 万 5 千斤,产值大约有 210 万圆。县当局将烟草种植变成县内的支柱产业,并且和烟草种植组织合作,派出指导员指导农户们如何更好地种植烟叶以提高产量,并且鼓励烟草种植十分熟练的农户移居到县内其他地方。并对种植烟叶的当地农民给与奖励。因此相信以后的发展前景也是十分可观的。现在烟叶耕作比较繁盛的地区有凤凰城、高丽门、四台子、张家堡、鸡冠山、山束沟、田家堡、林家堡、大梨树、三道河、白菜地、汤山城、大堡等地。其中尤其以凤凰城附近最为兴盛。

宽甸县的烟草种植不如凤城县那样兴盛。康德 3 年的时候种植面积为 216 天地,产量为58,500 斤。县当局为了改变桑蚕业的不景气,于是努力发展烟草业,同时,没有好的技术烟草业也难以迅速发展。一般的农户掌握了耕作干燥调理等相关的耕作技巧,农民知道烟草耕种有利可图,加上政府的支持,栽培种植渐渐普及开来。

另外两县也很适合种植青麻、线麻。产量大概各有 10 万斤。

另外,还种植了花生、马铃薯。凤城县的马铃薯一项的产量就约有 850 万斤。此外,目前栽种的棉花似乎不太适宜本地种植,产量很低。

当地还有个不容忽视的特点,作为生产副业的柞蚕业养殖据说在以前兴盛时两县就有 10亿粒左右的产量。这主要是因为当地地势多为山岳地带,且林木众多,耕地狭小,自然条件决定了柞蚕成为了广大农户的副业而繁盛了起来。特别是宽甸县,有些地方不光是农户,全村都专门从事养殖柞蚕业。昭和六七年的时候,受我国(日本)生丝的衰落和外来绢丝进出的影响,此行业逐渐不振,正巧此时事变突发,由于匪贼频繁出入山间,导致柞蚕业的维持也变得困难起来。而且当局禁止农民私有枪械,这样一来就失去了能防止鸟害的工具,这使得柞蚕业陷入了绝境。当地柞蚕业的养殖和内地的家蚕养殖如出一辙,它的兴盛很大程度上影响了农家的经济收入。康德3年,凤城县蚕场面积为1,652把剪刀,其生产数量为66,080千粒,养蚕户数为1,630户。宽甸县的蚕场面积为4,106把剪刀,产量为123,180千粒,养蚕户数为2,865户。不过这已经是昨日黄花了,现今本地丛林密布的山岳地区又被很多新的柞树林所覆盖。从治安的确保以及丝绸价值的增长可以推断,此处柞蚕业的再度兴旺也是指日可待的。现在养蚕的主要区域有凤城县的雪里居汤山城、瑗阳城等。宽甸县有二泷渡、站子润、山子、北蒲石河、长甸、小蒲石河、石桂子等地。凤城县的集散养殖地位于铁路沿线上,宽甸县则集中在长甸河口。一方面可借由铁路,另一方面可依仗航船运输至安东。

另外,凤城县瑗阳、边门附近有一个著名的种茧产地,其产品甚至远销至西丰县。其销售的种茧品质优良,丝质强韧,在全满都是相当有名的。

凤城县农产品种植面积以及产量

年度 产量 作物名	康德元年			康德2年		
	耕地面积(晌)	每天地产量(石)	总产量(石)	耕地面积(晌)	每天地产量(石)	总产量(石)
黄豆	19,400	5.0	97,000	16,375	3.2	52,403
小豆	2,250	4.0	9,000	4,619	2.8	12,934
吉豆	1,300	5.0	6,500	349	3.6	908
其他豆类	950	4.0	3,800	766	2.2	1,687
高粱	20,300	3.0	60,900	15,050	4.6	69,230
谷子	5,400	2.5	13,500	4,799	4.0	14,399
玉米	40,315	2.0	80,630	43,869	4.5	199,411
稻子	3,967	2.0	19,835	5,604	7.1	39,793
粳子	1,000	2.0	4,000	1,882	4.2	7,904
大麦	364	4.0	728	10	4.2	45
粱子	3,000	1.5	4,300	1,245	3.3	4,108
稗子	4,950	2.0	9,900	7,743	4.2	32,521
荞麦	550	1.5	825	448	3.5	1,561
杂粮				3,400	3.1	10,540
棉花	30	250斤	7,500斤	12	183斤	2,233斤
葵叶	1,584	1,200斤	1,900,800斤	2,042	1,000斤	2,042,300斤
青麻	100	600斤	60,000斤	456	239斤	109,127斤

续表

产量 作物名 年度	康德元年			康德2年		
	耕地面积 (晌)	每天地产量 (石)	总产量(石)	耕地面积 (晌)	每天地产量 (石)	总产量(石)
线麻	160	600斤	96,000斤	347	295斤	102,365斤
苏子				3	2.5	7.5
蓖麻				79	1.7	135.7
芝麻				10	2.0	22.0
花生				65	654斤	42,902斤
马铃薯				1,832	7,939斤	14,545,836斤
其他蔬菜	6,800	8,000斤	54,400,000斤	5,275	8,000斤	42,205,680斤
柞蚕			77,697千个	2,063	30千个	61,890千个

作物名 年度 产量	康德3年		
	耕地面积(晌)	每天地产量(石)	总产量(石)
黄豆	16,300	4.0	65,203
小豆	4,611	3.4	15,677
吉豆	348	2.8	975
其他豆类	765	3.5	2,678
高粱	15,120	4.0	60,480
谷子	4,721	3.7	17,471
玉米	43,897	5.5	241,434
稻子	5,713	8.5	48,568
粳子	1,871	5.0	9,355
大麦	10	3.8	41
粱子	1,238	2.9	3,590
稗子	7,811	5.4	42,179
荞麦	461	4.2	1,937
杂粮	3,015	3.6	10,850
棉花	10	173斤	1,730斤
葵叶	3,397	800斤	6,115,500斤
青麻	456	221斤	100,776斤
线麻	390	315斤	122,850斤

续表

作物名＼年度产量	康德3年		
	耕地面积（晌）	每天地产量（石）	总产量（石）
苏子	20	2.2	44
蓖麻	80	2.5	200
芝麻	15	2.0	30
花生	100	671斤	61,100斤
马铃薯	1,201	7,104斤	8,531,904斤
其他蔬菜	5,755		
柞蚕	1,652	40千个	66,080千个

宽甸县农产品种植面积以及产量

（单位：旧制斗）

作物名＼年度产量	康德元年			康德2年		
	耕地面积（晌）	每天地产量（石）	总产量（石）	耕地面积（晌）	每天地产量（石）	总产量（石）
元豆	16,700	3.0	50,100	11,472	2.6	29,827
小豆	4,350	3.1	13,485	3,139	2.6	8,161
绿豆	40	2.5	100	272	2.6	720
其他豆类	250	3.0	750	178	2.6	462
高粱	8,570	4.5	38,565	8,220	3.6	29,592
谷子	3,790	3.3	12,507	6,449	2.5	16,122
玉米	32,657	3.5	114,299	35,548	3.6	107,972
大麦	15	4.9	73	252	4.3	1,083
燕麦						
磨子	725	1.4	1,015.0	578	2.6	1,502
稗子	1,989	3.8	7,558.2	811	4.6	3,730
荞麦	650	3.0	1,950.0	740	2.8	2,072
稻子	1,110	9.0	9,990	1,023	5.1	5,217
粳子	250	3.8	9,500			
杂粮	252	4.0	1,008	307	3.8	1,166
棉花	16		420斤	12	5.0斤	60斤
烟叶	350	300斤	105,000斤	246	300斤	73,800斤

年度产量　作物名	康德元年			康德2年		
	耕地面积（晌）	每天地产量（石）	总产量（石）	耕地面积（晌）	每天地产量（石）	总产量（石）
大麻子	50	1.9	95			
青麻	175	70斤	12,250斤	372	460斤	171,120斤
线麻	572	74斤	41,328斤	728	360斤	262,080斤
苏子	3	1.8	5.4	67	1.5	100.5
芝麻	87	1.0	87	88	1.3	114.4
花生	97	470斤	45,590斤	116	570斤	66,120斤
蚕茧	6,374把	21,000个	127,480千个	4,353把	27千个	27,544千个

年度产量　作物名	康德3年		
	耕地面积（晌）	每天地产量（石）	总产量（石）
元豆	11,315	3.3	37,339
小豆	3,072	2.8	8,601
绿豆	312	2.5	780
其他豆类	325	2.8	904
高粱	8,455	3.8	32,129
谷子	6,673	3.7	24,690
玉米	31,483	3.8	119,635
大麦	326	4.4	1,434
燕麦	14	2.5	35
磨子	620	3.4	2,108
稗子	740	4.3	3,182
荞麦	654	3.2	2,092
稻子	1,183	5.8	6,861
粳子	32	2.0	64
杂粮	452	3.7	1,401
棉花	49	136斤	6,664斤
烟叶	216	271斤	58,536
大麻子	8	2.5	20
青麻	246	294斤	72,324斤

作物名 \ 年度产量	康德 3 年		
	耕地面积(晌)	每天地产量(石)	总产量(石)
线麻	497	238 斤	118,286 斤
苏子	39	1.4	55
芝麻	73	1.4	102
花生	179	496 斤	88,784 斤
蚕茧	4,106 把	30 千个	123,180 千个

注:1 天地＝6 亩,1 亩＝240 号。

第九节　农家户数、人口及土地所有状况(康德 2 年)

　　宽甸县的农家户数为 40,053 户,占据了总户数 42,765 户中的 94%。农家人口为 256,675 人,占总人口 328,514 人中的 78%。本县地处山岳地带,交通颇为不便,特别是商业区域的小市场都各自分立,后背地狭长,自不必说工业也极不景气。作为政治商业中心的县城人口仅有 1 万 1 千人左右。相比之下,凤城县的总户数为 77,329 户,其中农家户数就有 50,425 户,约占 65%。而在总人口 525,482 人中,农家人口为 304,225 人,约占 58%,这一比例远远低于宽甸县。

　　县里作为商业区域的村庄有凤凰城、龙王庙、草河口等地。随着道路网的日渐发达,县城的商业也再次呈现出生机。县城人口一度达到 3 万人。但因为南满一带遭侵略,农村陷入不景气,由此证明了本县的情况还算比较好。

　　农家每户的平均已耕地面积,宽甸县是 16.5 亩,凤城县是 23.0 亩。与安东省公署管辖区内 11 县的平均值 20.1 亩来比较的话,宽甸县的已耕地面积较少。而且统计出没有可开垦的未耕地,如柞蚕等副业也无指望,所以难以期待农村人口的增加。

　　下表为农家土地所有状况:

县别 \ 类别	农家户数						
	农家总户数	自耕	比例(%)	租佃	比例(%)	自耕兼租佃	比例(%)
宽甸县	40,053	12,000	30%	19,560	49%	8,493	21%
凤城县	50,425	16,436	33%	21,253	42%	12,736	25%

县别 \ 类别	农业人口									
	农业总人口	自耕	比例(%)	租佃	比例(%)	自耕兼租佃	比例(%)	佣工	比例(%)	平均每户(亩)
宽甸县	256,675	87,250	34	110,593	43	55,000	21.5	3,832	1.5	6
凤城县	304,225	92,536	30	121,074	40	74,496	25	16,119	5	6

也就是说,宽甸县的佃农农家户数最多,约占49%,而凤城县为42%。佃农人口方面宽甸县占43%,凤城县是40%。这个比例可以说是相当高的。其次就是自耕农户,宽甸县的户数为30%,凤城县是33%。自耕农人口方面则是宽甸县为34%,凤城县为30%。自耕兼佃农的农户数量是最少的。户数方面宽甸县为21%,凤城县为25%。

自耕与佃农耕地数量区别如下表所示。

(单位:晌)

类别 县别	旱田			水田			合计
	自耕	租佃	小计	自耕	租佃	小计	
宽甸县	24,280	40,950	65,230	300	549	849	66,079
凤城县	82,142	105,221	187,363	2,469	3,660	6,129	193,482

从旱田方面来看,自耕农耕地面积比例是,宽甸县为37%,凤城县为44%。佃农耕作地方面宽甸县为63%,凤城县为56%。

水田的佃农耕作方面,宽甸县为65%,凤城县为60%。

凤城县自耕农、佃农以及自耕兼佃农耕种面积表

类别 农家阶级差别	耕地面积	占区总耕地面积的比例(%)	户数	占区农户总数的比例(%)	每户耕地面积	人口	平均每人耕地面积	备注
自种	43,356	37	15,746	31	2.75	88,534	0.489	
租种	52,584	45	21,653	43	2.43	126,076	0.417	
自种兼佃农	20,154	18	13,026	26	1.55	73,776	0.273	
合计	116,095	100	50,425	100		288,386		

从上表可以看出,租佃地的面积是最为广阔的,其次是自耕农地,自耕兼租佃的面积不及佃农耕作面积的半数。从平均每户耕地面积来看,自耕农所占面积最多,有2.75晌。其次是佃农,大约有2.43晌,自耕兼佃农是最少的,每户耕地面积仅为1.55晌而已。

宽甸县的农家阶级差别耕作面积不详,故此表省略。

第十节　畜产概况

当地的饲养业主要以养殖牛、马、骡、驴、猪及山羊为主,其中作为役畜,牛最多,其次是驴。前文也曾反复提到,因本县位于山岳地带,导致平原十分匮乏,原本应该以牛来耕作,此地的农家经营耕地狭小,以骡、驴代替牛更为便利。除此之外,还有一个原因也值得注意。那就是此

地曾是匪贼猖獗之地,如果大量饲养马匹的话,会很容易成为匪贼打劫的目标。所以此地马匹的饲养也较少。这种役畜不足的情况就凤城县来说应该还算是比较好的,至于宽甸县则是由于连年的农业荒废,农村极其凋敝,甚至导致牛马等畜牧的饲养也变得较为困难,而牛马的不足又反过来造成了耕作上的困境。

作为农家副业的养猪业还算是相对繁盛的,其次是养殖山羊。而绵羊因为不适合山岳地区而极少养殖。家禽类当中鸡的饲养量最多,且产蛋量不少。饲养鸭子的次之,养鹅的就极少见了。详情参见下表:

家畜头数表 （康德2年安东省政府调查）

畜别 \ 县别	牛	马	骡	驴	猪	山羊	绵羊	合计
安东	6,487	2,405	2,440	5,529	26,405	319	11	43,596
庄河	28,069	6,115	10,192	21,766	68,405	2,246	71	136,863
凤城	29,771	8,318	6,636	19,432	65,751	8,781	54	138,943
桓仁	4,753	2,315	1,811	3,802	14,370	1,397	433	28,881
通化	1,982	1,314	846	1,193	14,870	216	87	20,508
岫岩	17,888	2,986	4,282	10,129	59,334	2,098	66	97,783
临江	2,540	1,237	790	515	6,484	321	250	12,137
宽甸	12,773	3,750	2,501	11,441	33,609	12,337	—	76,411
辑安	3,295	3,519	1,881	2,339	6,378	599	—	18,011
抚松	3,720	668	290	78	20,400	126	43	25,325
长白	2,442	492	243	10	9,203	45	—	12,436
合计	113,720	34,319	31,912	76,234	325,209	28,485	1,015	610,894
备注								

家禽头数调查表（康德2年安东省政府）

畜别 \ 县别	鸡	鸭	鹅	合计	产蛋数（鸡）	产蛋数（鸭）
安东	72,532	20,821	518	93,871	2,443,612	302,383
庄河	204,604	56,021	1,687	262,312	5,862,322	1,431,354
凤城	193,676	94,669	2,543	290,888	2,159,990	1,903,560
桓仁	11,442	3,246	389	15,077	540,685	63,590
通化	4,445	1,161	116	5,722	165,841	30,273
岫岩	58,025	21,688	871	80,584	1,543,455	351,717

续表

畜别\县别	鸡	鸭	鹅	合计	产蛋数(鸡)	产蛋数(鸭)
临江	250,000	6,400	1,200	257,600	20,000,000	384,000
宽甸	50,500	6,000	100	56,600	3,600,000	30,000
辑安	37,765	4,794	490	43,049	237,780	43,970
抚松	29,500	4,100	420	34,020	1,600,000	102,500
长白	15,906	1,814	171	17,891	419,282	59,903
合计	928,395	220,714	8,505	1,157,614	38,572,967	4,703,250

从家畜家禽的流动情况可以看出,在康德2年,从凤城县向安东输出牛992头,没有牛从宽甸县运出。但驴有38头,猪有1,030头,山羊有250头,合计有1,318头牲畜运出。家禽方面,从凤城县输出的鸡有11万3千只,鸭为2千多只左右,宽甸县大约有1万5百只鸡输出。

在凤城县,家禽数目也很庞大,其产蛋量合计为400万个以上,但基本供县内消费,不向外县输出。

两县所饲养的家畜家禽的品种大多是旧品种,质量较差,对此县当局应予以重视。例如奖励养殖巴克夏托猪。白色的来客亨鸡与名古屋的交趾鸡相比,试验结果更好,因而努力地逐渐普及它的养殖。特别是养鸡的同时,鸡粪又可以作为肥料来使用,价值很大。把这些作为农家副业来开展,表现出了很大的奖励养殖的决心。两县家禽的买卖价格如下表所示:

县别\畜别	凤城县			宽甸县		
	最高	最低	平均	最高	最低	平均
牛	54	22	38	50	20	35
马	100	40	70	80	30	55
骡	90	30	65	100	50	75
驴	20	8	14	30	8	19
猪	35	5	20	25	5	15
山羊	6	2	4	8	3	5.5

家畜宰杀数　　　　　　　　　　　　　　　　　　　　　　　(康德2年)

畜别\县别	牛	猪	山羊	备注
凤城县	229	37,439	695	县内消费
宽甸县	79	1,230	332[#]	

农耕用役畜及车辆的单位耕地数(凤城县)　　　(康德3年12月1日)

区别	家畜头数				合计	耕地面积（晌）	1头役畜耕地数（晌）	1台牛马车耕地数（晌）
	马	牛	骡	驴				
第一区	3,821	1,404	955	3,800	9,980	16,159,237	2.3	13
第二区	2,182	618	513	2,204	5,517	11,994,372	3.3	17
第三区	3,652	1,440	1,849	4,051	10,992	34,056,000	4.4	26
第四区	3,237	635	753	8,572	22,197	12,701,200	0.8	1
第五区	2,500	513	334	992	4,338	8,373,200	2.4	20
第六区	3,813	571	588	2,865	7,837	17,972,600	3.2	21
第七区	2,900	980	649	1,097	5,626	9,274,091	2.0	12
第八区	3,308	809	451	1,231	5,799	7,184,000	1.5	13
合计	34,413	6,969	6,092	24,812	72,268	117,714,700		
备注	役畜一头当耕地数是按马1匹、骡1匹、牛0.7头、驴0.3头来进行的等价换算							

宽甸县耕作用牛马车辆缺乏情况调查　　　(康德3年12月15日)

区名	调查村数	户数	耕地亩数	需要			现有			不足		
				牛	马	车	牛	马	车	牛	马	车
一区	4	9,298	196,813	800	500	320	531	267	220	269	233	100
二区	3	4,767	91,335	952	350	240	1,120	316	163	—	34	77
三区	3	5,713	44,039	876	200	150	335	182	79	541	18	71
四区	4	6,670	87,062	745	251	200	588	268	88	157	—	112
五区	2	2,830	30,558	650#	100	150	335	91	26	35	9	124
六区	3	4,623	66,307	425	230	160	471	186	103	—	44	57
七区	3	6,734	91,543	820	430	220	675	243	84	145	187	136
八区	3	5,240	126,934	650	302	220	408	258	237	213	44	—
合计	25	43,575	734,591	5,888	2,363	1,660	4,465	1,811	1,000	1,639	569	677

注:上表中马、骡、驴没做区分,都包括在马这一类别中了。

第十一节　林业概况

如果说宽甸县是以山岳地带著称的话,凤城县全县也有大概3/5都是高山峻岭,而且气候风土适宜植树。这次调查的沿线附近基本上没有看到像样的森林,只能见到柞树林。

当地匪贼横行的问题导致对森林的调查变得尤为艰难,想要知道更为详尽的资料的话必须要潜入森林内部,而相关资料却是十分匮乏。但是在村庄兴旺的同时,长年的乱砍滥伐导致树木大量减少,日后为此要采取的补种措施也是需要考虑的环节。

宽甸县森林及其覆盖面积统计表

区别	一区	二区	三区	四区	五区	六区	七区	八区	合计
树(棵)	45,800	299,954	59,883	43,494	67,431	31,912	127,940	80,917	727,333
面积(亩)	490	4,824	204	163	216	263	421	364	6,949

上表所展示的仅仅是极少数的 72 万左右的柳树、松树和柞树。

目前暂无有关凤城县森林及面积的资料,就石头城附近的木材生产量以及对当地居民的有关问询得知,附近的树林砍伐量每年可以达到 5 万株上下。

但是据说这些木材并没有通过叆河用筏子运至安东。

直径一尺左右的林木及种类资料目前都不清楚,可是据说就连这仅有的生产量最近也日趋减少。

第十二节　农家副业

当地的农家副业概况正如前文所述,其中以养猪、养鸡最为广泛。基本上每家每户都有养殖,且为商家养殖的较多,以销售和自用两种途径最为普遍。其次,曾经盛行过的养蚕业因为种种原因逐渐呈现了衰败之相。即便如此,凤城县还有 1,630 户,宽甸县还有 2,865 户养蚕农家,是山地农家重要的副业。除此之外,还有一些木炭制造、果树蔬菜种植、粉条制造之类。凤城县有 114 户从事木炭制造的农家,估计年产量为 1,464 千斤,产值为 15 千圆;宽甸县有 49 户从事木炭制造的农家,产木炭 137 千斤,产值为 1,100 圆,相比凤城县生产数量逊色不少。在治安得以稳定之后,相信会有更大的发展。凤城县拥有面朝黄海的得天独厚的地理条件,苇席、捕鱼、盐业等农家副业也会有较大的发展。从事渔业的农家有 57 户,产量为 328 千斤,产值为 16 千圆。另外宽甸县从事养蜂业的农家有 31 户。治安确立之后相信这些行业也会有更广阔的前景。

以下表为参考:

农村副业现状调查表(凤城县)

副业名称	年产量	预计金额(圆)	从业户数(户)	从业时间	原料产地	销售目的地
芦苇席	1,200 捆	6,000 圆	35	1 年	县内	县内

续表

副业名称	年产量	预计金额(圆)	从业户数(户)	从业时间	原料产地	销售目的地
粉条	169,390 斤	18,047	78	1—4 月 9—12 月	县内	县内
蔬菜	2,500,000 斤	50,000	45	3—10 月	县内	县内
果树	130,000 斤	6,365	3	3—9 月	县内	县内
木炭	1,464,700 斤	15,083	114	9—次年 3 月	县内	县内
木工制造	1,200 个	4,200	21	3—10 月	安东	县内
熟皮革	1,200 张	4,800	12	3—10 月	县内	县内
养蜂	1,100	200	3	全年	县内	县内
养蚕	61,890 千个	133,780	1,630	4—9 月	县内	县内
毡子	毡鞋 100 双 帽子 300 顶	300	2	4—8 月	县内	县内 其他还有 专职 71 户
家畜	56,882 头	1,307,590	79,710	全年	县内	本县及安东、海城
家禽	221,570 只	141,770	65,666	全年	县内	本县及安东
捕鱼	328,070 斤	16,403	57	4—8 月	黄海	县内
盐业	500,000 斤	500	25	3—5 月	本县	本县

备注:来自康德 3 年 12 月省公署的调查。

农村副业现状调查表(宽甸县)

副业名称	年产量	预计金额(圆)	从业户数	从业时间	原料产地	销售目的地
粉条	98,660 斤	9,866	58	10 月—次年 2 月	本县	本县及安东
蔬菜	878,725 斤	29,470	373	春秋两季	本县	本县
果树	12,000 斤	400	28	8、9 月份	本县	本县
木炭	137,500 斤	1,100	49	10 月—次年 3 月	本县	本县及安东
人参	600 斤	2,400	4	4 月—9 月	本县	安东、营口
熟皮革	500 张	4,500	8	全年	本县	本县
养蜂	830 斤	125	31	全年	本县	本县
养蚕	87,870 千个	131,805	2,865	春秋	本县	安东
毡子	300 床	1,200	19	6、7 月份	本县	本县
家畜	3,053 头	58,599	51,500	全年	本县	本县及安东
家禽	22,028 只	8,674	24,100	全年	本县	本县及安东

备注:来自康德 3 年 12 月安东省公署的调查。

第十三节　农业金融

一直以来,当地都在对农业人员持续开展着金融事业。通过地主钱庄、杂货商人、地方中间人、地方粮站集散地安东粮站商站特产商人等开展大批量贩卖、典当等金融事业。然而,事变后由于天灾匪祸,农村变得极其凋敝,金融业者害怕回收无望而匆忙收回资金。但实际上有很多金融业者已经陷入了资金无法回收的境地,受此打击的人也有很多。有此因就有此果,农村金融事业陷入停顿。

这些金融业者的借贷利率达到了 1 年四到五成,榨取零散农民的事情也不少。即使这样,目前连这种融通者也没有了。因为农村的不景气,有地权者变得极少。近年来出现了作为一般老百姓的金融机构的金融合作社,但却还是无法利用此机构。并且金融合作者的活动极其消极。在宽甸县城,合作社的贷款方法是按时价每亩 30 圆,融通金额仅为 5 圆。加入合作社的社员每人可贷款的最高限度是 500 圆,借贷利率是每日 4 钱 4 厘。这一利率与前面的相比,显然是很低的利率。由于这种消极的借贷方法,如当地在经济凋敝的地方,农业金融机构是否能做出一些贡献,对此抱有很大的疑问。两县金融合作者的贷款状况如下所示。

宽甸县合作者的贷款额在康德 3 年 12 月 15 日的现在仅仅只有 23,890 圆,凤城县的贷款则作为农商工用资金为 107,639 圆,其中农业资金占 86,384 圆,所占比例稍多,但是作为全县唯一的平民金融机关,其经营的主要农业金融额其实是远远不够的。

特别是像当地农村这样经济极端凋敝的情况下,在现在所有金融事业不顺的现状下,应该开展积极的活动来振兴农村经济,并将其重要性和紧迫性放在首要考虑的位置。

以上说的虽然是满洲人农业金融机关,但是朝鲜平民金融机构在农业事务上的事业也不活跃,有关它的金融经营情况容后说明。

第十四节　朝鲜人概况

一、一般状况

由于安东与朝鲜之间只有一条鸭绿江相隔,因此朝鲜人往中国的移民呈现出年年增加的趋势。康德 3 年与前年相比,凤城县新增移民 65 户 732 人,宽甸县则新增 58 户 344 人。

新的移民者大部分都来自朝鲜,其他地方的移民则较少。新的移民者在移民地的主要职业大部分为农业,商业及其他的职业较少。

这些移民后的农业人员大多为贫困者,且为移民之前年年周而复始地进行着借钱度日的艰辛生活的佃农,因此一旦遭遇天灾生活会变得异常困难,需要大量的救济金。特别是宽甸县一向盗贼猖狂,有时甚至会强行要求拿出义务金、军饷、米等,如果拿不出来就有可能遭到灭门之祸。这也是造成他们的生活在饥饿线上徘徊的原因之一。他们的生活极度悲惨,但最近的治安趋于稳定,朝鲜匪贼也不再猖狂了,因此朝鲜农民的生活也趋于安定。

此状况又引起了更多朝鲜人的移民,可以预见今后会有越来越多的移民。以前移民到当地的朝鲜人有很多都与政治思想运动相关,事变之后思想大变,孜孜不倦地从事自己的职业,与这种运动相关的痕迹也已消失。思想趋于稳定,也没有出现因为民族优越感而导致的非法抗争,所以日鲜满融合的事实在各部门的通力协作下也逐渐显现出来。

两县的人口及分布状况如下表:

（康德 3 年 6 月 30 日）

凤凰县地名		户数	人口			与前年相比增加		与前年相比减少	
			男	女	小计	户数	人口	户数	人口
第一区	凤凰城附属地	15	36	40	76		3		
	二道河子	270	740	760	1,500		97	10	
	旧城区	20	50	46	96	3	32		
	新城区	10	25	27	52			6	24
	张家堡子	25	89	93	182	10	109		
	鸡冠山	49	100	95	195	6			19
	四台子	29	72	104	176		10	7	
	大堡	130	316	345	661	34	85		
	达子堡	99	274	256	530	47	192		
第二区	家沟	14	35	37	72				
	黄岭子	18	73	52	125				
	汤伴城	15	62	43	107				
	石头城	117	365	353	718			37	30
	黄旗白旗	31	100	96	196	28	180		
第三区	龙王庙	15	37	38	75	3	15		
	黄土坎	2	4	4	8		1		
第五区	草河口	54	144	143	287			4	35
	通远堡	3	8	8	16	1	6		
	林家台	46	143	129	272			8	51
	刘家河	17	48	44	92			2	1
第六区	田家沟	4	7	15	22	1	8		
	王家沟	7	23	22	45	6	34		

凤凰县地名		户数	人口			与前年相比增加		与前年相比减少	
			男	女	小计	户数	人口	户数	人口
第七区	曾子荒沟	15	51	40	91	5	28		
	三道沟	14	48	51	99	11	75		
	五道沟	10	28	23	51	9	46		
合计		1,029	2,878	2,866	5,744	65	733		

以下为宽甸县:

宽甸县地名		户数	人口			与前年相比增加		与前年相比减少	
			男	女	小计	户数	人口	户数	人口
第一区	县　城	7	15	13	28	3	13		
	长阴子	5	11	10	21			2	20
	大川头	17	39	37	76	4	16		
第二区	样册子	3	8	7	15				4
	五道沟	5	15	15	30				1
	灌水沟	8	25	23	48			2	11
	八河滩	6	17	19	36				
第三区	轿顶子	17	43	42	85	11	53		
	高坎子	6	15	15	30	1			2
	青山沟	17	52	50	102	2	17		
	小雅河	5	15	15	30				
	石　凤	23	60	60	120	5	16		
	三道沟	8	22	20	42				
第四区	南吊幌子	8	19	21	40				9
	北吊幌子	12	32	30	62	5	22		
	大步达远	35	102	98	200				6
	关门碴子	40	122	120	242			6	36
	四平街	8	20	20	40				8
	白菜地	92	257	256	513	17	38		
	小荒沟	70	210	203	413			2	68

续表

宽甸县地名		户数	人口			与前年相比增加		与前年相比减少	
			男	女	小计	户数	人口	户数	人口
第五区	石桂子	156	515	320	1,035			43	56
	大青沟	57	160	157	317	6	11		
	万宝盖子	48	130	120	250			6	74
	碾子沟	52	135	138	273			17	142
	秋果碧	102	300	290	592			18	129
	大荒沟	52	140	139	279	25	116		
	下漏河	120	351	351	702		12	15	
	高岭地	30	83	89	172			2	19
第六区	小蒲河	45	122	120	242		60	5	
	库仓沟	30#	147	140	287	21	153		
	大久财沟	60	180	160	340			18	15
	小久财沟	30	80	70	150	30	150		
	小长甸子	45	120	112	232	14	45		
	碑　沟	4	8	8	16				6
	罗卷甸子	7	20	19	39		2		
第七区	碑碣子	69	207	213	420	20	143		
	苏　甸	10	30	27	57		10		
	桦苏甸子	9	20	20	40				11
	古楼子	24	57	63	120	24	120		
	大江口	10	30	30	60				1
第八区	天　村	19	50	47	97				11
	台　沟	35	115	110	225	7	61		
	杨木川	20	64	55	119			1	6
	毛甸子	25	60	61	121	10	29		
	玄羊砬子	10	30	31	61				
合计		1,481	4,257	4,162	8,419	58	344		

二、农业状况

如前所述,两县的朝鲜移民在凤城县有1,029户5,744人,宽甸县则有1,481户8,419人。

近来在日方军警的各驻屯地，朝鲜移民渐渐成为经营日用食品等杂货的零售商人。还有成为满人之间粮食的中间买卖人等，或是地方公务员。居住在各地的大部分是农业者，进行着水田耕作，不平均地分布在浚河、草河、洋河的平原上，居住在山间地带的人大多从事旱田耕种，种植粟、玉米、大麦、燕麦、高粱、大豆、土豆等。

居住在凤凰城附近的烟草栽培地的人大多从事烟草种植。

这些鲜农隶属贫农阶级，大部分都为佃农。一般拥有的土地面积大约为2町5反，耕作土地的佃耕权与一般满人的佃耕权一样变动频繁。除去像烟草栽培有相关部门指导，一般耕作方式都十分原始，很少会考虑到要施肥，继续着所谓的掠夺农作法。

佃农分为打租、先租和定租等，契约期限一般为一年。根据契约，多数的负担关系及其他内容也和一般当地的佃农所偿还的一样。

打租就是分益地租，与辨外赌相当，即向地主借贷普通的耕作种子及农耕期间的生活费将连带秸秆等收获物折半的方式偿还，在当地实行的最多。

先租是指将一定面积的地租定价，在事前交给地主作为预付资金，资金的交易在佃农合同签订的同时进行，将其称为一年的租金。在收成好于普通年成时对佃农有利。凤凰城更多实行的是年租费，按惯例1天地水田大约为25圆到30圆，旱田则为20圆左右。

定租是指定额佃耕在秋收后进行缴纳现金或者粮食，但这种交租方式实施的较少。

新开垦的情况下，一般都是地主提供建造堤坝水沟等工程材料，而佃农则提供劳力。一般来说在各个地方实行的都是头两三年佃农提供免费劳动，或是逐年递增的方式等，也有工作了3年或者5年就相当于订立了普通合同的方式。

朝鲜人经营水田面积及产量表

(昭和10年　安东日本领事馆调查)

县名	水田种植面积(反)	产量(石)	每反产量(升)	满人经营			将来水田可耕面积(反)
				水田种植面积(反)	产量(石)	每反产量(升)	
安东	9,424	37,356	300	12,000	36,000	300	33,000
凤城	8,130	21,783	300	230	720	300	15,000
宽甸	5,755	13,236	251	516	1,275	250	14,000
辑安	12,537	15,203	134				25,000
临江	730	786	114	310	420	130	3,000
长白	1,576	2,836	180				330,000
庄河	60	120	200	23,000	46,000	200	300,000
岫岩	84	168	200	10,000	20,000	200	100,000
计	38,301	81,487	209	46,056	104,416	280	820,000

备注：安东省政府或县政府所统计的数据与本表有很大不同，也不知道哪一个正确，我们认为凤城县过少而宽甸县过多。

朝鲜人旱田耕作面积及主要作物收成表

（昭和 10 年　安东日本领事馆调查）

县名	朝鲜人旱田面积	产量(石)														
		旱稻	大麦	小米	小麦	黍	高粱	玉米	燕麦	大豆	小豆	绿豆	土豆	（干）烟草	蔬菜类	荞麦
安东	992	30		80			111	750		40	23		1,600	2,000	20,000	
凤城	6,722			880	80		100	690		926	580		20,000	79,350	30,000	31
宽甸	19,323			1,523			200	2,292		3,000			30,000	600	220	
辑安	35,513		494	25,200	1,110		980	820	532	900		2,300	17,800	12,222	23,000	
临江	5,830		150				400	260	80	4,000	200					
长白	116,591		5,800	1,532	3,540	5,830	1,393	4,760	8,722	224	119		160,000	1,800		8,789
庄河																
岫岩																
计	184,991	30	6,444	29,235	4,730	5,830	4,984	9,872	9,334	9,490	922	2,300	279,400	96,976	73,220	8,819

三、副业状况

农家副业一般都为养猪、养鸡、养蜂等，与一般满人农家的副业大体相同。水田耕作者在冬季农闲期就编草绳、草席和草袋，因为其原料丰富，又有安东民会授产场积极的奖励机制，所以其产额也有渐增的趋势。朝鲜人农家的副业渐渐繁荣，还开始在凤城县海岸地区的芦苇产地制造草席。

凤城县稻秆加工品制造量　　　　　　　　　昭和 10 年

草袋	15,400 个	3,080 圆	单价平均每个	20 钱
草席	700 张	70 圆	单价平均每个	10 钱
草绳	1200 根	120 圆	单价平均每根	10 钱

朝鲜人利用金融机关的状况

安东金融会作为当地朝鲜农民唯一能够利用的金融机关，与分散在各地的农务契形成了不可分割的紧密联系，同时也做着贷款的工作。其会员在凤城县有 793 名，宽甸县则有 423 名，平均每户贷款不超过 40 圆，利率大约为日息四钱五厘，极有利于朝鲜贫农阶级的发展。

个人之间的贷款因为是满人地主个人或碾米经营者等面向佃农或交易农民提供的贷款，所以金额较小。

这种借贷是作为春季农耕资金使用，将前一年卖掉的稻谷价格最大化，日息一般为 10 钱左右，秋收后则用稻谷来进行回收。

凤城县	达子堡农务契	契员	60
	大堡农务契	契员	170

	石头城农务契	契员	85
	汤伴城农务契	契员	36
	草河口农务契	契员	34
	二道隈子农务契	契员	49
	林家台农务契	契员	46
	鸡冠山农务契	契员	42
	凤凰城西部农务契	契员	53
	凤凰城南部农务契	契员	95
	四台子农务契	契员	27
	龙王庙农务契	契员	8
	铁佛寺农务契	契员	20
	官家堡农务契	契员	16
	黄子农务契	契员	36
	刘家河农务契	契员	16
宽甸县	白菜地农务契	契员	24
	大青沟农务契	契员	25
	万宝盖子农务契	契员	15
	石桂子农务契	契员	31
	秋果碧农务契	契员	13
	秋国密农务契	契员	16
	大九财沟农务契	契员	68
	小九财沟农务契	契员	30
	小长甸子农务契	契员	49
	冰甸农务契	契员	13
	库仓沟农务契	契员	30
	三岔茂农务契	契员	47
	天蟾村农务契	契员	31
	杨木川农务契	契员	24
	毛甸子农务契	契员	7

结　语

东边道一带如众所周知的那样,近年农村萧条穷迫。宽甸县农村人口的八成,凤城县的五成都是穷困者,都等待着救济。关于原因,种种考虑后发现首要原因在于年年持续歉收而导致近些年来每到夏季粮食便严重不足,只有靠采集野草(公白草)来作为食品供应,生命危在旦夕。特别是今年，因粮食缺乏而发出求助的农民已不在少数。

从宽甸县歉收的状况中，我们了解到康德元年因虫害（夜盗虫）而减少了百分之四的收成，第二年因持续降雨即低温灾害而减少百分之五的收成，去年因洪水灾害又减少了百分之六的收成。

第二个原因是柞蚕业的萧条，即由于蚕茧价格的下跌和土匪横行，山里的柞蚕饲养工作无法进行。当地一些耕地少的农民，大多在经营农业的同时一般也都有农副业，并且作为农民金钱收入唯一来源的这些产业的萧条，使农村经济发展迟缓，依靠农民甚至农村经济的当地工商业恐怕也会受到极大的影响。

第三个原因在于事变后的匪徒横行。仅去年，被土匪强行抓走的就有八百人，可见宽甸县的土匪危害状况严重。还有在实地调查中，经过暖阳、边门、东旦等地的时候，两个村子组织建设已进行了几个月，然而土匪烧杀抢夺留下的惨状在调查时依旧未全部恢复原状。可能是因为寂寥萧条的原因，像这些有产阶级的地主们纷纷逃到大城市去了，农村所残留下的人多为贫困者，因此农村看起来便更加萧条了。

如上文所述的状况，农村在这种悲惨的境遇中苟延残喘。而近日，在日满军警奋不顾身的努力下，横行霸道的土匪渐渐地销声匿迹了。在县区边境的山林中，可能偶尔也会有些余党出没，但消灭这些土匪团伙已是迫在眉睫之事了。

这种毁灭性的打击，铲除了农村萧条状况的祸根。而且，为大多村民的牺牲讨回了公道。在今后建设的道路上，要面对的问题还很多，希望大家能一起努力，相信我们讴歌的美好未来将很快到来。

昭和 12 年 10 月

关东州外果树团体联合会现状调查报告

秘

满铁·产业部

前　言

　　伴随着满洲国农事团体的设立,有必要探究清楚国人农业团体的现状。为完成本次调查,随着调查以来时日的推移,团体的内容也发生着显著的变化和异动,今后会加以改订。这次的调查报告是以当时收集的原稿为参考资料出版的。

昭和 12 年 10 月 5 日

产业部　农林科

目 录

第一章　设立的目的

　　旧的满洲国果树组织开展的购买销售事务由于组织的不完备,方法的拙劣,组织成员的认识不足以及其他的各种情况阻碍的原因,未能完全进行。本应重点放在生产方面的指导的联合会应时代的要求,把生产品的销售和栽培必需品的共同购入作为了主要事业。为了圆满达成而成立了此联合会。援引联合会的规定条款,本联合会为了所属组织团体以下开展的事业为目的:

　　一、对果树园经营进行必要的技术指导(援助);

　　二、对生产品的销售进行必要的检查与保管;

　　三、生产品的共同销售斡旋,生产所需品的共同购入的斡旋及经营资金借入的斡旋;

　　四、储藏仓库及销售点的经营;

　　五、相互会费的联络及其事务上的指导监督;

　　六、为增进其他会员的共同福利所进行的必要事务。

第二章 历史

在满洲的国人果树栽培在日俄战争后就开始了。明治42年栽培面积仅为2町5反步,栽培数目1,140株。随着沿线国人农业人员的增加,果园面积逐年增加。大正6、7年为了增进相互的共同福利、共存共荣等目的,果园经营者相聚一起协商组织成立了熊岳城农会,大正9年改名为熊岳城果树组织。另一方面,大正10年瓦房店果树组织也宣告成立。

然而,相同内容的两组织的并存带来了诸多的不利不便。两组织的成员们等待着整合的良好时机时,受满铁公司的整合怂恿,在大正13年2月上述的熊岳城、瓦房店两组织合二为一,成立了满洲果树组织。

该组织为了增进成员的共同福利,规定开展以下事务(源自规定条款):

1.果园经营上的指导研究

2.果园经营上必要物品的共同购入

3.生产果实的共同销售及销售中介

4.果园经营上必要资金的融通

当时所属的组织成员有21名,果园栽培面积达到270町。之后一直保持着顺利的发展,但是到昭和3年熊岳城果园从业者中有个别因个人感情的原因而退出了组织,这些人转而组织成立了熊岳城果树同志会。另一方面,受鞍山、大石桥、盖平、营口方面的影响,满洲果树组织加入了新的规定,直到昭和10年再无大祸。

然而,在关东州内为了增进州内果树栽培者的共同福利,打动州内果园从业者使他们齐心协力,成立了关东州内果树组织联合会。州外从业者受此刺激,再加上满铁公司对整合两组织的大力支持,深切感受到了两组织并存的诸多不利和统一团结的必要性。随着要求设立关东州外果树组织联合会的呼声的不断高涨,终于昭和10年11月在熊岳城成立了关东州外果树组织联合会。

上述联合会是统合满洲果树组织和熊岳城果树同志会而成,组织并不完备。为了开展组织的活动,在昭和11年7月果断的进行了改组。在此地设置的联合会决定在瓦房店、熊岳城、盖平、鞍山四处设立生产组织,并管理各个组织。

第三章　组织

一、联合会规定为"在关东州外以果树组织为主的组织"。目前构成分子有以下四个组织：

关东州外果树组织联合会：瓦房店果树组织（果园经营者）

熊岳城果树组织（果园经营者）

盖平果树组织（果园经营者）

鞍山果树组织（果园经营者）

各地果树组织被规定主要在生产上下功夫，并可以在火车站进行销售。目前实质上是联结联合会和栽培者的桥梁。也是从栽培者到联合会以及从联合会到在栽培者的所有事项的中介及斡旋机构。

二、各地组织加入了满洲农业信用组织，联合会也加入了。但不能通过农业信用组织进行资金的融通。

并加入了满洲农业团体中央会，会费每年 200 圆，可选出 3 名理事。

在复县还有由满人组织成立的果树组织，但基本未与之沟通。

大石桥地方事务所辖区的国人农业人员中的大部分加入了南满蔬菜销售组织，鞍山组织成员的一部分加入了鞍山烟草耕作组织。诸如此类的农业人员成为农业信用组织、果树组织、蔬菜或者烟草耕作组织、果树组织联合会、农业团体中央会（农信及上述的最后两个团体是农业人员不能直接加入的）等或直接或间接的成员。

第四章　组织成员

一、加入与退出

考虑到在社团沿线附属地区及其附近地区以外的国人果树栽培者的加入和尽早的成立组织,近来恐怕不会加入新规定。个人的退出不难,但须充分考虑到当时的情形。关于加入和退出,条文并无规定,应该根据相关事实来做决定。这样不免会有条款不完备的认识,所以各生产组织需进行对加入退出作出特别记录这一事项,并认可此事实。

二、出资

不论结了果实还是未结果实的,各组织都要对每1町步的栽植面积收取5圆的费用,并上交联合会。并无所谓的出资,各地生产组织也如此。

三、责任

联合会出现缺损时,由于向农业人员征集了费用的组织不持有资金,所以自身不能成为自己的责任对象。资金的借贷多以由通过组织的个人来进行。

四、各组织名称、耕作面积及果树栽培面积

如下所示:

瓦房店果树组织

所在地	园主	经营面积	果园面积	种植数目	职务	备注
梁家	山田吉郎	33.00	33.00	5,550		
田家	小林武二	4.98	2.38	1,087	理事	
瓦房店	东裕石丸农园	30.24	30.24	5,157		
瓦房店	藤山四郎	5.35	5.35	1,045		
瓦房店	日野道助	0.71	0.71	294		
瓦房店	柿崎石吉	5.69	5.69	1,053	理事	
瓦房店	藤田彦三郎	7.00	7.00	1,233	理事	
瓦房店	岩本广藏	2.00	2.00	572	理事	

续表

所在地	园主	经营面积	果园面积	种植数目	职务	备注
瓦房店	横尾博七	4.00	4.00	953		
瓦房店	广濑驹男	7.00	7.00	1,410		
得利寺	二宫千太郎	28.10	5.70	1,121		栽培烟草、落花生、高粱、大豆、稗
得利寺	池田靖	8.41	8.41	2,430		
得利寺	玄武园	7.29	7.29	1,928		
得利寺	木幡保	10.10	10.10	3,061		
得利寺	松井宝一	5.70	5.70	1,422		
松树	杉原武次郎	0.70	0.70	505		
关子	若林不比等	15.00	15.00	2,597		
万家岭	吉出进	1.35	1.35	500		
合计	18 园	176.62	151.62	31,918		

熊岳城果树组织

所在地	园主	经营面积	果园面积	种植数目	职务	备注
王家	冈岛贞	21.25	21.25	5,555		
九乘	津久井三郎	15.00	15.00	3,329		
得利寺	津久井三郎	34.40	34.40	9,212	理事	
熊岳城	小田切陶①	19.00	19.00	3,664		
熊岳城	大宫币助	17.00	17.00	3,962		
熊岳城	入江理	9.88	9.88	1,782		
熊岳城	冈岛贞	15.50	15.50	3,800	理事	
熊岳城	津久井三郎	22.10	22.10	5,990		
熊岳城	形出宽	11.40	11.40	2,615		
熊岳城	农业实习所	29.00	未调查	未调查		

---

① 译者注：原文是小田切スエ，人名翻译有待商榷。

盖平果树组织

所在地	园主	经营面积	果园面积	种植数目	职务	备注
盖平	伊藤喜一	26.67	26.63	3,600		
	佐佐木方策	18.00	12.60	2,456	理事	
	漆原净直	16.33	8.73	1,410		
	若松周吉	21.67	7.20	546		
	上田总太郎	23.33	6.67	835		
	山内稠	13.33	5.00	1,080		
	米满藤吉	8.47	7.50	904	理事	
	野中均	9.50	5.00	967		
	山田元次郎	8.00	7.00	1,127		
	山田孝藏	11.00	8.00	未调查		
	春粟一二	7.00	5.00	931	理事	
	今村畎助	7.50	5.00	1,000		
	森田丰	7.80	6.70	1,960		
	佐佐木善	7.93	7.93	1,260		
	见田静太郎	6.00	4.00	1,000		
	三浦春雄	15.00	15.00	1,500	理事	
大石桥	伊达四方治	35.78	7.33	1,177		
海城	三上义雄	15.00	6.00	未调查		
海城	斋藤操	11.57	5.00	未调查		
合计	19 园	269.88	156.29	20,753		

鞍山果树组织

所在地	园主	经营面积	果园面积	种植数目	职务	备注
鞍山	门川一男	未调查	5.60	1,589	理事	
鞍山	横尾兼藏	未调查	2.08	1,045		
鞍山	岛津五郎	未调查	3.44	650		
鞍山	渡边由①	未调查	0.64	650		
鞍山	藤田又五郎	未调查	4.33	650		

---

① 译者注:原文为渡边ロシ,人名翻译有待商榷。

续表

所在地	园主	经营面积	果园面积	种植数目	职务	备注
鞍山	池田清	未调查	7.90	650		
	阪元藤三郎	未调查	3.20	650		
桥头	和田久四郎	未调查	未调查	616		
总计	8园		27.19	9,750		

如上表所示,在熊岳城、瓦房店一般旱地作物,蔬菜栽培面积很少。开发了所有耕地并栽植了果树,结的果实大部分是苹果,梨及葡萄只占其中一成。

然而,如此单一的果树栽培在开设果园后较长的年月里是没有收入的,在未结果实的期间内必须和经济困难对抗,所以在未结果实期间常常出现巨大的负债。在栽植时间较短的盖平、鞍山多采取种植收获蔬菜及其他的时鲜作物等多样化的经营形态。

关于各个组织的平均每户果树栽植面积中,熊岳城的最大,有25町步多;瓦房店及盖平则为大约8町步,鞍山只有约4町步。

然而,与所有组织成员的总平均栽植面积为约9町步相比,前面提到的熊岳城组织是它的1.8倍。

虽然关于各组织所属农家的果园开设年份没有明确的数据,但从南逐次向北进行栽植的地域,瓦房店、熊岳城的果园大多是在明治末叶及大正初期开设的,大部分的果园也即将进入结果期。在盖平已有4园进入结果期,其他的都是在未来4至8年结果的未结果果园。而在鞍山,没有进入结果期的果园,全都未结果实。

从明治到大正初期注册开设的果园的大多数人是从官员、公司职员及其他职业转职过来的。没有因农业经营的目的而从内地迁来的农业人员,在盖平、鞍山及其他比较新的果园里的从业人员大多是在农业实习所的学习的学生。目前基本没有兼营其他职业的,未结果实的果园中大部分从业人员都是通过蔬菜栽培取得收入。而已结果的果园的经济完全依靠果园的生产品。

如上所述,未结果实的果园的收入仅依靠蔬菜栽培取得,经济状况十分窘迫。相比前者,已结果实的果园收益相对较多。在熊岳城的果园从业人员有时年年都能取得可观的收益。

联合会的各组织的职员中的大多数拥有广袤的经营面积,进入结果期多数经济富裕。有时看看就任到各地的组织,可以说熊岳城果树组织占据着其中的主导性的支配地位。

第五章　团体干部

负责人及其任免,权限的相关规定从条款中摘抄出来如下所示:

第五条　本会设有理事长1名,常务理事1名,理事若干名,监察2名。

各负责人都是名誉职位,只有常务理事有薪酬。常务理事,理事及监察的任期为2年。

负责人在任期满了或者退任后到继任就任为止期间也执行所属的权利和义务。

第六条　理事长代表本联合会,并执行本会的业务。

常务理事负责辅佐理事长,当理事长出事时则代理其职位。

理事负责对本会重要事项进行审议。

监察负责对本会的业务执行情况及财产状况进行监督。

第七条　理事长在所属组织的会长中互选产生。

常务理事及监察由理事会选举任免。

理事由各组织选举产生,人数并无特别规定。

第八条　本会根据理事会的决议可聘请有丰富学识和经验的人做顾问。

第十一条　理事会决议权实行的是一人一票制,决议的通过票数需达到出席者的半数以上,但是赞同与否决票数相同时由理事长决定。

第十二条　如下事项必须得到理事会的认可:

(一)年收支预算及决算

(二)事业计划

(三)贷款

(四)其他重要事项

第十六条　理事长可对所属组织的事业及会计进行监督,并可出席该组织负责人大会,阐述自己的意见。

目前的负责人当中,理事长是瓦房店地方事务所的所长,常务理事是三浦密成,理事包括前面所提到的组织所属成员及在经营面积表备注栏中记名的人员,此外还有组织所在地的各地事务所的所长,农务主任及出差事务所的主任。顾问由熊岳城农事试验场的场长担任。

理事及监察的任免根据条款进行,常务理事及组织指导员、检查员(非组织负责人)的变动都由满铁公司提供相应的人事费用。因此,地方事务所所长的副所长的申请任免必须得到满铁的认可。

关于瓦房店、盖平和鞍山的各果树组织选出的责任人,难以看到显著的阶级差异性。在熊岳城果树组织里,如前所述经营面积大的,且相比其他成员有相对经济优势的成员担任着理事或监察的职位。这恰好显示出了如内地类似的情形，内地也是地主占据着产业组织的支配性地位。

在瓦房店组织，显示出和熊岳城一样的倾向，经营面积超过 30 町步的大农园相当于管理人经营而独立出来。非大面积种植的经营者由于经营面积大同小异和地势便利等原因，在盖平组织中占据了已结果果园所有者的支配性地位。

第六章 业务

一、业务内容

如第一章所述,业务大致可区分为以下几种事务。购买、销售及生产技术指导、援助等。为了全面完成以上业务,需进行生产品的检查,储藏仓库销售所的经营和资金的贷入等。在旧满洲金融组织借入的经营资金的使用几乎不得超越前面提到的范畴。

也可以说,本组织是生产、经营、销售三位一体的兼营组织。

二、实际业绩

组织成员的果树园经营不同于内地经营的情形而是大规模种植。只要无特殊情况,小面积的种植在3町步左右,大的话甚至有达到70町步的大面积种植(特别是已结果实的果树园居多)。初期开始种植的人员不用说经营果树园,就连农业方面也几乎没有任何经验,大多是从其他职业转职过来的。而且果树栽培需要专门的技术,技术指导的好坏直接决定了满洲果树栽培业的兴衰。

基于这种状况,满铁公司设置了农业试验场,不断地进行研究和指导,与此同时,还印刷配发了各种宣传小册子。此外,还向满洲果树组织补助一部分指导员雇佣费以及果树病虫害预防费用,以期经营的顺利进行。

由于果树组织在栽培技术的指导上倾注了主要力量,剪枝技术取得了长足的进步,并没有出现在内地看到的过度(剪多了)剪枝的弊害,也看不到美式的粗壮树干姿态,而是采取了两者之间的做法,修剪出了适合满洲气候风土的合理枝干。肥料的施用方法和施用量也在逐年的进步,健全发育成长的果树变得常见了。另外,最初栽培果树的地方由于屡次出现病虫害并因此而中途废止的事时有发生,但是现在像那样的事情再没有了。举例说明一下,果树组织成员的果园生产的果实的病虫害发生的平均受损率在昭和9年是大约22%,昭和10年是20%,11年是18.9%,如此逐年持续减少。总之,到目前为止栽培方面不能说取得了很大的成果,但是也可说取得了相当好的成绩。

购买、销售方面从来没能取得好的业绩。

根据过去的销售业绩来看,相比委托果树组织销售,个人销售相反更能实现高价出售,只不过类似情况很少。究其原因如下:

a)为取得优秀业绩,果实产出良好且具有地利优势的果树园不用往市场运送果实,销售困难的果园才来委托果树组织。

b）卖给当地的满人商人不需要包装材料、运输费等货物上市的费用，而且由于经营面积大，在一个果园就能提供相当多数量的产品。这样一来，中间人在单位重量上的获利很少，但由于数量大弥补了单位重量上的获利少，所以还是以比较高的价格进货。

c）果园现场卖的多是满人，更多的朝鲜及关东州出产的果实不是以出货到大都市市场为目标，而是在中小城市上市。这样就避免了和满洲产以外的商品的竞争，更能获得有利的销售机会。这可以认为是能被高价买入的一个原因吧。

d）在过去新京支部（经营储存库及委托产品的销售）的经营者无主见，委托商品不能卖掉，贷款也不能收回等事情时有发生，导致果树园经营者一般会形成共同出货也没有好处的观念。

由于如上所示的种种原因，共同销售的成绩一直不太理想，加上昭和11年改组后的善后事务整理的延迟，就留下了在这方面的活动不够充分的遗憾。这样，共同出货这一改组后的业务目标也就名存实亡了。组织处理的数量只有约1万3千箱，这一业绩并未得到确认（果树组织的销售时节因生产销售的关系在6月开始7月结束，相关的业绩并未全部清算出来，而且还有库存品），更不可能有明确的数字化表示了。红玉1箱可卖3圆50钱至4圆，相比市场价有时能每箱多卖出1钱至3钱，销售对象可选择消费者协会、军队等固定的消费者。与满族商人的交易实行的是现金制。要十分留意像过去引发的贷款无法收回之类的事情发生，与此同时新京支部会处在果树组织的严密监督之下（过去大多放任不管）。要充分注意不要重蹈覆辙，需要积极致力于销售业绩的提升。能得到前面提到的果园现场销售好处的只有熊岳城及盖平中已结果的果树园中的一部分。然而，在这件事情上由于近年来满人中介人有"趁人之危"、"压价"的倾向，而且现在不能全部消化，今后逐年增加的生产品也不能指望全部在果园现场卖掉。可以料想将来必然是向市场供货这一唯一走向。

但是，组织成员一般由于上述的过去业绩，对出货、管制、销售等都感到不安，又加上不能从理论上认识到好处，或者有人认识到有利可图，却难以落实到实际行动中。因此，针对11年度的不良业绩，本次业务制定了一些对策，开展市场情况调查、销售对象信用调查等。制定有利的销售计划，与此同时针对共同销售训练组织成员，面向销售统一管理，以大家齐心协力之力量来领导市场，以图维持价格的平衡。实现这样的社会形势是本次业务的方针。

过去的共同采购方面的业绩和销售方面一样，很难说谁比较好。但相比前者，多少有些值得一提的业绩。12年度共同购入的数量中，撒布药剂总计约3万圆（去年公布的实际撒布花费约3万6千圆），组合成员使用总量的约75%由组织办理。不管怎么说，各药品都有望以比市场价便宜5分至1成的价格购入（眼下正和商人交涉中）。

共同购入的肥料总计约2万2千圆，和药剂一样，比起个人购买也能以比市场价低5分至1成的便宜价格购入。举例说明一下，和辽阳深尾商店有买卖契约的豆粕按当时的市场价是1个2圆50钱，但如果是共同购买，只要每个2圆25钱。

除了以上的药剂和肥料还购买了出货用的箱子。这方面和瓦房店监狱有5万个箱子的契约，每个27钱3厘。因为今年还未到出货时节，箱子的市场价还不明确。＊大概每个需35钱以上，所以今年就显得特别的便宜。而且因为事业数量上的增加，可以看到几近强卖的数量也按比例有所增加。

　　总之,过去的业绩事实上偏重于生产指导方面,而轻视了购买、销售等。因此他们的业绩十分不佳,几乎没有值得一提的。伴随着改组的进行,开始以购买和销售为重点,可以说在购买方面取得了相当不错的业绩。

第七章 预算及资金

一、昭和 11 年关东州外果树组织联合会预算
年收入的部分

项目	预算额	备注
担负金额	2,802.00	
手续费	4,493.00	销售手续费 2,900.00;购买手续费 343.00;检查手续费 1,250.00
杂收入	50.00	
满铁补助金	14,096.00	
总计	21,441.00	

年支出部分

款	项	款	项	备注
	俸禄		4,730.00	
事务费	工资		330.00	常务理事每人每月 250 圆,
	津贴		1,150.00	书记每人每月 120 圆,
	旅费		430.00	候补书记每月 60 圆,
	报刊费		100.00	都按 1 年 11 个月算
	备用品费用		220.00	
	文具费		160.00	雇员每人每月 30 圆
	消耗品费用		212.00	
	通信费		200.00	
	杂费		360.00	
	房租		330.00	

项目		预算额		备注
款	项	款	项	
会议费		670.00		
指导费	俸禄 津贴 讲习会费用	3,980.00	3,080.00 810.00 200.00	指导员 2 名,每月 280 圆,1 年按 11 个月算
检查费	俸禄 津贴 旅费 临时工资 备用品费用 文具费 杂费		2,640.00 312.00 178.00 468.00 438.00 79.00 100.00	检查员 2 名,每月 120 圆,1 年按 11 个月算 检查助手及车夫费用
销售费	宣传费 旅费 杂费	1,340.00	740.00 400.00 200.00	
调查费		460.00		
补助费		1,080.00		针对各组织的 3 名事务员的工资补助
负担金		200.00		满洲农业团体中央会负担金额
临时费		1,132.00		创业费
预备费		32.00		
合计		21,441.00		

也就是说年收入中满铁补助金占了六成以上,负担金、手续费收入共约 7,300 圆。年支出的大部分都是人事费用。也就是说如上所述,在过去购买销售事业并不发达,而是以生产技术的指导为工作重点。结果导致指导员、检查员等人事费用很高,再加上购买销售事业萧条,所以这方面的收入很少,业务花费当然也就很少。为消除过去的不景气,实现将来的自立而成立了联合会。但是 11 年度因为各种原因,未能清算过去,无奈之下只好沿用了旧满洲果树园组织的一部分方针。结果如上所示,到了需看预算的地步。

二、资金获取方法

农业者每町步向各地组织交纳 15 圆,其中 10 圆留在了各地组织,5 圆上交给联合会。

来自满铁的补助金包括上述的 14,096 圆,其他还有药剂喷撒、新京支部利息的补助。

满洲果树组织时代年年都向满铁说好话从而能从满洲银行取得栽培资金的融资,一般都能在规定的日期到期前返还。然而,11 年度由于满洲外果园的严重歉收和旧满洲果树组织清算委员会在清算事务的推进上留有遗憾,因此不能在规定期限(3 月最后一天)之内完全返还,清还不得不推迟到第二年。

联合会由于没有加入农业信用组织,很难从农信直接贷款。但因为没有适当的金融机构,估计只有在满洲果树组织的清算事务完成和从满洲银行借入的贷款整理清楚之后,才可从满洲兴业银行贷款。

各地生产组织加入了农业信用组织,出资人口数及已借入金额如下表所示:

组织名	出资人数	已借入金	剩余可借入金
瓦房店果树组织	460	18,383.00	4,617.00
熊岳城果树组织	460	14,400.00	8,600.00
盖平	190	3,550.00	4,950.00
鞍山	30	1,500.00	—
合计	1,040	37,783.00	18,167.00

各生产组织的借贷用于 11 年度的肥料、药剂的费用支付。联合会共用采购所需资金是各地组织从农村信用社借入所得,采取的是尽量避免从其他金融机关贷款的方针。

第八章　活动的区域

一、以组织成员所在地为基准的常规区域

如前文所述,联合会所属四个组织的所在地都在满铁沿线附近,其所属成员大部分都分布在田家至鞍山的满铁附属地一带。

从气候及其他的方面来看,很难预想鞍山以北地方今后很快兴起种植业及增加种植面积,也无法指望田家以南成为关东州的一部分并且逐渐向南扩张。将来由国人农业移民而至的果树栽培面积的增加大体上也只是区域性的。另外,由于治安以及货物上市等其他方面的影响,在离铁道沿线较远的地方,以果树栽培为目的的国人是无法立即迁入的。所以可以预料很难有新成立的生产组织的加入。

于是,联合会现在以及近期内的活动区域为复、盖平、海城、辽阳这四个县。

组织名	活动区域	上述区域所属的县名
瓦房店组织	梁家—万家岭	复
熊岳城组织	王家—沙岗	复、盖平
盖平组织	盖平—海城	盖平、海城
鞍山组织	鞍山	辽阳

联合会所属组织的活动范围如上表所示,各组织的活动范围与政治上的区划未必都一致,大体上与地方事务所分管区域一致。而且瓦房店和熊岳城这两个组织有重叠的地区。熊岳城组织成员在王家、得利寺也拥有分园。

二、以事业为基准的可变性区域

旧满洲果树组织经营着新京支部,因此一直以来产品的输送都集中在新京,运往哈尔滨、奉天市场的量极少。11年度出货量比例为新京70%,奉天、哈尔滨和敦化三个合计为30%。也就是说联合会自己的活动区域只在新京以及其他主要都市。齐齐哈尔、鞍山、抚顺等方面也有个人出货的情况。

第九章　保护

一、补助金

果树在十几年里都没有获得什么利润，联合会从业人员的人事费负担困难，因此满铁 11 年度的人事费为 14,096 圆，喷撒药剂费的补助金为 3,700 圆，新京支部建设资金的利息补助为 1,700 圆，共计补助 19,491 圆。

二、指导援助

熊岳城农事试验场与联合会保持着密切的联系，针对栽培技术大纲的指导，农林课随时都会派遣技术员进行经营的指导。

第十章　与地主的关系

果树园经营者基本都是靠借用满铁附属地来经营。由于昭和 7 年、8 年的不景气和歉收，免除了三分之一的地租，没有听说出现土地租种人集结起来进行租种争议之类的对抗。

第十一章　监督

　　联合会理事长、常务理事、指导员和事务员的任免需得到满铁的认可,并通过提出业务的每月通报来监督组织经营状况。

第十二章　组织活动的固定区域与五年计划的关系

考虑到＊＊式的影响。

第十三章 组合的固定区域与农村协同组合设立计划的关系

如上所述,联合会所属各组织的常规活动区域不依存于政治区划。以地方果树栽培的中心为目标设置区域,并集合附近的栽培者合作。各生产组织由县农事协同组织来整合的话,恐怕县里那些经营面积少的栽培者会被轻视。此外,还可能在销售时节各县之间产生利害冲突。而且,要是青果能应市场的行情而迅速上市,其出货上市及管制是很有必要的。因此,如果省或者中央一些上级组织能代替果树组织联合会进行统一管理是很有必要的。

不管怎么说,农村协同组织开始活动并进入运营的轨道之后,是可以整合的。如何针对国人农业者的特殊性来充分维护他们的利益是满洲国当局应该认真考虑的。

昭和 16 年 10 月 10 日

北经调查特第 34 号

昭和 14 年满人农家经济调查报告(其一)
——辽阳县千山村下汪家峪屯

秘

南满洲铁道株式会社

北满经济调查所

绪　言

一、本调查是为了明确根据农作物增产计划开展的经济作物的种植对农家经济产生的影响，进而为农作物价格政策及改善农业经营提供资料。

二、本调查始于昭和 14 年 8 月，持续实施了 3 年。报告记录了在奉天省辽阳县千山村、滨江省呼兰县孟家村、肇州县朝阳村 3 个村进行的簿记调查第一年的情况。

三、本调查的方法是，将满洲调查机关联合会版的"农家经济簿"发给各农家，由一名常驻于各村的调查员（满系）登记各农家的财产状况、劳动状况、现金及实物收支等与农家经济有关的一切事宜。统计依据调联的方法进行，详情载于卷末。

四、调查选定了栽培增产作物棉花、甜菜、亚麻、燕麦的 3 个村庄。调查村庄及记账调查农家户数如下：

（一）奉天省辽阳县千山村下汪家峪屯（棉花）　　　15 户

（二）滨江省呼兰县孟家村刘泉井（甜菜、亚麻）　　15 户

（三）滨江省肇州县朝阳村大地窝堡（燕麦）　　　　15 户

注: 括号内为增产奖励作物。

在选定调查农家时，我们尽量就农家的经营模式、经营规模按照村庄各阶层的结构比例进行，但由于记账能力及其他种种原因，调查难免挂一漏万。另外，关于调查农家，在（昭和 14 年 7 月）选定村庄及农家时已经询问并调查了其经营概况（昭和 13 年度）。

五、第一年（昭和 14 年度）由于种种原因，并出于记账练习的考虑，如上所述，从簿记年度之半的 8 月才开始记账，因此难以纵览全年的经营经济全貌。尤其是劳动力、生产费与增产作物之间的有机联系等情况难以调查其详，因此这些问题的详细报告移到了下一年度（昭和 15 年），还乞诸贤谅解。现整理出了昭和 14 年 8 月初至昭和 15 年 7 月底的收支情况，且供参考。

其中，关于农家的生计费、农家财产结构及其他横跨 2 个年度也不会造成影响的问题，我们将尽量详细分析。

另外，本报告在公布时，分为村别统计说明篇 3 册、总结篇 1 册，共计 4 册。

六、本调查的承担者由下述 7 人组成。总结报告由小阪一夫完成，统计说明篇由中村忠造承担，统计及实地调查主要由中村忠造和佐藤吉夫两人负责。

小阪一夫

中村忠造

棚桥富三郎

佐藤吉夫

王文耀(辽阳县常驻调查员)

张庆余(呼兰县常驻调查员)

李广义(肇州县常驻调查员)

昭和 16 年 10 月 10 日

南满洲铁道株式会社

北满经济调查所所长

目 录

农家经济调查附表

一、农家经济基础诸表

第一表　家庭结构

第二表　农家饮食成员人数表

第三表　农家财产结构

第四表　农业经营地结构

第五表　农业经营地结构(种植状况表)

第六表　土地占有表

第七表　建筑物所有表

第八表　建筑物使用状况表

第九表　大型家畜拥有表

第十表　大型机具拥有表

第十一表　小植物及小动物拥有表

第十二表　小器具拥有表

第十三表　实物表(年初)

第十四表　实物表(年末)

第十五表　现金、准现金及负债表

第十六表　年初及年末农家财产结构

二、农家经济结算诸表

第十七表　农家收入

第十八表　家计费及家庭负担家计费

第十九表　农家经济结余

第二十表　农家年度内纯财产增加额

第二十一表　财产价格变动引起的盈亏

三、农家经济成果结构诸表

第二十二表　所得性收入结构

第二十三表　所得性现金支出结构

第一章　调查村庄概况(辽阳县千山村下汪家峪屯)

兹将调查农家与村庄的各相关情况及自然环境大致介绍如下。

第一　村庄的自然条件及其他概况

(一)村庄的位置及地势

下汪家峪屯坐落于辽阳县东南部千山村西北,距县城东南约 30 公里,位于千山的西北山麓,是一处风景比较秀美的丘陵地带。

(二)历史

据古人云,本屯始于距今三百年前清顺治八年张长武、宽和兄弟来此地开垦,之后因分家或新移居者的到来,户数逐渐增加。但从现在张姓人口占大多数来看,可以推知该村大半是由分家而发展起来的村庄(即,张姓占 60 户,其他姓氏占 12 户)。

据农民反映,本屯土地与从前相比日渐肥沃。

(三)气象

在辽阳棉花实验厂观测的结果如下表所示:

	平均气温 (零时) (℃)	平均 湿度	总降 水量 (毫米)	日照 时间 (小时)	总蒸 发量 (毫米)	天气日数(天)						无霜 期间
						降水	雪	霜	晴天	阴天	无照	
1 月	-12.3	57.8	3.6	212.0	62.0	5	8	6	21	7	—	
2 月	-7.6	68.6	—	213.1	87.1	—	—	11	20	5	—	
3 月	0.8	62.5	16.2	220.3	132.3	4	4	12	19	11	5	
4 月	12.4	57.0	35.9	284.7	211.4	7		8	14	12	2	
5 月	17.3	64.0	96.0	279.2	264.1	8	—	1	11	16	1	晚霜 5 月 8 日
6 月	22.1	81.7	78.8	231.7	248.6	13		5	19	1		
7 月	27.7	76.2	140.7	257.0	247.4	12		11	14	—		

续表

	平均气温（零时）（℃）	平均湿度	总降水量（毫米）	日照时间（小时）	总蒸发量（毫米）	天气日数（天）						无霜期间
						降水	雪	霜	晴天	阴天	无照	
8 月	26.4	85.8	212.7	220.0	187.3	14	—	—	8	17	3	
9 月	18.2	77.5	164.3	200.4	105.8	15	—	1	10	15	3	初霜 9 月 30 日
10 月	11.6	82.1	27.9	240.7	106.8	7	2	13	17	11	—	
11 月	3.0	74.8	31.8	198.8	79.6	2	3	16	17	11	1	
12 月	-4.7	69.5	6.1	204.2	80.7	3	4	18	19	12	1	
全年	9.7	71.5	814.0	2,762.1	1,813.1	90	21	86	172	150	17	144 天

(四) 交通

如上所述,本屯位于辽阳县城南部 30 公里,西距满铁干线 10 公里,此去立山站、鞍山站十分方便,且沿线道路平坦,路况良好。

总之,本屯经济位置极佳。

(五) 治安

辽阳县东南部的千山山岳地带位于本溪、凤城、海城三县交接的三角地带,曾被称为千山匪窝地区,但如今已几乎不见其影。当然,本屯最近已无匪患发生,村民性格至为平和,勤恳从事农业耕作。

(六) 其他

从最近农业耕作的丰歉情况来看,康德 5 年 5 月 26 日遇到过雹害,大豆、棉花受损严重。康德 6 年春又遇旱灾,收割时雨多成患,高粱出现发芽。棉花也多有蚜虫发生,损失惨重。

(七) 度量衡

本屯的度量衡如下:

	度量衡		
旧制	1 天地	1 斗	1 斤
新制	0.595 公顷	2.435 斗	1.126 斤
公制	0.595 公顷	24.35 立方	0.563 千克
本屯使用	旧制	新制	新制

第二　户口

(一) 户数

本村共有 72 户人家。按照职业来划分,从事农业的有 64 户,占总户数的 88.9%;农业外占总户数的 11.1%。

根据自耕农与佃农区分农业人口的话,自耕农 46 户,占总户数的 20.8%;佃农仅有 23 户,占 4.2%。

从农业外户数来看,地主 3 户,占总户数(72 户)中的 4.2%;劳动者及其他有 5 户,占总户数的 6.9%。

(二) 人口

总人口 580 人,户均 8.06 人。从性别来看,男性 301 人,女性 279 人,户均男性 4.18 人,女性 3.88 人,其比例分别为 51.9% 和 48.1%。

不同职业及年龄人口结构如下表所示:

各阶层户数及人口表

			户数		人口						
			实数	比例(%)	男		女		小计		户均
					实数	比例(%)	实数	比例(%)	实数	比例(%)	
农业	自耕农		46	63.9	180	59.8	176	63.1	356	61.4	7.74
	自耕兼佃农		15	20.8	92	30.6	80	28.7	172	29.7	11.47
	佃农		3	4.2	13	4.3	8	2.9	21	3.6	7.00
	农业小计	实数	64	88.9	285	94.7	264	94.6	549	94.7	8.58
		%	—	—	51.9	—	48.1	—	100.0	—	—
农业外	地主		3	4.2	4	1.3	6	2.2	10	1.7	3.33
	农业劳动其他		5	6.9	12	4.0	9	3.2	21	3.6	4.20
	农业外小计	实数	8	11.1	16	5.3	15	5.4	31	5.3	3.88
		%	—	—	51.6	—	48.4	—	100.0	—	—
总计		实数	72	100.0	301	100.0	279	100.0	580	100.0	8.06
		%	—	—	51.9	—	48.1	—	100.0	—	—

各年龄段人口表

		自耕农	自耕兼佃农	佃农	农业小计		地主	劳动者其他	农业外小计		总计	
					实数	比例(%)			实数	比例(%)	实数	比例(%)
男	1—5	26	19	—	45	8.2	1	1	2	6.5	47	8.1
	6—10	27	11	2	40	7.3	—	—	—	—	40	6.9
	11—15	31	13	1	45	8.2	1	3	4	12.9	49	8.4
	16—20	18	9	2	29	5.3	—	1	1	3.2	30	5.2
	21—40	39	25	6	70	12.8	1	4	5	16.1	75	12.9
	41—50	18	4	1	23	4.2	—	1	1	3.2	24	4.1
	51—60	8	5	1	14	2.6	—	1	1	3.2	15	2.6
	61以上	13	6	—	19	3.5	1	1	2	6.5	21	3.6
	小计	180	92	13	285	51.9	4	12	16	51.6	301	51.9
女	1—5	21	12	—	33	6.0	1		1	3.2	34	5.9
	6—10	35	13	—	48	8.7	—	2	2	6.5	50	8.6
	11—15	21	9	1	31	5.6	—	—	—	—	31	5.3
	16—20	15	2	1	18	3.3	1	—	1	3.2	19	3.3
	21—40	49	33	3	85	15.5	2	5	7	22.6	92	15.9
	41—50	16	3	—	19	3.5	—	1	1	3.2	20	3.4
	51—60	7	4	2	13	2.4	—	—		3.2	13	2.2
	61以上	12	4	1	17	31	2	1	2	6.5	20	3.4
	小计	176	80	8	264	48.1	6	9	15	48.4	279	48.1
合计		356	172	21	549	100.0	10	21	31	100.0	580	100.0

第三　土地

(一)不同类型土地面积

本屯土地总面积为3,837亩,其中耕地占59%,山地占30%,其他土地所占比例较小。详情如下表:

类型	面积(亩)	比率(%)
耕地	2,265.0	59.0
宅地	85.0	2.2
林地道路	235.0	6.1
河川、原野	70.0	1.8
荒地、山地	1,150.0	30.0
其他	32.0	0.8
合计	3,837.0	100.0

(二)不同职业农家耕地占有面积

就本屯拥有耕地面积而言,总面积为 2,547 亩,自耕地 2,050 亩,占 80.5%;佃耕地 353 亩,占 13.9%;其他土地 144 亩,占 5.6%。

从职业来看,其耕地占有状况及户均占有状况如下表。

注:不同类型土地面积表中,耕地面积与不同职业耕地占有面积有出入。这是因为前者记载的是千山村的调查结果,而后者记载的是调查员分户调查统计的结果。

不同性质农家土地占有面积表

农家类型\土地占有情况	自耕土地(亩)	租地(亩)	其他(亩)	总计 面积(亩)	总计 比率(%)	户均面积 自耕地(亩)	户均面积 租地(亩)	户均面积 其他(亩)	户均面积 计(亩)
自耕农	1,537.0	259.0	130.0	1,926.0	75.6	33.4	5.6	2.8	41.9
自耕兼租佃农民	510.0	55.0	14.0	579.0	22.7	34.0	3.7	0.9	38.6
佃农	3.0	—	—	3.0	0.1	1.0	—	—	1.0
地主(3 户)(农业外)	—	39.0	—	39.0	1.5	—	13.0	—	13.0
合计	2,050.0	353.0	144.0	2,547.0	100.0	28.5	4.9	2.0	35.4
土地类别比例(%)	80.5	13.9	5.6	100.0	—	—	—	—	—

(三)不同性质农家经营面积

就本屯内农业劳动者的经营面积而言,自耕地 2,050 亩,占总经营面积 2,629 亩的 78%;佃耕地 428 亩,占 16%;其他 151 亩,占 6%。

户均经营面积为 41.1 亩,其中自耕地 32 亩,佃耕地 6.7 亩,其他 2.4 亩。

各种经营形态的具体情况如下表所示:

不同性质农家经营面积表 （单位:亩）

		自耕农	自耕兼佃农	佃农	合计	比率(%)
自耕地		1,337.0	510.0	3.0	2,050.0	78.0
佃耕地		35.0	360.0	33.0	428.0	16.3
其他		132.0	19.0	—	151.0	5.7
合计	面积	1,704	889.0	36.0	2,629.0	100.0
	比率(%)	64.8	33.8	1.4	100.0	—
户均经营面积	自耕地	33.4	34.0	1.0	32.0	—
	佃耕地	0.8	24.0	11.0	6.7	—
	其他	2.9	1.3	—	2.4	—
	计	37.1	59.3	12.0	41.1	—

(四) 地价

本村每亩地的价格最高可达 200 圆,一般为排水良好,可种植棉花的土地,而低湿地带低至 60 圆。价格参差不齐,一般在 170 圆左右。

不同类型土地价格表 （单位:圆/亩）

	上等地	中等地	下等地	劣等地
宅基地	200.00	180.00	170.00	150.00
园地	200.00	180.00	170.00	140.00
旱田地	190.00	180.00	170.00	160.00
水田地	100.00	80.00	70.00	60.00
蚕场	100.00	90.00	90.00	80.00
荒地山地	80.00	70.00	60.00	50.00
林地	50.00	50.00	40.00	20.00
其他	40.00	40.00	35.00	35.00

注:本表根据在辽阳县进行的调查。

(五)地租

本屯佃户耕作均得缴纳定额的现金地租。

定额地租因耕地条件不同而有所差别,每亩最高可达 13 圆,最低只有 5 圆,9—10 圆较为普遍。

第四 农业经营形态及规模

(一)按经营面积分类的户数

就经营面积的大小来看,最大的有 160 亩,最多的是拥有 51—100 亩的 17 户,占总户数的 26.6%;其次是 11—20 亩地之间的 15 户(23.4%),21—30 亩之间的 11 户(17.2%),6—10 亩的 8 户(12.5%)。

具体情况如下表。

按经营面积大小分类的户数表

		户数				经营面积			
		自耕农	自耕兼佃农	佃农	小计	自耕农	自耕兼佃农	佃农	小计
151 亩以上	实数	2	—	—	2	315.0	—	—	315.0
	比例(%)	4.3	—	—	3.1	18.5	—	—	12.0
101—150 亩	实数	—	1	—	1	—	105.0	—	105.0
	比例(%)	—	6.7	—	1.6	—	11.8	—	4.0
51—100 亩	实数	10	7	—	17	828.0	610.0	—	1,438.0
	比例(%)	21.7	467	—	26.6	48.6	68.6	—	54.7
41—50 亩	实数	1	—	—	1	43.0	—	—	43.0
	比例(%)	2.2	—	—	1.6	2.5	—	—	1.6
31—40 亩	实数	2	2	—	4	64.0	77.0	—	141.0
	比例(%)	4.3	13.3	—	6.3	3.8	8.7	—	5.4
21—30 亩	实数	8	3	—	11	194.0	71.0	—	265.0
	比例(%)	17.4	20.0	—	17.2	11.4	8.0	—	10.1
11—20 亩	实数	12	1	2	15	190.0	20.0	27.0	237.0
	比例(%)	26.1	6.7	66.7	23.4	11.2	2.2	75.0	9.0

续表

		户数				经营面积			
		自耕农	自耕兼佃农	佃农	小计	自耕农	自耕兼佃农	佃农	小计
6—10 亩	实数	6	1	1	8	48.0	6.0	9.0	63.0
	比例(%)	13.0	6.7	33.3	12.5	2.8	6.7	15.0	2.4
5 亩以下	实数	5	—	—	5	22.0	—	—	22.0
	比例(%)	10.9	—	—	7.8	1.3	—	—	0.8
合计	实数	46	15	3	64	1,704.0	889.0	36.0	2,629.0
	比例(%)	100.0	100.0	100.0	100.0	100.0	100.0	100.0	100.0
户均经营面积		—	—	—	—	37.1	59.3	12.0	41.1

第五　作物及家畜

(一) 作物的种类及种植面积

总种植面积为 2,583.8 亩,主要为棉花,高粱、粟等其他作物极少。

棉花 1,092 亩,占 42.3%;高粱 839.3 亩, 占 32.5%;粟 367 亩, 占 14.2%;大豆 139 亩,占 5.4%,另有小部分其他作物。具体情况如下表所示:

不同性质农家种植面积表　　　　(面积:亩)

作物 / 性质 / 面积		自耕	自耕兼佃农	佃农	农业小计	地主	劳动者及其他	农业外小计	总计
棉花	面积	650.0	424.0	18.0	1,092.0	—	—	—	1,092.0
	比率(%)	39.1	47.9	50.0	42.3	—	—	—	42.3
高粱	面积	635.5	198.8	5.0	839.3	—	—	—	839.3
	比率(%)	38.2	22.5	13.9	32.5	—	—	—	32.5
粟	面积	199.0	164.0	4.0	367.0	—	—	—	367.0
	比率(%)	12.0	18.5	11.1	14.2	—	—	—	14.2
大豆	面积	97.0	39.0	3.0	139.0	—	—	—	139.0
	比率(%)	5.8	4.4	8.3	5.4	—	—	—	5.4
玉米	面积	—	3.0	—	3.0	—	—	—	3.0
	比率(%)	—	0.3	—	0.1	—	—	—	0.1

续表

作物	性质/面积	自耕	自耕兼佃农	佃农	农业小计	地主	劳动者及其他	农业外小计	总计
粳子	面积	9.5	—	—	9.5	—	—	—	9.5
	比率(%)	0.6	—	—	0.4	—	—	—	0.4
大瓜	面积	18.0	27.0	—	45.0	—	—	—	45.0
	比率(%)	1.1	3.1	—	1.7	—	—	—	1.7
香瓜	面积	20.0	3.0	6.0	29.0	—	—	—	29.0
	比率(%)	1.2	0.3	16.7	1.1	—	—	—	1.1
西瓜	面积	4.0	—	—	4.0	—	—	—	4.0
	比率(%)	0.2	—	—	0.2	—	—	—	0.2
花生	面积	14.0	9.0	—	23.0	—	—	—	23.0
	比率(%)	0.8	1.0	—	0.9	—	—	—	0.9
土豆	面积	7.0	4.0	—	11.0	—	—	—	11.0
	比率(%)	0.4	0.5	—	0.4	—	—	—	0.4
蔬菜等	面积	9.0	13.0	—	22.0	—	—	—	22.0
	比率(%)	0.5	1.5	—	0.9	—	—	—	0.9
总计	面积	1,663.0	884.8	36.0	2,583.8	—	—	—	2,583.8
	比率(%)	100.0	100.0	100.0	100.0	—	—	—	100.0

(二)家畜数量

就本屯的家畜养殖而言,有作为耕畜的骡子 26 头,驴 14 头,马 11 头,牛 12 头。成猪 267 头,幼猪 149 头。鸡 252 只,小鸡 100 只。鸭 10 只,狗 58 条。

户均家畜数量及不同性质农家家畜养殖详见下表:

家畜养殖数量表

家畜名	性质/数量	自耕农	自耕兼佃农	佃农	农业小计	地主	劳动者及其他	农业外小计	总计
马 成	头数	7	4	—	11	—	—	—	11
	户均	0.15	0.27	—	0.17	—	—	—	0.15
幼	头数	—	—	—	—	—	—	—	—
	户均	—	—	—	—	—	—	—	—

家畜名	性质 数量		自耕农	自耕兼佃农	佃农	农业小计	地主	劳动者及其他	农业外小计	总计
骡	成	头数	15	11	—	26	—	—	—	26
		户均	0.33	0.73	—	0.41	—	—	—	0.36
	幼	头数	1	—	—	1	—	—	—	1
		户均	0.02	—	—	0.02	—	—	—	0.01
驴	成	头数	9	5	—	14	—	—	—	14
		户均	0.20	0.33	—	0.22	—	—	—	0.19
	幼	头数	—	—	—	—	—	—	—	—
		户均	—	—	—	—	—	—	—	—
牛	成	头数	8	4	—	12	—	—	—	12
		户均	0.17	0.27	—	0.19	—	—	—	0.17
	幼	头数	—	1	—	1	—	—	—	1
		户均	—	0.07	—	0.02	—	—	—	0.01
猪	成	头数	141	116	7	264	3	—	3	267
		户均	3.07	7.73	2.33	4.13	1.00	—	0.38	371
	幼	头数	88	57	2	147	1	1	2	149
		户均	1.91	3.80	0.67	2.29	0.33	0.20	0.25	2.07
鸡	成	头数	152	80	8	240	6	6	12	252
		户均	3.30	3.33	2.67	3.75	2.00	1.20	1.50	3.50
	幼	头数	61	31	3	95	4	1	5	100
		户均	1.33	2.07	1.00	1.48	1.33	0.20	0.63	1.39
鸭	成	头数	6	4	—	10	—	—	—	10
		户均	0.13	0.27	—	0.16	—	—	—	0.14
	幼	头数	—	—	—	—	—	—	—	—
		户均	—	—	—	—	—	—	—	—
犬		头数	38	17	2	57	1		1	58
		户均	0.83	1.13	0.67	0.89	0.32		0.13	0.81

第六　农业情况

一、作物栽培方法(主要介绍棉花的种植方法)

(一)连作与轮作

本屯在肥沃的土地种植棉花,在低湿或不太肥沃的地方种植高粱、粟等。

棉花几乎都是连作,高粱、粟、大豆等普通作物实行 3 年轮作。土质肥沃的土地,在普通作物的轮作中插入棉花,进行 3—4 年的轮作。

(二)整地施肥播种

本屯完全不秋耕。棉花秆多数任其越冬,冬季柴火告不足时,可以用秋季穰耙挖开田埂收集棉花秆,或者用手拔取棉花秆。等到春季冰雪融化后,用碌子平整土地,垄沟施肥,翻地施肥后围成田埂,然后等待播种期。

施肥量为每天地 10—15 车的土粪(一车约 1,500 斤)。

播种期根据气温及地温的高低、土地水分是否充足多少有所推迟,一般而言,从谷雨后四五天到立夏播种结束这段时间,即 4 月下旬是比较合适的播种期。

作为追肥,会使用一些金肥(硫铵)。

(三)间苗除草中耕培土

间苗通常进行两次。第一次是 5 月下旬发芽后,隔 10—15 天进行第二次。

第一次除草与间苗同时进行,第二次在进入 8 月使用锄头有困难时进行。

用锄头除草(铲草)在第一次间苗后至 8 月上旬进行,通常四次。

趟地(中耕培土)通常 5 次,铲草之后必须进行,最后一次不铲草直接蹚地。

摘心是在头伏到三伏之间(7 月下旬到 8 月上旬)前后 3 次从茎秆长的作物依次摘取。摘心结束之后 10 天左右,摘除赘芽、枝桠等。

(四)收获

收获的进度是,两三个妇女一组每天收割,连续四五天就可以收割一块地。摘下来的棉花放在簾子上晒干后就可以弹棉花了。

以上简要地介绍了棉花的栽培方法,普通农作物的栽培方法不再赘述。

(五)其他

棉花一般进行连作,连续种植四五年后就配合种植一季粟、高粱等。土地肥力严重损耗时,则种大豆修复。但据说种过大豆的土地不利于棉花的播种和发芽,因此不太用大豆,一般用粟或高粱。

二、耕畜饲养状况

只有在使用时才给它们喂精饲料,常见的喂养方式为夏季在山地放牧,冬季则圈养在圈舍里。

粗饲料以粟秆为主,精饲料有豆粕、高粱。

各种耕畜年均饲料及价格如下表所示:

		马	牛	
谷草	数量(斤)	2,500	3,500	骡子为马的八至九成,驴子为马的半量
	价格(圆)	75.00	105.00	
豆粕	数量(斤)	1,200	—	
	价格(圆)	84.00	—	
高粱	数量(石)	28.6	—	
	价格(圆)	286.00	—	
大豆	数量(石)	—	15.0	
	价格(圆)	—	195.00	

三、农业劳动力状况

本屯虽然栽培棉花之类的集约作物,但是人均耕地面积少,另外农忙时期还可以利用女性劳动力,所以没有出现劳动力不足的现象。很少见到年工或日工,农业劳动基本上全部依靠家庭劳动力。

第七　其他经营状况及生活状态

最近,生活必需品价格飞涨,给本村庄民众带来的打击非常大,但人们多少已经接受了工钱上涨对经营造成的影响。因为不像北满那样严重依赖雇佣劳动力,所以工钱上涨带来的打击小于北满。

下表记录的是工钱及生活用品价格上涨情况。

		康德5年	康德6年	康德7年
普通作物男工工钱(圆)	春季播种期	0.80	1.20	1.40
	除草中耕期	0.85	1.40	1.50
	收获期	1.00	1.50	1.60
	脱粒期	1.00	1.50	1.60

续表

		康德 5 年	康德 6 年	康德 7 年
棉花作物 女工工钱(圆)	春季拔草	1.00	1.50	1.60
	摘心时	0.40	0.50	0.60
	打药水	0.40	0.50	0.70
	采棉	0.40	0.50	0.65
摘要				

女工每年都很难雇到,康德 6、7 年因工钱上涨使得其比以前更加困难,但是还没有到北满那种因此而缩减了种植面积的地步。

紧缺性生活用品如下所示:

(1)布料——康德 5 年每尺 12 钱,康德 6 年 8 月以后 20 钱,到 7 年涨到了 1 圆。

(2)豆油——康德 6 年之前每斤 23 钱,康德 7 年春天 40 钱,秋天涨到了 80 钱。

(3)白面——康德 5 年每斤 14 钱,康德 6 年 8 月以后开始实行配给制,每斤 21 钱。年配给量,成人大约 4 斤,远远供不应求。

(4)洋火——配给品,但供应不足。

(5)洋油——康德 5 年每斤 20 钱,康德 6 年涨到 30 钱,康德 7 年涨到了 50—80 钱。

农民反映以上 5 种物品特别缺乏。这些东西都是配给制,但是现实情况是量太少,无法满足农家需求。

农家收入与从前一样,但是如上所述,经营费逐步增加,生活费飞涨,这不仅从经费上,还从精神上使农家的经营经济陷入了困境。

下一章将研究每户的经济总体运行情况。总之,无论是技术上还是政治上,农村都存在着很多问题亟待解决。

注:数据来源于康德 7 年 7 月进行的询问调查。

第二章　调查结果

　　在辽阳县千山村下汪家峪屯进行的农家经济调查中,采集到了 15 户农家的数据,与调查之初设定的户数吻合,没有一户没有采集到数据。其中,自耕农(耕地面积八成以上归自己所有)9 户,没有佃农(耕地面积八成以上为佃耕),自耕农兼佃农 6 户(其他情况)。统计分两组进行,其结果大致如下所示。

　　本村佃农户数很少,没有可以作为调查农家的合适对象,因此没有采集到佃农的数据。

第一节　农家经济基础

第一　家庭结构

　　自耕农户均人数 10.22 人,其中男性 4.89 人(47.8%),女性 5.33 人(52.2%)。结合与农业经营的关系来看,从事农业的有 5.0 人(48.9%),未从事农业的有 5.22 人(51.1%)。前者之中,主要从事农业的 1.89 人,辅助性从事农业的 3.11 人。主要从事农业的全部是男性,辅助性从事农业的 92.9% 为女性,有 2.89 人,男性 0.22 人,占 7.1%。

　　自耕兼佃农户均人数为 7.67 人,其中男性 4.0 人(52.2%),女性 3.67 人(44.8%)。从事农业的有 3.84 人(50.0%),未从事农业的同样为 3.84 人。前者之中,主要从事农业的 1.33 人,全部是男性。辅助性从事农业的有 2.5 人,其中女性 2.17 人,占 86.8%,男性 0.33 人,占 3.2%。

　　户均总人数为 9.2 人,其中男性 4.53 人(49.2%),女性 4.67 人(50.8%)。从事农业劳动的 4.53 人(49.2%),未从事农业劳动的 4.67 人(占 50.8%)。前者之中,主要从事农业的 1.67 人(36.6%),辅助性从事农业的 2.87 人(63.4%)。主要从事农业的均为男性,辅助性从事农业的,女性为 2.60 人,占 90.6%,男性为 0.27 人,占 9.4%。

　　调查农家中,从长工(年工及月工)人数来看,自耕农平均每户年工 0.33 人,月工 1.56 人(其中男性 0.56 人,女性 1.0 人),共 1.89 人。自耕兼佃农中,年工 0.17 人,月工 0.67 人(其中男性 0.17 人,女性 0.5 人)共 0.83 人。总体平均来看,年工 0.27 人,月工 1.2 人(其中男性 0.4 人,女性 0.8 人),共 1.47 人。没有雇佣长工的,自耕农有 4 户,自耕兼佃农 4 户。月工中,女性多是从事棉花采摘等工作。

　　家庭结构及长工的具体情况如下表:

家庭成员的年龄、性别结构表

		自耕农 （9 户平均）	自耕兼佃农 （6 户平均）	总平均 （15 户平均）	比率（%）		
					自耕农	自耕兼佃农	总平均
男	1—5	0.78	0.50	0.67	7.63	6.52	7.25
	6—10	1.00	0.67	0.87	9.78	8.73	9.43
	11—15	0.56	0.50	0.33#	5.48	6.52	5.73
	16—20	0.22	0.33	0.27	2.15	4.30	2.91
	21—40	0.78	100	0.87	7.63	13.04	9.43
	41—50	0.89	0.83	0.87	8.71	10.82	9.43
	51—60	0.22	0.17	0.20	2.15	2.22	2.15
	61—	0.44	—	0.27	4.31	—	2.91
	小计	4.89	4.00	4.53	47.84	52.15	49.24
女	1—5	0.89	0.33	0.67	8.71	4.24	7.27
	6—10	0.67	0.67	0.67	6.56	8.73	7.27
	11—15	0.67	0.33	0.53	6.56	4.25	5.74
	16—20	0.55	0.67	0.60	5.38	8.73	6.51
	21—40	1.33	0.67	1.07	13.01	8.73	11.62
	41—50	0.56	0.67	0.60	5.48	8.73	6.51
	51—60	0.33	0.17	0.27	3.23	2.22	2.92
	61—	0.33	0.17	0.27	3.23	2.22	2.92
	小计	5.33	3.67	4.67	52.16	47.85	50.76
总计		10.22	7.67	9.20	100.00	100.00	100.00

农家劳动力结构表

				自耕农 (9户平均)	自耕农兼佃 农(6户平均)	总平均 (15户平均)	比率(%)		
							自耕农	自耕兼佃农	总平均
家庭成员明细	从事农业者	主要从事农业者	男	1.89	1.33	1.67	100.0	100.0	100.0
			女	—	—	—	—	—	—
			小计	1.89	1.33	1.67	100.0	100.0	100.0
		辅助性从事农业者	男	0.22	0.33	0.27	7.1	13.2	9.4
			女	2.89	2.17	2.60	92.9	86.8	90.6
			小计	3.11	2.50	2.87	100.0	100.0	100.0
		小计	男	2.11	1.67	1.93	42.2	43.5	42.6
			女	2.89	2.17	2.60	57.8	56.5	57.4
			总计	5.00	3.84	4.53	100.0	100.0	100.0
	非从事农业者		男	2.78	2.17	2.53	53.2	56.5	54.2
			女	2.44	1.67	2.13	46.8	43.5	45.8
			小计	5.22	3.84	4.67	100.0	100.0	100.0
长工	年工			0.33	0.17	0.27	17.5	20.5	18.4
	月工		男	0.56	0.17	0.40	29.6	20.5	27.2
			女	1.00	0.50	0.80	52.9	59.0	54.4
			小计	1.56	0.67	1.20	82.5	79.5	81.6
	总计			1.89	0.83	1.47	100.0	100.0	100.0

备注:此处的分类方法是,"主要从事农业者"指全年从事农业劳动的天数达到100天以上者(不计算耕作效率),未达到的作为"辅助性从事农业者";"年工"指雇佣时间6个月以上者,"月工"指雇佣时间在6个月以下者。

第二 农家财产结构

从农家财产结构来看,自耕农平均每户年初积极财产13,467圆,其中土地占11,132圆(82.7%),建筑(6.1%)次之,扣除负债340圆,纯财产13,127圆。

自耕兼佃农平均每户年初积极财产3,813圆,其中土地占2,176圆(57.1%),建筑(18.9%)次之,扣除负债193圆,纯财产3,620圆。

总体平均来看,每户年初积极财产9,605圆,其中土地价值7,549圆(78.6%),建筑价值(8.1%)次之,扣除负债281圆,纯财产9,324圆。

此外,本年度末财产状况见附表(第16表),农家财产细目见附表第1—16表。

农家资产表 （单位:圆）

		自耕农 (9 户平均)	自耕兼佃农 (6 户平均)	总平均 (15 户平均)	占积极财产比率(%)		
					自耕农	自耕兼佃农	总平均
固定财产	土地	11,131.67	2,175.83	7,549.33	82.7	57.1	78.6
	建筑物	810.28	720.13	774.22	6.1	18.9	8.1
	大型植物	—	—	—	—	—	—
	大型动物	246.56	153.50	225.34	1.8	5.1	2.3
	大型机具	115.83	51.25	90.00	0.8	1.3	0.9
	小计	12,304.34	3,140.71	8,638.89	91.4	82.4	89.9
流动财产	准实物 小型植物	—	—	—	—	—	—
	准实物 小型动物	211.93	62.48	152.15	1.6	1.6	1.6
	准实物 小型机具	55.77	41.51	50.07	0.4	1.1	0.5
	准实物 小计	267.70	103.99	202.22	2.0	2.7	2.1
	实物 待售实物	229.74	166.55	204.47	1.7	4.4	2.1
	实物 购入实物	55.68	7.42	36.37	0.4	0.2	0.4
	实物 中间产品	458.73	194.61	353.09	3.4	5.1	3.7
	实物 小计	744.15	368.58	593.93	5.5	9.7	6.2
	合计	1,011.85	472.57	796.15	7.5	12.4	8.3
现金及准备金		150.71	199.33	170.16	1.1	5.2	1.8
小计(积极财产)		13,466.90	3,112.61	9,605.20	100.0	100.0	100.0
负债(消极财产)		339.71	192.50	280.83	—	—	—
差额(纯收益)		13,127.19	3,620.11	9,324.37	—	—	—

第三　农业经营地结构及耕地经营概况

自耕农户均经营面积 65.83 亩,其中耕地面积 60.76 亩(92.3%),65.25 亩(99.1%)为自有土地。

在耕地利用方面,总种植面积 60.77 亩,其中棉花 19.47 亩(32.0%),高粱 22.67 亩(37.3%),粟 11.00 亩(18.1%)。

自耕兼佃农户均经营面积 40.92 亩,其中耕地面积 40.00 亩(97.8%),17.17 亩(42.0%)为自有土地,租耕土地 23.75 亩(53.0%)。

在耕地利用方面,总种植面积 40.00 亩,其中棉花 13.33 亩(33.3%),高粱 10.83 亩(27.1%),粟 7.75 亩(19.4%)。

总体平均来看,户均经营面积 55.87 亩,其中耕地面积占 52.46 亩(93.9%)。自有地 46.01 亩(82.4%),佃耕地 9.85 亩(17.6%)。

在耕地利用上,总种植面积52.46亩,其中高粱占地面积最大,为17.93亩(34.2%),棉花占地17.01亩(32.4%),其次为粟9.70亩(18.5%)。

土地所有关系表　　　　　　　　　　(单位:亩)

		自有地	租耕地	典入地	合计	比率(%)
自耕农 (9户平均)	旱地	60.19	0.58	—	60.76	92.3
	宅基地	1.06	0.01	—	1.07	1.6
	沼泽地等	4.00	—	—	4.00	6.1
	小计	65.25	0.59	—	65.83	100.0
自耕兼佃农 (6户平均)	旱地	16.35	23.75	—	40.00	97.8
	宅基地	0.92	—	—	0.92	2.2
	沼泽地等	—	—	—	—	—
	小计	17.17	23.75	—	40.92	100.0
总平均 (15户平均)	旱地	42.62	9.84	—	52.46	93.9
	宅基地	1.00	0.01	—	1.01	1.8
	沼泽地等	2.40	—	—	2.40	4.3
	小计	46.01	9.85	—	55.87	100.0
经营地自有或佃耕比例(%)	自耕农	99.1	0.9	—	100.0	—
	自耕兼佃农	42.0	58.0	—	100.0	—
	总平均	82.4	17.6	—	100.0	—

耕地利用状况表　　　　　　　　　　(单位:亩)

	自耕农 (9户平均)	自耕兼佃农 (6户平均)	总平均 (15户平均)	比率(%)		
				自耕农	自耕兼佃农	总平均
棉花	19.47	13.33	17.01	32.0	33.3	32.4
高粱	22.67	10.83	17.63	37.3	27.1	34.2
粟	11.00	7.75	9.70	18.1	19.4	18.5
旱稻	0.78	0.50	0.67	1.3	1.3	1.3
大豆	2.33	1.00	1.80	3.8	2.5	3.4
其他豆	2.22	1.67	2.00	3.7	4.2	3.8
蔬菜	1.86	0.58	1.35	3.1	1.5	2.6
其他	0.44	4.33	1.99	0.7	10.8	3.8
合计	60.77	40.00	52.46	100.0	100.0	100.0

第二节　农家经济结算

第一　农家收入

(一)毛收入

户均毛收入,自耕农 2,642 圆 83 钱,自耕兼佃农 1,670 圆 19 钱,总平均 2,253 圆 11 钱。

(二)收入开支

户均所得性支出,自耕农 1,185 圆 54 钱,自耕兼佃农 746 圆 03 钱,总平均 1,009 圆 75 钱。

(三)农家收入

户均农家收入,自耕农 1,457 圆 29 钱,自耕兼佃农 922 圆 50 钱,总平均 1,243 圆 36 钱。

农家所得性收入

		自耕农 (9 户平均)	自耕兼佃农 (6 户平均)	总平均 (15 户平均)
毛收入	所得性总收入	2,632.58	1,659.73	2,243.44
	固定结余财产增加额及流动结余财产增加额	10.25	10.45	10.33
	小计	2,642.83	1,670.19	2,253.11
所得性收入	所得性总收入	1,148.79	720.67	977.55
	固定结余财产减少额及流动结余财产减少额	(-)38.42	(-)12.00	(-)27.85
	伙食支出额	75.18	37.35	60.05
	小计	1,185.54	746.03	1,009.75
差额(农家所得)			922.50	1,243.36

备注:固定结余财产指在经营内生产的固定财产,如饲养的牛马、木本性作物;流动结余财产指谷物、棉花等经营内生产的流动财产。

第二　家计费及家庭负担家计费

户均家计费,自耕农 1,435 圆 10 钱,自耕兼佃农 1,137.57 钱,总平均 1,316 圆 08 钱。

户均家庭负担家计费,自耕农 1,359 圆 92 钱,自耕兼佃农 1,100 圆 22 钱,总平均 1,256 圆

03 钱。

　　家庭人均家庭负担家计费,自耕农 217 圆 24 钱,自耕兼佃农 218 圆 73 钱,总平均 217 圆 68 钱。

农家家计费表 (单位:圆)

		自耕农 (9 户平均)	自耕兼佃农 (6 户平均)	总平均 (15 户平均)
家计费		1,435.10	1,137.57	1,316.08
伙食支出额		75.18	37.35	60.05
差额(家庭负担家计费)		1,359.92	1,100.22	1,256.03
家庭人均家庭 负担家计费	家庭负担家计费	1,359.92	1,100.22	1,256.03
	家庭成员人数	6.26	5.03	5.77
	人均家庭负担家计费	217.24	218.73	217.68

第三　农家经济结余

　　户均家庭经济结余,自耕农 97 圆 37 钱,自耕兼佃农(−)177 圆 2 钱,总平均额为(−)12 圆 67 钱。出现结余的,15 户中自耕农 3 户,自耕兼佃农 1 户,共计 4 户,其余皆为(−)(见第 29 表)。

农家经济结余表 (单位:圆)

	农家所得	家庭负担家计费	差额(农家经济结余)
自耕农(9 户平均)	1,457.29	1,359.92	(+)97.37
自耕兼佃农(6 户平均)	922.50	1,100.22	(−)177.72
总平均(15 户平均)	1,243.36	1,256.03	(−)12.67

第四　农家年度内纯财产增加额

　　户均年度内纯财产增加额,自耕农 9 圆 58 钱,自耕兼佃农(−)177 圆 72 钱,总平均额为 (−)65 圆 33 钱。

农家纯财产增减表

	年度末纯财产额	年度始纯财产额	差额(年度内纯财产增加额)
自耕农(9 户平均)	13,136.77	13,127.19	(+)9.59
自耕兼佃农(6 户平均)	3,442.39	3,620.11	(−)177.72
总平均(15 户平均)	9,259.02	9,324.37	(−)65.33

第五　财产价格变动引起的盈亏

财产价格变动引起的年度内纯财产增加额与农家经济结余之差额见下表。自耕农为(-)87圆78钱,自耕兼佃农为0,总平均额为(-)52圆66钱。

	年度内纯财产增加额	农家经济结余	差额(财产价格变动引起的盈亏)
自耕农(9户平均)	(+)9.59	(-)97.37	(-)87.78
自耕兼佃农(6户平均)	(-)177.72	(-)177.72	0
总平均(15户平均)	(-)65.33	(+)12.67①	(-)52.66

第三节　农家经济成果结构

第一　所得性收入结构

自耕农户均所得性收入为 2,632 圆 58 钱。分项结构为,棉作物收入居首,为 596 圆 22 钱(22.6%),高粱作物收入为 496 圆 43 钱(18.9%),家畜养殖收入为 323 圆 29 钱(12.3%),农作物加工为 236 圆 5 钱(9.0%),茎秆类作物为 235 圆 62 钱(9.0%)。另外,现金所得收入为 1,825圆 02 钱,生产及收得实物转入家计为 807 圆 56 钱,总所得性收入为 2,632 圆 58 钱,其中前者占 69.3%,后者占 30.7%。

下面是自耕兼佃农户均所得性收入,平均额为 1,659 圆 73 钱。从结构来看,顺序如下:高粱作物收入居首,为 365 圆 45 钱(22.0%),棉作物收入为 327 圆 01 钱(19.7%),家畜养殖收入为 213 圆 29 钱(12.9%),蔬菜种植收入为 171 圆 41 钱(10.3%),茎秆类作物为 158 圆 78 钱(9.6%)。另外,现金所得收入为 1,038 圆 51 钱,生产及收得实物转入家计为 621 圆 22 钱,总所得性收入中前者占 69.3%,后者占 30.7%。

总体平均来看,农家户均所得性收入为 2,243 圆 44 钱;从其结构来看,顺序如下:棉作物收入为 488 圆 54 钱(21.1%),位居榜首;高粱收入为 444 圆 04 钱(19.8%),家畜养殖为 279 圆 29 钱(12.4%),茎秆类作物种植收入为 204 圆 88 钱(9.1%),粟为 191 圆 36 钱(8.5%)。另外,现金所得收入为 1,510 圆 41 钱,生产及收得实物转入家计为 733 圆 02 钱,在总所得性收入 2,243圆 44 钱中,前者占 67.3%,后者占 32.7%。

详见表格。

---

① 译者注:此处与"农家经济结余表"中的数字有出入,结合附表第二十一表"财产价格变动引起的盈亏",译者推测应更正为"(-)12.67"。

所得收入的组成部分一览表

(单位:圆)

农户及收入类型	收入来源	棉花	高粱	粟	旱稻	大豆	其他豆类	蔬菜	茎秆类(花生)	畜牧收入	加工品	财产利用收入	出租及俸禄收入	杂收入	合计	补助及获赠现金	总计	各项目百分比
自耕农(9户)平均	现金所得的收入	566.22	65.92	211.47	4.89	11.02	23.14	5.45	123.06	270.00	234.03	142.65	96.66	0.61	1,785.11	39.91	1,825.02	69.3%
	生产及收获货物品家计费	—	430.51	5.30	24.50	35.26	5.72	76.26	112.56	53.29	2.22	61.95	—	—	807.56	—	807.56	30.7%
	计(所得的总收入)	596.22	496.43	216.77	26.40	46.27	28.86	81.71	235.62	323.29	236.25	204.95	96.66	0.61	2,592.67	39.91	2,632.58	100.0%
自耕兼租佃农(6户)平均	现金所得的收入	327.01	46.95	136.72	11.42	0.23	23.21	86.58	69.73 (28.35)	175.82	—	9.25	104.86	2.68	1,025.85	12.67	1,038.51	69.3%
	生产及收获货物品家计费	—	413.46	16.51	14.13	28.49	6.58	84.83	89.04 (—)	37.47	—	28.70	—	—	621.22	—	621.22	30.7%
	计(所得的总收入)	327.01	365.45	153.23	25.54	28.72	29.79	171.41	158.78 (18.35)	213.29	—	37.95	104.86	2.68	1,647.07	12.67	1,659.73	100.0%
总平均(15户)平均	现金所得的收入	488.54	59.55	181.57	7.50	6.70	23.17	37.90	101.73 (11.34)	232.33	140.42	89.29	99.94	1.43	1,481.41	29.01	1,510.41	67.3%
	生产及收获物品的家庭预期收入	—	384.49	9.79	20.35	32.55	6.06	79.68	103.15 (—)	46.96	1.33	48.65	—	—	733.02	—	733.02	32.7%
	计(所得的总收入)	488.54	444.04	191.36	27.85	39.25	29.23	117.58	204.88 (11.34)	279.29	141.75	137.93	99.94	1.43	2,214.43	29.01	2,243.44	100.0%
所得的总收入比例(%)	自耕农	22.6	18.9	8.3	1.1	1.7	1.1	3.1	9.0	12.3	9.0	7.8	3.7	—	98.5	1.5	100.0	—
	自耕兼租佃农	19.7	22.0	9.2	1.5	1.7	1.8	10.3	9.6 (1.7)	12.9	—	2.3	6.3	0.2	99.2	0.8	100.0	—
	总计	21.8	19.8	8.5	1.3	1.7	1.3	5.3	9.1 (0.5)	12.4	6.3	6.1	4.5	0.1	98.7	1.3	100.0	—

注:在所得收入的组成方面,高粱、粟等的副产品,即茎秆没有包含在各个作物之中,而是作为茎秆类另设一栏。这是因为,在转入家计时一并列入茎秆类登记,难以区分。在生产费的调查中,副产品的数量根据产量计算。

第二　所得性支出结构

自耕农户均所得性支出为 1,148 圆 79 钱,各项目依次如下:其中饲料费最多,为 238 圆 47 钱(20.8%),家畜费为 218 圆 82 钱(19.0%),工钱为 200 圆 21 钱(17.4%),原料加工费为 168 圆 88 钱(14.7%),肥料费为 139 圆 67 钱(12.2%)。

自耕兼佃农户均所得性支出为 720 圆 67 钱,从各项目顺序来看,地租最多,为 183 圆 45 钱(25.5%),工钱为 85 圆 59 钱(11.9%),负债利息为 55 圆 35 钱(7.7%),家畜费为 55 圆 53 钱(7.4%)。

总体平均来看,农家户均所得性支出为 977 圆 55 钱,各项支出依次为:饲料费居首,为 215 圆 78 钱(22.1%),工钱为 154 圆 36 钱(15.8%),家畜费为 152 圆 71 钱(15.6%),原料加工费为 101 圆 33 钱(10.4%),肥料费为 98 圆 59 钱(10.1%),地租为 76 圆 51 钱(7.8%)。

所得性支出表　　　　　　　　　　　　　　　　　　　　(单位:圆)

	自耕农 (9 户平均)	自耕兼佃农 (6 户平均)	总平均 (15 户平均)	项目比率(%)		
				自耕农	自耕兼佃农	总平均
肥料费	139.67	36.98	98.59	12.2	5.1	10.1
饲料费	238.47	181.76	215.78	20.8	25.2	22.1
种苗费	24.40	37.55	29.66	2.1	5.2	3.0
家畜费	218.82	53.53	152.71	19.0	7.4	15.6
机具费	22.63	12.22	18.47	2.0	1.7	1.9
原料加工费	168.88	—	101.33	14.7	—	10.4
各种材料费	22.59	7.78	16.67	2.0	1.1	1.7
药剂费 (煤电费)	2.93 (1.74)	0.80 (—)	2.08 (1.05)	0.3 (0.2)	0.1 (—)	0.2 (0.1)
工钱	100.2	85.59	54.36	17.4	11.9	15.8
负债利息	39.50	53.35	45.84	3.4	7.7	4.7
借款及手续费	3.80	8.68	5.75	0.3	1.2	0.6
地租	3.22#	184.55	76.51	0.5	25.5	7.8
捐税	39.70	16.55	30.44	3.4	2.3	3.1
建筑费	12.87	5.97	10.11	1.1	0.8	1.0
杂项支出	7.35	34.47	78.20	0.6	4.8	1.9
拟制支出	—	—	—	—	—	—
合计	1,148.79	720.67	977.55	100.0	100.0	100.0

备注:拟制支出指将以实物形式获得的地租或工钱报酬虚拟性地作为采购品处理而进行的支出,本屯没有

符合该项的支出。

第三　家计费结构

自耕农户均家计费为 1,435 圆 10 钱,分项来看,伙食费最多,为 842 圆 31 钱,占总额的 58.7%,其次为服装及日常用品费,为 185 圆 26 钱(12.9%),接下来是煤电费 143 圆 34 钱(10.0%),婚丧费 114 圆 71 钱(8.0%)。

下面从家计费中的现金支出和生产及收得实物转入家计来进行分析。前者为 627 圆 54 钱,后者为 807 圆 56 钱,分别占家计费总额 1,435 圆 10 钱的 43.7% 和 56.3%。

自耕兼佃农户均家计费为 1,137 圆 57 钱,分项结构为伙食费居首,为 696 圆 12 钱,占总额的 58.8%,其次服装及日常用品费 164 圆 03 钱(14.4%),煤电费 116 圆 29 钱(10.2%),婚丧费 62 圆 38 钱(5.5%)。

从现金支出和生产及收得实物转入家计来看,前者为 516 圆 35 钱,后者为 621 圆 22 钱,分别占家计费总额 1,137 圆 57 钱的 45.4% 和 54.6%。

总体平均而言,农家户均家计费为 1,316 圆 08 钱,其中伙食费所占比重最大,为 773 圆 04 钱,占总额的 58.7%,其次主要是服装及日常用品费 176 圆 77 钱(13.4%),煤电费 132 圆 52 钱(10.1%),婚丧费 93 圆 78 钱(7.1%)。

另外,从现金支出和生产及收得实物转入家计来看,前者为 583 圆 06 钱,后者为 733 圆 02 钱,分别占家计费总额 1,316 圆 08 钱的 44.3% 和 55.7%。

详见下表。

家计费表

（单位：圆）

各项目类别	各费项目	饮食费 主食	副食	调味料	零食	小计	服装及活用品费	居住费	家具费	光热费	保健卫生费	教育费	娱乐费	交际费	婚丧嫁娶费	承包费	杂费	合计	家计各项费用占总额比例（%）
自耕农（9户平均）	家计现金支出	110.94	53.95	29.12	15.25	209.26	185.26	10.83	13.93	30.79	13.47	3.24	0.47	25.09	114.71	1.00	19.51	627.54	43.7
	生产及收得实物转入家计	460.31	163.30	9.44	—	633.05	—	61.95	—	112.56	—	—	—	—	—	—	—	807.56	56.3
	计	571.25	217.25	38.57	15.25	842.31	185.26	72.77	13.93	143.34	13.47	3.24	0.47	25.09	114.71	1.00	19.51	1,435.10	100.0
自耕兼租佃农（6户平均）	家计现金支出	87.22	40.12	19.36	18.95	165.65	164.03	4.03	14.91	27.24	16.53	5.73	1.48	39.93	62.38	0.43	14.02	516.35	45.4
	生产及收得实物转入家计	346.10	147.37	10.00	—	503.47	—	28.70	—	89.05	—	—	—	—	—	—	—	621.22	54.6
	计	433.32	187.49	29.36	18.95	669.12	164.03	32.72	14.91	116.29	16.53	5.77	1.48	39.39	62.38	0.43	14.02	1,137.57	100.0
总平均（15户平均）	家计现金支出	101.45	48.42	25.22	16.73	191.82	176.77	8.11	14.32	29.37	14.69	4.24	0.87	31.02	93.78	0.77	17.31	583.06	44.3
	生产及收得实物转入家计	414.63	156.93	9.67	—	581.22	—	48.65	—	103.15	—	—	—	—	—	—	—	733.02	55.7
	计	516.08	205.35	34.89	16.73	773.04	176.77	56.75	14.32	132.52	14.69	4.24	0.87	31.02	93.78	0.77	17.31	583.06	44.3
各家计费费目占比（%）	自耕农	39.8	15.1	2.7	1.1	58.7	12.9	5.1	1.0	10.0	0.9	0.2	—	1.7	8.0	0.1	1.4	100.0	—
	自耕兼租佃农	38.1	16.5	2.6	1.6	58.8	14.4	2.9	1.3	10.2	1.5	0.5	0.2	3.5	5.5	—	1.2	100.0	—
	总平均	39.2	15.6	2.6	1.3	58.7	13.4	4.3	1.1	10.1	1.1	0.3	0.1	2.4	7.1	0.1	1.3	100.0	—

第四　财产性收入及支出结构

(一)财产性收入结构

自耕农户均财产性收入为 981 圆 09 钱,其中比重最大的为借款 493 圆 29 钱,占总额的 50.3%,其次主要是应付账款 203 圆 20 钱(20.7%),土地出让 161 圆 11 钱(16.4%)。

自耕兼佃农户均财产性收入为 987 圆 18 钱,其中比重最大的是借款 652 圆 13 钱,占总额的 66.1%,其次主要是账款回收 183 圆 43 钱(14.1%),大型家畜出让 92 圆 50 钱(9.3%)。

总体平均来看,农家户均财产性收入为 983 圆 53 钱,其中借款为 556 圆 83 钱,占总额的 56.6%,其次为应付账款 141 圆 34 钱(14.4%),土地出让 96 圆 67 钱(9.8%)。

详见下表:

财产性收入表　　　　　　　　　　　　　　　　　　　（单位:圆）

		自耕农 (9 户平均)	自耕兼佃农 (6 户平均)	总平均 (15 户平均)	比率(%)		
					自耕农	自耕兼佃农	总平均
固定资产	土地(出让)	161.11	—	96.67	16.4	—	9.8
	建筑(出让)	—	—	—	—	—	—
	大型动物(出让)	18.78	92.50	48.27	1.9	9.3	4.9
	大型机具(出让)	—	—	—	—	—	—
准备金	账款(回收)	37.78	138.43	90.04	5.9	1.41#	9.2
	应收账款(收取)	46.94	55.57	50.39	4.8	5.6	5.1
负债	借款(借入)	493.29	652.13	556.83	30.3	66.1	56.6
	应付款(赊买)	203.20	48.33	141.34	20.7	4.9	14.4
财产性收入合计		981.09	987.18	983.53	100.0	100.0	100.0

(二)财产性支出结构

自耕农户均财产性支出为 1,026 圆 28 钱,其中比重最大的是偿还借款 394 圆 10 钱(38.4%),其次为未收款赊卖 255 圆 15 钱(24.9%),新建建筑 123 圆 74 钱(12.0%),支付应付账款 123 圆 04 钱(12.0%)。

自耕兼佃农户均财产性支出为 774 圆 05 钱,其中比重最大的是偿还借款 314 圆 90 钱,占总额的 40.8%,其次主要是未收款赊卖 209 圆 91 钱(18.3%),土地出让 131 圆 67 钱(17.0%)。

总体平均来看,农家户均财产性支出为 892 圆 39 钱,其中比重最大的是偿还借款 362 圆 43 钱,占总额的 39.2%,其次主要是未收款赊卖 209 圆 85 钱(22.7%),支付应付账款 86 圆 05 钱(9.3%)。新建建筑 74 圆 25 钱(8%)。

详见下表：

财产性支出表

（单位：圆）

| | | 自耕农
（9 户平均） | 自耕兼佃农
（6 户平均） | 总平均
（15 户平均） | 比例（%） | | |
					自耕农	自耕兼佃农	总平均
固定资产	土地（购入）	—	131.67	52.67	—	17.0	5.7
	建筑（新建）	123.74	—	74.25	1.20	—	8.0
	大型动物（购入）	47.22	62.00	53.13	4.6	8.0	5.7
	大型机具（购入）	73.59	26.33	34.69	7.2	3.4	5.9
贷款（贷出）		9.44	66.67	32.33	0.9	8.6	3.5
未收款（赊卖）		255.15	141.91	209.85	24.9	18.3	22.7
借款（偿还）		394.10	314.90	362.43	38.4	40.8	39.2
账款（支付）		123.04	30.57	86.05	12.0	3.9	9.3
财产性支出合计		1,026.28	774.01	925.39	100.0	100.0	100.0

第四节　农业经营结算

下面,仅将农家主要所得经济的一个方面——农业经济作为对象进行核算。

第一　作为农家经济经营的农业经营统计

作为农家经济经营的农业经营是指包括所拥有的土地、资本和家庭农业劳动力的综合运营情况,从农业毛收入中扣除农业经营费计算而来。农业纯收入是指自耕地、所拥有的资本以及家庭农业劳动力三者所得的报酬。

一、农业毛收入

自耕农户均农业毛收入为 2,120 圆 37 钱,占毛收入 2,642 圆 83 钱的 80.2%。从农业毛收入的结构来看,其中比重最大的棉作物种植收入为 592 圆 22 钱,占总农业毛收入的 28.1%,其次为高粱作物种植收入 484 圆 65 钱(22.9%),家畜养殖收益 326 圆 07 钱(15.4%)。粟类作物种植收益 239 圆 02 钱(11.3%),茎秆类作物种植收入 235 圆 62 钱(11.1%),其他作物收益金额都很小。

自耕兼佃农户均农业毛收入为 1,512 圆 04 钱,相当于总毛收入 1,670 圆 19 钱的 90.5%。从农业毛收入的结构来看,其中比重最大的高粱作物种植收入为 340 圆 95 钱,相当于总农业毛收入的 22.6%,其次为棉作物种植收益 327 圆 01 钱(22.9%),家畜养殖收益 223 圆 46 钱

（14.9%），粟类作物种植收益 181 圆 23 钱（12.0%），蔬菜种植收益 171 圆 41 钱（11.3%），茎秆类作物种植收益 158 圆 78 钱（10,5%），其他作物收益金额都很小。

总体平均来看，户均农业毛收入为 1,877 圆 04 钱，占总毛收入 2,253 圆 77 钱的 83.3%。从农业毛收入的结构来看，其中比重最大的棉作物种植收益为 488 圆 54 钱，占总农业毛收入的 26.0%，其次为高粱作物种植收益 427 圆 18 钱（22.8%），家畜养殖收益 285 圆 82 钱（15.2%），粟类作物种植收益 215 圆 91 钱（11.5%），茎秆类作物种植收益 204 圆 88 钱（10.9%），蔬菜种植收益 117 圆 58 钱（6.3%），其他作物收益金额都很小。

另外，就耕地亩均农业毛收入而言，自耕农为 34 圆 89 钱，自耕兼佃农为 37 圆 80 钱，总平均额为 35 圆 78 钱。

详见下表。

农业毛收入表

（单位：圆）

各类别	各项目	棉花	高粱	粟	旱稻	大豆	其他豆	蔬菜	茎秆类（花生）	畜收入	加工品	财产利用收入	出租及佣赁收入	杂项收入	合计	补助及获赠现金	总计	各项目在毛收入中占比（%）	每亩耕地的经营情况 农业毛收入	耕地面积	每亩耕地的农业毛收入
自耕农（9户平均）	所得的总收入	596.22	496.43	216.77	29.40	46.27	28.86	81.71	235.62	323.29	236.25	204.59	96.63	0.61	2,592.67	39.91	2,632.58	99.6	—	—	—
	未出售物品增加额	—	-11.88	22.25	10.62	-13.61	—	—	—	—	—	—	—	—	7.47	—	7.47	0.3	—	—	—
	固定财产增加额	—	—	—	—	—	—	—	—	2.78	—	—	—	—	2.78	—	2.78	0.1	—	—	—
	计（毛收入）	596.22	484.65	239.02	40.02	32.66	28.86	81.71	235.62	326.07	236.25	204.59	96.63	0.61	2,602.92	39.91	2,642.83	100.0	—	—	—
	农业外毛收入	—	—	—	—	—	—	—	—	—	180.69	204.59	96.63	0.61	482.55	39.91	522.46	19.8	—	—	—
	差额（农业毛收入）	596.22	484.65	239.02	40.02	32.66	28.86	81.71	235.62	326.07	55.56	—	—	—	2,120.37	—	2,120.37	80.2	2,120.37	60.77	34.89
自耕兼佃租农（6户平均）	所得的总收入	327.01	365.45	153.23	25.54	28.72	29.79	171.41	158.78（28.35）	213.29	—	37.95	104.86	2.68	1,647.07	12.67	1,659.73	99.4	—	—	—
	未出售物品增加额	—	-24.30	28.00	-3.89	-1.33	—	—	—	—	—	—	—	—	-1.71	—	-1.71	-0.1	—	—	—
	固定财产增加额	—	—	—	—	—	—	—	—	12.17	—	—	—	—	12.17	—	12.17	0.7	—	—	—
	计（毛收入）	327.01	340.95	181.23	21.65	27.39	29.79	171.41	158.78（28.35）	225.46	—	37.95	104.86	2.68	1,657.53	12.67	1,670.19	100.0	—	—	—
	农业外毛收入	—	—	—	—	—	—	—	—	—	—	37.95	104.86	2.68	145.49	12.67	158.16	0.95	—	—	—
	差额（农业毛收入）	327.01	340.95	181.23	21.65	27.39	29.79	171.41	158.78（28.35）	225.46	—	—	—	—	1,512.04	—	1,512.04	90.5	1,512.04	40.00	37.80

续表

自耕租佃类别	各类别/各项目	棉花	高粱	粟	旱稻	大豆	其他豆	蔬菜	茎秆类(花生)	畜牧收入	加工品	财产利用收入	出租及俸禄收入	杂项收入	合计	补助及获赠现金	总计	各项目在毛收入中占比(%)	每亩耕地的经营情况		
																			农业毛收入	耕地面积	每亩耕地的农业毛收入
总平均(15户平均)	所得的总收入	488.54	444.04	191.36	27.85	39.25	29.23	117.58	204.88 (11.34)	279.29	141.75	137.93	99.94	1.43	2,214.43	29.01	2,243.44	99.5	—	—	—
	未出售物品增加额	—	−16.86	24.55	4.82	−8.70	—	—	—	—	—	—	—	—	3.80	—	3.80	0.2	—	—	—
	固定财产增值额	—	—	—	—	—	—	—	—	6.53	—	—	—	—	6.53	—	6.53	0.3	—	—	—
	计(毛收入)	488.54	427.18	215.91	32.67	30.55	29.23	117.58	204.88 (11.34)	285.82	141.75	137.93	99.94	1.43	2,224.76	29.01	2,233.77	100.0	—	—	—
	农业外毛收入	—	—	—	—	—	—	—	—	—	108.42	137.93	99.94	1.43	347.72	29.01	376.73	16.7	—	—	—
	差额(农业毛收入)	488.54	427.18	215.91	32.67	30.55	29.23	117.58	204.88 (11.34)	285.82	33.33	—	—	—	1,877.04	—	1,877.04	83.3	1,877.04	52.46	35.78
各经营部门占农业毛收入的比例(%)	自耕农	28.1	22.9	11.3	1.9	1.5	1.4	3.8	11.1	15.4	2.6	—	—	—	100.0	—	100.0	—	—	—	—
	自耕兼租佃农	21.6	22.6	12.0	1.4	1.8	2.0	11.3	10.5 (1.9)	14.9	—	—	—	—	100.0	—	100.0	—	—	—	—
	总平均	26.0	22.8	11.5	1.7	1.6	1.6	6.3	10.9 (0.6)	15.2	1.8	—	—	—	100.0	—	100.0	—	—	—	—

二、农业经营费

户均农业经营费为,自耕农 949 圆 38 钱,占总所得性支出 1,185 圆 54 钱的 80.1%,其分项结构为:工钱所占比重最大,达到 274 圆 06 钱,占总额的 28.9%,其次为饲料费 238 圆 47 钱(25.1%),家畜费 238 圆 47 钱(25.1%),其余均为小额开支。

自耕兼佃农户均农业经营费为 655 圆 87 钱,占总所得性支出 747 圆 69 钱的 87.7%,其分项结构为:地租所占比重最大,为 183 圆 45 钱,占总额的 28.0%,其次为饲料费 168 圆 97 钱(25.8%),工钱 122 圆 94 钱(18.7%),其余均为小额开支。

综上所述,农家户均农业经营费为 831 圆 98 钱,占总所得性支出 1,010 圆 41 钱的 82.3%,其分项结构为:工钱位居第一,为 213 圆 61 钱,占农业经营费的 25.7%,其次饲料费为 210 圆 66 钱(25.3%),家畜费 156 圆 71 钱(18.8%),其余均为小额开支。地租 76 圆 51 钱(9.2%),肥料费 47 圆 99 钱(5.8%),种苗费 29 圆 66 钱(3.6%),捐税 26 圆 78 钱(3.2%),机具费 24 圆 19 钱(2.9%),各种材料费 16 圆 67 钱(2.1%),建筑费 14 圆 76 钱(1.8%),杂项支出 8 圆 33 钱(1.0%),药剂费 3 圆 13 钱(0.4%),借款及手续费 2 圆 99 钱(0.4%)等等。

就耕地亩均农业经营费而言,自耕农为 15 圆 62 钱,自耕兼佃农为 16 圆 40 钱,总平均额为 15 圆 86 钱。

详见下表。

农业经营费表

（单位：圆）

类别	项目	肥料费	饲料费	种苗费	家畜费	机具费	原料加工费	各种材料费	药剂费	工钱	负债利息	租借及费用	地租	赋税	建筑费	杂项支出	假定支出	合计	各项目在成本中占比(%)	农业经营费（每亩耕地的）	耕地面积	农业毛收入
自耕兼租佃（9户平均）	所得的总支出（支付数额）	139.60	238.47	24.40	218.82	22.63	168.88	22.59	4.67	275.39	39.50	3.80	5.22	39.70	12.87	7.35	—	1,223.79	103.2	—	—	—
	买进物品减少额	-84.33	—	—	—	—	—	—	—	—	—	—	—	—	—	—	—	-84.33	-7.1	—	—	—
	固定支出数额	—	—	—	19.44	6.96	—	—	—	—	—	—	—	—	19.50	—	—	45.90	3.9	—	—	—
	计（成本）	55.34	238.47	24.40	238.26	29.60	168.88	22.59	4.67	275.39	39.50	3.80	5.22	39.70	32.37	7.35	—	1,185.54	100.0	—	—	—
	农业外所得的成本	—	—	—	—	—	168.88	—	—	1.33	39.50	3.41	—	6.10	16.94	—	—	236.16	19.9	—	—	—
	差额（农业经营费）	55.34	238.47	24.40	238.26	29.60	—	22.59	4.67	274.06	—	0.39	5.22	33.60	15.44	7.35	—	949.38	80.1	949.38	60.77	15.62
自耕兼租佃农（6户平均）	所得的总支出（支付额）	36.98	181.76	37.55	53.53	12.22	—	7.78	0.80	122.94	55.35	8.68	183.45	16.55	5.97	34.47	—	758.02	101.4	—	—	—
	买进物品减少额	—	-12.79	—	-30.50	—	—	—	—	—	—	—	—	—	—	—	—	-43.29	-5.8	—	—	—
	固定支出数额	—	—	—	11.33	3.86	—	—	—	—	—	—	—	—	17.77	—	—	32.96	4.4	—	—	—
	计（成本）	36.98	168.97	37.55	34.36	16.08	—	7.78	0.80	122.94	55.35	8.68	183.45	16.55	23.74	34.47	—	747.69	100.0	—	—	—
	农业外所得的成本	—	—	—	—	—	—	—	—	—	55.35	1.80	—	—	10.00	24.67	—	91.82	12.3	—	—	—
	差额（农业经营费）	36.98	168.97	37.55	34.36	16.08	—	7.78	0.80	122.94	—	6.88	183.45	16.55	13.75	9.80	—	655.87	8.77	655.87	40.00	16.40

续表

各费目 / 各项目 / 类别	肥料费	饲料费	种苗费	家畜费	机具费	原料加工费	各种材料费	药剂费	工钱	负债利息	租借及费用	地租	赋税	建筑费	杂项支出	假定支出	合计	各项目在成本中占比(%)	农业经营费(每亩耕地)	耕地面积	每亩耕地的农业毛收入
总平均(15户平均) 所得的总支出(支付数额)	98.59	215.78	29.66	152.71	18.47	101.33	16.67	3.13	214.41	45.84	5.75	76.51	30.44	10.11	18.20	—	1,037.60	102.7	—	—	—
买进物品减少额	-50.60	-5.12	—	-12.20	—	—	—	—	—	—	—	—	—	—	—	—	-67.92	6.7	—	—	—
固定支出数额	—	—	—	16.20	5.72	—	—	—	—	—	—	—	—	18.81	—	—	40.77	4.0	—	—	—
计(成本)	47.99	210.66	29.66	156.71	24.19	101.33	16.67	3.13	214.41	45.84	5.75	76.51	30.44	28.92	18.20	—	1,010.41	100.0	—	—	—
农业外所得的成本	—	—	—	—	—	101.33	—	—	0.80	45.84	2.76	—	3.66	14.16	9.87	—	178.42	17.7	—	—	—
差额(农业经营费)	47.99	210.66	29.66	156.71	24.19	—	16.67	3.13	213.61	—	2.99	76.51	26.78	14.76	8.33	—	831.98	82.3	831.98	52.46	15.86
各农业经营所占比例(%) 自耕农	5.8	25.1	2.6	25.1	3.1	—	2.4	0.5	28.9	—	0.0	0.6	3.5	1.6	0.8	—	100.0	—	—	—	—
自耕兼租佃农	5.6	25.8	5.7	5.2	2.5	—	1.2	0.1	18.7	—	1.0	28.0	2.5	2.1	1.5	—	100.0	—	—	—	—
总平均	5.8	25.3	2.6	18.8	2.9	—	2.1	0.4	25.7	—	0.4	9.2	3.2	1.8	1.0	—	100.0	—	—	—	—

三、农业纯收益

就户均农业纯收益而言,自耕农为1,170圆99钱,自耕兼佃农为856圆17钱,总平均额为1,045圆06钱。

从对农业毛收入的百分比来看,自耕农为55.2%,自耕兼佃农为56.6%,在总平均中占55.7%。

耕地亩均农业纯收益,自耕农为19圆27钱,自耕兼佃农为21圆40钱,总平均额为19圆92钱。

详见下表。

收支＼农户		自耕农(9户平均)	自耕兼佃农(6户平均)	总平均(15户平均)	占农业毛收入比例(%)		
农业毛收入		2,120.37	1,512.04	1,877.04	100.0	100.0	100.0
农业经营费		949.38	655.87	831.98	44.8	43.4	44.3
差额(农业纯收益)		1,170.99	856.17	1,045.06	55.2	56.6	55.7
耕地亩均农业纯收益	农业纯收益	1,170.99	856.17	1,045.06	—	—	—
	耕地面积	60.77	40.00	52.46	—	—	—
	耕地亩均农业纯收益	19.27	21.40	19.92	—	—	—

第三章　总结

　　农村经济近来发生了重大变化。为了弄清楚其动态,完成农产业扩充计划的使命而开展了本次调查。如前所述,本稿始于 8 月份,因此与农家经济年度不一致。尽管如此,我们认为还是可以从统计结果中略知其详。

　　本县作为南满代表性地区,在农村结构及农家经营经济方面与北满显著不同,当然,与南满其他地方相比也存在着一些差异。即,从全县情况来看,作为增产作物的棉花约占总种植面积的 10%,是凌驾于盖平、海城之上的南满主要棉作物产区。

　　因此,农家经济尤其依赖于唯一的商品作物棉花。

　　本屯尤其如此。本屯位于本县棉作物适种区,因此如上所述,全屯棉花种植比例为42.3%。作为自给作物,高粱、粟等其他作物仅为了满足自给自足的需求而种植。所以,棉花在本屯农家经营中占有举足轻重的地位,其收成的好坏或经营的难易甚至会直接影响到农家的收入。

　　本屯有 72 户农家,从户数结构来看,是本地区的标准村庄。其中 89% 为农业者,剩下的11% 为非农业者。自耕农占 72%,自耕兼佃农占 23%,佃农仅占 5%,易于全面了解到本屯的经营是否稳健。而北满地区则不同。在北满地区,少数地主拥有大量土地,耕作土地的是为数众多的佃农及围绕在周围的劳动者大军。这些人群在这里却一鳞半爪也看不到。

　　从本屯户均经营面积来看,自耕农(46 户)平均为 37.1 亩,自耕兼佃农(15 户)为 59.3 亩,佃农(3 户)为 12.0 亩,总平均面积为 41.1 亩。基本上都是由自家劳动力经营,由此可以看出,根据现有经营及技术水平,本地的经营面积一般为 4—5 天地。

　　就劳动力而言,基本上是依靠自家劳动力。棉花作业中存在一些雇佣女工的现象。棉花这些普通作物劳动量不大,所以利用妇女作为劳动力是本地农业经营的特点。可以说,得以将满洲农村认为是没有生产能力的妇女劳动力用于农业是本地相当大的优势。

　　从作物来看,仅次于棉花的是高粱,占 32.5%,粟占 14.2%,大豆占 5.4%,玉米、旱稻基本上没有,瓜类占 3.0%,另有小部分其他作物。高粱全部作为主食,基本上都是按自身需求种植,没有商品化。虽然粟有部分商品化,但可以说本屯商品作物只有棉花。

　　本屯的耕畜包括马 11 匹、骡子 26 头、驴 14 头、牛 12 头,共计 63 头,农业生产者户均 1 头,耕作面积为 5 天地多。

　　养猪也和农家的经营关系密切。猪的总头数为,成猪 267 头、幼猪 149 头,户均拥有成猪 4头、幼猪 2 头。单位经营面积的饲养头数是北满的数倍,现在农家由于谷物、糠和残渣不足而购买饲料的现象多有发生。

以上是本屯农业经营概况。经过总结和考察,可以说本屯已经摆脱了北满地区的经营方式,不再是偏重劳动力的粗放式经营,而是依靠自家劳动力的集约型农业,走上了相当先进的经营之路。

本屯农业生产者中,自耕农 9 户,自耕兼佃农 6 户,共 15 户。下面,大致介绍一下本屯农家经济调查统计的结果。

由于受到各种条件的制约,很难说选定的调查农家是平均性的农家样本。但是我们确信,从 15 户的调查结果中可以全面了解到本地区农家的经济状态。

就家庭结构而言,没有像北满那样 40—50 人的大家庭,最大的家庭为 27 人,平均不足 10 人。辅助性从事农业劳动的女性家庭成员的人数多于被赡养女性家庭成员的人数,由此可以推知,这些女性家庭成员与农业经营保持着密切的联系,老人及儿童之外的人群几乎都从事农耕。

以长工形式雇佣了年工(雇佣期 6 个月以上者)的仅有 2 户,以月工形式雇佣女工进行棉花作业的有 6 户,可以说雇佣劳动力大部分是依靠女工。

年初各农家的财产最多为 77,000 圆,最少为 1,200 圆,平均 9,300 圆,可以看出是比较小康的。

耕作面积的具体情况是,自耕农 6 天地,自耕兼佃农 4 天地,平均 5.2 天地,基本上是依靠自家劳动力进行耕作。

种植面积比例与本屯的平均情况有些出入,高粱居首,占 34.2%,棉花占 32.4%,粟占 18.5%。

就农家经济结算而言,在户均农家收入方面,自耕农远远高于自耕兼佃农。这是因为自耕农中有 1 户进行的是大规模经营,而自耕兼佃农因地租负担而减少了收入。总平均一般为 1,200 圆前后,与北满相比,农家收入还存在着相当大的差距。

家计费户均 1,000 多圆,人均 200 余圆,其中大部分为现金支出。最近,由于生活必需品价格猛涨,现金支出的比重当然也水涨船高。

农家经济结余的情况是,自耕农为盈利(97 圆),自耕兼佃农为亏损(178 圆),平均为 12 圆的亏损。这种亏损是由于自耕兼佃农的地租负担增加而引起的。

就农家经济成果结构(即所得性收入、所得性支出、家计费、财产性收入及支出结构)而言,如前文所述,并没有特殊之处。

下面来看一看农业经营的结算。这里仅核算了农家经济经营(没有计算农业企业经济经营),就此而言,农业毛收入中,比重最大的是棉作物收益,其次是高粱、养猪收益等。由于高粱基本上是用于家计,因此只有实物报价,并没有现金收入。即,作为农家现金收入的手段,棉花和养猪在这些农家中占有重要地位。

从农业经营费来看,对自耕农而言,最大的支出是工钱支出,其次为饲料费。对自耕兼佃农而言,高居第一的是地租,其余依次为饲料费、工钱支出。总体看来,依次为工钱、饲料费、家畜费、地租。北满农家的经营费基本上只有工钱和地租,而本屯的情况是,与其他经营费相比,工钱等开支较大。

就农家纯收益而言,自耕农、自耕兼佃农两者均占毛收入的 55%,亩均约 20 圆,经营成果较为可观。

综合以上情况来看,本年度各农家经营状况都不错,这是因为依靠自家劳动力的自耕经营农家居多。与此不同的是,对雇佣劳动力的依赖及佃耕经营侵蚀了北满地区大部分的毛收入。

就本屯情况而言,棉作物收益对农家经济影响巨大,所以品种改良、栽培技术的提高、经营的合理化、收购价格等都会直接影响到农家的经济状态。

最近,农村亟待解决的问题堆积如山,首要的任务是引进新的耕作技术,同时指导农家改进经营也迫在眉睫。

农村已经到了摆脱数百年来固守的旧习,走上新的发展道路的时候。但是,要真正依靠自己的力量觉醒尚需时日,因此,在现在这个提倡快速增产的时代,尽快给予适当的指导是必不可缺的。

附 本调查的统计方法

一、农家经济的基础

(一)家庭结构

首先按照年龄统计本年度初的家庭成员人数,然后再按照从事工作的类别分类如下:

从事农业者分为主要从事农业者(即不考虑劳动效率的劳动天数全年超过100天者)和辅助性从事者(即不考虑劳动效率的劳动天数全年不满100天者);不从事农业者分为主要兼顾家务者、外出者和被赡养者。长工的分类为,年工指合同期6个月以上的雇佣劳动者,月工指合同期6个月以下半个月以上的雇佣劳动者。

(二)农家财产结构

年初财产分类如下:

农家纯财产=积极财产-负债(消极财产)

  =(固定财产+流动财产+现金及准现金)-负债

  ={(土地+建筑+大型植物+大型动物+大型机具)+(准实物+实物)+(现金+准现金)}-负债

1.准实物包括小植物、小动物和小机具等。

2.实物包括待售实物、购入实物、中间产品等。

3.准现金包括贷款、应收账款、订金等。

(三)农业经营地结构及经营概况

旱地、宅基地、沼泽地按自有和地租分类进行统计,耕作面积按作物种类分类。

二、农家经济结算

(一)农家收入

毛收入=所得性总收入+(固定结余财产增额+流动结余财产增额)

所得性总收入包括所得性现金收入、生产及收得实物转入家计的收入。

所得性支出=所得性总支出+(固定耗材折旧额+流动耗材减少额)+伙食支出

农家所得=毛收入-所得性支出

(二)家庭负担家计费

家族负担家计费=家计费-伙食支出

家计费包括现金家计支出、生产及收得实物转入家计支出。

(三) 农家经济结余

农家经济结余 = 农家所得 – 家庭负担家计费

(四) 农家纯财产增加额

农家纯财产增加额 = 翌年初 (即本年度末) 财产 – 本年度初财产

(五) 资产价格变动引起的盈亏

资产价格变动引起的盈亏 = 农家纯财产增加额 – 农家经济结余

三、农家经济成果结构

(一) 所得性收入结构

所得性收入 = 棉花 (现金所得性收入、生产及收得实物转入家计收入) + 高粱 (现金所得性收入、生产及收得实物转入家计收入) + 粟 (现金所得性收入、生产及收得实物转入家计收入) + 旱稻 (现金所得性收入、生产及收得实物转入家计收入) + 大豆 (现金所得性收入、生产及收得实物转入家计收入) + 其他豆类 (现金所得性收入、生产及收得实物转入家计收入) + 蔬菜 (现金所得性收入、生产及收得实物转入家计收入) + 茎秆类作物 (落花生等) (现金所得性收入、生产及收得实物转入家计收入) + 畜产品 (现金所得性收入、生产及收得实物转入家计收入) + 加工品 (现金所得性收入、生产及收得实物转入家计收入) + 财产利用收入 (现金所得性收入、生产及收得实物转入家计收入) + 薪金及俸禄收入 + 杂项收入 + 补助金及受赠现金

(二) 所得性支出结构

所得性支出 = 肥料费 + 饲料费 + 种苗费 + 家畜费 + 机具费 + 原料加工费 + 各项材料费 + 药剂费 + 煤电费 + 工钱 + 负债利息 + 借款及手续费 + 地租 + 捐税 + 建筑费 + 杂项支出 + 拟制支出

拟制支出是指将以实物形式获得的地租或工钱作为采购品处理的所得性支出。

(三) 家计支出结构

家计支出 = 饮食费 (现金家计支出、生产及收得实物转入家计的支出) + 服装及日常用品费 (现金家计支出、生产及收得实物转入家计的支出) + 居住费 (现金家计支出、生产及收得实物转入家计的支出) + 家具家财费 (现金家计支出、生产及收得实物转入家计的支出) + 煤电费 (现金家计支出、生产及收得实物转入家计的支出) + 保健卫生费 (现金家计支出、生产及收得实物转入家计的支出) + 教育费 (现金家计支出、生产及收得实物转入家计的支出) + 修养娱乐费 (现金家计支出、生产及收得实物转入家计的支出) + 交际费 (现金家计支出、生产及收得实物转入家计的支出) + 婚丧费 (现金家计支出、生产及收得实物转入家计的支出) + 各种负担 (现金家计支出、生产及收得实物转入家计的支出) + 杂费 (现金家计支出、生产及收得实物转入家计的支出)

(四)财产性收入及支出结构

财产性收入＝土地出让+建筑物出让+大型植物出让+大型动物出让+大型机具出让+(贷款回收+应收账款回收)+(借款+赊买)

财产性支出＝土地购入+新建建筑+大型植物购入+大型动物购入+大型机具购入+(贷款+赊卖)+(偿还贷款+还账)

四、农业经营核算

(一)作为农家经济经营的农业经营核算

农业毛收入＝毛收入−农业外毛收入
　　　　　　＝(所得性总收入+待售实物增加额+固定结余财产增额)−(财产利用收入+工钱及俸禄收入+收得实物价额+其他农业外收入)

农业经营费＝所得性支出−农业外所得性支出
　　　　　　＝(所得性总支出+伙食支出额+购入实物减少额+固定耗材折旧额−{(农业外所得性支出+农业外购入实物减少额+农业外固定耗材折旧额)}−{(负债利息+农业负担之外捐税)+拟制支出}

1.本村本年度捐税都由耕地负担,所以全部由农业方面负担。
2.建筑费按照住宅和农用建筑的分类分别由农业及农业外负担。

农业纯收益＝农业毛收入−农业经营费

农家经济调查表(1—35 表)[①]

[①] 译者注:本页原文内容为农家编号、姓名及下列调查表中的文字勘误、注释,均为手写,字小且模糊,难以辨认,因译者在翻译过程中已经尽可能就原表中的勘误进行了修正,故此页省略不译。

一、农家经济调查附表

第一表　家庭结构

	男									女									合计
	1—5	6—10	11—15	16—20	21—40	41—50	51—60	61—	计	1—5	6—10	11—15	16—20	21—40	41—50	51—60	61—	计	
1	2	4	2	1	2	3	—	1	15	2	1	2	1	4	2	—	—	12	27
2	3	1	1	1	2	1	1	1	11	1	3	2	—	2	1	1	1	11	22
3	—	—	—	1	—	—	1	1	3	2	—	1	—	2	—	—	1	6	9
4	1	1	—	—	—	1	—	—	3	—	1	—	1	1	1	—	—	4	7
5	—	2	—	—	1	—	—	—	4	2	—	—	—	1	1	—	—	4	8
6	—	—	—	—	1	—	—	—	3	1	—	1	1	1	1	—	—	5	8
7	1	—	1	—	—	—	1	—	2	—	—	1	—	1	—	1	—	3	5
8	—	—	1	—	—	—	1	1	2	—	—	1	—	—	—	1	—	1	3
9	1	—	2	—	—	—	—	1	1	—	—	1	—	1	—	—	1	2	3
平均	0.78	1.00	0.56	0.22	0.78	0.89	0.22	0.44	4.89	0.89	0.67	0.67	0.55	1.33	0.56	0.33	0.33	5.33	10.22
10	1	1	—	1	2	1	—	—	6	—	1	1	—	2	—	1	—	5	11
11	—	1	—	1	—	2	1	1	3	—	—	1	1	2	2	1	—	3	6
12	—	3	—	—	—	—	—	—	1	1	—	1	1	1	—	—	—	3	4
13	—	2	1	—	2	1	—	—	5	—	—	1	1	—	1	—	—	2	7
14	1	—	2	1	—	1	—	—	3	—	2	1	1	—	1	—	—	5	8
15	1	1	2	1	—	1	1	—	6	1	—	—	1	—	1	—	1	4	10
平均	0.50	0.67	0.50	0.33	1.00	0.83	0.17	—	4.00	0.33	0.67	0.33	0.67	0.67	0.67	0.17	0.17	3.67	7.67
总平均	0.67	0.87	0.53	0.27	0.87	087	0.20	0.27	4.53	0.67	0.67	0.55	0.60	1.07	0.60	0.27	0.27	4.67	9.20

自耕农（行1—9）　自耕兼佃农（行10—15）

第一表　续

农户	编号	家庭成员														长工				
		从事农业者							不从事农业者							年工	月工			计
		主要从事者		辅助性从事者		小计			主要兼做家务者		抚养者		小计							
农户	编号	男	女	男	女	男	女	计	男	女	男	女	男	女	计		男	女	计	
自耕农	1	6	7	—	—	6	7	13	—	—	9	5	9	5	14	3	4	6	10	13
	2	3	5	—	—	3	5	8	2	—	6	6	8	6	14	—	—	1	1	1
	3	1	2	1	—	2	2	4	—	—	1	2	1	2	3	—	—	—	—	—
	4	1	3	—	—	1	3	4	—	—	2	1	2	1	3	—	—	1	1	1
	5	1	2	1	—	2	2	4	—	—	2	2	2	2	4	—	—	—	—	—
	6	2	3	—	—	2	3	5	—	—	1	2	1	2	3	—	—	1	1	1
	7	1	2	—	—	1	2	3	—	—	1	1	1	1	2	—	—	—	—	—
	8	1	1	—	—	1	1	2	—	—	—	2	—	2	2	—	1	—	1	1
	9	1	1	—	—	1	1	2	—	—	1	1	1	1	2	—	—	—	—	—
	平均	1.89	2.89	0.22	—	2.11	2.89	5.00	0.22	—	2.56	2.44	2.78	2.44	5.22	0.33	0.56	1.00	1.56	1.89
自耕兼佃农	10	2	3	—	—	2	3	5	1	—	3	2	4	2	6	—	1	2	3	3
	11	2	2	1	—	3	2	5	1	—	3	2	4	2	6	1	—	1	1	2
	12	1	2	—	—	1	2	3	—	—	—	1	—	1	1	—	—	—	—	—
	13	1	1	1	—	2	1	3	—	—	1	2	1	2	3	—	—	—	—	—
	14	1	2	—	—	1	2	3	—	—	2	2	2	2	4	—	—	—	—	—
	15	1	3	—	—	1	3	4	1	—	1	1	2	1	3	—	—	—	—	—
	平均	1.33	2.17	0.33	—	1.67	2.17	3.84	0.50	—	1.67	1.67	2.17	1.67	3.83	0.17	0.17	0.50	0.67	0.83
总平均	总平均	1.67	2.60	0.27	—	1.93	2.60	4.53	0.33	—	2.20	2.13	2.53	2.13	4.67	0.27	0.40	0.80	1.20	1.47

第二表　农家饮食成员人数表

		男 1—2	男 3—5	男 6—10	男 11—14	男 15—55	男 56—65	男 66—70	男 71—	男 计	女 1—2	女 3—5	女 6—10	女 11—14	女 15—55	女 56—65	女 66—70	女 71—	女 计（饮食人数）	合计
	换算率	0	0.20	0.50	0.30	1.00	0.85	0.50	—	计	0	0.15	0.35	0.55	0.70	0.60	0.40	0.20	饮食人数	
自耕农	1	0	0.20	2.00	—	8.00	—	0.55	10.75	***	—	0.30	0.35	0.55	5.60	—	—	—	6.80	17.55
	2	0	0.60	0.50	—	6.00	—	—	***	***	0	—	4.05	0.53	3.50	—	—	0.20	5.30	12.70
	3	0	—	—	—	2.00	—	—	—	2.00	0	0.15	—	0.55	1.40	—	0.40	—	2.50	4.80
	4	—	0.20	0.50	—	1.00	—	—	—	1.70	—	—	0.35	—	2.10	—	0.40	—	2.45	4.15
	5	0	—	1.00	—	2.00	—	—	—	3.00	0	0.15	—	—	1.40	—	—	—	1.55	4.55
	6	0	—	0.50	—	2.00	—	—	—	2.50	0	—	—	0.55	2.10	—	—	—	2.65	5.15
	7	—	0.20	—	—	1.00	—	—	—	3.00	—	—	0.35	—	1.40	—	—	—	1.75	2.95
	8	—	—	—	0.30	4.00	—	—	***	4.30	—	—	—	—	0.70	—	—	—	0.70	2.50
	9	0	—	0.50	—	—	0.85	—	***	0.85	0	—	—	—	0.70	—	0.40	—	1.10	1.95
	平均	0	0.13	0.50	0.09	2.56	0.08	0.06	***	5.5	0	0.07	0.23	0.24	2.10	—	0.09	0.02	2.76	6.26
自耕兼佃农	10	—	0.20	—	—	4.00	—	—	—	4.20	—	—	0.35	0.55	2.10	—	—	—	3.00	7.20
	11	—	—	—	—	***	***	—	***	***	—	0.15	—	—	1.40	—	—	—	1.55	4.40
	12	—	—	1.00	—	1.00	—	—	—	1.00	—	—	0.35	—	1.40	—	—	—	1.75	2.75
	13	—	—	—	0.80	***	—	—	***	***	—	—	—	—	1.40	—	—	—	1.40	5.40
	14	0	—	—	1.60	1.00	—	—	—	1.80	—	—	0.70	—	2.10	—	—	—	2.80	4.60
	15	0	—	0.50	—	3.00	—	—	—	4.10	—	0.15	—	—	1.40	—	—	0.20	1.75	5.85
	平均	0	0.03	0.25	0.40	2.17	0.14	—	—	2.99	0	0.05	0.23	0.09	1.63	—	—	0.03	2.04	5.03
	总平均	0	0.09	0.40	0.21	2.40	0.11	0.04	0.04	3.30	0	0.06	0.23	0.18	1.91	—	0.05	0.03	2.47	5.77

第二表　续

		其他	年工	年工	月工	日工	计	合计
		饮食换算人次数	饮食人数	饮食换算人次数	饮食换算人次数	饮食换算人次数	饮食换算人次数	饮食换算总天数
自耕农	1	6,405.8	3.00	610.0	571.5	203.2	1,384.5	7,790.3
	2	4,635.5	—	—	42.0	12.0	54.0	46,89.5
	3	1,752.0	—	—		15.0	15.0	1,772.0
	4	1,514.8	—	—	39.9	30.2	70.3	1,584.9
	5	1,660.8	—	—		13.5	13.5	1,674.3
	6	1,879.8	—	—	180.0	26.9	206.9	2,086.7
	7	1,076.8	—	—		＊＊＊	36.0	1,103.7
	8	212.5	—	—	16.8	5.0	21.8	234.3
	9	711.8	—	—		24.0	24.0	735.8
	平均	2,284.9	0.33	67.3	94.5	30.6	201.8	2,485.7
自耕兼佃农	10	2,600.3	—	—	166.0	71.5	477.3	3,077.6
	11	1,606.1	1.00	24.0	33.6	23.5	36.0	1,663.0
	12	1,003.8	—	—	—	28.0	22.6	1,025.8
	13	1,971.0	—	—	—	6.5	6.5	1,977.5
	14	1,672.0	—	—	—	37.5	37.5	1,716.5
	15	2,135.3	—	—		22.2	22.2	2,157.5
	平均	1,855.9	0.17	40.0	53.3	30.5	103.7	1,936.3
总平均		2,136.1	0.27	56.0	70.0	35.9	162.0	2,266.0

第三表　农家财产结构

类别	编号	固定财产						流动财产 准实物			
		土地	建筑	大型作物	大型牲畜	大型机具	计	小型作物	小动物	小型机具	小计
自耕农	1	67,240.00	3,337.31	—	1,610.00	407.50	72,594.81	—	1,420.00	209.45	1,629.54
	2	4,220.00	248.45	—	100.00	124.00	4,692.45	—	23.50	42.28	65.78
	3	5,140.00	1,077.73	—	60.00	115.00	6,392.73	—	103.00	46.95	149.95
	4	6,200.00	1,034.40	—	—	96.00	7,330.40	—	72.80	47.74	120.54
	5	5,640.00	231.00	—	—	127.00	6,048.00	—	76.20	61.60	137.80
	6	5,000.00	634.65	—	340.00	171.00	6,145.65	—	55.00	45.75	100.75
	7	2,520.00	—	—	109.00	—	2,629.00	—	95.00	11.80	106.80
	8	2,570.00	231.09	—	—	2.00	2,803.90	—	60.90	20.90	61.80
	9	1,655.00	447.96	—	—	—	2,102.96	—	1.00	15.42	16.40
	平均	11,131.67	810.28	—	246.56	115.83	12,304.34	—	211.93	55.77	267.70
自耕兼佃农	10	4,110.00	1,721.80	—	370.00	120.00	6,321.80	—	257.70	53.55	311.25
	11	1,545.00	294.63	—	560.00	68.50	2,468.13	—	27.20	60.25	87.45
	12	3,600.00	1,236.40	—	51.00	67.00	4,954.40	—	6.00	41.00	47.00
	13	2,000.00	698.70	—	180.00	52.00	2,930.70	—	27.00	51.05	78.05
	14	990.00	196.90	—	—	—	1,186.90	—	14.30	22.73	37.03
	15	810.00	172.28	—	—	—	982.28	—	42.70	20.43	63.18
	平均	2,175.83	720.13	—	193.50	51.25	3,140.71	—	62.48	41.51	103.99
总平均		7,549.33	774.22	—	225.34	90.00	8,638.89	—	152.15	50.07	202.22

第三表　续

		流动性资产					现金及准现金	计(积极财产)	负债	余额(纯财产)
		实物				计				
		待售实物	购入实物	中间产品	小计					
自耕农	1	1,104.50	436.10	2,998.60	4,538.05	6,168.05	517.25	7,9280.14	1,910.00	77,370.11
	2	243.00	—	332.00	575.00	640.78	638.60	5,917.85	40.00	5,931.83
	3	157.00	—	237.20	394.20	544.15	28.22	6,965.10	329.95	6,635.15
	4	77.20	65.00	24.00	166.20	286.74	58.96	7,676.10	422.97	7,253.13
	5	123.50	—	58.00	181.50	319.30	4.34	6,372.64	—	6,371.64
	6	142.00	—	229.40	371.40	472.15	14.38	6,632.18	70.00	6,562.15
	7	82.00	—	25.40	177.40	284.20	10.47	2,023.67	235.54	2,688.15
	8	69.00	—	113.80	182.80	264.60	76.92	3,144.61	49.00	3,095.61
	9	69.50	—	40.80	110.30	126.72	7.25	2,236.93	—	2,236.93
	平均	229.74	55.68	458.73	744.15	1,011.85	150.71	13,466.90	339.71	13,127.19
自耕兼佃农	10	379.30	44.50	542.80	966.60	1,277.85	347.05	7,946.70	240.00	7,706.70
	11	144.00	—	328.40	472.40	559.85	493.26	3,521.29	71.00	3,450.29
	12	111.00	—	101.30	212.30	259.30	215.44	5,492.14	420.00	5,009.41
	13	102.00	—	142.40	244.40	322.45	13.80	3,266.95	280.00	2,986.95
	14	116.00	—	8.00	124.00	161.03	121.48	1,469.41	84.00	1,385.41
	15	147.00	—	44.80	191.80	254.98	4.93	1,242.19	60.00	1,182.19
	平均	166.55	7.42	194.16	368.58	472.57	199.33	3,812.61	192.50	3,620.11
总平均		204.47	36.37	353.09	593.93	796.15	170.16	9,605.20	280.83	9,324.37

第四表　农业经营地结构

（单位：亩，下同）

		自有地					经营地 地租地				合计				
		普通地	菜园地	宅基地	山地荒地	计	普通地	菜园地	宅基地	计	普通地	菜园地	宅基地	山地荒地	计
自耕农	1	314.0	7.0	2.0	30.0	353.0	—	—	—	—	314.0	7.0	2.0	30.0	353.0
	2	41.7	1.9	1.0	6.0	50.6	—	—	—	—	41.7	1.9	1.0	6.0	50.6
	3	38.0	2.0	1.2	—	41.2	—	—	—	—	38.0	2.0	1.2	—	41.2
	4	32.0	1.0	1.5	—	34.5	—	—	—	—	32.0	1.0	1.5	—	34.5
	5	26.0	1.0	1.0	—	28.0	—	—	—	—	26.0	1.0	1.0	—	28.0
	6	32.5	1.0	1.5	—	35.0	—	—	—	—	32.5	1.0	1.5	—	35.0
	7	19.0	—	—	—	19.0	—	0.2	0.1	0.3	19.0	0.2	0.1	—	19.3
	8	15.0	0.2	1.0	—	16.2	5.0	—	—	5.0	20.0	0.2	1.0	—	21.2
	9	8.0	1.4	0.3	—	9.7	—	—	—	—	8.0	1.4	0.3	—	9.7
	平均	58.47	1.72	1.06	4.00	65.25	0.56	0.02	0.01	0.59	59.02	1.74	1.07	4.00	65.83
自耕兼佃农	10	34.0	0.5	1.5	—	36.0	47.0	—	—	47.0	81.0	0.5	1.5	—	83.0
	11	19.0	0.4	0.8	—	20.2	35.0	—	—	35.0	54.0	0.4	0.8	—	55.2
	12	15.0	2.0	1.0	—	18.0	16.0	—	—	16.0	31.0	2.0	1.0	—	34.0
	13	11.0	1.2	0.8	—	13.0	16.0	—	—	16.0	27.0	1.2	0.8	—	29.0
	14	7.8	0.3	1.0	—	2.1	14.0	—	—	14.0	21.8	0.3	1.0	—	23.1
	15	6.0	0.3	0.4	—	6.7	14.5	—	—	14.5	20.5	0.3	0.4	—	21.2
	平均	15.47	0.78	0.92	—	17.17	23.75	—	—	23.75	39.22	0.78	0.92	—	40.92
总平均		41.27	1.35	1.00	2.40	46.01	9.83	0.01	0.01	9.85	51.10	1.36	1.01	2.40	55.87

第五表　农业经营地结构(种植状况表)

作物种植面积

	编号	高粱	谷子	旱稻	大豆	豌豆	黑豆	棉花	落花生	香瓜	蔬菜	其他	计
自耕农	1	104.0	70.0	5.0	12.0	12.0	8.0	105.0	—	—	5.0	—	321.0
	2	16.0	6.0	—	3.0	—	—	16.7	—	—	1.9	—	43.6
	3	23.0	5.0	1.0	3.0	—	—	6.0	—	—	2.0	—	40.0
	4	—	7.0	—	—	—	—	24.0	—	—	2.0	—	33.0
	5	14.0	6.0	1.0	3.0	—	—	—	—	—	2.0	1.0	27.0
	6	17.5	5.0	—	—	—	—	6.0	—	—	2.0	3.0	33.5
	7	12.0	—	—	—	—	—	7.0	—	—	0.2	—	19.2
	8	14.0	—	—	—	—	—	6.0	—	—	0.2	—	* * *
	9	3.5	—	—	—	—	—	4.5	—	—	1.4	—	9.4
	平均	22.67	11.00	0.78	2.33	1.33	0.89	15.47	—	—	1.86	0.44	60.77
自耕兼佃农	10	18.0	22.0	—	6.0	—	—	32.0	—	3.0	0.5	—	81.5
	11	12.0	13.0	1.0	—	—	—	14.0	14.0	—	0.4	—	54.4
	12	10.0	4.0	2.0	—	—	7.0	10.0	—	—	—	—	33.0
	13	12.0	3.0	—	—	—	3.0	4.0	—	4.0	1.2	1.0	28.2
	14	7.0	—	—	—	—	—	12.0	—	2.0	1.1	—	22.1
	15	6.0	4.5	—	—	—	—	8.0	—	2.0	0.3	—	20.8
	平均	10.83	7.75	0.50	1.00	—	1.67	13.33	2.33	1.83	0.58	0.17	40.00
	总平均	17.93	9.70	0.67	1.80	0.80	1.20	17.01	0.93	0.73	1.35	0.33	52.46

作物种植比例(%)

	编号	高粱	谷子	旱稻	大豆	豌豆	黑豆	棉花	落花生	黄瓜	蔬菜	其他	计
自耕农	1	32.40	21.80	1.56	3.74	3.74	2.49	32.71	—	—	1.56	—	100.00
	2	36.70	13.76	—	6.88	—	—	38.30	—	—	4.30	—	100.00
	3	57.50	12.50	2.50	7.50	—	—	15.00	—	—	5.00	—	100.00
	4	—	21.21	—	—	—	—	72.72	—	—	6.07	—	100.00
	5	51.86	22.22	3.79	1.11	—	—	—	—	—	7.41	3.70	100.00
	6	52.24	14.92	—	—	—	—	17.91	—	—	5.98	8.95	100.00
	7	62.50	—	—	—	—	—	36.46	—	—	1.04	—	100.00
	8	69.31	—	—	—	—	—	29.70	—	—	0.99	—	100.00
	9	37.23	—	—	—	—	—	47.87	—	—	14.90	—	100.00
	平均	37.30	18.10	1.28	3.83	2.19	1.47	32.04	—	—	3.06	0.73	100.00
自耕兼佃农	10	22.09	26.99	—	7.36	—	—	39.25	—	3.68	0.62	—	100.00
	11	22.06	23.90	1.84	—	—	—	25.73	25.73	—	0.74	—	100.00
	12	30.30	12.12	6.06	—	—	21.21	30.31	—	—	—	—	100.00
	13	42.55	10.64	—	—	—	10.64	14.18	—	14.18	4.26	3.55	100.00
	14	31.67	—	—	—	—	—	54.30	—	2.05	4.98	—	100.00
	15	28.85	21.63	—	2.50	—	—	39.46	—	2.62	1.44	—	100.00
	平均	27.10	19.37	1.25	2.50	—	4.18	33.32	5.83	4.58	1.45	0.42	100.00
	总平均	34.18	18.49	1.28	3.43	1.53	2.29	38.43	1.77	1.39	2.53	0.63	100.00

第六表　土地占有表

		自有地 普通地		菜园地		宅基地		荒地山地		计		租地 普通地		计	
		面积	价格	面积	价格	面积	价格	面积	价格	面积	价格	面积	价格	面积	价格
自耕农	1	314.0	48,540.00	8.0	1,400.00	2.0	800.00	3.0	600.00	353.0	51,340.00	104.0	15,900.00	104.0	15,900.00
	2	41.7	3,800.00	1.2	160.00	1.0	80.00	1.0	180.00	50.6	4,200.00	—	—	—	—
	3	38.0	4,500.00	8.0	400.00	1.2	***	—	—	41.2	5,140.00	—	—	—	—
	4	32.0	5,600.00	4.0	240.00	1.0	300.00	—	—	34.5	6,200.00	—	—	—	—
	5	26.0	5,340.00	4.0	150.00	1.0	150.00	—	—	28.0	5,640.00	—	—	—	—
	6	32.5	4,500.00	1.0	200.00	1.5	300.00	—	—	35.0	5,000.00	—	—	—	—
	7	19.0	2,520.00	—	—	—	—	—	—	19.0	2,520.00	—	—	—	—
	8	15.0	2,090.00	0.2	60.00	1.0	420.00	—	—	16.2	2,570.00	—	—	—	—
	9	8.0	1,175.00	1.4	380.00	0.3	100.00	—	—	9.7	1,655.00	—	—	—	—
	平均	58.47	8,673.89	1.72	332.22	1.06	272.22	0.44	86.67	65.25	2,365.00	11.56	1,706.67	11.56	1,766.67
自耕兼佃农	10	34.0	3,210.00	0.5	50.00	1.5	150.00	—	—	36.0	4,110.00	—	—	—	—
	11	19.0	1,320.00	0.4	60.00	0.8	145.00	—	—	20.2	1,545.00	—	—	—	—
	12	15.0	2,700.00	2.0	600.00	1.0	300.00	—	—	18.0	3,600.00	—	—	—	—
	13	11.0	1,400.00	1.2	360.00	0.8	440.00	—	—	13.0	2,000.00	—	—	—	—
	14	7.8	880.00	0.3	60.00	1.0	100.00	—	—	9.1	990.00	—	—	—	—
	15	6.0	700.00	0.3	50.00	0.4	60.00	—	—	6.7	810.00	—	—	—	—
	平均	15.47	1,810.00	0.78	200.00	0.92	105.88	—	—	17.7	2,175.83	—	—	—	—
总平均		41.27	5,928.35	1.35	279.33	1.00	229.07	—	52.00	40.01	6,299.33	6.93	1,060.00	6.93	1,000.00

第六表　续

合　计

		普通地 面积	普通地 价格	菜园地 面积	菜园地 价格	宅基地 面积	宅基地 价格	荒地山地 面积	荒地山地 价格	计 面积	计 价格
自耕农	1	418.0	64,440.00	7.0	1,400.00	2.0	300.00	30.00	600.00	457.0	67,240.00
	2	41.7	3,800.00	1.9	100.00	1.0	80.00	6.0	180.00	50.6	4,220.00
	3	38.0	4,500.00	2.0	400.00	1.2	240.00	—	—	41.2	5,140.00
	4	32.0	5,600.00	1.0	240.00	1.5	360.00	—	—	34.5	6,200.00
	5	26.0	5,340.00	1.0	150.00	1.0	150.00	—	—	28.0	5,640.00
	6	32.5	4,500.00	1.0	200.00	1.5	300.00	—	—	35.0	5,000.00
	7	19.0	2,520.00	—	—	—	—	—	—	19.0	2,520.00
	8	15.0	2,000.00	0.2	60.00	1.0	420.00	—	—	16.2	2,570.00
	9	8.0	1,175.00	1.4	380.00	0.3	100.00	—	—	2.7	1,655.00
	平均	70.02	10,440.00	1.72	332.22	1.06	272.22	4.00	86.67	76.30	11,131.67
自耕兼佃农	10	34.0	3,910.00	0.5	50.00	1.5	150.00	—	—	36.0	4,110.00
	11	19.0	1,320.00	0.4	80.00	0.8	145.00	—	—	20.2	1,545.00
	12	15.0	2,700.00	2.0	600.00	1.0	300.00	—	—	18.0	3,600.00
	13	11.0	1,400.00	1.2	360.00	0.8	240.00	—	—	13.0	2,000.00
	14	8.8	830.00	0.3	60.00	1.0	100.00	—	—	9.1	990.00
	15	6.0	700.00	0.3	30.00	0.4	60.00	—	—	6.7	810.00
	平均	15.47	1,810.00	0.78	200.00	0.92	165.83	—	—	17.17	2,175.83
总平均		48.20	6,988.33	1.35	279.33	1.00	229.67	2.40	52.00	52.95	7,549.33

第七表　建筑物所有表

（单位:间）

	住房 数量	住房 价格	仓库 数量	仓库 价格	库房 数量	库房 价格	谷仓 数量	谷仓 价格	牛马厩 数量	牛马厩 价格	猪鸡圈 数量	猪鸡圈 价格	围墙 数量	围墙 价格	门 数量	门 价格	计 价格	出租住房 数量	出租住房 价格	出租*** 数量	出租*** 价格	出租*** 价格
								自用											出租			
1	20	2,756.32	2	***	—	—	3	142.65	1	10.00	4	53.50	50	280.00	—	—	3,337.31	—	—	—	—	—
2	5	208.75	3	12.50	—	—	—	—	1	4.00	2	5.40	7	17.80	—	—	248.45	—	—	—	—	—
3	5.5	478.50	—	—	—	—	—	—	1	18.80	1	3.76	36	175.67	—	—	676.73	2	155.00	—	—	—
4	6.5	755.40	—	—	—	—	—	—	—	—	2	35.00	15	214.00	—	—	1,034.40	—	—	—	—	—
5	5	281.00	—	—	—	—	—	—	—	—	—	—	—	—	—	—	281.00	—	—	—	—	—
6	4	206.93	1	52.90	1	14.60	—	—	—	—	1	4.60	30	61.55	—	—	190.58	2	236.47	1	46	**
7	—	—	—	—	—	—	—	—	—	—	—	—	—	—	—	—		—	—	—	—	—
8	1.5	121.50	1	35.34	—	—	—	—	—	—	—	—	32	74.25	—	—	231.09	—	—	—	—	—
9	1.5	420.46	2	27.50	—	—	—	—	—	—	—	—	—	—	—	—	447.96	—	—	—	—	—
平均（自耕农）	5.22	***	1.00	24.73	0.11	1.62	0.33	15.85	0.33	3.04	1.11	11.36	***	214.8	—	—	***	0.44	43.33	0.11	**	**
10	6	128.00	—	—	1	15.00	—	—	1	35.80	3	***	***	***	—	—	1,72.80	—	—	—	—	—
11	15	207.13	1	36.50	—	—	1	27.50	1	8.00	1	15.50	—	—	—	—	294.63	—	—	—	—	—
12	5	***	—	—	1	27.50	—	—	—	—	—	—	5	56.00	1	170.00	1,236.40	—	—	—	—	—
13	2	220.43	—	—	—	—	—	—	—	—	—	—	15	147.50	—	—	367.98	—	—	—	—	—
14	2	151.90	2	25.00	—	—	—	—	—	—	1	20.00	—	—	—	—	196.90	—	—	—	—	—
15	30	172.23	—	—	—	—	—	—	—	—	—	—	—	—	—	—	172.23	—	—	—	—	—
平均（自耕兼佃农）	32.5	502.47	0.50	10.25	0.33	7.07	0.17	7.17	0.33	7.17	1.00	11.22	11.33	93.92	0.17	28.33	665.00	—	—	—	—	—
总平均	4.43	554.95	0.80	18.94	0.20	3.80	0.27	11.34	0.33	5.05	1.00	11.30	15.87	92.45	0.07	11.33	709.17	0.27	26.30	0.07	0.31	26.61

第七表　续

	典出 住房 数量	典出 住房 价格	典出 合计 价格	合计 住房 数量	住房 价格	仓库 数量	仓库 价格	库房 数量	库房 价格	谷仓 数量	谷仓 价格	牛马厩 数量	牛马厩 价格	猪鸡圈 数量	猪鸡圈 价格	围墙 数量	围墙 价格	门 数量	门 价格	合计 价格
1	—	—	—	20	2,750.82	2	94.34	—	—	3	142.65	1	10.00	4	53.50	50	280.00	—	—	3,337.31
2	—	—	—	5	208.75	3	12.50	—	—	—	—	1	4.00	2	5.40	7	17.80	—	—	243.45
3	25	246.00	—	10	879.50	—	—	—	—	—	—	1	18.80	1	3.76	36	175.67	—	—	1,077.75
4	—	—	—	6.5	785.40	—	—	—	—	—	—	—	—	2	35.00	15	214.00	—	—	1,034.40
5	—	—	—	3	281.00	—	—	—	—	—	—	—	—	—	—	—	—	—	—	281.00
6	—	—	—	6	496.40	1	52.90	1	14.60	—	—	—	—	2	9.20	30	61.55	—	—	634.65
7	—	—	—	—	—	—	—	—	—	—	—	—	—	—	—	—	—	—	—	
8	—	—	—	1.5	121.50	1	35.34	—	—	—	—	—	—	—	—	32	74.25	—	—	231.09
9	—	—	—	1.5	420.46	2	27.50	—	—	—	—	—	—	—	—	—	—	—	—	447.96
平均	0.28	27.33	27.33	5.94	661.09	1	24.73	0.11	1.62	0.33	15.85	0.33	3.64	1.22	11.87	18.89	91.48	—	—	310.28
10	—	—	—	6	1,280.00	—	—	1	15.00	—	—	1	35.00	3	31.80	48	360.00	—	—	1,721.80
11	—	—	—	1.5	207.18	1	36.50	—	—	1	27.50	1	8.00	1	15.50	—	—	—	—	294.68
12	—	—	—	5	983.00	—	—	1	27.40	—	—	—	—	—	—	5	56.00	—	—	1,236.40
13	3	—	—	5	558.20	—	—	—	—	—	—	—	—	—	—	15	147.50	—	—	698.70
14	—	—	—	2	151.90	2	25.00	—	—	—	—	—	—	1	20.00	—	—	0.17	28.33	196.90
15	—	—	—	3.0	172.28	—	—	—	—	—	—	—	—	—	—	—	—	0.07	11.33	172.28
平均	0.50	55.12	55.12	3.75	557.59	0.50	10.25	0.33	7.07	0.17	4.58	0.33	7.17	0.83	11.22	11.33	93.92	0.17	28.33	720.13
总平均	0.37	38.45	38.45	5.07	619.69	0.80	18.94	0.20	3.80	0.27	11.34	0.33	5.05	1.07	11.61	15.87	92.45	0.07	11.33	774.22

（1—9　自耕农；10—15　自耕兼佃农）

第八表　建筑物使用状况表

	自有								租借			合计							
	住房	仓库	库房	谷仓	牛马厩	猪鸡圈	围墙	门	住房	仓库	猪鸡圈	住房	库房	谷仓	牛马厩	猪鸡圈	围墙	仓库	门
1	20	2	—	3	1	4	50	—	—	—	—	20	—	3	1	4	50	2	—
2	5	3	—	—	1	2	7	—	—	—	—	5	—	—	1	2	7	3	—
3	5.5	—	—	—	1	1	36	—	—	—	—	5.5	—	—	1	1	36	—	—
4	6.5	—	—	—	—	2	15	—	—	—	—	6.5	—	—	—	2	15	—	—
5	3	—	1	—	—	—	—	—	—	—	—	3	1	—	—	—	—	—	—
6	4	1	—	—	—	1	30	—	—	—	—	4	—	—	—	1	30	1	—
7	—	—	—	—	—	—	—	—	2	—	1	2	—	—	—	1	—	—	—
8	1.5	1	—	—	—	—	32	—	—	—	—	1.5	—	—	—	—	32	1	—
9	1.5	2	—	—	—	—	—	—	—	—	—	1.5	—	—	—	—	—	2	—
平均	5.22	1	0.11	0.33	0.33	1.11	18.89	—	0.22	—	0.11	5.44	0.11	0.33	0.33	1.22	18.98	1	—
10	6	—	1	1	1	3	48	—	—	—	—	6	1	1	1	3	48	—	—
11	1.5	1	—	—	1	1	—	—	—	—	—	1.5	—	—	1	1	—	1	—
12	5	—	1	—	—	—	5	1	—	—	—	5	1	—	—	—	5	—	1
13	2	—	—	—	—	—	15	—	—	—	—	2	—	—	—	—	15	—	—
14	2	2	—	—	—	1	—	—	—	—	—	2	—	—	—	1	—	2	—
15	3	—	—	—	—	—	—	—	—	—	—	3	—	—	—	—	—	—	—
平均	3.25	0.5	0.33	0.17	0.33	0.83	11.33	0.17	—	—	—	3.25	0.33	0.17	0.33	0.83	11.33	0.5	0.17
总平均	4.43	0.8	0.2	0.27	0.33	1	15.87	0.07	0.13	—	0.07	4.56	0.2	0.27	0.33	1.07	15.87	0.8	0.07

（说明：行 1—9 为自耕农，行 10—15 为自耕农佃农）

第九表　大型家畜拥有表

	马 未满3岁 头数	价格	3—5岁 头数	价格	6—8岁 头数	价格	9— 头数	价格	计 头数	价格	骡子 未满3岁 头数	价格	3—5岁 头数	价格	6—8岁 头数	价格	9— 头数	价格	计 头数	价格
1	—	—	—	—	—	—	1	360	1	360	—	—	—	—	—	—	3	1,050	3	1,050
2	—	—	—	—	—	—	1	50	1	50	—	—	—	—	—	—	1	50	1	50
3	—	—	—	—	—	—	—	—	—	—	—	—	—	—	—	—	—	—	—	—
4	—	—	—	—	—	—	—	—	—	—	—	—	—	—	—	—	—	—	—	—
5	—	—	—	—	—	—	—	—	—	—	—	—	—	—	—	—	—	—	—	—
6	—	—	—	—	—	—	—	—	—	—	—	—	—	—	—	—	—	—	—	—
7	—	—	—	—	—	—	—	—	—	—	—	—	—	—	—	—	—	—	—	—
8	—	—	—	—	—	—	—	—	—	—	—	—	—	—	—	—	—	—	—	—
9	—	—	—	—	—	—	—	—	—	—	—	—	—	—	—	—	—	—	—	—
平均(自耕农)	—	—	—	—	—	—	0.22	45.56	0.22	45.56	—	—	—	—	—	—	0.44	122.22	0.44	122.22
10	—	—	—	—	—	—	—	—	—	—	—	—	—	—	—	—	2	170	2	170
11	—	—	—	—	—	—	1	200	1	200	—	—	—	—	—	—	—	—	—	—
12	—	—	—	—	—	—	—	—	—	—	—	—	—	—	—	—	—	—	—	—
13	—	—	—	—	—	—	—	—	—	—	—	—	—	—	—	—	—	—	—	—
14	—	—	—	—	—	—	—	—	—	—	—	—	—	—	—	—	—	—	—	—
15	—	—	—	—	—	—	—	—	—	—	—	—	—	—	—	—	—	—	—	—
平均(自耕兼佃农)	—	—	—	—	—	—	0.17	33.33	0.17	33.33	—	—	—	—	—	—	0.33	28.33	0.33	28.33
总平均	—	—	—	—	—	—	0.2	40.67	0.2	40.67	—	—	—	—	—	—	0.4	84.67	0.4	84.67

第九表　续

	序号	驴 未满3岁 头数	驴 未满3岁 价格	驴 3—5岁 头数	驴 3—5岁 价格	驴 6—8岁 头数	驴 6—8岁 价格	驴 9— 头数	驴 9— 价格	驴 计 头数	驴 计 价格	牛 未满3岁 头数	牛 未满3岁 价格	牛 3—5岁 头数	牛 3—5岁 价格	牛 6—8岁 头数	牛 6—8岁 价格	牛 9— 头数	牛 9— 价格	牛 计 头数	牛 计 价格	合计价格
自耕农	1	—	—	—				1	80	1	80					1	120			1	120	1,610.00
	2	—																				100
	3	—						1	60	1	60											60
	4	—																				
	5	—																				
	6	—		1	140					1	140					1	200			1	200	340
	7	—														0.5#	109			1	109	109
	8	—																				
	9	—																				
	平均	—		0.11	15.56			0.22	15.56	0.33	31.11					0.28	47.67			0.33	47.67	246.56
自耕兼佃农	10	—										1	80	1	120.00					2	200	370
	11	—										1	80	1	100.00	1	180			3	360#	560
	12	—						1	51	1	51											51
	13	—																1	180	1	180	180
	14	—																				
	15	—																				
	平均	—						0.17	8.5	0.17	8.5	0.33	26.67	0.33	36.67	0.17	30	0.17	32	1	123.34	193.5
	总平均	—		0.07	9.33			0.2	12.73	0.27	22.07	0.13	10.67	0.13	14.67	0.2	40.6	0.07	12	0.6	77.93	225.34

第十表　大型机具拥有表

类别	户号	犁杖 数量	犁杖 价格	耧耙 数量	耧耙 价格	石头磙子 数量	石头磙子 价格	木头磙子 数量	木头磙子 价格	喷雾器 数量	喷雾器 价格	扇车 数量	扇车 价格	碾子 数量	碾子 价格	磨 数量	磨 价格
自耕农	1	3	15	1	5	3	12	3	10.5	1	1.5	1	45	1	70	1	30
	2	2	13.5	1	3	2	7	2	5.5	—	—	—	—	—	—	—	—
	3	1	7	—	—	—	—	1	2	—	—	1	30	1	40	1	10
	4	2	13	—	—	2	8	—	—	1	1.5	—	—	0.5	50	—	—
	5	—	—	—	—	2	12	—	—	—	—	—	—	—	—	—	—
	6	2	10	1	5	1	3	—	—	—	—	—	—	1	60	1	20
	7	—	—	—	—	—	—	—	—	—	—	—	—	—	—	—	—
	8	—	—	—	—	1	2	—	—	—	—	—	—	—	—	—	—
	9	—	—	—	—	—	—	—	—	—	—	—	—	—	—	—	—
	平均	1.11	6.5	0.33	1.44	1.22	4.89	0.67	2	0.22	3.33	0.22	8.33	0.39	24.44	0.33	6.67
自耕兼佃农	10	2	10	2	8	1	2	—	—	1	12	—	—	—	—	1	10
	11	2	3.5	1	2	1	2	—	—	—	—	—	—	—	—	—	—
	12	1	5	2	10	1	2	—	—	—	—	—	—	—	—	—	—
	13	—	—	—	—	—	—	—	—	—	—	0.36	10	0.36	15	—	—
	14	—	—	—	—	—	—	—	—	—	—	—	—	—	—	—	—
	15	—	—	—	—	—	—	—	—	—	—	—	—	—	—	—	—
	平均	0.85	3.08	0.83	3.3	0.5	1	—	—	0.17	2	0.06	1.67	0.06	2.5	0.17	1.67
	总平均	1	5.13	0.53	2.2	0.93	3.33	0.4	1.2	0.2	2.8	0.16	5.67	0.26	15.67	0.27	4.67

第十表　续

	铁轮车		小铁轮车		平板车		铡刀		马槽子		秤		(农用)自行车①		合计
	数量	价格	数量	价格	数量	价格	数量	价格	数量	价格	数量	价格	数量	价格	价格
1	1	140	1	35	—	—	1	12.00	1	50.00	1	13.00	—	—	407.50
2	—	80	—	—	—	—	1	10.00	1	50.00	—	—	—	—	124.00
3	—	—	—	—	—	—	1	10.00	2	16.00	—	—	—	—	115.00
4	—	—	—	—	—	—	1	10.00	—	—	—	—	—	—	96.00
5	1	—	—	—	1	35	1	10.00	—	—	—	—	1	70.00	127.00
6	1	60	—	—	—	—	1	10.00	1	3.00	—	—	—	—	171.00
7	—	—	—	—	—	—	—	—	—	—	—	—	—	—	—
8	—	—	—	—	—	—	—	—	—	—	—	—	—	—	2.00
9	—	—	—	—	—	—	—	—	—	—	—	—	—	—	—
平均	0.33	31.11	0.11	3.89	0.11	3.89	0.67	6.89	0.56	3.22	0.11	1.44	0.11	7.78	115.83
10	1	70	—	—	—	—	—	10.00	—	—	—	—	—	—	120.00
11	1	50	—	—	—	—	—	11.00	—	—	—	—	—	—	68.50
12	1	50	—	—	—	—	—	—	—	—	—	—	—	—	67.00
13	—	—	—	—	1	15	1	10.00	—	—	—	—	—	—	52.00
14	—	—	—	—	—	—	—	—	—	—	—	—	—	—	—
15	—	—	—	—	—	—	—	—	—	—	—	—	—	—	—
平均	0.5	28.33	—	—	0.17	2.5	0.50	5.17	—	—	—	—	—	—	51.25
总平均	0.4	30	0.07	2.33	0.13	3.33	0.60	6.20	0.33	1.93	0.07	0.37	0.07	4.67	90.00

（左侧行标：1—9 为"自耕农"，10—15 为"自耕兼佃农"。）

① 编者注：与原文一致，具体所指不明，应是一种农具。

第十一表　小植物及小动物所有表

		小植物			小动物										
		数量	价格	合计价格	猪(成) 头数	猪(成) 价格	猪(仔) 头数	猪(仔) 价格	猪(计) 头数	猪(计) 价格	鸡 头数	鸡 价格	鸭 头数	鸭 价格	合计价格
自耕农	1	—	—	—	17	1,190.00	21	210.00	38	1,400.00	20	20.00	—	—	1,420.00
	2	—	—	—	—	—	2	20.00	2	20.00	7	3.50	—	—	23.50
	3	—	—	—	2	100.00	—	—	2	100.00	3	3.00	—	—	103.00
	4	—	—	—	1	60.00	1	10.00	2	70.00	4	2.80	—	—	72.80
	5	—	—	—	2	65.00	—	—	2	65.00	8	8.00	4	3.20	76.20
	6	—	—	—	2	50.00	—	—	2	50.00	5	5.00	—	—	55.00
	7	—	—	—	3	90.00	—	—	3	90.00	5	5.00	—	—	95.00
	8	—	—	—	2	60.00	—	—	2	60.00	3	0.90	—	—	60.90
	9	—	—	—	—	—	—	—	—	—	2	1.00	—	—	1.00
	平均	—	—	—	3.22	179.44	2.67	26.67	5.89	206.11	6.33	5.47	0.44	0.36	211.93
自耕兼佃农	10	—	—	—	4	160.00	11	90.00	15	250.00	9	7.20	1	0.50	257.70
	11	—	—	—	—	—	8	25.00	8	25.00	4	2.00	1	0.20	27.20
	12	—	—	—	—	—	—	—	—	—	5	5.00	2	1.00	6.00
	13	—	—	—	—	—	2	20.00	2	20.00	8	5.00	3	2.00	27.00
	14	—	—	—	—	—	1	10.00	1	10.00	4	4.00	1	0.30	14.30
	15	—	—	—	2	40.00	—	—	2	40.00	3	2.50	1	0.20	42.70
	平均	—	—	—	1.00	33.33	3.67	24.17	4.67	57.50	5.50	4.28	1.50	0.70	62.48
总平均		—	—	—	2.33	121.00	3.07	25.67	5.40	146.67	6.00	4.09	0.87	0.49	152.15

第十二表　小器具拥有表（其一）

（价格为新购置价格）

	犁杖		其他犁		***		***		平整土地用具						***		***	
									***		斜板		其他犁附属用具					
	数量	价格	数量	价格	数量	价格	数量	价格	数量	价格	数量	价格	数量	价格	数量	价格	数量	价格
1	—	—	—	—	5	2	—	—	2	2	—	—	—	—	3	3	5	5.8
2	—	—	—	—	—	—	—	—	—	—	—	—	—	—	2	2.6	3	3
3	—	—	—	—	4	2.8	—	—	1	1	—	—	—	—	1	1	3	2.1
4	—	—	—	—	—	—	—	—	—	—	—	—	—	—	2	4	4	3.5
5	—	—	—	—	3	1.8	—	—	2	4	—	—	—	—	3	1.2	4	3.2
6	—	—	—	—	—	—	—	—	1	1.5	—	—	—	—	—	—	2	2
7	—	—	—	—	—	—	—	—	—	—	—	—	—	—	1	0.8	2	2.2
8	—	—	—	—	—	—	—	—	—	—	—	—	—	—	1	1	1	0.5
9	—	—	—	—	—	—	—	—	—	—	—	—	—	—	2	1.5	1	0.4
平均	—	—	—	—	1.33	0.73	—	—	0.67	0.04	—	—	—	—	1.67	1.68	2.56	2.62
10	—	—	—	—	4	1.8	—	—	1	1	—	—	—	—	1	0.2	3	1.2
11	—	—	—	—	—	—	—	—	—	—	—	—	—	—	—	—	3	2
12	—	—	—	—	—	—	—	—	—	—	—	—	—	—	2	1	1	1
13	—	—	—	—	—	—	—	—	—	—	—	—	—	—	2	3	—	—
14	—	—	—	—	—	—	—	—	—	—	—	—	—	—	1	0.7	1	0.5
15	—	—	—	—	—	—	—	—	—	—	—	—	—	—	1	0.8	1	0.2
平均	—	—	—	—	0.67	0.3	—	—	0.17	0.17	—	—	—	—	1.17	0.25	1.5	0.82
总平均	—	—	—	—	1.07	0.56	—	—	0.47	0.63	—	—	—	—	1.47	1.39	2.13	1.84

（行 1—9 及第一个"平均"为自耕农；行 10—15 及第二个"平均"为自耕兼佃农）

第十二表(其一)　续

整地用具

户别	编号	简锹 数量	简锹 价格	铁齿锯子 数量	铁齿锯子 价格	傲耙子 数量	傲耙子 价格	耙子 数量	耙子 价格	木头耙子 数量	木头耙子 价格	二齿镐 数量	二齿镐 价格	粪叉子 数量	粪叉子 价格	楼耙 数量	楼耙 价格	对儿犁 数量	对儿犁 价格	板拉子 数量	板拉子 价格
自耕农	1	—	—	—	—	6	4.8	3	1.05	—	—	2	2	1	0.4	—	—	—	—	—	—
自耕农	2	—	—	—	—	—	—	—	—	—	—	2	2.6	1	0.5	—	—	—	—	—	—
自耕农	3	—	—	—	—	2	1	—	—	—	—	1	0.7	1	0.3	—	—	—	—	—	—
自耕农	4	—	—	—	—	2	1.5	—	—	—	—	—	—	2	1.2	—	—	—	—	—	—
自耕农	5	—	—	—	—	1	0.3	—	—	—	—	1	0.8	2	1.2	—	—	—	—	—	—
自耕农	6	—	—	—	—	1	0.4	—	—	—	—	—	—	1	0.4	—	—	—	—	—	—
自耕农	7	—	—	—	—	1	0.5	—	—	—	—	1	0.5	1	0.5	—	—	—	—	—	—
自耕农	8	—	—	—	—	1	0.2	—	—	—	—	—	—	1	0.1	—	—	—	—	—	—
自耕农	9	—	—	—	—	—	—	—	—	—	—	—	—	1	0.7	—	—	—	—	—	—
自耕农	平均	—	—	—	—	1.56	0.97	0.33	0.12	—	—	0.78	0.73	1.22	0.59	—	—	—	—	—	—
自耕兼佃农	10	—	—	—	—	2	0.4	—	—	1	2	2	2.8	1	0.5	—	—	—	—	—	—
自耕兼佃农	11	—	—	—	—	—	—	2	0.8	1	0.6	1	0.6	1	0.2	—	—	—	—	—	—
自耕兼佃农	12	—	—	—	—	1	0.4	—	—	1	1	—	—	1	0.1	—	—	—	—	—	—
自耕兼佃农	13	—	—	—	—	2	1.2	—	—	—	—	1	0.5	1	0.3	—	—	—	—	—	—
自耕兼佃农	14	—	—	—	—	—	—	—	—	—	—	1	0.7	—	—	—	—	—	—	—	—
自耕兼佃农	15	—	—	—	—	1	0.2	—	—	—	—	1	0.8	1	40	—	—	—	—	—	—
自耕兼佃农	平均	—	—	—	—	1	0.37	0.33	0.13	0.5	0.6	* * *	* * *	0.83	0.25	—	—	—	—	—	—
	总平均	—	—	—	—	1.33	0.73	0.33	0.12	0.2	0.24	0.87	0.8	1.07	0.45	—	—	—	—	—	—

第十二表　小器具拥有表（其二）

种植用器具：板拉子、点葫芦、把斗子、木锨、粪箕、锄头；管理用器具：灌水用器具（水桶）、水缸；收割用器具：镰刀、韭菜刀

	板拉子 数量	板拉子 价格	点葫芦 数量	点葫芦 价格	把斗子 数量	把斗子 价格	木锨 数量	木锨 价格	粪箕 数量	粪箕 价格	锄头 数量	锄头 价格	水桶 数量	水桶 价格	水缸 数量	水缸 价格	镰刀 数量	镰刀 价格	韭菜刀 数量	韭菜刀 价格
1	—	—	—	—	—	—	—	—	3	0.9	10	10	2	2.8	1	1.4	5	2.5	—	—
2	—	—	—	—	—	—	—	—	3	0.6	4	4	—	—	—	—	3	1.2	—	—
3	1	1	—	—	—	—	—	—	1	0.3	3	3	—	—	—	—	2	0.6	—	—
4	—	—	—	—	—	—	—	—	1	0.6	2	3	—	—	—	—	2	1.2	—	—
5	—	—	—	—	—	—	—	—	2	0.3	2	1.7	—	—	—	—	—	—	—	—
6	—	—	—	—	—	—	—	—	2	0.5	2	1.5	—	—	—	—	1	0.5	—	—
7	—	—	—	—	—	—	—	—	2	0.5	1	1.2	—	—	—	—	1	0.5	—	—
8	—	—	—	—	—	—	—	—	1	0.1	1	1	—	—	—	—	1	0.3	—	—
9	—	—	—	—	—	—	—	—	1	0.3	1	0.3	—	—	—	—	1	0.25	—	—
平均	0.11	0.11	—	—	—	—	—	—	1.67	0.46	2.8	2.86	0.22	0.31	0.11	0.16	1.78	0.78	—	—
10	—	—	—	—	1	0.5	—	—	1	0.2	3	1	—	—	—	—	2	0.4	—	—
11	—	—	—	—	—	—	—	—	1	0.3	3	1	—	—	—	—	3	1	—	—
12	—	—	—	—	—	—	—	—	2	0.2	2	1	—	—	—	—	1	0.5	—	—
13	—	—	—	—	—	—	—	—	2	0.3	2	1	—	—	—	—	3	1.5	—	—
14	—	—	—	—	—	—	—	—	1	0.25	2	1	—	—	—	—	1	0.5	—	—
15	—	—	—	—	—	—	—	—	1	0.3	2	1.2	—	—	—	—	1	0.4	—	—
平均	—	—	—	—	0.17	0.08	—	—	1	0.26	1.83	0.87	0.13	0.19	—	—	1.83	0.72	—	—
总平均	0.07	0.07	—	—	0.07	0.03	—	—	1.4	0.38	2.4	2.06	0.13	0.19	1.8	0.76	1.8	0.76	—	—

注：1~9 为自耕农，10~15 为自耕兼佃农。

第十二表（其二）　续

	收割用具 ＊＊＊ 数量	价格	於刀 数量	价格	（洋）铁叉子 数量	价格	石碾子 数量	价格	连枷 数量	价格	木枚 数量	价格	扫帚 数量	价格	（竹）木耙子 数量	价格	粪耙 数量	价格	调整用具 ＊＊＊ 数量	价格
1	—	—	—	—	3	5	—	—	1	1	10	5	3	2.25	1	0.5	—	—	—	—
2	3	0.75	—	—	2	3	—	—	—	—	4	2	1	0.2	1	0.2	—	—	1	1
3	—	—	—	—	3	2.1	—	—	—	—	2	1	2	2	1	0.5	—	—	1	1.5
4	—	—	—	—	1	1	—	—	—	—	2	1	1	1	—	—	1	4	—	—
5	—	—	—	—	3	2.6	—	—	—	—	2	2	1	0.9	1	0.5	—	—	—	—
6	—	—	—	—	1	0.6	—	—	—	—	—	—	—	—	1	0.4	—	—	—	—
7	—	—	—	—	2	1.9	—	—	—	—	—	—	—	—	1	0.3	—	—	1	0.3
8	—	—	—	—	—	—	—	—	—	—	2	0.6	—	—	—	—	—	—	1	0.5
9	—	—	—	—	1	6	—	—	—	—	3	1.8	—	—	—	—	—	—	1	0.4
平均（自耕农）	0.33	0.08	—	—	1.78	1.87	—	—	0.11	0.11	2.33	1.24	0.89	0.71	0.67	0.27	0.11	0.44	0.56	0.41
10	—	—	—	—	1	0.5	—	—	—	—	2	0.4	—	—	1	—	—	—	1	0.2
11	—	—	—	—	1	0.6	—	—	—	—	—	—	1	0.2	—	—	—	—	2	1
12	—	—	—	—	1	0.8	—	—	—	—	2	0.6	1	—	1	0.3	—	—	1	0.5
13	—	—	—	—	—	—	—	—	—	—	3	1.8	—	—	—	—	—	—	—	1
14	—	—	—	—	—	1	—	—	—	—	—	—	—	—	—	—	—	—	—	—
15	—	—	—	—	1	—	—	—	—	—	—	—	1	—	1	0.4	—	—	1	0.8
平均（自耕兼佃农）	—	—	—	—	0.67	0.43	—	—	—	—	1.17	0.47	0.5	0.2	0.33	0.12	—	—	0.73	0.58
总平均	0.2	0.05	—	—	1.33	1.31	—	—	0.07	0.07	1.87	0.93	0.73	0.45	0.53	0.21	0.07	0.27	0.73	0.48

第十二表　小器具拥有表（其三）

类别	户号	调整用器具						搬运用器具								加工用器具					
		筛子		筐子		箕子		小车		扒车		拉扒架子		牵具		缸		粉瓢		粉板	
		数量	价格	数量	价格	数量	价格	数量	价格	数量	价格	数量	价格	数量	价格	数量	价格	数量	价格	数量	价格
自耕农	1	1	1	1	3.8	5	10	—	—	—	—	1	3	7	8.1	17	128	2	1.2	10	25
	2	1	1	1	4	—	—	—	—	—	—	1	2.5	—	—	4	38	1	0.3	—	—
	3	1	1	1	4	1	2	—	—	—	—	—	—	4	1.2	4	30	1	0.2	—	—
	4	1	1.5	1	4	1	2	—	—	—	—	—	—	—	—	4	36	—	—	—	—
	5	1	2	1	5	1	3	—	—	—	—	1	4	—	—	4	29	1	0.2	—	—
	6	1	1	1	5	1	2	—	—	—	—	—	—	2	2.9	4	25	1	0.2	—	—
	7	1	0.8	1	4	1	1.2	—	—	—	—	—	—	—	—	—	—	—	—	—	—
	8	—	—	1	1	1	0.5	—	—	—	—	—	—	—	—	4	20	—	—	—	—
	9	1	0.3	1	2	1	1.2	—	—	—	—	1	2	—	—	3	15	—	—	—	—
	平均	0.89	0.96	1	3.64	1.33	2.43	—	—	—	—	0.44	1.28	1.44	1.36	4.89	35.67	0.67	0.23	1.11	2.78
自耕兼佃农	10	—	—	1	0.6	2	2.6	—	—	—	—	—	—	4	3.9	5	30	—	—	—	—
	11	1	0.5	1	1.5	1	0.6	—	—	—	—	1	1.5	5	4.8	4	18	—	—	—	—
	12	—	—	1	3	1	1	—	—	—	—	—	—	4	4.7	3	25	—	—	—	—
	13	—	—	—	—	1	3	—	—	—	—	1	4	3	2	4	25	—	—	—	—
	14	—	—	—	—	1	1	—	—	—	—	—	—	—	—	4	28	—	—	—	—
	15	—	—	—	—	—	—	—	—	—	—	—	—	—	—	4	23	—	—	—	—
	平均	0.17	0.08	0.5	0.85	1	1.45	—	—	—	—	0.33	0.92	2.67	2.72	4	24.83	—	—	—	—
	总平均	0.6	0.61	0.8	2.53	1.2	2.04	—	—	—	—	0.4	1.13	1.93	1.9	4.53	31.33	0.4	0.14	0.67	1.67

第十二表（其三）　续

	养畜器具																杂具			
	粉杆		锄刀		马槽子		猪槽子		水桶		缸		锅		盆瓢		口袋		麻袋	
	数量	价格	数量	价格	数量	价格	数量	价格	数量	价格	数量	价格	数量	价格	数量	价格	数量	价格	数量	价格
1	60	2.4	—	—	—	—	2	3	2	3	4	24.5	1	4.5	2	2.8	6	12	25	20
2	—	—	—	—	—	—	1	1	—	—	1	5	—	—	—	—	2	1	2	2
3	—	—	—	—	—	—	1	1	1	0.5	1	3	—	—	—	—	2	2.2	3	1.5
4	—	—	—	—	—	—	—	—	1	1	1	9	—	—	1	0.18	8	15	3	1.5
5	—	—	—	—	—	—	1	0.2	—	—	1	5	—	—	—	—	8	20	20	24
6	—	—	—	—	—	—	1	0.5	—	—	1	3	—	—	—	—	2	2	1	0.2
7	—	—	—	—	—	—	1	0.6	—	—	1	2	—	—	1	0.2	2	2.6	2	0.9
8	—	—	—	—	—	—	1	0.2	—	—	1	3.5	—	—	1	0.2	2	3	3	2.1
9	—	—	—	—	—	—	—	—	1	0.3	1	2.5	—	—	1	0.2	—	—	—	—
自耕农 平均	6.67	0.27	—	—	—	—	0.83	0.78	0.56	0.53	1.33	6.39	0.11	0.5	0.67	0.40	3.56	6.42	6.56	5.8
10	—	—	—	—	—	—	2	1	2	0.8	2	3	—	—	1	20	1	0.5	4	1.2
11	—	—	—	—	1	2	1	3	1	0.3	1	3	—	—	—	—	3	2	35	30
12	—	—	—	—	—	—	—	—	1	0.8	1	5	—	—	—	—	—	—	—	—
13	—	—	—	—	1	1	—	—	1	0.3	1	5	—	—	1	30	2	2	4	3
14	—	—	—	—	—	—	—	—	1	0.3	1	3	—	—	1	20	3	1.5	2	1
15	—	—	—	—	—	—	—	—	—	—	1	3.5	—	—	1	20	1	0.5	5	2.5
自耕兼佃农 平均	—	—	—	—	0.33	0.5	0.5	0.7	1	0.42	1.17	3.75	—	—	0.67	15	1.67	1.08	8.33	6.28
总平均	4	0.16	—	—	0.13	0.2	0.73	0.75	0.73	0.49	1.27	5.33	0.07	0.3	0.67	6.24	2.8	4.29	7.27	5.93

第十二表　小器具拥有表(其四)

杂具

	梯子		拴马套		***		***		****		***		***		熊绳①		麻绳		***	
	数量	价格	数量	价格	数量	价格	数量	价格	数量	价格	数量	价格	数量	价格	数量	价格	数量	价格	数量	价格
自耕农 1	1	4	1	4	3	30	5	8.5	2	5	1	3.5	2	3	4	20	1	10	1	10
2	—	—	—	—	—	—	—	—	—	—	—	—	—	—	—	—	—	—	—	—
3	1	0.8	1	1	1	2	1	1	1	0.6	1	1.5	1	0.5	1	2	1	3	1	2
4	—	—	—	—	—	—	—	—	—	—	—	—	—	—	—	—	—	—	—	—
5	—	—	—	—	—	—	—	—	—	—	—	—	—	—	—	—	—	—	—	—
6	—	—	1	4	1	3	1	0.8	1	0.9	1	1.5	1	0.8	1	2.8	1	3.8	1	5
7	—	—	—	—	—	—	—	—	—	—	—	—	—	—	—	—	—	—	—	—
8	—	—	—	—	—	—	—	—	—	—	—	—	—	—	—	—	—	—	—	—
9	—	—	—	—	—	—	—	—	—	—	—	—	—	—	—	—	—	—	—	—
平均	0.22	0.53	0.33	1	0.56	3.89	0.78	1.14	0.44	0.72	0.33	0.72	0.44	0.48	0.67	2.76	0.33	1.87	0.33	1.88
自耕兼佃农 10	—	—	1	4	2	5	2	2	2	1.8	1	2.5	1	0.5	1	2.8	1	3.5	1	6
11	—	—	1	4	2	8	3	3.6	2	2.5	1	2.4	1	0.5	1	4	1	3	1	3
12	—	—	—	—	1	5	1	1.8	1	1.5	1	4.5	1	2	1	8	—	—	1	5
13	1	3	1	8	—	—	—	—	—	—	1	4	—	—	—	—	—	—	—	—
14	—	—	—	—	—	—	—	—	—	—	—	—	—	—	—	—	—	—	—	—
15	—	—	—	—	—	—	—	—	—	—	—	—	—	—	—	—	—	—	—	—
平均	0.17	0.5	0.5	2.66	0.83	3	1	1.23	0.83	0.97	0.67	2.23	0.5	0.5	0.5	2.47	0.33	1.08	0.5	2.33
总平均	0.2	0.52	0.4	1.67	0.67	3.53	0.87	1.18	0.6	0.82	0.47	1.33	0.47	0.4	0.6	2.64	0.33	1.55	0.4	2.07

① 编者注：与原文一致，具体所指不明，应是一种农具。

第十二表（其四）续

	杂具						衡器						合计	现值
	搭腰		滑车		其他		秤		尺		升		价格	
	数量	价格	数量	价格	数量	价格	数量	价格	数量	价格	数量	价格		
1	1	10.00	1	1.80	5	3.60	—	—	1	0.10	2	0.70	418.90	209.45
2	—	—	—	—	10	8.00	—	—	1	0.10	—	—	84.55	42.28
3	1	6.00	1	0.60	5	2.00	1	0.50	1	0.10	1	0.30	93.90	46.95
4	—	—	—	—	3	2.20	1	1.50	1	0.10	1	0.50	95.48	47.74
5	1	4.50	1	0.90	10	15.00	—	—	1	0.10	—	—	123.20	61.60
6	—	—	—	—	6	8.00	—	—	1	0.10	—	—	91.50	45.75
7	—	—	—	—	4	2.50	—	—	1	0.10	—	—	23.60	11.80
8	—	—	—	—	6	6.80	—	—	1	0.10	—	—	41.80	20.90
9	—	—	—	—	5	4.80	—	—	1	0.10	—	—	30.85	15.42
平均	0.33	2.28	0.33	0.37	6.00	5.88	0.22	0.22	1.00	0.10	0.44	0.17	111.53	55.77
10	1	5.00	1	1.00	8	14.00	—	—	1	0.10	—	—	107.10	53.55
11	—	3.00	1	0.90	9	13.00	—	—	1	0.10	—	—	120.50	60.25
12	—	—	1	2.00	8	10.00	—	—	1	0.10	1	0.20	82.00	41.00
13	1	9.00	—	—	6	8.50	1	6.00	1	0.10	2	1.50	102.10	51.05
14	—	—	—	—	3	2.50	1	3.50	1	0.10	—	—	45.45	22.73
15	—	—	—	—	4	4.00	—	—	1	0.10	2	0.35	40.95	20.48
平均	0.50	2.83	0.50	0.65	6.33	8.67	0.33	1.58	1.00	0.10	0.83	0.34	83.01	41.51
总平均	0.40	2.50	0.40	0.48	6.07	6.99	0.27	0.77	1.00	.10	0.10	0.24	100.13	50.07

自耕农（1～9，平均）　自耕兼佃农（10～15，平均）

第十三表　实物表（年初）

待售实物（生产及收得实物）

		高粱		栗		旱稻		大豆		其他豆		蔬菜类		土豆	
		数量	价格	数量	价格	数量	价格	数量	价格	数量	价格	数量	价格	数量	价格
自耕农	1	85.8	825	—	—	1.17	12	16.2	175	—	—	—	40	—	—
	2	22	210	—	—	—	—	1.5	18	—	—	—	15	—	—
	3	13	120	—	—	0.5	5	2	20	—	—	—	10	—	—
	4	6	56	0.2	2	—	—	1	10	—	—	—	8	—	—
	5	10	100	0.3	3	0.5	4.5	0.8	3.5	—	—	—	5	—	—
	6	13	128	0.5	4.5	0.3	3	0.3	3	—	—	—	8	—	—
	7	7.5	72	—	—	0.1	1	0.2	3	—	—	—	6	—	—
	8	7	65	—	—	0.2	2	—	—	—	—	—	2	—	—
	9	6	60	—	—	0.3	3.5	—	—	—	—	—	6	—	—
	平均	18.02	181.78	0.11	1.08	0.34	3.44	2.44	26.5	—	—	—	11.11	—	—
自耕兼佃农	10	30	300	0.5	10	1.82	38.3	0.5	6	—	—	—	25	—	—
	11	12	120	0.8	3	0.3	3	0.3	4	—	—	—	8	—	—
	12	10	95	0.2	2	0.2	2	0.5	6	—	—	—	6	—	—
	13	7	70	0.4	5	—	—	0.4	5	—	—	—	10	3.00	12.00
	14	12	110	—	—	—	—	0.2	3	—	—	—	3	—	—
	15	15	140	—	—	—	—	0.3	3	—	—	—	4	—	—
	平均	14.33	139.17	0.32	4.33	0.39	7.22	0.37	4.5	—	—	—	9.33	0.50	2.00
总平均		17.09	164.73	0.19	2.38	0.36	4.95	1.61	17.7	—	—	—	10.4	20	0.80

注：作物数量单位：新石（100 立方）；土豆单位：新斤（0.5 公斤）；茎秆类单位：捆。

第十三表　续

类别	户	待售实物(生产及收得实物) 加工类(粉条子) 数量	加工类 价格	计(价格)	购入实物(经营用实物) 大豆粕 数量	大豆粕 价格	米糠 数量	米糠 价格	豆渣 数量	豆渣 价格	小豌豆 数量	小豌豆 价格	大粪 数量	大粪 价格	计(价格)
自耕农	1	2.5	52.5	1,104.50	20	65	1.5	33	15	6	13.8	122.1	40	210	436.1
	2	—	—	243	—	—	—	—	—	—	—	—	—	—	—
	3	—	—	157	—	—	—	—	—	—	—	—	—	—	—
	4	—	—	77.2	—	—	—	—	—	—	—	—	10	65	65
	5	—	—	123.5	—	—	—	—	—	—	—	—	—	—	—
	6	—	—	142	—	—	—	—	—	—	—	—	—	—	—
	7	—	—	82	—	—	—	—	—	—	—	—	—	—	—
	8	—	—	69	—	—	—	—	—	—	—	—	—	—	—
	9	—	—	69.5	—	—	—	—	—	—	—	—	—	—	—
	平均	27.8	5.83	229.74	2.22	7.22	1.67	3.67	1.67	0.67	1.53	13.57	5.556	30.56	55.63
自耕兼佃农	10	—	—	379.3	14	44.5	—	—	—	—	—	—	—	—	—
	11	—	—	144	—	—	—	—	—	—	—	—	—	—	—
	12	—	—	111	—	—	—	—	—	—	—	—	—	—	—
	13	—	—	102	—	—	—	—	—	—	—	—	—	—	—
	14	—	—	116	—	—	—	—	—	—	—	—	—	—	—
	15	—	—	147	—	—	—	—	—	—	—	—	—	—	—
	平均	—	—	166.55	2.33	7.42	—	—	—	—	—	—	—	—	7.42
总平均		16.7	3.5	204.47	2.27	7.3	1	2.2	1	0.4	0.92	8.14	3.333	18.33	36.37

第十三表　续

类别		中间产品(无市价)												计(价格)	实物价格 合计
		土粪		堆肥		高粱秆		粟秆		旱稻秆		豆秆			
		数量	价格	数量	价格	数量	价格	数量	价格	数量	价格	数量	价格		
自耕农	1	810,000	972	100,000	180	15,000	600	30,000	1,200.00	2,000	40	2,000	6	2,998.00	4,538.60
	2	120,000	144	2,000	80	2,000	80	1,800	72	—	—	—	—	332	575
	3	96,000	113.2	1,000	***	***	72	800	32	—	—	—	—	237.2	394.2
	4	20,000	24	—	—	—	—	—	—	—	—	—	—	24	166.2
	5	6,000	7.2	1,000	1.8	1,000	40	—	—	300	6	1,000	3	58	181.5
	6	80,000	96	23,000	41.4	1,500	60	800	32	—	—	—	—	229.4	371.4
	7	30,000	36	13,000	23.4	900	36	—	36	—	—	—	—	95.4	177.4
	8	39,000	46.8	150,000	27	1,000	40	—	—	—	—	—	—	113.8	182.8
	9	24,000	28.8	—	—	300	12	—	—	—	—	—	—	40.8	110.3
	平均	136,111	163.33	20,222	36.4	2,611	104.44	3,711	143.44	256	5.11	333	1	458.73	744.15
自耕兼佃农	10	275,000	330	16,000	28.8	1,600	64	3,000	120	—	—	—	—	542.8	266.6
	11	120,000	144	18,000	32.4	2,000	80	1,800	72	—	—	—	—	328.4	472.4
	12	20,000	24	6,000	10.8	700	28	600	24	500	10	1,500	450	101.3	212.3
	13	30,000	36	3,000	5.4	1,000	40	900	36	1,000	20	500	5	142.4	244.4
	14	—	—	—	—	200	8	—	—	—	—	—	—	8	124
	15	15,000	18	6,000	10.8	400	16	—	—	—	—	—	—	44.8	191.8
	平均	76,667	92	8,167	14.7	983	39.33	1,050	42	250	5	333	158	194.61	368.58
总平均		112,333	134.8	15,400	27.72	1,960	78.4	2,647	105.87	253	5.07	333	1.23	353.09	593.93

第十四表　实物表(年末)

待售实物(生产及收得实物)

		高梁		栗		旱稻		大豆		其他豆		蔬菜类		土豆		加工品(粉条子)		计
		数量	价格	数量	价格	数量	价格	数量	价格	数量	价格	数量	价格	数量	价格	数量	价格	价格
自耕农	1	65.8	650	1.6	16	8.7	90	3.9	41	—	—	—	40	—	—	25	52.5	889.3
	2	23	220	13.4	140	—	—	2	23	—	—	—	15	—	—	—	—	398
	3	15	130	0.2	2	0.7	7	2.1	21	—	—	—	10	—	—	—	—	170
	4	4	37	2.1	22	—	—	0.6	6	—	—	—	8	—	—	—	—	73
	5	14.5	145	2.9	30	1.9	20	2.2	25	—	—	—	5	—	—	—	—	225
	6	8	80	—	—	0.3	3	—	—	—	—	—	8	—	—	—	—	21
	7	10	98	—	—	0.1	1	—	—	—	—	—	6	—	—	—	—	105
	8	16	150	—	—	0.2	2	—	—	—	—	—	2	—	—	—	—	154
	9	2	20	—	—	0.3	3.5	—	—	—	—	—	6	—	—	—	—	29.5
	平均	17.6	170	2.24	23.33	1.36	14.06	1.2	12.89	—	—	—	11.11	—	—	27.8	5.83	237.22
自耕兼佃农	10	28	280	0.5	10	1	15	1.6	13	—	—	—	25	—	—	—	—	347.22
	11	8	80	0.7	8	0.3	3	—	—	—	—	—	8	—	—	—	—	99
	12	8	77	6.4	70	0.2	2	—	—	—	—	—	6	—	—	—	—	155
	13	5.5	55	3.4	36	—	—	—	—	—	—	—	10	300	12	—	—	113
	14	10.5	100	—	—	—	—	—	—	—	—	—	3	—	—	—	—	103
	15	10	96	6.6	70	—	—	—	—	—	—	—	4	—	—	—	—	171
	平均	11.67	114.67	2.93	32.33	0.25	3.33	—	—	—	—	—	9.33	50	2	—	—	164.83
总平均		15.23	147.87	2.52	26.93	0.91	9.77	0.83	9	—	—	—	10.4	20	0.8	16.7	3.5	208.27

第十四表　续

		购入实物(经营用实物)							中间产品(无市价)												计	实物合计
		大豆粕		高粱		大类		计	土粪		堆肥		高粱秆		粟秆		旱稻秆		豆秆				
		数量	价格	数量	价格	数量	价格	价格	数量	价格	数量	价格	数量	价格	数量	价格	数量	价格	数量	价格	价格	价格
自耕农	1	—	—	—	—	—	—	—													2,998.00	3,887.50
	2	—	—	—	—	—	—	—													332	730
	3	—	—	—	—	—	—	—	与												237.2	407.2
	4	—	—	—	—	—	—	—	年												24	27
	5	12	559	—	—	20	759	—		初	度										58	1,042.00
	6	—	—	—	—	—	—	—				相									229.4	320.4
	7	—	—	—	—	—	—	—						同							95.4	200.4
	8	—	—	—	—	—	—	—													113.8	267.8
	9	—	—	—	—	—	—	—													40.8	70.3
	平均	13.3	62.11	—	—	22.22	84.33	—													4,533.73	780.28
自耕兼佃农	10	—	—	—	—	—	—	—													542.8	890.8
	11	—	44.75	5	32	—	76.75	—													328.4	504.15
	12	—	—	—	—	—	—	—													101.3	256.3
	13	—	—	—	—	—	—	—													142.4	255.4
	14	—	—	—	—	—	—	—													8	111
	15	—	—	—	—	—	—	—													44.8	215.8
	平均	—	7.46	—	5.33	13.33	12.79	—													194.61	372.23
总平均		—	40.25	—	2.13	13.33	55.72	—													353.09	617

注:中间产品与年初相同。

第十五表　现金、准现金及负债表

| | | 存款及贷款 | | 应收款 | 准现金合计 | 借款 | | | 应付款 | 负债合计 |
		贷款	杂货销售资金			合作社借款	棉花贷款	个人借款		
现金										
自耕农	1	182.25	335.00	—	—	335.00	700.00	560.00	650.00	—	1,210.000
	2	188.60	—	450.00	—	450.00	—	40.00	—	—	40.00
	3	14.72	11.00	—	2.50	13.50	—	6.00	310.00	13.95	329.95
	4	6.96	52.00	—	—	52.00	—	128.00	220.00	74.97	422.97
	5	4.34	—	—	—	—	—	—	—	—	—
	6	14.38	—	—	—	—	—	70.00	—	—	70.00
	7	10.47	—	—	—	—	—	12.00	185.00	—	197.00
	8	6.92	70.00	—	—	70.00	—	29.00	20.00	38.54	87.54
	9	7.25	—	—	—	—	—	—	—	—	—
	平均	48.43	52.00	50.00	0.28	102.28	77.78	93.89	153.89	14.16	339.71
自耕兼佃农	10	15.45	1.60	—	330.0	331.61	—	240.00	—	—	240.00
	11	65.26	428.00	—	—	428.00	71.00	—	—	—	71.00
	12	14.44	1.00	—	—	201.00	—	20.00	400.00	—	420.00
	13	13.80	—	—	200.00	—	20.00	10.00	250.00	—	280.00
	14	7.48	—	100.00	—	114.00	—	84.00	—	—	84.00
	15	4.93	—	—	14.00	—	—	60.00	—	—	60.00
	平均	20.23	71.77	16.67	90.67	179.10	15.17	69.00	108.33	—	192.50
总平均		37.15	59.91	36.67	36.43	133.01	52.73	83.93	135.66	8.50	280.83

第十六表　年初及年末农家财产结构(其一)

种类	农户编号	土地 使用财产 年初价格	土地 结余财产 固定资产增额	土地 年末价格	固定资产 建筑物 年初价格	固定资产 建筑物 使用财产 固定财产折旧	固定资产 建筑物 结余财 固定财产增额	固定资产 建筑物 年末价格	大型植物 年初价格	大型植物 使用财产	大型植物 结余财产 固定资产增额	大型植物 年末价格
自耕农	1	67,240.00		67,240.00	3,337.31	69.37		4,159.42	—	—		
	2	4,220.00		4,220.00	248.45	13.83		234.62	—	—		
	3	5,640.00		5,140.00	1,077.73	25.5		1,052.23	—	—		
	4	6,200.00		6,200.00	1,034.40	21.63		1,012.77	—	—		
	5	5,640.00		3,400.00	281	7		469.2	—	—		
	6	5,000.00		5,000.00	684.03	18.16		616.49	—	—		
	7	2,520.00		2,520.00	—	—			—	—		
	8	2,570.00		2,570.00	231.09	14.33		216.76	—	—		
	9	1,655.00		1,655.00	447.96	5.72		442.24	—	—		
	平均	11,131.07		10,882.78	810.28	19.5		914.53	—	—		
自耕兼佃农	10	4,110.00		4,110.00	1,721.30	40.53		1,681.61	—	—		
	11	1,545.00		1,545.00	294.68	16.07		278.61	—	—		
	12	3,600.00		3,600.00	1,236.40	17.1		1,219.30	—	—		
	13	2,000.00		2,000.00	698.7	18.9		679.8	—	—		
	14	990		990	196.9	10.7		186.2	—	—		
	15	810		810	172.28	3.3		168.98	—	—		
	平均	2,175.83		2,307.50	720.13	17.77		702.36	—	—		
总平均		7,549.33		7,452.67	774.22	18.81		829.66	—	—		

第十六表（其一）续

固定资产

种类	农户编号	大动物 年初价格	大动物 使用财产 固定财产折旧	大动物 结余财产 固定财产增额	大动物 年末价格	大机具 年初价格	大机具 使用财产 固定财产折旧	大机具 结余财产 固定财产增额	大机具 年末价格	计(固定资产) 年初价格	计 使用财产 固定财产折旧	计 结余财产 固定财产增额	计 年末价格
自耕农	1	1,610.00	150	—	1,460.00	407.5	23.06		854.44	72,594.81	242.43	—	73,713.86
	2	100	20	—	80	124	10.1		133.7	4,692.45	43.93	—	4,668.32
	3	60	5	—	325	115	6.3		229.7	6,392.73	36.8	—	6,746.93
	4	—	—	—	—	86	5.6		105.4	7,330.40	27.23	—	7,318.17
	5	—	—	—	—	127	9.3		117.7	6,048.00	7	—	4,013.90
	6	340	—	20	460	171	8.1		162.9	6,145.65	26.26	20	6,239.39
	7	109	—	—	—	10	—		36.5	2,629.00	—	—	2,556.50
	8	—	—	—	—	2	20		1.8	2,803.09	14.53	—	2,788.56
	9	—	—	—	—	—	—		—	2,102.96	5.72	—	2,097.24
	平均	246.56	19.44	2.22	258.33	115.83	6.96		182.46	12,304.34	44.87	2.22	12,238.10
自耕兼佃农	10	370	16	30	384	120	7.6		192.4	6,321.80	64.13	30	6,367.67
	11	560	35	35	355	68.5	6.1		140.4	2,468.18	57.17	35	3,109.01
	12	51	7	—	44	67	4.75		62.25	4,954.40	28.85	—	4,925.55
	13	180	5	8	200	52	4.7		47.3	2,930.70	28.6	8	2,927.10
	14	—	—	—	—	—	—		—	1,186.90	10.7	—	1,176.2
	15	—	—	—	—	—	—		—	982.28	3.3	—	978.98
	平均	193.5	10.5	12.17	163.83	51.25	3.86		73.72	3,140.71	32.13	12.17	3,247.42
总平均		225.34	15.87	6.2	220.53	90	5.72		138.97	8,638.89	39.78	6.2	8,641.83

第十六表　年初及年末农家财产结构(其二)

种类 / 农户编号	小动物 使用财产 年初价格	流动财产折旧	流动财产增额	结余财产	准实物 年末价格	小机具 使用财产 年初价格	流动财产折旧	流动财产增额	结余财产	年末价格
自耕农 1	1,420.00				1,420.00	209.45				209.45
2	23.5				23.5	42.28				42.28
3	103				103	46.95				46.95
4	72.8				72.8	47.74				47.74
5	76.2				76.2	61.6				61.6
6	55				55	45.75				45.75
7	95				95	11.8				11.8
8	60.9				60.9	20.9				20.9
9	1				1	15.42				15.42
平均	211.93		183		211.93	55.77				55.77
自耕兼租农 10	257.7				257.7	53.55				53.55
11	27.2				210.2	60.25				60.25
12	6				6	41				41
13	27				27	51.05				51.05
14	14.3				14.3	22.73				22.73
15	42.7				42.7	20.48				20.48
平均	62.48		30.5		92.98	41.51				41.51
总平均	152.15		12.2		164.35	50.07				50.07

第十六表(其二)　续

种类	编号	小机具 使用财产 年初价格	小机具 结余财产 流动财产增额	小机具 结余财产 流动财产减额	小机具 年末价格	购入实物(经营用实物) 年初价格	购入实物 使用财产	购入实物 结余财产 流动财产增额	购入实物 结余财产 流动财产减额	购入实物 年末价格	中间产品(无市价) 年初价格	中间产品 使用财产	中间产品 结余财产	中间产品 年末价格
自耕农	1	1,104.50	—	215	889.5	436.1	—			436.1	299.8			299.8
	2	243	155	—	398	—	—			—	332			332
	3	157	13	—	170	—	—			—	237.2			237.2
	4	77.2	—	4.2	23	65	—			65	24			24
	5	123.5	101.5	—	225	—	759			759	58			58
	6	142	—	51	91	—	—			—	229.4			229.4
	7	82	23	—	105	—	—			—	95.4			95.4
	8	69	65	—	154	—	—			—	113.8			113.8
	9	69.5	—	40	29.5	—	—			—	40.8			40.8
	平均	229.74	41.94	34.47	237.22	55.68	84.33			140.01	458.73			458.73
自耕兼佃农	10	379.3	—	31.3	348	44.5	76.75			44.5	542.8			542.8
	11	144	—	45	99	—	—			76.75	328.4			328.4
	12	111	44	—	155	—	—			—	101.3			101.3
	13	102	11	—	113	—	—			—	142.4			142.4
	14	116	—	13	103	—	—			—	8			8
	15	147	24	—	171	—	—			—	44.8			44.8
	平均	166.55	13.17	14.88	164.83	7.42	12.79			20.21	194.61			194.61
总平均		204.47	30.43	26.63	208.27	36.37	55.72			92.09	353.09			353.09

第十六表　年初及年末农家财产结构(其三)

种类	农户编号	计(流动资产) 使用财产 年初价格	使用财产 流动财产减少额	使用财产 流动财产增加额	结余财产 流动财产增加额	结余财产 流动财产减少额	结余财产 年末价格	流动资产(现金及准现金) 年初价格	流动资产(现金及准现金) 年末价格
自耕农	1	8,168.05				215.00	5,953.05	517.25	1,735.97
	2	640.78			155.00		795.78	638.60	581.29
	3	544.15			13.00		557.15	28.22	7.53
	4	286.74				4.20	282.54	58.96	80
	5	319.30		759.00	101.50		1,179.80	4.34	133.89
	6	472.15				51.00	421.15	14.38	171.44
	7	284.20			23.00		307.20	10.47	137.79
	8	264.60			85.00		349.60	76.92	25.24
	9	126.72				40.00	86.72	7.25	32.85
	平均	1,011.86		84.33	41.94	34.47	1,103.65	150.71	314.09
自耕兼佃农	10	1,277.85		259.75		31.30	1,246.55	347.05	359.99
	11	559.85				45.00	774.60	439.26	305.83
	12	259.30			44.00		303.30	215.44	27.79
	13	322.45			11.00		333.45	13.80	48.99
	14	161.03				13.00	148.03	121.48	123.96
	15	254.98			24.00		278.98	4.93	4.62
	平均	472.57		43.29	13.17	14.88	514.15	199.33	228.52
总平均		769.15		67.92	30.43	26.63	867.87	170.16	279.85

第十六表(其三)　续

种类	家户编号	年初资产额	合计(负债) 使用财产 折旧及减额	合计(负债) 使用财产 流动财产增额	合计(负债) 结余财产 流动财产增额	合计(负债) 结余财产 流动财产减额	年末资产额	负债 年初	负债 年末	余额(纯财产) 年初财产额	余额(纯财产) 年末财产产
自耕农	1	79,280.11	242.43			215	81,402.33	1,910.00	1,770.00	77,370.11	79,632.88
	2	5,971.83	43.93		155		4,045.39	40	642.78	5,931.83	5,402.61
	3	6,951.10	36.8		13		7,311.61	329.95	1,066.00	6,635.15	6,245.61
	4	7,676.10	27.23		101.5	4.2	7,601.51	422.97	117.4	7,253.15	7,484.11
	5	6,371.64	7		20	51	5,327.59		129.53	6,371.64	5,198.06
	6	6,632.18	26.26		23		6,831.98	70	189.1	6,562.18	6,642.88
	7	2,923.67			85		3,001.49	197	436.45	2,726.67	2,565.04
	8	3,144.61	14.53			40	3,163.40	87.54	220.36	3,057.07	2,943.04
	9	2,236.93	5.72				2,216.81		100	2,236.93	2,116.81
	平均	13,466.90	44.37		44.17	34.47	13,655.94	339.71	519.07	13,127.19	13,136.77
自耕兼佃农	10	7,946.70	64.13		30	31.3	8,474.21	240	627.4	7,706.70	7,846.81
	11	3,521.29	57.17		35	45	4,189.44	71	950.4	3,450.29	3,239.04
	12	5,429.14	28.85		44		5,256.64	420	658.13	5,009.14	4,598.51
	13	3,266.95	28.6		19		3,309.54	280	639.17	2,986.95	8,616.37
	14	1,469.41	10.7			13	1,448.19	84	232.36	1,385.41	1,215.83
	15	1,242.19	3.3		24		1,262.58	60	124.8	1,182.19	1,137.78
	平均	3,812.61	32.13		25.33	14.88	3,990.09	192	547.71	3,620.11	3,442.39
总平均		9,605.20	39.78		36.63	26.63	8,789.55	280.83	530.52	9,324.37	9,259.02

二、农家经济结算诸表

第十七表　农家收入

		毛收入			所得性支出				余额农家所得
		所得性总收入	固定结余财产增额及流动结余财产增额	小计	所得性总支出	固定使用财产折旧额及流动供使用减少额	周转性支出	小计	
自耕农	1	14,241.55	215.00	14,026.55	6,576.43	242.43	541.61	7,360.47	6,666.08
	2	2,253.53	155.00	2,408.53	612.90	43.93	12.84	669.67	1,738,86
	3	1,125,14	18.00	1,143.14	586.35	36.80	5.09	628.24	514.90
	4	1,486.99	4.20	1,482.79	410.83	27.23	21.44	459.50	1,023.29
	5	964.56	101.50	1,066.06	1,230.99	742.70	5.13	493.42	572.64
	6	1,562.14	31.00	1,531.14	301.55	26.26	62.38	390.19	1,140.95
	7	728.60	23.00	751.60	252.26		8.77	261.93	490.57
	8	858.81	85.00	943.81	287.64	14.53	9.23	311.40	632.41
	9	471.89	40.00	431.89	80.19	5.72	10.14	95.99	335.90
	平均	2,632.58	10.25	2,642.83	1,148.79	38.42	75.18	1,185.54	1,457.29
自耕兼佃农	10	3,653.71	1.30	365.41	1,354.61	64.13	102.47	1,521.21	2,131.29
	11	1,883.80	10.00	1,873.80	1,348.17	207.53	92.77	1,233.36	630.44
	12	1,024.21	44.00	1,068.21	450.03	28.85	10.91	489.79	578.42
	13	1,266.74	19.00	1,285.74	577.03	28.60	2.26	607.89	677.85
	14	1,047.80	13.00	1,034.80	325.74	10.70	10.89	347.33	687.47
	15	1,082.13	24.00	1,106.19	268.46	3.30	4.82	276.58	829.55
	平均	1,659.73	10.45	1,670.19	720.67	12.00	37.35	746.03	922.50
总平均		2,243.44	10.33	2,253.14	977.55	27.35	60.05	1,099.75	1,243.36

第十八表　家计费及家庭负担家计费

		家计费	周转性支出	余额 家庭负担家计费
自耕农	1	4,944.92	541.61	4,403.31
	2	2,280.92	12.84	2,268.08
	3	909.53	5.09	904.44
	4	813.75	21.44	792.31
	5	961.35	5.13	956.22
	6	1,122.63	62.38	1,060.25
	7	660.96	8.77	625.19
	8	755.67	9.23	746.44
	9	466.16	10.14	456.02
	平均	1,435.10	75.18	1,359.92
自耕兼佃农	10	2,093.56	102.47	1,991.09
	11	934.46	22.77	841.69
	12	999.96	10.91	989.05
	13	1,050.69	2.26	1,048.43
	14	867.94	10.89	857.05
	15	878.78	4.28	873.96
	平均	1,137.57	37.35	1,100.22
总平均		1,316.08	60.05	1,256.03

第十九表　农家经济结余

		农家所得	家庭负担家计费	余额 农家经济结余
自耕农	1	6,666.08	4,403.31	(+)2,262.77
	2	1,738.86	2,268.80	(-)529.22
	3	514.9	904.44	(-)389.54
	4	1,023.29	792.31	(+)230.98
	5	572.64	956.22	(-)383.58
	6	1,140.95	1,060.25	(+)80.7
	7	490.57	625.19	(-)161.62
	8	632.41	746.44	(-)114.03
	9	335.9	456.02	(-)120.12
	平均	1,457.29	1,359.92	(+)97.37
自耕兼佃农	10	2,131.20	1,991.09	(+)140.11
	11	630.44	841.69	(-)211.25
	12	578.42	989.05	(-)410.63
	13	677.85	1,048.43	(-)370.58
	14	687.47	857.05	(-)169.58
	15	829.55	873.96	(-)44.41
	平均	922.5	1,100.22	(-)177.72
总平均		1,243.36	1,256.03	(-)12.67

第二十表　农家年度内纯财产增加额

		年末纯财产额	年初纯财产额	余额 年纯财产增加额
自耕农	1	79,632.88	77,370.11	(+)2,262.77
	2	5,402.61	5,931.83	(−)529.22
	3	6,245.61	6,635.15	(−)389.54
	4	7,484.11	7,253.13	(+)230.98
	5	5,198.06	6,371.64	(−)1,173.58
	6	6,642.88	6,526.18	(+)80.7
	7	2,565.04	2,726.67	(−)161.62
	8	2,943.04	3,057.07	(−)114.03
	9	2,116.81	2,236.93	(−)120.12
	平均	13,136.77	13,127.19	(+)9.59
自耕兼佃农	10	7,846.81	706.7	(+)140.11
	11	3,239.04	3,450.29	(−)211.25
	12	4,598.51	5,009.14	(−)410.63
	13	2,616.37	2,986.95	(−)370.58
	14	1,215.83	1,385.41	(−)169.58
	15	1,137.78	1,182.41	(−)44.41
	平均	3,442.39	3,620.11	(−)177.72
总平均		9,259.02	9,324.37	(−)65.33

第二十一表　财产价格变动引起的盈亏

		年纯财产增加额	农家经济结余	财产价格变动引起的盈亏
自耕农	1	(+)2,262.77	(+)2,262.77	0
	2	(−)529.22	(−)529.22	0
	3	(−)389.54	(−)389.54	0
	4	(+)230.98	(+)230.98	0
	5	(−)1,173.58	(+)383.58	(−)790.00
	6	(+)80.7	(+)80.7	0
	7	(−)161.62	(−)161.62	0
	8	(−)114.03	(−)114.03	0
	9	(−)120.12	(−)120.12	0
	平均	(+)9.59	(+)97.37	(−)87.78
自耕兼佃农	10	(+)140.11	(+)140.11	0
	11	(−)211.25	(−)211.25	0
	12	(−)410.63	(−)410.63	0
	13	(−)370.58	(−)370.58	0
	14	(−)169.58	(−)169.58	0
	15	(−)44.41	(−)44.41	0
	平均	(−)177.72	(−)177.72	0
总平均		(−)65.33	(−)12.67	(−)52.66

三、农家经济成果结构诸表

第二十二表　所得性收入结构（其一）

类别	户号	高粱 现金所得性收入	高粱 生产及收得实物转入家计	高粱 小计	粟 现金所得性收入	粟 生产及收得实物转入家计	粟 小计	旱稻 现金所得性收入	旱稻 生产及收得实物转入家计	旱稻 小计	大豆 现金所得性收入	大豆 生产及收得实物转入家计	大豆 小计	其他豆类（黑豆、小豆）现金所得性收入	其他豆类（黑豆、小豆）生产及收得实物转入家计	其他豆类（黑豆、小豆）小计
自耕农	1	261.2	1,806.50	2,067.70	1,556.00	4.4	1,570.00	27.16	118.5	145.66	—	199.71	298.21	175.35	51.45	226.8
	2	—	455.55	455.55	8.3	6.6	16.9	8.9	—	8.9	—	31.55	31.55	15.6	—	15.6
	3	2.6	343.06	352.66	61.6	10.92	72.52	—	13.55	13.55	—	43.36	43.36	5.8	—	5.8
	4	—	54.35	54.35	117	7.3	124.3	7.99	7	14.99	—	5.14	5.14	—	—	—
	5	56	257.54	313.54	66.3	5.5	71.86	—	52.7	52.7	—	13.66	13.66	—	—	—
	6	182.47	414.66	597.13	84	13	97	—	22.3	22.3	—	5.14	5.14	—	—	—
	7	37.5	191.6	229.1	—	—	—	—	2.98	2.98	—	11.11	11.11	—	—	—
	8	46.5	196	248.5	—	—	—	—	—	—	—	5.76	5.76	11.5	—	11.5
	9	—	155.32	155.32	—	—	—	—	3.5	3.5	0.6	1.9	2.5	11.5	—	11.5
	平均	65.92	430.51	496.43	211.47	5.3	216.77	4.89	24.5	22.4	11.01	35.26	46.27	23.14	5.72	23.14
自耕兼佃农	10	—	558.19	558.19	504	44	548	—	***	***	1.4	***	124.66	46.77	—	46.77
	11	68	282.75	350.75	262.75	20.8	283.55	18	***	***	***	***	14.57	5.53	—	5.53
	12	54.78	251.92	306.7	—	6.25	46.25	29.7	***	***	***	***	***	55.68	13	***
	13	132.5	321.79	454.29	53.56	7.66	61.22	20.79	***	***	—	***	***	28.03	26.5	***
	14	22.32	229.8	252.12	—	—	—	—	***	***	—	3.01	3.01	—	—	—
	15	22.32	248.3	270.62	—	10.36	10.36	—	***	***	—	2.61	2.61	3.2	—	3.2
	平均	49.99	315.46	365.45	136.72	16.51	153.23	11.42	14.13	25.54	0.23	28.46	28.72	23.21	6.58	29.79
总平均		59.55	384.49	444.04	181.57	9.79	191.36	7.5	20.3	27.85	6.7	32.55	39.25	23.17	6.06	29.23

第二十二表（其一）续

		棉花			蔬菜			茎秆类			其他			畜产品		
		现金所得性收入	生产及收得实物转入豕计	小计	现金所得性收入	生产及收得实物转入豕计	小计	现金所得性收入	生产及收得实物转入豕计	小计	现金所得性收入	生产及收得实物转入豕计	小计	现金所得性收入	生产及收得实物转入豕计	小计
自耕农	1	3,030.84	—	3,030.84		138.5	133.5	895.06	355.6	1,250.66	—	—	—	1,453.18	289.46	1,742.64
	2	407.35	—	407.35	4.5	106.1	110.6		133.2	133.2	—	—	—	259.65	10.7	270.35
	3	111.2	—	111.2	2.5	67.15	69.65	48	138.8	186.8	—	—	—	191	4.5	195.5
	4	883.53	—	883.53	—	82.94	82.94	68.5	8	76.5	—	—	—	126.4	12.02	138.42
	5	—	—		37	37.12	74.12	20	80	170	—	—	—	9	68.61	77.61
	6	485.25	—	485.25	—	78.07	78.07	—	136.5	136.5	—	—	—	—	11.25	41.25
	7	151.61	—	151.61	0.7	65.15	65.85	6	66.65	72.65	—	—	—	165	10.72	175.72
	8	152.88	—	152.88	—	51.25	51.25	—	67.05	67.05	—	—	—	219.77	56.9	276.76
	9	143.35	—	143.35	4.33	60.04	64.37	—	27.2	27.2	—	—	—	6	15.45	21.45
	平均	596.22	—	596.22	3.45	76.26	81.71	123.06	112.56	235.62	—	—	—	270	53.9	323.29
自耕兼佃农	10	882.93	—	882.93	118.2	161.9	280.1	159.5	70	239.4	—	—	—	750.8	103	853.8
	11	358.92	—	358.92	3.55	85.08	88.63	60	91.7	151.7	花生 132.60	—	132.6	124.21	18.51	142.72
	12	135.74	—	135.74	66.09	68.41	134.5	88.72	107.8	196.52		—		4.6	16.5	21.1
	13	91.88	—	91.88	117.04	100.43	217.49	36.63	148.55	185.21		—		3.9	16.32	20.22
	14	363.57	—	363.57	120.7	30.59	151.29		37.55	37.55	37.5	—	37.5	42.7	16.65	59.33
	15	129.04	—	129.04	93.9	62.52	156.42	73.5	68.8	142.3		—		128.73	53.85	182.58
	平均	327.01	—	327.01	86.58	84.83	171.41	69.73	89.05	153.78	28.35	—	28.35	175.82	37.47	213.29
总平均		488.54	—	488.54	37.9	79.68	117.58	101.73	103.15	232.88	11.34	—	11.34	232.33	46.96	279.29

第二十二表　所得性收入结构(其二)

		加工品			财产利用收入			薪金及俸禄收入			杂收入		
		现金所得性收入	生产及收得实物转入家计	小计	现金所得性收入	生产及收得实物转入家计	小计	现金所得性收入	生产及收得实物转入家计	小计	现金所得性收入	生产及收得实物转入家计	小计
自耕农	1	2,006.30	19.95	2,126.25	1,250.40	270	1,520.40	14.73	—	14.73	1.87	—	1.87
	2	—	—	—	—	36	36	***	—	***	—	—	—
	3	—	—	—	0.53	48	48	10	—	10	3.6	—	3.6
	4	—	—	—	—	54.12	54.12	—	—	—	—	—	—
	5	—	—	—	20	39	39.33	139.04	—	139.04	—	—	—
	6	—	—	—	7.88	50.4	76.4	40.4	—	40.4	—	—	—
	7	—	—	—	—	—	6.88	—	—	—	—	—	—
	8	—	—	—	—	30	30	20	—	20	—	—	—
	9	—	—	—	—	30	30	—	—	—	—	—	—
	平均	234.03	2.22	286.25	122.65	61.95	204.59	96.66	—	96.66	0.61	—	0.61
自耕兼佃农	10	—	—	—	—	58	58	30	—	30	—	—	—
	11	—	—	—	45.5	30	75.5	237.8	—	237.8	—	—	—
	12	—	—	—	10	33.5	48.5	11	—	11	6.3	—	6.3
	13	—	—	—	—	—	—	105	—	105	4.5	—	4.5
	14	—	—	—	—	21.69	21.69	27.77	—	27.77	5.25	—	5.25
	15	—	—	—	—	24	24	147.6	—	147.6	—	—	—
	平均	—	—	—	9.25	28.7	37.95	104.86	—	104.86	2.68	—	2.68
	总平均	140.42	1.33	141.75	89.29	48.65	137.93	99.94	—	99.94	1.43	—	1.43

第二十二表(其二)　续

		合计			补助及受赠现金			总计		
		现金所得性收入	生产及收得实物转入家计	小计	现金所得性收入	生产及收得实物转入家计	小计	现金所得性收入	生产及收得实物转入家计	小计
自耕农	1	10,880.59	3,254.07	14,134.66	106.69	—	106.69	10,987.48	3,254.07	14,241.50
	D2	1,350.03	779.70	8,129.73	23.30	—	23.30	1,473.83	779.70	2,253.53
	3	443.30	669.34	1,112.64	12.50	—	12.50	455.80	669.34	1,125.14
	4	1,203.42	230.87	1,434.29	52.70	—	52.70	1,256.12	230.87	1,468.99
	5	397.69	554.13	952.06	12.50	—	12.50	410.43	554.13	964.56
	6	818.12	731.32	1,549.44	12.70	—	12.70	830.82	731.32	1,562.14
	7	365.69	348.21	715.90	12.70	—	12.70	380.39	348.21	728.60
	8	439.15	406.96	846.11	12.70	—	12.70	451.85	406.96	858.81
	9	165.78	293.41	459.19	12.70	—	12.70	178.48	293.41	471.89
	平均	1,785.11	807.56	2,592.67	39.91	—	39.91	1,825.02	807.56	2,632.68
自耕兼佃农	10	2,493.60	1,147.61	3,641.21	12.50	—	12.50	2,506.10	1,147.61	3,653.71
	11	1,316.91	554.19	1,871.10	12.70	—	12.70	1,329.61	554.61	1,883.80
	12	462.61	548.90	1,011.51	12.70	—	12.70	475.31	548.90	1,024.21
	13	593.86	660.18	1,254.04	12.70	—	12.70	606.56	660.18	1,266.74
	14	609.81	345.29	1,035.10	12.70	—	12.70	702.51	345.29	1,047.80
	15	598.29	417.14	1,069.43	12.70	—	12.70	610.99	471.14	1,082.13
	平均	1,025.85	621.22	1,647.07	12.67	—	12.67	1,038.51	621.22	1,659.73
总平均		1,481.41	733.02	2,214.43	29.01	—	29.01	1,510.41	733.02	2,243.44

第二十三表　所得性现金支出结构

		肥料费	饲料费	种苗费	家畜费	机具费	原料加工费	各种材料费	药剂费	工钱	负债利息	借款及手续费	地租	捐税	建筑费	杂项支出	小计	拟制支出	合计
自耕农	1	298.27	1,249.30	25.05	1,558.80	138.57	1,519.88	88.74	煤电15.68／24.80	1,205.24	＊＊＊	14.20	—	241.27	66.00	35.63	6,576.43	—	6,576.43
	2	9.70	308.89	3.89	75.00	18.14	—	16.91	—	25.69	＊＊＊	＊＊＊	—	20.33	18.03	12.87	612.90	—	612.90
	3	55.36	133.80	78.63	127.80	12.80	—	2.20	—	74.98	＊＊＊	＊＊＊	—	19.95	10.80	0.60	586.35	—	586.35
	4	6.60	78.54	8.10	42.00	2.20	—	37.65	—	205.10	＊＊＊	＊＊＊	—	6.63	9.50	7.10	410.83	—	410.83
	5	862.80	23.70	79.85	90.00	12.85	—	—	—	107.20	＊＊＊	＊＊＊	—	—	—	1.00	1,230.99	—	1,230.99
	6	—	129.61	5.17	2.40	1.60	—	55.50	—	40.04	＊＊＊	＊＊＊	—	10.15	5.50	1.60	301.55	—	301.55
	7	9.50	137.10	6.60	29.00	13.60	—	0.35	—	35.00	＊＊＊	0.40	—	9.61	—	2.40	252.26	—	252.26
	8	—	77.41	9.35	44.40	3.95	—	2.00	1.60	67.80	8.40	0.20	47.20	16.26	6.00	3.87	287.64	—	287.64
	9	14.80	7.85	3.00	—	—	—	—	—	40.86	4.30	0.00	—	5.24	—	1.08	80.13	—	80.13
	平均	139.67	238.47	24.40	218.82	22.63	163.88	22.59	煤电1.74／2.93	200.21	39.50	3.80	5.22	39.70	12.87	7.35	1,148.79	—	1,148.79
自耕兼佃农	10	8.80	573.37	12.40	50.00	38.18	—	26.09	—	245.81	28.45	1.40	290.00	29.18	30.80	11.15	1,354.61	—	1,354.61
	11	4.40	414.84	102.50	204.50	24.20	—	13.55	4.80	66.05	0.80	＊＊＊	245.00	35.09	—	186.55	1,348.17	—	1,348.17
	12	124.30	—	11.30	2.80	2.15	—	2.30	—	61.00	118.10	＊＊＊	110.00	14.74	—	1.94	450.03	—	450.03
	13	75.36	27.55	24.50	2.80	5.60	—	4.75	—	36.00	155.20	1.40	225.00	11.37	5.00	2.50	577.03	—	577.03
	14	5.00	7.68	63.05	16.10	3.20	—	—	—	61.26	29.56	1.40	＊＊＊	3.49	—	4.23	325.74	—	325.74
	15	4.00	67.10	11.45	45.00	—	—	—	—	34.40	55.35	＊＊＊	＊＊＊	＊＊＊	—	0.43	268.46	—	268.46
	平均	36.98	181.76	37.35	53.53	12.22	—	7.78	—	85.59	55.35	＊＊＊	＊＊＊	＊＊＊	5.97	34.47	720.67	—	720.67
总平均		98.50	215.76	29.66	152.71	18.47	101.33	16.67	煤电1.05／2.08	154.36	45.34	＊＊＊	＊＊＊	＊＊＊	10.11	18.20	977.55	—	977.55

第二十四表　家计费结构（其一）

		饮食费														
		主食									副食			调味品		
		高粱			粟			其他								
		现金家计支出	生产及收得实物转入家计	小计	现金家计支出	生产及收得实物转入家计	小计	现金家计支出	生产及收得实物转入家计	小计	现金家计支出	生产及收得实物转入家计	小计	现金家计支出	生产及收得实物转入家计	小计
自耕农	1	—	1,806.50	1,806.50	—	4.4	4.4	116.63	118.5	235.13	140.2	627.07	764.27	112.41	75	187.41
	2	419.59	455.55	875.14	—	6.6	6.6	26.31	—	26.31	22.69	138.35	161.04	16.5	10	26.5
	3	—	343.06	343.06	—	10.92	10.92	28.35	13.55	41.9	56.37	115.01	171.38	26.72	—	26.72
	4	166.85	54.35	221.18	—	7.3	7.3	35.71	7	42.71	69.21	100.1	169.31	28.31	—	28.31
	5	89.8	257.54	347.34	—	5.5	5.5	32.42	52.7	85.12	27.52	119.39	146.91	28.55	—	28.55
	6	—	414.66	414.66	—	13	13	20.64	22.3	42.29	39.71	94.46	134.17	14.46	—	14.46
	7	—	191.6	191.6	—	—	—	15.75	2.98	18.73	41.06	86.98	128.04	13.99	—	13.99
	8	—	196	196	—	—	—	26.77	—	26.77	46.42	113.91	160.33	10.81	—	10.81
	9	—	155.32	155.32	3.9	—	3.9	15.73	3.5	19.23	42.39	77.39	119.78	10.36	—	10.36
	平均	75.14	430.51	505.65	0.43	5.3	5.73	35.37	24.5	39.87	53.95	163.3	217.25	28.12	9.44	38.57
自耕兼佃农	10	192	558.19	750.19	—	44	44	33.95	39.36	73.31	38.41	318.16	356.57	34.21	50	84.21
	11	—	282.75	282.75	—	20.8	20.8	16.4	10.78	27.18	41.9	118.16	160.06	9.76	—	9.76
	12	—	251.92	251.92	—	16.25	16.25	34.26	17.14	51.4	42.7	117.29	159.99	9.33	—	9.33
	13	52.5	321.79	374.29	14.7	7.66	22.36	38.07	10.73	48.85	32.24	161.4	193.64	26.46	10	36.46
	14	77.15	229.8	306.95	—	—	—	41.32	6	47.32	56	50.25	106.25	7.85	—	7.85
	15	—	248.3	248.3	—	10.36	10.36	22.97	0.7	23.67	29.48	118.98	148.46	28.56	—	28.56
	平均	53.61	315.46	369.07	2.45	16.51	18.96	31.16	14.13	45.29	40.12	147.37	187.49	19.36	10	29.36
总平均		66.52	384.49	451.01	1.24	9.79	11.03	33.69	20.35	54.04	48.42	156.93	205.35	25.22	9.67	34.89

第二十四表（其一）续

		伙食费						服装及日常用品			住宿费			家具购置费		
		嗜好品			小计											
		现金家计支出	生产及收得实物转入家计	小计	现金家计支出	生产及收得实物转入家计	小计	现金家计支出	生产及收得实物转入家计	小计	现金家计支出	生产及收得实物转入家计	小计	现金家计支出	生产及收得实物转入家计	小计
自耕农	1	49.48	—	49.48	418.72	2,628.47	3,047.19	683.63	—	683.63	22.11	270	292.11	49.95	—	49.95
	2	19.93	—	19.93	505.02	610.5	1,115.52	287.44	—	287.44	1.66	36	37.66	1.26	—	1.26
	3	7.73	—	7.73	119.17	482.54	501.71	15.34	—	15.34	5.25	48.9	55.25	2.5	—	2.5
	4	15.8	—	15.8	315.86	168.75	484.61	105.22	—	105.22	6.6	54.12	60.72	3.29	—	3.29
	5	23.15	—	23.15	201.44	435.13	636.57	39.36	—	39.36	25.82	39	64.82	8.4	—	8.4
	6	9.93	—	9.93	84.74	544.42	629.16	218.92	—	218.92	5.6	50.4	56	4.05	—	4.05
	7	7.71	—	7.71	78.51	281.56	360.07	171.3	—	171.3	27.64	—	27.64	2.1	—	2.1
	8	1.34	—	1.34	85.34	309.91	395.25	122.31	—	122.31	1.57	30	31.57	55.65	—	55.65
	9	2.17	—	2.17	74.55	236.21	310.76	23.73	—	23.73	1.2	30	31.2	0.15	—	0.15
	平均	15.25	—	15.25	209.26	633.05	842.31	185.26	—	185.26	10.83	61.95	72.77	13.93	—	13.93
自耕兼佃农	10	20.73	—	20.73	319.3	1,009.71	1,329.01	346.35	—	346.35	12.7	58	70.7	5.6	—	5.6
	11	19.01	—	19.01	87.07	432.49	519.56	170.7	—	170.7	—	30	30	18.09	—	18.09
	12	19.88	—	19.88	106.17	402.6	508.77	201.67	—	201.67	1.2	38.5	39.7	46.23	—	46.23
	13	11.08	—	11.08	175.05	511.63	686.68	66.64	—	66.64	5.6	—	5.6	13.7	—	13.7
	14	29.89	—	29.89	212.21	286.05	498.26	94.9	—	94.9	3.5	21.69	25.19	5.5	—	5.5
	15	13.09	—	13.09	94.1	378.34	472.44	103.94	—	103.94	1.15	24	25.15	0.35	—	0.35
	平均	18.95	—	18.95	165.65	503.47	669.12	164.03	—	164.03	4.03	28.7	32.72	14.91	—	14.91
总平均		16.73	—	16.73	191.82	581.22	773.04	176.77	—	176.77	8.11	48.65	56.75	14.32	—	14.32

第二十四表　家计费结构(其二)

类别	序号	煤电费 现金家计支出	煤电费 生产及收得实物转入家计	煤电费 小计	卫生保健费 现金家计支出	卫生保健费 生产及收得实物转入家计	卫生保健费 小计	教育费 现金家计支出	教育费 生产及收得实物转入家计	教育费 小计	娱乐费 现金家计支出	娱乐费 生产及收得实物转入家计	娱乐费 小计	支际费 现金家计支出	支际费 生产及收得实物转入家计	支际费 小计
自耕农	1	79.74	355.6	435.34	2	—	2	—	—	—	0.45	—	0.45	—	39.9	39.9
	2	22.68	133.2	155.2	3.5	—	3.5	3.9	—	3.9	0.8	—	0.8	—	18.6	18.6
	3	10.72	138.8	149.52	6.7	—	6.7	2.6	—	2.6	—	—	—	—	24.26	24.26
	4	70.9	8	78.9	24.61	—	24.61	—	—	—	0.25	—	0.25	—	27.54	27.54
	5	35.7	80	115.7	47.01	—	47.01	2.74	—	2.74	—	—	—	—	22.8	22.8
	6	4.77	136.3	141.27	11.29	—	11.29	18.11	—	18.11	1.86	—	1.86	—	22.4	22.4
	7	3.29	66.65	69.94	1.38	—	1.38	—	—	—	0.8	—	0.8	—	16	16
	8	9.09	67.05	76.14	11.94	—	11.94	1.81	—	1.81	—	—	—	—	44.27	44.27
	9	40.2	27.2	67.4	12.76	—	12.76	—	—	—	0.1	—	0.1	—	10	10
	平均	30.79	112.56	143.34	13.47	—	13.47	3.24	—	3.24	47	—	47	—	25.09	25.09
自耕兼佃农	10	87.68	79.9	167.58	41.5	—	41.5	5.5	—	5.5	3	—	3	—	56.18	56.18
	11	28.56	91.7	120.26	3	—	3	—	—	—	0.15	—	0.15	—	37.2	37.2
	12	0.32	107.8	108.12	14.02	—	14.02	22.74	—	22.74	3.4	—	3.4	—	52.58	52.58
	13	3.37	148.55	151.92	25.97	—	25.97	3.69	—	3.69	1.3	—	1.3	—	41.95	41.95
	14	26.08	37.55	63.63	8.04	—	8.04	2.46	—	2.46	—	—	—	—	20.2	20.2
	15	17.4	68.8	86.2	6.66	—	6.66	5.73	—	5.73	1	—	1	—	31.47	31.47
	平均	27.24	89.08	116.29	16.53	—	16.53	—	—	—	1.48	—	1.48	—	39.93	39.93
总平均		29.37	103.15	132.52	14.69	—	—	4.24	—	—	0.87	—	—	—	—	31.02

第二十四表(其二)　续

		婚丧费			承包费			杂费			合计		
		现金家计支出	生产及收得实物转入家计	小计	现金家计支出	生产及收得实物转入家计	小计	现金家计支出	生产及收得实物转入家计	小计	现金家计支出	生产及收得实物转入家计	小计
自耕农	1	336.8	—	336.8	0.17	—	0.17	57.33	—	57.33	1,690.85	3,254.07	4,944.92
	2	611.21	—	611.21	1.2	—	1.2	43.95	—	43.95	1,501.22	779.7	2,280.92
	3	30.7	—	30.7	1.26	—	1.26	21.96	—	21.96	240.19	669.34	909.53
	4	14.9	—	14.9	0.31	—	0.31	13.4	—	13.4	582.88	230.87	813.75
	5	4	—	4	3.01	—	3.01	13.94	—	13.94	407.22	554.13	961.35
	6	13.61	—	13.61	1.26	—	1.26	5.15	—	5.15	391.31	731.32	1,122.63
	7	1.1	—	1.1	0.26	—	0.26	10.37	—	10.37	312.75	348.21	660.96
	8	11.57	—	11.57	1.26	—	1.26	3.9	—	3.9	348.71	406.96	755.67
	9	8.95	—	8.95	0.26	—	0.26	0.8	—	0.8	172.75	293.41	466.16
	平均	114.71	—	114.71	1	—	1	19.51	—	19.51	627.54	307.56	1,435.10
自耕兼佃农	10	50	—	50	1.26	—	1.26	16.88	—	16.88	945.95	1,147.61	2,093.56
	11	10.44	—	10.44	0.26	—	0.26	24.8	—	24.8	380.27	554.19	934.46
	12	15.5	—	15.5	0.26	—	0.26	9.71	—	9.71	451.06	548.9	999.96
	13	16	—	16	0.26	—	0.26	17.93	—	17.93	390.51	660.18	1,050.69
	14	137.48	—	137.48	0.26	—	0.26	10.79	—	10.79	522.65	345.29	967.94
	15	144.85	—	144.85	0.26	—	0.26	4	—	4	407.64	471.14	878.78
	平均	62.88	—	62.88	0.43	—	0.43	14.02	—	14.02	516.35	621.22	1,137.57
	总平均	95.78	—	—	0.77	—	—	17.31	—	—	583.06	733.02	1,316.08

第二十五表　财产性收入及支出结构

		土地		建筑		大动物		大型机具	
		财产收入（出让）	财产支出（购入）	财产收入（出让）	财产支出（购入）	财产收入（出让）	财产支出（购入）	财产收入（出让）	财产支出（购入）
自耕农	1	—	—	—	5 月 991.48	—	—	—	4 月 470.00
	2	—	—	—	—	—	—	—	2 月 19.80
	3	—	—	—	—	12 月 60.00	3 月 325.00	—	1 月 5 日 121.00
	4	—	—	—	—	—	—	—	11 月 15.00
	5	＊＊＊	—	—	5 月 222.80	—	—	—	—
	6	—	—	—	—	—	100	—	—
	7	—	—	—	—	10 月 109.00	—	—	11 月 36.50
	8	—	—	—	—	—	—	—	—
	9	—	—	—	—	—	—	—	—
	平均	161.11	—	—	23.74	＊＊＊	47.22	—	73.5
自耕兼佃农	10	—	—	—	—	—	—	—	1 月 80.00
	11	—	＊＊＊	—	—	＊＊＊	180	—	1 月 78.00
	12	—	—	—	—	—	—	—	—
	13	—	—	—	—	＊＊＊	＊＊＊	—	—
	14	—	—	—	—	—	—	—	—
	15	—	—	—	—	—	—	—	—
	平均	—	131.67	—	—	＊＊＊	62	—	26.33
总平均		＊＊＊	＊＊＊	—	4.25	＊＊＊	53.13	—	54.69

固定财产

第二十五表　续

	流动财产				负债				合计	
	贷款		应收款		借款		应付款			
	财产收入（接受还款）	财产支出（贷款）	财产收入（回收）	财产支出（赊卖）	财产收入（借入）	财产支出（偿还）	财产收入（赊买）	财产支出（支付）	财产收入	财产支出
自耕农 1	335	25	—	1,566.00	800.00	1,660.00	883.20	163.20	2,018.20	4,775.68
2	—	—	80.6	202	805.23	275.00	578.55	506.00	1,464.38	1,002.80
3	23	12	177.5	175	1,196.00	446.00	38.41	52.36	1,494.91	1,131.36
4	92	40	—	—	253.00	483.60	65.00	139.97	410.00	678.57
5	—	3	—	—	153.20	29.00	58.25	52.97	1,661.45	307.12
6	—	2.3	—	84	526.50	450.00	126.03	83.43	652.53	719.93
7	—	2.5	—	105	314.00	83.00	32.86	24.41	455.86	251.41
8	70	—	164.32	***	256.66	85.30	35.29	73.83	526.27	323.45
9	—	—	—	***	135.00	35.00	11.23	11.23	146.23	46.23
平均	57.73	9.44	46.94	255.15	493.29	394.10	203.20	123.04	981.09	1,026.28
自耕兼佃农 10	1.6	—	100	***	865.00	489.00	24.20	12.80	990.80	1,185.80
11	328	400	19.4	247.44	1,115.40	239.40	99.92	96.52	2,442.72	2,031.36
12	—	—	200	—	825.60	595.00	73.25	65.72	1,099.85	660.72
13	—	—	—	—	761.79	380.00	39.73	8.40	976.57	580.40
14	—	—	14	—	270.00	124.00	2.36	—	286.36	124.00
15	—	—	—	—	75.00	62.00	51.80	—	126.80	62.00
平均	138.43	—	***	***	625.13	314.90	48.55	30.57	987.18	774.05
总平均	***	—	50.39	***	556.83	362.43	141.34	86.05	983.53	925.39

第二十六表　所得性收入月别结构（其一）

类别		8月			9月			10月			11月			12月			1月		
		现金	实物	小计	现金	实物	小计	现金	实物	小计	现金	实物	小计	现金	实物	小计	现金	实物	小计
自耕农	1	414.85	231.16	646.01	323.26	209.50	532.76	373.82	301.56	675.38	1,638.39	219.75	1,858.14	191.80	224.80	416.60	3,014.99	473.50	3,488.49
	2	141.70	33.10	174.80	—	44.05	44.05	208.58	82.40	290.98	223.97	117.75	341.72	31.00	80.10	111.10	60.93	112.00	172.93
	3	17.10	46.15	63.25	58.0	44.37	50.17	54.74	44.89	99.63	46.93	53.83	100.76	184.53	42.80	227.33	77.60	66.79	144.39
	4	40.00	27.51	67.51	—	47.76	47.46	289.32	29.25	318.57	554.80	26.26	581.06	126.40	6.34	132.74	39.61	4.82	44.43
	5	4.00	43.06	47.06	22.03	29.05	51.08	28.40	38.91	67.31	7.14	49.70	56.84	126.00	35.86	161.86	85.00	88.90	173.90
	6	7.75	45.02	52.77	10.40	39.75	50.15	36.65	60.34	96.99	180.48	59.90	240.38	232.14	61.10	293.24	146.18	57.90	204.08
	7	18.20	30.65	48.85	—	17.76	17.76	14.28	39.80	54.08	57.55	35.55	93.10	139.98	24.50	164.48		22.70	22.70
	8	12.50	21.11	33.611	—	25.90	25.90	285.32	25.45	310.77	35.10	38.85	73.95	16.24	27.35	43.59	36.19	75.50	111.69
	9	2.00	23.85	25.85	—	21.55	21.55	87.68	26.68	114.36	29.67	36.42	66.09	26.80	15.32	42.12	2.60	15.05	17.65
	平均	73.12	55.73	128.86	40.17	53.27	93.43	153.20	72.14	225.34	308.23	70.89	379.12	119.43	57.57	175.90	384.78	101.91	486.69
自耕兼佃农	10	87.70	63.46	151.16	30.90	71.50	102.40	520.21	84.00	604.21	467.43	103.64	571.37	180.79	53.10	233.89	764.35	142.15	906.50
	11	14.70	40.97	55.67	1.80	37.31	39.11	341.31	46.70	388.01	133.12	53.35	186.47	53.69	36.23	89.92	143.01	35.65	178.66
	12	9.55	34.55	44.10	8.54	27.56	36.10	37.15	40.55	77.70	112.87	55.66	168.53	87.92	43.35	131.27	22.80	35.75	58.55
	13	65.00	44.50	109.50	31.30	52.95	84.25	68.78	57.83	126.61	103.10	76.30	179.40	177.26	58.05	235.31	—	54.10	54.10
	14	65.00	6.01	71.01		24.87	24.87	202.66	52.38	255.04	150.53	53.52	204.05	48.08	28.47	76.55	127.77	12.17	139.94
	15	65.00	32.55	97.55	19.00	36.10	55.10	208.04	47.66	255.70	63.27	75.80	139.07	360	38.62	42.22	72.06	58.50	130.56
	平均	51.16	37.01	88.17	15.26	41.72	57.97	229.69	54.85	284.55	171.77	69.71	241.48	91.89	42.97	134.86	198.33	56.39	244.72
总平均		64.34	48.24	112.58	30.20	48.65	78.85	183.80	65.22	249.02	253.64	70.42	324.06	108.42	51.73	160.15	306.21	83.70	389.90

第二十六表　所得性收入月别结构(其二)

		2 月			3 月			4 月		
		现金	实物	小计	现金	实物	小计	现金	实物	小计
自耕农	1	2,490.63	323.55	2,814.23	1,023.20	354.50	1,377.70	975.49	324.90	1,300.39
	2	275.09	92.60	367.60	72.14	90.05	162.19	83.51	73.85	157.36
	3	—	44.94	44.24	—	60.60	60.60	40.50	62.36	102.86
	4	60.00	5.26	65.26	8.50	13.80	13.80	12.50	8.30	20.80
	5	89.36	30.06	119.42	—	38.40	38.40	12.50	38.50	51.00
	6	—	53.70	33.70	—	49.70	49.70	12.50	72.10	84.60
	7	—	22.80	22.80	20.00	23.12	43.12	18.50	21.66	40.16
	8	—	26.70	26.70	—	35.85	35.85	12.50	35.40	47.90
	9	2.80	27.00	29.85	—	15.00	15.00	12.50	26.30	38.80
	平均	324.21	69.62	393.83	124.87	74.72	199.60	131.17	73.71	204.87
自耕兼佃农	10	4.00	61.90	65.90	164.00	139.10	303.10	73.00	106.90	179.90
	11	248.35	42.50	290.35	3.60	57.05	60.65	81.75	50.14	131.89
	12	2.50	29.80	32.30	—	45.75	45.75	100.16	73.50	173.66
	13	3.40	51.15	54.55	—	54.36	54.86	32.50	66.70	99.20
	14	2.70	24.97	27.67	—	34.65	34.65	27.75	38.50	66.25
	15	21.10	8.00	29.10	50.00	33.50	83.50	54.50	43.80	98.30
	平均	47.01	36.39	83.39	36.27	60.82	97.08	61.61	63.26	124.87
总平均		231.32	56.33	269.65	89.43	69.16	158.59	103.34	69.53	172.37

第二十六表(其二)　续

	5月			6月			7月			合计		
	现金	实物	小计	现金	实物	小计	现金	实物	小计	现金	实物	合计
自耕农 1	97.00	378.80	475.80	424.00	115.50	539.50	20.00	96.55	116.55	10,987.48	3,254.07	4,241.55
2	18.50	5.10	23.60	279.50	20.80	300.30	79.00	27.90	106.90	1,473.83	779.70	2,253.53
3	—	54.65	54.65	35.00	72.11	107.11	3.60	75.85	79.45	455.80	669.34	1,125.14
4	117.00	15.92	132.92	7.99	23.85	31.84	—	30.60	30.60	1,256.12	230.87	1,486.33
5	—	97.14	97.14	—	32.60	32.60	36.00	21.95	57.95	410.43	554.13	964.56
6	—	70.96	70.96	30.00	85.35	115.35	174.72	75.50	250.22	830.82	731.32	1,562.14
7	—	38.52	38.52	6.88	33.20	40.08	105.00	37.95	147.95	830.39	348.21	728.60
8	—	28.87	28.87	—	36.93	36.93	54.00	29.05	83.05	451.85	406.96	858.81
9	14.38	26.62	41.00	—	32.50	32.50	—	27.12	27.12	178.48	293.41	471.89
平均	27.43	78.62	107.05	87.04	50.32	137.35	52.43	46.94	99.42	1,825.02	807.56	2,632.53
自耕兼佃农 10	124.50	75.45	217.95	69.52	139.00	208.52	1.40	107.41	108.81	2,506.10	1,147.61	3,653.71
11	60.00	40.10	100.10	104.00	53.90	157.90	144.23	60.29	204.52	1,329.61	554.19	1,883.80
12	72.92	56.20	129.12	4.60	44.94	49.54	6.30	61.29	67.59	475.31	548.90	1,024.21
13	108.03	51.36	159.39	12.69	58.78	71.47	4.50	33.60	38.10	606.56	660.18	1,266.74
14	—	5.50	5.50	—	38.60	38.60	78.02	25.65	103.67	702.51	345.29	1,047.80
15	—	15.60	15.60	3.20	49.60	52.30	51.22	31.41	82.63	601.99	471.14	1,082.13
平均	63.91	40.70	104.61	30.34	64.14	96.47	47.61	53.28	100.89	1,038.51	621.22	1,659.73
总平均	42.02	64.06	106.07	65.16	55.84	121.00	50.53	49.47	100.01	1,510.41	733.02	2,243.44

第二十七表　所得性支出、财产性收入、支出月别结构（其一）

所得性支出

		8月	9月	10月	11月	12月	1月	2月	3月	4月	5月	6月	7月	合计
自耕农	1	196	385.14	299.01	537.07	475.04	749.22	1,010.43	1,372.08	606.11	147.87	730.5	67.01	6,576.43
	2	3.5	4.24	5.39	117.92	116.49	22.73	4	78.89	30.53	117.45	85.83	25.09	612.9
	3	11.45	8.9	52.89	73.2	17.03	111.19	39.16	2.59	17.36	109.19	108.82	39.57	586.35
	4	2.7	4.3	8.99	168.4	13.31	19	—	56.64	5.25	91.2	—	41.04	410.83
	5	0.3	—	2.49	9.27	17.72	2.5	—	38.84	824.46	108.46	117.95	109	1,230.99
	6	0.5	2.2	8.33	57.36	45.2	2.4	90	57.3	1.2	28.17	76.35	21.61	310.55
	7	8.75	3	14.97	20.66	23.75	1.03	17	4.5	48.15	31.5	41.9	32	252.66
	8	7.9	2.75	44.29	38.52	13.99	9.2	—	3.64	12.8	109	26.8	13.75	287.64
	9	2.6	—	6.36	17.16	6.45	0.3	—	16.82	2.4	10.75	11	6.65	80.13
	平均	25.97	45.61	49.25	115.51	81.59	101.96	119.06	181.25	171.99	94.48	132.68	40.13	1,148.79
自耕兼佃农	10	35.65	48.9	132.93	158.23	124.3	311.5	63.79	173.82	118.89	21.6	89.85	69.15	1,354.61
	11	65.22	3.2	34.07	61.5	92.75	142.23	68.84	281.32	81.74	221.6	233.3	62.8	1,348.17
	12	1.75	1.1	0.47	25.63	89.6	78.4	109.05	53.18	66.1	108	—	25.3	450.03
	13	0.7	4.75	5.34	27.42	162	43.63	—	59.28	50.4	63.86	8	42.6	577.03
	14	1.7	4	122.72	37.26	35.93	0.13	20	2.7	16.8	67.35	13.9	3.2	325.74
	15	2.6	174	86.23	47.13	15.45	31.2	—	9	19.25	—	20.3	19.9	268.46
	平均	17.94	13.23	63.63	59.52	86.67	101.19	44.61	96.55	58.86	80.34	60.89	37.24	720.67
总平均		22.75	32.66	53.67	93.12	83.62	101.65	89.23	147.39	126.74	88.32	103.97	39	977.55

第二十七表(其一)　续

所得性支出

类别	序号	合计	7月	6月	5月	4月	3月	2月	1月	12月	11月	10月	9月	8月
自耕农	1	2,018.20	—	693.2	—	938	52	310	25	—	—	—	—	—
	2	1,464.38	228.2	104.67	18.97	256.57	59	—	—	217.5	—	—	5.66	543.81
	3	1,494.94	36	50	260	—	350	77.36	339.5	30	220	80	2.05	—
	4	410	207.69	95.4	—	—	42	0.7	62.37	—	—	—	1.84	—
	5	1,661.46	25	128.2	—	1,450.00	43.2	—	—	9.72	—	—	2.88	2.45
	6	452.53	96.83	166.26	49.3	137.02	70	2	112	—	5.89	3.48	7.44	2.31
	7	455.86	30	103	58	—	100	—	36	—	13.05	100	15.81	—
	8	526.27	—	47.3	140	—	31.4	—	58.08	70	—	170.68	0.91	61.82
	9	146.23	20	48.9	—	—	20	—	56.93	—	0.4	—	—	—
	平均	981.09	71.52	159.66	58.47	390.07	88.62	43.34	82.21	36.36	26.59	39.35	4.07	29
自耕兼佃农	10	990.8	126.4	255.85	—	—	—	—	502	100	—	—	6.55	—
	11	2,442.72	—	150	336	—	375.1	50	377.4	450	158	15.52	1.7	—
	12	1,099.85	75	84.61	50	100	106.97	170	160	350	—	—	3.27	—
	13	976.57	84.5	70.52	—	35.9	280.66	21	325	130	26	1.79	2.1	—
	14	286.36	40	100	120	—	—	—	—	14	—	—	12.36	—
	15	126.8	75	50	—	—	1.8	—	—	—	—	—	—	—
	平均	987.18	66.82	118.5	84.33	22.5	107.42	40.17	310.73	174	30.67	22.89	4.33	4.83
总平均		983.53	69.64	143.19	68.82	194.44	104.14	42.07	173.62	91.41	28.22	24.76	4.17	39.03

第二十七表　所得性支出、财产性收入、支出月别结构(其二)

所得性支出

		8月	9月	10月	11月	12月	1月	2月	3月	4月	5月	6月	7月	合计
自耕农	1	—	—	55	—	560	2,226.00	400	—	545	816.48	133.2	—	4,775.68
	2	4.6	222	17.27	204.56	142.5	—	19.8	55.64	60.83	—	128	147.6	1,002.80
	3	—	—	—	180	211	262.3	46.06	325		107	—	—	1,131.36
	4	—	—	165.6	285.2	130.6	12.37	—	—	—	—	—	84.8	678.57
	5	—	—	—	—	38.72	—	—	—	153.2	112.2	—	—	307.12
	6	—	6	4.66	31.44	226	184	—	—	—	37.02	13	217.81	719.93
	7	—	—	21.19	86.5	30	—	—	84.4	—	—	8	105	251.41
	8	—	—	217.68	—	49	42.72	—	—	—	—	11.75	2.3	323.45
	9	—	—	5	30.4	—	6.93	—	—	—	—	3.9	—	46.23
	平均	0.51	25.33	54.12	90.9	154.2	308.26	51.76	42.63	84.34	119.89	33.09	61.95	1,026.23
自耕兼佃农	10	—	—	300	4.95	289	586	—	—	—	—	5.85	—	1,135.80
	11	—	—	104	300	—	1,184.96	228	—	—	110	20	—	2,031.36
	12	10	—	—	105.72	270	60	—	—	165	—	—	50	660.72
	13	—	90	—	120	117	—	80	192	1.4	—	—	—	580.4
	14	—	—	10	30	84	—	—	—	—	—	—	—	124
	15	—	—	62	—	—	—	—	—	—	—	—	—	68
	平均	1.67	15	79.33	93.45	126.67	305.16	48	46.07	27.73	18.33	4.31	8.33	774.05
总平均		0.97	21.2	64.21	91.92	165.21	307.02	50.26	44	61.7	78.75	21.58	40.5	925.39

第二十八表　家计费月别结构（其一）

分类		8月 现金	8月 实物	8月 小计	9月 现金	9月 实物	9月 小计	10月 现金	10月 实物	10月 小计	11月 现金	11月 实物	11月 小计	12月 现金	12月 实物	12月 小计
自耕农	1	47.89	231.16	279.05	67.14	209.5	267.64	43.46	301.56	345.02	45.18	219.75	264.93	109.74	224.8	334.54
	2	626.36	33.1	659.96	6.93	44.05	50.98	3.68	82.4	86.03	23.77	117.75	141.52	38.35	30.1	118.45
	3	9.86	46.15	56.01	8.88	44.37	53.25	12.8	44.89	57.69	13.56	53.83	67.39	39.32	42.8	82.12
	4	8.14	27.51	35.92	14.61	47.46	52.07	24.59	29.25	53.84	137.63	26.26	163.89	108.6	6.34	114.94
	5	9.96	43.06	53.02	19.91	29.05	48.96	7.69	38.91	46.87	14.8	49.7	64.5	84.82	35.86	120.63
	6	16	46.02	61.02	15.71	39.75	55.46	12.26	60.34	72.6	34.79	59.9	94.69	19.95	61.1	81.05
	7	17.9	30.65	48.55	11.36	17.76	29.12	7.85	39.8	47.65	26.97	35.55	62.52	21.96	24.5	46.46
	8	9.78	21.11	30.89	4.83	25.9	30.73	35.23	25.45	60.68	32.33	38.85	71.68	52.05	27.35	79.4
	9	3.88	23.85	27.69	2.6	21.55	24.15	24.54	26.68	51.22	19.4	36.42	55.82	31.25	15.32	46.57
	平均	83.39	55.73	139.12	16.89	53.27	70.15	19.15	72.14	91.29	38.77	70.89	109.66	56.23	57.57	113.8
自耕兼佃农	10	16.53	63.46	79.99	27.74	71.5	99.24	19.77	84	103.77	19.51	103.64	123.15	123.07	53.1	176.17
	11	24.43	40.97	65.4	12.33	37.31	49.64	26.74	46.7	73.44	53.27	53.35	106.62	39.68	36.23	75.91
	12	18.47	34.55	53.2	3.89	27.56	37.45	3.36	40.55	43.91	12.86	55.66	68.52	31.16	43.35	74.51
	13	3.4	44.5	47.9	6.93	52.95	59.88	27.46	57.83	85.29	22.62	76.3	98.52	16.78	58.05	74.83
	14	61.39	6.01	67.4	17.01	24.87	41.88	33.14	52.38	82.52	16.04	75.8	91.84	24.71	28.47	53.18
	15	23.4	32.55	55.59	81.25	36.1	67.35	24.33	47.66	71.99	33.81	53.52	87.33	19.46	38.62	58.17
	平均	24.5	37.01	61.61	17.59	41.72	59.24	22.47	54.85	77.32	26.35	69.71	96.06	42.48	42.97	86.45
总平均		59.87	48.24	103.12	17.14	48.65	65.79	20.4	65.23	85.7	33.8	70.42	104.22	50.73	51.73	102.46

第二十八表(其一) 续

		1 月			2 月			3 月			4 月			5 月	
	现金	实物	小计	现金	实物	小计	现金	实物	小计	现金	实物	小计	现金	实物	小计
1	130.94	473.5	604.44	961.69	323.55	1,285.24	65.42	354.5	419.92	39.07	324.97	363.97	31.3	378.8	410.1
2	13.45	112	125.45	297.51	92.6	390.11	20.42	90.05	110.29	17.94	73.85	91.79	21.81	5.1	26.91
3	66.94	66.79	133.73	32.17	44.94	77.11	8.46	60.6	69.06	5.3	62.36	67.66	11.11	54.65	65.76
4	60.82	4.82	65.64	21.1	5.26	26.36	27	5.3	32.3	8.34	8.3	16.64	30.92	15.92	46.84
5	29.66	88.9	118.56	63.77	30.06	93.83	22.4	38.4	60.8	23.05	38.5	61.55	14.62	97.14	111.77
6	76.15	57.9	134.05	9.53	53.7	63.23	10.37	49.7	60.07	89.02	72.1	161.12	41.86	70.96	112.82
7	67.27	22.7	89.97	3.83	22.8	26.63	63.92	23.12	87.04	29.64	21.66	51.3	26.7	38.52	65.22
8	124.39	75.5	199.89	10.53	26.7	37.23	5.4	35.85	41.25	4.05	35.4	39.45	39.72	28.87	68.59
9	48.56	15.05	63.61	3.42	27	30.42	9.62	15	24.62	1.4	26.3	27.7	4.48	26.62	31.1
平均	68.69	101.91	170.59	155.95	69.62	225.57	25.87	74.72	100.59	24.2	73.71	97.91	24.73	79.62	104.35
10	30.44	142.15	172.59	105.33	61.9	167.23	112.29	139.1	251.39	63.94	106.9	170.84	19.71	75.45	95.16
11	48.03	35.65	83.68	27.96	42.5	70.46	20.16	57.05	77.21	17.04	50.14	67.18	58.84	40.1	98.94
12	69.23	35.75	104.98	152.61	29.8	182.41	47.81	45.75	93.56	7.92	73.5	81.42	22.47	56.2	78.67
13	40.15	54.1	94.25	92.61	51.15	143.76	25.36	54.86	80.22	28.6	66.7	95.3	36.74	51.36	89.1
14	60.79	12.17	72.96	8.58	24.97	33.55	14.72	34.65	49.37	37.99	38.5	76.49	6	5.5	11.5
15	46.61	58.5	105.11	26.04	8	34.04	23.68	33.5	57.18	25.56	43.8	69.36	19.39	15.6	34.9
平均	49.21	56.39	105.6	68.86	36.39	105.24	40.67	60.82	101.14	30.18	63.26	93.43	28.03	40.7	68.74
总平均	60.9	83.7	144.59	121.11	56.33	177.44	31.79	69.19	100.95	26.59	69.53	96.12	26.05	64.05	90.1

（左侧分类：自耕农 对应第 1～9 行及平均；自耕兼佃农 对应第 10～15 行及平均）

第二十八表　家计费月别结构(其二)

		6月			7月			合计		
		现金	实物	小计	现金	实物	小计	现金	实物	小计
自耕农	1	84.02	115.50	199.52	65.00	96.55	161.55	1,690.85	3,254.07	4,944.92
	2	223.38	20.80	244.18	207.30	27.90	235.20	1,501.22	779.70	2,230.92
	3	21.01	72.11	93.12	10.78	75.85	86.63	240.19	669.34	909.53
	4	76.63	23.85	100.48	64.23	30.60	94.83	582.88	230.87	813.75
	5	112.53	32.60	145.13	3.73	21.95	25.68	407.22	554.13	961.33
	6	29.95	85.35	115.30	35.72	75.50	111.22	391.31	731.32	1,122.63
	7	16.49	33.20	49.69	18.86	37.95	56.81	312.75	348.21	660.96
	8	6.38	36.93	43.31	23.52	29.05	52.57	348.71	406.96	255.07
	9	8.81	32.50	41.31	14.83	27.12	41.95	172.75	293.41	466.16
	平均	64.36	50.32	114.67	49.33	46.94	96.27	627.54	807.56	1,435.10
自耕兼佃农	10	269.53	139.00	408.53	138.09	107.41	245.50	945.95	1,147.61	2,093.56
	11	18.95	53.90	72.85	32.34	60.29	93.10	380.27	554.19	934.46
	12	46.12	44.94	91.06	29.16	61.29	90.45	451.06	548.90	999.96
	13	36.46	58.78	95.24	53.40	33.60	87.00	390.51	660.18	1,050.69
	14	75.90	38.60	114.50	148.61	25.65	174.26	522.65	345.29	867.94
	15	12.90	49.60	62.50	138.95	31.41	170.36	407.64	417.14	878.78
	平均	76.64	64.09	140.78	90.18	53.23	143.45	516.35	621.22	1,137.57
总平均		69.28	55.84	125.11	65.67	49.47	115.14	583.06	733.02	1,316.08

四、农业经营结算诸表

第二十九表　农业毛收入（其一）

		高粱						粟					
		所得性总收入	待售实物增额	固定结果财产增额	小计（毛收入）	农业外毛收入	余额（农业毛收入）	所得性总收入	待售实物增额	固定结果财产增额	小计（毛收入）	农业外毛收入	余额（农业毛收入）
自耕农	1	2,067.70	(－)175.00	—	1,892.70	—	1,892.70	1,570.40	(＋)16	—	1,586.40	—	1,586.40
	2	455.55	(＋)10	—	465.55	—	465.55	14.9	(＋)140	—	154.9	—	154.9
	3	352.66	(＋)10	—	362.66	—	362.66	72.52	—	—	72.52	—	72.52
	4	54.35	(－)19.00	—	33.35	—	33.35	124.3	(＋)18.8	—	143.1	—	143.1
	5	313.54	(＋)45	—	358.54	—	358.54	71.36	(＋)25.5	—	97.36	—	97.36
	6	597.31	(－)48.00	—	549.13	—	549.13	97	—	—	97	—	97
	7	229.31	(＋)26	—	255.1	—	255.1	—	—	—	—	—	—
	8	242.5	(＋)85	—	327.5	—	327.5	—	—	—	—	—	—
	9	155.32	(－)40.00	—	115.32	—	115.32	—	—	—	—	—	—
	平均	496.43	(－)11.78	—	484.65	—	484.65	216.77	(＋)22.25	—	239.02	—	239.02
自耕兼佃农	10	558.19	(－)20.00	—	533.19	—	533.19	343	—	—	543	—	543
	11	350.75	(－)40.00	—	310.75	—	310.75	233.55	(＋)1	—	282.55	—	282.55
	12	306.7	(－)18.00	—	238.7	—	238.7	16.25	(＋)68	—	84.25	—	84.25
	13	454.27	(－)15.00	—	438.29	—	438.29	61.22	(＋)31	—	92.22	—	92.22
	14	252.12	(－)10.00	—	242.12	—	242.12	—	—	—	—	—	—
	15	270.62	(－)44.00	—	206.62	—	206.62	10.36	(＋)70	—	80.36	—	80.36
	平均	365.45	(－)24.50	—	340.95	—	340.95	153.23	(＋)28	—	181.23	—	181.23
总平均		444.04	(－)16.86	—	427.13	—	427.13	191.36	(＋)24.55	—	215.91	—	215.91

第二十九表（其一）续

类别	编号	旱稻 所得性总收入	旱稻 待售实物增额	旱稻 固定结果财产增额	旱稻 小计（毛收入）	旱稻 农业外毛收入	旱稻 余额（农业）毛收入	大豆 所得性总收入	大豆 待售实物增额	大豆 固定结果财产增额	大豆 小计（毛收入）	大豆 农业外毛收入	大豆 余额（农业）毛收入
自耕农	1	145.16	(+)78	—	223.16	—	223.16	298.21	(-)134.00	—	164.21	—	164.21
	2	8.9	—	—	8.9	—	8.9	31.55	(+)5	—	36.55	—	36.55
	3	13.55	(+)2	—	15.55	—	15.55	43.36	(+)1	—	44.36	—	44.36
	4	14.99	—	—	14.99	—	14.99	5.14	(-)4.00	—	1.14	—	1.14
	5	52.7	(+)15.5	—	68.2	—	68.2	13.66	(+)15.5	—	29.16	—	29.16
	6	22.3	—	—	22.3	—	22.3	5.14	(-)3.00	—	2.14	—	2.14
	7	2.98	—	—	2.98	—	2.98	11.11	(+)3	—	8.11	—	8.11
	8	—	—	—		—	—	5.76	—	—	5.76	—	5.76
	9	3.5	—	—	3.5	—	3.5	2.5	—	—	2.5	—	2.5
	平均	29.4	(+)10.62	—	40.02	—	40.02	46.27	(-)13.61	—	32.66	—	32.66
自耕兼佃农	10	36.39	(-)23.30	—	16.06	—	16.06	104.66	(+)12	—	116.66	—	116.66
	11	28.78	—	—	28.78	—	28.78	14.57	(-)4.00	—	10.57	—	10.57
	12	46.84	—	—	46.84	—	46.84	19.38	(-)6.00	—	13.38	—	13.38
	13	31.57	—	—	31.57	—	31.57	28.13	(-)5.00	—	23.13	—	23.13
	14	6	—	—	6	—	—	3.21	(-)3.00	—	0.01	—	0.01
	15	0.7	—	—	***	—	—	2.61	(-)2.00	—	0.61	—	0.61
	平均	25.54	(-)3.89	—	21.65	—	21.65	***	(-)1.33	—	27.36	—	27.36
总平均		27.85	(-)4.48	—	32.67	—	32.67	***	(-)3.70	—	30.55	—	30.55

第二十九表　农业毛收入(其二)

		其他豆类						棉花					
		所得性总收入	待售实物增额	固定结果财产增额	小计(毛收入)	农业外毛收入	余额(农业毛收入)	所得性总收入	待售实物增额	固定结果财产增额	小计(毛收入)	农业外毛收入	余额(农业毛收入)
自耕农	1	226.8	—	—	226.8	—	226.8	3,030.84	—	—	3,030.84	—	3,030.84
	2	15.6	—	—	15.6	—	15.6	407.35	—	—	407.35	—	407.35
	3	5.8	—	—	5.8	—	5.8	111.2	—	—	111.2	—	111.2
	4	—	—	—	—	—	—	883.55	—	—	883.55	—	883.55
	5	—	—	—	—	—	—	—	—	—	—	—	—
	6	—	—	—	—	—	—	485.23	—	—	485.23	—	485.23
	7	—	—	—	—	—	—	151.61	—	—	151.61	—	151.61
	8	—	—	—	—	—	—	152.88	—	—	152.88	—	152.88
	9	11.5	—	—	11.5	—	11.5	143.35	—	—	143.35	—	143.35
	平均	28.86	—	—	28.86	—	28.86	596.22	—	—	596.22	—	596.22
自耕兼佃农	10	46.77	—	—	46.77	—	46.77	882.03	—	—	882.03	—	882.03
	11	5.58	—	—	5.58	—	5.58	358.92	—	—	358.92	—	358.92
	12	68.68	—	—	68.68	—	68.68	135.74	—	—	135.74	—	135.74
	13	54.53	—	—	54.53	—	54.53	91.88	—	—	91.88	—	91.88
	14	—	—	—	—	—	—	363.57	—	—	363.57	—	363.57
	15	3.2	—	—	3.2	—	3.2	129.04	—	—	129.04	—	129.04
	平均	29.79	—	—	29.79	—	29.79	327.01	—	—	327.01	—	327.01
总平均		29.23	—	—	29.23	—	29.23	488.54	—	—	488.54	—	488.54

第二十九表（其二）续

		蔬菜						茎秆类					
		所得性总收入	待售实物增额	固定结果财产增额	小计（毛收入）	农业外毛收入	余额（农业毛收入）	所得性总收入	待售实物增额	固定结果财产增额	小计（毛收入）	农业外毛收入	余额（农业毛收入）
自耕农	1	138.5	—	—	138.5	—	138.5	1,250.66	—	—	1,250.66	—	1,250.66
	2	110.6	—	—	110.6	—	110.6	133.2	—	—	133.2	—	133.2
	3	69.65	—	—	69.65	—	69.65	186.8	—	—	186.8	—	186.8
	4	82.94	—	—	82.94	—	82.94	76.5	—	—	76.5	—	76.5
	5	74.12	—	—	74.12	—	74.12	170	—	—	170	—	170
	6	78.07	—	—	78.07	—	78.07	136.5	—	—	136.5	—	136.5
	7	65.85	—	—	65.85	—	65.85	72.65	—	—	72.65	—	72.65
	8	51.25	—	—	51.25	—	51.25	67.05	—	—	67.05	—	67.05
	9	64.37	—	—	64.37	—	64.37	27.2	—	—	27.2	—	27.2
	平均	81.71	—	—	81.71	—	81.71	235.62	—	—	235.62	—	235.62
自耕兼佃农	10	280.1	—	—	280.1	—	280.1	239.4	—	—	239.4	—	239.4
	11	88.53	—	—	88.53	—	88.53	151.7	—	—	151.7	—	151.7
	12	134.5	—	—	134.5	—	134.5	196.52	—	—	196.52	—	196.52
	13	247.49	—	—	247.49	—	247.49	185.21	—	—	185.21	—	185.21
	14	151.29	—	—	151.29	—	151.29	37.55	—	—	37.55	—	37.55
	15	156.42	—	—	156.42	—	156.42	142.3	—	—	142.3	—	142.3
	平均	171.41	—	—	171.41	—	171.41	158.78	—	—	158.78	—	158.78
总平均		117.58	—	—	117.58	—	117.58	204.88	—	—	204.88	—	204.88

第二十九表　农业毛收入(其三)

	其他　花生						畜产品					
	所得性总收入	待售实物增额	固定结果财产增额	小计(毛收入)	农业外毛收入	余额(农业毛收入)	所得性总收入	待售实物增额	固定结果财产增额	小计(毛收入)	农业外毛收入	余额(农业毛收入)
1	—	—	—	—	—	—	1,742.64	—		1,742.64	—	1,742.64
2	—	—	—	—	—	—	270.35	—		270.35	—	270.35
3	—	—	—	—	—	—	195.5	—	(+)5	200.5	—	200.5
4	—	—	—	—	—	—	138.42	—		138.42	—	138.42
5	—	—	—	—	—	—	77.61	—		77.61	—	77.61
6	—	—	—	—	—	—	11.25	—	(+)20	31.25	—	31.25
7	—	—	—	—	—	—	175.72	—		175.72	—	175.72
8	—	—	—	—	—	—	276.67	—		276.67	—	276.67
9	—	—	—	—	—	—	21.45	—		21.45	—	21.45
平均	—	—	—	—	—	—	323.29	—	(+)2.78	326.07	—	326.07
10	—	—	—	—	—	—	853.8	—	(+)30	683.8	—	683.8
11	132.6	—	—	132.6	—	132.6	142.72	—	(+)35	177.72	—	177.72
12	—	—	—	—	—	—	21.1	—		21.1	—	21.1
13	—	—	—	—	—	—	20.22	—	(+)8	28.22	—	28.22
14	37.5	—	—	37.5	—	37.5	59.35	—		59.35	—	59.35
15	—	—	—	—	—	—	132.58	—		132.58	—	132.58
平均	28.35	—	—	28.35	—	28.35	213.29	—	(+)12.17	225.46	—	225.46
总平均	11.34	—	—	11.34	—	11.34	279.29	—	(+)6.53	285.82	—	285.82

（行号 1～9 及第一个"平均"为自耕农；10～15 及第二个"平均"为自耕兼佃农）

第二十九表（其三） 续

		加工品						财产利用收入					
		所得性总收入	待售实物增额	固定结果财产增额	小计（毛收入）	农业外毛收入	余额（农业毛收入）	所得性总收入	待售实物增额	固定结果财产增额	小计（毛收入）	农业外毛收入	余额（农业毛收入）
自耕农	1	2,126.25	—	—	2,126.25	1,626.25	500	1,520.40	—	—	1,520.40	1,520.40	—
	2	—	—	—	—	—	—	36	—	—	36	36	—
	3	—	—	—	—	—	—	48	—	—	48	48	—
	4	—	—	—	—	—	—	54.12	—	—	54.12	54.12	—
	5	—	—	—	—	—	—	39.53	—	—	39.53	39.53	—
	6	—	—	—	—	—	—	76.4	—	—	76.4	76.4	—
	7	—	—	—	—	—	—	6.88	—	—	6.88	6.88	—
	8	—	—	—	—	—	—	30	—	—	30	30	—
	9	—	—	—	—	—	—	30	—	—	30	30	—
	平均	236.25	—	—	236.25	180.69	55.56	204.59	—	—	204.59	204.59	—
自耕兼佃农	10	—	—	—	—	—	—	58	—	—	58	58	—
	11	—	—	—	—	—	—	75.5	—	—	75.5	75.5	—
	12	—	—	—	—	—	—	48.5	—	—	48.5	48.5	—
	13	—	—	—	—	—	—	—	—	—	—	—	—
	14	—	—	—	—	—	—	21.69	—	—	21.69	21.69	—
	15	—	—	—	—	—	—	24	—	—	24	24	—
	平均	—	—	—	—	—	—	37.95	—	—	37.95	37.95	—
总平均		141.75	—	—	141.75	108.42	33.33	137.93	—	—	137.93	137.93	—

第二十九表　农业毛收入(其四)

		薪金俸禄收入						杂收入					
		所得性总收入	待售实物增额	固定结果财产增额	小计(毛收入)	农业外毛收入	余额(农业毛收入)	所得性总收入	待售实物增额	固定结果财产增额	小计(毛收入)	农业外毛收入	余额(农业毛收入)
自耕农	1	14.73	—	—	14.73	14.73	—	1.87	—	—	1.87	1.87	—
	2	645.73	—	—	645.73	645.73	—	—	—	—	—	—	—
	3	10	—	—	10	10	—	3.6	—	—	3.6	3.6	—
	4	—	—	—	—	—		—	—	—	—	—	—
	5	139.04	—	—	139.04	139.04							
	6	40.4	—	—	40.4	40.4							
	7	—	—	—	—	—							
	8	20	—	—	20	20							
	9	—	—	—	—	—							
	平均	96.66	—	—	96.66	96.66		0.61	—	—	0.61	0.61	
自耕兼佃农	10	30	—	—	30	30		—	—	—	—	—	
	11	237.8	—	—	237.8	237.8		6.3	—	—	6.3	6.3	
	12	11	—	—	11	11		—	—	—	—	—	
	13	105	—	—	105	105	—	4.5	—	—	4.5	4.5	—
	14	97.77	—	—	97.77	97.77	—	5.25	—	—	5.25	5.25	—
	15	147.6	—	—	147.6	147.6	—	—	—	—	—	—	—
	平均	104.86	—	—	104.86	104.86	—	2.68	—	—	2.68	2.68	—
总平均		99.94	—	—	99.94	99.94	—	1.43	—	—	—	1.43	—

第二十九表（其四）　续

		合计						补助及受赠现金					
		所得性总收入	待售实物增额	固定结果财产增额	小计（毛收入）	农业外毛收入	余额（农业毛收入）	所得性总收入	待售实物增额	固定结果财产增额	小计（毛收入）	农业外毛收入	余额（农业毛收入）
自耕农	1	14,134.66	(-)215.00	—	13,919.66	3,163.25	10,756.41	106.89	—	—	106.89	106.89	—
	2	2,129.73	(+)155	—	2,234.73	681.73	1,603.00	123.8	—	—	123.8	123.8	—
	3	1,12.64	(+)13	(+)5	1,130.64	61.6	1,069.04	12.5	—	—	12.5	12.5	—
	4	1,434.29	(-)4.20	—	1,430.09	54.12	1,375.97	52.7	—	—	52.7	52.7	—
	5	952.06	(+)101.5	—	1,053.56	178.57	874.99	12.5	—	—	12.5	12.5	—
	6	1,549.44	(-)51.00	(+)20	1,518.44	116.4	1,402.04	12.7	—	—	12.7	12.7	—
	7	715.9	(+)23	—	738.9	6.88	732.02	12.7	—	—	12.7	12.7	—
	8	846.11	(+)85	—	931.11	50	881.11	12.7	—	—	12.7	12.7	—
	9	459.19	(-)40.00	—	419.19	30	389.19	12.7	—	—	12.7	12.7	—
	平均	2,592.67	(+)7.47	(+)2.78	2,602.92	482.55	2,120.37	39.91	—	—	39.91	39.91	—
自耕兼佃农	10	3,641.21	(-)31.30	(+)30	3,639.91	88	3,551.91	12.5	—	—	12.5	12.5	—
	11	1,871.10	(-)45.00	(+)35	1,861.10	313.3	1,547.80	12.7	—	—	12.7	12.7	—
	12	1,011.51	(+)44	—	1,055.51	65.8	989.71	12.7	—	—	12.7	12.7	—
	13	1,254.04	(+)11	(+)8	1,273.04	109.5	1,163.54	12.7	—	—	12.7	12.7	—
	14	1,036.10	(-)13.00	—	1,022.10	124.71	897.39	12.7	—	—	12.7	12.7	—
	15	1,069.43	(+)24	—	1,093.43	171.6	921.83	12.7	—	—	12.7	12.7	—
	平均	1,647.07	(-)1.71	(+)12.17	1,657.53	145.49	1,512.04	12.67	—	—	12.67	12.67	—
总平均		2,214.43	(+)3.8	(+)6.53	2,224.76	347.72	1,877.04	29.01	—	—	29.01	29.01	—

第二十九表(其四)　续

		所得性总收入	待售实物增额	固定结果财产增额	总计 小计(毛收入)	农业外毛收入	余额(农业毛收入)
自耕农	1	14,241.55	(-)215.00	—	14,026.55	3,270.14	10,756.41
	2	2,253.53	(+)155.00	—	2,408.53	805.53	1,603.00
	3	1,125.14	(+)13.00	(+)5.00	1,143.14	74.10	1,069.04
	4	1,486.99	(-)4.20	—	1,482.79	106.82	1,375.97
	5	964.56	(+)101.50	—	1,066.06	191.07	874.99
	6	1,562.14	(-)51.00	(+)20.00	1,534.14	129.10	1,402.04
	7	728.60	(+)23.00	—	761.60	19.58	732.02
	8	858.81	(+)85.00	—	943.81	62.70	881.11
	9	471.89	(-)40.00	—	431.89	42.70	389.19
	平均	2,632.58	(+)7.47	(+)2.78	2,642.83	522.46	2,120.37
自耕兼佃农	10	3,653.71	(-)31.30	(+)30.00	3,652.41	100.50	3,551.91
	11	1,883.80	(-)45.00	(+)35.00	1,873.80	326.00	1,547.80
	12	1,024.21	(+)44.00	—	1,068.21	78.50	989.71
	13	1,266.74	(+)11.00	(+)8.00	1,285.74	122.20	1,163.54
	14	1,047.80	(-)13.00	—	1,034.80	137.41	897.39
	15	1,082.13	(+)24.00	—	1,106.13	184.30	921.83
	平均	1,659.73	(-)1.71	(+)12.17	1,670.19	158.16	1,512.04
总平均		2,243.44	(+)3.80	(+)6.53	2,253.77	376.73	1,877.04

第三十表　农业经营费（其一）

		肥料费						饲料费					
		所得性总支出	购入实物减少额	固定耗材折旧	小计（所得性支出）	农业外所得性支出	余额（农业经营费）	所得性总支出	购入实物减少额	固定耗材折旧	小计（所得性支出）	农业外所得性支出	余额（农业经营费）
自耕农	1	298.27	—	—	298.27	—	298.27	1,249.30	—	—	1,249.30	—	1,249.30
	2	9.7	—	—	9.7	—	9.7	308.89	—	—	308.89	—	308.89
	3	55.36	—	—	55.36	—	55.36	133.8	—	—	133.8	—	133.8
	4	6.6	—	—	6.6	—	6.6	78.54	—	—	78.54	—	78.54
	5	362.8	759	—	103.3	—	103.3	23.7	—	—	23.7	—	23.7
	6	—	—	—	—	—	—	129.61	—	—	129.61	—	129.61
	7	9.5	—	—	9.5	—	9.5	137.1	—	—	137.1	—	137.1
	8	—	—	—	—	—	—	77.41	—	—	77.41	—	77.41
	9	14.8	—	—	14.8	—	14.8	7.85	—	—	7.85	—	7.85
	平均	139.67	84.33	—	55.34	—	55.34	233.47	—	—	233.47	—	233.47
自耕兼佃农	10	8.8	—	—	8.8	—	8.8	573.37	—	—	573.37	—	573.37
	11	4.4	—	—	4.4	—	4.4	414.34	76.75	—	338.09	—	338.09
	12	124.3	—	—	124.3	—	124.3	—	—	—	—	—	—
	13	75.36	—	—	75.36	—	75.36	27.55	—	—	27.55	—	27.55
	14	5	—	—	5	—	5	7.63	—	—	7.63	—	7.63
	15	4	—	—	4	—	4	67.1	—	—	67.1	—	67.1
	平均	36.98	—	—	36.98	—	36.98	181.76	12.79	—	168.97	—	168.97
总平均		98.59	50.6	—	47.99	—	26.78	215.78	5.12	—	210.66	—	210.66

第三十表（其一）续

		种苗费						家畜费					
		所得性总支出	购入实物减少额	固定耗材折旧	小计(所得性支出)	农业外所得性支出	余额(农业经营费)	所得性总支出	购入实物减少额	固定耗材折旧	小计(所得性支出)	农业外所得性支出	余额(农业经营费)
自耕农	1	25.05	—	—	25.05	—	25.05	1,558.80	—	150	1,708.80	—	1,708.80
	2	3.89	—	—	3.89	—	3.89	75	—	20	95	—	95
	3	78.68	—	—	78.68	—	78.68	127.8	—	5	132.8	—	132.8
	4	8.1	—	—	8.1	—	8.1	42	—	—	42	—	42
	5	79.35	—	—	79.35	—	79.35	90	—	—	90	—	90
	6	5.17	—	—	5.17	—	5.17	2.4	—	—	2.4	—	2.4
	7	6.5	—	—	6.5	—	6.5	29	—	—	29	—	29
	8	9.35	—	—	9.35	—	9.35	44.4	—	—	44.4	—	44.4
	9	3	—	—	3	—	3	—	—	—	—	—	—
	平均	24.4	—	—	24.4	—	24.4	218.82	—	19.44	238.26	—	238.26
自耕兼佃农	10	12.4	—	—	12.4	—	12.4	50	—	16	66	—	66
	11	102.59	—	—	102.59	—	102.59	204.5	183	40	61.5	—	61.5
	12	11.3	—	—	11.3	—	11.3	2.8	—	7	9.8	—	9.8
	13	24.5	—	—	24.5	—	24.5	2.8	—	5	7.8	—	7.8
	14	63.05	—	—	63.05	—	63.05	16.1	—	—	16.1	—	16.1
	15	11.45	—	—	11.45	—	11.45	45	—	—	45	—	45
	平均	37.55	—	—	37.55	—	37.55	53.53	30.5	11.33	34.36	—	34.36
总平均		29.66	—	—	29.66	—	29.66	152.71	12.2	16.2	156.71	—	156.71

第三十表　农业经营费（其二）

	机具费						原料加工费					
	所得性总支出	购入实物减少额	固定耗材折旧	小计（所得性支出）	农业外所得性支出	余额（农业经营费）	所得性总支出	购入实物减少额	固定耗材折旧	小计（所得性支出）	农业外所得性支出	余额（农业经营费）
自耕农 1	138.57	—	23.06	161.63	—	161.63	1,519.88	—	—	1,519.88	1,519.88	—
2	18.14	—	10.1	28.24	—	28.24	—	—	—	—	—	—
3	12.8	—	6.3	19.1	—	19.1	—	—	—	—	—	—
4	2.2	—	5.6	7.8	—	7.8	—	—	—	—	—	—
5	12.85	—	9.3	22.15	—	22.15	—	—	—	—	—	—
6	1.6	—	8.1	9.7	—	9.7	—	—	—	—	—	—
7	13.6	—	—	13.6	—	13.6	—	—	—	—	—	—
8	3.95	—	0.2	4.15	—	4.15	—	—	—	—	—	—
9	—	—	—	—	—	—	—	—	—	—	—	—
平均	22.63	—	6.96	29.6	—	29.6	168.88	—	—	168.88	168.88	—
自耕兼佃农 10	38.18	—	7.6	45.78	—	45.78	—	—	—	—	—	—
11	24.2	—	6.1	30.3	—	30.3	—	—	—	—	—	—
12	2.15	—	4.75	6.9	—	6.9	—	—	—	—	—	—
13	5.6	—	4.7	10.3	—	10.3	—	—	—	—	—	—
14	3.2	—	—	3.2	—	3.2	—	—	—	—	—	—
15	—	—	—	—	—	—	—	—	—	—	—	—
平均	12.22	—	3.86	16.08	—	16.08	—	—	—	—	—	—
总平均	18.47	—	5.72	24.19	—	24.19	101.33	—	—	101.33	101.33	—

第三十表(其二)　续

类别		各种材料费						药剂费					
		所得性总支出	购入实物减少额	固定耗材折旧	小计(所得性支出)	农业外所得性支出	余额(农业经营费)	所得性总支出	购入实物减少额	固定耗材折旧	小计(所得性支出)	农业外所得性支出	余额(农业经营费)
自耕农	1	88.74	—	—	88.74	—	88.74	40.48	—	—	40.48	—	40.48
	2	16.91	—	—	16.91	—	16.91	—	—	—	—	—	—
	3	2.2	—	—	2.2	—	2.2	—	—	—	—	—	—
	4	—	—	—	—	—	—	—	—	—	—	—	—
	5	37.65	—	—	37.65	—	37.65	—	—	—	—	—	—
	6	55.5	—	—	55.5	—	55.5	—	—	—	—	—	—
	7	—	—	—	—	—	—	—	—	—	—	—	—
	8	0.35	—	—	0.35	—	0.35	1.6	—	—	1.6	—	1.6
	9	2	—	—	2	—	2	—	—	—	—	—	—
	平均	22.59	—	—	22.59	—	22.59	4.67	—	—	4.67	—	4.67
自耕兼佃农	10	26.09	—	—	26.09	—	26.09	—	—	—	—	—	—
	11	13.55	—	—	13.55	—	13.55	4.8	—	—	4.8	—	4.8
	12	2.3	—	—	2.3	—	2.3	—	—	—	—	—	—
	13	4.75	—	—	4.75	—	4.75	—	—	—	—	—	—
	14	—	—	—	—	—	—	—	—	—	—	—	—
	15	—	—	—	—	—	—	—	—	—	—	—	—
	平均	7.78	—	—	7.78	—	7.78	0.8	—	—	0.8	—	0.8
总平均		16.67	—	—	16.67	—	16.67	3.13	—	—	3.13	—	3.13

第三十表　农业经营费(其三)

类别	序号	工钱 所得性总支出	工钱 购入实物减少额	工钱 固定耗材折旧	工钱 小计(所得性支出)	工钱 农业外所得性支出	工钱 余额(农业经营费)	负债利息 所得性总支出	负债利息 购入实物减少额	负债利息 固定耗材折旧	负债利息 小计(所得性支出)	负债利息 农业外所得性支出	负债利息 余额(农业经营费)
自耕农	1	1,746.85	—	—	1,746.85	12	1,734.85	95	—	—	95	95	—
	2	38.53	—	—	38.53	—	38.53	84.85	—	—	84.85	84.85	—
	3	80.07	—	—	80.07	—	80.07	66.58	—	—	66.58	66.58	—
	4	226.54	—	—	226.54	—	226.54	44.61	—	—	44.61	44.61	—
	5	112.33	—	—	112.33	—	112.33	—	—	—	—	—	—
	6	102.42	—	—	102.42	—	102.42	42.58	—	—	42.58	42.58	—
	7	43.77	—	—	43.77	—	43.77	9.15	—	—	9.15	9.15	—
	8	77.03	—	—	77.03	—	77.03	8.45	—	—	8.45	8.45	—
	9	51	—	—	51	—	51	4.3	—	—	4.3	4.3	—
	平均	275.39	—	—	275.39	1.33	274.06	39.5	—	—	39.5	39.5	—
自耕兼佃农	10	357.28	—	—	357.28	—	357.28	28.45	—	—	28.45	28.45	—
	11	158.82	—	—	158.82	—	158.82	0.8	—	—	0.8	0.8	—
	12	71.91	—	—	71.91	—	71.91	118.1	—	—	118.1	118.1	—
	13	38.26	—	—	38.26	—	38.26	155.2	—	—	155.2	155.2	—
	14	72.15	—	—	72.15	—	72.15	29.56	—	—	29.56	29.56	—
	15	39.22	—	—	39.22	—	39.22	—	—	—	—	—	—
	平均	122.94	—	—	122.94	—	122.94	55.35	—	—	55.35	55.35	—
总平均		214.41	—	—	214.41	0.8	213.61	45.84	—	—	45.84	45.84	—

第三十表(其三)　续

类别		借款及手续费						地租					
		所得性总支出	购入实物减少额	固定耗材折旧	小计(所得性支出)	农业外所得性支出	余额(农业经营费)	所得性总支出	购入实物减少额	固定耗材折旧	小计(所得性支出)	农业外所得性支出	余额(农业经营费)
自耕农	1	14.2	—	—	14.2	12.2	2	—	—	—	—	—	—
	2	9.6	—	—	9.6	8.1	1.5	—	—	—	—	—	—
	3	230	—	—	2.3	2.8	—	—	—	—	—	—	—
	4	0.4	—	—	0.4	0.4	—	—	—	—	—	—	—
	5	316	—	—	3.16	3.16	—	—	—	—	—	—	—
	6	1.4	—	—	1.4	1.4	—	—	—	—	—	—	—
	7	0.4	—	—	0.4	0.4	—	—	—	—	—	—	—
	8	1.2	—	—	1.2	1.2	—	47	—	—	47	—	47
	9	1	—	—	1	1	—	—	—	—	—	—	—
	平均	3.8	—	—	3.3	3.41	0.39	5.22	—	—	5.22	—	5.22
自耕兼佃农	10	1.4	—	—	1.4	1.4	—	290	—	—	290	—	290
	11	45.5	—	—	45.5	4.2	41.3	245	—	—	245	—	245
	12	1.4	—	—	1.4	1.4	—	110	—	—	110	—	110
	13	1.4	—	—	1.4	1.4	—	225	—	—	225	—	225
	14	1.4	—	—	1.4	1.4	—	130.77	—	—	130.77	—	130.77
	15	1	—	—	1	1	—	99.92	—	—	99.92	—	99.92
	平均	8.68	—	—	8.68	4.8	6.88	183.45	—	—	183.45	—	183.45
总平均		5.75	—	—	5.75	2.76	2.99	76.51	—	—	76.51	—	76.51

第三十表　农业经营费（其四）

		捐税						建筑费					
		所得性总支出	购入实物减少额	固定耗材折旧	小计（所得性支出）	农业外所得性支出	余额（农业经营费）	所得性总支出	购入实物减少额	固定耗材折旧	小计（所得性支出）	农业外所得性支出	余额（农业经营费）
自耕农	1	241.27	—	—	241.27	54.92	136.35	66	—	69.37	135.37	71.09	64.28
	2	29.33	—	—	29.33		29.33	18.03	—	13.83	31.86	17.5	14.36
	3	19.95	—	—	19.95		19.95	10.8	—	25.5	36.3	23.3	13
	4	6.68	—	—	6.68		6.68	9.5	—	21.63	31.13	14.56	16.57
	5	12.78	—	—	12.78		12.78	—	—	7	7	7	—
	6	16.15	—	—	16.15		16.15	5.5	—	18.16	23.66	11.18	12.48
	7	9.16	—	—	9.61		9.61	—	—	—	—	—	
	8	16.26	—	—	1.26		16.26	6	—	14.33	20.33	3.57	16.76
	9	5.24	—	—	5.24		5.24	—	—	5.72	5.72	4.22	1.5
	平均	39.7	—	—	39.7	6.1	33.6	12.37	—	19.5	32.37	16.94	15.44
自耕兼佃农	10	29.16	—	—	29.16		29.16	30.8	—	40.53	71.33	28.53	42.3
	11	35.39	—	—	35.39		35.39		—	16.07	16.07	3.57	12.5
	12	14.74	—	—	14.74		14.74		—	17.1	17.1	3.5	8.6
	13	11.37	—	—	11.37		11.37	5	—	18.9	23.9	14.4	11.5
	14	3.49	—	—	3.49		3.49		—	10.7	10.7	3.7	7
	15	5.16	—	—	5.16		5.16		—	3.3	3.3	3.3	—
	平均	16.55	—	—	16.55		16.55	5.97	—	17.77	23.74	10	13.73
总平均		30.44	—	—	30.44	3.66	26.78	10.11	—	18.81	28.92	14.16	14.76

第三十表（其四）续

		杂费支出						合计					
		所得性总支出	购入实物减少额	固定耗材折旧	小计（所得性支出）	农业外所得性支出	余额（农业经营费）	所得性总支出	购入实物减少额	固定耗材折旧	小计（所得性支出）	农业外所得性支出	余额（农业经营费）
自耕农	1	35.63	—	—	35.63	—	35.63	7,118.04	—	242.43	7,360.47	1,765.09	5,595.38
	2	12.87	—	—	12.87	—	12.87	625.74	—	43.93	669.67	110.45	559.22
	3	0.6	—	—	0.6	—	0.6	591.44	—	36.8	628.64	92.68	535.56
	4	7.1	—	—	7.1	—	7.1	432.27	—	27.23	459.5	59.57	399.93
	5	1	—	—	1	—	1	1,236.12	579	16.3	493.42	10.16	483.26
	6	1.6	—	—	1.6	—	1.6	363.93	—	26.26	390.19	55.16	335.03
	7	2.4	—	—	2.4	—	2.4	261.03	—	—	261.03	9.55	251.48
	8	3.87	—	—	3.87	—	3.87	296.87	—	14.53	311.4	13.22	298.18
	9	1.08	—	—	1.08	—	1.08	94.27	84.33	5.72	95.99	9.52	86.47
	平均	7.35	—	—	7.35	—	7.35	1,223.97	—	45.9	1,185.54	236.16	949.38
自耕兼佃农	10	11.15	—	—	11.15	—	11.15	1,457.08	—	64.13	1,524.21	58.38	1,462.33
	11	186.55	—	—	186.55	148	38.55	1,440.94	259.75	62.17	1,243.36	156.57	1,086.79
	12	1.94	—	—	1.94	—	1.94	460.94	—	28.85	486.79	128	361.79
	13	2.5	—	—	2.5	—	2.5	579.29	—	28.6	607.89	169	438.89
	14	4.23	—	—	4.23	—	4.23	336.63	—	10.7	347.33	34.66	312.67
	15	0.43	—	—	0.43	—	0.43	273.23	—	3.3	276.58	4.3	272.28
	平均	34.74	—	—	34.47	24.67	9.3	758.02	43.29	32.96	747.69	91.82	655.87
总平均		18.2	—	—	18.2	9.87	8.33	1,037.60	67.92	40.77	1,010.41	178.42	831.98

第三十表（其四）　续

| | 所得性总支出 | 购入实物减少额 | 总计 | | | 余额（农业经营费） |
			固定耗材折旧	小计（所得性支出）	农业外所得性支出	
1	7,118.04	—	240.43	7,360.47	1,765.09	5,395.38
2	625.74	—	43.93	669.67	119.45	559.22
3	591.44	—	36.80	628.24	92.68	535.56
4	432.27	—	27.23	459.50	59.57	399.93
5	1,263.12	759.00	16.30	493.42	10.16	483.26
6	363.93	—	26.26	390.19	55.16	335.03
7	261.03	—	—	261.03	9.55	251.48
8	296.87	—	14.53	311.40	13.22	298.18
9	90.27	—	5.72	95.99	9.52	86.47
平均	1,223.97	84.33	45.90	1,185.54	236.16	949.38
10	1,457.08	—	64.13	1,521.21	53.38	1,462.88
11	1,440.94	259.75	62.17	1,243.36	156.57	1,086.79
12	460.94	—	28.35	489.79	128.00	361.79
13	579.29	—	23.60	607.89	160.00	438.89
14	336.63	—	10.70	347.33	34.66	312.67
15	273.23	—	3.30	276.59	4.30	272.28
平均	753.02	43.29	30.06	747.69	89.49	655.88

（行组：1—9及平均为「自耕农」，10—15及平均为「自耕兼佃农」）

第三十一表　农业纯收益

		农业毛收入	农业经营费	余额(农业纯收益)
自耕农	1	10,756.41	5,595.38	5,161.03
	2	1,603.00	559.22	1,043.73
	3	1,069.04	535.56	533.48
	4	1,375.97	399.93	976.04
	5	874.99	483.26	391.73
	6	1,402.04	335.03	1,067.01
	7	762.02	251.48	430.54
	8	881.11	298.18	532.93
	9	389.19	86.47	302.72
	平均	2,120.37	949.38	1,170.99
自耕兼佃农	10	3,551.91	1,462.83	2,089.03
	11	1,547.80	1,086.79	461.21
	12	989.71	361.79	627.92
	13	1,163.54	438.89	724.65
	14	897.39	312.67	584.72
	15	921.83	272.28	649.55
	平均	1,512.04	655.87	856.17
总平均		1,877.04	831.98	1,045.06

第三十二表　单位面积农业纯收益

		平均每晌农业收益			耕作面积(天地)
		农业毛收入	农业经营费	农业纯收益	
自耕农	1	335.09	174.31	160.78	32.10
	2	367.66	128.26	239.40	4.36
	3	267.26	133.89	133.37	4.00
	4	416.96	121.19	295.77	3.30
	5	324.07	178.98	145.09	2.70
	6	418.51	100.01	318.50	3.35
	7	381.26	130.98	250.28	1.92
	8	436.19	147.62	288.57	2.02
	9	414.03	91.99	322.04	0.94
	平均	348.92	156.23	192.69	6.077
自耕兼佃农	10	435.82	179.49	256.33	8.15
	11	284.52	199.73	84.74	5.44
	12	299.91	109.63	199.28	3.30
	13	412.60	155.63	256.97	2.82
	14	406.06	141.48	264.58	2.21
	15	443.19	130.90	312.29	2.03
	平均	378.01	163.97	214.04	4.00
总平均		357.80	153.59	199.21	5.246

五、各参考表

第三十三表　工钱明细表

（昭和 14 年度）

		年工								月工							
				实物			周转性支出					实物			周转性支出		
		人数	现金支付额	名称	数量	价格	名称	数量	价格	合计支付额	人数	现金支付额	名称	数量	价格	名称	数量	价格	合计支付额

		人数	现金支付额	名称	数量	价格	名称	数量	价格	合计支付额	人数	现金支付额	名称	数量	价格	名称	数量	价格	合计支付额
自耕农	1	男 3	209	—	—	—	610	—	238.63	447.63	男 4 女 6	196 / 101	—	—	—	330 / 345	—	223.57	520.57
	2	—	—	—	—	—	—	—	—	—	—	20	—	—	—	60	—	9.99	29.99
	3	—	—	—	—	—	—	—	—	—	女 1	—	—	—	—	—	—	—	—
	4	—	—	—	—	—	—	—	—	—	女 1	20	—	—	—	57	—	12.2	32.2
	5	—	—	—	—	—	—	—	—	—	—	—	—	—	—	—	—	—	—
	6	—	—	—	—	—	—	—	—	—	男 1	20	—	—	—	180	—	54.27	64.27
	7	—	—	—	—	—	—	—	—	—	—	—	—	—	—	—	—	—	—
	8	—	—	—	—	—	—	—	—	—	女 1	10	—	—	—	24	—	7.11	17.11
	9	—	—	—	—	—	—	—	—	—	—	—	—	—	—	—	—	—	—
	平均	男 0.33	23.22	—	—	—	67.8	—	26.51	49.73	男 0.56 女 1.00	22.89 / 16.78	—	—	—	56.7 / 54	—	34.13	73.79
自耕兼佃农	10	—	—	—	—	—	—	—	—	—	男 1 女 2	64 / 30	—	—	—	110 / 80	—	71.68	165.63
	11	男 1	20	—	—	—	240	—	74.98	94.98	女 1	20	—	—	—	48	—	10.5	30.5
	12	—	—	—	—	—	—	—	—	—	—	—	—	—	—	—	—	—	—
	13	—	—	—	—	—	—	—	—	—	—	—	—	—	—	—	—	—	—
	14	—	—	—	—	—	—	—	—	—	—	—	—	—	—	—	—	—	—
	15	—	—	—	—	—	—	—	—	—	—	—	—	—	—	—	—	—	—
	平均	男 0.17	3.33	—	—	—	40	—	12.5	15.33	男 0.17 女 0.50	10.67 / 8.33	—	—	—	18.3 / 21.3	—	13.7	32.7
	总平均	男 0.27	15.27	—	—	—	56	—	20.91	36.18	男 0.40 女 0.80	18 / 13.4	—	—	—	41.3 / 40.9	—	25.95	57.35

第三十三表　续

		临时工								总计							
		总人次	现金支付额	实物名称	实物数量	实物金额	周转性支出人均	周转性支出金额	合计支付额	现金支付额	实物名称	实物数量	实物金额	周转性支出总人次	周转性支出人均每日	周转性支出金额	合计支付额
自耕农	1	男 83.0 女 17.20	699.24	—	—	—	—	79.41	773.65	1,205.24	—	—	—	1,384.50	0.3912	541.61	1,746.85
	2	男 5 女 10	5.69	—	—	—	—	2.85	3.54	25.69	—	—	—	54	0.2379	12.34	33.53
	3	15	74.98	—	—	—	—	5.09	80.07	74.93	—	—	—	15	0.3396	5.09	80.07
	4	男 15.5 女 21	135.1	—	—	—	—	9.24	194.34	205.1	—	—	—	70.1	0.3058	21.44	226.54
	5	男 10 女 5	107.2	—	—	—	—	5.13	112.33	107.2	—	—	—	13.5	0.5802	5.13	112.33
	6	男 15 女 17	30.04	—	—	—	—	8.11	38.15	40.04	—	—	—	206.9	0.3015	62.38	102.42
	7	男 15 女 17	35	—	—	—	—	8.77	43.77	35	—	—	—	26.9	0.3262	8.77	43.77
	8	5	57.8	—	—	—	—	2.12	59.92	67.8	—	—	—	21.8	0.423	9.23	77.03
	9	男 11 女 18.5	40.86	—	—	—	—	10.14	51	40.86	—	—	—	24	0.4223	10.14	51
	平均		137.32	—	—	—	—	14.54	151.86	200.21	—	—	—	201.9	0.3475	75.18	275.39

第三十三表　续

| | 临时工 | | | | | | | | 总计 | | | | | | | |
	总人次	现金支付额	实物 名称	实物 数量	实物 金额	周转性支出 人均	周转性支出 金额	合计支付额	现金支付额	实物 名称	实物 数量	实物 金额	周转性支出 总人次	周转性支出 人均每日	周转性支出 金额	合计支付额
10	男47 女34	160.81	—	—	—	—	30.79	191.6	254.81	—	—	—	477.3	0.4318	102.47	357.28
11	男10 女19	26.05	—	—	—	—	7.29	33.34	66.05	—	—	—	56.9	0.3124	92.77	158.32
12	男8 女20	61	—	—	—	—	10.91	71.91	61	—	—	—	22	0.496	10.91	70.91
13	男3 女5	36	—	—	—	—	2.26	38.26	36	—	—	—	6.5	0.3472	2.26	58.26
14	男27 女15	61.26	—	—	—	—	10.89	72.15	61.26	—	—	—	37.5	0.2903	10.89	72.18
15	男11 女16	34.4	—	—	—	—	4.82	39.22	34.4	—	—	—	22.2	0.219	4.82	39.22
平均		63.25	—	—	—	—	11.16	74.41	95.59	—	—	—	103.7	0.3494	37.35	122.94
总平均		107.69	—	—	—	—	13.19	120.33	154.36	—	—	—	162	0.3482	60.05	214.41

自耕兼佃农

第三十四表　作物收成状况表

	高粱 耕作面积	高粱 产量 主产品	高粱 产量 副产品	高粱 单位面积产量 主产品	高粱 单位面积产量 副产品	粟 耕作面积	粟 产量 主产品	粟 产量 副产品	粟 单位面积产量 主产品	粟 单位面积产量 副产品	旱稻 耕作面积	旱稻 产量 主产品	旱稻 产量 副产品	旱稻 单位面积产量 主产品	旱稻 单位面积产量 副产品
1	104	240	14,500	2.31	1.39	70	13.7	30,000	1.96	429	5	20	2,000	4	400
2	16	48.8	2,000	3.05	1.25	6	15	3,000	2.5	500	—	—	—	—	—
3	23	38.5	2,400	1.67	1.04	5	3	2,000	1.6	400	1	4.3	200	1.3	200
4	—	—	—	—	—	7	1.38	3,000	1.97	429	—	—	—	—	—
5	14	33.5	1,750	2.39	1.25	6	1.2	3,000	1.67	500	1	3.2	300	3.2	300
6	17.5	39.5	2,000	2.26	1.14	5	3	1,400	1.6	230	—	—	—	—	—
7	12	24.5	1,400	2.04	1.17	—	—	—	—	—	—	—	—	—	—
8	14	29.8	1,650	2.13	1.13	—	—	—	—	—	—	—	—	—	—
9	3.5	7.4	450	2.28	1.28	—	—	—	—	—	—	—	—	—	—
平均（自耕农）	26.7	51.33	2,906	2.27	1.21	11	21.31	4,711	1.88	423	0.78	2.72	278	2.83	300
10	18	47	2,500	2.61	1.39	22	47	8,000	2.22	386	—	—	—	—	—
11	12	28.8	1,800	2.4	1.5	13	23	4,200	1.77	323	1	1.2	200	1.2	200
12	10	27	1,200	2.7	1.2	4	10	2,000	2.5	500	2	2.5	500	1.25	255
13	12	27.8	2,600	2.31	2.32	3	8.6	1,900	2.84	633	—	—	—	—	—
14	7	16.5	900	2.36	1.28	—	—	—	—	—	—	—	—	—	—
15	6	14.5	300	2.42	1.33	4.5	7.5	1,500	1.67	333	0.5	0.62	117	1.23	229#
平均（自耕兼佃农）	10.83	26.93	1,633	2.47	1.5	7.7	16.02	3,017	2.2	435	0.5	0.62	117	1.23	229#
总平均	17.93	41.57	2,397	2.35	1.34	9.7	1.919	4,033	2.03	428	0.67	1.88	213	2.19	270

注：面积单位：亩；主产品单位：斤；副产品单位：捆。

第三十四表　续

	大豆 耕作面积	大豆 产量 主产品	大豆 产量 副产品	大豆 单位面积产量 主产品	大豆 单位面积产量 副产品	其他豆类 耕作面积	其他豆类 产量 主产品	其他豆类 产量 副产品	其他豆类 单位面积产量 主产品	其他豆类 单位面积产量 副产品	棉花 耕作面积	棉花 产量 主产品	棉花 产量 副产品	棉花 单位面积产量 主产品	棉花 单位面积产量 副产品
1	12	13.2	1,200	1.1	100	20	2.6	1,700	1.3	85	105	13,660	15,000	＊＊＊	＊＊＊
2	3	4	500	1.33	167	—	—	—	—	—	16.7	1,968	2,000	＊＊＊	＊＊＊
3	3	2.7	500	0.9	167	—	—	—	—	—	6	556	400	＊＊＊	＊＊＊
4	—	—	—	—	—	—	—	—	—	—	24	4,129	5,000	＊＊＊	＊＊＊
5	3	2.5	300	0.83	100	—	—	—	—	—	—	—	—	—	—
6	—	—	—	—	—	—	—	—	—	—	6	2,186	2,500	364	417
7	—	—	—	—	—	—	—	—	—	—	7	730	800	104	111
8	—	—	—	—	—	—	—	—	—	—	6	724	500	121	183
9	—	—	—	—	—	—	—	—	—	—	4.5	681	700	154	156
平均	2.33	2.49	278	1.04	134	2.22	2.89	188	1.3	85	19.47	2,737	2,989	157	164
10	6	7.5	1,000	1.25	167	—	—	—	—	—	3.2	4,240	5,000	132	156
11	—	—	—	—	—	—	—	—	—	—	1.4	1,712	1,500	122	107
12	—	—	—	—	—	7	7.6	500	1.09	71	10	900	1,000	90	100
13	—	—	—	—	—	3	5	250	1.67	83	4	442	500	111	125
14	—	—	—	—	—	—	—	—	—	—	12	1,624	1,500	135	125
15	—	—	—	—	—	—	—	—	—	—	8	700	600	88	75
平均	1	1.25	167	1.25	167	1.67	2.1	125	1.38	77	13.33	1,603	1,683	113	115
总平均	1.8	1.99	233	1.08	140	2	2.57	163	1.35	80	17.01	2,283	2,467	138	143

行 1—9 及第一个"平均"为自耕农；行 10—15 及第二个"平均"为自耕兼佃农。

第三十五表　主要农产品处分状况表

类别	编号	高粱 主产品 销售	高粱 主产品 转家计	高粱 主产品 转经营	高粱 主产品 其他	高粱 主产品 小计	高粱 副产品 销售	高粱 副产品 转家计	高粱 副产品 其他	高粱 副产品 小计	粟 主产品 销售	粟 主产品 转家计	粟 主产品 小计	粟 副产品 销售	粟 副产品 转家计	粟 副产品 小计	旱稻 主产品 销售	旱稻 主产品 转经营	旱稻 主产品 小计	旱稻 副产品 销售	旱稻 副产品 转经营	旱稻 副产品 小计
自耕农	1	20	140.5	53.5	60.1	230.1	—	12,500	—	12,500	135	0.4	13.54	26,820	3.13	32,000	2.5	10	12.5	—	20.00	20.00
	2	—	40.2	6.6	—	43.6	—	2,000	—	2,000	0.3	0.3	1.6	—	3,000	3,000	0.7	—	0.7	—	—	—
	3	7	30	6.3	—	37.3	—	2,400	—	2,400	7	1	3	1,100	300	2,000	—	1.1	1.1	—	2.00	2.00
	4	—	5.6	—	—	5.6	—	—	—	—	11.7	0.6	12.3	2,200	—	2,200	0.4	0.5	0.9	—	—	—
	5	5	240	—	—	29	—	1,750	—	1,750	7	0.6	7.6	3,000	—	3,000	—	1.8	1.8	—	3.00	3.00
	6	15.8	35.6	7	—	58.4	—	2,000	—	2,000	7	1	5	—	1,400	1,400	—	1.8	1.8	—	—	—
	7	5	17	—	—	22	—	1,400	—	1,400	—	—	—	—	—	—	—	0.3	0.3	—	—	—
	8	3.1	17.2	—	—	20.3	—	1,650	—	1,650	—	—	—	—	—	—	—	0.3	0.3	—	—	—
	9	1.8	1.4	—	—	14	—	450	—	450	—	—	—	—	—	—	—	—	—	—	—	—
	平均	6.21	36.21	8.21	6.68	157.31	—	2,683	—	2,683	18.72	0.43	10.21	3,680	942	4,622	0.4	1.76	2.16	—	2.73	2.73
自耕兼佃农	10	—	497	9.4	—	59.1	—	2,500	—	2,500	445	25	47	3,650	43.5	8,498	—	2	2	—	—	—
	11	5.2	25	9.4	—	39.6	—	1,800	—	1,800	21	2.1	23.1	1,336	2,864	4,200	2.4	1	3.4	—	2	2
	12	5	22.1	5.4	—	32.5	—	1,200	—	1,200	2.3	1.5	3.3	22.25	1,775	3,000	2.3	1.3	4.1	—	5	5
	13	12.5	18.8	—	—	31.3	—	2,600	—	2,600	4.6	0.6	5.2	10.03	307	1,900	2.5	2.5	5	—	5	5
	14	1.8	21.2	—	—	23	—	900	—	900	—	—	—	—	—	—	—	0.5	0.5	—	—	—
	15	1.8	23.6	—	—	25.4	—	800	—	800	—	0.9	0.9	—	—	—	0.1	—	0.1	—	—	—
	平均	4.38	267.3	4.03	4	35.15	—	1,633	—	1,633	12.07	1.27	13.33	1,360	1,564	2,933	1.2	1.32	2.52	—	1.17	1.17
总平均		5.48	32.42	6.54	4	48.45	—	2,263	—	2,263	16.01	0.8	16.8	2,756	1,191	3,947	0.72	1.58	2.3	—	2.13	2.13

第三十五表　续

分类	编号	大豆 主产品 销售	大豆 主产品 转经营	大豆 主产品 转家计	大豆 主产品 小计	大豆 副产品 销售	大豆 副产品 转家计	大豆 副产品 小计	其他豆类 主产品 销售	其他豆类 主产品 转家计	其他豆类 主产品 其他	其他豆类 主产品 小计	其他豆类 副产品 销售	其他豆类 副产品 转家计	其他豆类 副产品 小计	棉花 主产品 销售	棉花 主产品 其他	棉花 主产品 小计	棉花 副产品 转家计	棉花 副产品 小计
自耕农	1	12.8	—	12.7	25.5	—	1,200	1,200	25	2.4	—	27.4	—	1,700	1,700	13,660	—	13,660	15,000	15,000
自耕农	2	2.5	—	1	3.5	—	500	500	1.5	—	—	1.5	—	—	—	1,968	—	1,968	2,000	2,000
自耕农	3	—	—	2.6	2.6	—	500	500	0.5	—	—	0.5	—	—	—	556	—	556	400	400
自耕农	4	—	—	0.4	0.4	—	—	—	—	—	—	—	—	—	—	4,129	—	4,129	5,000	5,000
自耕农	5	—	—	1.1	1.1	—	300	300	—	—	—	—	—	—	—	—	—	—	—	—
自耕农	6	—	—	0.4	0.4	—	—	—	—	—	—	—	—	—	—	2,186	—	2,186	2,500	2,500
自耕农	7	—	—	0.5	0.5	—	—	—	—	—	—	—	—	—	—	730	—	730	800	800
自耕农	8	—	—	0.4	0.4	—	—	—	—	—	—	—	—	—	—	724	—	724	500	500
自耕农	9	—	—	0.2	0.2	—	—	—	1	—	—	1	—	—	—	681	—	681	700	700
自耕农	平均	1.7	—	2.14	3.84	—	278	278	3.11	0.27	—	3.38	—	18.9	18.9	2,737	—	2,737	2,989	2,989
自耕兼佃农	10	1.2	—	5.2	6.4	—	10,000	10,000	3	—	—	3	—	—	—	4,240	—	4,240	5,000	5,000
自耕兼佃农	11	—	—	1.1	1.1	—	—	—	0.5	—	—	0.5	—	—	—	1,712	—	1,712	1,500	1,500
自耕兼佃农	12	—	—	1.3	1.3	—	—	—	3.2	0.4	—	3.6	500	—	500	900	—	900	1,000	1,000
自耕兼佃农	13	—	—	1.4	1.4	—	—	—	2.4	0.5	—	2.9	250	—	250	442	—	442	500	500
自耕兼佃农	14	—	—	0.3	0.3	—	—	—	—	—	—	—	—	—	—	1,624	—	1,624	1,500	1,500
自耕兼佃农	15	—	—	0.2	0.2	—	—	—	0.3	—	—	0.3	—	—	—	700	—	700	600	600
自耕兼佃农	平均	0.2	—	1.58	1.78	—	167	167	1.57	0.15	—	1.72	125	—	125	1,603	—	1,603	1,683	1,683
总平均		1.1	—	1.92	3.02	—	233	233	2.49	0.22	—	2.71	—	113.3	165	2,283	—	2,283	2,467	2,467

昭和 17 年 1 月 23 日

北经调查特第 39 号

昭和 14 年满人农家经济调查报告(其二)
——肇州县朝阳村大地窝堡

南满洲铁道株式会社

北满经济调查所

绪　言

一、本调查是为了明确根据农作物增产计划开展的经济作物的种植对农家经济产生的影响,进而为农作物价格政策及改善农业经营提供资料。

二、本调查始于昭和 14 年 8 月,持续实施了 3 年。报告记录了在奉天省辽阳县千山村、滨江省呼兰县孟家村、肇州县朝阳村 3 个村进行的簿记调查第一年的情况。

三、本调查的方法是,将满洲调查机关联合会版的"农家经济簿"发给各农家,由一名常驻于各村的调查员(满系)登记各农家的财产状况、劳动状况、现金及实物收支等与农家经济有关的一切事宜。统计依据调联的方法进行,详情载于卷末。

四、调查村庄选定了栽培增产作物棉花、甜菜、亚麻、燕麦的 3 个村庄。调查村庄及记账调查农家户数如下:

(一)奉天省辽阳县千山村下汪家峪屯(棉花)　　　　　15 户

(二)滨江省肇州县朝阳村大地窝堡(燕麦)　　　　　15 户

(三)滨江省呼兰县孟家村刘泉井区(甜菜、亚麻)　　　　　15 户

注:括号内为增产奖励作物。

在选定调查农家时,我们尽量就农家的经营模式、经营规模按照村庄各阶层的结构比例进行,但由于记账能力及其他种种原因,调查难免挂一漏万。另外,关于调查农家,在(昭和 14 年 7 月)选定村庄及农家时已经询问并调查了其经营概况(昭和 13 年度)。(提交的报告为《以经营为中心看北满农村经济——肇州县朝阳村之册、呼兰县孟家村之册》)

五、第一年(昭和 14 年度)由于种种原因,并出于记账练习的考虑,如上所述,从簿记年度之半的 8 月才开始记账,因此难以纵览全年的经营经济全貌。尤其是劳动力、生产费与增产作物之间的有机联系等情况难以调查其详,因此这些问题的详细报告移到了下一年度(昭和 15 年),还乞诸贤谅解。现整理出了昭和 14 年 8 月初至昭和 15 年 7 月底的收支情况,且供参考。(各调查农家昭和 14 年与 15 年的经营情况大体相同。)

其中,关于农家的生计费、农家财产结构及其他横跨 2 个年度也不会造成影响的问题,我们将尽量详细分析。

另外,本报告在公布时,分为村别统计说明篇 3 册、总结篇 1 册,共计 4 册。

六、本调查由小阪忠夫监修,实地调查及统计主要由中村忠造负责,佐藤吉夫做了一些辅助性的工作。

驻地调查由满系常驻调查员李庆义承担。

本调查使用的度量衡为旧制 1 晌(0.7379 公顷)、新制 1 石(300 立方)、新制 1 斤(0.5千克)。

南满洲铁道株式会社

北满经济调查所

昭和 16 年 10 月 20 日

目 录

调查成果表目录

一、农家经济基础诸表

二、农家经济结算诸表

三、农家经济成果结构诸表

第一章　调查村庄概况(肇州县朝阳村大地窝堡)

兹将调查农家与村庄的各相关情况及自然环境大致介绍如下。

本调查关于村庄概况的数据截止日期为康德 7 年 7 月最后一天。

第一　村庄的自然条件及其他概况

(一)村庄的位置及地势

本屯坐落于肇州县城以东约 50 公里处,位于县东北部。

本屯附近一带为广漠的平原,土地少见坑洼,地势平坦。本县低湿地带很多,但本屯地势较高。

(二)沿革

本屯的开拓史缺乏详细记载。据现存本屯开拓史上先驱性人物之一的李方财介绍,距今 30 余年前,即光绪三十二三年间,为了求得土地,他与刘光庆二人由吉林省扶余迁入此地进行开垦,数年后又来了两三家人,其后历经变迁在大地窝形成了今日的本屯。

本屯因开拓年数较短,全部耕地均由居住在屯内的少数(9 户)地主占有。

(三)气象

在肇州县采苗圃观测的结果如下表所示:

(康德 6 年)

	平均气温				总降水量	总蒸发量	天气日数				备注
	10 点	最高	最低	较差			晴天	阴天	降水	暴风	
1 月	−23.3	−17.3	−27.9	−13.9	3.8	9.46	17	14	6	—	
2 月	−17.8	−11.1	−21.0	−10.2	2.0	18.30	25	4	4	3	
3 月	−2.3	1.7	−9.3	−11.6	—	114.0	14	7	5	2	
4 月	8.8	12.8	3.5	9.3	9.2	163.4	22	8	2	1	
5 月	16.9	17.6	7.8	11.4	12.2	214.0	19	6	4	2	
6 月	20.8	23.3	15.1	8.8	51.9	244.3	6	9	15	1	

续表

	平均气温				总降水量	总蒸发量	天气日数				备注
	10 点	最高	最低	较差			晴天	阴天	降水	暴风	
7 月	26.9	29.0	22.3	6.3	107.0	224.0	7	7	17	1	
8 月	26.0	29.5	21.8	6.8	67.7	168.8	10	17	14	1	
9 月	13.6	18.4	9.9	9.2	27.8	132.7	11	8	11	—	
10 月	4.8	10.5	−5.6	15.9	4.0	119.2	12	13	16	2	
11 月	−6.1	−2.4	−10.5	−4.1	0.7	65.5	14	11	6		
12 月	−13.7	−16.1	−19.7	−14.0	—	31.6	9	14	8		
全年	4.6	7.9	−10.5	1.2	286.3	1,505.06	166	120	108	13	
去年	4.2	9.8	−13.2	2.7	498.0	844.8	214	72	55	18	

初霜为 9 月下旬至 10 月初,晚霜为 5 月中旬前后,无霜期大致为 140 天。上述 6 月下旬至 7 月底期间的降雨量占全年总量的 60%。

气温呈典型的大陆性特征。

(四)交通

下面大体介绍一下前往与本屯有关的主要地方的交通状态。村公所所在地茶棚位于南方 5 公里处,经茶棚往西 14 公里可达农产品的集产地丰乐镇,向西南左转 13 公里可达县城。从丰乐镇向北右转,经昌五(距 35 公里)70 公里可达滨州线肇东站(旧称满沟)。

由县城经丰乐镇至肇东 80 余公里的道路是本县唯一的一条物资运输干线。

另外,由丰乐镇北上约 80 公里有通往安达县的道路,从县城西行经永乐镇北上通过大同镇有通往泰康的道路,从县城南下经过扶余,由此可以由松花江顺流而下直抵哈尔滨。

本屯通过以上交通线路与主要重镇相连接。

关于本屯与各主要地区的交易状况,几年之前,用大车将农产品远运至满沟、哈尔滨,回程则采购生活用品、经营资材,通过这种方式与远处保持着相当频繁的交易往来。大车运输作为农家的副业收入扮演了重要的角色,但最近由于卡车运输的普及以及市场的变化(即变为了交易场所)等原因,农家的大车活动范围明显受到挤压,农闲时期大车长途运输急剧减少。本屯的主要交易地是丰乐镇,农产品几乎全部集中到本屯的交易场,农具等其他经营用品及生活用品也几乎都从丰乐镇采购。

(五)治安

村公所所在地茶棚有丰乐镇警察分驻所。

本屯治安状况最近可谓良好,其中有开拓时间不长这个原因。本屯没有村民反映碰到过土匪。

（六）自然灾害状况

关于本屯的自然灾害，没有详细记载。据屯民说，最常见的是雨期暴雨引发的积水灾害。大同元年、康德元年，积水导致约 30%—50% 的土地颗粒无收，康德 2 年，冰雹使大约 20%—30% 的土地遭受了损失。旱灾等也有发生，但危害不大。

（七）村庄的卫生状况

就本屯的卫生状态来看，没有地方病，据屯民言，时有俗称"时令病"的流行病流行。东北 7 公里之外的三井子屯有 2 名医生，负责本屯附近的医疗，县城有县立医院。饮用水稍微不适于饮用。

（八）度量衡

本屯使用的度量衡如下：

本屯使用的度量衡	1 尺	1 晌	1 石	1 斤
满洲国新度量衡	1 尺	0.738 晌	3.333 石	1 斤
公制	0.333 米	0.738 公顷	3.333 立方	0.500 千克

本调查使用的是本屯使用的 1 晌、新制 1 石、1 斤。

第二　户口

（一）户数

本屯共有 61 户人家。从职业来看，从事农业的有 17 户，占总户数的 27.9%；农业外（全部农业劳动者以下称"农业劳动者"）占总户数的 72.1%。

根据自耕农与佃农区分农业人口的话，自耕农 9 户，占总户数的 14.8%；佃农有 8 户，占 13.1%（自耕兼佃农 1 户都没有）。

（二）人口

本屯总人口 487 人，户均 8.0 人。从性别来看，男性 255 人，女性 232 人，户均男性 4.19 人，女性 3.81 人，其比例分别为 52.4% 和 47.6%。

不同职业及年龄人口结构如下表所示：

不同职业户数及人口表

		自耕农	佃农	农业小计		劳动者小计		总计	
				实数	比率(%)	实数	比率(%)	实数	比率(%)
户数	实数	9	8	17	—	44	—	61	—
	比例(%)	14.8	13.1	27.9	—	72.1	—	100.0	—
人口	男 实数	83	42	125	54.1	130	50.8	255	52.4
	男 比例(%)	32.5	16.5	49.0	—	51.0	—	100.0	—
	女 实数	69	37	106	45.9	126	49.2	232	47.6
	女 比例(%)	29.7	15.9	45.7	—	54.3	—	100.0	—
	小计 实数	152	79	231	100.0	256	100.0	487	100.0
	小计 比例(%)	31.3	16.2	47.2	—	52.8	—	100.0	—
	户均人数	16.9	9.9	13.6	—	5.8	—	8.0	—

各年龄段人口表

		自耕农	佃农	农业者小计		农业劳动者		总计	
				实数	比率(%)	实数	比率(%)	实数	比率(%)
男	1—5	19	11	30	13.0	23	9.0	53	10.9
	6—10	19	4	23	10.0	14	5.5	37	7.6
	11—15	10	4	14	6.1	18	7.0	32	6.6
	16—20	1	1	2	0.9	4	1.6	6	1.2
	21—40	14	10	24	10.3	32	12.5	56	11.5
	41—50	11	6	17	7.4	21	8.2	38	7.8
	51—60	4	5	9	3.8	8	3.1	17	3.5
	61 以上	5	1	6	2.6	10	3.9	16	3.1
	小计	83	42	125	54.1	130	50.8	255	52.2

续表

		自耕农	佃农	农业者小计		农业劳动者		总计	
				实数	比率(%)	实数	比率(%)	实数	比率(%)
女	1—5	10	8	18	7.8	26	10.2	44	9.0
	6—10	8	5	13	5.6	17	6.6	30	6.2
	11—15	7	2	9	3.8	15	5.9	24	4.9
	16—20	6	4	10	4.3	8	3.1	18	3.7
	21—40	25	12	37	16.0	36	14.1	73	15.0
	41—50	5	2	7	3.0	12	4.7	19	3.9
	51—60	2	4	6	2.6	10	3.9	16	3.1
	61 以上	6	—	6	2.6	2	0.8	8	1.6
	小计	69	37	106	45.9	126	49.2	232	47.6
合计		152	79	231	100.0	256	100.0	487	100.0

第三　土地

(一)不同职业土地占有面积

从本屯占有耕地面积来看,总面积为 849.6 晌,其中自耕地 642.6 晌(75.6%),佃耕地207.0 晌(24.4%)。

不同职业土地所有状况及户均所有状况见下表:

不同职业土地占有面积表

		自耕农	佃农	(农业劳动者)	合计	占总面积比率(%)
自耕地		642.6	—	—	642.6	75.6
佃耕地		207.0	—	—	207.0	24.4
其他		—	—	—	—	—
总计	面积	—	—	—	849.6	100.0
	比例(%)	100.0	—	—	100.0	—
户均面积	自耕地	71.4	—	—	10.5	—
	佃耕地	23.0	—	—	3.4	—
	其他	—	—	—	—	—
	合计	94.4	—	—	13.9	—

(二)不同性质农家经营面积

从本屯内农业者的经营面积来看,自耕地 642.6 晌,占总经营面积 974.3 晌的 66.0%,佃耕地 331.7 晌,占 34%。

户均经营面积为 57.3 晌,其中自耕地 37.8 晌,佃耕地 19.5 晌。

不同经营形态详见下表:

各种农家经营面积表

		自耕农	佃农	合计	比率(%)
自耕地		642.6	—	642.6	66.0
佃耕地		—	331.7	331.7	34.0
其他		—	—	—	—
合计	面积	642.6	331.7	974.3	100.0
	比例(%)	66.0	34.0	100.0	—
户均经营面积	自耕地	71.4	—	37.8	—
	佃耕地	—	41.5	19.5	—
	其他	—	—	—	—
	合计	71.4	41.5	57.3	—

(三)地价

本屯晌均耕地价格一般为 120 圆左右,几乎都是三等地,价格减半。

(四)佃耕惯例

本屯的地租形态全部为以物替代定租(8 件)。

每晌佃耕地租为 1.2 石(旧),一般以谷子、玉米、高粱三种粮食支付。

合同期一般分为 1 年、2 年、3 年、5 年 4 种。其中 3 年期合同居多,大部分是证书的形式,口头协议很少。

地主出租住房、碾子、磨、脱粒场及菜坛子等。

另外,地方费(县税)1 圆 50 钱,保甲费 1 圆 20 钱,一般由地主和佃农平摊(地税全部由地主负担)。

第四　农业经营形态及规模

(一) 按农家性质及经营面积分类的户数

按经营面积的大小进行分类的话,最大的 150 晌,最多的是 51—100 晌之间的 7 户,占总数的 41.2%,其次主要是 31—50 晌的 4 户,占 23.5%。100 晌以上的 2 户 (11.7%) ,21—30 晌的 2 户 (11.7%) 。

不同性质农家的详情如下表所示:

按农家性质及经营面积分类的户数表

		户数			面积 (晌)		
		自耕农	佃农	合计	自耕农	佃农	合计
101 晌以上	实数	2	—	2	272.0	—	272.0
	比例 (%)	22.2	—	11.8	42.4	—	27.9
51—100 晌	实数	4	3	7	321.5	171.5	493.0
	比例 (%)	44.5	37.5	41.2	50.0	51.7	50.6
31—50 晌	实数	1	3	4	30.0	115.7	145.7
	比例 (%)	11.1	37.5	23.5	4.7	34.9	15.0
21—30 晌	实数	—	2	2	—	44.5	44.5
	比例 (%)	—	25.0	11.7	—	13.4	4.6
11—20 晌	实数	1	—	1	12.0	—	12.0
	比例 (%)	11.1	—	5.9	1.8	—	1.2
6—10 晌	实数	1	—	1	7.0	—	7.1
	比例 (%)	11.1	—	5.9	1.1	—	0.7
5 晌以下	实数	—	—	—	—	—	—
	比例 (%)	—	—	—	—	—	—
合计	实数	9	8	17	642.6	331.7	974.3
	比例 (%)	100.0	100.0	100.0	100.0	100.0	100.0
户均经营面积		—	—	—	71.4	41.5	57.3

第五　作物及家畜

(一)作物的种类及种植面积

本屯总种植面积为868.7晌,从作物类别来看,主要是谷子320晌,占36.8%,玉米226晌,占26.0%,高粱89.5晌,占10.3%,燕麦60晌,占6.9%等。

详见下表:

各种农家作物种植情况表

		自耕农	佃农	农业小计	劳动者	总计
谷子	面积(晌)	196.0	124.0	320.0	—	320.0
	比率(%)	35.9	38.4	36.8	—	36.8
玉米	面积(晌)	128.0	98.0	226.0	—	226.0
	比率(%)	23.4	30.4	26.0	—	26.0
高粱	面积(晌)	65.5	24.0	89.5	—	89.5
	比率(%)	12.0	7.4	10.3	—	10.3
燕麦	面积(晌)	33.0	27.0	60.0	—	60.0
	比率(%)	6.0	8.4	6.9	—	6.9
小麦	面积(晌)	12.5	2.2	14.7	—	14.7
	比率(%)	2.3	0.7	1.7	—	1.7
苏子	面积(晌)	21.0	4.0	25.0	—	25.0
	比率(%)	3.8	1.2	2.9	—	2.9
糜子	面积(晌)	5.0	1.0	6.0	—	6.0
	比率(%)	0.9	0.3	0.7	—	0.7
大豆	面积(晌)	7.0	—	7.0	—	7.0
	比率(%)	1.3		0.8	—	0.8
小豆	面积(晌)	12.0	2.5	14.5	—	14.5
	比率(%)	2.2	0.8	1.7	—	1.7
吉豆	面积(晌)	19.0	12.0	31.0	—	31.0
	比率(%)	3.5	3.7	3.6	—	3.6
毛毛豆	面积(晌)	5.0	4.5	9.5	—	9.5
	比率(%)	0.9	1.4	1.1	—	1.1

续表

		自耕农	佃农	农业小计	劳动者	总计
磨石豆	面积(晌)	1.0	1.0	2.0	—	2.0
	比率(%)	0.2	0.3	0.2	—	0.2
荞面	面积(晌)	13.5	8.8	22.3	—	22.3
	比率(%)	2.5	2.7	2.6	—	2.6
蔬菜	面积(晌)	27.5	13.7	41.2	—	41.2
	比率(%)	5.0	4.2	4.7	—	4.7
总计	面积(晌)	546.0	322.7	868.7	—	868.7
	比率(%)	100.0	100.0	100.0	—	100.0

(二)家畜数量

从本屯饲养的家畜来看,作为耕畜,马 92 头,骡 32 头,驴 1 头。成猪 28 头,幼猪 45 头,鸡 183 只,鸭 48 只,鹅 3 只,狗 44 条。

从每头耕畜平均的耕作面积(用耕畜的数量除耕作面积)来看,自耕农 7.58 晌,佃农 8.96 晌,总平均 8.04 晌。

下表详细记录了各种农家饲养的家畜数量及平均情况:

家畜数量表

			自耕农	佃农	农业小计	其他劳动者	总计
马	成	头数	46	31	77	6	83
		户均	3.1	3.9	4.5	0.13	1.40
	幼	头数	6	2	8	1	9
		户均	0.67	0.33	0.47	0.02	0.15
骡	成	头数	26	5	31	—	31
		户均	2.89	0.63	1.80		0.50
	幼	头数	1	—	—		1
		户均	0.11	—	0.06		0.02
驴	成	头数	1	—	—	—	1
		户均	0.11	—	0.06		0.02
	幼	头数	—	—	—	—	—
		户均					

			自耕农	佃农	农业小计	其他劳动者	总计
猪	成	头数	17	11	28	—	28
		户均	1.89	1.38	1.65	—	0.47
	幼	头数	22	5	27	18	45
		户均	2.44	0.63	1.60	0.41	0.80
鸡	成	头数	69	33	92	91	183
		户均	7.67	4.12	5.41	2.07	5.05
	幼	头数	—	—	—	—	—
		户均	—	—	—	—	—
鸭		头数	33	9	42	6	48
		户均	3.67	1.12	2.47	0.13	0.80
鹅		头数	3	—	3	—	3
		户均	0.33	—	0.17	—	0.05
狗		头数	25	13	38	6	44
		户均	2.78	1.63	2.22	0.14	0.73

第六　农业情况

(一)作物栽培情况

(1)连作轮作

本屯以两年轮作的谷子、玉米居多,其次为实行 3 年轮作的谷子、玉米、高粱等,燕麦一般接在谷子的下一年耕作。

(2)整地播种

从农耕方法来看,与北满①各地相同,谷子、高粱等小颗粒种子用糠耙播种,大豆、玉米等用犁杖播种。

(3)除草中耕培土

用锄头除草,谷子需要 2—3 回,玉米 2 回,小麦 1—2 回(一般 2 回),高粱 3 回,燕麦 1 回,豆类一般 2 回。用犁杖蹚地(中耕培土),谷子和高粱 3 回,其他一般 2 回。

---

① 译者注:伪满洲国定都新京(长春),以长春为南满北满界。

(4)肥料

土粪隔年一施,每晌通常需要施肥 10 车(25,000 斤)左右。玉米种植过程中需要广泛施肥,种植燕麦时施肥些许,种植豆类(毛毛豆、磨石豆、小豆等)时也要施肥。

(二)耕畜饲养状况

仅在农忙时给耕畜喂食精饲料,平时只喂一些谷草。

1 匹马 1 年的饲料一般为玉米、高粱 3.5 旧石和谷草 600 束(3,600 斤)、豆子 10 筒。

据农民反映,康德 6 年时,日工及年工还比较容易雇到,但是到了康德 7 年春季,与去年相比劳动力雇佣变得非常困难。(年工比较容易雇到)本屯基本见不到月工。

下表是工钱情况对比:

劳动者工钱表(康德 7 年底调查)　　　　(单位:圆)

		康德 6 年	康德 7 年
日　工	春季	1.50	2.00
	除草期	2.30	2.90
	收割期	2.30	3.00
	脱粒期	1.50	2.50
	农困期	1.00	1.00
月　工	春季	—	—
	除草期	—	—
	秋季	45.00	60.00
	农困期	—	—

本屯的年工全部是半青形式。这些人称为打头的、赶车的、下地的,与普通年工无异,但是其工钱支付形式与一般年工不同(本屯称之为半青)。即,不是通过提供劳动力的方式获取一定的实物或现金,而是受经营主之雇共同耕作,收获的粮食一分为二,一半归经营主,另一半按照年工的人数和家庭成员中的劳动力数量平均分配。

本县其他屯可见日工的工钱等费用也由半青方面负担,即所谓的分益佃农形式。本屯在支付年工的工钱时也可以看到上述支付方式的变种。

本屯年工实行上述实物分益法,因此工钱上涨带来的影响并不大。然而,日工的工钱采用的是现金支付方式,这给经营带来了沉重的打击。

(三)入村离村状况

本屯劳动力丰富,因此人员进出相当频繁。康德 6 年底离屯的达 8 户,7 年度初进屯的达 7 户,且都是农业劳动者。

第七　其他经营状况及生活状态

(根据康德 7 年 7 月的访谈调查)

本屯虽然已经比较稳固地立足于自给自足的经济之上了,但是最近生活必需品及工钱的飞涨给农民的前途抹上了浓重的阴影。

康德 6 年,日工、年工(半青)都很容易雇到,而且日工的工钱也不高,但到康德 7 年已经很难雇到人了。现在,从金融合作社贷的经营资金也因为这些情况而无法偿还。

关于生计情况:

下面介绍一些通过访谈本屯屯民了解到的、关于最近紧缺的生活用品的情况。

(一)布料(白布)——康德 5 年每尺 20 钱,康德 6 年 8 月每尺 30—40 钱,到 7 年涨到了 1 圆 50 钱。这是农民面临的最大难题。

(二)洋油——康德 5 年每斤 15 钱,康德 6 年每斤 16—18 钱,到 7 年要 1 圆 20 钱才能买到。

(三)豆油——康德 5、6 年每斤 15—20 钱,康德 7 年每人半年 1 斤的配给无论如何都无法满足需要。配给价格为 32 钱。

(四)洋火——10 个 8 钱的洋火现在涨到了 50 钱。蜡烛也从每斤 30 钱涨到了现在的 1 圆 40 钱,实在不能满足需求。

(五)棉花——每斤从 70 钱涨到了现在的 3 圆 50 钱,农民反映生活非常艰难。

以上 5 种必需品尤其威胁到农民的生活,因此,针对这些生活用品制定合理的对策已经成为紧要问题。

第二章　调查结果

在肇州县朝阳村大地窝堡进行的农家经济调查中,采集到了 15 户农家的数据。调查之初选定的 15 户中,有 3 户移居到了屯外,没有参与统计。这些农家分为自耕农(耕地面积八成以上归自己所有)7 户和佃农(耕地面积 8 成以上为租地)2 组,没有自耕兼佃农(其他类型的农家)。

如上所述,调查的统计方法是按照不同的经营方式(根据农家不同的性质)对各个项目进行全面统计。由于本屯大规模经营和小规模经营的农家差距悬殊,故我们认为按照经营规模(经营面积的大小)进行统计更为有效、更为合理。不过,这里暂且先按照农家的性质分了类。农家各自的调查结果数据详见下表。分类方法有很多,敬乞诸贤谅解。不过,农家结算和农业经营结算是按照经营规模(4 组)分类说明的。

与《报告(其一)——辽阳县千山村下汪家峪屯》一样,本应针对调查结果表的各项结果进行分解说明的,但遗憾的是由于时间紧张,这里未能做到。只能暂且详细公布调查统计表,再做补充说明。

作为本项的结尾,下面扼要说明调查结果的大体情况。

调查农家编号及姓名 （单位:晌）

农家编号	姓名	经营形态	自有地	租地	其他	合计	耕作面积	摘要
1	孙香录	自耕	150.0	—	—	150.0	127.0	
2	李福祥	自耕	122.0	—	—	122.0	93.7	
3	李万才	自耕	90.5	—	—	90.5	86.0	
4	谷兰成	自耕	84.0	—	—	84.0	63.7	
5	李成荣	自耕	67.0	—	—	67.0	59.0	
6	周德生	自耕	12.0	—	—	12.0	10.4	
7	傅乘仁	自耕	7.1	—	—	7.1	6.0	
8	朱玉升	佃农	—	51.5	—	51.5	50.0	
9	高殿文	佃农	—	46.2	—	46.2	43.5	
10	王国政	佃农	—	39.0	—	39.0	34.5	

续表

农家编号	姓名	经营形态	自有地	租地	其他	合计	耕作面积	摘要
11	姜喜武	佃农	—	30.5	—	30.5	24.5	
12	刘绍旗	佃农	—	24.5	—	24.5	20.0	
平均经营面积(12户)			44.38	15.98	—	60.36	51.52	

第一 调查结果概论

本屯 12 户农家的总体平均概括如下:

一、从家庭结构来看,家庭成员人数最多的是 1 号农家 41 人(男 21 人,女 20 人);最少的是 8 号农家 4 人(男 2 人,女 2 人)。总平均为 15 人,其中男性 8 人,女性 7 人。从与农业经营的关系来看,从事农业劳动的有 2.83 人(18.8%),不从事农业劳动的有 12.25 人(81.2%)。前者之中,主要从事农业者 2.16 人(76.3%),辅助性从事农业者 0.67 人(23.7%)。

全部是男性,妇女儿童不参加劳动。

从长工人数来看,有的农家雇了 8 人,没有雇的佃农有 2 户,每个农家情况不一。总平均 3.08 人,几乎都是年工(名为"半青"),月工只有 0.08 人。

从家庭饮食人口来看,换算成年男性,平均为 8.9 人。

二、从家庭财产结构来看,年初积蓄财产最多的是 1 号农家 34,900 圆,最少的是 12 号农家 1,200 圆,平均 11,900 圆。负债 129 圆,年初纯财产 11,700 余圆。从明细来看,主要是土地价格 7,550 圆,占积极财产的 62.9%。其次是大型牲口 1,390 圆(11.8%),建筑 900 圆(7.5%)。其他所占金额很小。

农家财产结构表(12户平均)　　　　　　　　(单位:圆)

		年初始财产	比率(%)
固定资产	土地	7,549.08	63.67
	建筑	887.37	7.49
	大型牲口	1,396.24	11.78
	大型机具	239.61	2.02
	小计	10,072.32	84.96

续表

		年初始财产	比率(%)
流动资产	小动物	63.23	0.53
	小机具	27.20	0.23
	待售实物	951.45	8.02
	中间产品	731.27	6.17
	采购实物	—	—
	合计	1,773.14	14.95
现金及准备金		10.18	0.09
合计(积极财产)		11,855.64	100.00
负债		128.78	—
差额(纯财产)		11,726.86	—

三、年初各农家财产包括土地、建筑、大型牲口、大型机具等固定财产及小动物、小机具、待售实物、采购实物、中间产品等流动财产,现金、准备金及负债的内容另表详细说明。本来应该就各项内容进行分析对比,看一看它们与经营之间存在的关联,但由于一些具体情况,这里就省略不谈了。与年末财产的比较见表16。

四、从农业经营地结构及耕地经营地概况来看,经营面积最大的是 1 号农家 150 晌,最小的是 7 号农家 7.1 晌,差距悬殊。平均 60.35 晌,其中 44.38 晌(73.5%)是自有地,15.97 晌(26.5%)是地租地。耕地面积为 55.98 晌(92.8%)。

从耕地的利用状况来看,总耕作面积 51.52 晌之中,粟 19.3 晌(37.5%),玉米 11.7 晌(22.8%),高粱 6.3 晌(12.2%),小麦 3.8 晌(7.3%),苏子 3.8 晌(7.4%),燕麦 2.0 晌(3.9%)。小豆、大豆、豆类、马铃薯等均不足 2%。

本屯主要商品作物有小麦、苏子、燕麦等。

五、下面来看看农家经济结算。

首先就农家毛收入而言,最多的是 1 号农家 8,847 圆,最少的是 7 号农家 626 圆,平均 3,368 圆。

其次从所得性支出来看,开销最大的是 1 号农家 4,380 圆,最少的是 7 号 55 圆,平均 1,809 圆。

就扣除支出之后的农家收入而言,最多的是 1 号农家 4,467 圆,最少的是 8 号农家 431 圆,平均 1,559 圆。

从对农家毛收入的农家收入比来看,自耕农(1—7 号农家)平均为 52.1%,佃农(8—12 号农家)平均为 42.9%,总平均为 49.4%。自耕农与佃农的这个差距来自是否有地租负担。

六、从家计费来看(包括伙食支出额),最多的是 1 号农家 5,094 圆,最少的是 6 号农家 537 圆,平均为 1,982 圆。家庭负担家计费,最多的是 1 号农家 4,343 圆,最少的是 6 号 458 圆,平均为 1,654 圆。人均家庭负担家计费各不相等,最多的是 8 号农家 348 圆 75 钱,最少的是 9 号农家 126 圆 59 钱,平均 185 圆 93 钱。人均家计费中,3 号农家和 8 号农家比重较大,其原因是 3 号农家婚丧嫁娶费花了近 1,400 圆,8 号农家保健卫生费花了 400 圆。

农家家计费表

编号	家庭负担家计费	农家饮食人口	人均家计费
1	4,343.01	24.20	183.64
2	2,113.63	12.40	170.45
3	3,394.74	12.85	264.18
4	1,461.00	9.20	158.80
5	2,485.56	11.25	220.93
6	457.90	2.80	163.53
7	596.12	2.60	229.28
8	662.64	1.90	348.75
9	930.50	7.35	126.59
10	1,365.41	9.65	141.49
11	1,164.32	6.20	187.79
12	882.93	6.55	134.79
总平均	1,654.81	8.90	185.93

七、从农家经济结余来看(农家收入减去家庭负担家计费),从 4 号农家的盈利 549 圆到 3 号农家的赤字 1,253 圆——不等,平均为 96 圆的赤字。12 户当中,盈利的有 5 户(1、2、4、6、9),赤字的有 7 户(3、5、7、8、10、11、12)。

八、年度纯财产增加额情况跟农家经济结余相同,即没有因财产价格变动引起的盈亏。

九、针对农家经济结算,按照经营规模,即耕作面积的大小分为 4 组,结果如下:

耕地面积 80 晌以上的为 A 组,50 晌以上 80 晌以下的为 B 组,30 晌以上 50 晌以下的为 C 组,30 晌以下的为 D 组。

就农家所得而言,A 组 3 户(全部是自耕农)的平均毛收入为 680 圆 03 钱,所得性支出为 3,714 圆 38 钱,两者冲抵之后的农家所得为 3,088 圆 65 钱。

B 组 3 户人家(2 户自耕农,1 户佃农),平均毛收入为 3,513 圆 30 钱,所得性支出为 2,016 圆 66 钱,两者冲抵之后的农家所得为 1,496 圆 65 钱。

C 组 2 户人家(均为佃农),平均毛收入为 2,534 圆 17 钱,所得性支出为 1,371 圆 79 钱,两者冲抵之后的农家所得为 1,162 圆 38 钱。

D 组 2 户人家(2 户自耕农,2 户佃农)平均毛收入为 1,101 圆 06 钱,所得性支出为 444 圆

16 钱,两者冲抵之后的农家所得为 656 圆 90 钱。

总体平均情况如前所述,在此不再赘言。

农家所得在农家毛收入中所占比例为,A 组 45.4%,B 组 42.6%,C 组 45.9%,D 组 59.7%。

从农家所得中扣减家庭负担家计费之后的农家经济结余为,A 组赤字 195 圆 14 钱,B 组赤字 39 圆 75 钱,C 组盈利 14 圆 43 钱,D 组赤字 41 圆 83 钱。

农家经济结算表

	编号	经营形态	耕作面积	毛收入	所得性支出	农家所得	家庭负担家计费	农家经济结余	备注
A 组	1	自耕	127.0	8,847.69	4,379.97	4,467.72	4,343.01	124.71	
	2	自耕	93.7	6,869.41	4,212.61	2,656.80	2,113.63	543.17	
	3	自耕	86.0	4,691.99	2,550.55	2,141.44	3,394.74	−1,253.30	
	平均	(3 户平均)	102.23	6,803.03	3,714.38	3,088.65	3,283.79	−195.14	
B 组	4	自耕	63.7	5,402.93	3,392.46	2,010.47	1,461.00	549.47	
	5	自耕	59.0	3,102.43	1,054.17	2,048.26	2,485.56	−437.30	
	8	佃耕	50.0	2,034.55	1,603.34	431.21	662.64	−231.43	
	平均	(3 户平均)	57.57	3,513.30	2,016.66	1,496.65	1,336.40	−39.75	
C 组	9	佃耕	43.5	2,847.23	1,818.80	1,028.43	930.50	97.93	
	10	佃耕	34.5	2,221.11	924.78	1,296.33	1,365.41	−69.08	
	平均	(2 户平均)	39.00	2,534.17	1,371.79	1,162.38	1,147.96	14.43	
D 组	6	自耕	10.4	1,419.22	561.24	857.98	1,164.32	−306.34	
	7	自耕	6.0	747.48	242.17	505.31	457.90	47.41	
	11	佃耕	24.5	626.47	55.45	571.02	596.12	−25.10	
	12	佃耕	20.0	1,611.09	917.79	693.30	882.93	−189.63	
	平均	(4 户平均)	15.13	1,101.06	444.16	656.90	775.32	−41.83	
总平均(12 户平均)			51.52	3,368.47	1,809.45	1,559.02	1,654.81	−95.78	

十、接下来看一看农家经济成果结构。

所得性收入结构的总体平均情况为户均所得性总收入 3,156 圆 9 钱。分类来看,粟作收入 1,211 圆 18 钱(38.4%),是最大的收入来源;玉米收入 428 圆 10 钱(13.6%),财产利用收入 319 圆 73 钱(10.1%),茎秆收入 310 圆 42 钱(9.8%)。次于这些主要收入的是,蔬菜收入 157 圆 86 钱(5.0%);高粱作物收入 136 圆 71 钱(4.3%);小麦收入 121 圆 87 钱(3.8%);苏子作物收入 89 圆 62 钱(2.8%);薪金及俸禄收入 88 圆 50 钱(2.5%);养畜收入 76 圆 14 钱(2.4%);燕麦收入 60 圆 65 钱(1.9%)。另外,现金所得性收入为 1,794 圆 38 钱,生产及收得实物转入家计为 1,361 圆 71 钱。总所得性收入 3,156 圆 09 钱,其中前者占 56.8%,后者占 43.2%。

注:在所得性收入分项结构中,粟、高粱、玉米等作物的副产品,即茎秆类作物没有包含在各类作物之中,而是作为茎秆类另设了一栏。这是因为,在转入家计时,一次性地登记为茎秆,因此难以一一区分。在生产费调查中,是根据收获量来计算的。

十一、在所得性支出结构方面,户均支出(仅指现金)为 1,354 圆 27 钱。分项来看,最多的是工钱 678 圆 07 钱,占所得性总支出的 50.1%。其次是地租 247 圆 28 钱(18.3%),拟制支出(作为地租或工钱报酬,将收得实物临时作为采购处理的支出)234 圆 56 钱(17.3%),捐税 113 圆 57 钱(8.4%)。这些主要支出之外,其余支出数额都很小。

十二、在家计费结构方面,户均家计费为 1,982 圆 58 钱(现金 106 圆 84 钱,占 9.7%;实物 991 圆 71 钱,占 90.3%)。分项来看,开销最大的是伙食费 1,098 圆 55 钱,占总额的 55.4%;其次主要是婚丧费 304 圆 26 钱(15.3%),煤电费 291 圆 74 钱(14.7%),服装及日常用品费 120 圆 91 钱(6.1%),住宿费 84 圆 29 钱(4.3%)等。另外,现金支出和生产及收得实物转入家计分别为 620 圆 87 钱和 1,982 圆 58 钱,各占 31.3% 和 68.7%。

十三、下面是财产性收入及支出结构。就财产性收入而言,户均 707 圆 32 钱,其中借款 419 圆 01 钱(59.2%),大型家畜出让 147 圆 08 钱(20.8%),赊账 139 圆 40 钱(19.7%),大型机具出让 1 圆 83 钱(0.3%)。

从财产支出的结构来看,户均 356 圆 48 钱。其中有偿还借款 161 圆 68 钱(45.4%),还账 92 圆 72 钱(26.0%),购买大型家畜 78 圆 75 钱(22.1%)等主要支出,其他部分数额很小。

十四、各项收支分月情况是,所得性收入 12 月份最高,为 1,329 圆 66 钱,占总额的41.1%;11 月份为 354 圆 52 钱(11.2%),10 月份为 205 圆 97 钱(65%),其他各月都在 105 圆之内。

在所得性支出方面,12 月份最高,达 1,102 圆 66 钱,占总支出的 81.4%,其他月份都很少。

财产性收入方面,4 月份最多,达到了 209 圆 47 钱,占总收入的 29.6%,其次为 6 月份 1,335圆 87 钱(19.2%),7 月份 89 圆(12.6%),8 月份 80 圆 38 钱(11.4%),其他月份金额都很小。

财产性支出方面,12 月份居首,为 130 圆 14 钱(36.4%)。1 月份 41 圆 65 钱,11 月份 41 圆,3 月份 40 圆 83 钱,都是占 11.5%。其他月份金额都很小。

家计费方面,每月大同小异。2 月份和 4 月份超过了 200 圆,其他月份都在 150 圆之内。

十五、下面来看一看农业经营结算。

这里仅针对作为农家主要收入来源的各样农业经营分析其结果。本稿仅统计了作为农家经济经营的农业经营情况,没有农企经济经营等情况。

所谓"作为农家经济经营的农业经营",是指将所有土地、资本以及家庭农业劳动力这些经营主体作为统一的组织体来对待的经营形式。这种从农业毛收入中扣除农业经营费得出的农业纯收益是针对自耕地、所有资本及家庭农业劳动力三者的报酬。

首先从农业毛收入来看,1 号农家最多,为 6,890 圆 69 钱,7 号农家最少,为 563 圆 47 钱,总平均为 2,693 圆 68 钱,相当于毛收入 3,368 圆 47 钱的 80%。其次,分项来看农业毛收入的话,粟收益居首,为 1,058 圆 25 钱,占毛收入的 39.3%,其次是玉米 406 圆 86 钱(15.1%),养畜为 222 圆 81 钱(8.3%),小麦 162 圆 39 钱(6.0%),高粱 113 圆 88 钱(4.2%),苏子为 119 圆 78 钱(4.4%),燕麦 60 圆 65 钱(2.3%)。剩下的糜子、小豆、豆类等所占份额极小。从耕地晌均农业毛收入来看,7 号农家最多,为 93 圆 91 钱,2 号农家最少,为 44 圆 45 钱,总平均为 52 圆 58 钱。

十六、就农业经营费而言,1 号农家居首,为 3,764 圆 47 钱,7 号农家最少,为 41 圆 45 钱,户均约 37 圆 50 钱,占所得性支出 1,809 圆 45 钱的 85%。

分项来看,工钱最多,为 1,005 圆 84 钱,占农业经营费的 65.4%。其余依次为地租 247 圆 28 钱(16.1%),捐税 113 圆 57 钱(7.4%),家畜费 55 圆 83 钱(3.6%),饲料费 43 圆 55 钱(2.8%),机具费 35 圆 88 钱(2.3%),建筑费 15 圆 95 钱(1.0%),杂费支出 12 圆 28 钱(0.8%),药剂费 3 圆 23 钱(0.2%),各种材料费 1 圆 28 钱(0.1%),借款和手续费 26 钱。

耕地晌均农业经营费的情况是,从 12 号农家的 45 圆 89 钱到 7 号农家的 6 圆 91 钱,一一不等,平均 29 圆 84 钱。另外,自耕农晌均农业经营费平均为 28 圆 31 钱,佃农 33 圆 77 钱,两者相差 5 圆 46 钱。

十七、就农业纯收益(农业毛收入与农业经营费之差)而言,1 号农家居首,为 3,126 圆 22 钱,8 号农家最少,为 396 圆 21 钱,平均 1,156 圆 18 钱。

从在农业毛收入中所占比例来看,自耕农平均为 43.9%,佃农平均为 40.7%,总平均为 42.9%。

耕地晌均农业经营费,7 号农家最多,为 87 圆,8 号农家最少,为 7 圆 92 钱。自耕农平均为 22 圆 15 钱,佃农平均为 23 圆 17 钱,总平均为 51 圆 52 钱。

	农业毛收入	农业经营费	收支差额(农业纯收益)	耕地晌均纯收益		
				农业纯收益	耕地面积	耕地晌均纯收益
自耕农(7 户平均)	3,214.45	1,803.42	1,411.03	1,411.03	63.7	22.15
佃农(5 户平均)	1,964.64	1,165.19	799.45	799.45	34.5	23.17
总平均(12 户平均)	2,693.68	1,537.50	1,156.18	1,156.18	51.52	22.44
在农业毛收入中所占比例(%) 自耕农	100.0	56.1	43.9	—	—	—
佃农	100.0	59.3	40.7	—	—	—
总平均	100.0	57.1	42.9	—	—	—

十八、下面,按照规模分为 4 组分析农业经营核算情况:

A 组户均农业毛收入为 4,998 圆 11 钱,农业经营费为 2,995 圆 85 钱,收支差额即农业纯收益为 1,972 圆 26 钱。

B 组户均农业毛收入为 2,791 圆 42 钱,农业经营费为 1,663 圆 54 钱,收支差额即农业纯收益为 1,127 圆 88 钱。

C 组户均农业毛收入为 2,411 圆 67 钱,农业经营费为 1,371 圆 79 钱,收支差额即农业纯收益为 1,039 圆 88 钱。

D 组户均农业毛收入为 1,055 圆 57 钱,农业经营费为 432 圆 04 钱,收支差额即农业纯收益为 623 圆 53 钱。

从农业纯收益对农业毛收入的百分比来看,A 组为 39.7%,B 组为 40.4%,C 组为 43.1%,D 组为 59.1%,总平均为 42.9%,经营规模越小,其所占比例越大。

晌均农业毛收入、农业经营费、农业纯收益同样如此,越是小经营者,越大。

各组情况详见下表:

组别核算表

			农业毛收入	农业经营费	余额(农业纯收益)	耕种面积	晌均		
							农业毛收益	农业经营费	农业纯收益
A 组	1	自耕农	6,890.69	3,764.47	3,126.22	12.70	54.26	29.64	24.62
	2	自耕农	4,164.61	3,009.10	1,155.51	93.7	44.45	32.11	12.33
	3	自耕农	3,849.03	2,213.99	1,635.04	86.0	44.70	25.74	19.01
	平均	(3 户平均)	4,986.11	2,995.85	1,972.26	102.23	48.60	29.30	19.30
B 组	4	自耕农	3,443.27	2,398.61	1,044.66	63.7	54.05	37.65	16.40
	5	自耕农	2,931.43	988.67	1,942.76	59.0	49.69	16.76	32.93
	8	佃农	1,999.55	1,603.34	396.21	50.0	39.99	32.07	7.92
	平均	(3 户平均)	2,791.42	1,663.54	1,127.88	57.57	48.49	28.90	19.59
C 组	9	佃农	2,712.23	1,818.80	893.43	43.5	62.35	41.81	20.54
	10	佃农	2,111.11	924.78	1,186.33	34.5	61.19	26.81	34.39
	平均	(2 户平均)	2,411.67	1,371.79	1,039.88	39.00	61.84	35.17	26.13
D 组	6	自耕农	658.48	207.67	450.81	10.4	63.32	19.97	43.35
	7	自耕农	563.47	41.45	522.02	6.0	93.91	6.91	87.00
	11	佃农	1,404.22	561.24	842.98	24.5	57.32	22.91	34.41
	12	佃农	1,596.09	917.79	678.30	20.0	79.80	45.89	33.91
	平均	(4 户平均)	1,055.57	432.04	623.53	15.13	69.77	28.56	41.21
总平均		(12 户平均)	2,693.68	1,537.50	1,156.18	51.52	52.28	29.84	22.44

对农业毛收入百分比

	农业毛收入	农业经营费占比(%)	农业纯收益占比(%)
A 组	100.0	60.3	39.7
B 组	100.0	59.6	40.4
C 组	100.0	56.9	43.1
D 组	100.0	40.9	59.1
总平均	100.0	57.1	42.9

附　本调查的统计方法

一、农家经济基础

(一)家庭结构

首先按照年龄统计本年度初的家庭成员人数,然后再按照从事工作的类别作如下分类:

从事农业者分为主要从事农业者(即不考虑劳动效率的劳动天数全年超过 100 天者)和辅助性从事者(即不考虑劳动效率的劳动天数全年不满 100 天者);不从事农业者分为主要兼顾家务者、外出者和被赡养者。长工的分类如下:年工指合同期 6 个月以上的雇佣劳动者,月工指合同期 6 个月以下半个月以上的雇佣劳动者。

农家吃饭人口以成年男性为 1.0 换算。

长工都作为成人处理。

(二)农家财产结构

年初财产分类如下:

农家纯财产=积极财产−负债(消极财产)

$\qquad$ =(固定财产+流动财产+现金及准现金)−负债

$\qquad$ ={(土地+建筑+大型植物+大型动物+大型机具)+(准实物+实物)

+(现金+准现金)}−负债

1.准实物包括小植物、小动物和小机具等。

2.实物包括待售实物、购入采购、中间产品等。

3.准现金包括贷款、应收款、订金等。

农家财产各项都有详细显示。

土地根据本屯年初的地价推算。

建筑、大型机具的现值计算方法如下:由新建及新置价格、总保有年数和报废价格计算出折旧额,乘以使用年数之后加上报废价格,然后从新建及新置价格扣减而来。

大型动物根据年初估算价格计算。

准实物和小动物根据年初估算价格计算。

小机具以新置总价的一半作为现值。

实物根据年初估算价格计算。

(三)农业经营地的结构及经营概况

旱地、宅基地等按自有和地租分类进行统计。

耕作面积按作物种类分类。

建筑按自有和租借分类其使用状况。

二、农家经济结算

(一) 农家所得

家庭结构毛收入=所得性总收入+(固定结余财产增额+流动结余财产增值额)

所得性总收入包括所得性现金收入、生产及收得实物转入家计的收入。

所得性支出=所得性总支出+(固定耗材折旧额+流动耗材减少额)+伙食支出

农家所得=毛收入−所得性支出

(二) 家庭负担家计费

家庭负担家计费=家计费−伙食支出

家计费包括现金家计支出、生产及收得实物转入家计支出。

(三) 农家经济结余

农家经济结余=农家所得−家庭负担家计费

(四) 农家纯财产增加额

农家纯财产增加额=翌年初(即本年度末)财产−本年度初财产

(五) 资产价格变动引起的盈亏

资产价格变动引起的盈亏=农家纯财产增加额−农家经济结余

三、农家经济成果构成

(一) 所得的收入构成

所得性收入=粟(现金所得性收入、生产及收得实物转入家计收入)+……+茎秆类+蔬菜+畜产品+财产利用收入(这些都和粟一样,分为现金所得性收入和生产及收得实物转入家计收入两类)+薪金及俸禄收入+杂项收入+补助金及受赠现金

(二) 所得的支出构成

所得性支出=肥料费+饲料费+种苗费+家畜费+机具费+各项材料费+药剂费+煤电费+工钱+负债利息+借款及手续费+地租+捐税+建筑费+杂项支出+拟制支出

拟制支出是指将以实物形式获得的地租或工钱作为购入物品处理的所得性支出。

(三) 家计支出的构成

家计支出=饮食费(现金家计支出、生产及收得实物转入家计的支出)+服装及日常用品费+居住费+家具家财费+煤电费+保健卫生费+教育费+修养娱乐费+交际费+婚丧费+各种负担+杂费

饮食费之外的其他科目也和饮食费一样分为现金家计支出和生产及收得实物转入家计支出两类。

(四) 财产性收入及支出结构

财产性收入＝(土地出让＋建筑物出让＋大型植物出让＋大型动物出让＋大型机具出让＋(接受贷款偿还＋回收账款)＋(借款＋赊买)

财产性支出＝土地购入＋新建建筑＋大型植物购入＋大型动物购入＋大型机具购入＋(贷款＋赊卖)＋(偿还贷款＋还账)

四、作为农家经济经营的农业经营计算

农业毛收入＝毛收入－农业外毛收入

　　　　＝(所得性总收入＋待售实物增加额＋固定结余财产增值额)－(财产利用收入＋工钱及俸禄收入＋收得实物价额＋其他农业外收入)

农业经营费＝所得性支出－农业外所得性支出

　　　　＝(所得性总支出＋伙食支出额＋购入实物减少额＋固定耗材折旧额－{(农业外所得性支出＋农业外购入实物减少额＋农业外固定耗材折旧额)＋拟制支出}

　　　　＝(所得性总支出＋伙食支出额＋购入实物减少额＋固定耗材折旧额－{(负债利息＋农业负担外份外捐税＋农业负担份外建筑费＋其他农业外所得性支出)＋拟制支出}

1.捐税都由耕地负担,所以全部由农业方面负担

2.建筑费按照住宅和农用建筑的分类由农业及农业外分别负担

农业纯收益＝农业毛收入－农业经营费

调查成果表目录

一、农家经济基础诸表

第一表　家庭结构

家庭成员

	男									女									总计
	1-5	6-10	11-15	16-20	21-40	41-50	51-60	61-	合计	1-5	6-10	11-15	16-20	21-40	41-50	51-60	61-	合计	
1	3	6	3	—	3	3	2	1	21	4	2	1	2	7	1	1	2	20	41
2	3	—	2	1	4	—	—	1	11	1	—	1	—	5	—	—	1	8	19
3	1	3	1	—	1	2	1	1	10	—	1	2	2	2	2	—	—	9	19
4	1	2	2	—	—	1	—	—	7	—	—	1	2	1	1	1	1	8	15
5	4	3	1	—	2	2	—	—	12	1	3	—	—	4	—	—	—	8	20
6	1	—	—	—	—	—	—	1	3	1	—	—	—	1	—	—	—	3	6
7	2	1	—	—	—	—	—	—	4	—	—	—	—	1	—	—	1	2	6
平均	2.14	2.14	1.29	0.14	1.43	1.43	0.57	0.57	9.71	1.15	1	0.71	0.86	3	0.57	0.29	0.71	8.29	18
8	1	—	—	—	—	—	—	—	2	1	—	—	—	1	—	—	—	2	4
9	—	1	—	—	3	3	—	—	4	1	—	2	2	3	—	—	—	7	11
10	1	1	2	1	—	—	—	—	7	4	2	—	1	2	—	1	—	11	18
11	1	4	1	—	—	—	—	1	6	1	—	—	—	—	—	1	—	4	16
12	4	1	—	—	1	2	—	1	9	—	—	—	—	2	—	1	—	3	12
平均	1.4	0.8	0.6	0.2	1.25	1	0.4	0.2	5.6	1.4	0.8	0.4	0.6	1.6	0.33	0.6	0.42	5.4	11
总平均	1.83	1.58	1	0.17	1.25	1.25	0.5	0.42	8	1.25	0.91	0.58	0.75	2.42	0.33	0.42	0.42	7.08	15.08

（自耕农：1～7；佃农：8～12）

第一表　续

	农家名	长工 小计	长工 月工 合计	长工 月工 女	长工 月工 男	长工 年工	不从事农业者 小计 合计	不从事农业者 小计 女	不从事农业者 小计 男	抚养者 女	抚养者 男	主要兼做家务者 男	主要兼做家务者 女	从事农业者 小计 合计	从事农业者 小计 女	从事农业者 小计 男	辅助性从事者 男	辅助性从事者 女	主要从事者 男	主要从事者 女	
自耕农	孙香录	8	—	—	—	8	33	20	13	20	13	—	—	8	—	8	2	—	6	—	1
	李福祥	7	—	—	—	7	14	8	6	8	6	—	—	5	—	5	2	—	3	—	2
	李万才	5	—	—	—	5	17	9	8	9	8	—	—	2	—	2	—	—	2	—	3
	谷兰成	6	—	—	—	6	14	8	6	8	6	—	—	1	—	1	—	—	1	—	4
	李成荣	3	1	—	1	2	16	8	8	8	8	—	—	4	—	4	1	—	3	—	5
	周德生	1	—	—	—	1	5	3	2	3	2	—	—	1	—	1	—	—	1	—	6
	傅乘仁	—	—	—	—	—	5	2	3	2	3	—	—	1	—	1	—	—	1	—	7
	7户 平均	4.28	0.14	—	—	4.14	14.86	8.29	6.57	8.29	6.57	—	—	3.14	—	3.14	0.71	—	2.43	—	平均
佃农	朱玉升	4	—	—	—	4	3	2	1	2	1	—	—	1	—	1	—	—	1	—	8
	高殿文	2	—	—	—	2	8	7	1	7	1	—	—	3	—	3	1	—	2	—	9
	王国政	—	—	—	—	—	15	11	4	11	4	—	—	3	—	3	—	—	3	—	10
	姜喜武	—	—	—	—	—	7	4	3	4	3	—	—	3	—	3	2	—	1	—	11
	刘绍旗	1	—	—	—	1	10	3	7	3	7	—	—	2	—	2	—	—	2	—	12
	5户 平均	1.4	—	—	—	1.4	8.6	5.4	3.2	5.4	3.2	—	—	2.4	—	2.4	0.6	—	1.3	—	平均
	12户 总平均	3.08	0.08	—	0.08	3	12.25	7.08	5.17	7.08	5.17	—	—	2.83	—	2.83	0.67	—	2.16	—	总平均

第二表　农家饮食成员人数表

换算率	男									女								
	1—2	3—5	6—10	11—14	15—55	56—65	66—70	71—	合计	1—2	3—5	6—10	11—14	15—55	56—65	66—70	71—	合计
换算率	0	0.2	0.5	0.8	1	0.85	0.55	0.3		0	0.15	0.35	0.55	0.7	0.6	0.4	0.2	
自耕农 1	0	0.4	3	1.6	8	0.85	—	0.3	14.15	0	0.3	0.7	0.55	7.7	0.6	—	0.2	10.05
2	—	0.6	—	1.6	5	0.85	0.55	0.3	7.75	0	—	—	0.55	3.5	0.6	—	—	4.65
3	—	0.2	1.50	0.8	4	—	0.55	—	7.05	—	—	0.35	0.55	4.9	—	—	—	5.3
4	—	0.2	1	1.6	2	—	0.55	—	4.3	—	0.15	—	0.55	3.5	—	—	0.2	4.4
5	0	0.4	1.5	0.8	4	—	0.55	—	7.25	—	0.15	1.05	0.55	2.8	—	—	—	4
6	—	0.2	—	—	1	—	0.55	—	1.75	—	—	0.35	—	0.7	—	—	0.2	4.05
7	0	0.2	0.5	—	1	—	—	0.4	1.7	—	0.2	—	—	0.7	—	—	—	0.9
平均	0	0.31	1.07	0.92	3.57	0.12	0.31	0.4	6.36	0	0.09	0.35	0.31	3.4	0.17	—	0.09	4.41
佃农 8	0	0.2	—	—	1	—	—	—	1.2	0	—	0.35	—	0.7	—	—	—	0.7
9	—	—	0.5	—	3	—	0.55	—	3.5	—	0.15	0.35	0.55	2.8	—	—	—	3.85
10	—	0.2	0.5	—	4	—	—	—	5.25	0	0.15	1.05	—	2.8	—	0.4	—	4.4
11	—	0.2	0.5	1.6	2	—	—	—	4.3	—	0.15	0.35	—	1.4	—	—	—	1.9
12	—	0.4	0.5	0.8	2	0.85	—	—	4.55	0	0.15	0.35	—	1.4	0.6	—	—	2
平均	—	0.2	0.4	0.48	2.4	0.17	0.11	0.03	3.76	—	0.09	0.35	0.11	1.82	0.12	0.08	—	2.57
总平均	—	0.27	0.79	0.73	3.08	0.14	0.23	0.03	5.27	—	0.09	0.35	0.23	2.74	0.15	0.03	0.05	3.64

第二表　续

		家庭成员		年工		其他			合计
		合计(饮食人数)	饮食换算人次数	饮食人数	饮食换算人次数	月工 饮食换算人次数	日工 饮食换算人次数	计 饮食换算人次数	饮食换算人次数
自耕农	1	24.20	8,833.0	8	2,680.0	—	210.0	2,890.0	11,723.0
	2	12.40	4,526.0	7	2,310.0	—	180.0	2,490.0	7,016.0
	3	12.85	4,690.3	5	1,675.0	—	145.0	1,820.0	6,510.3
	4	9.20	3,358.0	6	2,010.0	—	10.0	2,020.0	5,378.0
	5	11.25	4,106.3	2	670.0	150.0	—	820.0	4,926.3
	6	2.80	1,022.0	1	240.0	—	—	240.0	1,262.0
	7	2.60	949.0	—	—	—	—	—	949.0
	平均	10.76	3,927.4	4.14	1,369.3	21.4	77.9	1,468.6	5,396.0
佃农	8	1.90	693.5	4	1,340.0	—	7.0	1,347.0	2,040.5
	9	7.35	2,682.8	2	670.0	—	30.0	700.0	3,382.8
	10	9.65	3,522.3	—	—	—	50.0	50.0	3,572.3
	11	6.20	2,263.0	—	—	—	4.0	4.0	2,267.0
	12	6.55	2,390.8	1	335.0	—	—	335.0	2,725.8
	平均	6.33	2,310.5	1.40	469.0	—	18.2	487.2	2,797.7
总平均		8.90	3,248.5	3.00	994.2	12.5	53.0	1,059.7	4,308.2

第三表　农家财产结构

| | | 固定财产 | | | | | | 流动财产 | | | |
| | | | | | | | | | 准实物 | | |
		土地	建筑	大型作物	大型性畜	大型机具	小计	小型作物	小动物	小型机具	小计
自耕农	1	24,490.00	2,095.88	—	3,800.00	648.54	31,034.42	—	174.50	50.25	224.75
	2	22,370.00	1,667.72	—	3,500.00	580.44	28,118.16	—	165.00	68.30	233.30
	3	13,305.00	2,648.06	—	2,800.00	346.19	19,099.25	—	130.00	52.00	182.00
	4	19,120.00	1,723.92	—	1,350.00	191.10	22,385.02	—	62.00	32.10	94.10
	5	9,040.00	1,531.30	—	1,280.00	298.59	12,149.89	—	—	28.50	28.50
	6	1,434.00	617.00	—	130.00	55.75	2,236.75	—	11.00	3.95	14.95
	7	830.00	230.00	—	170.00	8.00	1,238.00	—	15.50	6.05	21.55
	平均	12,942.29	1,501.99	—	1,861.43	304.09	16,608.79	—	79.72	34.45	114.16
佃农	8	—	30.00	—	720.00	109.70	859.70	—	30.00	26.25	56.25
	9	—	24.40	—	1,250.00	205.10	1,479.50	—	65.00	21.20	86.20
	10	—	60.28	—	830.00	103.00	993.28	—	41.20	17.25	58.45
	11	—	—	—	550.00	185.00	735.00	—	60.10	7.75	67.85
	12	—	20.00	—	375.00	144.00	539.00	—	4.40	12.80	17.20
	平均	—	26.94	—	745.00	149.36	921.30	—	40.14	17.05	57.19
总平均		7,549.08	887.37	—	1,396.24	239.61	10,072.32	—	63.23	27.20	90.43

第三表　续

		流动性资产					现金及准现金	计(积极财产)	负债	余额(纯财产)
		实物				合计				
		待售实物	购入实物	中间产品	小计					
自耕农	1	2,088.00	—	1,537.00	3,625.00	3,849.75	5.00	34,889.17	—	34,899.17
	2	1,798.00	—	1,920.00	3,726.00	3,959.30	12.90	32,090.36	500.00	31,590.36
	3	1,912.30	—	1,019.00	2,931.30	3,113.30	22.00	22,234.55	500.00	21,734.55
	4	1,306.00	—	1,007.00	2,313.30	2,407.10	22.10	24,814.22	502.30	24,311.92
	5	914.50	—	771.00	1,685.50	1,714.00	25.00	13,888.89	15.10	13,873.79
	6	207.50	—	60.60	268.10	283.05	10.00	2,529.80	—	2,529.80
	7	165.30	—	21.80	187.10	208.65	4.00	1,450.65	—	1,450.65
	平均	1,198.80	—	906.34	2,105.14	2,219.30	14.43	18,842.52	216.77	18,625.75
佃农	8	263.50	—	391.00	654.50	710.75	1.00	1,571.45	—	1,571.45
	9	799.00	—	748.00	1,547.00	1,633.20	10.00	3,122.70	28.00	3,094.70
	10	997.50	—	981.00	1,978.50	2,036.95	5.00	3,035.23	—	3,035.23
	11	550.50	—	66.80	617.30	685.15	4.00	1,424.15	—	1,424.15
	12	415.30	—	244.00	659.30	676.50	1.10	1,216.60	—	1,216.60
	平均	605.16	—	486.16	1,091.32	1,148.51	4.22	2,074.03	5.60	2,068.43
总平均		951.45	—	731.27	1,682.72	1,773.13	10.18	11,855.64	128.78	11,726.86

第四表　农业经营地结构

（单位：晌）

		经营地															
		自有地						佃耕地				合计					
		普通地	菜园地	宅基地	山地荒地	其他	小计	普通地	菜园地	宅基地	计	普通地	菜园地	宅基地	山地荒地	其他	小计
自耕农	1	130	7	3	1	9	150	—	—	—	—	130	7	3	1	9	150
	2	104	3	2	3	10	122	—	—	—	—	104	3	2	3	10	122
	3	85	2	1	1.5	1	90.5	—	—	—	—	85	2	1	1.5	1	90.5
	4	77	3	2	1	1	84	—	—	—	—	77	3	2	1	1	84
	5	61.5	1.5	3	—	1	67	—	—	—	—	61.5	1.5	3	—	1	67
	6	10	0.7	1	0.3	—	12	—	—	—	—	10	0.7	1	0.3	—	12
	7	6	0.6	0.5	—	—	7.1	—	—	—	—	6	0.6	0.5	—	—	7.1
	平均	67.64	25.4	1.79	0.97	3.14	76.08	—	—	—	—	67.64	2.54	1.79	0.97	3.14	76.08
佃农	8	—	—	—	—	—	—	50	1	0.5	51.5	50	1	0.5	—	—	51.5
	9	—	—	—	—	—	—	43	1.5	1.7	46.2	43	1.5	1.7	—	—	46.2
	10	—	—	—	—	—	—	36	0.5	2.5	39	36	0.5	2.5	—	—	39
	11	—	—	—	—	—	—	27	0.5	3	30.5	27	0.5	3	—	—	30.5
	12	—	—	—	—	—	—	20	1	3.5	24.5	20	1	3.5	—	—	24.5
	平均	—	—	—	—	—	—	35.2	0.9	2.24	38.34	35.2	0.9	2.24	—	—	38.34
总平均		39.46	1.48	1.04	0.57	1.83	44.38	14.67	0.37	0.93	15.97	54.12	1.86	1.97	0.57	1.83	60.35

（单位：晌）

第五表　农业经营地结构（种植状况表）

		栗	玉米	高粱	小麦	燕麦	麻子	小豆	大豆	毛豆	磨石豆	豆类	马铃薯	蔬菜类	其他	合计
自耕农	1	42	32	15.5	11	4	8.5	2	—	—	—	—	1	7.5	1.5	127
	2	32	22	15.5	4	4	6.5	4	—	2	—	绿豆2.0	0.7	1	—	93.7
	3	33	15	10	5	5	10	2	—	2	—	—	1	1	2	86
	4	25	12	8.5	5	3	5	2	—	1	—	—	0.7	1.5	—	63.7
	5	25	10	9	4	2	4	1	1	—	—	—	0.5	2.5	—	59
	6	5	2	0.5	1.2	—	—	—	0.2	—	—	—	0.4	0.5	0.6	10.4
	7	2	2	—	0.5	—	1	—	—	—	—	—	—	0.5	—	6
	平均	23.43	13.57	8.43	4.39	2.57	5	1.57	0.17	1	—	0.29	0.61	2.07	0.59	63.69
佃农	8	20	14	6	5	1.5	2.5	—	—	—	—	—	—	1	—	50
	9	20	11	3	1.5	1.5	2	0.5	—	1	—	绿豆1.0	0.5	2	—	43.5
	10	12	8	3.5	3	2	3	0.5	—	—	2	—	—	0.5	—	34.5
	11	10	7	2	1	—	1	—	—	—	1	—	—	0.5	—	24.5
	12	6	6	2	4	—	1	—	—	—	—	—	—	1	—	20
	平均	13.6	9.2	3.3	2.9	1.2	2.1	0.1	—	0.2	0.6	0.2	0.1	1	—	34.5
总平均		19.33	11.75	6.29	3.77	2	3.79	0.96	0.1	0.67	0.25	0.25	0.4	1.62	0.34	51.52

作物面积

第五表　续

作物种植比例(%)

		粟	玉米	高粱	小麦	燕麦	麻子	小豆	大豆	毛豆	磨石豆	豆类	马铃薯	蔬菜类	其他	小计
自耕农	1	33.07	25.2	12.24	8.68	3.15	6.69	1.57	—	1.57	—	—	0.79	5.91	—	100
	2	34.15	25.48	16.54	4.27	4.27	6.49	4.27	—	2.13	—	2.13	0.75	1.07	—	100
	3	38.37	17.44	11.63	5.81	5.81	11.63	2.33	—	2.33	—	—	1.16	1.16	—	100
	4	39.25	18.84	13.34	7.85	4.71	7.85	3.14	—	1.57	—	—	1.1	2.35	—	100
	5	42.37	16.95	15.26	6.78	3.39	6.73	1.69	1.69	—	—	—	0.85	4.24	—	100
	6	48.07	19.23	4.81	11.54	—	—	1.69	1.92	—	—	—	3.85	4.81	—	100
	7	33.33	33.33	—	8.33	—	16.67	—	—	—	—	—	—	8.34	—	100
	平均	36.79	21.31	13.23	6.89	4.03	7.85	2.46	0.27	1.57	—	0.46	0.96	3.25	0.93	100
佃农	8	40	28	12	10	3	5	—	—	—	—	—	—	2	—	100
	9	45.97	25.28	6.9	3.45	3.45	4.6	—	—	2.3	2.3	2.3	1.15	4.6	—	100
	10	34.78	23.19	10.15	8.69	5.8	8.69	1.45	—	—	—	—	—	1.45	—	100
	11	40.82	28.58	8.16	4.08	4.08	8.16	—	—	—	—	—	—	2.04	—	100
	12	30	30	10	20	—	5	—	—	—	—	—	—	5	—	100
	平均	39.42	26.67	9.56	8.4	3.48	6.09	0.29	—	0.58	0.58	0.58	0.29	2.9	—	100
总平均		37.52	22.81	12.21	7.32	3.88	7.35	1.86	0.19	1.3	1.3	0.49	0.78	3.14	0.66	100

第六表　土地占有表

		自有地												租地	
		普通地		菜园地		宅基地		荒地林地		其他		小计		普通地	
		面积	价格	面积	价格	面积	价格	面积	价格	面积	价格	面积	价格	面积	价格
自耕农	1	130	15,810.00	7	910	3	390	1	80	9	540	150	17,730.00	65	6,500.00
	2	104	14,170.00	3	3,900.00	2	260	3	150	10	900	122	15,870.00	65	6,500.00
	3	85	11,950.00	2	2,600.00	1	130	1.5	75	1	100	90.5	11,615.00	13	1,690.00
	4	77	10,210.00	3	3,900.00	2	260	1	100	1	100	84	11,060.00	60	7,800.00
	5	66.5	8,365.00	1.5	135	3	390	—	—	1	90	72	9,040.00	—	—
	6	10	1,200.00	0.7	84	1	120	0.3	30	—	—	12	1,434.00	—	—
	7	6	720	0.6	6,000	0.5	50	—	—	—	—	7.1	830	—	—
	平均	68.36	8,789.29	2.54	327	1.79	228.57	0.97	62.14	3.14	247.14	76.8	9,654.14	29	3,212.86
佃农	8	—	—	—	—	—	—	—	—	—	—	—	—	—	—
	9	—	—	—	—	—	—	—	—	—	—	—	—	—	—
	10	—	—	—	—	—	—	—	—	—	—	—	—	—	—
	11	—	—	—	—	—	—	—	—	—	—	—	—	—	—
	12	—	—	—	—	—	—	—	—	—	—	—	—	—	—
	平均	—	—	—	—	—	—	—	—	—	—	—	—	—	—
总平均		39.88	5,127.08	148	130.7	1.04	133.33	0.57	36.25	1.83	144.17	44.8	5,631.58	16.32	1,874.17

第六表　续

| | 租地 | | | | 合计 | | | | | | | | | | | |
| | 宅基地 | | 小计 | | 普通地 | | 菜园地 | | 宅基地 | | 荒地林地 | | 其他 | | 小计 | |
	面积	价格	面积	价格	面积	价格	面积	价格	面积	价格	面积	价格	面积	价格	面积	价格
自耕农 1	2	260	67	6,760.00	195	22,341.00	7	910	5	650	1	80	9	540	217	24,490.00
2	—	—	65	6,500.00	169	20,670.00	3	390	2	260	3	150	10	900	187	22,370.00
3	—	—	13	1,690.00	98	12,740.00	2	260	1	130	1.5	75	1	100	103.5	13,305.00
4	2	260	62	8,060.00	137	18,010.00	3	390	4	520	1	100	1	100	146	19,120.00
5	—	—	—	—	66.5	8,365.00	1.5	195	3	390	—	—	1	90	72	9,040.00
6	—	—	—	—	10	1,200.00	0.7	84	1	120	0.3	300	—	—	12	1,434.00
7	—	—	—	—	6	720	0.6	60	0.5	50	—	—	—	—	7.1	830
平均	0.57	74.28	29.57	3,287.14	97.36	12,002.14	2.54	327	2.36	302.86	0.97	62.14	3.14	247.14	106.37	12,941.29
佃农 8	—	—	—	—	—	—	—	—	—	—	—	—	—	—	—	—
9	—	—	—	—	—	—	—	—	—	—	—	—	—	—	—	—
10	—	—	—	—	—	—	—	—	—	—	—	—	—	—	—	—
11	—	—	—	—	—	—	—	—	—	—	—	—	—	—	—	—
12	—	—	—	—	—	—	—	—	—	—	—	—	—	—	—	—
平均																
总平均	0.33	43.33	17.25	1,917.50	56.79	7,001.25	1.48	190.75	1.38	176.67	0.57	36.28	1.83	144.17	62.05	7,549.08

第七表　建筑物所有表

| | 使用 | | | | | | | | | | | | | | 出租 | | | | |
| | 住房 | | 仓库 | | 谷仓 | | 牛马厩 | | 猪鸡圈 | | 围墙(丈) | | 门 | | 小计 | 住房 | | 仓库 | |
	数量	价格	数量	价格	数量	价格	数量	价格	数量	价格	数量	价格	数量	价格	价格	数量	价格	数量	价格
自耕农 1	17	1,063.88	5	311.96	—	—	1	97.35	1	10	42	33.3	1	20	1,536.49	8	185.19	7	342.17
2	10	937.34	7	107.24	—	—	1	42	1	21	49	65	1	26.48	1,199.06	5	486.66	—	—
3	10	1,320.14	11	1,190.40	—	—	1	62	1	10	26	34	1	31.52	2,648.06	—	—	—	—
4	13	829.91	5	233.3	1	39.55	1	50	1	8.5	46	47.75	1	12.91	1,220.92	5	446	—	—
5	10	812.2	5	468.7	2	83.2	1	40.6	1	8	40	48.6	1	70	1,531.30	—	—	—	—
6	6	612	—	—	—	—	—	—	1	5	—	—	—	—	617	—	—	—	—
7	3	230	—	—	—	—	—	—	—	—	—	—	—	—	230	—	—	—	—
平均	9.36	829.35	4.71	330.23	0.43	17.39	0.71	41.71	0.86	8.93	29	32.66	0.71	22.99	1,233.26	2.57	157.12	1	48.88
佃农 8	—	—	2	30	—	—	—	—	—	—	—	—	—	—	30	—	—	—	—
9	—	—	—	—	—	—	1	24.4	—	—	—	—	—	—	24.4	—	—	—	—
10	—	—	—	—	—	—	1	60.28	—	—	—	—	—	—	60.28	—	—	—	—
11	—	—	—	—	—	—	—	—	—	—	—	—	—	—	—	—	—	—	—
12	—	—	2	20	—	—	—	—	—	—	—	—	—	—	20	—	—	—	—
平均	—	—	0.8	10	—	—	0.4	16.94	—	—	—	—	—	—	26.94	—	—	—	—
总平均	5.75	433.79	3.8	196.8	0.25	10.15	0.58	31.38	0.5	5.21	16.92	19.05	0.42	13.41	759.79	1.5	91.65	0.58	23.51

第七表　续

类别	户号	出租·其他·数量	出租·其他·价格	出租·小计·价格	住房·数量	住房·价格	仓库·数量	仓库·价格	合仓·数量	合仓·价格	牛马厩·数量	牛马厩·价格	猪鸡圈·数量	猪鸡圈·价格	土墙·数量	土墙·价格	门·数量	门·价格	总计·价格
自耕农	1	猪舍 1；土墙 20；大门 1	10；4.8；17.22	559.39	25	1,249.07	12	654.13	—	—	1	97.35	2	20	丈62	38.1	2	37.23	2,095.80
	2	—	—	—	15	1,406.00	7	107.34	—	—	1	42	1	21	49	65	1	26.48	1,667.72
	3	—	—	—	10	1,320.00	11	1,190.40	—	—	1	62	1	10	26	34	1	31.52	2,648.06
	4	土墙 20	57	503	18	1,275.91	5	233.3	1	38.55	1	50	1	10	66	104.75	1	12.91	1,723.92
	5	—	—	—	10	812.2	5	468.7	2	83.2	1	40.6	1	8	40	48.6	1	70	1,531.00
	6	—	—	—	6	612	—	—	—	—	—	—	1	5	—	—	—	—	617
	7	—	—	—	3	230	—	—	—	—	—	—	—	—	—	—	—	—	230
	平均	猪舍 0.14；土墙 5.71；大门 0.14	1.43；8.83；2.46	218.72	12.43	936.47	5.71	379.11	0.43	17.39	0.71	41.71	1	10.35	34.71	41.51	0.86	25.45	1,501.99
佃农	8	—	—	—	—	—	2	30	—	—	—	—	—	—	—	—	—	—	30
	9	—	—	—	—	—	—	—	—	—	1	24.4	—	—	—	—	—	—	24.4
	10	—	—	—	—	—	—	—	—	—	1	60.28	—	—	—	—	—	—	60.28
	11	—	—	—	—	—	—	—	—	—	—	—	—	—	—	—	—	—	—
	12	—	—	—	—	—	2	20	—	—	—	—	—	—	—	—	—	—	20
	平均	—	—	—	—	—	0.8	10	—	—	0.4	16.94	—	—	—	—	—	—	26.94
总平均		猪舍 0.08；土墙 330；大门 0.08	83；5.15；1.44	127.56	7.25	575.44	3.67	225.31	0.25	10.15	0.58	31.39	0.58	6.04	20.25	24.2	0.5	14.84	887.37

合计

第八表　建筑物使用状况表

		自有							租借							合计						
		住房	仓库	谷仓	牛马厩	猪鸡圈	围墙(丈)	门	住房	仓库	谷仓	牛马厩	猪鸡圈	围墙	门	住房	仓库	谷仓	牛马厩	猪鸡圈	围墙(丈)	门
自耕农	1	17	5	—	1	1	42	1	—	—	—	—	—	—	—	17	5	—	1	1	42	1
	2	10	7	—	1	1	49	1	—	—	—	—	—	—	—	10	7	—	1	1	49	1
	3	10	11	—	1	1	26	1	—	—	—	—	—	—	—	10	11	—	1	1	26	1
	4	13	5	1	1	1	46	1	—	—	—	—	—	—	—	13	5	1	1	1	46	1
	5	14	5	2	1	1	40	1	—	—	—	—	—	—	—	14	5	2	1	1	40	1
	6	6	—	—	—	1	—	—	—	—	—	—	—	—	—	6	—	—	—	1	—	—
	7	3	—	—	—	—	—	—	—	—	—	—	—	—	—	3	—	—	—	—	—	—
	平均	9.86	4.71	0.43	0.71	0.86	29	0.71	—	—	—	—	—	—	—	9.86	4.71	0.43	0.71	0.86	29	0.71
佃农	8	—	2	—	—	—	—	—	2.5	—	—	—	—	40	1	2.5	2	—	—	—	40	1
	9	—	—	—	1	—	—	—	5	3	—	—	—	40	1	5	3	—	1	—	40	1
	10	—	—	—	1	—	—	—	5	5	—	—	1	32	1	5	5	—	1	1	32	1
	11	—	—	—	—	—	—	—	10	1	—	—	—	30	1	10	1	—	—	—	30	1
	12	—	—	—	—	—	—	—	5	—	—	—	—	12	1	5	—	—	—	—	12	1
	平均	—	0.4	—	0.4	—	—	—	5.5	1.8	—	—	0.2	30.8	1	5.5	2.2	—	0.4	0.2	30.8	1
总平均		5.75	2.92	0.25	0.58	0.5	16.92	0.42	2.29	0.75	—	—	0.08	12.83	0.42	8.04	3.66	0.25	0.58	0.58	29.75	0.83

第九表　大型家畜拥有表

类别		马 未满3岁 头数	价格	马 3—5岁 头数	价格	马 6—8岁 头数	价格	马 9— 头数	价格	小计 头数	价格	骡子 未满3岁 头数	价格	骡子 3—5岁 头数	价格	骡子 6—8岁 头数	价格
自耕农	1	1	150	3	700	2	490	—	—	6	1,340.00	2	360	2	550	—	—
	2	3	150	2	530	3	780	3	750	11	2,210.00	—	—	1	250	1	280
	3	2	220	5	1,070.00	3	850	1	250	11	2,390.00	—	—	1	160	1	250
	4	1	50	2	240	—	—	3	380	6	670	1	130	—	—	1	200
	5	—	—	—	—	2	400	2	400	4	800	—	—	1	230	—	—
	6	—	—	—	—	—	—	1	130	1	130	—	—	—	—	—	—
	7	1	50	—	—	—	—	1	120	2	170	—	—	—	—	—	—
	平均	1.16	88.57	1.71	362.86	1.43	360	1.57	290	5.86	1,101.43	0.43	70	0.71	170	0.43	104.28
佃农	8	—	—	—	—	1	170	3	550	4	720	—	—	—	—	—	—
	9	1	—	2	550	2	700	—	—	4	1,250.00	—	—	—	—	—	—
	10	—	—	—	—	2	280	2	280	5	660	—	—	—	—	—	—
	11	—	—	1	100	1	150	2	300	4	550	—	—	—	—	—	—
	12	—	—	—	—	—	—	4	375	4	375	—	—	—	—	—	—
	平均	0.2	20	0.6	130	1.2	260	2.2	301	4.2	711	—	—	—	—	—	—
总平均		0.75	60	1.25	265.83	1.33	318.33	1.83	294.53	5.17	938.74	0.25	40.83	0.42	99.17	0.25	60.83

第九表　续

		驴 9— 头数	驴 9— 价格	驴 小计 头数	驴 小计 价格	牛 未满3岁 头数	牛 未满3岁 价格	牛 3—5岁 头数	牛 3—5岁 价格	牛 6—8岁 头数	牛 6—8岁 价格	牛 9— 头数	牛 9— 价格	牛 小计 头数	牛 小计 价格	总计价格
自耕农	1	6	1,400.00	10	2,310.00	—	—	—	—	—	—	1	150	—	—	3,800.00
	2	3	760	5	1,290.00	—	—	—	—	—	—	—	—	—	—	3,500.00
	3	—	—	2	410	—	—	—	—	—	—	—	—	—	—	2,800.00
	4	2	350	4	680	—	—	—	—	—	—	—	—	—	—	1,350.00
	5	1	250	2	480	—	—	—	—	—	—	—	—	—	—	1,280.00
	6	—	—	—	—	—	—	—	—	—	—	—	—	—	—	130
	7	—	—	—	—	—	—	—	—	—	—	—	—	—	—	170
	平均	1.71	394.28	3.29	738.57	—	—	—	—	—	—	0.14	21	0.14	21	1,861.43
佃农	8	—	—	—	—	—	—	—	—	—	—	—	—	—	—	720
	9	—	—	—	—	—	—	—	—	—	—	—	—	—	—	1,250.00
	10	1	170	1	170	—	—	—	—	—	—	—	—	—	—	830
	11	—	—	—	—	—	—	—	—	—	—	—	—	—	—	550
	12	—	—	—	—	—	—	—	—	—	—	—	—	—	—	375
	平均	0.2	34	0.2	34	—	—	—	—	—	—	—	—	—	—	745
总平均		1.08	244.17	2	445	—	—	—	—	—	—	0.08	12.5	0.08	12.5	1,396.24

第十表　大型机具拥有表

	大车		小车		车套		碾子		磨		扇车子	
	数量	价格	数量	价格	数量	价格	数量	价格	数量	价格	数量	价格
1	2	125.00	—	—	2	100.00	1	140.00	1	36.64	1	42.40
2	2	162.00	—	—	2	100.00	1	80.00	1	25.00	1	60.00
3	1	106.69	—	—	1	20.00	1	120.00	1	32.00	1	30.00
4	1	56.00	—	—	—	—	1	57.10	—	—	1	16.00
5	1	32.64	1	34.75	—	—	1	93.75	1	100.00	1	27.20
6	—	—	—	—	—	—	—	—	—	—	—	—
7	—	—	—	—	—	—	—	—	—	—	—	—
平均	1.0	68.91	0.14	4.97	0.71	31.43	0.71	70.12	0.57	27.66	0.71	25.09
8	1	76.70	—	—	—	—	—	—	—	—	—	—
9	1	163.00	—	—	1	42.10	—	—	—	—	—	—
10	1	66.00	—	—	—	—	—	—	—	—	—	—
11	1	126.00	—	—	1	40.00	—	—	—	—	—	—
12	—	—	1	60.00	1	40.00	—	—	—	—	—	—
平均	0.80	86.34	0.2	12.00	0.60	24.42	0.42	40.90	0.33	16.14	0.42	—
总平均	0.92	76.17	0.17	7.89	0.67	28.51	0.42	40.90	0.33	16.14	0.42	14.63

自耕农：1—7　佃农：8—12

第十表　续

		大型		石头碾子		锄刀		马槽		秤		总计价格
		数量	价格	数量	价格	数量	价格	数量	价格	数量	价格	
自耕农	1	6	48.00	7	52.50	2	36.00	3	60.00	1	8.00	64.854
	2	2	16.00	9	60.00	1	10.44	3	60.00	1	7.00	580.44
	3	2	15.00	6	22.50	—	—	—	—	—	—	346.19
	4	1	7.00	7	35.00	—	—	1	20.00	—	—	191.10
	5	1	7.00	4	26.00	—	—	1	12.00	—	—	298.59
	6	—	—	2	14.00	—	—	1	7.00	—	—	55.75
	7	—	—	1	8.00	—	—	—	—	—	—	8.00
	平均	1.71	13.29	5.14	31.14	0.43	6.63	1.28	22.71	0.28	2.14	304.09
佃农	8	2	13.00	—	—	—	—	1	20.00	—	—	109.70
	9	—	—	—	—	—	—	—	—	—	—	205.10
	10	1	5.00	4	32.00	—	—	—	—	—	—	103.00
	11	1	5.00	2	14.00	—	—	—	—	—	—	185.00
	12	1	6.00	3	18.00	—	—	1	20.00	—	—	144.00
	平均	1.00	5.80	1.8	12.80	—	—	0.40	8.00	—	—	149.36
总平均		1.42	10.17	3.75	23.50	0.25	3.87	0.92	16.58	0.17	1.25	239.61

第十一表　小型植物和小型动物拥有表

	小型植物			小型动物														
	葱 数量	葱 价格	合计 价格	猪(成) 头数	猪(成) 价格	猪(幼) 头数	猪(幼) 价格	猪(小计) 头数	猪(小计) 价格	鸡 头数	鸡 价格	鸭 头数	鸭 价格	鹅 头数	鹅 价格	狗 头数	狗 价格	合计 价格
1	—	—	—	2	60	10	100	12	160	10	10	5	4.5	—	—	5	—	174.5
2	—	—	—	4	140	—	—	4	140	15	15	10	10	—	—	4	—	165
3	—	—	—	5	120	—	—	5	120	7	7	3	3	—	—	2	—	130
4	—	—	—	1	20	12	40	13	60	2	2	—	—	—	—	2	—	62
5	—	—	—	—	—	—	—	—	—	—	—	—	—	—	—	2	—	—
6	—	—	—	—	—	—	—	—	—	7	7	—	—	2	4	2	—	11
7	—	—	—	—	—	—	—	—	—	10	10	5	3	1	2.5	2	—	15.5
自耕农 平均	—	—	—	1.71	48.57	3.14	20	4.85	68.57	7.29	7.29	3.29	2.93	0.43	0.93	2.71	—	79.72
8	—	—	—	3	25	—	—	3	25	5	5	—	—	—	—	2	—	30
9	—	—	—	2	60	—	—	2	60	5	5	—	—	—	—	2	—	65
10	—	—	—	2	30	—	—	2	30	8	8	4	3.2	—	—	2	—	41.2
11	—	—	—	2	50	—	—	2	50	8	8	3	2.1	—	—	3	—	60.1
12	—	—	—	—	—	—	—	—	—	3	3	2	1.4	—	—	2	—	4.4
佃农 平均	—	—	—	1.8	33	—	—	1.8	33	5.8	5.8	1.8	1.34	—	—	2.2	—	40.14
总平均	—	—	—	1.75	42.08	1.83	11.67	3.58	53.75	6.67	6.67	27.7	2.27	0.25	0.54	2.5	—	63.23

第十二表　小器具拥有表

整地用器具

		犁杖		其他犁		***		犁*子		镐头		铁锹		铁齿耙子		铁耙子		耙子		木头耥子	
		数量	价格	数量	价格	数量	价格	数量	价格	数量	价格	数量	价格	数量	价格	数量	价格	数量	价格	数量	价格
自耕农	1	—	—	—	—	5	5	2	4	—	—	—	—	6	9	—	—	—	—	1	0
	2	3	16	—	—	7	7	2	4	—	—	10	15	—	—	—	—	—	—	1	5
	3	3	13	—	—	—	—	—	—	3	27	2	3	—	—	—	—	—	—	—	—
	4	2	8	—	—	—	—	—	—	2	10	2	4	—	—	—	—	—	—	1	3
	5	2	10	—	—	—	—	—	—	1	3	4	3	—	—	—	—	—	—	—	—
	6	—	—	—	—	—	—	—	—	—	—	2	2	—	—	—	—	—	—	—	—
	7	—	—	—	—	—	—	—	—	—	—	1	1	—	—	—	—	—	—	—	—
	平均	1.43	7.43	—	—	1.71	1.71	0.57	1.14	0.36	5.71	3	4	0.86	1.29	—	—	—	—	0.43	2
佃农	8	—	—	—	—	4	5.5	1	9	—	—	3	3.9	—	—	—	—	—	—	1	2
	9	3	12	—	—	—	—	—	—	—	—	3	3	—	—	—	—	—	—	—	—
	10	1	3	—	—	—	—	—	—	1	4	2	2	—	—	—	—	—	—	—	—
	11	1	3	—	—	—	—	—	—	—	—	2	2	—	—	—	—	—	—	—	—
	12	1	2	—	—	—	—	—	—	1	4.5	1	0.8	—	—	—	—	—	—	—	—
	平均	1.2	4	—	—	0.8	1.1	0.2	1.8	0.4	1.7	2.2	2.34	—	—	—	—	—	—	0.2	0.4
总平均		1.33	6	—	—	1.33	1.46	0.42	1.42	0.67	4.04	2.67	3.31	0.5	0.75	—	—	—	—	0.33	1.33

第十二表　续

类别	序号	种植用器具 二齿镐 数量	二齿镐 价格	粪叉子 数量	粪叉子 价格	搂耙 数量	搂耙 价格	拉子 数量	拉子 价格	点葫芦 数量	点葫芦 价格	把斗子 数量	把斗子 价格	木锨 数量	木锨 价格	粪筐 数量	粪筐 价格	管理用器具 锄头 数量	锄头 价格	其他盛水器 数量	其他盛水器 价格	收割用器具 镰刀 数量	镰刀 价格	铁叉子 数量	铁叉子 价格
自耕农	1	4	6	—	—	2	14	—	—	—	—	—	—	—	—	—	—	—	—	—	—	9	6	—	—
	2	4	6	—	—	2	14	—	—	—	—	—	—	—	—	—	—	—	—	—	—	8	8	—	—
	3	2	3	—	—	2	14	—	—	—	—	—	—	3	1.5	—	—	8	8	—	—	7	4.7	—	—
	4	1	1.5	—	—	1	5	—	—	—	—	—	—	2	1	—	—	7	10.5	—	—	6	6	—	—
	5	2	2	—	—	2	7	—	—	—	—	—	—	2	2	—	—	6	4	—	—	2	1	—	—
	6	1	—	—	—	—	—	—	—	—	—	—	—	1	0.7	—	—	1	0.50	—	—	1	0.7	—	—
	7	1	1	—	—	—	—	—	—	—	—	—	—	—	—	—	—	1	0.7	—	—	—	—	—	—
	平均	2	2.79	—	—	1.29	7.71	—	—	—	—	—	—	1.14	0.74	—	—	3.29	3.39	—	—	4.71	3.77	—	—
佃农	8	1	1.5	—	—	1	5	—	—	—	—	—	—	—	—	—	—	—	—	—	—	5	4	—	—
	9	2	2	—	—	2	10	—	—	—	—	—	—	2	2	—	—	4	4	—	—	4	2.4	—	—
	10	1	1	—	—	1	3	—	—	—	—	—	—	2	1	—	—	5	4	—	—	4	3	—	—
	11	—	—	—	—	—	—	—	—	—	—	—	—	2	1	—	—	4	3	—	—	3	1.5	—	—
	12	1	0.8	—	—	1	3	—	—	—	—	—	—	—	—	—	—	4	2	—	—	3	1.5	—	—
	平均	1.2	1.26	—	—	1.0	4.2	—	—	—	—	—	—	1.2	0.8	—	—	3.4	2.6	—	—	3.3	2.43	—	—
总平均		1.67	2.15	—	—	1.17	6.25	—	—	—	—	—	—	1.17	0.77	—	—	3.33	3.06	—	—	4.33	3.23	—	—

第十二表　小器物拥有表(其二)

调整器具 (石头碌子〔新购〕／木叉／抬簾子／耙子／板锹／轮子／箱子／篓子)　　农机器具 (扒力／拉扒架子／牵具)

	石头碌子(新购)		木叉		抬簾子		耙子		板锹		轮子		箱子		篓子		扒力		拉扒架子		牵具	
	数量	价格	数量	价格	数量	价格	数量	价格	数量	价格	数量	价格	数量	价格	数量	价格	数量	价格	数量	价格	数量	价格
自耕农 1	—	—	8	4	2	5	2	3	5	5	3	4.5	1	1.5	—	—	—	—	—	—	—	—
自耕农 2	—	—	10	5	2	4.4	2	3.2	6	6	3	4.5	—	—	2	3	—	—	—	—	—	—
自耕农 3	—	—	7	3.5	—	—	2	2	6	6	—	—	—	—	—	—	—	—	—	—	—	—
自耕农 4	—	—	5	2.5	3	6	—	—	—	—	—	—	—	—	—	—	—	—	—	—	—	—
自耕农 5	—	—	4	2	2	6	1	1	2	2	—	—	—	—	—	—	—	—	—	—	—	—
自耕农 6	—	—	1	0.5	1	2.5	—	—	1	0.7	—	—	—	—	—	—	—	—	—	—	—	—
自耕农 7	—	—	1	0.5	1	2.5	—	—	1	0.7	—	—	—	—	—	—	—	—	—	—	—	—
平均	—	—	5.14	2.57	1.57	3.77	1	1.31	3	2.91	0.86	1.29	0.14	0.21	0.29	0.43	—	—	—	—	—	—
佃农 8	—	—	4	1.6	1	2	1	1	3	3	2	3	—	—	2	3	—	—	2	6	—	—
佃农 9	—	—	4	4	—	—	—	—	3	3	2	2	—	—	—	—	—	—	—	—	—	—
佃农 10	—	—	3	1.5	1	3	—	—	—	—	—	—	—	—	—	—	—	—	—	—	—	—
佃农 11	—	—	4	2	1	2	—	—	—	—	—	—	—	—	—	—	—	—	—	—	—	—
佃农 12	—	—	—	—	2	4	—	—	2	1	—	—	—	—	—	—	—	—	—	—	—	—
平均	—	—	3	1.82	1	2.2	0.2	0.2	0.4	1.2	0.8	1	—	—	0.4	0.6	—	—	0.4	1.2	—	—
总平均	—	—	4.25	2.26	1.33	3.12	0.67	0.85	2.33	2.2	0.83	1.17	0.08	0.12	0.33	0.5	—	—	0.17	0.5	—	—

第十二表(其二) 续

	锄刀 数量	锄刀 价格	马槽子 数量	马槽子 价格	猪槽子 数量	猪槽子 价格	水桶 数量	水桶 价格	缸 数量	缸 价格	口袋 数量	口袋 价格	麻袋 数量	麻袋 价格	铁叉 数量	铁叉 价格	刀 数量	刀 价格	秤 数量	秤 价格	尺 数量	尺 价格	升 数量	升 价格	新购 价格合计	现值
自耕农 1	—	—	4	16	2	10	—	—	—	—	—	—	—	—	—	—	—	—	—	—	—	—	—	—	100.5	50.25
自耕农 2	—	—	4	20	2	100	—	—	—	—	—	—	—	—	—	—	—	—	—	—	—	—	—	—	136.6	68.3
自耕农 3	—	—	—	—	2	10	—	—	—	—	—	—	—	—	—	—	—	—	—	—	—	—	—	—	104	52
自耕农 4	—	—	—	—	1	3	—	—	—	—	—	—	—	—	—	—	—	—	—	—	—	—	—	—	64.2	32.1
自耕农 5	—	—	—	—	1	4	—	—	—	—	—	—	—	—	1	5	—	—	—	—	—	—	—	—	57	28.5
自耕农 6	—	—	—	—	—	—	—	—	—	—	—	—	—	—	—	—	—	—	—	—	—	—	—	—	7.9	3.95
自耕农 7	—	—	1	5	—	—	—	—	—	—	—	—	—	—	—	—	—	—	—	—	—	—	—	—	12.1	6.05
平均	—	—	1.29	5.86	1.14	5.29	—	—	—	—	—	—	—	—	0.14	0.72	—	—	0.14	0.72	—	—	0.57	2.14	68.9	34.45
佃农 8	—	—	—	—	1	3.5	—	—	—	—	—	—	—	—	—	—	1	1.5	—	—	—	—	—	—	52.50	26.25
佃农 9	—	—	—	—	—	—	—	—	—	—	—	—	—	—	—	—	—	—	—	—	—	—	—	—	42.4	21.2
佃农 10	—	—	1	5	—	—	—	—	—	—	—	—	—	—	1	1	—	—	—	—	—	—	—	—	34.5	17.25
佃农 11	—	—	—	—	—	—	—	—	—	—	—	—	—	—	—	—	—	—	—	—	—	—	—	—	15.5	7.75
佃农 12	—	—	1	5	—	—	—	—	—	—	—	—	—	—	—	—	—	—	—	—	—	—	—	—	25.6	12.8
平均	—	—	0.4	2	0.2	0.7	—	—	—	—	—	—	—	—	0.2	0.2	0.2	0.3	—	—	—	—	—	—	34.1	17.05
总平均	—	—	0.92	4.25	0.75	3.37	—	—	—	—	—	—	—	—	0.17	0.5	0.08	0.12	—	—	—	—	0.33	1.25	54.4	27.2

第十三表　实物表（年初）

待售实物（生产及收得实物）

		高粱		谷子		玉米		小麦		小豆		大豆		毛豆		苏子		小计
		数量	价格	数量	价格	数量	价格	数量	价格	数量	价格	数量	价格	数量	价格	数量	价格	价格
自耕农	1	60	336	180	1,026.00	100	200	—	—	6	66	—	—	10	160	—	—	2,098.00
	2	50	280	140	798	110	550	—	—	9	99	3.3	33	2	32	0.4	6	1,798.00
	3	33	184.8	200	1,140.00	90	450	—	—	3	33	6	60	2.5	40	0.3	4.5	1,912.30
	4	40	224	120	684	70	350	—	—	3	33	—	—	—	—	1	15	1,306.00
	5	20	112	100	570	30	150	—	—	5	55	2	20	—	—	0.5	7.5	914.5
	6	4.5	25.2	25	14,250	7	35	—	—	—	—	—	—	0.3	4.8	—	—	207.5
	7	—	—	15	8,550	15	75	—	—	0.3	3.3	—	—	—	—	0.1	1.5	165.3
	平均	29.64	166	111.43	635.14	60.29	301.43	—	—	3.76	41.33	1.61	16.14	2.11	33.83	0.33	4.93	1,198.80
佃农	8	—	—	20	114	20	100	—	—	—	—	1	10	2	32	0.5	7.5	263.5
	9	—	—	70	399	60	300	—	—	—	—	2	20	5	80	—	—	299
	10	25	140	90	513	50	250	—	—	4	44	—	—	2.5	40	7	10.5	917
	11	—	—	45	256.5	40	200	—	—	2	22	2.5	25	2	32	1	15	550.5
	12	—	—	40	228	30	150	—	—	1.5	16.5	0.8	8	0.8	1280	—	—	415.3
	平均	5	28	53	302.1	40	200	—	—	1.5	16.5	1.26	12.6	2.46	39.36	1.7	6.6	605.16
总平均		19.38	108.5	87.08	496.38	51.88	259.17	—	—	2.82	30.98	1.47	14.67	2.26	36.13	0.9	5.63	951.45

第十三表　续

| | | 购入实物（经营用实物） | | | 中间产品（无市价物） | | | | | | | | | | | | | 实物价格合计 |
| | | 大豆类 | | 小计 | 土粪 | | 谷草 | | 高粱秆 | | 玉米秆 | | 玉米穗 | | 燕麦秆 | | 小计 | |
		数量	价格	价格	数量（车）	价格	数量（捆）	价格	数量（捆）	价格	数量（捆）	价格	数量（车）	价格	数量（车）	价格	价格	
自耕农	1	—	—	—	300	1,350.00	8,000	112	4,000	40	5	15	10	20	—	—	1,537.00	3,625.00
	2	—	—	—	400	1,300.00	6,000	84	1,600	16	6	18	5	10	—	—	1,928.00	3,726.00
	3	—	—	—	200	900	5,000	70	4,000	40	3	9	—	—	—	—	1,019.00	2,931.30
	4	—	—	—	200	900	4,500	63	1,500	15	5	15	7	14	—	—	1,007.00	2,313.00
	5	—	—	—	150	675	4,000	56	3,000	30	—	—	—	—	5	10	771	1,685.50
	6	—	—	—	10	45	400	5.6	1,000	10	—	—	—	—	—	—	60.6	268.1
	7	—	—	—	4	18	200	2.8	100	1	—	—	—	—	—	—	21.8	187.1
	平均	—	—	—	180.57	812.57	4,014.3	56.2	2,171.4	21.71	2.71	8.14	3.14	6.29	0.71	1.43	906.34	2,105.14
佃农	8	—	—	—	80	360	2,000	28	—	—	1	3	—	—	—	—	391	654.5
	9	—	—	—	150	675	4,000	56	—	—	5	15	1	2	—	—	748	1,547.00
	10	—	—	—	200	900	3,000	42	2,000	20	3	9	5	10	—	—	981	1,978.00
	11	—	—	—	—	—	2,700	37.8	1,500	15	2	6	4	8	—	—	46.8	617.3
	12	—	—	—	50	225	1,000	14	—	—	1	3	1	2	—	—	244	659.3
	平均	—	—	—	96	432	2,540	35.56	700	7	2.4	7.2	2.2	4.4	—	—	486.16	1,091.32
总平均		—	—	—	145.3	654	3,400	47.6	1,558	15.58	2.58	7.75	2.75	5.5	0.42	0.83	731.27	1,682.72

第十四表　实物表（年末）

待售实物（生产及收得实物）

类别	序号	高粱		谷子		玉米		小麦		小豆		大豆		毛豆		苏子		合计
		数量	价格	数量	价格	数量	价格	数量	价格	数量	价格	数量	价格	数量	价格	数量	价格	价格
自耕农	1	60	336	210	1,197.00	80	400	—	—	3	33	—	—	10	132	2	14	2,112.00
	2	30	168	210	1,212.00	160	800	—	—	8	90	3.3	33	2	32	—	—	2,335.00
	3	23	128.8	200	1,140.00	115	575	—	—	—	—	1	10	0.5	8	23.6	165.2	2,027.00
	4	30	168	115	655.5	70	350	7.1	92.3	—	—	—	—	—	—	—	—	1,265.80
	5	20	112	95	541.5	50	250	2.1	27.3	4	44	1	10	—	—	1.8	12.6	997.4
	6	10	48	26	148.2	8	40	2.4	31.2	—	—	—	—	—	—	—	—	267.4
	7	—	—	20	114	22	110	1.1	14.3	0.3	3.3	—	—	—	—	—	—	241.4
	平均	24.7	137.26	125.1	715.46	72.2	360.72	1.8	23.59	2.2	24.33	0.8	7.57	1.8	24.57	3.9	27.4	1,320.9
佃农	8	—	—	40	228	20	100	11	143	—	—	—	—	—	—	2.9	20.3	491.3
	9	—	—	75	427.5	60	300	—	—	—	—	—	—	1	7	8.2	57.4	791.9
	10	10	56	30	171	75	375	3	39	2	22	—	—	2.5	40	11.8	82.6	785.6
	11	—	—	40	228	55	275	1.4	18.2	0.5	5.5	0.5	5	2	32	1.4	9.8	573.5
	12	2	11.2	5	28.5	25	125	9.3	120.9	1	11	0.8	8	0.8	12.8	—	—	317.4
	平均	2.4	13.44	38	216.6	47	235	4.9	64.22	0.7	7.7	0.3	2.6	1.3	18.36	4.9	34.02	591.94
总平均		15.4	85.67	88.8	507.6	61.7	308.33	3.1	40.52	1.6	17.4	0.6	5.5	1.6	21.98	4.3	30.16	1,017.16

第十四表　续

		购入实物(经营用实物)			中间产品(无市价物)													实物合计价格
		大豆类		小计	土粪		谷草		高粱秆		玉米秆		玉米穗		燕麦秆		小计	
		数量	价格	价格	数量	价格	数量	价格	数量	价格	数量	价格	数量	价格	数量	价格		
自耕农	1	—	—	—													1,537.00	3,649.00
	2	—	—	—													1,928.00	4,263.00
	3	—	—	—													1,019.00	3,046.00
	4	—	—	—				同									1,007.00	2,272.80
	5	—	—	—					年								771	1,768.40
	6	—	—	—						初							60.6	328
	7	—	—	—													21.8	263.4
	平均	—	—	—													206.34	2,227.24
佃农	8	—	—	—													391	882.3
	9	—	—	—													748	1,539.90
	10	—	—	—													981	1,766.60
	11	—	—	—													66.8	640.3
	12	—	—	—													244	561.4
	平均	—	—	—													486.16	1,078.10
总平均		—	—	—													731.27	1,748.48

第十五表　现金、准现金和负债表

		现金	存款及贷款	应收款	现金及准现金合计	借款 金融合作社	应付款 应付款	负债合计
自耕农	1	5.00	—	—	5.00	—		—
	2	12.90	—	—	12.90	500.00	—	500.00
	3	22.00	—	—	22.00	500.00	—	500.00
	4	22.10	—	—	22.10	500.00	2.30	502.30
	5	25.00	—	—	25.00		15.10	15.10
	6	10.00	—	—	10.00	—	—	—
	7	4.00	—	—	4.00	—	—	—
	平均	14.43	—		14.43	214.29	2.49	216.77
佃农	8	1.00	—	—	1.00	—	—	—
	9	10.00	—	—	10.00	—	28.00	28.00
	10	5.00	—	—	5.00	—	—	—
	11	4.00	—	—	4.00	—	—	—
	12	1.10	—	—	1.10	—	—	—
	平均	4.22	—	—	4.22		5.60	5.60
总平均		10.18	—	—	10.18	125.00	3.78	128.78

第十六表　年初及年末农家财产结构(其一)

	固定资产						
	土地			建筑物			
	使用财产	结余财产		使用财产		结余财产	
	年初价格	固定资产增额	年末价格	年初价格	固定资产折旧	固定资产增额	年末价格
自耕农 1	24,490.00		24,490.00	2,098.88	132.57	—	1,963.31
2	22,370.00		22,370.00	1,667.72	97.38	—	1,595.34
3	13,305.00		13,305.00	2,648.06	91.83	—	2,556.23
4	19,120.00		19,120.00	1,723.92	145.34	—	1,703.58
5	9,040.00		9,040.00	1,531.30	107.77	—	1,423.53
6	1,434.00		1,434.00	617	35.5	—	581.5
7	830		830	230	14	—	216
平均	12,941.29		12,941.29	1,501.99	89.2	—	1,434.21
佃农 8	—		—	30	4	—	26
9	—		—	24.4	2.8	—	21.6
10	—		—	60.28	4.86	—	55.42
11	—		—	—	—	—	—
12	—		—	20	4	—	16
平均	—		—	26.94	3.13	—	23.8
总平均	7,549.08		7,549.08	887.37	53.34	—	846.54

第十六表　年初及年末农家财产结构(其二)

	固定资产							
	大植物				大动物			
	使用财产		结余财产		使用财产		结余财产	
	年初价格	固定资产折旧	固定资产增额	年末价格	年初价格	固定资产折旧	固定资产增额	年末价格
自耕农 1	—	—	—	—	3,800.00	90	595	3,915.00
2	—	—	—	—	3,500.00	135	660	3,225.00
3	—	—	—	—	2,800.00	75	105	2,605.00
4	—	—	—	—	1,350.00	65	180	2,205.00
5	—	—	—	—	1,280.00	40	20	1,260.00
6	—	—	—	—	130.00	20	—	110
7	—	—	—	—	170.00	10	50	210
平均	—	—	—	—	1,861.43	62.14	230	1,932.86
佃农 8	—	—	—	—	720.00	80	—	290
9	—	—	—	—	1,250.00	—	50	1,300
10	—	—	—	—	830.00	60	70	1,045
11	—	—	—	—	550.00	40	30	540
12	—	—	—	—	375.00	45	—	330
平均	—	—	—	—	745	45	30	701
总平均	—	—	—	—	1,396.24	55	146.67	1,419.58

第十六表(其二)　续

		固定资产							
		大器具				合计(固定资产)			
		使用财产		结余财产	年末价格	使用财产		结余财产	年末价格
		年初价格	固定资产折旧	固定资产增额		年初价格	固定资产折旧	固定资产增额	
自耕农	1	648.54	49.95	—	598.59	31,034.42	272.52	595	30,966.90
	2	580.44	49.08	—	616.36	28,118.16	281.46	660	27,806.70
	3	346.19	26.88	—	319.31	19,099.25	193.71	105	18,785.54
	4	191.1	19.76	—	171.34	22,385.02	230.1	180	23,199.92
	5	298.59	13.52	—	263.07	12,149.89	161.29	20	11,986.60
	6	55.75	5.75	—	50	2,236.75	61.25	—	2,175.50
	7	8	0.25	—	7.75	1,238.00	24.25	50	1,263.75
	平均	304.09	23.6	—	289.49	16,608.79	174.94	230	16,597.85
佃农	8	109.7	9.13	—	100.57	859.7	93.13	—	416.57
	9	205.1	16.7	—	188.4	1,479.5	19.5	50	1,510.00
	10	103	8.6	—	94.4	993.28	73.46	70	1,194.82
	11	185	15.75	—	169.25	735	55.75	30	709.25
	12	144	13.5	—	130.5	539	62.5	—	476.5
	平均	149.36	12.74	—	136.62	921.3	60.87	30	861.42
	总平均	239.61	19.07	—	225.79	10,027.32	127.41	146.67	10,041.00

第十六表　年初及年末农家财产结构（其三）

| | | 流动资产（准实物） | | | | | | | | | |
| | | 小动物 | | | | | 小器具 | | | | |
		年初价格	使用财产 流动资产减少额	结余财产 流动资产增加额	结余财产 流动资产减少额	年末价格	年初价格	使用财产 流动资产减少额	结余财产 流动资产增加额	结余财产 流动资产减少额	年末价格
自耕农	1	174.5				174	50.25				50.25
	2	165				165	68.3				68.3
	3	130				130	52				52
	4	62				62	32.1				32.1
	5	—				—	28.5				28.5
	6	11				11	3.95				3.95
	7	15.5				15.5	6.05				6.05
	平均	79.72				79.72	34.45				34.45
佃农	8	30				30	26.25				26.25
	9	65				65	21.2				21.2
	10	41.2				41.2	17.25				17.25
	11	60.1				60.1	7.75				7.75
	12	4.4				4.4	12.9				12.8
	平均	40.14				40.14	17.06				17.05
总平均		63.23				63.23	27.2				27.2

第十六表(其三)　续

流动资产　实物

| | | 待售实物(生产及收得实物) | | | | | | 中间产品(无市价物) | | | | | |
		年初价格	使用财产 流动财产增额	流动财产减额	结余财产 流动财产增额	流动财产减额	年末价格	年初价格	使用财产 流动财产增额	流动财产减额	结余财产 流动财产增额	流动财产减额	年末价格
自耕农	1	2,088.00			24	—	2,112.00	1,537.00					1,537.00
	2	1,798.00			537	—	2,335.00	1,928.00					1,928.00
	3	1,912.30			114.7	—	2,027.00	1,019.00					1,019.00
	4	1,306.00				40.2	1,265.80	1,007.00					1,007.00
	5	914.5			82.9	—	997.4	771					771
	6	207.5			59.9	—	267.4	60.6					60.6
	7	165.3			76.3	—	241.6	21.8					21.8
	平均	1,198.80			127.83	5.74	1,320.90	906.34					906.34
佃农	8	263.5			227.8	—	491.3	391					391
	9	799				7.1	791.9	748					748
	10	997.5				211.9	785.6	981					981
	11	550.5			23	—	573.5	66.8					66.8
	12	415.3				97.9	317.4	244					244
	平均	605.16			50.16	63.38	591.94	486.16					486.16
总平均		951.45			95.47	29.76	1,071.16	731.27					731.27

第十六表(其三) 续

类别	序号	小计(流动资产) 年初价格	小计 使用财产 流动资产减额	小计 使用财产 流动资产增额	小计 结余财产 流动资产减额	小计 结余财产 流动资产增额	小计(流动资产) 年末价格	流通资产(现金及准现金) 年初价格	流通资产(现金及准现金) 年末价格	流通资产(现金及准现金) 年末资产额	合计(资产) 使用财产 流动资产减额	合计(资产) 使用财产 流动资产增额	合计(资产) 结余财产 流动资产减额	合计(资产) 结余财产 流动资产增额	合计(资产) 年末资产余额
自耕农	1	3,849.75	—	—	24	—	3,873.75	5	382.82	34,889.17	972.52	—	619	—	35,222.95
	2	3,959.30	—	—	537	—	4,496.30	12.9	557.06	32,090.36	281.46	—	1,197.00	—	32,860.06
	3	3,113.30	—	—	114.7	—	3,228.00	22	96.71	22,234.55	193.71	—	219.7	—	22,110.25
	4	2,407.10	—	—	—	40.2	2,366.90	22.1	686.57	24,814.22	230.1	—	180	40.2	26,253.39
	5	1,714.00	—	—	82.9	—	1,796.90	25	102.99	13,888.99	161.29	—	102.9	—	13,886.49
	6	283.05	—	—	59.9	—	342.95	10	94.95	2,529.80	61.25	—	59.9	—	2,613.40
	7	208.65	—	—	76.3	—	284.95	4	14.65	1,450.65	24.25	—	126.3	—	1,563.35
	平均	2,219.30	—	—	127.83	5.74	2,341.40	14.43	276.46	18,842.52	174.94	—	357.83	5.74	19,215.71
佃农	8	710.75	—	—	227.8	—	933.55	1	61.1	1,571.45	93.13	—	227.8	—	1,416.22
	9	1,633.20	—	—	—	7.1	1,626.10	10	56.53	3,122.70	19.5	—	50	7.1	3,192.63
	10	2,036.95	—	—	—	211.9	1,825.05	5	47.83	3,035.23	73.46	—	70	211.9	3,067.75
	11	685.15	—	—	23	—	708.15	4	68.61	1,424.15	55.75	—	53	—	1,486.01
	12	676.5	—	—	—	97.9	578.6	1.1	38.8	1,216.60	62	—	—	97.9	1,093.90
	平均	1,148.51	—	—	50.16	63.38	1,135.29	4.22	54.59	2,074.04	60.87	—	80.16	63.38	2,051.30
总平均		1,773.14	—	—	95.47	29.76	1,838.86	10.18	184.01	11,855.64	124.71	—	242.14	29.76	12,063.87

续　第十六表(其三)

		负债		余额(财产)	
		年初价格	年末价格	年初价格	年末价格
自耕农	1	—	209.05	34,889.17	35,563.88
	2	500	726.53	31,590.36	32,133.53
	3	500	1,629.00	21,734.55	20,431.25
	4	502.3	1,392.00	24,311.92	24,361.39
	5	15.1	450	13,873.79	13,436.49
	6	—	36.19	2,529.80	2,577.21
	7	—	137.8	1,450.65	1,425.55
	平均	216.77	654.37	18,625.75	18,561.34
佃农	8	—	76.2	1,571.45	1,340.02
	9	28	—	3,094.70	3,192.63
	10	—	101.6	3,035.23	2,966.15
	11	—	368.2	1,424.15	1,117.81
	12	—	66.93	1,216.60	1,026.97
	平均	5.6	122.59	2,068.43	1,928.72
总平均		128.78	432.79	11,726.86	11,631.08

二、农家经济结算诸表

第十七表　农家收入

		毛收入			所得的支出				余额（农家所得）
		所得性总收入	固定资产及流动资产增加额	小计	所得性总支出	固定资产及流动资产折旧额	周转性支出	小计	
自耕农	1	8,288.69	619	8,347.69	3,356.05	272.52	751.4	4,379.97	4,467.72
	2	5,672.41	1,197.00	6,369.41	3,084.55	281.46	846.6	4,212.61	2,656.80
	3	4,472.29	219.7	4,691.99	1,719.84	193.74	637	2,550.55	2,141.44
	4	5,263.13	139.8	5,402.93	2,556.36	230.1	606	3,392.46	2,010.47
	5	2,399.53	102.9	3,102.43	589.48	161.29	303.4	1,054.17	2,048.26
	6	687.58	59.9	747.48	101.72	61.25	79.2	242.17	505.31
	7	500.17	126.3	626.47	31.2	24.25	—	55.45	571.02
	平均	3,974.82	352.1	4,326.92	1,634.17	174.94	460.51	2,269.62	2,057.29
佃农	8	1,306.75	227.8	2,034.55	1,119.58	93.13	390.63	1,603.34	431.21
	9	2,804.33	42.9	2,847.23	1,610.30	19.5	189	1,818.80	1,028.43
	10	2,363.01	−141.9	2,221.11	833.32	73.46	18	924.78	1,296.33
	11	1,366.22	53	1,419.22	504.05	55.75	1.44	561.24	857.98
	12	1,708.99	−97.9	1,611.09	744.74	62.5	110.55	917.79	693.3
	平均	2,009.86	16.78	2,026.64	962.4	60.87	141.92	1,165.19	861.45
总平均		3,156.09	212.38	3,368.47	1,354.27	127.41	327.77	1,809.45	1,559.02

第十八表　家计费及家庭负担家计费

		家计费	周转性支出	余额 家庭负担家计费
自耕农	1	5,094.41	751.40	4,343.01
	2	2,060.23	846.60	2,113.63
	3	4,031.74	637.00	3,394.74
	4	2,057.00	606.00	1,461.00
	5	2,788.06	303.40	2,485.56
	6	537.10	79.20	457.90
	7	596.12	—	596.12
	平均	2,582.22	460.51	2,121.71
佃农	8	1,053.27	390.63	662.64
	9	1,119.50	193.00	930.50
	10	1,383.41	13.00	1,365.41
	11	1,165.76	1.44	1,164.32
	12	993.48	110.55	382.93
	平均	1,143.08	141.92	1,001.16
总平均		1,382.58	327.77	1,654.31

第十九表　农家经济结余

		农家所得	家庭负担家计费	余额 农家经济剩余
自耕农	1	4,467.72	4,343.01	124.71
	2	2,656.80	2,113.63	543.17
	3	2,141.44	3,394.74	−1,253.30
	4	2,010.47	1,461.00	543.47
	5	2,048.26	2,485.56	−437.30
	6	505.31	457.90	47.41
	7	571.02	596.12	−25.10
	平均	2,057.89	2,121.71	−64.41

续表

		农家所得	家庭负担家计费	余额 农家经济剩余
佃农	8	431.21	662.64	−231.43
	9	1,028.43	930.50	97.93
	10	1,296.33	1,365.41	−69.08
	11	857.98	1,164.32	−306.34
	12	693.30	882.93	−189.63
	平均	861.45	1,001.16	−139.71
总平均		1,559.02	1,654.80	−95.70

第二十表　农家年度内纯财产增加额

		年末纯财产额	年初纯财产额	年度内纯财产增加额
自耕农	1	35,013.88	34,889.17	124.71
	2	32,133.53	31,590.36	543.17
	3	20,481.25	21,734.55	−1,253.30
	4	24,861.39	24,311.92	549.47
	5	13,436.49	13,873.79	−437.30
	6	2,577.21	2,529.80	47.41
	7	1,425.55	1,450.65	−25.10
	平均	18,561.34	18,625.75	−64.41
佃农	8	1,340.02	1,571.45	−231.43
	9	3,192.63	3,094.70	97.93
	10	2,966.15	3,035.23	−69.08
	11	1,117.81	1,424.15	−306.34
	12	1,026.97	1,216.60	−189.63
	平均	1,928.72	2,068.43	−139.71
总平均		11,631.00	11,726.86	−95.78

第二十一表　财产价格变动引起的盈亏

		年度内纯财产增加额	农家经济结余	余额
自耕农	1	124.71	124.71	0
	2	543.17	543.17	0
	3	−1,253.30	−1,253.30	0
	4	549.47	549.47	0
	5	−437.30	−437.30	0
	6	47.41	47.41	0
	7	−25.10	−25.10	0
	平均	−64.41	−64.41	0
佃农	8	−231.43	−231.43	0
	9	97.93	97.93	0
	10	−69.08	−69.08	0
	11	−306.34	−306.34	0
	12	−189.63	−189.63	0
	平均	−139.71	−139.71	0
总平均		−95.78	−95.78	0

三、农家经济成果结构诸表

第二十二表　所得性收入结构(其一)

		粟			玉米			高粱			小麦			燕麦		
		现金所得性收入	生产及收得实物转入家计	小计	现金所得性收入	生产及收得实物转入家计	小计	现金所得性收入	生产及收得实物转入家计	小计	现金所得性收入	生产及收得实物转入家计	小计	现金所得性收入	生产及收得实物转入家计	小计
自耕农	1	1,484.66	1,071.50	2,556.16	1,315.96	186	1,501.96	278.12	—	278.12	320	118	438	88.5	—	88.5
	2	844.6	1,152.00	1,996.60	362.65	65	427.65	309.9	—	309.9	162.23	33	195.23	196.4	—	196.4
	3	533.91	1,294.00	1,877.91	348.28	—	348.28	156.05	—	156.05	151.5	—	151.5	117.6	—	117.6
	4	1,114.95	807.5	1,922.45	858.2	9	867.2	124	—	124	83.3	32.1	115.4	73.64	—	73.64
	5	387.56	885.5	1,273.06	239.5	6	245.5	51.5	—	51.5	80.3	69.85	150.15	78.12	—	78.12
	6	79.36	210.8	290.16	80.35	15	95.35	—	—	—	12	7	19	—	—	—
	7	—	162.4	162.4	30	10	40	—	—	—	—	7	7	—	—	—
	平均	642.15	797.67	1,439.82	462.13	41.57	503.7	131.37	—	131.37	115.62	38.14	153.75	77.75	—	77.75
佃农	8	509.04	242.9	751.94	395.2	1.6	396.8	164.8	—	164.8	68.2	12	80.2	41.72	—	41.72
	9	654.49	466	1,120.43	473.3	35.3	509.1	206	—	206	130.3	—	130.3	44.56	—	44.56
	10	505.6	676	1,181.66	206	41	247	113.3	—	113.3	67.5	36	103.5	67.2	—	67.2
	11	181.8	417.5	599.3	174.8	18	192.8	103	—	103	10	7	17	21	—	21
	12	315.12	487	802.12	244.55	21	265.55	133.9	—	133.9	48.15	7	55.15	9.1	—	9.1
	平均	433.21	457.88	891.09	298.87	23.38	322.25	144.2	—	144.2	64.83	12.4	77.23	36.72	—	36.72
总平均		555.09	656.09	1,211.18	394.11	33.99	428.1	136.71	—	136.71	94.46	27.41	121.87	60.65	—	60.65

第二十二表（其一）　续

		苏子			糜子			小豆			豆类		
		现金所得性收入	生产及收得实物转入家计	小计	现金所得性收入	生产及收得实物转入家计	小计	现金所得性收入	生产及收得实物转入家计	小计	现金所得性收入	生产及收得实物转入家计	小计
自耕农	1	239.15	—	239.15	32	25	57	96	18.2	114.2	41.6	90	131.6
	2	114.45	—	114.45	21.21	50	71.21	42.42	50	92.42	20	31.9	51.9
	3	67.97	—	67.97	60.6	—	60.6	60.6	90	150.6	104	35.5	139.5
	4	231.99	—	231.99	66.66	—	66.66	66.66	37.5	104.16	—	20.2	20.2
	5	118.18	—	118.18	—	35	35	970	90	99.7	—	18.12	18.12
	6	—	—	—	—	—	—	—	—	—	—	5.47	5.47
	7	40	—	40	—	—	—	—	—	—	—	6.47	6.47
	平均	115.96	—	115.96	25.78	15.71	41.5	39.34	40.81	80.15	23.66	29.67	53.32
佃农	8	44.94	—	44.94	—	—	—	—	—	—	—	6.75	6.75
	9	92.24	—	92.24	—	26	26	—	10	10	（绿豆）120	10.75	130.75
	10	20	—	20	—	—	—	—	28	28	—	14.41	14.41
	11	59.42	—	59.42	—	—	—	—	9	9	—	10	10
	12	47.12	—	47.12	—	—	—	—	2	2	—	17.95	17.95
	平均	52.74	—	52.74	—	5.2	5.2	—	9.8	9.8	24	11.97	35.97
总平均		89.62	—	89.62	15.04	11.33	26.37	22.95	27.89	27.89	23.8	22.29	46.09

第二十二表　所得性收入结构（其二）

		蔬菜类			茎秆类			畜产品			财产利用收入		
		现金所得性收入	生产及收得实物转入家计	小计	现金所得性收入	生产及收得实物转入家计	小计	现金所得性收入	生产及收得实物转入家计	小计	现金所得性收入	生产及收得实物转入家计	小计
自耕农	1	—	491	491	—	536	536	190	180	370	530	300	830
	2	—	223.25	223.25	9	400	409	5	30	35	1,145.40	156	1,301.40
	3	—	310.8	310.8	—	500	500	—	—	—	251.48	168	419.48
	4	—	106.6	106.6	61	393	454	—	105	105	887.83	120	1,007.83
	5	—	155.1	155.1	89	370	459	25.1	120	145.1	—	156	156
	6	22	50.6	72.6	—	116	116	—	—	—	26	48	74
	7	—	38.6	38.6	—	140	140	2.7	—	2.7	—	48	48
	平均	3.14	196.56	199.71	22.71	350.71	373.43	31.83	62.14	93.97	405.82	142.29	548.1
佃农	8	—	85.6	85.6	—	136	136	3	60	63	—	—	—
	9	—	80.9	80.9	92	182	274	—	45	45	—	—	—
	10	—	150	150	—	268	268	—	60	60	—	—	—
	11	—	90.4	90.4	21	188	209	0.3	40	40.3	—	—	—
	12	—	89.5	89.5	9	215	224	7.6	40	47.6	—	—	—
	平均	—	99.28	99.28	24.4	197.8	222.2	2.18	49	51.18	—	—	—
总平均		1.83	156.03	157.86	23.42	287	310.42	19.48	56.67	76.14	236.73	83	319.73

第二十二表(其二)　续

		薪金及俸禄收入			合计			补助及受赠现金			总计		
		现金所得性收入	生产及收得实物转入家计	小计	现金所得性收入	生产及收得实物转入家计	小计	现金所得性收入	生产及收得实物转入家计	小计	现金所得性收入	生产及收得实物转入家计	小计
自耕农	1	450	—	450	5,065.99	3,015.70	8,091.69	147	—	147	5,212.99	3,015.70	8,228.69
	2	243	—	243	3,466.26	2,191.15	5,657.41	15	—	15	3,481.26	2,191.15	5,672.41
	3	85	—	85	1,986.99	2,398.30	4,385.29	87	—	87	2,073.99	2,398.30	4,472.29
	4	49	—	49	3,617.23	1,630.90	5,248.13	15	—	15	3,632.23	1,630.90	5,263.13
	5	—	—	—	1,078.96	1,905.57	2,984.53	15	—	15	1,093.96	1,905.57	2,999.53
	6	—	—	—	219.71	452.87	672.58	15	—	15	234.71	452.87	687.58
	7	—	—	—	72.7	412.47	485.17	15	—	15	87.7	412.47	500.17
	平均	118.14	—	118.14	2,215.41	1,715.28	3,930.69	44.15	—	44.15	2,259.55	1,715.28	3,974.82
佃农	8	20	—	20	1,246.90	544.85	1,791.75	15	—	15	1,261.90	544.85	1,806.75
	9	120	—	120	1,933.38	855.95	2,789.33	15	—	15	1,948.38	855.95	2,804.33
	10	95	—	95	1,074.60	1,273.41	2,348.01	15	—	15	1,089.60	1,273.41	2,363.01
	11	—	—	—	571.32	779.9	1,351.22	15	—	15	586.32	779.9	1,366.22
	12	—	—	—	814.54	879.45	1,693.99	15	—	15	829.54	879.45	1,708.99
	平均	47	—	47	1,128.15	866.71	1,994.86	15	—	15	1,143.15	866.71	2,009.86
	总平均	88.5	—	88.5	1,762.38	1,361.71	3,124.09	32	—	32	1,794.38	1,361.71	3,156.09

第二十三表　所得性现金支出结构

		肥料费	饲料费	种苗费	家畜费	器具费	原料加工费	新材料费	药剂费	工钱	借款利息	借款及手续费	地租	捐税	建筑费	杂项支出	合计	拟制支出	总计
自耕农	1	—	48.4	—	—	54.1	—	—	—	2,356.55	—	—	—	363	30	118.08	2,826.05	530	3,356.00
	2	—	130	—	—	74.1	—	—	—	1,218.11	—	3.14	—	357.02	—	4	1,939.15	1,145.40	3,084.50
	3	—	50	—	—	20.9	—	—	—	1,260.01	—	—	—	133.55	—	2.9	1,468.36	251.48	1,719.80
	4	—	—	—	—	17.5	—	—	—	1,443.13	—	—	—	205	—	2.9	1,668.53	887.83	2,556.30
	5	—	104	—	10	12.5	—	—	—	336.16	—	—	—	119.77	—	7.05	589.48	—	589.48
	6	—	—	—	—	—	—	—	—	82.71	—	—	—	17.57	—	1.44	101.72	—	101.72
	7	—	—	—	—	—	—	—	—	6	—	—	—	24	—	1.2	31.2	—	31.2
	平均	—	47.49	—	1.43	25.57	—	—	1.81	957.52	—	0.45		174.27	4.29	19.24	1,232.07	402.1	1,634.17
佃农	8	—	—	—	—	3.85	—	—	—	615.83	—	—	499.9	—	—	—	1,119.58	—	1,119.58
	9	—	130	—	—	5	—	—	4	483.08	—	—	948.3	32.12	—	7.8	1,610.30	—	1,610.30
	10	—	—	—	—	6.1	—	16	—	102	—	—	682.9	25.32	—	1	833.32	—	833.32
	11	—	28	—	—	6.4	—	—	—	11	—	—	387.8	66.95	—	3.9	504.05	—	504.05
	12	—	32.2	—	—	1.4	—	—	22	222.24	—	—	448.4	18.5	—	—	744.74	—	744.74
	平均	—	38.04	—	—	4.55	—	3.2	5.2	296.83	—	—	593.46	28.58	—	2.54	962.4	—	962.4
总平均		—	43.55	—	0.83	16.81	—	1.33	3.23	678.07	—	0.26	247.28	113.57	2.5	12.28	1,119.71	234.56	1,354.27

第二十四表　家计费结构

伙食费

		主食									副食		
		粟			玉米			其它					
		现金家计支出	生产及收得实物转入家计	小计	现金家计支出	生产及收得实物转入家计	小计	现金家计支出	生产及收得实物转入家计	小计	现金家计支出	生产及收得现货用于家计	小计
自耕农	1	—	1,071.05	1,071.05	—	186	186	41.45	143	184.45	162.7	779.2	941.9
	2	63	1,152.00	1,215.00	129.5	65	194.5	—	133	133	33.1	285.15	318.25
	3	—	1,294.00	1,294.00	—	—	—	5	90	95	19.6	346.3	365.9
	4	—	807.5	807.5	—	9	9	3.6	69.6	73.2	53.3	231.8	285.1
	5	—	885.5	885.5	—	6	6	26	194.85	220.85	33.7	293.22	326.92
	6	—	210.8	210.8	—	15	15	—	7	7	7.7	56.07	63.77
	7	—	162.4	162.4	—	10	10	—	7	7	24.6	45.07	69.67
	平均	9	797.67	806.67	18.5	41.57	60.07	10.86	92.06	102.93	47.81	290.97	338.79
佃农	8	—	242.9	242.9	—	1.6	1.6	1.5	12	13.5	27.47	152.35	179.82
	9	—	466	466	—	35.3	35.3	38.4	36	74.4	46.9	136.65	183.55
	10	—	676	676	—	41	41	—	64	64	26.1	224.41	250.51
	11	—	417.5	417.5	—	18	18	—	16	16	26.1	140.4	166.5
	12	—	487	487	—	21	21	—	16	16	16.6	140.45	157.05
	平均	—	457.88	457.88	—	23.32	23.33	7.98	28.8	36.78	28.63	158.85	187.49
总平均		5.25	656.09	661.34	10.79	33.99	44.78	9.66	65.7	75.37	39.82	235.92	275.75

第二十四表　家计费结构(其二)

| | | 伙食费 | | | | | | | | | 服装及日常用品 | | |
| | | 调味品 | | | 嗜好品 | | | 小计 | | | | | |
		现金家计支出	生产及收得实物转入家计	小计	现金家计支出	生产及收得实物转入家计	小计	现金家计支出	生产及收得实物转入家计	小计	现金家计支出	生产及收得现货用干家计	小计
自耕农	1	28.3	—	28.3	64.2	—	64.2	296.65	2,179.70	2,476.35	587.44	—	587.44
	2	48.86	—	48.86	113.05	—	113.05	387.51	1,635.15	2,022.66	171.5	—	171.5
	3	3.95	—	3.95	28.2	—	28.2	56.75	1,730.30	1,787.05	178.8	—	178.8
	4	18.9	—	18.9	46.2	—	46.2	122	1,117.90	1,239.90	85.5	—	85.5
	5	20.1	—	20.1	6.85	—	6.85	86.65	1,379.57	1,466.22	155.46	—	155.46
	6	10.75	—	10.75	3.26	—	3.26	21.71	238.87	310.58	51.99	—	51.99
	7	—	—	—	1.5	—	1.5	26.1	224.47	250.57	35.59	—	35.59
	平均	18.69	—	18.69	37.61	—	37.61	142.48	1,222.28	1,364.76	180.9	—	180.9
佃农	8	8.17	—	8.17	8	—	8	45.14	408.85	453.99	38.1	—	38.1
	9	25.15	—	25.15	6.5	—	6.5	116.95	673.95	790.9	71.3	—	71.3
	10	1	—	1	11.6	—	11.6	38.7	1,005.41	1,044.11	1.5	—	1.5
	11	22.9	—	22.9	6.4	—	6.46	55.46	591.9	647.36	27.8	—	27.8
	12	5.2	—	5.2	6.6	—	6.6	28.4	664.45	692.85	45.89	—	45.89
	平均	12.48	—	12.48	7.83	—	7.83	56.93	668.91	725.84	36.92	—	36.92
总平均		16.11	—	16.11	25.2	—	25.2	106.84	991.71	1,098.55	120.91	—	120.91

第二十四表（其二）续

		住宿费			家具购置费			煤电费			保健卫生费		
		现金家计支出	生产及收得实物转入家计	小计	现金家计支出	生产及收得实物转入家计	小计	现金家计支出	生产及收得实物转入家计	小计	现金家计支出	生产及收得实物转入家计	小计
自耕农	1	4.2	300	304.2	98.8	—	98.8	30.84	536	566.84	3.9	—	3.9
	2	—	156	156	14.1	—	14.1	2.08	400	402.08	25	—	25
	3	—	168	168	1.5	—	1.5	2.42	500	502.42	6.5	—	6.5
	4	—	120	120	5.5	—	5.5	3.4	393	396.4	8	—	8
	5	7.7	156	163.7	1.3	—	1.3	11.87	370	381.87	0.23	—	0.23
	6	1.2	48	49.2	—	—	—	1.23	116	117.23	—	—	—
	7	0.6	48	48.6	0.2	—	0.2	0.31	140	140.31	6	—	6
	平均	1.96	142.29	144.24	17.34	—	17.34	7.45	350.71	358.16	7.1	—	7.1
佃农	8	—	—	—	0.15	—	0.15	4.28	136	140.28	403.5	—	403.5
	9	—	—	—	22	—	22	0.15	182	182.15	—	—	—
	10	1.8	—	1.8	—	—	—	—	268	268	—	—	—
	11	—	—	—	0.6	—	0.6	—	188	188	—	—	—
	12	—	—	—	2.4	—	2.4	0.24	215.24	215.24	4	—	4
	平均	0.36	—	—	5.03	—	2.03	0.93	198.73	198.73	81.5	—	81.5
总平均		1.29	83	84.29	12.21	—	12.21	4.74	291.74	291.74	38.1	—	38.1

第二十四表　家计费结构(其三)

		教育费			娱乐费			交际费			婚丧费		
		现金家计支出	生产及收得实物转入家计	小计	现金家计支出	生产及收得实物转入家计	小计	现金家计支出	生产及收得实物转入家计	小计	现金家计支出	生产及收得实物转入家计	小计
自耕农	1	1.35	—	1.35	21.43	—	21.43	31.5	—	31.5	950.6	—	950.6
	2	9.5	—	9.5	30.63	—	30.63	31	—	31	67	—	67
	3	—	—	—	1.87	—	1.87	4.9	—	4.9	1,380.70	—	1,380.70
	4	—	—	—	25	—	25	1.3	—	1.3	157.2	—	157.2
	5	0.15	—	0.15	15.63	—	15.63	21.2	—	21.2	577	—	577
	6	—	—	—	—	—	—	0.3	—	0.3	7.5	—	7.5
	7	—	—	—	—	—	—	1	—	1	113.5	—	113.5
	平均	1.57	—	1.57	13.51	—	13.51	13.03	—	13.03	464.79	—	464.79
佃农	8	—	—	—	—	—	—	—	—	—	17.25	—	17.25
	9	—	—	—	15	—	15	4.9	—	4.9	30	—	30
	10	—	—	—	18	—	18	12.4	—	12.4	37.6	—	37.6
	11	—	—	—	0.63	—	0.63	6.3	—	6.3	292.72	—	292.72
	12	—	—	—	—	—	—	7.6	—	7.6	20	—	20
	平均	—	—	—	6.73	—	6.73	6.24	—	6.24	79.51	—	79.51
总平均		0.92	0.92	0.92	10.68	—	10.68	10.2	—	10.2	304.26	—	304.26

第二十四表(其三)　续

		承包费			杂费			合计		
		现金家计支出	生产及收得实物转入家计	小计	现金家计支出	生产及收得实物转入家计	小计	现金家计支出	生产及收得实物转入家计	小计
自耕农	1	50.00	—	50.00	2.00	—	2.00	2,078.71	3,015.70	5,094.41
	2	25.16	—	25.16	5.60	—	5.60	769.08	2,191.15	2,960.23
	3	—	—	—	—	—	—	1,633.44	2,398.30	4,031.74
	4	25.00	—	25.00	3.20	—	3.20	436.10	1,630.90	2,067.00
	5	6.15	—	6.15	—	—	—	883.39	1,905.57	2,788.96
	6	—	—	—	0.30	—	0.30	84.23	452.87	537.10
	7	—	—	—	0.35	—	0.35	183.65	412.47	596.12
	平均	15.19	—	15.19	1.64	—	1.64	866.94	1,715.28	2,582.22
佃农	8	—	—	—	—	—	—	508.42	544.85	1,053.27
	9	3.20	—	3.20	0.05	—	0.05	263.55	855.95	1,119.50
	10	—	—	—	—	—	—	110.00	1,273.41	1,383.41
	11	2.35	—	2.35	—	—	—	385.86	779.90	1,165.76
	12	1.50	—	1.50	4.00	—	4.00	114.03	879.45	993.48
	平均	1.41	—	1.41	0.81	—	0.81	276.37	866.71	1,143.08
总平均		9.45	—	9.45	1.29	—	1.29	620.87	1,361.71	1,982.58

第二十五表　财产性收入及支出结构

	固定财产								流动财产				负债				小计	
分类	土地 财产性收入(卖出)	土地 财产性支出(购入)	建筑物 财产性收入(卖出)	建筑物 财产性支出(购入)	大动物 财产性收入(卖出)	大动物 财产性支出(购入)	大器具 财产性收入(卖出)	大器具 财产性支出(购入)	贷款 财产性收入(卖出)	贷款 财产性支出(购入)	应收款 财产性收入(卖出)	应收款 财产性支出(购入)	借款 财产性收入(借入)	借款 财产性支出(偿还)	应付款 财产性收入(赊买)	应付款 财产性支出(支付)	财产性收入	财产性支出
自耕农 1	—	—	—	—	390	—	—	—	—	—	—	—	508.5	330	653.34	622.79	1,551.84	352.79
2	—	—	—	25	300	—	—	85	—	—	—	—	758.56	543.18	141.15	130	1,699.71	783.18
3	—	—	—	—	225	—	—	—	—	—	—	—	1,075.00	220	330	56	1,630.00	276
4	—	—	—	125	—	740	—	—	—	45	—	—	1,726.00	834	119.4	121.7	1,845.40	1,865.70
5	—	—	—	—	—	—	22	—	—	—	—	—	450	—	84.9	100	556.9	100
6	—	—	—	—	—	—	—	—	—	—	—	—	23	—	13.19		36.19	
7	—	—	—	—	—	—	—	—	—	—	—	—	15	—	122.8		137.8	
平均	—	—	—	21.43	202.14	105.71	3.14	12.14	—	6.43	—	—	650.87	275.31	209.25	147.21	1,065.40	568.24
佃农 8	—	—	—	—	350	—	—	—	—	—	—	—	60	13	34.2	5	444.2	18
9	—	—	—	—	—	—	—	—	—	—	—	—	—	—	2	30	2	30
10	—	—	—	—	—	205	—	—	—	—	—	—	90	—	47.6	36	137.6	241
11	—	—	—	—	—	—	—	—	—	—	—	—	320.2	—	48	—	368.2	
12	—	—	—	—	—	—	—	—	—	—	—	—	1.3	2.6	76.23	11.1	78.03	11.1
平均	—	—	—	—	70	41	—	—	—	—	—	—	94.4	2.6	41.61	16.42	206.01	60.02
总平均	—	—	—	12.5	147.08	78.75	1.83	7.08	—	3.75	—	—	419.01	161.68	139.4	92.72	707.32	356.48

第二十六表　所得性收入月别结构

		8 月			9 月			10 月			11 月			12 月		
		现金	实物	小计	现金	实物	小计	现金	实物	小计	现金	实物	小计	现金	实物	小计
自耕农	1	—	222.2	222.2	148.15	247.5	395.65	286	327	613	823.56	252	1,075.56	3,201.94	247	3,448.84
	2	—	221	221	159	172.5	331.5	187.4	186.8	374.2	580	162.85	724.85	2,385.86	163.5	2,947.36
	3	—	214.5	214.5	20.7	185.5	206.2	189	191.3	380.3	—	185.5	185.5	1,713.69	196.5	1,510.10
	4	—	158.9	158.9	—	111.5	111.5	165.6	123.2	288.8	1,032.00	129.6	1,161.60	2,319.93	116.6	2,436.58
	5	30	168.19	198.19	14.1	186.84	200.94	30	151.04	181.04	307.2	118.5	425.7	379.66	119	498.66
	6	1.2	43.02	44.22	6	38.42	44.42	5.8	42.42	48.22	12	43.42	55.42	82.71	45.42	128.13
	7	2.7	27.91	30.61	40	28.21	68.21	—	30.11	30.11	30	33.21	63.21	—	37.21	37.21
	平均	4.84	150.82	155.66	55.42	138.64	194.06	123.4	150.27	273.67	397.82	132.15	529.97	1,440.26	132.17	1,572.43
佃农	8	—	47	47	71.2	52.35	123.55	—	54.85	54.85	20	51.85	71.85	1,152.70	59.85	1,212.55
	9	—	41.4	41.4	68	63	131	120	58.85	178.85	75	80.85	155.85	1,638.38	64.85	1,703.23
	10	6	93.85	99.85	20	66.85	86.85	—	95.85	95.85	67.2	99.85	167.05	682.9	97.85	790.75
	11	0.3	59.65	59.95	10	64	74	71.8	64.85	136.65	21	61.85	82.85	402.8	57.85	460.65
	12	40.6	64.35	104.95	—	61.85	61.85	35	54.85	89.85	—	66.85	66.85	729.94	61.85	791.79
	平均	9.38	61.25	70.63	33.84	61.61	95.45	45.36	65.85	111.21	36.64	72.25	108.89	921.34	68.45	989.79
总平均		6.73	113.5	120.23	46.43	106.54	152.97	90.88	115.09	205.97	247.33	107.19	354.52	1,224.04	105.62	1,329.66

第二十六表　所得性收入月别结构（其二）

类别		1月 现金	1月 实物	1月 小计	2月 现金	2月 实物	2月 小计	3月 现金	3月 实物	3月 小计	4月 现金	4月 实物	4月 小计
自耕农	1	318.34	250	568.34	80	364	444	310	235	545	15	236	251
	2	29	163	192.5	103	248	351	—	162	162	15	152	167
	3	45	180	225.5	40	176.5	216.5	—	227	227	15	227	242
	4	—	120.8	120.8	49	214.8	263.3	20	117	137	15	121.5	136.5
	5	—	121.5	121.5	—	282.5	232.5	307	118	425	15	130	145
	6	—	45.42	45.42	64	45.25	109.25	6	29.5	35.5	35	31.5	66.5
	7	—	38.21	38.21	—	48.61	48.61	—	33	33	15	34	49
	平均	56.05	131.42	187.47	48	197.09	245.09	91.85	131.65	223.5	17.85	133.15	151
佃农	8	—	100.85	100.85	—	—	—	—	32.1	32.1	15	33.5	48.5
	9	—	64.85	64.85	—	100.85	100.85	32	78	110	15	72	87
	10	203.5	100.66	304.16	—	199.5	199.5	65	92	157	45	101	146
	11	59.42	61.85	121.27	6	107.85	113.85	—	55	55	15	56	71
	12	—	80.85	80.85	9	111.85	120.85	—	72	72	15	61	76
	平均	52.58	81.81	134.39	3	104.01	107.01	19.4	65.82	85.22	21	64.7	85.7
	总平均	54.61	110.75	165.36	29.25	158.31	187.56	61.67	104.22	165.89	19.16	104.63	123.7

第二十六表(其二)　续

		5月			6月			7月			合计	
		现金	实物	小计	现金	实物	小计	现金	实物	小计	现金	实物	合计
自耕农	1	—	217	217	30	209	239	—	209	209	5,212.99	3,015.70	8,228.69
	2	—	145	145	—	207	207	24	207	231	3,481.26	2,191.15	5,672.41
	3	—	205.5	205.5	—	211.5	211.5	50.6	197	247.6	2,073.99	2,398.30	4,472.29
	4	—	139	139	—	139	139	30.7	139	169.7	3,632.23	1,630.90	5,263.13
	5	—	190	190	11	190	201	—	130	130	1,093.96	1,905.57	2,999.53
	6	—	29.5	29.5	—	29.5	29.5	22	29.5	51.5	234.71	452.87	687.58
	7	—	34	34	—	34	34	—	34	34	87.7	412.47	500.17
	平均	—	137.15	137.15	5.86	145.71	151.57	18.18	135.07	153.25	2,259.55	1,715.28	3,974.82
佃农	8	—	33.5	33.5	3	39.5	42.5	—	39.5	39.5	1,261.90	544.85	1,806.75
	9	—	74.8	74.8	—	80	80	—	76.5	76.5	1,948.38	855.95	2,804.33
	10	—	91	91	—	99	99	—	136	136	1,089.60	1,273.41	2,363.01
	11	—	53	53	—	69	69	—	69	69	586.32	779.9	1,366.22
	12	—	68.5	68.5	0.6	74	74	—	101.5	164.5	829.54	879.45	1,708.99
	平均	—	64.16	64.16	—	72.3	72.9	—	84.4	97.1	1,143.15	866.71	2,009.86
总平均		—	106.74	106.74	3.67	115.12	118.79	10.61	114	129.86	1,794.38	1,361.71	3,156.09

第二十七表　所得性支出、财产性收入、支出月别结构

		所得性支出													财产性收入					
		8	9	10	11	12	1	2	3	4	5	6	7	小计	8	9	10	11	12	1	2
自耕农	1	9.9	7.1	50.8	142.2	2,696.00	45	—	—	48	151	10	196.05	3,356.05	313.99	63.35	—	—	—	220	—
	2	4.4	86.5	150.4	203.14	2,042.26	—	13.8	—	130	90	179.46	184.59	3,084.55	53.25	—	10	—	—	67	—
	3	9.6	—	25	—	1,391.24	—	—	6	—	—	—	288	1,719.84	194	125	11	—	—	—	—
	4	7.5	—	22.9	205	2,310.96	—	10	—	—	—	—	—	2,556.36	302	166.4	60	—	—	57	—
	5	14.13	2.5	5	59.62	339.23	—	104	—	10	—	55	—	589.48	22.9	14	—	—	—	70	350.00
	6	1.04	—	—	8.73	82.71	—	—	—	—	—	—	9.24	101.72	0.8	12.39	—	—	13	10	—
	7	0.57	1	—	17.43	—	—	5	—	—	—	—	7.2	31.2	0.8	—	106	—	21	—	—
	平均	6.73	13.87	36.3	90.87	1,266.06	6.43	18.97	0.86	26.86	34.43	34.92	97.87	1,634.17	126.82	54.45	26.72	—	4.86	60.57	50.00
佃农	8	10.88	1	—	—	1,107.70	10	—	—	3	—	24.8	—	1,119.58	33.2	6	—	—	—	—	—
	9	1	3	46.1	7.32	1,512.08	—	3	—	19	10	13	—	1,610.30	2	—	—	—	—	—	—
	10	3.1	—	—	40.32	682.9	6.3	—	—	28	—	33.6	65	833.32	2	—	—	—	—	37.6	—
	11	3.4	—	26.3	5	387.8	—	12	—	—	—	—	1.65	504.05	12.2	8	—	—	—	—	—
	12	9	14.4	5	5	619.14	5	3	—	32.2	2	—	13.33	744.74	27.43	18.4	—	—	—	—	—
	平均	5.48	3.68	14.48	11.53	873.92	4.26	12.32	—	14.44	2	14.28	13.33	262.4	15.37	6.48	—	—	—	7.52	—
总平均		6.21	9.63	27.21	57.81	1,102.66	5.52	12.32	0.5	22.52	20.92	26.32	62.64	1,354.27	80.38	34.46	15.58	—	2.83	38.47	29.17

第二十七表　续

类别	户	财产性收入 3	4	5	6	7	小计	财产性支出 8	9	10	11	12	1	2	3	4	5	6	7	小计
自耕农	1	—	538.5	—	26	390	1,551.84	—	5.9	20.8	8	341	123.09	—	454	—	—	—	—	952.79
	2	—	500	290	779.46	—	1,699.71	—	7.5	—	—	600.68	65	85	—	—	—	—	25	783.18
	3	—	350	200	—	250	1,630.00	—	—	11	—	220	45	—	—	—	—	—	—	276
	4	—	565	—	820	—	1,845.40	—	—	—	484	400	1.7	—	—	45	—	740	70	1,865.7
	5	—	—	100	—	—	556.9	—	—	—	—	—	30	70	—	—	—	—	—	100
	6	—	—	—	—	—	36.19	—	—	—	—	—	—	—	—	—	—	—	—	—
	7	—	—	—	—	10	137.8	—	—	—	—	—	—	—	—	—	—	—	—	—
	平均	—	350.5	84.28	232.21	92.86	1,065.40	—	1.91	4.54	70.29	223.09	37.83	22.14	64.86	6.43	—	102.72	13.57	568.24
佃农	8	400	—	—	5	—	444.2	—	18	—	—	—	—	—	—	—	—	—	—	18
	9	—	—	—	—	—	2	—	—	—	—	—	30	—	—	—	—	—	—	30
	10	—	—	—	—	98	137.6	—	—	—	8.4	—	205	—	36	—	—	—	—	249.4
	11	—	28	—	—	320	368.2	—	—	—	—	—	—	—	—	—	—	—	—	—
	12	—	32.2	—	11.1	83.6	78.03	11.1	—	—	—	—	—	—	—	—	—	—	—	11.1
	平均	80	12.04	—	1	89	206.01	2.22	3.6	—	1.68	—	47	—	7.2	—	—	—	—	61.70
总平均		33.33	209.47	49.17	135.87	—	707.32	0.23	2.62	2.65	41	130.14	41.65	12.91	40.83	3.75	—	61.67	7.92	357.18

第二十八表　家计费月别结构

类别	序号	8月 现金	8月 实物	8月 小计	9月 现金	9月 实物	9月 小计	10月 现金	10月 实物	10月 小计	11月 现金	11月 实物	11月 小计	12月 现金	12月 实物	12月 小计	1月 现金	1月 实物	1月 小计	2月 现金	2月 实物	2月 小计
自耕农	1	307.39	222.2	529.59	194.83	247.5	442.33	150.89	327	477.89	19	252	271	225	247	472	687.5	250.00	937.5	8.5	364	372.5
	2	84.25	221	305.25	57.2	172.5	229.7	35.98	196.8	222.78	4.4	162.85	167.25	25.16	163.5	188.66	151	163.5	314.5	—	248	248
	3	204.85	214.5	419.35	148.24	185.5	331.74	121.2	191.3	312.5	2.4	185.5	187.9	—	196.5	196.5	45	180.5	225.5	30	176.5	206.5
	4	154.6	158.9	313.5	24.7	111.5	136.2	43.3	123.2	166.5	25	129.6	154.6	7.5	116.6	124.1	24.2	120.8	215	2.8	214.8	217.6
	5	14.17	168.19	182.36	22.76	186.84	209.6	15.5	151.04	166.54	97.31	118.5	215.81	33.5	119	152.5	105	121.5	226.5	15	282.5	297.5
	6	5.62	43.02	48.64	14.71	38.42	53.13	5.2	42.42	47.62	1.7	43.42	45.12	14.56	45.42	59.98	9	45.42	54.42	—	45.25	45.25
	7	1.81	27.91	29.72	1.8	28.21	29.31	132.09	30.11	162.2	—	33.21	33.21	30	37.21	67.21	16	38.21	54.21	—	48.64	48.61
	平均	110.38	150.08	261.2	66.01	138.64	204.65	72.02	130.27	222.29	21.4	132.15	153.55	47.96	132.17	180.13	158.24	131.42	289.66	8.04	197.1	205.14
佃农	8	24.32	47	71.32	33.17	52.35	85.52	4.68	54.85	59.53	13.4	51.85	65.25	17.45	59.85	77.3	1.4	100.85	102.25	—	—	—
	9	5.5	41.4	46.9	46.65	62	109.65	2.6	58.85	61.45	23.35	80.85	104.2	—	64.85	64.85	66	64.85	130.85	—	100.85	100.85
	10	3.7	93.85	97.55	15.4	66.85	82.25	2.3	95.85	98.15	2.3	99.85	102.65	0.90	97.85	98.75	43.1	100.66	143.76	5.8	199.5	205.3
	11	12.8	59.65	72.45	11.4	64	75.4	11.73	64.85	76.58	17.55	61.85	79.4	2.1	57.85	59.95	35.83	61.85	97.68	—	107.85	107.85
	12	46.53	64.35	110.88	5.6	61.85	67.45	15.8	54.85	70.65	3.5	66.85	70.35	12.4	61.85	74.25	20	80.85	100.85	4.2	111.85	116.05
	平均	18.57	61.25	79.82	22.44	61.61	94.05	7.42	65.85	73.27	12.12	72.25	84.37	6.57	63.45	75.02	38.27	81.81	115.08	2	104.01	106.01
总平均		72.13	113.5	185.63	47.85	106.54	154.39	45.11	115.09	160.2	17.53	107.19	124.72	30.71	105.62	136.32	106.17	110.75	216.92	5.52	158.31	163.83

第二十八表　续

		3月			4月			5月			6月			7月			合计		
		现金	实物	小计	现金	实物	小计	现金	实物	小计	现金	实物	小计	现金	实物	小计	现金	实物	小计
自耕农	1	130	235	365	300	236	536	6	217	223	49.6	209	258.6		209	209	2,078.71	3,015.70	5,094.41
	2	19.33	162	181.33	91	152	243	51	145	196	174.5	207	381.5	75.26	207	282.26	769.08	2,191.15	2,960.23
	3	2.8	227	229.8	850	227	1,077.00	224.25	205.8	429.75	3.7	211.5	215.2	3	197	200	1,633.44	2,398.30	4,031.74
	4	7	117	124	3	121.5	124.5	2	139	141	25	139	164	47	139	136	436.1	1,630.90	2,067.00
	5	507	118	625	38	130	168	25	190	215	10	190	200	0.15	130	130.15	883.39	1,905.57	2,788.96
	6	11.79	29.5	41.29	—	31.5	31.5	—	29.5	29.5	—	29.5	29.5	21.65	29.5	51.15	84.23	452.87	537.1
	7	—	33	33	—	34	34	—	34	34	2	34	36	0.15	34	34.15	133.65	412.47	596.12
	平均	26.84	131.65	228.49	183.15	133.14	316.29	44.03	137.14	181.18	37.83	145.71	183.54	21.03	135.07	156.1	866.94	1,715.28	2,582.22
佃农	8	400	32.1	432.1	2	33.5	35.5	4	33.5	37.5	8	39.5	47.5	—	39.5	39.5	508.42	544.85	1,053.27
	9	7.5	78.00	85.5	52.4	72	124.4	23.5	74.8	98.3	35.9	80	115.9	0.15	76.5	76.65	263.55	855.95	1,119.50
	10	—	92	92	—	101	101	1	91	92	18	99	117	17	136	153	110	1,273.41	1,383.41
	11	3.2	55	58.2	—	56	56	6.5	53	59.5	13.5	69	82.5	271.25	69	340.25	385.86	779.9	1,165.76
	12	1	72	73	—	61	61	—	68.5	68.5	—	74	74	5	101.5	106.5	114.03	879.45	993.48
	平均	82.34	65.82	148.16	10.88	64.7	75.58	7	64.16	71.16	15.08	72.3	87.38	58.68	84.5	143.18	276.37	866.71	1,143.08
	总平均	90.8	104.22	195.02	111.37	104.62	215.99	28.61	106.74	135.33	28.35	115.12	143.47	36.72	114	150.71	520.87	1,361.71	1,882.58

四、农业经营结算诸表

第二十九表　农业毛收入（其一）

		粟						玉米						高粱		
		所得性总收入	待售实物增额	固定结果财产增额	小计（毛收入）	农业外毛收入	余额（农业毛收入）	所得性总收入	待售实物增额	固定结果财产增额	小计（毛收入）	农业外毛收入	余额（农业毛收入）	所得性总收入	待售实物增额	固定结果财产增额
自耕农	1	2,556.16	171	—	2,727.16	350	2,377.16	1,501.96	100	—	1,401.96	180	1,221.96	279.12	—	—
	2	1,996.60	414	—	2,410.60	939.91	1,470.69	427.65	250	—	677.65	205.49	472.16	309.9	112	—
	3	1,877.91	—	—	1,877.91	199.98	1,677.93	348.28	125	—	473.29	51.5	421.78	156.05	56	—
	4	1,922.45	28.5	—	1,893.95	479.95	1,414.00	867.2	—	—	867.2	407.88	459.32	124	56	—
	5	1,273.06	28.5	—	1,244.56	—	1,244.56	245.5	100	—	345.5	—	345.5	51.5	56	—
	6	290.16	5.7	—	295.86	—	295.86	95.35	5	—	100.35	—	100.35	—	22.8	—
	7	162.4	28.5	—	190.9	—	190.9	40	35	—	75	—	75	—	—	—
	平均	1,439.82	80.32	—	1,520.14	281.41	1,238.73	503.7	59.29	—	562.99	120.7	442.3	131.37	28.74	—
佃农	8	751.94	114	—	865.94	—	865.94	396.8	—	—	396.8	—	396.8	164.8	—	—
	9	1,120.48	28.5	—	1,148.93	—	1,148.98	509.1	—	—	509.1	—	509.1	206	—	—
	10	1,181.60	342	—	839.6	—	839.6	247	125	—	372	—	372	113.3	84	—
	11	599.3	28.5	—	570.8	—	570.8	192.8	75	—	267.8	—	267.8	103.3	11.2	—
	12	802.12	199.5	—	602.62	—	602.62	265.55	25	—	240.55	—	240.55	133.9	14.56	—
	平均	891.09	95.5	—	805.59	—	805.59	322.25	35	—	357.35	—	357.25	144.2	—	—
总平均		1,211.18	11.22	—	1,222.40	164.15	1,058.25	428.1	49.16	—	477.26	70.41	406.86	136.71	22.83	—

第二十九表（其一）　续

分类	户	高粱 小计(毛收入)	农业外毛收入	余额(农业毛收入)	所得性总收入	待售实物增额	固定结余财产增额	小麦 小计(毛收入)	农业外毛收入	余额(农业毛收入)	所得性总收入	待售实物增额	固定结余财产增额	燕麦 小计(毛收入)	农业外毛收入	余额(农业毛收入)	所得性总收入	待售实物增额	固定结余财产增额
自耕农	1	278.12	—	278.12	438	—	—	438	—	438	438	—	—	88.5	—	88.5	88.5	—	—
自耕农	2	197.9	—	197.9	195.23	—	—	195.23	—	195.23	195.23	—	—	186.4	—	186.4	186.4	—	—
自耕农	3	100.05	—	100.05	151.5	92.3	—	151.5	—	151.5	151.5	—	—	117.6	—	117.6	117.6	—	—
自耕农	4	68	—	68	115.4	27.3	—	207.7	—	207.7	207.7	—	—	73.64	—	73.64	73.64	—	—
自耕农	5	51.5	—	51.5	150.15	31.2	—	177.45	—	177.45	177.45	—	—	78.12	—	78.12	78.12	—	—
自耕农	6	22.8	—	22.8	19	14.3	—	50.2	—	50.2	50.2	—	—	—	—	—	—	—	—
自耕农	7	—	—	—	7	—	—	21.3	—	21.3	21.3	—	—	—	—	—	—	—	—
自耕农	平均	102.63	—	102.63	153.75	23.5	—	177.34	—	177.34	177.34	—	—	77.75	—	77.75	77.75	—	—
佃农	8	164.8	—	164.8	80.2	143	—	223.2	—	223.2	223.2	—	—	41.72	—	41.72	41.72	—	—
佃农	9	206	—	206	130.3	—	—	130.3	—	130.3	130.3	—	—	44.56	—	44.56	44.56	—	—
佃农	10	29.3	—	29.3	103.5	39	—	142.5	—	142.5	142.5	—	—	67.2	—	67.2	67.2	—	—
佃农	11	103	—	103	17	18.2	—	35.2	—	35.2	35.2	—	—	21	—	21	21	—	—
佃农	12	145.1	—	145.1	55.15	120.9	—	176.05	—	176.05	176.05	—	—	9.1	—	9.1	9.1	—	—
佃农	平均	129.64	—	129.64	77.23	64.22	—	141.45	—	141.45	141.45	—	—	36.72	—	36.72	36.72	—	—
	总平均	113.88	—	113.88	121.87	40.52	—	162.39	—	162.39	162.39	—	—	60.65	—	60.65	60.65	—	—

第二十九表　农业毛收入(其二)

	苏子						糜子						小豆		
	所得性总收入	待售实物增额	固定结余财产增额	小计(毛收入)	农业外毛收入	余额(农业毛收入)	所得性总收入	待售实物增额	固定结余财产增额	小计(毛收入)	农业外毛收入	余额(农业毛收入)	所得性总收入	待售实物增额	固定结余财产增额
1（自耕农）	239.15	14	—	253.15	—	253.15	57	—	—	57	—	57	114.2	-33	—
2	114.45	—	—	114.45	—	114.45	71.21	—	—	71.21	—	71.21	92.42	-9	—
3	67.97	165.2	—	233.17	—	233.17	60.6	—	—	60.6	—	60.6	150.6	-33	—
4	231.99	—	—	231.99	—	231.99	66.66	—	—	66.66	—	66.66	104.16	-33	—
5	118.18	12.6	—	130.78	—	130.78	35	—	—	35	—	35	99.7	-11	—
6	—	—	—	—	—	—	—	—	—	—	—	—	—	—	—
7	40	—	—	40	—	40	—	—	—	—	—	—	80.15	-17	—
平均	115.96	27.4	—	143.3	—	143.3	41.5	—	—	41.5	—	41.5	—	—	—
8（佃农）	44.94	20.3	—	65.24	—	65.24	26	—	—	26	—	26	10	-22	—
9	92.24	57.4	—	149.64	—	149.64	—	—	—	—	—	—	28	-16.5	—
10	20	82.6	—	102.6	—	102.6	—	—	—	—	—	—	9	-5.5	—
11	59.42	9.8	—	69.22	—	69.22	—	—	—	—	—	—	2	-8.8	—
12	47.12	—	—	47.12	—	47.12	5.2	—	—	5.2	—	5.2	9.8	—	—
平均	52.74	34.02	—	86.76	—	86.76	—	—	—	—	—	—	—	—	—
总平均	89.62	30.16	—	119.78	—	119.78	26.37	—	—	26.37	—	26.37	50.84	-13.58	—

第二十九表（其二）续

		小豆			豆类						蔬菜类					
		小计（毛收入）	农业外毛收入	余额（农业毛收入）	所得性总收入	待售实物增额	固定结余财产增额	小计（毛收入）	农业外毛收入	余额（农业毛收入）	所得性总收入	待售实物增额	固定结余财产增额	小计（毛收入）	农业外毛收入	余额（农业毛收入）
自耕农	1	81.2	—	81.2	131.6	-28	—	103.6	—	103.6	491	—	—	491	—	491
	2	83.42	—	83.42	51.9	-6	—	45.9	—	45.9	223.25	—	—	223.25	—	223.25
	3	117.6	—	117.6	139.5	-86.5	—	53	—	53	310.8	—	—	310.8	—	310.8
	4	71.16	—	71.16	20.2	-15	—	5.2	—	5.2	106.6	—	—	106.6	—	106.6
	5	88.7	—	88.7	18.12	-17.5	—	0.72	—	0.72	155.1	—	—	155.1	—	155.1
	6	—	—	—	5.47	-4.8	—	0.67	—	0.67	72.6	—	—	72.6	—	72.6
	7	—	—	—	6.47	-1.5	—	4.97	—	4.97	38.6	—	—	36.62	—	36.62
	平均	63.15	—	63.15	53.32	-22.75	—	30.57	—	30.57	199.71	—	—	199.71	—	199.71
佃农	8	—	—	—	6.75	-49.5	—	-42.75	—	-42.75	85.6	—	—	85.6	—	85.6
	9	10	—	10	130.75	-93	—	37.75	—	37.75	80.9	—	—	80.9	—	80.9
	10	6	—	6	14.41	-10.5	—	3.91	—	3.91	150	—	—	150	—	150
	11	-7.5	—	-7.5	10	-35	—	-25	—	-25	90.4	—	—	90.4	—	90.4
	12	-3.5	—	-3.5	17.95	—	—	17.95	—	17.95	89.5	—	—	89.5	—	89.5
	平均	1	—	1	35.97	-37.6	—	-4.63	—	-4.63	99.28	—	—	99.28	—	99.28
总平均		37.26	—	37.26	46.09	-28.95	—	17.14	—	17.14	157.86	—	—	157.86	—	157.86

第二十九表 农业毛收入(其三)

		茎秆类						畜产品					
		所得性总收入	待售实物增额	固定结余财产增额	小计(毛收入)	农业外毛收入	余额(农业毛收入)	所得性总收入	待售实物增额	固定结余财产增额	小计(毛收入)	农业外毛收入	余额(农业毛收入)
自耕农	1	536	—	—	536	—	536	370	—	595	965	—	965
	2	409	—	—	409	—	409	35	—	660	695	—	695
	3	500	—	—	500	—	500	—	—	105	105	—	105
	4	454	—	—	454	—	454	105	—	180	285	—	285
	5	459	—	—	459	—	459	145.1	—	20	165.1	—	165.1
	6	116	—	—	116	—	116	—	—	—	—	—	—
	7	140	—	—	140	—	140	2.7	—	50	52.7	—	52.7
	平均	373.43	—	—	373.43	—	373.43	93.97	—	230	323.97	—	323.97
佃农	8	136	—	—	136	—	136	63	—	—	63	—	63
	9	274	—	—	274	—	274	45	—	50	95	—	95
	10	268	—	—	268	—	268	60	—	70	130	—	130
	11	209	—	—	209	—	209	40.3	—	30	70.3	—	70.3
	12	224	—	—	224	—	224	47.6	—	—	47.6	—	47.6
	平均	222.2	—	—	222.2	—	222.2	51.18	—	30	81.18	—	81.18
	总平均	310.42	—	—	310.42	—	310.42	76.14	—	146.67	222.81	—	222.81

第二十九表(其三)　续

	财产利用收入						薪金及俸禄收入					
	所得性总收入	待售实物增额	固定结余财产增额	小计(毛收入)	农业外毛收入	余额(农业毛收入)	所得性总收入	待售实物增额	固定结余财产增额	小计(毛收入)	农业外毛收入	余额(农业毛收入)
1	830	—	—	830	830	—	450	—	—	450	450	—
2	1,301.40	—	—	1,301.40	1,301.40	—	243	—	—	243	243	—
3	419.48	—	—	419.48	419.48	—	85	—	—	85	85	—
4	1,007.83	—	—	1,007.83	1,007.83	—	49	—	—	49	49	—
5	156	—	—	156	156	—	—	—	—	—	—	—
6	74	—	—	74	74	—	—	—	—	—	—	—
7	48	—	—	48	48	—	—	—	—	—	—	—
平均	548.1	—	—	548.1	548.1	—	118.14	—	—	118.14	118.14	—
8	—	—	—	—	—	—	20	—	—	20	20	—
9	—	—	—	—	—	—	120	—	—	120	120	—
10	—	—	—	—	—	—	95	—	—	95	95	—
11	—	—	—	—	—	—	—	—	—	—	—	—
12	—	—	—	—	—	—	—	—	—	—	—	—
平均	—	—	—	—	—	—	47	—	—	47	47	—
总平均	319.73	—	—	319.73	319.73	—	88.5	—	—	88.5	88.5	—

注:1—7 为自耕农,8—12 为佃农。

第二十九表　农业毛收入(其四)

		合计						补助及受赠现金					
		所得性总收入	待售实物增额	固定结余财产增额	小计(毛收入)	农业外毛收入	余额(农业毛收入)	所得性总收入	待售实物增额	固定结余财产增额	小计(毛收入)	农业外毛收入	余额(农业毛收入)
自耕农	1	8,081.69	24	595	8,700.69	1,810.00	6,890.69	147	—	—	147	147	—
	2	5,657.41	537	660	6,854.41	2,689.80	4,164.61	15	—	—	15	15	—
	3	4,385.28	114.7	105	4,604.99	755.96	3,849.03	87	—	—	87	87	—
	4	5,248.13	-40.20	180	5,387.93	1,944.66	3,443.27	15	—	—	15	15	—
	5	2,984.53	82.9	20	3,087.43	156	2,931.43	15	—	—	15	15	—
	6	672.58	59.9	—	732.48	74	658.48	15	—	—	15	15	—
	7	485.17	76.3	50	611.47	48	563.47	15	—	—	15	15	—
	平均	3,930.69	122.1	230	4,282.79	1,068.34	3,214.45	44.15	—	—	44.15	44.15	—
佃农	8	1,791.75	227.8	—	2,019.55	20	1,999.55	15	—	—	15	15	—
	9	2,789.33	-7.10	50	2,832.23	120	2,712.23	15	—	—	15	15	—
	10	2,348.01	-211.90	70	2,206.11	95	2,111.11	15	—	—	15	15	—
	11	1,351.22	23	30	1,404.22	—	1,404.22	15	—	—	15	15	—
	12	1,693.99	-97.90	—	1,596.09	—	1,596.09	15	—	—	15	15	—
	平均	1,994.86	-13.22	30	2,011.64	47	2,607.53	15	—	—	15	15	—
总平均		3,124.09	65.71	146.67	3,336.47	642.79	2,693.68	32	—	—	32	32	—

第二十九表(其四)　续

		所得性总收入	待售实物增额	固定结余财产增额	合计			余额(农业毛收入)
					小计(毛收入)	农业外毛收入		
自耕农	1	8,228.69	24.00	595.00	8,847.69	1,957.00		6,890.69
	2	5,672.41	537.00	660.00	6,869.41	2,704.80		4,164.61
	3	4,472.29	114.70	105.00	4,691.99	842.96		3,849.03
	4	5,263.13	-40.20	180.00	5,402.93	1,959.66		3,443.27
	5	2,999.53	82.90	20.00	3,102.43	171.00		2,931.43
	6	687.58	59.90	—	747.48	89.00		658.48
	7	500.17	76.30	50.00	626.47	63.00		563.47
	平均	3,974.82	122.10	230.00	4,326.92	1,112.49		3,214.45
佃农	8	1,806.75	227.80	—	2,034.55	35.00		1,999.55
	9	2,804.33	-7.10	50.00	2,847.23	135.00		2,712.23
	10	2,363.01	-211.90	70.00	2,221.11	110.00		2,111.11
	11	1,366.22	23.00	30.00	1,419.22	15.00		1,404.22
	12	1,708.99	-97.90	—	1,611.09	15.00		1,596.09
	平均	2,009.86	-13.22	30.00	2,026.64	62.00		1,964.64
总平均		3,156.09	65.71	146.67	3,368.47	674.79		2,693.68

第三十表 农业经营费（其一）

| | | 饲料费 | | | | | 余额（农业经营费） | 家畜费 | | |
		所得性总支出	购入实物减少额	固定财产折旧费	合计（所得性支出）	农业外支出		所得性总支出	购入实物减少额	固定财产折旧费
自耕农	1	48.4	—	—	48.4	—	48.4	—	—	90
	2	130	—	—	130	—	130	—	—	135
	3	50	—	—	50	—	50	—	—	75
	4	—	—	—	—	—	—	—	—	65
	5	104	—	—	104	—	104	10	—	40
	6	—	—	—	—	—	—	—	—	20
	7	—	—	—	—	—	—	—	—	10
	平均	47.49	—	—	47.49	—	47.49	1.43	—	62.14
佃农	8	—	—	—	—	—	—	—	—	30
	9	130	—	—	130	—	130	—	—	—
	10	—	—	—	—	—	—	—	—	60
	11	28	—	—	28	—	28	—	—	40
	12	32.2	—	—	32.2	—	32.2	—	—	45
	平均	38.04	—	—	38.04	—	38.04	—	—	45
	总平均	43.55	—	—	43.55	—	43.55	0.83	—	55

第三十表（其一）　续

		家畜费			机具费					
		合计（所得性支出）	农业外支出	余额（农业经营费）	所得性总支出	购入实物减少额	固定财产折旧费	合计（所得性支出）	农业外支出	余额（农业经营费）
自耕农	1	90	—	90	54.1	—	49.95	104.05	—	104.05
	2	135	—	135	74.1	—	49.08	123.18	—	123.18
	3	75	—	75	20.8	—	26.88	47.68	—	47.68
	4	65	—	65	17.5	—	19.76	37.26	—	37.26
	5	50	—	50	12.5	—	13.52	26.02	—	26.02
	6	20	—	20	—	—	5.75	5.75	—	5.75
	7	10	—	10	—	—	0.25	0.25	—	0.25
	平均	63.57	—	63.57	25.57	—	23.6	49.17	—	49.17
佃农	8	80	—	80	3.85	—	9.13	12.98	—	12.98
	9	—	—	—	5	—	16.7	21.7	—	21.7
	10	60	—	60	6.1	—	8.6	14.7	—	14.7
	11	40	—	40	6.4	—	15.75	22.15	—	22.15
	12	45	—	45	1.4	—	13.5	14.9	—	14.9
	平均	45	—	45	4.55	—	12.74	17.29	—	17.29
总平均		55.83	—	55.83	16.81	—	19.07	35.88	—	35.88

第三十表(其一)　续

	各种材料费						药剂费		
	所得性总支出	购入实物减少额	固定财产折旧费	合计(所得性支出)	农业外支出	余额(农业经营费)	所得性总支出	购入实物减少额	固定财产折旧费
自耕农 1	—	—	—	—	—	—	4	—	—
2	—	—	—	—	—	—	8.7	—	—
3	—	—	—	—	—	—	—	—	—
4	—	—	—	—	—	—	—	—	—
5	—	—	—	—	—	—	—	—	—
6	—	—	—	—	—	—	—	—	—
7	—	—	—	—	—	—	—	—	—
平均	—	—	—	—	—	—	1.81	—	—
佃农 8	—	—	—	—	—	—	—	—	—
9	—	—	—	—	—	—	4	—	—
10	16	—	—	16	—	16	—	—	—
11	—	—	—	—	—	—	—	—	—
12	—	—	—	—	—	—	22	—	—
平均	3.2	—	—	3.2	—	3.2	5.2	—	—
总平均	1.33	—	—	1.33	—	1.33	3.23	—	—

第三十表（其一）　续

		药剂费			工钱					
		合计（所得性支出）	农业外支出	余额（农业经营费）	所得性总支出	购入实物减少额	固定财产折旧费	合计（所得性支出）	农业外支出	余额（农业经营费）
自耕农	1	4	—	4	3,107.95	—	—	3,107.95	—	3,107.95
	2	8.7	—	8.7	2,064.71	—	—	2,064.71	—	2,064.71
	3	—	—	—	1,897.01	—	—	1,897.01	—	1,897.01
	4	—	—	—	2,409.13	—	—	2,409.13	—	2,409.13
	5	—	—	—	639.56	—	—	639.56	—	639.56
	6	—	—	—	161.91	—	—	161.91	—	161.91
	7	—	—	—	6	—	—	6	—	6
	平均	1.81	—	1.81	1,418.03	—	—	1,418.03	—	1,418.03
佃农	8	—	—	—	1,006.46	—	—	1,006.46	—	1,006.46
	9	4	—	4	672.08	—	—	672.08	—	672.08
	10	—	—	—	120	—	—	120	—	120
	11	—	—	—	12.44	—	—	12.44	—	12.44
	12	22	—	22	332.79	—	—	332.79	—	332.79
	平均	5.2	—	5.2	428.75	—	—	428.75	—	428.75
总平均		3.23	—	3.23	1,005.84	—	—	1,005.84	—	1,005.84

第三十表　农业经营费（其二）

	借款及手续费				农业外支出	余额（农业经营费）	地租		
	所得性总支出	购入实物减少额	固定财产折旧费	合计(所得性支出)			所得性总支出	购入实物减少额	固定财产折旧费
自耕农 1	—	—	—	—	—	—	—	—	—
2	3.14	—	—	3.14	—	3.14	—	—	—
3	—	—	—	—	—	—	—	—	—
4	—	—	—	—	—	—	—	—	—
5	—	—	—	—	—	—	—	—	—
6	—	—	—	—	—	—	—	—	—
7	—	—	—	—	—	—	—	—	—
平均	0.45	—	—	0.45	—	0.45	—	—	—
佃农 8	—	—	—	—	—	—	499.9	—	—
9	—	—	—	—	—	—	948.3	—	—
10	—	—	—	—	—	—	682.9	—	—
11	—	—	—	—	—	—	387.8	—	—
12	—	—	—	—	—	—	448.4	—	—
平均	—	—	—	—	—	—	593.46	—	—
总平均	0.26	—	—	0.26	—	0.26	247.28	—	—

第三十表（其二）续

	地租			捐税					
	合计（所得性支出）	农业外支出	余额（农业经营费）	所得性总支出	购入实物减少额	固定财产折旧费	合计（所得支出）	农业外支出	余额（农业经营费）
自耕农 1	—	—	—	363	—	—	363	—	363
2	—	—	—	357.02	—	—	357.02	—	357.02
3	—	—	—	133.55	—	—	133.55	—	133.55
4	—	—	—	205	—	—	205	—	205
5	—	—	—	119.77	—	—	119.77	—	119.77
6	—	—	—	17.57	—	—	17.57	—	17.57
7	—	—	—	24	—	—	24	—	24
平均	—	—	—	174.27	—	—	174.27	—	174.27
佃农 8	499.9	—	499.9	—	—	—	—	—	—
9	948.3	—	948.3	32.12	—	—	32.12	—	32.12
10	682.9	—	682.9	25.32	—	—	25.32	—	25.32
11	387.8	—	387.8	66.95	—	—	66.95	—	66.95
12	448.4	—	448.4	18.5	—	—	18.5	—	18.5
平均	593.46	—	593.46	28.58	—	—	28.58	—	28.58
总平均	247.28	—	247.28	113.57	—	—	113.57	—	113.57

第三十表(其二)　续

		建筑费						杂项支出					
		所得性总支出	购入实物减少额	固定财产折旧费	合计(所得性支出)	农业外支出	余额(农业经营费)	所得性总支出	购入实物减少额	固定财产折旧费	合计(所得性支出)	农业外支出	余额(农业经营费)
自耕农	1	—	—	132.57	132.57	85.5	47.07	—	—	—	—	—	—
	2	30	—	97.38	97.38	58.11	39.27	118.08	—	—	118.08	—	118.08
	3	—	—	91.83	91.83	85.08	6.75	4	—	—	4	—	4
	4	—	—	145.34	145.34	106.02	39.32	2.9	—	—	2.9	—	2.9
	5	—	—	107.77	107.77	65.5	42.27	7.05	—	—	7.05	—	7.05
	6	—	—	35.5	35.5	34.5	1	1.44	—	—	1.44	—	1.44
	|7	—	—	14	14	14	—	1.2	—	—	1.2	—	1.2
	平均	4.29	—	89.2	89.2	64.1	25.1	19.24	—	—	19.24	—	19.24
佃农	8	—	—	4	4	—	4	—	—	—	—	—	—
	9	—	—	2.8	2.8	—	2.8	7.8	—	—	7.8	—	7.8
	10	—	—	4.86	4.86	—	4.86	1	—	—	1	—	1
	11	—	—	—	—	—	—	3.9	—	—	3.9	—	3.9
	12	—	—	4	4	—	4	—	—	—	—	—	—
	平均	—	—	3.13	3.13	—	3.13	25.4	—	—	25.4	—	25.4
总平均		2.5	—	53.34	53.34	37.39	15.95	12.28	—	—	12.28	—	12.28

第三十表　农业经营费(其三)

		合计						拟制支出					
		所得性总支出	购入实物减少额	固定财产折旧费	合计(所得性支出)	农业外支出	余额(农业经营费)	所得性总支出	购入实物减少额	固定财产折旧费	合计(所得性支出)	农业外支出	余额(农业经营费)
自耕农	1	3,577.45	—	272.52	3,849.97	85.5	3,764.47	530	—	—	530	530	—
	2	2,785.75	—	281.46	3,067.21	58.11	3,009.10	1,145.40	—	—	1,145.40	1,145.40	—
	3	2,105.36	—	193.71	2,299.07	85.08	2,213.99	251.48	—	—	251.48	251.48	—
	4	2,274.53	—	230.1	2,504.63	106.02	2,398.61	887.83	—	—	887.83	887.83	—
	5	892.88	—	161.29	1,054.17	65.5	988.67	—	—	—	—	—	—
	6	180.92	—	61.25	242.17	34.5	207.67	—	—	—	—	—	—
	7	31.2	—	24.25	55.45	14	41.15	—	—	—	—	—	—
	平均	1,692.58	—	174.94	1,867.52	64.1	1,803.42	402.1	—	—	402.1	402.1	—
佃农	8	1,510.21	—	93.13	1,603.34	—	1,603.34	—	—	—	—	—	—
	9	1,799.30	—	19.5	1,818.80	—	1,818.80	—	—	—	—	—	—
	10	851.32	—	73.46	924.78	—	924.78	—	—	—	—	—	—
	11	505.49	—	55.75	561.24	—	561.24	—	—	—	—	—	—
	12	855.29	—	62.5	917.79	—	917.79	—	—	—	—	—	—
	平均	1,104.42	—	60.87	1,165.19	—	1,165.19	—	—	—	—	—	—
总平均		1,447.48	—	127.41	1,574.89	37.39	1,537.50	234.56	—	—	234.56	234.56	—

第三十表（其三）　续

		所得性总支出	购入实物减少额	固定财产折旧费	合计（所得性支出）	农业外支出	余额（农业经营费）
					合计		
自耕农	1	4,107.45	—	272.52	4,379.97	615.50	3,764.47
	2	3,931.15	—	281.46	4,212.61	1,203.51	3,009.10
	3	2,356.84	—	193.71	2,550.55	336.56	2,213.99
	4	3,162.36	—	230.10	3,392.46	998.85	2,398.61
	5	892.88	—	161.29	1,054.17	65.50	988.67
	6	180.92	—	61.25	242.17	34.50	207.67
	7	31.20	—	24.25	55.45	14.00	41.45
	平均	2,094.68	—	174.94	2,269.62	466.20	1,803.42
佃农	8	1,510.21	—	93.13	1,603.34	—	1,603.34
	9	1,799.30	—	19.50	1,818.80	—	1,818.80
	10	851.32	—	73.46	924.78	—	924.78
	11	505.49	—	55.75	561.24	—	561.24
	12	855.29	—	62.50	917.79	—	917.79
	平均	1,104.32	—	60.87	1,165.19	—	1,165.19
总平均		1,682.04	—	127.41	1,809.45	271.95	1,537.50

第三十一表　农业纯收益

		农业毛收入	农业经营费	余额(农业纯收益)
自耕农	1	6,890.69	3,764.47	3,126.22
	2	4,164.61	3,009.10	1,155.51
	3	3,849.03	2,213.99	1,635.04
	4	3,443.27	2,398.61	1,044.66
	5	2,931.43	988.67	1,942.76
	6	658.48	207.67	450.81
	7	563.47	41.45	522.02
	平均	3,214.45	1,803.42	1,411.03
佃农	8	1,999.55	1,603.34	396.21
	9	2,712.23	1,818.80	893.43
	10	2,111.11	924.78	1,186.33
	11	1,404.22	561.24	842.98
	12	1,596.09	917.79	678.30
	平均	1,964.64	1,165.19	799.45
总平均		2,693.68	1,537.50	1,156.18

第三十二表　单位面积农业纯收益

		平均每晌农业效益			耕作面积
		农业毛收入	农业经营费	农业纯收益	
自耕农	1	54.26	29.64	24.62	127.0
	2	44.45	32.11	12.33	93.7
	3	44.70	25.74	19.01	86.0
	4	54.05	37.65	16.40	63.7
	5	49.69	16.76	32.93	59.0
	6	63.32	19.97	43.35	10.4
	7	93.91	6.91	87.00	6.0
	平均	50.46	28.31	22.15	63.7
佃农	8	39.99	32.07	7.92	50.0
	9	62.35	41.81	20.54	43.5
	10	61.19	26.81	34.39	34.5
	11	57.32	22.91	34.41	24.5
	12	79.80	45.89	33.91	20.0
	平均	56.95	33.77	23.17	34.5
总平均		52.28	29.84	22.44	51.52

第三十三表　工钱明细表

类型	序号	年工 人数	年工 现金支付额	年工 实物 名称	年工 实物 数量	年工 实物 金额	年工 合计支付额	年工 周转性支出 总人次	年工 周转性支出 人均每日	年工 周转性支出 金额	月工 人数	月工 现金支付额	月工 实物 名称	月工 实物 数量	月工 实物 金额	月工 合计支付额	月工 周转性支出 总人次	月工 周转性支出 数量	月工 周转性支出 金额
自耕农	1	8	—	—		2,012.00	2,708.00	2,680	0.26	696.8	—	—	—	—		—	—	—	—
	2	7	—	—		896.86	1,682.26	2,310	0.34	785.4	—	—	—	—		—	—	—	—
	3	5	—	—		1,012.21	1,598.46	1,675	0.35	586.25	—	—	—	—		—	—	—	—
	4	6	—	—		1,423.13	2,026.13	2,010	0.3	603									
	5	2	—	—		329.66	577.56	670	0.37	247.9	1	6.5	—			62	150	0.37	55.5
	6	1	—	—		82.71	161.92	240	0.33	79.2									
	7	—	—	—		—	—	—	—	—									
	平均	4.14	—	—		822.37	1,250.73	1,369.30		428.36	0.14	0.93				8.86	21.4		7.93
佃农	8	4	—	—		607.8	996.4	1,340	0.29	388.6	—	—				—			—
	9	2	—	—		424.78	605.68	670	0.27	180.9	—	—				—			—
	10	—	—			—			—										
	11	—	—			—			—										
	12	1	—	—		217.24	327.79	335	0.33	110.55	—	—				—			—
	平均	1.4	—	—		249.96	385.97	469	—	136.01									
总平均	总平均	3	—	—		583.87	890.41	994.2	—	306.55	0.08	0.54				5.17	12.5		4.63

第三十三表　续

		临时工								总计							
		人数	现金支付额	实物			周转性支出		合计支付额	现金支付额	实物			周转性支出			合计支付额
				名称	数量	金额	人均每日	金额			名称	数量	金额	总人次	数量	金额	金额
自耕农	1	210	344.55	—	—	—	0.26	54.6	399.15	344.55			2,012.00	2,890	0.26	751.4	3,107.95
	2	180	321.25				0.34	61.2	382.45	321.25			896.86	2,490	0.34	846.6	2,064.71
	3	145	247.8				0.35	50.75	298.55	247.8			1,012.21	1,820	0.35	637	1,897.01
	4	10	20				0.3	3	23	20			1,423.13	2,020	0.3	606	2,049.13
	5	—	—					—	—	6.5			329.66	820	0.37	303.4	639.56
	6	—	—					—	—	—			82.71	240	0.33	79.2	161.91
	7	—	6					—	6	6			—	—	—	—	6
	平均	77.9	134.22					24.22	158.44	135.16			822.37	1,468.60		460.51	1,418.03
佃农	8	7	8.03				0.29	2.03	10.06	8.03			607.8	1,347	0.29	390.63	1,006.46
	9	30	58.3				0.27	8.1	66.4	58.3			424.87	700	0.27	189	672.08
	10	50	102				0.36	18	120	102			—	50	0.36	18	120
	11	4	11				0.36	1.44	12.44	11			—	4	0.36	1.44	12.44
	12	—	5					—	5	5			217.24	335	0.33	110.55	332.79
	平均	18.2	36.87					5.91	42.78	36.87			249.96	487.2		141.92	428.75
总平均		53.02	93.65					16.59	110.24	94.2			583.87	1,059.70		327.77	1,005.84

第三十四表　作物收成状况表（其一）

	粟					玉米					高粱				
	耕作面积（晌）	产量 主产品（石）	产量 副产品（束）	单位面积产量 主产品（石）	单位面积产量 副产品（束）	耕作面积（晌）	产量 主产品（石）	产量 副产品（束）	单位面积产量 主产品（石）	单位面积产量 副产品（束）	耕作面积（晌）	产量 主产品（石）	产量 副产品（束）	单位面积产量 主产品（石）	单位面积产量 副产品（束）
1	42	358	16,800	9.52	400	32	262	4,800	8.19	150	15.5	149	12,400	9.61	800
2	32	218	12,800	6.81	400	22	166	3,300	7.55	150	15.5	96	9,300	6.19	600
3	33	233	10,500	7.06	320	15	104	3,000	7	200	10	69	6,000	6.9	600
4	25	162	6,500	6.5	260	12	96	3,000	8	250	8.5	66.8	4,250	8.89	500
5	25	168	10,000	6.7	400	10	78.6	1,500	7.86	150	9	69	6,300	7.67	700
6	5	49.2	2,000	9.84	400	2	18.5	400	9.25	200	0.5	5.5	300	11	600
7	2	23.5	600	11.75	300	2	17.5	400	8.75	200	—	—	—	—	—
自耕农 平均	23.43	173.1	8,466	7.43	361	13.57	106.1	2,343	7.82	173	8.43	65	5,507	7.71	653
8	20	140	6,600	7	320	14	99.4	2,100	7.1	150	6	45.6	3,000	7.6	500
9	20	187	6,000	9.35	300	11	145.2	2,200	13.2	200	3	31.7	1,800	10.57	600
10	12	83	4,800	6.92	400	8	84.2	800	10.5	100	3.5	33.7	2,450	9.63	700
11	10	69	4,000	6.9	400	7	59.8	1,260	8.54	180	2	17.5	1,200	8.75	600
12	6	48.5	2,100	8.08	350	6	43.6	1,020	7.27	170	2	32.7	1,400	16.35	700
佃农 平均	13.6	105	4,700	7.76	345	9.2	86.4	1,476	9.39	160	3.3	32.2	1,970	9.76	597
总平均	19.33	144.7	6,397	7.5	357	11.75	92.9	1,982	7.91	169	6.29	51.4	4,033	8.17	641

注：面积单位：晌；主产品单位：石；副产品单位：捆。

第三十四表（其一） 续

		小麦					燕麦					苏子				
		耕作面积（晌）	产量		单位面积产量		耕作面积（晌）	产量		单位面积产量		耕作面积（晌）	产量		单位面积产量	
			主产品（石）	副产品（束）	主产品（石）	副产品（束）		主产品（石）	副产品（束）	主产品（石）	副产品（束）		主产品（石）	副产品（束）	主产品（石）	副产品（束）
自耕农	1	11	41.5	11,000	3.77	1,000	4	26.5	3,840	6.63	960	8.5	36.3	5,100	4.27	600
	2	4	13.8	2,800	3.45	700	4	40	3,200	10	800	6.5	17.5	3,900	2.7	600
	3	5	10.9	2,500	2.18	500	5	39.4	3,500	7.88	700	10	33	7,000	3.3	700
	4	5	16.5	3,000	3.3	600	3	19	3,000	6.33	1,000	5	16.5	3,000	3.3	600
	5	4	13.2	2,200	3.3	550	2	19.8	1,600	9.9	800	4	19.8	2,400	4.95	600
	6	1.2	4.2	720	3.5	600	—	—	—	—	—	—	—	—	—	—
	7	0.5	1.7	300	3.45	600	—	—	—	—	—	1	8	600	8	600
	平均	4.39	14.5	3,217	3.3	733	2.57	20.7	2,163	8.05	842	5	18.7	3,057	3.74	611
佃农	8	5	15.9	2,500	3.18	500	1.5	19.8	1,350	13.2	900	2.5	8.9	1,500	3.56	600
	9	1.5	8.9	900	5.9	600	1.5	19.8	1,350	13.2	900	2	13.2	1,200	6.6	600
	10	3	9.9	1,800	3.3	600	2	13.2	1,600	6.6	800	3	19.8	2,100	6.6	700
	11	1	3.3	600	3.3	600	1	9.3	800	9.3	800	2	9.9	1,200	4.95	600
	12	4	10.9	2,200	2.73	550	—	—	—	—	—	1	6.9	600	6.9	600
	平均	2.9	9.8	1,600	3.38	552	1.2	12.4	1,020	10.3	850	2.1	11.7	1,380	5.57	652
总平均		3.77	12.6	2,543	3.34	675	2	17.2	1,687	8.6	844	3.79	15.8	2,333	4.17	616

第三十四表 （其二）

	小豆 耕作面积（晌）	小豆 产量 主产品（石）	小豆 产量 副产品（束）	小豆 单位面积产量 主产品（石）	小豆 单位面积产量 副产品（束）	大豆其他豆 耕作面积（晌）	大豆其他豆 产量 主产品（石）	大豆其他豆 产量 副产品（束）	大豆其他豆 单位面积产量 主产品（石）	大豆其他豆 单位面积产量 副产品（束）	毛毛豆 耕作面积（晌）	毛毛豆 产量 主产品（石）	毛毛豆 产量 副产品（束）	毛毛豆 单位面积产量 主产品（石）	毛毛豆 单位面积产量 副产品（束）
1	2	5.3	1.5	2.65	0.8	—	—	—	—	—	2	9.2	2	4.6	1
2	4	4.3	2.5	1.08	0.6	2	6.6	2	3.3	1	2	7.6	2	3.6	1
3	2	2	1	1	0.5	—	—	—	—	—	2	4	2	2	1
4	2	5.3	1.5	2.65	0.8	1	2	1.5	2	1.5	1	2.7	1	2.7	1
5	1	2	1.4	2	0.7	0.2	1	0.3	5	1.5	—	—	—	—	—
6	—	—	—	—	—	—	—	—	—	—	—	—	—	—	—
7	—	—	—	—	—	—	—	—	—	—	—	—	—	—	—
平均	1.57	2.7	1.13	1.72	0.72	0.46	1.37	0.54	3	1.17	1	3.36	1	3.36	1
8	—	—	—	—	—	—	—	—	—	—	—	—	—	—	—
9	—	—	—	—	—	1	6.6	2	6.6	2	1	6.6	1	6.6	1
10	9.5	2.3	1.5	4.6	0.8	—	—	—	—	—	—	—	—	—	—
11	—	—	—	—	—	—	—	—	—	—	—	—	—	—	—
12	—	—	—	—	—	—	—	—	—	—	—	—	—	—	—
平均	0.1	0.5	0.3	4.6	3	0.2	1.32	0.4	6.6	2	0.2	1.32	0.2	6.6	1
总平均	0.36	1.77	0.72	1.84	0.75	0.35	1.35	0.45	3.86	1.28	0.66	2.51	0.66	3.74	1

自耕农（1～7、平均）　佃农（8～12、平均）

第三十四表（其二） 续

| | | 磨石豆 | | | | | 马铃薯 | | | | |
		耕作面积（晌）	产量 主产品（石）	产量 副产品（束）	单位面积产量 主产品（石）	单位面积产量 副产品（束）	耕作面积（晌）	产量 主产品（石）	产量 副产品（束）	单位面积产量 主产品（石）	单位面积产量 副产品（束）
自耕农	1	—	—	—	—	—	1.0	—	—	—	—
	2	—	—	—	—	—	0.7	—	—	—	—
	3	—	—	—	—	—	1.0	—	—	—	—
	4	—	—	—	—	—	0.7	—	—	—	—
	5	—	—	—	—	—	0.5	—	—	—	—
	6	—	—	—	—	—	0.4	—	—	—	—
	7	—	—	—	—	—	—	—	—	—	—
	平均	—	—	—	—	—	0.61	—	—	—	—
佃农	8	—	—	—	—	—	—	—	—	—	—
	9	—	—	—	—	—	0.5	—	—	—	—
	10	2.0	7.9	2	3.95	1.0	—	—	—	—	—
	11	1.0	3.3	1	3.30	1.0	—	—	—	—	—
	12	—	—	—	—	—	—	—	—	—	—
	平均	0.60	2.24	0.60	3.73	1.0	0.10	—	—	—	—
总平均		0.25	0.93	0.25	3.73	1.0	0.40	—	—	—	—

昭和 17 年 1 月 23 日

北经调查特第 40 号

昭和 14 年满人农家经济调查报告(其三)
——呼兰县孟家村刘泉井区

南满洲铁道株式会社

北满经济调查所

昭和十七年一月二十三日

北經調査特第四十號

昭和十
四年度

滿人農家經濟調査報告（其ノ三）

満洲國

——孛々井子村劉泉井區

南滿洲鐵道株式會社

北滿經濟調査所

绪　言

　　一、本调查是为了明确根据农作物增产计划开展的经济作物的种植对农家经济产生的影响,进而为农作物价格政策及改善农业经营提供资料。

　　二、本调查始于昭和 14 年 8 月,持续实施了 3 年。报告记录了在奉天省辽阳县千山村、滨江省呼兰县孟家村、肇州县朝阳村 3 个村进行的簿记调查第一年的情况。

　　三、本调查的方法是,将满洲调查机关联合会版的"农家经济簿"发给各农家,由一名常驻于各村的调查员(满系)登记各农家的财产状况、劳动状况、现金及实物收支等与农家经济有关的一切事宜。统计依据调联的方法进行,详情载于卷末。

　　四、调查选定了栽培增产作物棉花、燕麦、甜菜、亚麻的 3 个村庄。调查村庄及记账调查农家户数如下:

　　(一)奉天省辽阳县千山村下汪家峪屯(棉花)　　　　15 户
　　(二)滨江省肇州县朝阳村大地窝堡(燕麦)　　　　　15 户
　　(三)滨江省呼兰县孟家村刘泉井区(甜菜、亚麻)　　15 户

　　注:括号内为增产奖励作物。

　　在选定调查农家时,我们尽量就农家的经营模式、经营规模按照村庄各阶层的结构比例进行,但由于记账能力及其他种种原因,调查难免挂一漏万。另外,关于调查农家,在(昭和 14 年 7 月)选定村庄及农家时已经询问并调查了其经营概况(昭和 13 年度)。(提交的报告为《以经营为中心看北满农村经济——肇州县朝阳村之册、呼兰县孟家村之册》)

　　五、第一年(昭和 14 年度)由于种种原因,并出于记账练习的考虑,如上所述,从簿记年度之半的 8 月才开始记账,因此难以纵览全年的经营经济全貌。尤其是劳动力、生产开销与增产作物之间的有机联系等情况难以调查其详,因此这些问题的详细报告移到了下一年度(昭和 15 年),还乞诸贤谅解。现整理出了昭和 14 年 8 月初至昭和 15 年 7 月底的收支情况,且供参考。(各调查农家昭和 14 年与 15 年的经营情况大体相同。)

　　其中,关于农家的生计费、农家财产结构及其他横跨 2 个年度也不会造成影响的问题,我们将尽量详细分析。

　　另外,本报告在公布时,分为村别统计说明篇 3 册、总结篇 1 册,共计 4 册。

　　六、本调查由小阪忠夫监修,实地调查及统计主要由中村忠造负责,佐藤吉夫做了

一些辅助性的工作。

　　驻地调查由满系常驻调查员张庆余承担。

　　本调查使用的度量衡为旧制 1 晌(0.7379 公顷)、新制 1 石(300 立方)、新制 1 斤(0.5千克)。

南满洲铁道株式会社

北满经济调查所

昭和 16 年 10 月 20 日

目 录

调查成果表目录

一、农家经济基础诸表

二、农家经济结算诸表

三、农家经济成果结构诸表

第一章　调查村庄概况（呼兰县孟家村刘泉井区）

兹将调查农家及村庄的各相关情况及自然环境大致介绍如下。

本调查关于村庄概况的数据截止日期为康德 7 年 7 月最后一天。

第一　村庄的自然条件及其他概况

（一）村庄的位置及地势

本屯大致位于呼兰县的中心，人口约 5 万。离呼兰市街以北约 10 公里，地势平坦。总体说来，土地肥沃，属于本地区最富饶的地方。

（二）沿革

据老话说，本屯的开发有六七十年的历史。从奉天迁来的刘、李、郭等 5 人是最早的一批开拓者，因此本屯刘姓、李姓、郭姓特别多。老话还说，现在使用的刘泉井这个名称是最近才出现的，从前的称呼是刘金井。随着李家的没落，不知从什么时候起，后来的人误称成了刘泉井，并成了通称。

（三）气象

气候呈北满特有的大陆性气候，夏季 7 月最炎热，冬季 1 月最寒冷。雨季从 6 月下旬、7 月初开始，持续到 8 月，这期间的降雨量占全年的一大半。

（四）交通

如上所述，本屯离呼兰县城约 10 公里，其间有大车道路，到县城约需 2 个小时。村公所所在地孟家屯在本屯西 3 公里，两屯之间道路良好。另外，从本屯经县城 12 公里可去往呼兰站，马家站距此约 10 公里。此地交通极其方便，作为腹背之地，隶属于以工商业城市呼兰为中心的经济圈。

（五）医疗卫生

本屯没有地方病之类的疾病，卫生状况总体良好。村庄中，由两名学过医的人负责医疗。饮用水虽然不是很好，但还可以。

(六)其他概况

本屯由于紧邻北满重镇呼兰市,文化比其他地方进步。生活水平很高(后面的调查结果显示了其家计费的情况),农民对文化生活的热情也相当高。举一个例子来看,本屯有麻将者相当多,并以此作为娱乐消遣。

从教育方面来看,本屯相当多的农家把孩子送到呼兰市或哈尔滨上学,这是因为靠近北满的文化中心城市哈尔滨,又紧邻呼兰市的缘故。不过遗憾的是,据观察,大家似乎并不关心农业技术及经营的改善等。

南满地区户均耕地少,所以不得不进行集约型经营。受此影响,南满地区对农业技术及经营的改善、合理化具有相当高的热情。然而,本屯位于北满地区最好的地方,现状却如上所述。最近所有方面都举步维艰,即使这样,本地依然不改旧习,如死水一潭,实在遗憾。

(七)度量衡

本屯使用的度量衡如下:

本屯使用的度量衡	1 晌	1 石	1 斤
满洲国新度量衡	0.737 晌	3.00 石	1 斤
公制	0.738 公顷	300.0 立方	0.500 千克

本调查使用的是本屯使用的 1 晌、新制 1 石、新制 1 斤。

第二　户口

(一)户数

本屯有 91 户人家。从职业来看,农业者 46 户,占总户数的 50.6%。

根据土地性质划分农业者的话,自耕农 17 户,占总户数的 18.7%;自耕兼佃农 11 户,占12.1%;佃农 18 户,占 19.8%。

农业劳动者 38 户,占总户数的 41.8%。地主 3 户,占 3.3%,其他 4 户,占 4.4%。

将农业者分为自耕农、自耕兼佃农及佃农 3 类,农业外分为劳动者、地主和其他 3 类。按照这种分类对本屯的户数进行分解说明的话,自耕农 17 户中兼是地主的有 1 户,兼是劳动者的有 1 户,兼耕作典入地的有 3 户,纯粹的自耕农有 12 户。佃农 18 户中,兼是劳动者的有 1户,兼是半青(分益佃耕)的有 2 户(其中 1 户兼劳动者),纯粹的佃农有 15 户。

就农业劳动者而言,兼营典入地的有 4 户。半青(分益佃耕)有 5 户,纯劳动者有 29 户。3户地主中,1 户兼自耕。其他 4 户从商或做官。

(二)人口

本屯总人口 651 人,户均 7.15 人。

从性别来看,男性 347 人,女性 304 人,户均男性 3.81 人,女性 3.34 人,其比例分别为 53.3%和 46.7%。

按职业分类的户数及各年龄段人口结构详见下表。

不同职业户数及人口表

		户数		人口							
				男		女		小计		户均	
		实数	比例(%)	实数	比例(%)	实数	比例(%)	实数	比例(%)		
自耕农		17	18.7	53	15.3	50	16.4	103	15.8	6.06	
自耕兼佃农		11	12.1	69	19.9	69	22.7	138	21.2	12.54	
佃农		18	19.8	90	25.9	72	23.7	162	24.9	9.00	
农业小计	实数	46	50.6	212	61.1	191	62.8	403	61.9	8.11	
	比例(%)	—	—	52.6	—	47.4	—	100.0	—	—	
农业劳动者		38	41.8	116	33.4	93	30.6	209	32.1	5.50	
地主		3	3.3	7	2.0	8	2.6	15	2.3	5.00	
其他		4	4.4	12	3.5	12		24	3.7	6.00	
农业外小计	实数	45	49.4	135	38.9	113		248	38.1	5.51	
	比例(%)	—	—	54.3	—	45.7	—	100.0	—	—	
总计	实数	91	100.0	347	100.0	304	100.0	651	100.0	7.15	
	比例(%)	—	—	53.3	—	46.7	—	100.0	—	—	

各年龄段人口表

		自耕农	自耕佃	佃农	农业小计		农业劳动者	地主	其他	农业外小计		总计	
					实数	比例(%)				实数	比例(%)	实数	比例(%)
男	1—5	11	7	5	23	5.7	15	—	—	15	6.1	38	5.8
	6—10	8	6	9	23	5.7	19	3	3	25	10.0	48	7.4
	11—15	4	6	15	25	6.2	12	—	2	14	5.6	39	6.0
	16—20	2	5	9	16	4.0	7	—	—	7	2.8	23	3.5
	21—40	13	24	22	59	14.6	29	2	3	34	13.7	93	14.3
	41—50	5	13	16	34	8.4	18	1	2	21	8.5	55	8.4
	51—60	2	2	9	13	3.2	12	1	1	14	5.6	27	4.2
	61 以上	8	6	5	19	4.7	4	—	1	5	2.0	24	3.7
	小计	53	69	90	212	52.6	116	7	12	134	54.3	347	53.3
女	1—5	6	8	18	32	7.9	12	1	2	15	6.0	47	7.2
	6—10	8	9	4	21	5.2	10	3	4	17	6.9	38	5.8
	11—15	6	12	6	24	6.0	14	1	—	15	6.0	39	6.0
	16—20	6	5	12	23	5.7	8	—	—	8	3.2	31	4.8
	21—40	14	21	18	53	13.2	26	2	5	33	13.2	86	13.2
	41—50	5	9	5	19	4.7	12	1	—	13	5.2	32	4.9
	51—60	3	3	6	12	3.0	7	—	—	7	2.8	19	2.9
	61 以上	2	2	3	7	1.7	4	—	1	5	2.0	12	1.8
	小计	50	69	72	191	47.4	93	8	12	113	45.7	304	46.7
合计		103	138	162	403	100.0	209	15	24	248	100.0	651	100.0

第三　土地

(一)不同职业农家土地占有面积

从本屯占有耕地面积来看,总面积为 589.1 晌,其中自耕地 454.9 晌(77.2%),佃耕地121.7晌(20.7%),出典地 12.5 晌(2.1%)。

不同职业耕地所有状况见下表。

不同职业土地占有面积表

		自耕农	自耕兼佃农	佃农	农业者小计	农业劳动者	地主	其他	农业外小计	合计	各类土地比率(%)
	自耕地	220.9	317.6	11.7	450.2	1.0	3.0	0.7	4.7	454.9	77.2
	佃耕地	40.2	—	—	40.2	—	81.5		81.5	121.7	20.7
	典出地	5.0	3.0	3.0	11.0	—	—	1.5	1.5	12.5	2.1
总计	面积	166.1	320.6	14.7	501.4	1.0	84.5	2.2	87.7	589.1	—
	比例(%)	28.2	54.4	2.5	85.1	0.2	14.3	0.4	14.9	100.0	100.0
户均面积	自耕地	7.11	28.87	0.56	9.79	0.03	1.00	0.18	0.10	5.00	—
	佃耕地	2.36	—	—	0.87		27.17		1.81	1.34	—
	典出地	0.29	0.27	0.17	0.24		—	0.38	0.03	0.14	—
	合计	9.77	29.15	0.82	10.90	0.03	28.17	0.5	1.95	6.47	—

(二)不同性质农家经营面积

从本屯内农业者的经营面积来看,自耕地 448.2 晌,占总经营面积 1,017.4 晌的 44.1%,佃耕地 555.7 晌,占 54.6%,典入地 13.5 晌,占 1.3%。

就户均经营面积而言,总经营面积 22.12 晌之中,自耕地 9.74 晌,佃耕地 12.08 晌,典入地 0.29 晌。

从农家性质来看,自耕农的经营面积中,自耕地 6.99 晌,佃耕地 0.50 晌,典入地 0.79 晌,共 8.29 晌。自耕兼佃耕农,自耕地 28.87 晌,佃耕地 20.36 晌,共 49.24 晌。佃农,自耕地 0.65 晌,佃耕地 17.96 晌,共 18.61 晌。本屯自耕农中,经营面积不足 5 晌的小农居多(后面将说明),受此影响,平均经营面积为 20 多晌。本屯的普通农家,经营面积大致为 25—30 晌。

各种经营形态经营面积的详细情况见下表。

各种农家经营面积表

		自耕农	自耕兼佃农	佃农	合计	比率(%)
自耕地		118.9	317.6	11.7	448.2	44.1
佃耕地		8.5	224.0	323.2	555.7	54.6
典入地		13.5			13.5	1.3
合计	面积	140.9	541.6	334.9	1,017.4	100.0
	比例(%)	13.8	53.2	32.9	100.0	—

		自耕农	自耕兼佃农	佃农	合计	比率(%)
户均经营面积	自耕地	6.99	28.89	0.65	9.74	—
	佃耕地	0.50	20.36	17.96	12.08	—
	典入地	0.79	—	—	0.29	—
	合计	8.29	49.24	18.61	22.12	—

(三) 地价

本屯晌均耕地价格根据土地情况不等,一般在 250 圆至 400 圆之间,350 圆左右的土地居多。宅基地略高,从 500 圆到 600 圆不等。

(四) 佃耕惯例

从本屯的佃耕形式来看,以实物缴纳固定租金的有 33 例,以实物分期缴纳的 7 例,现金缴纳的 1 例。

在晌均地租方面,以实物缴纳固定租金 2 石(旧石)的有 14 例,1.9 石的 1 例,1.7 石的 2 例,1.6 石的 5 例,1.5 石的 11 例。至于以实物缴纳、利益共分的分益方法,是指由地主提供牛,获得的谷物对分,茎秆类作为租牛的费用全部归地主。

现金缴纳 1 例,晌均 15 圆,是官有土地。

以实物缴纳固定租金的情况一般是,在支付地租的同时,每晌还要交 100 把高粱秆。另外,地租以大豆、谷子、高粱 3 种作物支付。

第四　农业经营形态及规模

(一) 按农家性质及经营面积分类的户数

按经营面积的大小进行分类的话,最大的 170 晌,最多的是不足 5 晌的 17 户,占总数的 37.0%,其次主要是 30—50 晌的 7 户,10—20 晌的 7 户,两者均占 15.2%。20—30 晌的 6 户 (13.0%),5—10 晌的 5 户(10.9%)。

本屯不足 5 晌的小农家中,自耕农 9 户,佃农 7 户,占总农业者的 1/3。小农家中没有纯粹的农业者,耕种典入地的自耕兼佃农有 3 户,还有自耕农兼劳动者或者佃耕农兼劳动者的情况 (前者 1 户,后者 2 户)。这些农家的毛收入大部分来自农业收入,所以按照上面的方法分了类。另外,在本屯佃农中,上面提到的 2 户是半青,即分益佃农。分益的方法后面将说明,总之与其他地方的做法相差无几。地主、经营者把牛租给半青,收获的谷物一分为二,收得的茎秆类全部由半青作为耕牛费提供给地主。

按农家性质及经营面积分类的户数表

		户数				面积			
		自耕农	自耕兼佃农	佃农	小计	自耕农	自耕兼佃农	佃农	小计
100 晌以上	实数	—	2	—	2	—	270.4	—	270.4
	比例(%)	—	18.2	—	4.3	—	49.9	—	26.6
50—100 晌	实数	—	1	1	2	—	80.5	90.0	170.5
	比例(%)	—	9.1	5.6	4.3	—	14.9	26.9	16.8
30—50 晌	实数	1	2	4	7	31.5	96.5	133.0	261.0
	比例(%)	5.9	18.2	22.2	15.2	22.4	17.8	39.7	25.7
20—30 晌	实数	2	2	2	6	51.5	47.7	44.0	143.2
	比例(%)	11.8	18.2	11.1	13.0	36.6	8.8	13.1	14.1
10—20 晌	实数	1	3	3	7	10.0	43.5	48.2	101.7
	比例(%)	5.9	27.3	16.7	15.2	7.1	8.0	14.4	10.0
5—10 晌	实数	4	—	1	5	26.9	—	6.7	33.6
	比例(%)	23.5	—	5.6	10.9	19.9	—	2.0	3.3
5 晌以下	实数	9	1	7	17	21.0	3.0	13.0	37.0
	比例(%)	52.9	9.1	38.9	37.0	14.9	0.6	3.9	3.6
合计	实数	17	11	18	46	140.9	541.6	334.9	1,017.4
	比例(%)	100.0	100.0	100.0	100.0	100.0	100.0	100.0	100.0
户均面积		—	—	—	—	8.29	49.24	18.61	22.12

第五　作物及家畜

(一) 作物的种类及种植面积

本屯总种植面积为 988.7 晌,从作物类别来看,主要是谷子 232.4 晌,占 23.5%,高粱 224.5 晌,占 22.7%,玉米 198.7 晌,占 20.1%,大豆 164 晌,占 6.6%,小麦 72 晌,占 7.3%,亚麻 30 晌,占 30%,甜菜有 20.5 晌,占 2.1%。

详见下表:

各种农家作物种植情况表

		自耕	自兼佃	佃耕	农业者小计	农业外小计	总计
谷子	面积(晌)	29.2	129.0	73.2	231.4	1.0	232.4
	比率(%)	22.3	25.5	220	23.9	5.0	23.5
高粱	面积(晌)	30.0	113.5	74.0	217.5	7.0	224.5
	比率(%)	23.0	22.5	22.3	22.5	34.7	22.7
玉米	面积(晌)	30.2	76.5	79.8	186.5	12.2	198.7
	比率(%)	25.2	15.1	24.0	19.3	60.4	20.1
大豆	面积(晌)	14.5	100.0	49.5	16.0	—	164.0
	比率(%)	11.1	19.8	14.9	16.9	—	16.6
小麦	面积(晌)	13.5	41.0	17.5	72.0	—	72.0
	比率(%)	10.4	8.0	5.3	7.4	—	7.3
亚麻	面积(晌)	3.0	18.0	9.0	30.0	—	30.0
	比率(%)	2.3	3.6	2.7	3.1	—	3.0
甜菜	面积(晌)	2.0	11.5	7.0	20.5	—	20.5
	比率(%)	1.5	2.3	2.1	2.1	—	2.1
黍子	面积(晌)	1.5	1.5	7.0	11.0	—	11.0
	比率(%)	1.2	0.5	2.1	1.1	—	1.1
小豆等	面积(晌)	—	0.5	1.6	2.1	—	2.1
	比率(%)	—	0.1	0.5	0.2	—	0.2
土豆	面积(晌)	3.5	8.0	7.5	19.0	—	19.0
	比率(%)	2.7	1.6	2.3	2.0	—	1.9
蔬菜	面积(晌)	3.0	5.1	6.4	14.5	—	14.5
	比率(%)	2.3	1.0	1.9	1.5	—	1.5
总计	面积(晌)	130.4	505.6	332.5	968.5	20.2	988.7
	比率(%)	100.0	100.0	100.0	100.0	100.0	100.0

(二)家畜数量

从本屯饲养的家畜来看,作为耕畜,成年马104匹,马驹15匹,骡子12头,驴2头。另外,成猪74头,幼猪64头,鸡244只,鸭207只,狗65条。

从每头耕畜平均的耕作面积(用耕畜的数量除耕作面积)来看,自耕农8.81饷;自耕兼佃农8.74晌;佃农8.59晌,总平均为8.70晌。

下表详细记录了各种农家饲养的家畜数量及平均情况。

家畜数量表

			自耕农	自耕兼佃农	佃农	农业小计	劳动者	地主	其他	农业外小计	总计
马	成	头数	13	53	37	103	—	1	—	1	104
		户均	0.76	4.82	2.06	2.24	—	0.33	—	0.02	1.15
	幼	头数	1	3	10	14		1		1	15
		户均	0.06	0.27	0.56	0.30		0.33		0.02	0.17
骡	成	头数	3	8	1	12	—	—	—	—	12
		户均	0.18	0.73	0.06	0.26	—	—	—	—	0.13
	幼	头数	—	—	—	—	—	—	—	—	—
		户均	—	—	—	—	—	—	—	—	—
驴	成	头数	—	1	1	2	—	—	—	—	2
		户均	—	0.09	0.06	0.04	—	—	—	—	0.02
	幼	头数	—	—	—	—	—	—	—	—	—
		户均	—	—	—	—	—	—	—	—	—
猪	成	头数	17	14	34	65	6	2	1	9	74
		户均	1.00	1.27	1.89	1.41	0.06	0.67	0.25	0.20	0.82
	幼	头数	19	39	6	64	1	—	—	1	64
		户均	1.12	3.55	0.33	1.39	0.03	—	—	0.02	0.71
鸡	成	头数	49	56	78	183	52	4	5	61	244
		户均	2.88	5.09	4.33	3.98	1.36	1.33	1.25	1.35	2.71
	幼	头数	—	—	—	—	—	—	—	—	—
		户均		—	—	—				—	—
鸭		头数	48	52	57	157	44	2	4	50	207
		户均	2.82	4.73	3.17	3.41	1.16	0.67	1.00	1.11	2.30
鹅		头数	—	—	—	—	—	—	—	—	—
		户均	—	—	—	—	—	—	—	—	—
狗		头数	13	18	24	55	6	3	1	10	65
		户均	0.76	1.63	1.33	1.20	0.16	1.00	0.25	0.22	0.72

第六　农业情况

(一) 作物栽培情况

(1)连作轮作

本屯的谷子、高粱、大豆、玉米(或小麦)4年轮作或者谷子、高粱、大豆3年轮作居多。

(2)耕种方法

耕种方法与北满各地大体相同,不再赘述。

(二) 农业劳动情况

据农民反映,康德6年日工及年工还比较容易雇到,但是到康德7年,两者都变得相当困难了。

下面显示的是每年工钱的情况:

工钱表

(单位:圆)

		康德5年	康德6年	康德7年
日工	春季	0.60—0.90	0.80—1.00	1.50
	除草期	1.50—2.00	2.50	3.00
	收获期	1.50—2.00	2.50	3.00
	除壳期	1.00	1.30	2.00
	农闲期	1.00	1.00	1.00
年工	打头的	180.00	220.00	250.00
	下地的	160.00	180.00	200.00
	赶车的	180.00	220.00	250.00

本屯的女性家族成员基本上不从事农耕。最近由于引进了亚麻、甜菜等增产作物,这些农活中开始出现了一部分女性的身影。不过,她们只是一小部分劳动者或小散户农家的妻女,不过是为了挣一点儿自己的零花钱而已,所以总体上来说还是很难见到妇女。满洲农村一般认为妇女是不从事生产的,因此,如何把这些女性劳动力利用到需要轻劳动力的作物耕种之中,这是一个迫切的问题。在这一点上,可以说亚麻和甜菜承担着一部分重任。

本屯将逐渐看到农家妇女参加劳动。

第七 其他农业经营情况及生活状态

与其他各地一样,本屯农家也因工钱急剧上涨而深受打击。如上所述,年工工钱飞涨,日工的工钱也在涨,再加上雇工难,最终造成康德 7 年耕地面积减少。

在生活方面,由于物价上涨的打击及供应紧张的原因,民不聊生。

在村庄概况部分说到过,麻将等娱乐之风盛行,赌风严重,造成了相当恶劣的影响。最近,加上经营困难、生活困苦的缘故,不少农民做着不劳而获的黄粱美梦。在这种危险心理的驱使之下,康德 7 年 6 月到 11 月期间有相当一部分农民出入于在三棵树进行的一种叫做"会局"的赌博活动,对农耕不闻不问。这给农业生产造成了莫大的损失,也给本调查的簿记登记带来了极大的困难。

关于生计情况:

下面介绍一些最近非常紧缺的农民生活用品的情况。

(一)洋油(煤油)——康德 5 年每罐 800 圆,6 年 1,300 圆,到 7 年初涨到了 2,500 圆,而且 7 月份之后根本就买不到了。现在实行配给(每斤 15 钱),但连一半的需求都满足不了。

(二)豆油——康德 5 年每斤 18 钱,6 年 20 钱;自 7 年 5 月起涨到了 25 钱,而在这之后,即使用 60—70 钱也难以买到。现在实行配给,配给价格每斤 30 钱,但是连 1/3 的需求也满足不了。

(三)白布——康德 5 年每匹 500—600 圆,6 年 800 圆,过了康德 7 年 5 月就完全看不到白布的影子了。这对最需要棉布的农民打击甚大。

(四)棉花——康德 6 年每斤 2 圆,到康德 7 年根本就买不到了。

本屯农民说上述 4 种用品尤其紧缺。

第二章 调查结果

在呼兰县孟家村刘泉井进行的农家经济调查中,采集到了 13 户农家的数据。调查之初选定的 15 户中,有 2 户没有参与统计。其中 1 户离开了屯子,另外 1 户由于记账不方便(经营主病倒了,无法调查),所以没有统计。

参与统计的 13 户分为 3 组,分别为自耕农(八成以上的耕作土地归自己所有)4 户、佃农(佃耕土地达八成以上)3 户以及自耕兼佃农(其他情况)6 户。

如上所述,调查的统计方法是按照不同的经营方式(根据农家不同的性质)对各个项目进行全面统计。由于本屯大规模经营和小规模经营的农家差距悬殊,故我们认为按照经营规模(经营面积的大小)进行统计更为有效、更为合理。不过,这里暂且先按照农家的性质分了类。农家各自的调查结果数据详见下表。分类方法有很多,敬乞诸贤谅解。不过,农家结算和农业经营结算是按照经营规模(5 组)分类说明的。

与《报告(其一)——辽阳县千山村下汪家峪屯》一样,本应针对各项调查结果进行分解说明的,但遗憾的是由于时间紧张,这里未能做到。只能暂且详细公布调查统计表,再做补充说明。

作为本项的结尾,下面扼要说明调查结果的大体情况。

调查农家编号及姓名　　　　　　　　　　　　　　　　　　(单位:晌)

编号	姓名	经营形态	经营面积				耕作面积	摘要
			自有地	租地	其他	合计		
1	刘凤来	自　耕	31.5	—	—	31.5	31.0	
2	刘凤魁	自　耕	22.0	3.5	—	25.5	24.0	
3	胡殿文	自　耕	21.0	5.0	—	26.0	24.0	
4	祖万福	自　耕	7.0	—	—	7.0	7.0	
5	侯　政	自兼佃	120.4	50.0	—	170.4	148.0	
6	郭成良	自兼佃	42.0	38.5	—	80.5	78.5	
7	郭金禄	自兼佃	30.0	18.0	—	48.0	47.2	
8	郭成忠	自兼佃	22.5	26.0	—	48.5	42.0	
9	李廷奎	自兼佃	20.6	6.0	—	26.6	26.2	

续表

编号	姓名	经营形态	经营面积				耕作面积	摘要
			自有地	租地	其他	合计		
10	刘永财	自兼佃	6.6	14.5	—	21.1	20.7	
11	张廷有	佃耕	3.0	15.5	—	18.5	16.2	
12	张德元	佃耕	4.7	10.0	—	14.7	13.5	
13	王金山	佃耕	4.7	10.0	—	14.7	13.5	
平均经营面积			25.5	14.9	—	40.4	373.1	

第一　调查结果概论

本屯进行了调查统计的 13 户农家的总体情况概述如下。

一　从家庭结构来看，家庭成员人数最多的是 5 号农家和 6 号农家，都是 23 人（5 号农家有男性 9 人、女性 14 人，6 号农家男性 11 人，女性 12 人）；最少的是 13 号家庭 2 人（男 1 人，女 1 人）。平均 10.4 人，其中男性 4.8 人，女性 5.6 人，其比重分别为 46.2% 和 53.8%。

从与农业经营的关系来看，从事农业劳动的有 2.38 人（22.9%），不从事农业劳动的有 8.0 人（77.1%）。前者之中，主要从事农业者 1.92 人（80.7%），辅助性从事农业者 0.4 人（19.37%）。

前者全部是男性，后者之中，男性 0.31 人，女性 0.15 人，本屯少见妇女劳动。

从本屯农家雇佣的长工人数来看，5 号农家雇了 16 人，4 号和 12 号农家没有雇，每个农家情况不一。总平均 4.23 人，几乎都是年工，有 3.69 人，月工 0.54 人。

从家庭饮食人口来看，换算成成年男性，户均为 6.7 人。

二　从家庭财产结构来看，年初积极财产最多的是 5 号农家 56,026 圆，最少的是 13 号农家 1,212 圆，平均 13,762 圆。负债 1,023 圆，年初纯财产 12,730 圆。

本屯农家债务负担沉重，6 号农家最多，达 3,074 圆，2 号农家 2,540 圆，无负债的只有 13 号 1 户农家，总平均负债为 1,032 圆。

从农家财产的明细来看，土地价格为 9,245 圆，占积极财产的 67.2%。其次主要是建筑物 1,486 圆（10.8%），大型牲口 1,480 圆（10.8%）。

农家财产结构表(13户平均)

		年初财产	比率(%)
固定资产	土地	9,245.61	67.19
	建筑	1,483.80	10.80
	大型牲口	1,480.38	10.76
	大型机具	303.35	2.20
	合计	12,515.15	90.94
流动资产	小工具	104.37	0.76
	小机具	98.98	0.72
	待售实物	624.88	5.54
	采购实物	3.05	0.02
	中间产品	354.38	2.58
	合计	1,185.56	8.61
现金及准备金		61.35	0.45
合计(积极财产)		13,762.06	100.00
负债		1,032.35	—
差额(纯财产)		12,729.71	—

　　三　年初各农家财产包括土地、建筑、大型牲口,大型机具等固定财产及小家畜、小机具、待售实物、实物采购、中间产品等流动财产,现金、准备金及负债的内容另表详细说明。本来应该就各项内容进行分析对比,看一看它们与经营之间存在的关联,但由于一些具体情况,这里暂且省略,另找机会说明。与年末财产的比较见表十六。

　　四　从农业经营地结构及耕地经营地概况来看,经营面积最大的是5号农家170.4晌,最小的是13号农家6.7晌,差距悬殊。平均40.4晌,其中25.5晌(63.1%)是自有地,14.9晌(36.9%)是地租地。耕地面积为39.3晌(97.3%)。

　　从耕地的利用状况来看,户均耕作面积为37.31晌。其中主要是谷子8.96晌(24.0%),高粱8.35晌(22.4%),大豆6.96晹(18.7%),玉米5.08晹(13.6%),小麦3.85晹(10.3%)。其他依次为亚麻1.35晹(3.6%),甜菜0.89晹(2.4%),马铃薯0.67晹(1.9%),蔬菜0.54晹(1.4%),其他不足2%。

　　本屯的主要商品作物是小麦、大豆、甜菜、亚麻等。

　　五　下面来看看农家经济结算。

　　首先就农家毛收入而言,最多的是5号农家19,069圆,最少的是13号农家1,098圆,平均5,173圆14钱。

　　其次从所得性支出来看,开销最大的是5号农家10,426圆,最少的是4号农家384圆,平均 2,767 圆 80 钱。

就扣除支出之后的农家收入而言,最多的是 5 号农家 10,426 圆,最少的是 13 号农家 448 圆,13 户平均 2,405 圆 34 钱。

从对农家毛收入的农家收入比来看,13 户总平均为 46.5%。

六 从家计费来看(包括伙食支出额),最多的是 5 号农家 5,569 圆,最少的是 13 号农家 602 圆,平均为 1,982 圆。家庭负担家计费,最多的是 1 号农家 4,343 圆,最少的是 6 号 458 圆,平均为 2,804 圆 08 钱。家庭负担家计费,最多的是 5 号农家 5,569 圆 44 钱,最少的是 13 号农家 602 圆 15 钱,平均 2,084 圆 90 钱。

人均家计费从最多的 8 号农家 354 圆 97 钱到最少的 7 号农家 228 圆 60 钱,各不相等,平均为 308 圆 42 钱。

农家家计费表

编号	家庭负担家计费	农家饮食人口	人均家计费
1	1,819.89	5.20	349.97
2	1,486.63	4.55	326.73
3	1,821.87	5.65	322.45
4	900.93	3.6	246.83
5	5,569.44	16.00	348.09
6	5,002.08	17.01	292.51
7	1,931.70	8.45	228.60
8	1,954.77	5.65	354.97
9	1,115.12	3.75	297.35
10	1,030.42	3.05	337.84
11	1,844.90	5.85	315.36
12	2,023.76	7.25	279.13
13	602.15	1.70	354.20
总平均	2,084.90	6.76	308.42

七 从农家经济结余来看(农家收入减去家庭负担家计费),从最多的 5 号农家 3,072 圆 89 钱到 12 号农家的赤字 487 圆 18 钱——不等,平均为 320 圆 44 钱的结余。13 户当中,盈利的有 6 户(2、5、6、7、8、9),赤字的有 7 户(1、3、4、10、11、12、13)。平均 320 圆的结余是因为实行大经营的 5 号农家结余 3,072 圆,除开这个的话,基本就所剩无几了。

八 年度纯财产增加额情况跟农家经济结余相同,即各户都没有因财产价格变动引起的盈亏。

九　针对农家经济结算,按照经营规模,即耕作面积的大小分为 5 组,结果如下:

耕地面积在 50 晌以上的为 A 组,30 晌以上 50 晌以下的为 B 组,20 晌以上 30 晌以下的为 C 组,10 晌以上 20 晌以下的为 D 组,10 晌以下的为 E 组。

首先我们看看 A 组的 2 户农家(都是自耕兼佃农),其平均毛收入为 15,720 圆 35 钱。所得性支出为 8,627 圆 11 钱,两者冲抵之后的农家所得为 7,093 圆 25 钱。

B 组的 3 户人家(1 户自耕农,2 户自耕兼佃农),平均毛收入为 4,978 圆 14 钱,所得性支出为 2,694 圆 88 钱,两者冲抵之后的农家所得为 2,283 圆 26 钱。

C 组的 4 户人家(2 户自耕农,2 户自耕兼佃农),平均毛收入为 3,413 圆 09 钱,所得性支出为 1,886 圆 51 钱,两者冲抵之后的农家所得为 1,526 圆 59 钱。

D 组的 2 户人家(都是自耕农),平均毛收入为 2,514 圆 06 钱,所得性支出为 1,031 圆 46 钱,两者冲抵之后的农家所得为 1,482 圆 60 钱。

E 组的 2 户人家(1 户自耕农,1 户佃农),平均毛收入为 1,097 圆 67 钱,所得性支出为 516 圆 82 钱,两者冲抵之后平均纯收入为 580 圆 86 钱。总体平均情况,上面已经谈到,此处不再赘述。

农家所得在农家毛收入中所占比例为,A 组 45.1%,B 组 45.9%,C 组 44.7%,D 组 59.0%,E 组 52.9%。

从农家所得中扣减家庭负担家计费之后的农家经济结余为,A 组(+)1,807 圆 49 钱,B 组(+)381 圆 13 钱,C 组(+)163 圆 08 钱,D 组(−)451 圆 73 钱,E 组(−)170 圆 69 钱。

农家经济结算表

组别	编号	经营模式	耕作面积	毛收入	所得性支出	农家所得	家庭负担家计费	农家经济结余	备注
A 组	5	自兼佃	158.0	19,069.28	10,426.95	8,642.33	5,569.44	(+)3,072.89	
	6	自兼佃	78.5	12,271.42	6,827.66	5,544.16	5,085.76	(+)542.08	
	平均(2 户平均)		118.25	15,720.35	8,627.11	7,093.25	5,285.76	(+)1,807.49	
B 组	1	自耕	31.0	3,357.39	1,739.17	1,618.22	1,819.89	(−)201.67	
	7	自兼佃	47.0	5,566.72	2,610.23	2,956.79	1,931.70	(+)1,024.75	
	8	自兼佃	42.0	6,010.31	3,735.23	2,275.08	1,954.77	(+)320.31	
	平均(3 户平均)		40.00	4,978.14	2,694.88	2,283.26	1,902.12	(+)381.13	
C 组	2	自耕	24.5	4,053.66	2,261.53	1,792.13	1,486.63	(+)305.50	
	3	自耕	24.0	2,882.87	1,353.17	1,529.70	1,821.87	(−)292.17	
	9	自兼佃	26.2	3,768.87	1,890.52	1,878.08	1,115.12	(+)762.95	
	10	自兼佃	20.7	2,946.97	2,040.52	906.45	1,030.42	(−)123.97	
	平均(4 户平均)		23.85	3,413.09	1,886.51	1,526.59	1,363.51	(+)163.08	

组别	编号	经营模式	耕作面积	毛收入	所得性支出	农家所得	家庭负担家计费	农家经济结余	备注
D 组	11	佃耕	16.2	2,677.92	1,249.30	1,428.62	1,844.90	(-)416.28	
	12	佃耕	13.5	2,350.19	813.61	1,536.58	2,023.76	(-)487.18	
	平均(2 户平均)		14.85	2,514.06	1,031.46	1,482.60	1,934.33	(-)451.73	
E 组	4	自耕	7.0	1,097.54	384.20	713.34	900.93	(-)187.59	
	13	佃耕	6.7	1,097.80	649.43	448.37	602.15	(-)153.78	
	平均(2 户平均)		6.85	1,097.67	516.82	580.86	751.54	(-)170.69	
总平均(13 户平均)			37.31	5,173.14	2,767.80	2,405.34	2,084.90	(+)320.44	

十　接下来看一看农家经济成果结构:

首先,所得性收入结构的总体平均情况为户均所得性总收入 4,854 圆 61 钱。分类来看,主要是谷子收入 1,258 圆 40 钱(25.9%),玉米收入 582 圆 75 钱(12.00%),高粱收入 520 圆 40 钱(10.7%),大豆收入 411 圆 10 钱(8.5%),蔬菜 285 圆 23 钱(5.9%),财产利用收入 178 圆 49 钱(3.7%),小麦收入 163 圆 87 钱(3.4%),畜产品收入 103 圆 55 钱(2.1%),亚麻收入 93 圆 87 钱(1.9%),甜菜收入 91 圆 87 钱(1.9%)等,其他属于小额收入。另外,现金收入 2,614 圆 14 钱,生产或收得实物转入家计 2,240 圆 47 钱,前者占总所得性收入 4,854 圆 61 钱的 53.85%,后者占 46.15%。

(注)在所得性收入分项结构中,粟、高粱、玉米等作物的副产品,即茎秆类作物没有包含在各类作物之中,而是作为茎秆类另设了一栏。这是因为,在转入家计时,一次性地登记为了茎秆,因此难以一一区分。在生产费调查中,是根据收获量来计算的。

十一　在所得性支出结构方面,户均现金支出为 1,956 圆 61 钱。分项来看,地租支出最大,达 627 圆 46 钱,占所得性支出的 32.1%。其次主要是工钱 546 圆 14 钱(27.9%),捐税 186 圆 68 钱(9.5%),饲料费 150 圆 67 钱(7.7%),负债利息 137 圆 62 钱(7.0%),杂费 123 圆 38 钱(6.3%),肥料费 48 圆 88 钱(2.5%),拟制支出 46 圆 59 钱(2.4%)等。

十二　在家计费结构方面,户均家计费为 2,804 圆 08 钱。分项来看,伙食费居首,达 1,742圆 18 钱(其中,现金支出 230 圆 33 钱,占 13.2%;实物转入家计 1,511 圆 85 钱,占 86.8%),占全部支出的 62.1%。其次主要是煤电费 614 圆 57 钱(21.9%),住宿费 152 圆 56 钱(5.4%),婚丧费 106 圆 11 钱(3.8%),服装及日常生活用品费 77 圆 46 钱(2.8%)等,其他皆为小额支出。

另外,现金支出、生产及收得实物转入家计分别为 562 圆 61 钱和 2,240 圆 47 钱,前者占 20.1%,后者占 79.9%。

十三　从财产性收入和支出结构看,户均财产性收入为 1,583 圆 71 钱,主要是借款 1,107

圆 96 钱(70.0%),大型家畜出让收入 271 圆 92 钱(17.2%),未付款(赊买)122 圆 90 钱(7.8%),应收款回收 40 圆 54 钱(2.6%)等。

从财产支出的结构来看,户均 1,556 圆 25 钱,主要是偿还借款 1,112 圆 25 钱(71.5%),应收款(赊卖)136 圆 15 钱(8.7%),还账 124 圆 30 钱(8.0%),建新房屋 114 圆 08 钱(7.3%)。其他支出数额较小。

十四　从月收入来看,2 月份最多,为 855 圆 99 钱,占总额的 17.6%,其次是 10 月份 559 圆 56 钱(11.5%),接下来依次是 3 月、4 月、9 月。从月支出来看,2 月份最多,达 628 圆 79 钱,占总额的 32.1%,其他月份都不足 10%。

在财产性收入方面,居首的是 1 月的 521 圆 58 钱,占总额的 32.9%,其次是 12 月的 330 圆 66 钱(20.9%)。

财产性支出,12 月 291 圆 24 钱居首,占总额的 18.7%,其次是 1 月的 278 圆 15 钱(17.9%)。

家计费方面,每月大同小异。8 月份的家计费很少,这是因为没有估算实物转入家计。8 月份综合到 9 月份一起计算的。

十五　下面来看一看农业经营结算:

这里只针对作为农家主要收入来源的各样农业经营分析其结果。

本稿仅核算了作为农家经济经营的农业经营情况。所谓"作为农家经济经营的农业经营",是指将所有土地、资本以及家庭农业劳动力这些经营主体作为统一的组织体来对待的经营形式。这种从农业毛收入中扣除农业经营费得出的农业纯收益是针对自耕地、所有资本及家庭农业劳动力三者的报酬。

首先,农业毛收入最多的是 5 号农家 18,658 圆 28 钱,最少的是 13 号农家 1,013 圆 20 钱,平均 4,868 圆 54 钱。占总毛收入 5,173 圆 14 钱的 94.1%。从农业毛收入的结构来看,最多的是粟收益 1,176 圆,占总毛收入的 24.2%。其次主要是茎秆收益 1,007 圆 06 钱(20.7%),玉米收益 628 圆(12.9%),高粱收益 519 圆 23 钱(6.1%),大豆收益 438 圆 43 钱(9.0%),蔬菜收益 295 圆(6.1%),畜产品收益 269 圆 32 钱(5.5%),小麦收益 253 圆 69 钱(5.2%),亚麻收益 93 圆 84 钱(1.9%),甜菜收益 91 圆 87 钱(1.9%)等。其他豆类、糜子收入少许。

从耕地晌均农业毛收入来看,最多的是 4 号农家 154 圆 65 钱,最少的是 1 号农家 101 圆 48 钱,总平均为 130 圆 49 钱。

十六　农业经营费最多的是 5 号农家 9,223 圆 78 钱,最少的是 4 号农家 293 圆 20 钱,户均 2,426 圆 84 钱,达到所得性支出 2,767 圆 79 钱 87.7%。从支出项目来看,工钱支出最大,为 1,265 圆 32 钱,占农业经营费的 52.1%。其次主要是地租 627 圆 46 钱(25.9%),捐税 186 圆 68 钱(7.7%),负债利息 137 圆 62 钱(5.7%),饲料费 103 圆 23 钱(4.3%),家禽饲养费 63 圆 78 钱(2.6%),机具费 52 圆 77 钱(2.2%),肥料费 48 圆 88 钱(2.0%)等,其余为一些小额支出。

耕地晌均农业经营费从 10 号农家的 96 圆 37 钱到 4 号农家的 41 圆 89 钱——不等,户均为 65 圆 05 钱。

就不同农家的耕地晌均农业经营费而言,自耕农为 855 圆 61 钱,自耕兼佃农 66 圆 82 钱,佃农为 70 圆 08 钱。

十七　从农业纯收益来看(农业毛收入与农业经营费之差),从最多的 5 号农家 943 圆 50 钱盈余到最少的 13 号农家 387 圆 89 钱——不等,平均为 2,441 圆 68 钱。

从在农业毛收入中所占比例来看,自耕农平均为 51.9%,自耕兼佃农 49.7%,佃农 51.7%,总平均为 50.1%。

耕地晌均农业纯收益,从最多的 4 号农家 112 圆 76 钱到最少的 10 号农家 41 圆 20 钱——不等,总平均为 65 圆 44 钱。

		农业毛收入	农业经营费	收支差额(农业纯收益)	耕地晌均纯收益		
					农业纯收益	耕地面积	耕地晌均纯收益
自耕农(4 户平均)		2,464.68	1,195.70	1,268.98	1,268.98	21.5	59.20
自兼佃(6 户平均)		8,025.13	4,035.99	3,989.14	3,989.14	60.4	66.05
佃农(3 户平均)		1,760.52	850.13	910.39	910.39	12.1	75.05
总平均(13 户平均)		4,868.55	2,426.86	2,441.68	2,441.68	37.3	65.44
在农业毛收入中所占比例(%)	自耕农	100.0	48.5	51.5	—	—	—
	自兼佃	100.0	50.3	49.7	—	—	—
	佃　农	100.0	48.3	51.7	—	—	—
	总平均	100.0	49.8	52.0	—	—	—

十八　下面,按照规模分为 5 组分析农业经营核算情况:

A 组户均农业毛收入为 15,326 圆 65 钱,农业经营费为 7,309 圆 08 钱,收支差额即农业纯收益为 8,017 元 57 钱。

B 组户均农业毛收入为 4,722 圆 61 钱。农业经营费为 2,557 圆 45 钱,收支差额即农业纯收益为 2,165 圆 16 钱。

C 组户均农业毛收入为 3,026 圆 47 钱。农业经营费为 1,603 圆 76 钱,收支差额即农业纯收益为 1,422 圆 71 钱。

D 组户均农业毛收入为 2,134 圆 20 钱。农业经营费为 962 圆 55 钱,收支差额即农业纯收益为 1,171 圆 64 钱。

E 组户均农业毛收入为 1,048 圆 87 钱。农业经营费为 459 圆 26 钱,收支差额即农业纯收益为 588 圆 62 钱。

从农业纯收益对农业毛收入的比例来看,A 组为 52.3%,B 组为 45.8%,C 组为 47.0%,D 组为 54.9%,E 组为 56.2%,总平均为 50.2%。

组别	编号	经营模式	农业毛收入	农业经营费	农业纯收益	耕作面积	晌均		
							农业毛收入	农业经营费	农业纯收益
A组	5	自兼佃	18,658.28	9,223.78	9,434.50	15.80	118.09	58.38	59.71
	6	自兼佃	11,995.02	5,394.38	6,600.64	78.5	152.80	68.72	84.08
	平均(2户平均)		15,326.65	7,309.08	8,017.57	118.25	129.61	61.81	67.80
B组	1	自耕	3,146.79	1,597.92	1,548.87	31.0	101.48	51.55	49.93
	7	自兼佃	5,313.72	2,446.53	2,867.19	37.2	112.58	51.83	60.75
	8	自兼佃	5,707.31	3,627.89	2,079.43	42.0	135.89	86.38	49.51
	平均(3户平均)		4,722.61	2,557.45	2,165.16	40.07	117.85	63.82	54.03
C组	2	自耕	2,839.51	1,673.92	1,165.59	24.5	115.90	68.32	47.58
	3	自耕	2,789.87	1,217.76	1,572.11	24.2	116.24	50.74	65.50
	9	自兼佃	3,628.72	1,528.45	2,100.27	26.2	138.50	58.33	80.10
	10	自兼佃	2,847.77	1,994.92	852.85	20.7	137.57	96.37	41.20
	平均(4户平均)		3,026.47	1,603.76	1,422.71	23.85	126.89	67.24	59.65
D组	11	佃耕	2,279.80	1,211.92	1,067.88	16.2	140.72	74.81	63.92
	12	佃耕	1,988.59	713.19	1,275.40	13.5	147.30	52.83	94.47
	平均(2户平均)		2,134.20	962.55	1,171.64	14.85	143.72	64.82	78.90
E组	4	自耕	1,082.54	293.20	689.34	7.0	154.65	41.89	112.76
	13	佃耕	1,013.20	625.31	387.89	6.7	151.22	93.33	57.89
	平均(2户平均)		1,047.87	459.26	588.62	6.83	152.97	67.04	85.93
总平均(13户平均)			4,868.54	2,426.86	2,441.68	37.31	130.49	65.03	65.44

对农业毛收入百分比

	农业毛收入	农业经营费比例(%)	农业纯收益比例(%)
A组	100.0	47.7	52.3
B组	100.0	54.2	45.8
C组	100.0	53.0	47.0
D组	100.0	45.1	54.9
E组	100.0	43.8	56.2
总平均	100.0	49.8	50.2

附　本调查的统计方法

与《其二》相同,就此略去。

调查成果表目录

一、农家经济基础诸表

第一表　家庭结构

	男									女									合计
	1-5	6-10	11-15	16-20	21-40	41-50	51-60	61-	计	1-5	6-10	11-15	16-20	21-40	41-50	51-60	61-	计	
自耕农 1	—	—	—	—	1	1	—	—	2	1	1	—	1	2	—	—	1	6	8
2	—	1	1	—	1	—	—	1	4	—	—	1	1	—	—	—	—	2	6
3	1	—	1	1	—	1	—	—	4	—	2	1	1	—	1	—	—	5	9
4	1	—	—	—	1	—	—	1	3	1	—	—	1	2	—	—	—	4	7
平均	0.5	0.25	0.5	0.25	0.75	0.5	—	0.5	3.25	0.5	0.75	0.5	1	1	0.25	—	0.25	4.25	7.5
自耕兼佃农 5	1	1	1	2	2	1	—	1	9	1	2	4	1	5	1	—	—	14	23
6	—	1	3	—	4	2	1	—	11	—	1	3	—	5	2	1	—	12	23
7	2	—	1	—	2	2	—	1	8	3	1	1	—	3	—	—	—	8	16
8	1	1	—	—	1	1	—	—	4	—	1	—	1	1	1	—	—	4	8
9	—	—	—	—	1	1	—	—	2	—	—	—	1	1	1	1	—	4	6
10	—	1	—	—	1	—	—	—	2	2	—	—	1	1	—	—	—	4	6
平均	0.67	0.67	0.83	0.33	1.83	1.17	0.17	0.33	6	1	0.83	1.33	0.67	2.67	0.83	0.33	—	7.67	13.67
佃农 11	—	2	2	1	1	—	—	—	6	1	1	—	—	1	—	—	—	3	9
12	—	1	1	1	1	1	1	—	6	2	—	—	—	2	1	—	1	6	12
13	—	—	—	—	—	—	—	1	1	—	—	—	1	—	—	—	—	1	2
平均	—	1	1	0.67	0.67	0.33	0.33	0.33	4.33	1	0.33	—	0.33	1	0.33	—	0.33	3.33	7.67
总平均	0.46	0.62	0.77	0.38	1.23	0.77	0.15	0.38	4.77	0.85	0.69	0.77	0.69	1.77	0.54	0.15	0.15	5.62	10.38

第一表　续

分类	序号	从事农业者							主要兼做家务者		不从事农业者					长工					农家名
		主要从事者		辅助性从事者		小计					抚养者		小计			年工	月工			小计	
		男	女	男	女	男	女	合计	男	女	男	女	男	女	合计		男	女	合计		
自耕农	1	2	—	—	—	2	—	2	—	—	—	6	—	6	6	5	—	—	—	5	刘凤东
	2	1	—	1	—	2	—	2	—	—	2	2	2	2	4	3	2	—	2	5	刘凤朝
	3	1	—	—	1	1	1	2	—	—	3	4	3	4	7	4	—	—	—	4	胡殿文
	4	1	—	1	—	2	—	2	—	—	1	4	1	4	5	—	—	—	—	—	祖万福
	平均	1.25	—	0.5	0.25	1.75	0.25	2	—	—	1.5	4	1.5	4	5.5	3	0.5	—	0.5	3.5	4 户
自耕兼佃农	5	4	—	—	—	4	—	4	—	—	5	14	5	14	19	14	2	—	2	16	侯政
	6	4	—	—	—	4	—	4	1	—	6	12	7	12	19	5	—	—	—	5	郭成良
	7	2	—	—	—	2	—	2	—	—	6	8	6	8	14	5	—	—	—	5	郭金禄
	8	2	—	—	—	2	—	2	—	—	2	4	2	4	6	5	—	—	—	5	郭成忠
	9	2	—	—	—	2	—	2	—	—	—	4	—	4	4	3	1	—	1	4	李廷奎
	10	1	—	—	1	1	1	2	—	—	1	3	1	3	4	3	1	—	1	4	刘永财
	平均	2.5	—	—	0.17	2.5	0.17	2.67	0.17	—	3.33	7.5	3.5	7.5	11	5.83	0.67	—	0.67	6.5	6 户
佃农	11	2	—	1	—	3	—	3	—	—	3	3	3	3	6	—	1	—	1	1	张廷有
	12	2	—	1	—	3	—	3	—	—	5	4	5	4	9	—	—	—	—	—	张德元
	13	1	—	—	—	1	—	1	—	—	—	1	—	1	1	1	—	—	—	1	王金山
	平均	1.67	—	0.67	—	2.33	—	2.33	—	—	2.67	2.67	2.67	2.67	5.33	0.33	—	—	—	0.67	3 户
总平均		1.92	—	0.31	0.15	2.23	0.15	2.38	0.08	—	2.62	5.31	2.69	5.31	8	3.69	0.54	—	0.54	4.23	13 户

第二表　农家饮食成员人数表

家庭成员

类别	编号	男 1–2	男 3–5	男 6–10	男 11–14	男 15–55	男 56–65	男 66–70	男 71–	男 合计	女 1–2	女 3–5	女 6–10	女 11–14	女 15–55	女 56–65	女 66–70	女 71–	女 合计
换算率		0	0.2	0.5	0.8	1	0.85	0.55	0.3		0	0.15	0.35	0.55	0.7	0.6	0.4	0.2	
自耕农	1	—	—	—	—	2	—	—	—	2	—	0.15	0.35	—	2.1	0.6	—	—	3.2
	2	—	—	0.5	0.8	1	0.85	—	—	3.15	—	—	—	—	1.4	—	—	—	1.4
	3	—	0.2	—	0.8	2	—	—	—	3	—	—	0.7	0.55	1.4	—	—	—	2.65
	4	—	0.2	—	—	1	—	0.55	—	1.75	—	0.15	0.35	—	1.4	—	—	—	1.9
	平均	—	0.1	0.13	0.4	1.5	0.21	0.14	—	2.48	—	0.08	0.35	0.14	1.58	0.15	—	—	2.29
自耕兼佃农	5	—	0.2	0.5	0.8	6	—	—	—	7.5	—	—	0.7	2.2	5.6	—	—	—	8.5
	6	—	—	0.5	0.8	8	—	—	0.3	9.6	—	—	0.35	1.65	4.9	0.6	—	—	7.5
	7	—	0.4	1	—	3	—	0.55	—	4.95	0	0.15	—	0.55	2.8	—	—	—	3.5
	8	—	0.2	—	—	3	—	—	—	3.2	—	—	0.35	—	2.1	—	—	—	2.45
	9	—	—	—	—	2	—	—	—	2	0	—	0.35	—	1.4	—	—	—	1.75
	10	—	—	0.50	—	1	—	—	—	1.5	—	0.15	—	—	1.4	—	—	—	1.55
	平均	—	0.13	0.42	0.27	3.83	—	0.09	0.05	4.79	0.05	0.05	0.29	0.73	3.03	0.1	—	—	4.21
佃农	11	—	—	1	1.6	1	0.85	—	—	4.45	—	—	—	—	1.4	—	—	—	1.4
	12	—	—	0.5	0.8	3	—	—	0.3	4.6	0.30	0.3	0.35	—	1.4	0.6	—	—	2.65
	13	—	—	—	—	1	—	—	—	1	—	—	0.7	—	—	—	—	—	0.7
	平均	—	—	0.5	0.8	1.67	0.28	—	0.1	3.35	0.1	0.1	0.12	—	1.17	0.2	—	—	1.58
总平均		0	0.08	0.35	0.43	2.62	0.13	0.08	0.05	3.75	0.07	0.07	0.27	0.38	2.15	0.14	—	—	3.01

第二表　续

| | | 家庭成员 | | 长工 | | | | | 合计 |
| | | 合计（饮食人数） | 饮食换算人次数 | 年工 | | 月工 | 日工 | 计 | 饮食换算人次数 |
				饮食人数	饮食换算人次数	饮食换算人次数	饮食换算人次数	饮食换算人次数	
自耕农	1	5.20	1,898.0	5.0	1,4350	—	83.0	1,518.0	3,416.0
	2	4.55	1,660.8	3.0	915.0	1820	14.0	1,111.0	2,771.8
	3	5.65	2,062.3	4.0	929.0	—	58.0	987.0	3,049.3
	4	3.65	1,332.3	—	—	—	69.0	69.0	1,401.3
	平均	4.76	1,738.4	3.00	8198	45.5	56.0	921.3	2,659.7
自耕兼佃农	5	16.00	5,840.0	14.0	4,352.0	106.0	450.0	4,908.0	10,748.0
	6	17.10	6,241.5	5.0	1,601.5	—	80.0	1,681.0	7,922.5
	7	8.45	3,084.3	5.0	1,434.0	—	124.0	1,558.0	4,642.3
	8	5.65	2,062.3	5.0	1,560.0	—	177.0	1,737.0	3,799.3
	9	3.75	1,368.8	3.0	622.0	50.0	35.0	707.0	2,075.8
	10	3.00	1,113.3	3.0	868.0	30.0	101.0	999.0	2,112.3
	平均	9.00	3,285.0	5.83	1,739.5	31.0	161.2	1,931.6	5,216.7
佃农	11	5.85	2,135.3	—	—	120.0	35.0	155.0	2,290.3
	12	7.25	2,646.3	—	—	—	10.0	10.0	2,656.3
	13	1.70	620.5	1.0	314.0	—	30.0	341.0	961.5
	平均	4.93	1,800.7	0.33	103.7	40.0	25.0	168.7	1,969.3
总平均		6.76	2,466.6	3.69	1,079.0	40.2	97.4	1,214.0	3,680.6

第三表　农家财产结构

		固定财产						流动财产 准现物			
		土地	建筑	大植物	大型牲畜	大型机具	小计	小植物	小动物	小型机具	小计
自耕农	1	9,915.00	1,848.60	—	1,230.00	266	13,259.60	—	251	69.35	320.35
	2	16,450.00	2,076.77	—	1,100.00	244.1	19,870.87	—	217.8	73.2	291
	3	6,090.00	891.5	—	840	207.25	8,027.75	—	54.6	45.85	100.45
	4	2,700.00	—	—	—	32	2,732.00	—	7.6	5.55	13.15
	平均	8,788.75	1,204.22	—	792.5	187.34	10,972.81	—	132.75	48.49	181.24
自耕兼佃农	5	38,820.00	5,536.50	—	6,200.00	1,195.07	51,751.57	—	217.5	310.1	527.6
	6	13,750.00	2,134.60	—	2,910.00	390.5	19,185.10	—	93	173.3	266.3
	7	11,030.00	2,106.82	—	2,280.00	434.57	15,851.39	—	119	194.8	313.8
	8	8,500.00	776.2	—	2,520.00	312.4	12,108.60	—	145.1	149.5	294.6
	9	7,490.00	1,120.63	—	830	277.22	9,717.85	—	43	106.95	149.95
	10	1,770.00	680.7	—	510	115	3,075.70	—	49.4	56.5	195.9
	平均	13,560.00	2,059.24	—	2,541.67	454.13	18,615.04	—	111.16	165.19	276.36
佃农	11	1,800.00	386.7	—	400	354.36	2,941.06	—	54	47.65	101.65
	12	1,878.00	1,017.40	—	425	115.1	3,435.50	—	98.5	44.55	143.05
	13	—	738.94	—	—	—	738.94	—	6.4	9.35	15.75
	平均	1,226.00	714.35	—	275	156.49	2,371.83	—	52.96	33.88	86.82
总平均		9,245.61	1,485.80	—	1,480.38	303.35	12,515.15	—	104.37	98.98	203.35

第三表　续

		流动性资产					现金及准现金	计(积极财产)	负债	余额(纯财产)
		实物				合计				
		待售实物	购入实物	中间生产物	小计					
自耕农	1	514.75	—	270	784.75	1,105.10	1	14,365.70	6.9	14,358.80
	2	461.66	—	255	716.66	1,007.66	4.5	20,883.03	2,540.00	18,343.03
	3	630.7	—	126	756.7	857.15	106.2	8,992.10	1,290.00	7,702.10
	4	238.98	—	50	288.98	302.13		3,034.13	470	2,564.13
	平均	461.52	—	175.25	636.77	818.01	27.93	11,818.75	1,076.73	10,742.02
自耕兼佃农	5	1,815.00	—	1,780.00	3,595.00	4,122.60	152.26	56,026.43	1,220.30	54,806.13
	6	1,062.00	8.2	625	1,695.20	1,961.50	249.5	21,396.10	3,074.40	18,321.70
	7	655	21	309	985	1,298.80	6	17,156.19	700	16,456.19
	8	742.8	—	269	1,011.80	1,306.40	22	13,437.00	1,390.00	12,047.00
	9	527.6	—	330	857.6	1,007.55	24.5	10,749.90	1,704.00	9,045.90
	10	494.4	10.5	210	714.9	820.8	2.5	3,899.00	40	3,859.00
	平均	882.8	6.61	587.17	1,476.58	1,752.94	76.13	20,444.10	1,354.76	19,089.32
佃农	11	326.4	—	260	586.4	688.05	5.4	3,634.51	550	3,084.51
	12	455	—	83	538	681.05	4	4,120.55	435	3,685.55
	13	197.8	—	40	237.8	253.55	219.59	1,212.08	—	1,212.08
	平均	326.4	—	127.66	454.06	540.88	76.33	2,989.04	328.33	2,660.71
总平均		624.78	3.05	354.38	982.21	1,185.56	61.35	13,726.06	1,032.35	12,729.71

第四表　农业经营地结构

| | | 经营地 | | | | | | | | | | |
| | | 自有地 | | | | 地租地 | | | 合计 | | | |
		普通地	菜地	宅地	计	普通地	宅地	计	普通地	菜地	宅地	计
自耕农	1	30.0	1.0	0.5	31.5	—	—	—	30.0	1.0	0.5	31.5
	2	20.0	1.0	1.0	22.0	3.5	—	3.5	23.5	1.0	1.0	25.5
	3	20.6	—	0.4	21.0	5.0	—	5.0	25.6	—	0.4	26.0
	4	6.5	0.2	0.3	7.0	—	—	—	6.5	0.2	0.3	7.0
	平均	19.28	0.55	0.55	20.38	2.13		2.13	21.40	0.55	0.55	22.50
自耕兼佃农	5	117.4	1.5	1.5	120.4	50.0	—	50.0	167.4	1.5	1.5	170.4
	6	40.0	1.0	1.0	42.0	38.5	—	38.5	78.5	1.0	1.0	80.5
	7	29.0	0.5	0.5	30.0	18.0		18.0	47.0	0.5	0.5	48.0
	8	22.0	0.5	—	22.5	25.5	0.5	26.0	47.5	0.5	0.5	48.5
	9	20.0	0.3	0.3	20.6	6.0		6.0	26.0	0.3	0.3	26.6
	10	6.0	0.3	0.3	6.6	14.5	—	14.5	20.5	0.3	0.3	21.1
	平均	39.07	0.68	0.60	40.35	25.42	0.08	25.50	64.48	0.68	0.68	65.85
佃农	11	3.0	—	—	3.0	15.5	—	15.5	18.5	—	—	18.5
	12	3.8	—	0.9	4.7	10.0	—	10.0	13.8	—	0.9	14.7
	13	—	—	—	—	6.5	0.2	6.7	6.5	—	0.2	6.7
	平均	2.27	—	0.30	2.57	10.67	0.07	10.73	12.93	—	0.37	13.30
总平均		24.48	0.48	0.52	25.48	14.85	0.05	14.90	39.33	0.48	0.57	40.38

第五表　农业经营地结构（作物种植状况表）

（单位：亩）

		粟	高粱	玉米	小麦	大豆	糜子	甜菜	亚麻	马铃薯	蔬菜类	其他	计
自耕农	1	60.0	70.0	30.0	40.0	45.0	10.0	5.0	10.0	20.0	10.0	10.0	310.0
	2	60.0	30.0	35.0	40.0	30.0	5.0	5.0	10.0	5.0	10.0	10.0	240.0
	3	50.0	50.0	40.0	30.0	40.0	—	10.0	10.0	—	10.0	—	24.00
	4	5.0	20.0	20.0	25.0	—	—	—	—	—	—	5.00	70.0
	平均	43.75	42.50	31.25	33.75	28.75	3.75	5.00	7.50	6.25	7.50	5.00	215.00
自耕兼佃农	5	390.0	390.0	130.0	100.0	340.00	—	30.0	40.0	40.0	10.0	10.0	1,480.0
	6	215.0	140.0	100.0	100.0	150.0	10.0	20.0	30.0	10.0	10.0	—	785.0
	7	90.0	100.0	120.0	40.0	80.0	—	10.0	15.0	10.0	2.0	5.0	472.0
	8	90.0	120.0	35.0	30.0	70.0	5.0	15.0	30.0	—	5.0	20.0	420.0
	9	60.0	50.0	50.0	30.0	50.0	—	5.0	10.0	5.0	2.0	—	262.0
	10	50.0	40.0	30.0	30.0	40.0	—	5.0	10.0	—	2.0	—	207.0
	平均	149.17	140.00	77.5	55.00	121.67	2.50	14.17	22.5	10.83	5.17	5.83	604.33
佃农	11	40.0	40.0	20.0	15.0	30.0	—	5.0	10.0	—	2.0	—	162.0
	12	30.0	25.0	30.0	20.0	20.0	—	5.0	—	5.0	5.0	—	135.0
	13	25.0	10.0	20.0	—	10.0	—	—	—	—	2.0	—	67.0
	平均	31.67	25.00	23.33	11.67	20.00	—	3.33	3.33	—	3.00	—	121.33
	总平均	89.61	83.46	50.77	38.46	69.62	2.31	8.85	13.46	6.92	5.38	4.25	373.07

耕作面积

第五表　续

耕作比例(%)

		粟	高粱	玉米	小麦	大豆	糜子	甜菜	亚麻	马铃薯	蔬菜类	其他	计
自耕农	1	19.35	22.58	9.68	12.90	14.51	3.23	1.61	3.23	6.45	3.23	3.23	100.0
	2	25.00	12.50	14.58	16.67	12.50	2.08	2.08	4.17	2.08	4.17	4.17	100.0
	3	20.83	20.83	16.67	12.50	16.66	—	4.17	4.17	—	4.17	—	100.0
	4	7.14	28.57	28.57	35.72	—	—	—	—	—	—	—	100.0
	平均	20.35	19.77	14.53	15.70	13.37	1.75	2.32	3.49	2.91	3.49	2.32	100.0
自耕兼佃农	5	26.35	26.35	8.78	6.76	22.97	—	2.03	2.70	2.70	0.68	0.68	100.0
	6	27.39	17.84	12.84	12.84	19.11	1.27	2.55	3.82	1.27	1.27	—	100.0
	7	19.07	21.19	25.42	8.47	16.95	—	2.12	3.18	2.12	0.42	1.06	100.0
	8	21.43	28.57	8.34	7.14	16.67	1.19	3.57	7.14	—	1.19	4.76	100.0
	9	22.90	19.08	19.08	11.45	19.08	—	1.91	3.82	1.91	0.77	—	100.0
	10	24.10	19.32	14.49	14.49	19.32	—	2.42	4.83	—	0.99	—	100.0
	平均	24.68	23.17	12.83	9.10	20.13	0.41	2.35	3.72	1.79	0.86	0.96	100.0
佃农	11	24.69	24.69	12.35	9.26	18.52	—	3.09	6.17	—	1.23	—	100.0
	12	22.22	18.52	22.22	14.82	14.82	—	3.70	—	—	3.70	—	100.0
	13	37.31	14.93	29.85	—	14.93	—	—	—	—	2.98	—	100.0
	平均	26.10	20.60	19.23	9.62	16.48	—	2.75	2.75	—	2.47	—	100.0
总平均		24.02	22.37	13.61	10.31	18.66	0.62	2.37	3.61	1.86	1.44	1.13	100.0

第六表　土地占有表

		自有								租地					
		普通地		菜地		宅地		计		普通地		宅地		计	
		面积	价格	面积	价格	面积	价格	面积	价格	面积	价格	面积	价格	面积	价格
自耕农	1	30	9,265.00	1	400	0.5	250	31.5	9,915.00	—	—	—	—	—	—
	2	20	7,700.00	1	600	1	600	22	8,900.00	20	6,950.00	1.2	600	21.2	7,550.00
	3	20.6	5,850.00	—	—	0.4	240	21	6,090.00	—	—	—	—	—	—
	4	6.5	1,950.00	0.2	60	0.3	90	7	2,100.00	—	—	—	—	—	—
	平均	19.28	6,190.25	0.55	265	0.55	295	20.38	6,751.25	5	1,737.50	0.3	150	5.3	1,887.50
自耕兼佃农	5	117.4	37,320.00	1.5	750	1.5	750	120.4	38,820.00	—	—	—	—	—	—
	6	40	12,750.00	1	400	1	600	42	13,750.00	—	—	—	—	—	—
	7	29	10,480.00	0.5	275	0.5	275	30	11,030.00	—	—	—	—	—	—
	8	22	7,300.00	0.5	300	—	—	22.5	7,600.00	—	—	—	—	—	—
	9	20	7,130.00	0.3	180	0.3	180	20.6	7,490.00	—	—	—	—	—	—
	10	6	1,370.00	0.3	200	0.3	200	6.6	1,770.00	—	—	—	—	—	—
	平均	39.07	12,725.00	0.68	350.83	0.6	334.17	40.35	13,410.00	—	—	—	—	—	—
佃农	11	3	900	—	—	—	—	3	900	—	—	—	—	—	—
	12	3.8	1,368.00	—	—	0.9	510	4.7	1,878.00	—	—	—	—	—	—
	13	—	—	—	—	—	—	—	—	—	—	—	—	—	—
	平均	2.27	756	0.3	170	0.3	170	2.57	926	—	—	—	—	—	—
总平均		24.48	7,953.23	0.48	243.46	0.52	284.23	25.48	8,480.25	1.54	534.61	0.09	46.15	1.63	580.77

第六表　续

| | | 典出 | | | | 合计 | | | | | | | |
| | | 普通地 | | 计 | | 普通地 | | 菜地 | | 宅地 | | 计 | |
		面积	价格	面积	价格	面积	价格	面积	价格	面积	价格	面积	价格
自耕农	1	—	—	—	—	30.0	9,265.00	1.0	400.00	0.5	250.00	31.5	9,915.00
	2	—	—	—	—	40.0	14,650.00	1.0	600.00	2.2	1,200.00	43.2	16,450.00
	3	—	—	—	—	20.6	3,850.00	—	—	0.4	240.00	21.0	6,090.00
	4	2.0	600.00	2.0	600.00	8.5	2,550.00	0.2	60.00	0.3	90.00	9.0	2,700.00
	平均	0.50	150.00	0.50	150.00	24.78	8,078.75	0.55	265.00	0.85	445.00	26.18	8,788.75
自耕兼佃农	5	—	—	—	—	117.8	37,320.00	1.5	750.00	1.5	750.00	120.4	38,820.00
	6	—	—	—	—	40.0	12,750.00	1.0	400.00	1.0	600.00	42.0	13,750.00
	7	—	—	—	—	29.0	10,480.00	0.5	275.00	0.5	275.00	30.0	11,030.00
	8	3.0	900.00	3.0	900.00	25.0	8,200.00	0.5	300.00	—	—	25.5	8,500.00
	9	—	—	—	—	20.0	7,130.00	0.3	180.00	0.3	180.00	20.6	7,490.00
	10	—	—	—	—	6.0	1,370.00	0.3	200.00	0.3	200.00	6.6	1,770.00
	平均	0.5	150.00	0.5	150.00	39.57	12,875.00	0.68	350.80	0.60	334.17	40.85	13,560.00
佃农	11	3.0	900.00	3.0	900.00	6.0	1,800.00	—	—	—	—	6.0	1,800.00
	12	—	—	—	—	3.8	1,368.00	—	—	0.9	510.00	4.7	1,878.00
	13	—	—	—	—	—	—	—	—	—	—	—	—
	平均	1.00	300.00	1.00	300.00	3.27	1,056.00	—	—	0.30	170.00	3.57	1,226.00
总平均		0.62	184.61	0.62	184.61	26.64	8,671.77	0.48	243.46	0.62	330.38	27.73	9,245.61

第七表　建筑物所有表

自用

		住房		仓库		谷仓		库房		牛马厩		猪鸡圈	
		数量①	价格	数量(间)	价格	数量	价格	数量	价格	数量	价格	数量	价格
自耕农	1	(2)10	1,383	—	—	5	103	—	—	1	10	4	28.16
	2	(2)10	1,778.75	—	—	2	24.8	2	18.75	1	40	4	21.6
	3	45	676	1	12.8	1	7	—	—	1	26	3	13.2
	4	—	—	—	—	—	—	—	—	—	—	—	—
	平均	6.13	959.44	0.25	3.2	2	33.7	0.5	4.69	0.75	19	2.75	15.74
自耕兼佃农	5	(5)29	3,840	3	869.1	8	60.6	—	—	1	87.25	6	92.8
	6	(2)14	1,725	—	—	2	29.5	—	—	1	30	4	48.6
	7	(2)8	1,854.55	—	—	4	51.25	—	—	1	46.72	1	4
	8	(1)7	734	—	—	—	—	—	—	1	37.2	1	5
	9	(2)6.5	950	2	72.86	4	72.86	—	—	1	20.91	1	4
	10	4	600	—	—	3	30	—	—	1	10	3	14
	平均	11.42	1,617.26	0.83	156.99	3.5	40.7	—	—	1	38.68	2.67	28.07
佃农	11	(1)3	300	—	—	3	50	—	—	1	8	2	13
	12	(2)6	890.4	—	—	4	50	—	—	1	12	2	23
	13	(1)15	105	1	168.89	2	15	—	—	—	—	1.33	—
	平均	5	635.69	0.33	56.3	3	38.33	—	—	0.67	6.67	1.33	12
总平均		7.96	1,141.28	0.54	86.43	2.92	38	0.15	1.44	0.85	25.24	2.38	20.57

① 编者注:括号内数字表示同数。

第七表　续

类别	行号	自用							出租				
		围墙		门		井		计	住房		仓库		计
		数量	价格	数量	价格	数量	价格	价格	数量	价格	数量	价格	价格
自耕农	1	30	87.94	1	106.5	1	130	1,848.6	(1)3	—	—	—	—
	2	15	35.07	—	—	0.5	64.3	1,983.27	—	93.5	—	—	93.5
	3	3	4.5	1	62	1	90	891.5	—	—	—	—	—
	4	—	—	—	—	—	—	—	—	—	—	—	—
	平均	12	31.88	0.5	42.13	0.63	71.08	1,180.84	0.75	23.37	—	—	23.37
自耕兼佃农	5	100	200.5	1	206.25	1	180	5,536.5	—	—	—	—	—
	6	18	46.5	1	155	0.5	100	2,134.6	—	—	—	—	—
	7	25	47	1	103.3	—	—	2,106.82	—	—	—	—	—
	8	—	—	—	—	—	—	776.2	—	—	—	—	—
	9	—	—	—	—	—	—	1,120.63	—	—	—	—	—
	10	12	26.7	—	—	—	—	680.7	—	—	—	—	—
	平均	25.83	53.45	0.5	77.43	0.25	46.67	2,059.24	—	—	—	—	—
佃农	11	6	4.5	1	11.2	—	—	386.7	—	—	—	—	—
	12	20	42	—	—	—	—	1,017.4	3.5	442.78	—	—	442.78
	13	5	7.27	—	—	—	—	296.16	—	—	—	—	—
	平均	10.33	17.92	0.33	3.74	—	—	566.75	1.17	147.59	—	—	—
总平均		18	38.61	0.46	49.56	0.31	43.41	1,444.55	0.5	41.25	—	—	41.25

第七表　续

合计

类别	户号	住房 数量	住房 价格	仓库 数量	仓库 价格	谷仓 数量	谷仓 价格	库房 数量	库房 价格	牛马厩 数量	牛马厩 价格	猪鸡圈 数量	猪鸡圈 价格	围墙 数量	围墙 价格	门 数量	门 价格	井 数量	井 价格	合计 价格
自耕农	1	(2)10	1,383.00	—	—	5	103	—	—	1	10	4	28.16	30	87.94	1	106.5	1	130	1,848.60
	2	(3)13	1,872.25	—	—	2	24.8	2	18.75	1	40	4	21.6	15	35.07	—	—	0.5	64.3	2,076.77
	3	(2)45	676	1	12.8	1	7	—	—	1	26	3	13.2	3	4.5	1	62	1	90	891.5
	4	—	—	—	—	—	—	—	—	—	—	—	—	—	—	—	—	—	—	—
	平均	6.88	982.81	0.25	3.2	2	33.7	0.5	4.69	0.75	19	2.75	15.74	12	31.88	0.5	42.13	0.63	71.08	1,204.22
自耕兼佃农	5	(5)29	3,840.00	3	869	8	60.6	—	—	1	87.25	6	92.8	100	200.5	1	206.25	1	180	5,536.50
	6	(2)14	1,725.00	—	—	2	29.5	—	—	1	30	4	48.6	18	46.5	1	155	0.5	100	2,134.60
	7	(2)8	1,854.55	—	—	4	51.25	—	—	1	46.72	1	4	25	47	1	103.3	—	—	2,106.82
	8	(1)7	734	—	—	—	—	—	—	1	37.2	1	5	—	—	—	—	—	—	776.2
	9	(2)6.5	950	2	72.86	4	72.86	—	—	1	20.91	1	4	—	—	—	—	—	—	1,120.63
	10	4	600	—	—	3	30	—	—	1	10	3	14	12	26.7	—	—	—	—	680.7
	平均	11.42	1,617.26	0.83	156.99	3.5	40.7	—	—	1	38.68	2.67	28.07	25.83	53.45	0.5	77.43	0.25	46.67	2,059.24
佃农	11	(1)3	300	—	—	3	50	—	—	1	8	2	13	6	4.5	1	11.2	—	—	386.7
	12	(2)6	890.4	—	—	4	50	—	—	1	12	2	23	20	42	—	—	—	—	1,017.40
	13	(2)5	547.78	1	168.89	2	15	—	—	—	—	—	—	5	7.27	—	—	—	—	738.94
	平均	4.67	579.39	0.33	56.3	3	38.33	—	—	0.67	6.67	1.33	12	10.33	17.92	0.33	3.74	—	—	714.35
总平均		8.46	1,132.54	0.54	86.43	2.92	38	0.15	1.44	0.85	25.24	2.38	20.57	18	38.61	0.46	49.56	0.31	43.41	1,485.80

第八表　建筑物使用状况表

		住房	仓库	谷仓	库房	牛马厩	猪鸡圈	围墙	门	井	住房	仓库	谷仓
		自有									租用		
自耕农	1	10	—	5	—	1	4	30	1	1	—	—	—
	2	10	—	2	2	1	4	15	—	0.5	—	—	—
	3	4.5	1	1	—	1	3	3	1	1	2.5	—	—
	4	—	—	—	—	—	—	—	—	—	2	—	—
	平均	6.13	0.25	2	0.5	0.75	2.75	12	0.5	0.63	1.13	—	—
自耕兼佃农	5	29	3	4	—	1	6	10	1	1	—	—	—
	6	14	—	2	—	1	4	18	1	0.5	—	—	—
	7	8	—	4	—	1	1	25	—	—	—	—	—
	8	7	—	—	—	1	1	—	—	—	4	1	3
	9	6.5	2	4	—	1	1	—	—	—	—	—	—
	10	4	—	3	—	1	3	12	1	—	—	—	—
	平均	11.42	0.83	3.5	—	1	2.67	25.35	0.5	0.25	0.67	0.17	0.5
佃农	11	3	—	3	—	1	2	6	1	—	3	—	—
	12	6	—	4	—	1	2	2	—	—	—	—	—
	13	1.5	1	2	—	—	—	5	—	—	—	—	—
	平均	3.5	0.33	3	—	0.67	1.33	10.33	0.33	—	1	—	—
总平均		7.96	0.54	2.92	0.15	0.85	2.38	18	0.46	0.31	0.88	0.08	0.23

第八表　续

	租用				合计								
	库房	牛马厩	围墙	门	住房	仓库	谷仓	库房	牛马厩	猪鸡圈	围墙	门	井
自耕农 1	—	—	—	—	10	—	5	—	1	4	3	1	1
2	—	—	—	—	10	—	2	2	1	4	15	—	0.5
3	—	—	—	—	7	1	1	—	1	3	3	1	1
4	—	—	—	—	2	—	—	—	—	—	—	—	—
平均	—	—	—	—	7.25	0.25	2	0.5	0.75	2.75	12	0.5	0.63
自耕兼佃农 5	—	—	—	—	29	3	4	—	1	6	100	1	1
6	—	—	—	—	14	—	2	—	1	4	18	1	0.5
7	—	—	—	1	8	—	4	—	1	1	25	1	—
8	—	—	40	—	11	1	3	—	1	1	40	1	—
9	—	—	—	—	6.5	2	4	—	1	1	—	—	—
10	—	—	—	—	4	—	3	—	1	3	12	—	—
平均	—	—	6.67	0.17	12.08	1	3.33	—	1	2.67	32.5	0.67	0.25
佃农 11	—	—	—	—	6	—	3	—	1	2	6	1	—
12	—	—	—	—	6	1	4	—	1	2	20	—	—
13	—	—	—	—	1.5	1	2	—	—	3	5	—	—
平均	—	—	—	—	4.5	0.33	3	—	0.67	1.33	10.33	0.33	—
总平均	—	—	3.08	0.08	8.85	0.62	2.85	0.15	0.85	2.38	21.08	0.54	0.31

第九表 大型家畜拥有表

		马 未满3岁 数量	马 未满3岁 价格	马 3-5岁 数量	马 3-5岁 价格	马 6-8岁 数量	马 6-8岁 价格	马 9- 数量	马 9- 价格	马 小计 数量	马 小计 价格	骡 未满3岁 数量	骡 未满3岁 价格	骡 3-5岁 数量	骡 3-5岁 价格	骡 6-8岁 数量	骡 6-8岁 价格
自耕农	1	1	150	1	180	1	300	2	600	5	1,230.00	—	—	—	—	—	—
	2	2	400	1	200	—	—	3	500	6	1,100.00	—	—	—	—	—	—
	3	1	50	—	—	2	360	—	—	3	410.00	—	—	1	100	2	330
	4	—	—	—	—	—	—	—	—	—	—	—	—	—	—	—	—
	平均	1	150	1.5	95	0.75	165	1.25	275	3.5	685.00	—	—	0.25	25	0.5	82.5
自耕兼佃农	5	3	630	2	420	7	2,170	4	1,300	16	4,520.00	—	—	3	960	1	370
	6	3	260	3	630	5	1,560	2	460	13	2,910.00	—	—	—	—	—	—
	7	—	—	1	500	2	700	2	600	5	1,800.00	—	—	1	400	—	—
	8	1	100	3	1,200	2	900	1	320	7	2,520.00	—	—	—	—	—	—
	9	1	300	—	—	—	—	2	530	3	830.00	—	—	—	—	—	—
	10	1	100	—	—	—	—	2	290	3	390.00	—	—	—	—	—	—
	平均	1.5	231.67	1.5	458.33	2.66	888.33	2.17	583.34	7.83	2,161.57	—	—	0.67	226.67	0.17	61.67
佃农	11	1	70	—	—	—	—	3	330	4	＊＊	—	—	—	—	—	—
	12	2	80	1	100	1	200	1	45	5	＊＊	—	—	—	—	—	—
	13	—	—	—	—	—	—	—	—	—	—	—	—	—	—	—	—
	平均	1	50	0.33	33.33	1.33	66.67	1.34	125	3	＊＊	—	—	—	—	—	—
	总平均	1.23	164.42	0.92	248.86	1.54	476.15	1.69	382.69	5.3	＊＊	—	—	0.38	112.31	0.23	53.85

第九表　续

		骡 9- 数量	骡 9- 价格	骡 小计 数量	骡 小计 价格	驴 未满3岁 数量	驴 未满3岁 价格	驴 3-5岁 数量	驴 3-5岁 价格	驴 6-8岁 数量	驴 6-8岁 价格	驴 9- 数量	驴 9- 价格	驴 小计 数量	驴 小计 价格	合计价格 数量
自耕农	1	—	—	—	—	—	—	—	—	—	—	—	—	—	—	1,230
	2	—	—	—	—	—	—	—	—	—	—	—	—	—	—	1,100
	3	—	—	3	430.00	—	—	—	—	—	—	—	—	—	—	840
	4	—	—	—	—	—	—	—	—	—	—	—	—	—	—	—
	平均	—	—	0.75	107.50	—	—	—	—	—	—	—	—	—	—	792.5
自耕兼佃农	5	1	350	5	1,680.00	—	—	—	—	—	—	—	—	—	—	6,200
	6	—	—	—	—	—	—	—	—	—	—	—	—	—	—	2,910
	7	—	—	1	400.00	—	—	1	80	—	—	—	—	1	80	2,280
	8	—	—	—	—	—	—	—	—	—	—	—	—	—	—	2,520
	9	1	120	1	120.00	—	—	—	—	—	—	—	—	—	—	830
	10	—	—	—	—	—	—	—	—	—	—	—	—	—	—	510
	平均	0.33	78.33	1.17	366.67	—	—	0.17	13.33	—	—	—	—	0.17	13.33	2,541.67
佃农	11	—	—	—	—	—	—	—	—	—	—	—	—	—	—	400
	12	—	—	—	—	—	—	—	—	—	—	—	—	—	—	425
	13	—	—	—	—	—	—	—	—	—	—	—	—	—	—	—
	平均	—	—	—	—	—	—	—	—	—	—	—	—	—	—	275
	总平均	0.15	36.15	0.77	202.31	—	—	0.08	6.15	—	—	—	—	0.08	6.15	1,480.38

第十表　大型机具拥有表

		大铁车		小铁车		大车拉马用具		大车长套		短套		大犁		铁犁		马槽		铡刀	
		数量	价格	数量	价格	数量	价格	数量	价格	数量	价格	数量	价格	数量	价格	数量	价格	数量	价格
自耕农	1	1	110	—	—	—	—	—	—	—	—	1	12.2	—	—	1	2.17	1	2.63
	2	1	79	—	—	—	—	—	—	—	—	1	12	—	—	2	12	1	6
	3	1	60	1	81	1	9	—	—	—	—	1	8	—	—	—	—	—	—
	4	—	—	—	—	—	—	—	—	—	—	—	—	—	—	1	10	—	—
	平均	0.75	62.25	0.25	20.25	0.25	2.25	—	—	—	—	0.75	8.05	—	—	1	6.04	0.5	2.16
自耕兼佃农	5	3	390	—	—	3	36	9	40	6	36	2	24	4	51.19	4	64	2	21.6
	6	1	130	1	33.6	2	30	—	—	—	—	1	3.36	1	7.32	2	10.2	1	7.2
	7	1	80	—	—	1	40	4	22.9	8	27.42	1	12	1	8.5	1	16.35	1	5.6
	8	1	90	—	—	1	30	3	10	2	10	—	—	2	16	1	20	1	12
	9	1	120	—	—	1	31.16	—	—	—	—	1	5	—	—	1	8	1	7.5
	10	—	—	1	60	1	15	—	—	—	—	—	—	—	—	—	—	—	—
	平均	1.17	135	0.33	15.6	1.5	30.36	2.67	12.15	2.67	12.24	0.83	7.39	1.33	13.83	1.5	19.76	1	8.98
佃农	11	1	174.66	—	—	1	16.4	—	—	—	—	—	—	1	5.4	1	2	1	4.6
	12	1	19.25	—	—	1	8.1	—	—	—	—	—	—	—	—	1	2.75	—	—
	13	—	—	—	—	—	—	—	—	—	—	—	—	—	—	—	—	—	—
	平均	0.67	64.64	—	—	0.67	8.17	—	—	—	—	—	—	0.33	1.8	0.67	1.58	0.33	1.53
总平均		0.92	96.38	0.23	13.43	0.92	16.59	1.23	5.61	1.23	5.65	0.62	5.89	0.69	6.8	1.15	11.34	0.69	5.16

第十表　续

		大缸 数量	大缸 价格	大板仓 数量	大板仓 价格	扇车子 数量	扇车子 价格	碾子 数量	碾子 价格	磨 数量	磨 价格	石头磙子 数量	石头磙子 价格	石钝古 数量	石钝古 价格	合计 价格
自耕农	1	5	19	2	47	1	8	1	45	—	—	5	20	—	—	266
	2	4	24	1	7.9	1	18	1	75.2	—	—	3	10	—	—	244.1
	3	2	29.25	1	20	—	—	—	—	—	—	—	—	—	—	207.25
	4	1	12	—	—	—	—	—	—	—	—	2	10	—	—	32
	平均	3	21.06	1	18.73	0.5	6.5	0.5	35.05	—	—	2.5	10	—	—	187.34
自耕兼佃农	5	10	116	6	18	—	—	1	32	3	63	17	116.28	1	25	1,195.07
	6	5	18	2	67.48	—	—	1	21	1	17.34	10	45	—	—	390.5
	7	8	64	1	35.6	—	—	1	60	—	—	7	47.2	1	15	434.57
	8	5	52	2	40	—	—	—	—	—	—	6	32.4	—	—	312.4
	9	5	40.36	—	—	—	—	1	42.8	—	—	5	22.4	—	—	277.22
	10	2	20	—	—	—	—	—	—	—	—	4	20	—	—	115
	平均	5.83	51.73	1.83	53.85	—	—	0.67	25.97	0.67	13.39	8.17	47.21	0.33	6.67	454.13
佃农	11	5	50	1	25.2	1	7.4	1	58.9	1	9.8	—	—	—	—	354.36
	12	3	23	—	—	—	—	—	—	—	—	4	20	—	—	115.1
	13	—	—	—	—	—	—	—	—	—	—	—	—	—	—	—
	平均	3.67	24.33	0.33	8.4	0.33	2.47	0.67	33.63	0.33	3.27	1.33	6.67	—	—	156.49
总平均		4.23	35.97	1.23	32.55	0.23	2.57	0.62	28.99	0.38	6.93	4.85	26.1	1.54	3.08	303.35

第十一表　小植物及小动物拥有表

| | | 猪(成) | | 猪(仔) | | 猪(计) | | 小动物 | | | | | | | | 合计 |
| | | | | | | | | 鸡 | | 鸭 | | 鹅 | | 犬 | | |
		数量	价格	数量	价格	数量	价格	数量	价格	数量	价格	数量	价格	数量	价格	价格
自耕农	1	9	240	—	—	9	240	10	8	5	3	—	—	1	—	251
	2	4	120	1.8	90	22	210	4	3.2	5	3	2	1.6	2	—	217.8
	3	2	50	—	—	2	50	3	3	2	1.6	—	—	2	—	54.6
	4	—	—	1	7	1	7	—	—	2	0.60	—	—	1	—	7.6
	平均	3.75	102.5	4.75	24.25	8.5	126.75	4.25	3.55	3.5	2.05	0.5	0.4	0.15	—	132.75
自耕兼佃农	5	2	80	1.8	126	20	206	10	8	5	3.5	—	—	3	—	217.5
	6	1	30	5	50	6	80	15	6	10	7	—	—	2	—	93
	7	2	80	3	30	5	110	5	5	5	4	—	—	2	—	119
	8	1	50	9	90	10	140	3	3	3	2.1	—	—	1	—	145.1
	9	1	20	—	—	1	20	7	7	20	16	—	—	1	—	43
	10	1	25	1	15	2	40	8	6.4	5	3	—	—	2	—	49.4
	平均	1.33	47.5	6	51.83	7.33	99.33	8	5.9	8	5.93	—	—	1.83	—	111.16
佃农	11	1	40	1	10	2	50	5	4	—	—	—	—	2	—	54
	12	1	30	4	60	5	90	1	5	5	3.5	—	—	3	—	98.5
	13	—	—	—	—	—	—	3	2.4	8	4	—	—	1	—	6.4
	平均	0.66	23.33	1.67	23.33	2.33	46.66	3	3.8	4.33	2.5	0.15	0.12	2	—	52.96
	总平均	1.92	58.84	4.62	36.77	6.54	95.61	5.69	4.69	5.77	3.95	0.15	0.12	0.15	—	104.37

第十二表　小器具拥有表(其一)

整地用机具

类别	序号	犁杖		其他犁		铁耙子		锌子		铡子		犁铡子		斜板		其他犁具		镐头		铁锹		铁耙子	
		数量	价格	数量	价格	数量	价格	数量	价格	数量	价格	数量	价格	数量	价格	数量	价格	数量	价格	数量	价格	数量	价格
自耕农	1	2	10	—	—	—	2	—	3	—	—	—	—	—	—	3	1.5	—	—	2	3	—	—
	2	1	6	—	—	—	3	—	5.4	—	—	—	—	—	—	—	—	1	2	5	5.6	—	—
	3	1	5	—	—	—	—	—	—	—	—	—	—	—	—	3	3	—	—	1	0.9	—	—
	4	—	—	—	—	—	—	—	—	—	—	—	—	—	—	—	—	—	—	2	1	—	—
	平均	1	5.25	—	—	—	1.25	—	2.1	—	—	—	—	—	—	1.5	1.13	0.25	0.5	2.5	2.62	—	—
自耕兼佃农	5	5	35	—	—	—	8	—	24	—	—	—	—	—	—	—	—	—	—	14	19	—	—
	6	3	21	—	—	—	7	—	21	—	—	—	—	—	—	—	—	—	—	6	8.6	—	—
	7	3	21	—	—	—	4	—	12	—	—	—	—	—	—	—	—	—	—	8	12	—	—
	8	2	14	—	—	—	5	—	15	—	—	—	—	—	—	—	—	—	—	5	7.7	—	—
	9	2	10	—	—	—	3	—	9	—	—	—	—	—	—	—	—	—	—	5	8.5	—	—
	10	2	14	—	—	—	2	—	3.6	—	—	—	—	—	—	—	—	—	—	—	—	—	—
	平均	2.83	19.17	—	—	—	4.83	—	14.1	—	—	—	—	—	—	—	—	—	—	6.33	9.3	—	—
佃农	11	1	5	—	—	—	4	—	7.2	—	—	—	—	—	—	—	—	1	2	2	1.8	—	—
	12	1	3	—	—	—	2	—	3.6	—	—	—	—	—	—	—	—	1	2	2	2	—	—
	13	—	—	—	—	—	—	—	—	—	—	—	—	—	—	—	—	2	8	1	1	—	—
	平均	0.67	2.67	—	—	—	2	—	3.6	—	—	—	—	—	—	—	—	1.33	4.33	1.67	1.6	—	—
总平均		1.77	11.07	—	—	—	3.08	—	7.98	—	—	—	—	—	—	0.46	0.35	0.38	1.15	4.08	5.47	—	—

第十二表　小器具拥有表（其二）

类别	编号	整地用器具 耙子 数量	价格	木头筷子 数量	价格	钝古路 数量	价格	二齿镐 数量	价格	粪叉子 数量	价格	耕作用器具 搂耙 数量	价格	板拉子 数量	价格	搂耙 数量	价格	*** 数量	价格	把斗子 数量	价格	木锨 数量	价格
自耕农	1	—	—	1	4	—	—	1	1	—	—	2	10	—	—	2	2	2	2	—	—	—	—
	2	—	—	—	—	1	8	—	—	—	—	1	6	3	1.5	—	—	2	4	—	—	2	3
	3	—	—	—	—	—	—	1	0.7	—	—	1	5	—	—	1	1	2	3	—	—	—	—
	4	—	—	—	—	—	—	—	—	—	—	—	—	—	—	—	—	—	—	—	—	—	—
	平均	—	—	0.25	1	0.25	2	0.5	0.43	—	—	1	5.25	0.75	0.38	0.75	0.75	1.5	2.25	—	—	0.5	0.75
自耕兼佃农	5	—	—	2	12	—	—	3	2.4	—	—	4	28	—	—	4	4	4	12	—	—	4	4
	6	—	—	1	5	—	—	2	1.2	—	—	3	18	—	—	3	3	3	9	—	—	—	—
	7	—	—	1	6	—	—	2	1.6	—	—	3	21	—	—	4	4	4	12	—	—	2	2
	8	—	—	1	6	—	—	1	0.8	—	—	2	14	—	—	2	2	2	6	—	—	—	—
	9	—	—	1	3	—	—	1	1	—	—	2	10	—	—	2	2	2	4	—	—	—	—
	10	—	—	—	—	—	—	—	—	—	—	1	8	—	—	1	1	1	2	—	—	—	—
	平均	—	—	1	5.33	—	—	1.5	1.17	—	—	2.5	16.5	—	—	2.67	2.67	2.67	7.5	—	—	1	1
佃农	11	—	—	—	—	—	—	1	0.7	—	—	1	8	—	—	—	—	2	4	—	—	—	—
	12	—	—	—	—	—	—	1	0.6	—	—	1	3	—	—	1	1	1	1.5	—	—	—	—
	13	—	—	—	—	—	—	1	1	—	—	—	—	—	—	—	—	—	—	—	—	—	—
	平均	—	—	—	—	—	—	1	0.77	—	—	0.67	3.67	—	—	0.67	0.67	1	1.83	—	—	—	—
总平均		—	—	0.54	2.77	0.08	0.61	1.08	0.85	—	—	1.62	10.08	0.23	0.12	1.62	1.62	1.92	4.58	—	—	0.62	0.69

第十二表(其二)　续

农户类型	户号	耕作用 粪筐 数量	粪筐 价格	管理用 锄头 数量	锄头 价格	收割用 镰刀 数量	镰刀 价格	铁叉子 数量	铁叉子 价格	石头碌子 数量	石头碌子 价格	连枷 数量	连枷 价格	调整用器具 木杈 数量	木杈 价格	拾笤 数量	拾笤 价格	木扒子 数量	木扒子 价格	粪扒 数量	粪扒 价格	扬锨 数量	扬锨 价格
自耕农	1	—	—	3	3	4	2	—	—	—	—	—	—	2	1	2	3	—	—	1	4	3	4.5
	2	—	—	—	—	—	—	2	2	—	—	—	—	5	2.5	3	5.4	2	3	4	8	4	2.8
	3	—	—	2	4	3	2.4	—	—	—	—	—	—	3	2.1	1	1.8	—	—	2	3.8	2	1.4
	4	—	—	2	1.5	2	0.5	—	—	—	—	—	—	2	0.6	1	1.8	—	—	1	1.2	1	1
	平均	—	—	1.75	2.12	2.25	1.23	0.5	0.5	—	—	—	—	3	1.55	1.75	3	0.5	0.75	2	4.25	2.5	2.43
自耕兼佃农	5	—	—	10	20	10	7	—	—	—	—	—	—	20	10	8	14.4	—	—	7	14	8	5.6
	6	—	—	6	12	7	5.6	—	—	—	—	—	—	7	7	3	5.4	—	—	1	8	6	4.2
	7	—	—	8	16	8	5.6	—	—	—	—	—	—	10	5	5	9	—	—	6	13	5	3.5
	8	—	—	5	10	5	3.5	—	—	—	—	—	—	6	6	3	5.4	—	—	3	10	4	2.8
	9	—	—	5	7.5	5	4	—	—	—	—	—	—	4	4	2	3.6	—	—	3	6	2	1.4
	10	—	—	3	6	2	1.4	—	—	—	—	—	—	3	2.1	1	1.5	—	—	2	4.8	2	1.4
	平均	—	—	6.17	11.91	6.17	4.52	—	—	—	—	—	—	8.33	5.68	3.67	6.55	—	—	3.67	9.3	4.5	3.15
佃农	11	—	—	2	4	3	3	—	—	—	—	—	—	3	2.1	2	3	—	—	2	1.6	2	1.4
	12	—	—	3	4.5	2	2	—	—	—	—	—	—	2	1.4	2	3	—	—	1	0.6	1	0.7
	13	—	—	2	3	—	—	—	—	—	—	—	—	1	0.6	1	1.2	—	—	1	0.8	1	1
	平均	—	—	2.33	3.83	1.67	1.67	—	—	—	—	—	—	2	1.37	1.67	2.4	—	—	1.33	1	1.33	1.03
总平均		—	—	3.92	7.04	3.92	2.85	0.15	0.15	—	—	—	—	5.23	3.42	2.62	4.6	0.15	0.23	2.62	5.85	3.15	2.44

第十二表　小器具拥有表(其三)

| | | 调整用器具 | | | | | | | | | | 搬运用 | | | | | | 养畜用 | | | | | |
| | | 筋子 | | 簸箕 | | 箕子 | | 扬枚 | | 簸子 | | 扒力 | | 拉扒架子 | | 牵具 | | 小马槽 | | 猪槽 | | 缸 | |
		数量	价格	数量	价格	数量	价格	数量	价格	数量	价格	数量	价格	数量	价格	数量	价格	数量	价格	数量	价格	数量	价格
自耕农	1	2	2	2	3	1	1	1	1	—	—	—	—	2	6	—	—	2	7	—	—	—	—
	2	4	4.8	3	13.2	2	1.2	—	—	—	—	—	—	1	4	—	—	1	4	—	—	4	28
	3	2	3	2	3	1	50	1	1.5	—	—	—	—	1	3	—	—	1	4	—	—	—	—
	4	1	1.5	1	1	—	—	—	—	—	—	—	—	—	—	—	—	—	—	1	1	—	—
	平均	2.25	2.82	2	5.05	1	0.67	0.5	0.63	—	—	—	—	1	3.25	—	—	1	3.75	0.25	0.25	1	7
自耕兼佃农	5	4	8	6	23	2	2	2	3	—	—	—	—	5	20	—	—	5	25	—	—	—	—
	6	2	4	2	6.5	1	2	2	3	—	—	—	—	4	16	—	—	3	15	—	—	—	—
	7	2	4	3	15	2	2	2	3	2	3	3	12	—	—	—	—	3	15	—	—	—	—
	8	1	2	2	10	1	1.5	1	1.5	1	1.5	—	—	2	8	—	—	2	10	—	—	—	—
	9	2	4	2	10	2	2	2	3	2	1.5	—	—	2	7	—	—	2	4	—	—	—	—
	10	1	1	1	3	1	0.6	1	0.9	1	1	—	—	1	3	—	—	2	13	—	—	—	—
	平均	2	3.83	2.67	11.25	1.5	1.43	1.67	2.4	0.83	1.17	0.5	2	2.33	9	—	—	2.83	13.67	—	—	—	—
佃农	11	2	3	2	7	1	0.6	1	0.9	—	—	—	—	—	—	—	—	1	3	—	—	—	—
	12	2	2	2	6	1	0.6	1	1	—	—	—	—	—	—	—	—	2	7	—	—	—	—
	13	—	—	—	—	—	—	1	1.1	—	—	—	—	—	—	—	—	—	—	—	—	—	—
	平均	1.33	1.67	1.33	4.33	0.67	0.4	1	1	—	—	—	—	0.67	1.67	—	—	1	3.33	—	—	—	—
总平均		1.92	3.02	2.15	7.75	1.15	0.96	1.15	1.53	0.38	0.58	0.23	0.92	1.54	5.54	—	—	1.85	8.23	0.08	0.08	0.31	2.15

第十二表(其三)　续

杂用器具

分类	编号	口袋 数量	口袋 价格	麻袋 数量	麻袋 价格	*子 数量	*子 价格	辕与套 数量	辕与套 价格	车套 数量	车套 价格	套* 数量	套* 价格	鞭子 数量	鞭子 价格	毂子 数量	毂子 价格	纹杆 数量	纹杆 价格	耍杆 数量	耍杆 价格	车架杆 数量	车架杆 价格
自耕农	1	—	—	15	30	—	—	6	4.5	3	15	—	—	1	5	—	—	—	—	2	1.2	1	2
	2	—	—	—	—	—	—	—	—	—	—	—	—	—	—	—	—	—	—	—	—	—	—
	3	—	—	3	6.6	—	—	—	—	4	20	—	—	1	2.5	—	—	—	—	1	50	1	3
	4	—	—	—	—	—	—	—	—	—	—	—	—	—	—	—	—	—	—	—	—	—	—
	平均	—	—	450	9.15	—	—	1.5	1.12	1.75	8.75	—	—	0.5	1.88	—	—	—	—	0.75	0.42	0.5	1.25
自耕兼佃农	5	—	—	50	110	—	—	27	129	—	—	—	—	3	24	—	—	—	—	7	4.2	3	24
	6	—	—	30	66	—	—	12	13.5	3	30	—	—	2	10	—	—	—	—	4	2.4	2	14
	7	—	—	40	80	—	—	12	72	—	—	—	—	1	8	—	—	—	—	4	2.4	1	8
	8	—	—	25	55	—	—	12	72	—	—	—	—	1	10	—	—	—	—	8	5.6	1	8
	9	—	—	15	30	—	—	3	21	4	24	—	—	1	3	—	—	—	—	5	4.4	1	4
	10	—	—	6	13.2	—	—	—	—	3	12	—	—	1	2.5	—	—	—	—	1	0.4	1	3
	平均	—	—	27.67	59.03	—	—	11	51.25	1.67	11	—	—	1.5	9.5	—	—	—	—	4.83	3.24	1.5	10.17
佃农	11	—	—	10	22	—	—	—	—	—	—	—	—	1	2	—	—	—	—	1	40	1	3
	12	—	—	8	17.6	—	—	—	—	3	9	—	—	1	2	—	—	—	—	1	50	—	—
	13	—	—	—	—	—	—	—	—	—	—	—	—	—	—	—	—	—	—	—	—	—	—
	平均	—	—	6	13.2	—	—	—	—	1	3	—	—	0.67	1.33	—	—	—	—	0.67	0.3	0.33	1
总平均		—	—	15.54	33.11	—	—	5.54	24	1.54	8.46	—	—	1	5.31	—	—	—	—	2.62	1.69	0.92	5.31

第十二表　小器具拥有表(其四)

类别	编号	短刀 数量	短刀 价格	锄刀 数量	锄刀 价格	杂用器具 *** 数量	杂用器具 *** 价格	杂用器具 *** 数量	杂用器具 *** 价格	杂用器具 *** 数量	杂用器具 *** 价格	杂用器具 ** 数量	杂用器具 ** 价格	杂用器具 *** 数量	杂用器具 *** 价格	犁杖千斤 数量	犁杖千斤 价格	*** 数量	*** 价格	新购价格 合计	现值(新购价格折半)
自耕农	1	2	6	—	—	—	—	—	—	—	—	—	—	—	—	—	—	—	—	138.7	69.35
	2	—	—	—	—	—	—	3	15	2	8	1	5	1	5	—	—	—	—	146.4	73.2
	3	—	—	—	—	1	2	—	—	—	—	—	—	—	—	—	—	2	2	91.7	45.85
	4	—	—	—	—	—	—	—	—	—	—	—	—	—	—	—	—	—	—	11.1	5.55
	平均	0.5	1.5	—	—	0.25	0.5	0.75	3.75	0.5	2	0.25	1.25	0.25	1.25	—	—	0.5	0.5	96.98	48.49
自耕兼佃农	5	5	—	—	—	—	—	—	—	—	—	—	—	—	—	18	12.6	3	3	620.2	310.1
	6	5	30	—	—	—	—	—	—	—	—	—	—	—	—	6	4.2	2	2	346.6	173.3
	7	—	—	—	—	—	—	—	—	—	—	—	—	—	—	15	8.5	1	1	389.6	194.8
	8	—	18	—	—	—	—	—	—	—	—	—	—	—	—	6	4.2	1	1	299	149.5
	9	—	—	—	—	—	—	—	—	—	—	—	—	—	—	3	3	1	1	213.9	106.95
	10	4	3	1	9	—	—	—	—	—	—	—	—	—	—	1	1	1	0.6	113	56.5
	平均	2.33	8.5	0.17	1.5	—	—	—	—	—	—	—	—	—	—	8.17	5.58	1.5	1.43	330.38	165.19
佃农	11	3	3	—	—	—	—	—	—	—	—	—	—	—	—	2	2	1	0.6	95.3	47.65
	12	3	3	1	8	—	—	—	—	—	—	—	—	—	—	1	1	1	0.5	89.1	44.55
	13	—	—	—	—	—	—	—	—	—	—	—	—	—	—	—	—	—	—	18.7	9.35
	平均	2	2	0.33	2.67	—	—	—	—	—	—	—	—	—	—	1	1	0.67	0.36	67.7	33.85
总平均		1.69	4.85	0.15	1.31	0.08	0.15	0.23	1.15	0.15	0.62	0.08	0.38	0.08	0.38	4	2.81	1	0.9	197.95	98.98

第十三表　实物表(年初)(其一)

类别	序号	待售实物(生产及收得实物) 高粱 数量	高粱 价格	玉米 数量	玉米 价格	谷子 数量	谷子 价格	大豆 数量	大豆 价格	小豆 数量	小豆 价格	小麦 数量	小麦 价格	糜子 数量	糜子 价格	土豆 数量	土豆 价格	合计 价格	购入实物 大豆类 数量	大豆类 价格	高粱 数量	高粱 价格
自耕农	1	18.5	103.6	26.5	140.45	35.5	234.3	1	6	0.6	9.6	—	—	0.4	4.8	800	16	514.75	—	—	—	—
	2	13.5	75.6	12.2	64.66	45	297	1	6	0.3	4.8	—	—	0.3	3.6	500	10	461.66	—	—	—	—
	3	24	134.4	15	79.5	58	382.8	5	30	—	—	—	—	—	—	200	4	630.7	—	—	—	—
	4	—	—	13	68.9	24.8	163.68	0.2	1.2	0.2	3.2	—	—	—	—	100	2	238.98	—	—	—	—
	平均	14	78.4	16.7	88.38	40.8	269.44	1.8	10.8	0.3	4.4	—	—	0.2	2.1	400	8	461.52	—	—	—	—
自耕兼佃农	5	75	420	50	265	150	990	10	60	3	48	—	—	1	12	1,000	20	1,815.00	10	820	—	—
	6	30	169	40	212	100	660	1	6	0.5	8	—	—	—	—	400	8	1,062.00	30	21	—	—
	7	25	140	30	159	50	330	3	18	—	—	—	—	—	—	400	8	655	—	—	—	—
	8	30	168	20	106	58	382.8	2	12	2	32	—	—	30	36	300	6	742.8	—	—	—	—
	9	10	56	10	53	60	396	1.5	9	0.6	9.6	—	—	—	—	200	4	527.6	—	—	—	—
	10	24	134.4	18	95.4	35	231	4	24	0.6	9.6	—	—	—	—	—	—	494.4	15	10.5	—	—
	平均	32.3	181.07	28	148.4	75.5	498.3	3.6	21.5	1.1	17.87	—	—	0.7	8	383.3	7.66	882.8	9.2	6.61	—	—
佃农	11	9	50.4	10	53	30	198	1.5	9	1	16	—	—	—	—	—	—	326.4	—	—	—	—
	12	16	89.6	300	159	28	184.8	1.2	7.2	0.9	14.4	—	—	—	—	—	—	455	—	—	—	—
	13	4.5	25.2	8	42.4	16	105.6	0.9	5.4	1.2	19.2	—	—	—	—	—	—	197.8	—	—	—	—
	平均	9.8	55.07	16	84.8	24.7	162.8	1.2	7.2	1	16.53	—	—	—	—	—	—	326.4	—	—	—	—
总平均		21.5	120.4	21.7	115.25	53.1	350.46	2.5	14.91	0.8	13.42	—	—	0.4	4.34	300	6	624.78	4.2	3.05	—	—

第十三表　实物表(年初)(其二)

		经营用实物				中间产品(无市价物)														
		马粪数量	马粪价格	谷草数量	谷草价格	小计价格	土粪数量	土粪价格	高粱秆数量	高粱秆价格	谷秆数量	谷秆价格	玉米秆数量	玉米秆价格	麦秆数量	麦秆价格	其他秆数量	其他秆价格	小计价格	实物合计价格
自耕农	1	—	—	—	—	—	30	60	2,000	40	4,000	160	—	—	—	—	2	10	270	784.75
	2	—	—	—	—	—	50	100	3,000	60	2,000	80	—	—	—	—	3	15	255	716.66
	3	—	—	—	—	—	20	40	1,400	28	1,200	48	—	—	—	—	2	10	126	756.7
	4	—	—	—	—	—	5	10	150	3	550	22	1	5	—	—	2.3	11.25	50	288.98
	平均	—	—	—	—	—	26.3	52.5	1,637.5	32.75	1,937.5	77.5	0.3	1.25	—	—	2.3	11.25	175.25	636.77
自耕兼佃农	5	—	—	—	—	8.2	200	400	50,000	1,000.00	8,000	320	—	—	5	20	8	40	1,780.00	3595
	6	—	—	—	—	21	150	300	2,500	5,000	5,500	220	5	25	—	—	6	30	625	1,695.20
	7	—	—	—	—	—	150	200	700	14	2,000	80	—	—	—	—	3	15	309	985
	8	—	—	—	—	—	75	150	1,200	24	3,000	80	—	—	—	—	3	15	269	1,011.80
	9	—	—	—	—	—	75	150	2,000	40	3,000	120	—	—	—	—	4	20	330	857.6
	10	—	—	—	—	10.5	50	100	2,000	40	1,500	60	—	—	—	—	2	10	210	714.9
	平均	—	—	—	—	6.61	116.7	216.67	9,733.30	194.67	3,666.70	146.66	0.8	4.17	0.8	3.33	4.3	21.67	587.17	1,476.58
佃农	11	—	—	—	—	—	75	150	1,000	20	2,000	80	—	—	—	—	2	10	260	586.40
	12	—	—	—	—	—	25	50	800	16	300	12	—	—	—	—	1	500	83	538
	13	—	—	—	—	—	5	10	—	—	500	20	—	—	—	—	2	10	40	237.8
	平均	—	—	—	—	3.05	35	70	600	12	933.3	37.33	0.5	2.31	—	—	1.7	8.33	127.66	454.06
总平均		—	—	—	—	—	70	132.31	5,1345	102.69	2,503.80	100.15	0.5	2.31	4	1.54	3.1	15.38	354.38	982.21

第十四表　实物表(年末)(其一)

待售实物(生产及收得实物)

		高粱 数量	高粱 价格	玉米 数量	玉米 价格	谷子 数量	谷子 价格	大豆 数量	大豆 价格	小豆 数量	小豆 价格	糜子 数量	糜子 价格	大豆子 数量	大豆子 价格	小麦 数量	小麦 价格	合计 价格	购入 大豆类 数量	购入 大豆类 价格	购入 高粱 数量	购入 高粱 价格
自耕农	1	23.3	130.48	29.5	156.35	30.5	201.3	8.5	51	0.6	9.6	6.1	64.05	1,800	36	—	—	648.78	—	—	—	—
	2	30	168	12.2	64.66	60	396	10	60	0.3	4.8	7.1	74.55	1,000	20	27.1	284.55	1,072.56	—	—	—	—
	3	14.5	81.2	17	90.1	33	217.8	3	18	—	—	—	—	—	—	10.5	110.25	517.35	—	—	—	—
	4	5	28	10	53	48	31.68	—	—	0.2	3.2	—	—	—	—	—	—	115.88	—	—	—	—
	平均	—	101.92	—	91.03	—	211.7	—	32.25	0.3	4.4	—	34.65	—	14	—	98.7	588,64	—	—	—	—
自耕兼佃农	5	1,040	582.4	52	275.6	180	1,188.00	73	438.00	3	48	—	—	4,000	80	42.8	449.4	3,061.40	50	50	3.50	26.85
	6	10	84	15	79.5	45	297	3.3	19.8	0.5	8	5.7	59.85	1,400	28	—	—	556.35	20	20.00	—	—
	7	65	364	140	742	50	330	—	—	—	—	—	—	1,900	38	—	—	1,469.80	20	20.00	—	—
	8	30	168	18	95.4	38	250.8	2	12	2	32	8.8	92.4	—	—	92.5	236.25	886.85	—	—	—	—
	9	2	11.2	15	79.50	70	462	9.3	55.8	0.6	9.6	—	—	200	4	1.5	15.75	637.85	—	—	—	—
	10	10	56	16	84.8	15	99	7.4	44.4	0.6	9.6	—	—	—	—	—	—	293.8	—	—	—	—
	平均	—	210.93	—	226.13	—	437.8	—	95	1.1	17.87	—	25.38	—	25	—	116.9	1,151.01	—	15	—	4.43
佃农	11	4	22.4	1	5.30	100	66	—	—	1	16	—	—	—	—	4	42	151.7	—	—	60	46.6
	12	16	89.6	52	275.6	8	52.8	—	—	0.9	14.4	—	—	—	—	2.8	29.4	461.8	—	—	—	—
	13	0.5	2.8	18	95.40	14	92.4	—	—	1.2	19.2	—	—	—	—	—	—	209.8	—	—	—	—
	平均	—	38.27	—	125.43	—	70.4	—	—	1	16.53	—	22.37	—	—	—	23.8	274.43	—	—	—	15.53
总平均		—	137.54	—	161.32	—	283.44	—	53.77	0.8	13.42	—	—	—	15.85	—	89.82	777.53	—	6.92	—	5.65

第十四表(其一)　续

	购入实物(经营用实物)							中间产品(无市价物)													实物合计价格
	马粪		谷草		大豆		小计	土粪		高粱秆		谷秆		玉米秆		麦秆		其他秆		小计	
	数量	价格	数量	价格	数量	价格	价格	数量	价格	数量	价格	数量	价格	数量	价格	数量	价格	数量	价格	价格	
自耕农 1	—	—	—	—	—	—	—													270.00	918.78
2	—	—	—	—	—	—	—													255	1,327.56
3	—	—	—	—	—	—	—													126	643.35
4	—	—	—	—	—	—	—													50	165.88
平均	—	—	—	—	—	—	—			与										175.25	763.89
自耕兼佃农 5	—	—	3,000	300	—	—	300					年								1,780.00	5,141.4
6	—	—	—	—	—	—	76.85							初						625	1,258.20
7	—	—	—	—	—	—	20									相				309	1,288.80
8	—	—	2,000	160	—	—	180													269	1,335.35
9	—	—	—	—	—	—	—											同		330	967.85
10	—	—	—	—	—	—	—													210	503.8
平均	—	—	—	76.67	—	—	96.14													587.17	1,838.32
佃农 11	—	—	—	—	10.5	33	79.6													260	491.3
12	—	—	—	—	—	—	—													83	544.8
13	—	—	—	—	—	—	—													40	249.8
平均	—	—	—	—	—	11	26.53													127.66	428.62
总平均	—	—	—	35.38	—	2.54	50.5													354.38	1,182.41

第十五表　现金、准现金及负债表

		现金	存款及贷款		应收款	准现金合计	借款		应付款	负债合计
			存款	贷款			金融合作社	个人借款		
自耕农	1	1.00	—	—	—	—	—	—	6.90	6.90
	2	4.50	—	—	—	—	400.00	2,140.00	—	2,540.00
	3	1.20	—	100.00	5.00	105.00	600.00	690.00	—	1,290.00
	4	0.02	—	—	—	—	80.00	390.00	—	470.00
	平均	1.68	—	25.00	1.25	26.25	270.00	805.00	1.73	1,076.73
自耕兼佃农	5	152.26	—	—	—	—	650.00	—	570.30	1,220.30
	6	249.50	—	—	—	—	1,040.00	1,840.00	194.40	3,074.40
	7	6.00	—	—	—	—	700.00	—	—	700.00
	8	10.00	—	—	12.00	12.00	850.00	540.00	—	1,390.00
	9	24.50	—	—	—	—	—	1,704.00	—	1,704.00
	10	2.50	—	—	—	—	40.00	—	—	40.00
	平均	74.13	—	—	2.00	2.00	546.67	680.67	127.45	1,354.73
佃农	11	5.40	—	—	—	—	50.00	500.00	—	550.00
	12	4.00	—	—	—	—	250.00	185.00	—	435.00
	13	49.59	—	170.00	—	170.00	—	—	—	—
	平均	19.66	—	56.67	—	56.67	100.00	228.33		328.33
总平均		39.27	—	20.77	1.31	22.08	358.46	614.54	59.35	1,032.35

第十六表　年初及年末农家财产结构（其一）

		固定资产				
		土地			建筑	
		使用财产	结余财产	使用财产	使用财产	
		年初价格	固定资产增额	年末价格	年初价格	固定资产减少额
自耕农	1	9,915.00		9,915.00	1,848.60	64.91
	2	16,450.00		16,450.00	2,076.77	76.19
	3	6,090.00		6,090.00	891.5	33.73
	4	2,700.00		2,700.00	—	—
	平均	8,788.75		8,788.75	1,204.22	43.71
自耕农兼佃农	5	38,820.00		38,820.00	5,536.50	212.87
	6	13,750.00		13,750.00	2,134.60	87.9
	7	11,030.00		11,030.00	2,106.82	63.78
	8	8,500.00		8,500.00	776.2	38.2
	9	7,490		7,490	1,120.63	61.27
	10	1,770.00		1,770.00	680.7	57.1
	平均	13,560.00		13,560.00	2,059.24	86.85
佃农	11	1,800.00		1,800.00	386.7	36.71
	12	1,878.00		1,878.00	1,017.40	56.45
	13	—		—	738.94	27.02
	平均	1,226.00		1,226.00	714.35	40.06
总平均		9,245.61		9,245.61	1,485.80	62.78

第十六表（其一）　续

		固定资产					
		建筑		大型动物			
		结余财产	年末价格	供用财产		结余财产	年末价格
		增加额		年初价格	减少额	增加额	
自耕农	1	—	1,783.69	1,230.00	20	220	480
	2	—	2,000.58	1,100.00	20	100	960
	3	—	927.77	840	—	120	860
	4	—	—	—	—	—	—
	平均	—	1,178.01	792.5	10	110	575
自耕农兼佃农	5	—	6,736.73	6,200.00	50	755	6,905.00
	6	—	2,046.70	2,910.00	50	470	3,330.00
	7	—	2,043.04	2,280.00	58	110	2,332.00
	8	—	738	2,520.00	120	80	1,680.00
	9	—	1,059.36	830	185	50	—
	10	—	623.6	510	60	150	600
	平均	—	2,207.91	2,541.67	87.17	269.17	2,474.50
佃农	11	—	349.99	400	30	40	410
	12	—	960.95	425	25	60	120
	13	—	711.92	—	—	—	—
	平均	—	674.29	275	18.33	33.33	176.67
总平均		—	1,537.10	1,480.38	47.54	165.77	1,359.77

第十六表（其一）　续

农户	固定资产					
	大机具				小计（固定资产）	
	使用财产		结余财产	年末价格	年初价格	使用财产
	年初价格	减少额	增加额			减少额
自耕农 1	266	18.85	—	147.15	13,259.60	103.76
2	244.1	17.07	—	227.03	19,870.87	113.26
3	297.25	22.25	—	130	8,028.75	55.98
4	32	1.32	—	30.68	2,732.00	1.32
平均	187.34	14.87	—	133.72	10,972.81	68.58
自耕兼佃农 5	1,195.07	92.71	—	1,102.36	51,751.57	355.58
6	390.5	33.45	—	392.05	19,185.10	171.35
7	434.57	39.74	—	394.83	15,851.39	161.52
8	312.4	58.25	—	254.15	12,108.60	216.45
9	277.22	33.6	—	143.62	9,717.85	279.87
10	115	14.8	—	100.2	3,075.70	131.9
平均	454.13	45.43	—	397.87	18,615.04	219.45
佃农 11	354.36	21.55	—	427.81	2,941.06	88.26
12	115.1	24.99	—	90.11	3,435.50	106.44
13	—	—	—		738.94	27.02
平均	156.49	15.51	—	172.64	2,371.83	73.9
总平均	303.35	29.12	—	264.61	12,515.15	139.44

第十六表（其一）　续

类别	编号	固定资产 小计(固定资产) 结余财产 增加额	固定资产 小计(固定资产) 年末价格	流动资产 供用财产 年初价格	流动资产 供用财产 增加额	流动资产 供用财产 减少额	流动资产 结余财产 增加额	流动资产 结余财产 减少额	流动资产 年末价格
自耕农	1	220	12,325.84	251					251
	2	100	19,637.61	217.8					217.8
	3	120	8,007.77	54.6					54.6
	4	—	2,730.68	7.6					7.6
	平均	110	10,675.48	132.75					132.75
自耕兼佃农	5	755	53,564.09	217.5					217.5
	6	470	19,518.75	93					93
	7	110	15,799.83	119					119
	8	80	11,172.15	145.1					145.1
	9	50	8,692.98	43					43
	10	150	3,093.80	49.4					49.4
	平均	269.17	18,640.28	111.16					111.16
佃农	11	40	2,987.80	54					54.09
	12	60	3,049.06	98.5					98.5
	13	—	711.92	6.4					6.4
	平均	33.33	2,249.60	52.96					52.96
总平均		165.77	12,407.09	104.37					104.37

第十六表　年初及年末农家财产结构(其二)

类别	编号	准实物·小机具 年初价格	准实物·小机具 结余财产 年末价格	准实物·小机具 使用财产 增加额	准实物·小机具 使用财产 减少额	实物·待售实物(生产及收得实物) 使用财产 年初价格	实物·待售实物 结余财产 增加额	实物·待售实物 结余财产 减少额	实物·待售实物 年末价格	实物·购入实物(经营用实物) 年初价格	实物·购入实物 使用财产 减少额	实物·购入实物 使用财产 增加额
自耕农	1	69.35	69.35			514.75	134.03	—	648.78	—	—	—
	2	73.2	73.2			461.66	610.9	—	1,072.56	—	—	—
	3	45.85	45.85			630.7	—	113.35	517.35	—	—	—
	4	5.55	5.55			238.98	—	123.1	115.88	—	—	—
	平均	48.49	48.49			461.52	196.23	59.11	588.64	—	—	—
自耕农兼佃农	5	310.1	310.1			1,825.00	1,246.40	—	3,061.40	—	—	300
	6	173.3	173.3			1,062.00	—	505.65	556.35	8.2	—	68.65
	7	194.8	194.8			655	838.8	—	1,493.80	21	1	—
	8	149.5	149.5			742.8	144.05	—	886.85	—	—	180
	9	106.95	106.95			527.6	110.25	—	637.85	—	—	—
	10	56.5	56.5			494.4	—	200.6	293.8	10.5	10.5	—
	平均	165.19	165.19			882.8	389.92	117.71	1,155.01	6.61	1.92	91.44
佃农	11	47.65	47.65			326.4	—	74.7	151.7	—	—	79.6
	12	44.55	44.55			455	6.8	—	461.8	—	—	—
	13	9.35	9.35			197.8	12	—	209.8	—	—	26.53
	平均	33.85	33.85			326.4	6.27	58.23	274.43	—	—	26.53
总平均		98.99	98.98			624.78	238.71	85.95	777.53	3.05	0.88	48.33

第十六表(其二)　续

流动资产

类别	编号	购入实物 结余财产 增加额	购入实物 年末价格	购入实物 年初价格	中间产品（无市价物）供用财产 减少额	中间产品 供用财产 增加额	中间产品 结余财产 减少额	中间产品 结余财产 增加额	中间产品 年初价格	中间产品 年末价格	合计（流动资产）年初价格	合计 使用财产 减少额	合计 使用财产 增加额	合计 结余财产 增加额	合计 结余财产 减少额	合计 年末价格
自耕农	1		—						270	270	1,105.10	—	—	134.03	—	1,239.13
	2		—						255	255	1,007.66	—	—	610.9	—	1,618.56
	3		—						126	126	857.15	—	—	—	113.55	743.8
	4		—						50	50	302.13	—	—	—	123.1	179.03
	平均		—						175.25	175.25	818.01	—	—	186.23	59.11	945.13
自耕兼佃农	5		300						1,780.00	1,780.00	4,122.60	—	300	1,246.40		5,669.00
	6		76.85						625	625	1,961.50	—	68.65	—	505.65	1,524.50
	7		20						309	309	1,298.80	100	—	838.8	—	2,136.60
	8		180						269	269	1,306.40	—	180	144.05	—	1,630.45
	9		—						330	330	1,007.55	—	—	110.25	—	1,117.80
	10		—						210	210	820.8	10.5	—	—	200.6	609.7
	平均		96.14						587.17	587.17	1,752.94	1.92	91.44	389.92	117.71	2,114.67
佃农	11		79.6						260	260	688.05	—	79.6	—	174.7	592.95
	12		—						83	83	681.05	—	—	6.8	—	687.85
	13		—						40	40	253.55	—	—	12	—	265.55
	平均		26.53						127.66	127.66	540.88	—	26.53	6.27	58.23	515.43
	总平均		50.5						354.38	354.38	1,185.56	0.88	48.33	283.71	85.95	1,385.77

第十六表　年初及年末农家财产结构(其三)

		流通资产(现金及准现金)		合计(资产)						负债		余额(财产)	
		年初价格	年末价格	使用财产 年初价格	使用财产 增加额	使用财产 减少额	结余财产 增加额	结余财产 减少额	年末价格	年末价格	年末价格	年初价格	年末价格
自耕农	1	1	996.16	14,365.70	—	103.76	354.03	—	14,561.13	6.9	404	14,358.80	14,157.13
	2	4.5	91.89	20,883.03	—	113.26	710.9	—	21,348.06	2,540.00	2,699.53	18,343.03	18,648.53
	3	-106.2	133.66	8,992.10	—	55.98	120	113.35	8,885.23	1,290.00	1,475.30	7,702.10	7,409.93
	4	0	6.08	3,034.13	—	1.32	—	123.1	2,915.79	470	539.25	2,564.13	2,376.54
	平均	27.93	306.95	11,818.75	—	68.58	296.23	59.11	11,927.56	1,076.73	1,279.53	10,742.02	10,648.03
自耕兼佃农	5	152.26	330.93	56,026.43	300	355.58	2,001.40	—	59,564.02	1,220.30	1,685.00	54,806.13	57,879.02
	6	249.5	633.73	21,396.10	68.65	171.35	470	505.65	21,676.98	3,074.40	2,813.20	18,321.70	18,863.78
	7	6	161.61	17,156.19	—	162.52	948.8	—	18,097.94	700	617.1	16,456.19	17,480.94
	8	22	557.51	13,437.00	180	216.45	224.05	—	13,360.11	1,390.00	992.8	12,047.00	12,367.31
	9	24.5	538.07	10,749.90	—	279.87	160.25	—	10,348.85	1,704.00	540	9,045.90	9,808.85
	10	2.5	31.53	3,899.00	—	142.4	150	200.6	3,735.03	40	—	3,859.00	3,735.03
	平均	76.13	375.57	20,444.10	91.44	221.37	659.09	117	21,130.52	1,354.78	1,108.02	19,089.32	20,022.50
佃农	11	5.4	80.96	3,634.51	79.6	88.26	40	174.4	3,661.71	550	993.48	3,084.51	2,668.21
	12	4	48.41	4,120.55	—	106.44	66.8	—	3,785.32	435	586.95	3,685.55	3,198.28
	13	219.59	80.81	1,212.08	—	27.02	12	—	1,058.28	—	—	1,212.08	1,058.28
	平均	76.33	70.06	2,989.04	26.53	73.9	39.6	58.23	2,835.09	328.33	526.81	2,660.71	2,308.28
总平均		61.35	283.94	13,762.06	48.33	140.32	404.48	85.95	14,076.80	1,032.35	1,026.66	12,729.71	13,050.14

二、农家经济结算诸表

第十七表　农家收入

		毛收入			所得性支出				差额
		所得性总收入	固定结余财产增额及流动结余财产增额	小计	所得性总支出	固定结余财产及流动结果结余财产增额	周转性支出	小计	
自耕农	1	3,003.36	(+)354.03	3,357.39	785.33	103.76	850.08	1,739.17	1,618.22
	2	3,342.76	(+)710.90	4,053.66	1,515.00	113.26	633.27	2,261.53	1,792.13
	3	2,876.22	(+)6.65	2,882.87	764.21	55.98	532.98	1,353.17	1,529.70
	4	1,220.64	(−)123.10	1,097.54	343.55	1.32	39.33	384.20	713.34
	平均	2,610.75	(+)237.12	2,847.87	852.02	68.58	513.92	1,434.52	1,413.34
自耕兼佃农	5	17,067.88	(+)2,001.40	19,069.28	7,328.41	55.58	3,042.96	10,426.95	8,642.33
	6	12,407.07	(−)35.65	12,371.42	5,648.72	102.70	1,075.84	6,827.26	5,544.16
	7	4,617.92	(+)948.80	5,566.72	1,746.61	162.52	701.10	2,610.23	2,956.49
	8	5,786.26	(+)224.05	6,010.31	2,587.10	36.45	1,111.68	3,735.23	2,275.08
	9	3,608.62	(+)160.25	3,768.87	1,186.73	279.87	424.20	1,890.80	1,878.07
	10	2,997.57	(−)50.60	2,946.97	1,288.73	142.40	609.39	2,040.52	906.45
	平均	7,747.56	(+)541.38	8,288.93	3,297.72	129.92	1,160.86	4,588.50	3,700.43
佃农	11	2,812.62	(−)134.70	2,677.92	1,138.34	8.66	102.30	1,249.30	1,428.62
	12	2,283.39	(+)66.80	2,350.19	702.57	106.44	4.60	813.61	1,536.58
	13	1,085.80	(+)12.00	1,097.80	400.70	27.02	221.65	649.43	448.37
	平均	2,060.61	(−)18.64	2,041.97	747.22	47.37	109.51	904.10	1,137.87
总平均		4,854.60	(+)318.54	5,173.14	1,956.61	92.00	719.18	2,767.80	2,405.34

第十八表　家计费及家庭负担家计费

		家计费	周转性支出	家庭负担家计费
自耕农	1	2,669.97	850.08	1,819.89
	2	2,119.90	633.27	1,486.63
	3	2,354.85	532.98	1,821.87
	4	940.26	39.33	900.93
	平均	2,021.25	513.92	1,507.33
自耕兼佃农	5	8,612.40	3,042.96	5,569.44
	6	6,077.92	1,075.84	5,002.08
	7	2,632.80	701.10	1,931.70
	8	3,066.45	1,111.68	1,954.77
	9	1,539.32	424.20	1,115.12
	10	1,639.81	609.39	1,030.42
	平均	3,928.12	1,160.86	2,767.26
佃农	11	1,947.20	102.30	1,844.90
	12	2,028.36	4.60	2,023.76
	13	823.80	221.65	602.15
	平均	1,599.79	109.51	1,490.27
总平均		2,804.08	719.18	2,084.90

第十九表　农家经济结余

		农家所得	家庭负担家计费	余额(农家经济结余)
自耕农	1	1,618.22	1,819.89	(−)201.67
	2	1,792.13	1,486.63	(+)305.50
	3	1,529.70	1,821.87	(−)292.17
	4	713.34	900.93	(−)187.59
	平均	1,413.35	1,507.33	(−)93.99

续表

		农家所得	家庭负担家计费	余额 (农家经济结余)
自耕兼佃农	5	8,642.33	5,569.44	(+)3,072.89
	6	5,544.16	5,002.08	(+)542.08
	7	2,956.49	1,931.70	(+)1,024.75
	8	2,275.08	1,954.77	(+)320.31
	9	1,878.07	1,115.12	(+)762.95
	10	906.45	1,030.42	(−)123.97
	平均	3,700.43	2,767.26	(+)933.18
佃农	11	1,428.62	1,884.90	(−)416.28
	12	1,536.58	2,023.76	(−)487.18
	13	448.37	602.15	(−)153.78
	平均	1,137.87	1,490.27	(−)352.41
总平均		2,405.34	2,084.90	(+)320.44

第二十表　农家年度内纯财产增加额

		年末纯财产额	年初纯财产额	余额 (年度内纯财产增加额)
自耕农	1	14,157.13	14,358.80	(−)201.67
	2	18,648.53	18,343.03	(+)305.50
	3	7,409.93	7,702.10	(−)292.17
	4	2,376.54	2,564.13	(−)187.59
	平均	10,648.03	10,742.02	(−)93.99
自耕兼佃农	5	57,879.02	54,806.13	(+)3,072.89
	6	18,863.78	18,321.70	(+)542.08
	7	17,480.94	16,456.19	(+)1,024.75
	8	12,367.31	12,047.00	(+)320.31
	9	9,808.85	9,045.90	(+)762.95
	10	3,735.03	3,859.00	(−)123.97
	平均	20,022.50	19,089.32	(+)933.18

		年末纯财产额	年初纯财产额	余额(年度内纯财产增加额)
佃农	11	2,688.23	3,084.51	(−)416.28
	12	3,198.37	3,685.55	(−)487.18
	13	1,958.28	1,212.08	(−)153.80
	平均	2,308.28	2,660.71	(−)352.42
总平均		13,050.14	12,729.71	(+)320.44

第二十一表　财产价格变动引起的盈亏

		年度内纯财产增加额	农家经济结余	余额(财产价格变动引起的盈亏)
自耕农	1	(−)201.67	(−)201.67	0
	2	(+)305.50	(+)305.50	0
	3	(−)292.17	(−)292.17	0
	4	(−)187.59	(−)187.59	0
	平均	(−)93.99	(−)93.99	0
自耕兼佃农	5	(+)3,072.89	(+)3,072.89	0
	6	(+)542.08	(+)542.08	0
	7	(+)1,024.75	(+)1,024.75	0
	8	(+)320.31	(+)320.31	0
	9	(+)762.95	(+)762.95	0
	10	(−)123.97	(−)123.97	0
	平均	(+)933.18	(+)933.18	0
佃农	11	(−)416.28	(−)416.28	0
	12	(−)487.18	(−)487.18	0
	13	(−)153.80	(−)153.80	0
	平均	(−)352.42	(−)352.42	0
总平均		(+)320.44	(+)320.44	0

三、农家经济成果结构诸表

第二十二表　所得性收入结构（其一）

		高粱			玉米			栗		
		现金所得性收入	生产及收得实物转入家计	小计	现金所得性收入	生产及收得实物转入家计	小计	现金所得性收入	生产及收得实物转入家计	小计
自耕农	1	203.67	42	245.67	—	362.3	362.3	116	670.5	786.5
	2	74.65	—	74.65	98.28	255.5	353.78	143.37	626	769.37
	3	269.05	—	269.05	117.9	305.75	423.65	311.62	582.25	893.87
	4	115.2	—	115.2	147.02	177.25	324.27	5.6	311.75	317.35
	平均	165.64	10.5	176.14	90.8	275.2	366	144.15	547.63	691.77
自耕兼佃农	5	2,344.28	—	2,344.28	709.86	742	1,451.86	1,258.50	2,700.50	3,959.00
	6	1,180.33	—	1,180.33	851.62	626	1,477.62	1,078.00	2,290.50	3,368.50
	7	364.8	—	364.8	410.05	441	851.05	443.7	926.8	1,370.50
	8	721.92	—	721.92	233.28	324	557.28	560.8	974.3	1,535.10
	9	502.58	—	502.58	462.18	139.5	601.68	337.01	322.25	659.26
	10	420.38	—	420.38	160.15	224	384.15	313	594	907.09
	平均	922.38	—	922.38	471.19	416.08	887.27	665.19	1,301.39	1,966.58
佃农	11	273.52	—	273.52	208.74	186	397.74	275.2	525	800.2
	12	109.74	—	109.74	17	240.25	257.25	223.1	447.5	670.6
	13	143	—	143	42	94	136	91.3	230.5	321.8
	平均	175.42	—	175.42	89.25	173.42	262.66	186.53	401	597.53
	总平均	517.17	3.23	520.4	266.01	316.73	582.75	396.71	861.68	1,258.40

第二十二表(其一)　续

		小麦			大豆			其他豆类		
		现金所得性收入	生产及收得实物转入家计	小计	现金所得性收入	生产及收得实物转入家计	小计	现金所得性收入	生产及收得实物转入家计	小计
自耕农	1	291.07	42.8	333.87	—	176	176	—	—	—
	2	—	6.4	6.4	244.8	24.6	269.4	36.81	—	36.81
	3	84.67	—	84.67	195.78	34.8	230.58	—	—	—
	4	89.72	—	89.72	—	11.1	11.1	—	—	—
	平均	116.37	12.3	128.67	110.15	61.63	171.77	9.2	—	9.2
自耕兼佃农	5	—	120	120	1,106.02	148.6	1,254.62	—	—	—
	6	674.7	16	690.7	1,396.21	46.7	1,442.91	—	—	—
	7	335.81	63	398.81	437.07	49.2	486.27	—	—	—
	8	—	—	—	622.56	47.2	709.76	—	—	—
	9	170	4.5	174.5	218.85	12.6	231.45	6	—	6
	10	160	9.6	169.6	147.9	—	147.9	10	37.2	47.2
	平均	223.42	35.52	258.94	661.44	50.72	712.15	2.67	6.2	8.87
佃农	11	7	27	34	168	—	168	—	36.3	36.3
	12	3	25	28	102	40.4	142.4	—	—	—
	13	—	—	—	66	8	74	—	12.1	12.1
	平均	3.33	17.33	20.67	112	16.13	128.13	—	12.1	12.1
总平均		139.69	24.13	163.87	365.01	46.09	411.1	4.06	5.65	9.72

第二十二表（其一）续

		糜子			亚麻			甜菜			蔬菜类		
		现金所得性收入	生产及收得实物转入家计	小计	现金所得性收入	生产及收得实物转入家计	小计	现金所得性收入	生产及收得实物转入家计	小计	现金所得性收入	生产及收得实物转入家计	小计
自耕农	1	—	—	—	40	—	40	94	—	94	25	163.5	188.5
	2	—	25.2	25.2	40	—	40	51.36	—	51.36	240	190	430
	3	—	—	—	80	—	80	43	—	43	—	160.5	160.5
	4	—	—	—	—	—	—	—	—	—	—	34.5	34.5
	平均	—	6.3	6.3	40	—	40	47.09	—	47.09	66.25	137.13	203.38
自耕兼佃农	5	—	55	55	280	—	280	350	—	350	960	597.5	1,557.50
	6	—	50	50	210	—	210	197.71	—	197.71	—	343.5	343.5
	7	—	—	—	120	—	120	126.49	—	126.49	25	209	234
	8	—	25	25	210	—	210	126	—	126	—	152.5	152.5
	9	42	—	42	80	—	80	53.56	—	53.56	—	223.5	223.5
	10	8.98	8.98	8.98	80	—	80	54	—	54	—	82.6	82.6
	平均	8.5	21.67	30.16	163.33	—	163.33	151.29	—	151.29	164.17	268.1	432.27
佃农	11	—	—	—	80	—	80	57.1	—	57.1	—	119.5	113.5
	12	—	11	11	—	—	—	41.06	—	41.06	—	130	130
	13	—	—	—	—	—	—	—	—	—	—	51.45	51.45
	平均	—	3.67	3.67	26.67	—	26.67	32.72	—	32.72	—	100.32	100.32
总平均		3.92	12.78	16.71	93.84	—	93.84	91.87	—	91.87	96.15	189.08	285.23

第二十二表　所得性收入结构（其二）

		茎秆类			畜产品			加工品		
		现金所得性收入	生产及收得实物转入家计	小计	现金所得性收入	生产及收得实物转入家计	小计	现金所得性收入	生产及收得实物转入家计	小计
自耕农	1	94.72	466	560.72	—	5.2	5.2	—	—	—
	2	103.14	392.5	495.64	76	—	76	—	—	—
	3	107.9	455	562.9	—	35	35	—	—	—
	4	71.5	196.5	268	30.5	15	45.5	—	—	—
	平均	94.32	377.5	471.82	26.63	13.8	40.43	—	—	—
自耕兼佃农	5	2,368.62	2,018.00	4,368.62	—	238	238	660	—	660
	6	1,118.00	1,589.00	2,707.00	163.5	198.9	362.4	—	—	—
	7	75.5	399.5	475	1	25	26	—	—	—
	8	589.7	686	1,275.70	100	70	170	—	—	—
	9	342.44	385.5	727.94	166	—	166	—	—	—
	10	245.27	294	539.27	3.5	53.7	57.2	—	—	—
	平均	789.92	895.33	1,685.26	72.33	97.6	169.93	110	—	110
佃农	11	92.84	278.5	371.34	69.2	10.6	79.8	—	—	—
	12	119.24	336.5	455.74	46	30	76	—	—	—
	13	59.95	206	265.95	9	—	9	—	—	—
	平均	90.68	273.67	364.34	41.4	13.53	54.93	—	—	—
总平均		414.52	592.53	1,007.06	51.13	52.42	103.55	50.77	—	50.77

第二十二表（其二）　续

		财产利用收入			薪金及俸禄收入			杂项收入		
		现金所得性收入	生产及收得实物转入家计	小计	现金所得性收入	生产及收得实物转入家计	小计	现金所得性收入	生产及收得实物转入家计	小计
自耕农	1	—	195.6	195.6	—	—	—	—	—	—
	2	517.65	181.5	699.15	—	—	—	—	—	—
	3	—	78	78	—	—	—	—	—	—
	4	—	—	—	—	—	—	—	—	—
	平均	129.41	113.78	243.19	—	—	—	—	—	—
自耕兼佃农	5	—	396	396	95	—	95	—	—	—
	6	—	266.4	266.4	—	—	—	—	—	—
	7	—	150	150	107	—	107	—	—	—
	8	—	126	126	—	—	—	—	—	—
	9	—	86.4	86.4	23.65	—	23.65	15.1	—	15.1
	10	—	79.2	79.2	—	—	—	—	—	—
	平均	—	184	184	37.61	—	37.61	2.52	—	2.52
佃农	11	—	60	60	138	—	138	5.12	—	5.12
	12	—	114	114	155.9	—	155.9	—	—	—
	13	33.6	36	69.6	—	—	—	—	—	—
	平均	11.2	70.00	81.2	97.97	—	97.97	1.71	—	1.71
总平均		42.4	136.08	178.49	39.96	—	39.96	1.56	—	1.56

第二十二表（其二）　续

		合计			补助及受赠现金			总计		
		现金所得性收入	生产及收得实物转入家计	小计	现金所得性收入	生产及收得实物转入家计	小计	现金所得性收入	生产及收得实物转入家计	小计
自耕农	1	864.46	2,123.90	2,988.36	15	—	15	879.46	2,123.90	3,003.36
	2	1,626.06	1,701.70	3,327.76	15	—	15	1,641.06	1,701.70	3,342.76
	3	1,209.92	1,651.30	2,961.22	15	—	15	1,224.92	1,651.30	2,876.22
	4	459.54	746.1	1,205.64	15	—	15	474.54	476.1	1,220.64
	平均	1,040.00	1,555.75	2,595.75	15	—	15	1,055.00	1,555.75	2,610.75
自耕兼佃农	5	10,037.28	7,015.60	17,052.88	15	—	15	10,052.28	7,015.60	17,067.88
	6	6,965.07	5,427.00	12,392.07	15	—	15	6,980.07	5,427.00	12,407.07
	7	2,339.42	2,263.50	4,602.92	15	—	15	2,354.42	2,263.50	4,617.92
	8	3,311.26	2,405.00	5,716.26	70	—	70	3,381.26	2,405.00	5,780.26
	9	2,419.37	1,174.25	3,593.62	15	—	15	2,434.37	1,174.25	3,608.62
	10	1,603.27	1,374.30	2,977.57	20	—	20	1,623.27	1,374.30	2,997.57
	平均	4,445.95	3,276.61	7,722.56	25	—	25	4,470.95	3,276.61	7,747.56
佃农	11	1,374.72	1,242.90	2,617.62	195	—	195	1,569.72	1,242.90	2,812.62
	12	817.04	1,374.65	2,191.69	91.7	—	91.7	908.74	1,374.65	2,283.39
	13	444.85	625.95	1,070.80	15	—	15	459.85	625.95	1,085.80
	平均	878.87	1,081.17	1,960.04	100.57	—	100.57	979.44	1,081.17	2,060.61
总平均		2,574.78	2,240.47	4,815.25	39.36	—	39.36	2,614.14	2,240.47	4,854.61

第二十三表　所得性现金支出结构

		肥料费	饲料费	种苗费	家畜费	机具费	原料加工费	各种材料费	药剂费	劳务费
自耕农	1	—	—	4.50	5.00	70.00	—	20.00	—	399.36
	2	161.38	8.20	8.80	5.08	20.65	—	16.00	—	309.93
	3	—	87.00	3.00	5.30	12.10	—	10.30	—	230.67
	4	—	—	—	16.00	—	—	—	—	204.75
	平均	40.35	23.80	4.08	7.85	25.69	—	11.58	—	298.68
自耕兼佃农	5	—	357.60	15.00	8.00	98.70	—	88.00	—	2,910.56
	6	286.00	306.94	153.50	49.50	20.10	—	73.80	—	880.55
	7	38.00	98.84	3.00	30.00	14.40	—	—	—	383.70
	8	150.00	579.42	1.00	53.60	16.50	—	52.00	—	597.49
	9	—	213.60	11.00	3.60	17.50	—	—	—	235.23
	10	—	62.70	2.00	9.60	26.00	—	8.00	—	503.10
	平均	79.00	269.85	31.02	25.72	32.20	—	36.97	—	918.44
佃农	11	—	241.94	11.40	5.00	8.55	—	—	—	170.65
	12	—	2.50	3.00	4.00	3.00	—	2.30	—	77.65
	13	—	81.48	4.80	16.50	—	—	0.77	—	146.24
	平均	—	81.48	4.80	8.50	3.85	—	0.77	—	131.51
总平均		48.88	150.67	16.68	16.24	23.65	—	20.80	—	546.14

第二十三表　续

		贷款利息	借款及手续费	地租	捐税	建筑费	杂项支出	合计	拟制支出	总计
自耕农	1	76.50	1.17	—	153.00	52.80	3.00	785.33	—	785.33
	2	14.99	1.20	119.77	313.15	—	13.20	997.35	517.65	1,515.00
	3	118.38	6.14	81.20	155.52	—	4.60	764.21	—	764.21
	4	91.00	0.90	—	25.90	13.20	5.00	343.55	—	343.55
	平均	75.22	2.35	50.24	163.14	—	6.45	722.61	129.41	852.02
自耕兼佃农	5	11.85	30.00	2,155.00	560.90	—	1,092.80	7,328.41	—	7,328.41
	6	987.28	28.45	2,233.00	216.70	—	412.90	5,648.72	—	5,648.72
	7	15.30	7.09	730.00	310.68	—	27.60	1,658.61	88.00	1,746.61
	8	74.01	10.78	880.00	165.30	—	7.00	2,587.10	—	2,587.10
	9	331.60	554	222.06	141.00	—	5.00	1,186.73	—	1,186.73
	10	2.50	0.41	536.64	127.85	—	9.93	1,288.73	—	1,288.73
	平均	237.09	13.71	1,126.12	253.74	—	259.21	3,283.05	14.67	3,297.72
佃农	11	15.00	2.18	568.40	98.62	7.00	9.60	1,138.34	—	1,138.34
	12	50.71	—	407.60	138.55	—	13.26	702.57	—	702.57
	13	—	—	223.30	14.72	—	—	400.76	—	400.70
	平均	21.90	0.73	399.77	83.96	2.33	7.62	742.22	—	742.22
总平均		137.62	7.22	627.46	186.68	4.60	123.38	1,910.02	46.59	1,956.65

第二十四表　家计费结构(其一)

	伙食费														
	主食									副食			调料品		
	粟			玉米			其他								
	现金家计支出	生产及得实物转入家计	小计	现金家计支出	生产及得实物转入家计	小计	现金家计支出	生产及得实物转入家计	小计	现金家计支出	生产及得实物转入家计	小计	现金家计支出	生产及得实物转入家计	小计
自耕农 1	—	670.5	670.5	—	362.3	362.3	9.5	84.8	94.3	33.33	206.7	240.03	52.91	138	190.91
自耕农 2	—	626	626	—	255.5	255.5	15	33.6	48.6	50.98	212.6	263.58	93.7	—	93.7
自耕农 3	—	582.28	582.28	—	305.75	307.75	37.13	—	37.13	95.8	230.3	326.1	31.15	—	31.15
自耕农 4	67	311.75	378.75	—	177.25	177.25	16.7	—	16.7	14.39	60.6	74.99	18.95	—	18.95
平均	16.75	547.63	564.38	19.58	275.2	275.2	19.58	29.6	49.18	48.63	177.55	226.18	49.18	34.5	83.68
自耕农兼佃农 5	—	2,700.50	2,700.50	—	742	742	6.8	175	181.8	71.62	984.1	1,055.72	253.7	—	253.7
自耕农兼佃农 6	—	2,290.50	2,290.50	—	626	626	76.72	66	142.72	148.62	589.1	737.72	91.2	—	91.2
自耕农兼佃农 7	—	926.8	926.8	—	441	441	38.25	63	101.25	50.8	283.2	334	47.85	—	47.85
自耕农兼佃农 8	—	974.3	974.3	—	324	324	106.35	25	131.35	111.69	269.7	381.39	90.76	—	90.76
自耕农兼佃农 9	72	322.25	394.25	—	139.5	139.5	26.15	6.5	32.65	113.22	234.1	347.32	11.42	—	11.42
自耕农兼佃农 10	—	594	594	—	224	224	17.7	9.6	27.3	35.9	173.5	209.4	21.6	—	21.6
平均	12	1,301.39	1,313.39	—	416.08	416.08	45.33	57.52	102.35	88.64	422.28	510.93	86.09	—	86.09
佃农 11	210	525	735	84	186	270	24.6	31	55.6	86.9	162.4	249.3	24.99	—	24.99
佃农 12	—	447.5	447.5	—	240.25	240.25	7.5	40	47.5	31.2	196.4	227.6	22.01	—	22.01
佃农 13	28	230.5	230.5	28	173.42	201.42	22.5	—	22.5	24.01	59.45	83.46	24.58	—	23.58
平均	70.00	401	471	6.46	173.42	201.42	18.2	23.67	41.87	47.37	139.42	186.79	23.86	—	23.86
总平均	26.58	861.68	888.53	6.46	316.73	323.19	31.15	41.12	72.26	66.8	281.7	348.51	60.37	10.62	70.99

第二十四表（其一）续

		伙食费						服装及日常用品费			住宿费			家具购置费		
		嗜好品			小计											
		现金家计支出	生产及收得实物转入家计	小计	现金家计支出	生产及收得实物转入家计	小计	现金家计支出	生产及收得实物转入家计	小计	现金家计支出	生产及收得实物转入家计	小计	现金家计支出	生产及收得实物转入家计	小计
自耕农	1	66.68	—	66.68	162.42	1,462.30	1,642.72	139.3	—	139.3	4.2	195.6	199.8	2.5	—	2.5
	2	17.9	—	17.9	177.58	1,127.70	1,305.28	47.47	—	47.47	9.01	181.5	190.51	7.8	—	7.8
	3	30.96	—	30.96	195.04	1,118.30	1,313.34	134.23	—	134.23	19.5	78	97.5	10.02	—	10.02
	4	8.7	—	8.7	125.74	549.6	675.34	17.37	—	17.37	21.5	—	21.5	—	—	—
	平均	31.06	—	31.06	165.2	1,064.48	1,229.67	84.59	—	84.59	13.55	113.78	127.33	5.08	—	5.08
自耕兼佃农	5	136.48	—	136.48	468.6	4,601.60	5,070.20	74.9	—	74.9	51	396	447	—	—	—
	6	51.8	—	51.8	368.34	3,571.60	3,939.94	73.3	—	73.3	—	266.4	266.4	8.4	—	8.4
	7	34.7	—	34.7	171.6	1,714.00	1,885.60	47.7	—	47.7	11.5	150	161.5	16.6	—	16.6
	8	49.75	—	49.75	358.55	1,593.00	1,951.55	115.2	—	115.2	13	126	139	5.1	—	5.1
	9	19.39	—	19.39	242.18	702.35	944.53	48.02	—	48.02	—	86.4	86.4	—	—	—
	10	9.98	—	9.98	85.18	1,001.10	1,086.28	78.47	—	78.47	13.35	79.2	92.55	10.32	—	10.32
	平均	50.35	—	50.35	282.41	2,197.28	2,479.68	72.93	—	72.93	14.81	186	198.81	6.74	—	6.74
佃农	11	50.57	—	50.57	481.06	904.4	1,385.46	77.62	—	77.62	62.31	60	122.31	3.1	—	3.1
	12	20.85	—	20.58	81.56	924.15	1,005.71	88.22	—	88.22	3	114	117	2	—	2
	13	5.38	—	5.38	76.47	383.95	460.42	65.18	—	65.18	5.85	36	41.85	5	—	5
	平均	25.6	—	25.6	213.03	737.5	950.53	77.01	—	77.01	23.72	70	93.72	3.37	—	3.37
总平均		38.71	—	38.71	230.33	1,511.85	1,742.18	77.46	—	77.46	16.94	136.08	152.56	5.45	—	5.45

第二十四表　家计费结构(其二)

		煤电费			保健卫生费			教育费			修养娱乐费			交际费		
		现金家计支出	生产及收得实物及转入家计	小计	现金家计支出	生产及收得实物及转入家计	小计	现金家计支出	生产及收得实物及转入家计	小计	现金家计支出	生产及收得实物及转入家计	小计	现金家计支出	生产及收得实物及转入家计	小计
自耕农	1	0.6	466	466	5.2	—	5.2	9.75	—	9.75	25	—	25	19	—	19
	2	27.3	392.5	419.8	3.39	—	3.39	23.8	—	23.8	4	—	4	40.7	—	40.7
	3	5.8	455	460.8	44.41	—	44.41	176.85	—	176.85	3	—	3	28.7	—	28.7
	4	4.75	196.5	201.25	—	—	—	—	—	—	1.3	—	1.3	15.5	—	15.5
	平均	9.61	377.5	387.11	13.25	—	13.25	52.6	—	52.6	8.33	—	8.33	25.98	—	25.98
自耕兼佃农	5	216.3	2,018.00	2,234.30	—	—	—	—	—	—	32	—	32	61	—	61
	6	—	1,589.00	1,589.00	9	—	9	—	—	—	26	—	26	41	—	41
	7	12.8	399.5	412.3	30	—	30	—	—	—	4.5	—	4.5	19	—	19
	8	—	686	686	7.2	—	7.2	—	—	—	7.5	—	7.5	50	—	50
	9	1	385.5	386.5	9.87	—	9.87	—	—	—	4.1	—	4.1	32.7	—	32.7
	10	7.4	294	301.4	1.9	—	1.9	—	—	—	4.5	—	4.5	19	—	19
	平均	39.58	895.33	934.92	9.66	—	9.66	—	—	—	13.1	—	13.1	39.12	—	39.12
佃农	11	0.85	278.5	279.35	—	—	—	8.74	—	8.74	12	—	12	22.1	—	22.1
	12	6	336.5	342.5	11.3	—	11.3	—	—	—	5.5	—	5.5	23.4	—	23.4
	13	3.65	206	209.65	—	—	—	—	—	—	—	—	—	6	—	6
	平均	3.5	273.67	277.17	3.77	—	3.77	2.91	—	2.91	5.83	—	5.83	17.17	—	17.17
总平均		22.03	592.54	614.57	9.41	—	9.41	16.86	—	16.86	9.95	—	9.95	30.03	—	30.01

第二十四表（其二）　续

类别		婚丧费			承包费			杂费			总计		
		现金家计支出	生产及收得实物转入家计	小计	现金家计支出	生产及收得实物转入家计	小计	现金家计支出	生产及收得实物转入家计	小计	现金家计支出	生产及收得实物转入家计	小计
自耕农	1	42	—	42	19	—	19	117.1	—	117.1	546.07	2,123.90	2,669.97
	2	36.15	—	36.15	32	—	32	9	—	9	418.2	1,701.70	2,119.90
	3	16.7	—	16.7	5	—	5	64.3	—	64.3	703.55	1,651.30	2,354.85
	4	6	—	6	2	—	2	—	—	—	194.16	746.1	940.26
	平均	25.21	—	25.21	14.5	—	14.5	47.6	—	47.6	465.5	1,555.75	2,021.25
自耕兼佃农	5	663	—	663	—	—	—	30	—	30	1,596.80	7,015.60	8,612.40
	6	76.58	—	76.58	—	—	—	48.3	—	48.3	650.92	5,427.00	6,077.92
	7	25	—	25	4	—	4	14.6	—	14.6	369.3	2,263.50	2,632.80
	8	23	—	23	6	—	6	75.9	—	75.9	661.45	2,405.00	3,066.45
	9	16.5	—	16.5	2	—	2	8.7	—	8.7	365.07	1,174.25	2,039.32
	10	25	—	25	1	—	1	19.39	—	19.39	265.51	1,374.30	1,639.81
	平均	138.18	—	138.18	2.17	—	2.17	32.82	—	32.82	651.51	3,276.61	3,928.12
佃农	11	36.36	—	36.36	5	—	5	3.9	—	3.9	704.3	1,242.90	1,947.20
	12	410.75	—	410.75	4.5	—	4.5	8.74	—	8.74	653.71	1,374.65	2,028.36
	13	2.33	—	2.33	31.25	—	31.25	2.12	—	2.12	197.85	625.95	823.8
	平均	149.81	—	149.81	13.58	—	13.58	4.92	—	4.92	518.62	1,081.17	1,599.79
总平均		106.11	—	106.11	8.6	—	8.6	30.93	—	30.93	536.61	2,240.47	2,804.08

第二十五表　财产性收入及支出结构

| | 固定财产 | | | | | | | | 流动财产 | | | | 负债 | | | | 合计 | |
| | 土地 | | 建筑 | | 大动物 | | 大机具 | | 贷款 | | 应收款 | | 借款 | | 应付款 | | | |
	卖	买	卖	买	卖	买	卖	买	回收	贷出	回收	赊卖	借入	偿还	赊买	支付	收入	支出
自耕农 1	—	—	—	—	950	—	100	—	—	—	—	950	1,729.00	1,325.00	50.1	57	2,829.10	2,332.00
2	—	—	—	—	220	—	—	—	—	—	—	—	1,283.00	1,332.00	221.03	12.5	1,724.03	1,344.50
3	—	—	—	70	100	—	55	—	100	—	5	—	1,305.00	1,119.70	12.6	12.6	1,577.60	1,202.30
4	—	—	—	—	—	—	—	—	—	—	—	—	328	261	6.05	3.8	334.05	264.8
平均	—	—	—	17.5	317.5	—	38.75	—	25	—	1.25	237.5	1,161.25	1,009.43	72.45	21.48	1,616.20	1,285.90
自耕兼佃农 5	—	—	—	1,413.10	—	—	—	—	—	—	—	—	1,035.00	—	254.55	824.85	1,289.55	2,237.95
6	—	—	—	—	—	—	—	35	—	—	30	30	3,336.40	3,403.20	152.9	347.3	3,519.30	3,815.50
7	—	—	—	—	—	—	—	—	—	—	—	—	1,245.60	1,375.00	56.5	10	1,302.20	1,385.00
8	—	—	—	—	800	—	—	—	—	100	12	50	1,234.20	1,710.00	89.6	11	2,135.80	1,871.00
9	—	—	—	—	1,125.00	430	100	—	—	198	280	540	1,807.00	3,011.00	106	66	3,418.00	4,245.00
10	—	—	—	—	—	—	—	—	—	—	—	—	159.4	199.4	66.9	66.9	226.3	266.3
平均	—	—	—	235.52	320.83	71.67	16.67	5.83	—	49.67	53.67	103.33	1,469.60	1,616.43	121.08	221.01	1,981.84	2,303.46
佃农 11	—	—	—	—	—	—	—	95	—	—	—	—	511	395	383.26	55.78	894.26	545.78
12	—	—	—	—	340	—	—	—	—	—	200	200	426.95	325	198.15	148.15	1,165.10	673.15
13	—	—	—	—	—	—	—	—	170	45	—	—	3	3	—	—	173	48
平均	—	—	—	—	113.33	—	—	31.67	56.67	15	66.67	66.67	313.65	241	193.8	67.98	744.12	422.31
总平均	—	—	—	114.08	271.92	33.08	19.61	10	20.77	26.38	40.54	136.15	1,107.96	1,112.25	122.9	124.3	1,583.71	1,556.25

第二十六表　所得性收入月别结构（其一）

分类	编号	8月			9月			10月			11月			12月		
		现金	实物	小计	现金	实物	小计	现金	实物	小计	现金	实物	小计	现金	实物	小计
自耕农	1	245.58	16.3	261.88	13	423.7	436.7	117.49	170.10	287.59	—	138.9	138.9	—	127.9	127.9
	2	52.1	14.5	66.6	100	137.9	237.9	210	185.5	395.5	134.13	155.2	289.33	—	154.9	154.9
	3	125	6.5	131.5	10	218.5	228.5	53.55	185	238.55	572.29	172.1	744.39	19.4	170.9	190.3
	4	89.72	—	89.72	—	100.75	100.75	—	60.5	60.5	54	75	129	121.3	58.6	179.9
	平均	128.1	9.33	137.43	30.75	220.21	250.96	95.26	150.28	243.53	190.11	135.3	325.41	35.18	128.08	163.25
自耕兼佃农	5	298	33	331	399.75	876	1,275.75	560	625.5	1,185.50	849.53	466.8	1,316.33	296.5	433.8	730.3
	6	655.79	22.2	677.99	606.87	774.7	1,381.57	1,209.87	584.7	1,794.57	415.83	427.2	843.03	50.9	359.7	410.6
	7	187.4	12.5	199.9	192	349	541	339.07	210	549.07	381.46	137.6	519.06	757.5	124.1	151.60
	8	214.2	10.5	224.7	151.3	229.5	380.81	888.25	206.50	1,094.75	113	188.5	301.5	37	164.7	201.7
	9	292.5	7.2	299.7	234.42	237.2	471.62	768.19	168.2	936.39	6.9	98.7	105.6	64	100.95	165.95
	10	80	6.6	86.6	116.2	164.7	280.9	123.75	111.35	235.1	23	93.9	116.9	31.4	93.9	125.3
	平均	287.98	15.33	303.31	284.43	438.52	721.94	648.19	317.71	965.9	298.29	235.45	533.74	206.22	212.86	297.41
佃农	11	98.52	5	103.52	78.64	169.5	248.14	139.6	121.5	261.1	85.07	94.1	179.17	94.5	94.1	183.6
	12	12	9.5	21.5	—	150.5	150.5	10	139.5	149.5	—	118.85	118.85	11.7	118.85	130.55
	13	43.6	3	46.6	26.21	139.17	165.38	49.87	115.73	165.6	28.36	87.78	116.14	35.4	87.78	123.18
	平均	51.37	5.83	57.21	146.32	302.27	448.6	339.98	219.58	559.56	202.71	170.56	373.27	114.17	157.91	215.92
总平均		184.19	11.29	195.48												

第二十六表　所得性收入月别结构(其二)

		1月			2月			3月			4月		
		现金	实物	合计	现金	实物	合计	现金	实物	合计	现金	实物	合计
自耕农	1	—	116.6	116.6	94	119.9	213.9	125.7	50.92	176.62	201	175.9	376.9
	2	207.93	179.4	267.56	672.05	85.5	757.55	157.4	116.25	273.65	148.6	170.4	319
	3	49.6	189.1	238.7	139.2	90.5	229.7	128.3	101.4	229.7	15	115.9	130.9
	4	—	51.3	51.3	—	62.25	62.25	62.2	154.02	216.22	15	62.5	77.5
	平均	64.23	134.1	168.54	226.31	89.54	315.85	118.4	105.65	224.05	94.9	131.18	226.08
自耕兼佃农	5	507.23	717.8	1,225.03	2,505.00	278.5	2,783.50	681.8	2,222.04	2,903.84	1,508.00	704.4	2,212.40
	6	60	423.2	483.2	2,585.71	265.2	2,850.91	469.7	729	1,198.70	250	511.4	761.4
	7	75.2	144.4	219.6	126.49	82.5	208.99	188.8	96.8	285.6	85.5	214.6	300.1
	8	91	224.2	315.2	1,076.00	154.3	1,230.30	171.9	358	529.9	230	183.4	413.4
	9	136	99.95	235.95	424.72	85.45	510.17	68.4	387.09	455.49	67.9	62.1	130
	10	89.58	166.3	255.88	721.14	51.1	772.24	106.15	258.47	364.62	81	114.8	195.8
	平均	159.84	295.98	455.81	1,239.81	152.84	1,392.68	281.13	675.23	956.36	370.4	298.45	668.85
佃农	11	17.2	103.5	120.7	640.5	52	692.5	110	39.07	149.07	341.5	109.1	450.6
	12	52.34	142.85	195.19	448.66	11.50	560.16	113.4	2.04	115.44	163.7	123.2	286.9
	13	5.9	43.8	49.7	223.3	32.4	255.7	41.4	17.3	58.7	145.75	38.35	184.1
	平均	25.15	96.71	121.86	437.49	65.3	502.79	88.27	19.47	107.74	216.98	90.22	307.2
	总平均	99.38	200.18	290.35	742.83	113.16	855.99	186.55	348.65	535.2	250.23	198.93	449.15

第二十六表（其二）　续

		5月			6月			7月			总计		
		现金	实物	小计	现金	实物	小计	现金	实物	小计	现金	实物	小计
自耕农	1	96.09	332.3	428.39	—	188.3	188.3	61.38	188.3	249.68	879.46	2,213.90	3,003.36
	2	—	143	143	—	137	137	—	181	300.77	1,641.06	1,701.70	3,342.76
	3	7.00	118.5	125.5	132.48	126.5	258.98	—	129.5	129.5	1,224.92	1,651.30	2,876.22
	4	—	75	75	10.5	72	82.5	30	66	96	47.45	746.1	1,220.64
	平均	25.77	167.2	192.97	35.75	130.95	166.7	23	141.2	193.99	1,055.00	1,555.75	2,610.75
自耕兼佃农	5	290.57	629	982.57	540.66	737	1,277.66	75	769	844	10,052.28	7,015.60	17,067.88
	6	380	470.7	850.7	—	548.2	548.2	36.1	570.1	606.2	6,980.07	5,427.00	12,407.07
	7	113	213.5	326.5	—	307.5	307.5	—	279	279	2,354.42	2,263.50	4,617.92
	8	222.5	250.5	473	—	313.5	313.5	—	307.5	307.5	3,381.26	2,405.00	5,786.26
	9	10	78.7	88.7	26.5	79.2	105.7	16.15	88.2	104.35	2,434.37	1,174.25	3,608.26
	10	9	148.6	157.6	37.5	161.8	199.3	52.23	155.1	207.33	1,623.27	1,374.30	2,997.57
	平均	170.86	309	479.84	100.78	357.87	458.64	29.91	361.48	391.4	4,470.95	3,276.61	7,747.56
佃农	11	30	127.5	157.5	512	126	131.12	—	130.6	130.6	1,569.72	1,242.90	2,812.62
	12	83.3	117.5	200.8	18	116.5	134.5	107	112.5	219.5	908.74	1,374.65	2,283.39
	13	15	65.75	80.75	—	65.75	65.75	9	51	60	459.85	625.95	1,085.80
	平均	42.77	103.58	146.35	7.71	102.75	110.46	38.67	98.04	136.7	979.44	1,081.17	2,060.61
总平均		96.65	217.97	314.62	59.29	229.17	188.46	29.76	232.91	271.88	2,614.14	2,240.47	4,854.61

第二十七表　所得性支出、财产性收入、支出月别结构(其一)

所得性支出

		8月	9月	10月	11月	12月	1月	2月	3月	4月	5月	6月	7月	合计
自耕农	1	129.36	43.8	102.17	4	51.5	47	—	99	195	51	—	62.5	785.33
	2	9.4	8.2	7.1	118.85	60.1	302.82	517.65	205.08	88.35	9.88	23.72	163.85	1515
	3	23	11	44.74	40.89	21.21	272.27	189.4	103.5	—	16.2	8.6	33.4	764.21
	4	19.15	18	—	44.1	47	37.6	—	111	—	17	5	44.7	343.55
	平均	45.22	20.25	38.5	51.96	44.95	164.92	176.76	129.64	70.38	23.52	9.33	76.11	852.02
自耕兼佃农	5	8.2	225.47	415.02	256.65	10	308.9	2,165.00	538.72	370.5	1,237.10	592.79	1,200.06	7,328.41
	6	50.14	234.21	587.54	299.46	115.17	210	2,329.00	501.1	505	600	59.2	157.9	5,648.72
	7	49.2	97.3	58.81	121.7	730	155.2	89.1	88.8	79	101	61.6	114.9	1,746.61
	8	8.2	15	170.96	7	140.4	43	880	276.5	225	406	144.44	270.6	2,587.10
	9	85.1	205.25	218.57	41.7	118.95	100.1	222.06	143.2	40.8	0.5	4.4	6.1	1,186.73
	10	—	34.9	142.51	11.5	55	78.4	553.64	138.02	52.75	14.1	21.6	186.31	1,288.73
	平均	33.47	135.36	265.57	123	194.92	149.27	1,039.80	281.06	212.18	393.12	147.34	322.65	3,297.72
佃农	11	20.7	9	37.5	1.28	11.3	108.4	582	46.84	23.3	37.25	42.6	35.1	1,138.34
	12	2	8.37	6.3	10.66	—	48.34	423	91.3	105.5	57.8	21.6	9.7	702.57
	13	—	—	12.3	10	5	5.85	223.3	17.52	105.5	1.35	—	19.94	400.7
	平均	7.57	5.79	18.7	7.31	5.43	54.2	409.5	51.88	111.72	32.13	21.4	21.53	747.22
总平均		31.11	70.03	138.73	74.44	105.04	132.14	628.79	191.58	145.5	196.09	75.8	177.31	1,956.61

第二十七表(其一)　续

财产性收入

		8月	9月	10月	11月	12月	1月	2月	3月	4月	5月	6月	7月	合计
自耕农	1	4	100.1	—	10	665	1,300.00	—	450	—	150	150	—	2,829.10
	2	31	25.2	—	270	175	947	—	183.98	1.85	—	80	10	1,724.03
	3	—	12.6	75	40	555	600	—	200	—	5	90	—	1,577.60
	4	10.6	9.45	—	4	200	—	50	—	—	50	10	—	334.05
	平均	11.4	36.83	18.75	81	398.75	711.75	12.5	208.49	0.46	51.25	82.5	2.5	1,616.19
自耕兼佃农	5	6.95	—	15.4	10	—	858	—	24.2	—	—	375	—	1,289.55
	6	60	5	20	—	863.2	876.8	—	30	800	120	294.3	450	3,519.30
	7	7	10	—	300	—	700	—	—	—	6.5	178.6	100	1,302.10
	8	—	19.2	—	—	1,210.50	23	—	—	12	800	71.1	—	2,135.80
	9	—	2	215	690	500	1,190.00	15	596	210	—	—	—	3,418.00
	10	7.5	63.8	30	—	100	25	—	—	—	—	—	—	226.3
	平均	13.58	16.67	46.73	166.67	445.62	612.13	2.5	108.37	170.33	154.42	153.17	91.67	1,981.84
佃农	11	—	6	—	—	—	190.8	—	40.48	262.98	—	394	—	894.26
	12	—	23.15	12	166.95	30	70	—	440	370	—	53	—	1,165.10
	13	140	30	—	—	—	—	—	3	—	—	—	—	173
	平均	46.67	19.72	4	55.65	10	86.93	—	161.16	210.99	—	149	—	744.12
总平均		20.54	23.57	28.26	114.68	330.66	521.58	5	151.35	127.44	87.03	130.46	43.07	1,583.70

第二十七表　所得性支出、财产性收入、支出月别结构（其二）

财产性支出

		8月	9月	10月	11月	12月	1月	2月	3月	4月	5月	6月	7月	合计
自耕农	1	—	—	4	—	605	1,120.00	—	350	113	50	—	90	2,332.00
	2	—	—	170	300	—	82	780	—	—	—	—	12.5	1,344.50
	3	—	—	12.6	512	212.7	165	230	—	—	—	70	—	1,202.30
	4	—	30.6	—	3.2	151	80	—	—	—	—	—	—	264.3
	平均	—	7.65	466.5	203.8	242.17	361.75	252.5	87.5	28.25	12.5	17.5	25.62	1,285.90
自耕兼佃农	5	—	646.2	—	640	10	—	—	800	434.85	75.1	278	—	2,237.95
	6	—	—	460	—	1,124.50	400	298.2	85.5	765	—	—	36.1	3,815.50
	7	7	—	300	518	—	550	—	—	10	—	—	—	1,385.00
	8	—	—	600	—	1,700.00	11	—	—	60	—	—	—	1,871.00
	9	140	—	571	785	400	1,158.00	140	775	276	—	—	—	4,245.00
	10	—	9.5	58.8	—	3	50	145	—	—	—	—	—	226.3
	平均	24.5	109.28	331.63	323.83	456.25	361.5	97.2	276.75	257.64	12.52	46.33	6.02	2,303.46
佃农	11	—	—	3.15	95	80	—	—	107	235.78	8	20	—	545.78
	12	—	—	—	150	—	—	—	225	225	—	50	20	673.15
	13	—	45	—	—	—	—	—	—	3	—	—	—	48
	平均	—	15	1.05	81.67	26.67	—	—	110.67	154.59	2.67	23.33	6.67	422.31
总平均		11.3	56.25	167.65	231.01	291.24	278.15	122.55	180.19	163.27	10.23	32.15	12.2	1,556.25

第二十八表　家计费月别结构(其一)

		8月			9月			10月			11月			12月		
		现金	实物	小计	现金	实物	小计	现金	实物	小计	现金	实物	小计	现金	实物	小计
自耕农	1	64.33	16.3	80.63	35.05	423.7	458.75	36.24	170.1	206.34	22.54	138.9	161.44	4.00	127.9	131.9
	2	38.2	14.5	52.7	52.85	137.9	190.75	27.63	185.5	213.13	17.9	155.2	173.1	36.43	154.9	191.33
	3	11.35	6.5	17.85	31.6	218.5	250.1	70.97	185.5	255.97	53.65	172.1	225.75	117.5	170.9	288.4
	4	24.55	—	24.55	12.85	100.75	113.6	1	60.5	61.5	8.9	75	83.9	2.5	58.6	61.1
	平均	34.6	9.33	43.93	33.08	220.21	253.3	33.96	150.28	184.23	25.74	135.3	161.04	40.1	128.08	168.18
自耕兼佃农	5	15.69	33	48.69	27.08	876	903.08	244.25	625.5	869.75	26.54	466.8	493.34	40.7	433.8	474.5
	6	15.5	22.2	37.7	68.27	774.7	842.97	53.6	584.7	638.3	39.85	427.2	467.05	35.8	359.7	395.5
	7	17.2	12.5	29.7	54.2	349	403.2	15.9	210	225.9	49.2	137.6	186.8	7.5	124.1	131.6
	8	6	10.5	16.5	35.5	229.5	265	27.64	206.5	234.14	79.6	188.5	268.1	41	164.7	205.7
	9	7.4	7.2	14.6	8.8	237.2	246	53.78	168.2	221.98	14.65	98.7	113.35	15.87	100.95	116.82
	10	9.7	6.6	16.3	47.7	164.7	210.9	40.7	111.35	152.05	10	93.9	103.9	21.52	93.9	115.42
	平均	11.91	15.33	27.24	40.26	438.52	478.52	72.64	317.71	390.35	36.64	235.45	272.09	27.06	212.86	239.92
佃农	11	2.32	5	7.32	76.14	169.5	245.64	16.6	121.5	138.1	10.98	94.1	105.08	31.28	94.1	125.38
	12	5.74	9.5	15.24	20.15	150.5	170.65	14.35	139.5	153.85	7.19	118.85	126.04	35.44	118.85	154.29
	13	31.4	3	34.4	19	97.5	116.5	11.75	86.2	97.95	21.42	50.4	71.82	1.96	50.4	52.36
	平均	13.15	5.83	18.98	38.43	139.17	177.6	14.23	115.73	129.96	13.2	87.78	100.98	22.89	87.78	110.67
总平均		19.18	11.29	30.47	37.63	302.27	339.78	47.26	219.58	266.84	27.87	170.56	193.43	30.11	157.91	188.02

第二十八表　家计费月别结构(其二)

		1 月			2 月			3 月			4 月		
		现金	实物	小计	现金	实物	小计	现金	实物	小计	现金	实物	小计
自耕农	1	18.79	116.6	135.39	96.01	119	215.91	15.66	125.7	141.36	52.5	175.9	228.4
	2	89.8	179.4	269.2	34	85.5	119.5	26.2	157.4	183.6	31.38	170.4	201.78
	3	38.39	189.1	227.49	107.24	90.5	197.74	136.44	128.3	264.74	28.1	115.9	144
	4	1.9	51.3	53.2	49.05	62.25	111.3	43.14	62.2	105.34	1	62.5	63.5
	平均	37.22	134.1	171.32	71.57	89.54	161.11	55.36	118.4	173.76	28.24	131.18	159.42
自耕兼佃农	5	248.5	717.9	966.3	40	278.5	318.5	471.6	681.8	1,153.40	57.64	704.4	762.04
	6	207.3	423.2	630.5	86.9	265.2	352.1	5	469.7	474.7	5	511.4	516.4
	7	82.9	144.4	227.3	45	82.5	127.5	6	188.8	194.8	7.9	214.6	222.5
	8	106.16	224.2	330.36	59	154.3	213.3	12	171.9	183.9	57.1	183.4	240.5
	9	109.15	99.95	209.1	83.9	85.45	169.35	15.2	68.4	83.6	19.42	62.1	81.52
	10	39.4	166.3	205.7	11.7	51.1	62.8	25	106.15	131.15	15.3	114.8	130.1
	平均	132.23	295.98	428.21	54.41	152.84	207.25	89.13	281.13	370.26	27.06	398.45	325.51
佃农	11	68.65	103.5	172.15	34.31	52	86.31	6.99	110	116.99	95.05	109.1	294.15
	12	67.55	142.85	210.4	10	111.5	121.5	28.4	113.4	141.8	401.15	123.2	524.35
	13	18.91	43.8	62.71	19.23	32.4	51.63	1.78	41.4	43.18	19.1	38.35	57.45
	平均	51.7	96.71	148.42	21.18	65.3	86.48	12.39	88.27	100.66	171.76	90.22	261.98
总平均		84.42	200.18	284.6	52.02	113.16	165.18	61.03	186.55	247.58	60.82	198.93	259.75

第二十八表(其二)　续

		5月			6月			7月			合计		
		现金	实物	小计	现金	实物	小计	现金	实物	小计	现金	实物	合计
自耕农	1	120.75	332.3	443.05	9	188.9	197.3	71.2	188.3	259.5	546.07	2,123.90	2,669.97
	2	30.83	143	173.83	20.59	137	157.59	12.39	181	193.39	418.2	1,701.70	2,119.90
	3	29.11	118.5	147.61	65.8	126.5	192.3	13.4	129.5	142.9	703.55	1,651.30	2,354.85
	4	31.27	75	106.27	7	72	79	11	66	77	194.16	746.1	940.26
	平均	52.99	167.2	217.69	25.59	130.95	156.54	26.999	141.2	168.19	465.49	1,555.75	2,021.24
自耕兼佃农	5	141.4	692	833.4	128.4	737	865.4	155	769	924	1,596.60	7,015.60	8,612.40
	6	30.3	470.7	501	82.8	548.2	631	20.6	570.1	590.7	650.92	5,427.00	6,077.92
	7	22	213.5	235.5	59.5	307.5	367	2	279	281	369.3	2,263.50	2,632.80
	8	33.7	250.5	284.2	145.5	313.5	459	58.25	307.5	365.75	661.45	2,405.00	3,066.45
	9	7.71	78.7	86.41	17.34	79.2	96.54	11.85	88.2	100.05	365.07	1,174.25	1,539.32
	10	12	148.6	160.6	18.79	161.8	180.59	13.7	155.1	168.8	265.51	1,374.30	1,639.81
	平均	41.18	309	350.18	75.38	357.87	433.25	43.57	361.48	405.05	651.5	3,276.61	3,928.11
佃农	11	24.63	127.5	152.13	320.18	126	446.18	17.17	130.6	147.77	704.3	1,242.90	1,947.20
	12	9.32	117.5	126.82	23.42	116.5	139.92	31	112.5	143.5	653.71	1,374.65	2,028.36
	13	13.92	65.75	79.67	15.13	65.75	80.88	24.25	51	75.25	197.85	625.95	823.8
	平均	15.96	103.58	119.54	119.57	102.75	222.32	24.14	98.04	122.17	518.62	1,081.17	1,599.79
总平均		38.99	217.97	256.19	70.26	229.17	299.43	33.98	232.91	266.89	563.61	2,240.47	2,804.08

四、农业经营结算诸表

第二十九表　农业毛收入(其一)

		高粱						玉米					
		所得性总收入	待售实物增额	固定结果财产增额	小计(毛收入)	农业外毛收入	余额(农业毛收入)	所得性总收入	待售实物增额	固定结果财产增额	小计(毛收入)	农业外毛收入	余额(农业毛收入)
自耕农	1	245.67	26.88	—	272.55	—	272.55	362.3	15.9	—	378.2	—	378.2
	2	74.65	92.4	—	167.05	150	17.05	353.78	—	—	353.78	—	353.78
	3	269.05	53.2	—	215.85	—	215.85	423.65	10.6	—	434.25	—	434.25
	4	115.2	28	—	143.2	—	143.2	324.27	-15.90	—	308.37	—	308.37
	平均	176.14	23.52	—	199.66	37.5	162.16	366	2.65	—	368.65	—	368.65
自耕兼佃农	5	2,344.28	162.4	—	2,506.68	—	2,506.68	1,451.86	10.6	—	1,462.46	—	1,462.46
	6	1,180.33	84	—	1,096.33	—	1,096.33	1,477.62	-132.5	—	1,345.12	—	1,345.12
	7	364.8	224	—	588.8	88	500.8	851.05	583	—	1,434.05	—	1,434.05
	8	721.92	—	—	721.92	—	721.92	557.28	-10.60	—	546.68	—	546.68
	9	502.58	44.8	—	457.78	—	457.78	601.68	26.5	—	628.18	—	628.18
	10	420.38	78.4	—	341.98	—	341.98	384.15	-10.60	—	373.55	—	373.55
	平均	922.38	29.86	—	952.24	14.67	937.57	887.27	77.73	—	965	—	965
佃农	11	273.52	28	—	245.52	—	245.52	394.74	-47.70	—	347.04	—	347.04
	12	109.74	—	—	109.74	—	109.74	257.25	116.6	—	373.85	—	373.85
	13	143	22.4	—	120.6	—	120.6	136	53	—	189	—	189
	平均	175.42	16.8	—	158.62	—	158.62	262.66	40.63	—	303.29	—	303.29
总平均		520.4	17.14	—	537.54	18.31	519.23	582.75	46.07	—	628.82	—	628.82

第二十九表（其一）　续

类别	户	粟 所得性总收入	粟 待售实物增额	粟 固定结果财产增额	粟 小计（毛收入）	粟 农业外毛收入	粟 余额（农业毛收入）	小麦 所得性总收入	小麦 待售实物增额	小麦 固定结果财产增额	小麦 小计（毛收入）	小麦 农业外毛收入	小麦 余额（农业毛收入）
自耕农	1	786.5	-33.00	—	753.5	—	753.5	333.87	—	—	333.87	—	333.87
	2	769.37	99	—	868.37	200	668.37	6.4	284.55	—	290.95	—	290.95
	3	893.87	-165.00	—	728.87	—	728.87	84.67	110.25	—	194.92	—	194.92
	4	317.35	-132.00	—	185.35	—	185.35	89.72	—	—	89.72	—	89.72
	平均	691.77	-57.75	—	634.02	50	584.02	128.67	98.7	—	227.37	—	227.37
自耕兼佃农	5	3,959.00	198	—	4,157.00	—	4,157.00	120	449.4	—	569.4	—	569.4
	6	3,368.50	-363.00	—	3,005.50	—	3,005.50	690.7	—	—	690.7	—	690.7
	7	1,370.50	—	—	1,370.50	—	1,370.50	398.81	—	—	398.81	—	398.81
	8	1,535.10	-132.00	—	1,403.10	—	1,403.10	—	236.25	—	236.25	—	236.25
	9	659.26	66	—	725.26	—	725.26	174.5	15.75	—	190.25	—	190.25
	10	907.09	-132.00	—	775.09	—	775.09	169.6	—	—	169.6	—	169.6
	平均	1,966.58	-60.50	—	1,906.08	—	1,906.08	258.94	116.9	—	375.84	—	375.84
佃农	11	800.2	-132.00	—	668.2	—	668.2	34	42	—	76	—	76
	12	670.6	-132.00	—	538.6	—	538.6	28	29.4	—	57.4	—	57.4
	13	321.8	-13.20	—	308.6	—	308.6	20.67	23.8	—	44.47	—	44.47
	平均	597.53	-92.40	—	505.13	—	505.13						
总平均		1,258.40	-67.02	—	1,191.38	15.38	1,176.00	163.87	89.82	—	253.69	—	253.69

第二十九表(其一)　续

大豆

		所得性总收入	待售实物增额	固定结果财产增额	小计(毛收入)	农业外毛收入	余额(农业毛收入)
自耕农	1	176	45	—	221	—	221
	2	269.4	54	—	323.4	150	173.4
	3	230.58	-12.00	—	218.58	—	218.58
	4	11.1	-1.20	—	9.9	—	9.9
	平均	171.77	21.45	—	193.22	37.5	155.72
自耕兼佃农	5	1,254.62	378	—	1,632.62	—	1,632.62
	6	1,442.91	-6.00	—	1,436.91	—	1,436.91
	7	486.27	1.8	—	488.07	—	438.07
	8	709.76	—	—	709.76	—	709.76
	9	231.45	46.8	—	278.25	—	278.25
	10	147.9	20.4	—	168.3	—	168.3
	平均	712.15	73.52	—	785.66	—	785.66
佃农	11	168	-9.00	—	159	—	159
	12	142.4	-7.20	—	135.2	—	135.2
	13	74	-5.40	—	68.6	—	68.6
	平均	128.13	-7.20	—	120.93	—	120.93
总平均		411.1	38.87	—	449.97	11.54	438.43

第二十九表　农业毛收入(其二)

		其他豆类						麦子					
		所得性总收入	待售实物增额	固定结果财产增额	小计(毛收入)	农业外毛收入	余额(农业毛收入)	所得性总收入	待售实物增额	固定结果财产增额	小计(毛收入)	农业外毛收入	余额(农业毛收入)
自耕农	1	—	—	—	—	—	—	—	59.25	—	59.25	—	59.25
	2	36.81	—	—	36.81	—	36.81	25.2	70.95	—	96.15	—	96.15
	3	—	—	—	—	—	—	—	—	—	—	—	—
	4	—	—	—	—	—	—	—	—	—	—	—	—
	平均	9.2	—	—	9.2	—	9.2	6.3	32.55	—	38.85	—	38.85
自耕兼佃农	5	—	—	—	—	—	—	55	−12.00	—	43	—	43
	6	—	—	—	—	—	—	50	59.85	—	109.85	—	109.85
	7	—	—	—	—	—	—	—	—	—	—	—	—
	8	—	—	—	—	—	—	25	56.4	—	81.4	—	81.4
	9	6	—	—	6	—	6	42	—	—	42	—	42
	10	47.2	—	—	47.2	—	47.2	8.98	—	—	8.98	—	8.98
	平均	8.87	—	—	8.87	—	8.87	30.16	17.33	—	47.54	—	47.54
佃农	11	36.3	—	—	36.3	—	36.3	—	—	—	—	—	—
	12	—	—	—	—	—	—	11	—	—	11	—	11
	13	12.1	—	—	12.1	—	12.1	3.67	—	—	3.67	—	3.67
	平均	12.1	—	—	12.1	—	12.1	3.67	—	—	3.67	—	3.67
总平均		9.72	—	—	9.72	—	9.72	16.71	18.03	—	34.74	—	34.74

第二十九表(其二)　续

		亚麻						甜菜					
		所得性总收入	待售实物增额	固定结果财产增额	小计(毛收入)	农业外毛收入	余额(农业)毛收入	所得性总收入	待售实物增额	固定结果财产增额	小计(毛收入)	农业外毛收入	余额(农业)毛收入
自耕农	1	40	—	—	40	—	40	94	—	—	94	—	94
	2	40	—	—	40	—	40	51.36	—	—	51.36	—	51.36
	3	80	—	—	80	—	80	43	—	—	43	—	43
	4	—	—	—	—	—	—	—	—	—	—	—	—
	平均	40	—	—	40	—	40	47.09	—	—	47.09	—	47.09
自耕兼佃农	5	280	—	—	280	—	280	350	—	—	350	—	350
	6	210	—	—	210	—	210	197.71	—	—	197.71	—	197.71
	7	120	—	—	120	—	120	126.49	—	—	126.49	—	126.49
	8	210	—	—	210	—	210	126	—	—	126	—	126
	9	80	—	—	80	—	80	53.56	—	—	53.56	—	53.56
	10	80	—	—	80	—	80	54	—	—	54	—	54
	平均	163.33	—	—	163.33	—	163.33	151.29	—	—	151.29	—	151.29
佃农	11	80	—	—	80	—	80	57.1	—	—	57.1	—	57.1
	12	—	—	—	—	—	—	41.06	—	—	41.06	—	41.06
	13	—	—	—	—	—	—	—	—	—	—	—	—
	平均	26.67	—	—	26.67	—	26.67	32.72	—	—	32.72	—	32.72
总平均		93.84	—	—	93.84	—	93.84	91.87	—	—	91.87	—	91.87

第二十九表（其二）续

蔬菜类

		所得性总收入	待售实物增额	固定结果财产增额	小计（毛收入）	农业外毛收入	余额（农业毛收入）
自耕农	1	188.5	20	—	208.5	—	208.5
	2	130	10	—	440	—	440
	3	160.5	-4.00	—	156.5	—	156.5
	4	34.5	-2.00	—	32	—	32
	平均	203.38	6	—	209.38	—	209.38
自耕兼佃农	5	1,557.50	60	—	1,617.50	—	1,617.50
	6	343.5	20	—	363.5	—	363.5
	7	234	30	—	264	—	264
	8	152.5	-6.00	—	146.5	—	146.5
	9	223.5	—	—	223.56	—	223.56
	10	82.6	—	—	82.6	—	82.6
	平均	432.27	17.33	—	449.6	—	449.6
佃农	11	119.5	—	—	119.5	—	119.5
	12	130	—	—	130	—	130
	13	51.45	—	—	51.45	—	51.45
	平均	100.32	—	—	100.32	—	100.32
总平均		285.23	9.85	—	295.08	—	295.08

第二十九表　农业毛收入(其三)

		茎秆类						畜产品					
		所得性总收入	待售实物增额	固定结果财产增额	小计(毛收入)	农业外毛收入	余额(农业毛收入)	所得性总收入	待售实物增额	固定结果财产增额	小计(毛收入)	农业外毛收入	余额(农业毛收入)
自耕农	1	560.72	—	—	560.72	—	560.72	5.2	—	220	225.2	—	225.2
	2	495.64	—	—	495.64	—	495.64	76	—	100	176	—	176
	3	562.9	—	—	562.9	—	562.9	35	—	120	155	—	155
	4	268	—	—	268	—	268	45.5	—	—	45.5	—	45.5
	平均	471.02	—	—	471.02	—	471.02	40.43	—	110	150.43	—	150.43
自耕兼佃农	5	4,386.62	—	—	4,386.62	—	4,386.62	238	—	755	99.3	—	993
	6	2,707.00	—	—	2,707.00	—	2,707.00	362.4	—	470	832.4	—	832.4
	7	475	—	—	475	—	475	26	—	110	136	—	136
	8	1,275.70	—	—	1,275.70	—	1,275.70	170	—	80	250	—	250
	9	727.94	—	—	727.94	—	727.94	166	—	50	216	—	216
	10	539.27	—	—	539.27	—	539.27	57.2	—	150	207.2	—	207.2
	平均	1,685.26	—	—	1,685.26	—	1,685.26	169.93	—	269.16	439.09	—	439.09
佃农	11	371.34	—	—	371.34	—	371.34	79.8	—	40	119.8	—	119.8
	12	455.74	—	—	455.74	—	455.74	76	—	60	136	—	136
	13	265.95	—	—	265.95	—	265.95	9	—	—	9	—	9
	平均	364.34	—	—	364.34	—	364.34	54.93	—	33.33	88.26	—	88.26
总平均		1,007.06	—	—	1,007.06	—	1,007.06	103.55	—	165.77	269.32	—	269.32

第二十九表(其三) 续

	加工品						财产利用收入					
	所得性总收入	待售实物增额	固定结果财产增额	小计(毛收入)	农业外毛收入	余额(农业毛收入)	所得性总收入	待售实物增额	固定结果财产增额	小计(毛收入)	农业外毛收入	余额(农业毛收入)
自耕农 1	—	—	—	—	—	—	195.6	—	—	195.6	195.6	—
2	—	—	—	—	—	—	699.15	—	—	699.15	699.15	—
3	—	—	—	—	—	—	78	—	—	78	78	—
4	—	—	—	—	—	—	—	—	—	—	—	—
平均	—	—	—	—	—	—	243.19	—	—	243.19	243.19	—
自耕兼佃农 5	660	—	—	660	—	660	396	—	—	396	396	—
6	—	—	—	—	—	—	266.4	—	—	266.4	266.4	—
7	—	—	—	—	—	—	150	—	—	150	150	—
8	—	—	—	—	—	—	126	—	—	126	126	—
9	—	—	—	—	—	—	86.4	—	—	86.4	86.4	—
10	—	—	—	—	—	—	79.2	—	—	79.2	79.2	—
平均	110	—	—	110	—	110	184	—	—	184	184	—
佃农 11	—	—	—	—	—	—	60	—	—	60	60	—
12	—	—	—	—	—	—	114	—	—	114	114	—
13	—	—	—	—	—	—	69.6	—	—	69.6	69.6	—
平均	—	—	—	—	—	—	81.2	—	—	81.2	81.2	—
总平均	50.77	—	—	50.77	—	50.77	178.49	—	—	178.49	178.49	—

第二十九表 (其三) 续

	所得性总收入	待售实物增额	固定结果财产增额	薪金俸禄收入		余额（农业毛收入）
				小计（毛收入）	农业外毛收入	
自耕农 1	—	—	—	—	—	—
自耕农 2	—	—	—	—	—	—
自耕农 3	—	—	—	—	—	—
自耕农 4	—	—	—	—	—	—
自耕农 平均	—	—	—	—	—	—
自耕兼佃农 5	—	—	—	—	95	—
自耕兼佃农 6	95	—	—	95	—	—
自耕兼佃农 7	—	—	—	—	107	—
自耕兼佃农 8	107	—	—	107	23.65	—
自耕兼佃农 9	23.65	—	—	23.65	—	—
自耕兼佃农 10	—	—	—	—	37.61	—
自耕兼佃农 平均	37.61	—	—	37.61	138	—
佃农 11	138	—	—	138	155.9	—
佃农 12	155.9	—	—	155.9	—	—
佃农 13	—	—	—	—	97.97	—
佃农 平均	97.97	—	—	97.97	39.96	—
总平均	39.96	—	—	39.96		—

第二十九表　农业毛收入(其四)

		杂收入						合计					
		所得性总收入	待售实物增额	固定结果财产增额	小计(毛收入)	农业外毛收入	余额(农业毛收入)	所得性总收入	待售实物增额	固定结果财产增额	小计(毛收入)	农业外毛收入	余额(农业毛收入)
自耕农	1	—	—	—	—	—	—	2,988.36	134.02	220	3,342.39	195.6	3,146.79
	2	—	—	—	—	—	—	3,327.76	610.9	100	4,038.66	1,199.15	2,839.51
	3	—	—	—	—	—	—	2,861.22	-113.35	120	2,867.87	78	2,789.87
	4	—	—	—	—	—	—	1,205.64	-123.10	—	1,082.54	—	1,082.54
	平均	—	—	—	—	—	—	2,595.75	127.12	110	2,832.87	368.19	2,464.68
自耕兼佃农	5	—	—	—	—	—	—	17,052.88	1,246.40	755	19,054.28	396	18,658.28
	6	—	—	—	—	—	—	12,392.07	-505.65	470	12,356.42	364.4	11,995.02
	7	—	—	—	—	—	—	4,062.92	838.8	110	5,551.72	298	5,313.72
	8	—	—	—	—	—	—	5,716.26	144.05	80	5,940.31	233	5,707.31
	9	15.1	—	—	15.1	15.1	—	3,593.62	110.25	50	3,753.87	125.15	3,628.72
	10	—	—	—	—	—	—	2,977.57	-200.60	150	2,926.97	79.2	2,847.77
	平均	2.52	—	—	2.52	2.52	—	7,722.56	272.22	269.16	8,263.93	238.8	8,025.13
佃农	11	5.12	—	—	5.12	5.12	—	2,617.62	-174.70	40	2,482.92	203.12	2,279.80
	12	—	—	—	—	—	—	2,191.69	6.8	60	2,258.49	269.9	1,988.59
	13	—	—	—	—	—	—	1,070.80	12	—	1,082.80	69.6	1,013.20
	平均	1.71	—	—	1.71	1.71	—	1,960.04	-51.97	33.33	1,941.40	180.88	1,760.52
总平均		1.56	—	—	1.56	1.56	—	4,815.25	152.77	165.77	5,133.78	265.24	4,868.54

第二十九表（其四）　续

		补助及受赠现金						总计					
		所得性总收入	待售实物增额	固定结果财产增额	小计（毛收入）	农业外毛收入	余额（农业毛收入）	所得性总收入	待售实物增额	固定结果财产增额	小计（毛收入）	农业外毛收入	余额（农业毛收入）
自耕农	1	15	—	—	15	15	—	3,003.36	134.03	220	3,357.39	210.6	3,146.79
	2	15	—	—	15	15	—	3,342.76	610.9	100	4,053.66	1,214.15	2,839.51
	3	15	—	—	15	15	—	2,876.22	-113.35	120	2,882.87	93	2,789.87
	4	15	—	—	15	15	—	1,220.64	123.1	—	1,697.54	15	1,082.54
	平均	15	—	—	15	15	—	2,610.75	127.12	110	2,847.87	383.19	2,464.68
自耕兼佃农	5	15	—	—	15	15	—	17,067.88	1,246.40	755	19,069.28	411	18,658.28
	6	15	—	—	15	15	—	12,407.07	-505.65	470	12,371.42	376.4	11,995.02
	7	15	—	—	15	15	—	4,617.92	838.8	110	5,566.72	253	5,313.72
	8	70	—	—	70	70	—	5,786.26	144.05	80	6,010.31	303	5,707.31
	9	15	—	—	15	15	—	3,608.62	110.25	50	3,768.87	140.15	3,628.72
	10	20	—	—	20	20	—	2,997.57	-200.60	150	2,946.97	99.2	2,847.77
	平均	25	—	—	25	25	—	7,747.56	272.22	269.16	8,288.93	263.8	8,025.13
佃农	11	195	—	—	195	195	—	2,812.62	-174.70	40	2,677.92	398.12	2,279.80
	12	91.7	—	—	91.7	91.7	—	2,283.39	6.8	60	2,258.49	361.6	1,988.59
	13	15	—	—	15	15	—	1,085.80	12	—	1,097.80	84.6	1,013.20
	平均	100.57	—	—	100.57	100.57	—	2,060.61	-51.97	33.33	2,041.97	281.45	1,760.52
总平均		39.36	—	—	39.36	39.36	—	4,854.61	152.77	165.77	5,173.14	304.6	4,868.54

第三十表　农业经营费(其一)

		肥料费						饲料费					
		所得性总支出	购入实物减少额	固定财产折旧费	合计(所得性支出)	农业外支出	余额(农业经营费)	所得性总支出	购入实物减少额	固定财产折旧费	合计(所得性支出)	农业外支出	余额(农业经营费)
自耕农	1	—	—	—	—	—	—	—	—	—	—	—	—
	2	161.38	—	—	161.38	—	161.38	8.2	—	—	8.2	—	8.2
	3	—	—	—	—	—	—	87	—	—	87	—	87
	4	—	—	—	—	—	—	—	—	—	—	—	—
	平均	40.35	—	—	40.35	—	40.35	23.8	—	—	23.8	—	23.8
自耕兼佃农	5	—	—	—	—	—	—	357.6	−300.00	—	57.6	—	57.6
	6	286	—	—	286	—	286	306.94	−68.65	—	238.29	—	238.29
	7	38	—	—	38	—	38	98.84	1	—	99.84	—	99.84
	8	150	—	—	150	—	150	579.42	−180.00	—	399.42	—	399.42
	9	—	—	—	—	—	—	213.6	—	—	213.6	—	213.6
	10	—	—	—	—	—	—	62.7	10.5	—	73.2	—	73.2
	平均	79	—	—	79	—	79	269.85	−89.53	—	180.32	—	180.32
佃农	11	—	—	—	—	—	—	241.94	−79.60	—	162.34	—	162.34
	12	—	—	—	—	—	—	2.5	—	—	2.5	—	2.5
	13	—	—	—	—	—	—	—	—	—	—	—	—
	平均	—	—	—	—	—	—	81.48	−26.53	—	54.95	—	54.95
总平均		48.88	—	—	48.88	—	48.88	150.67	−47.44	—	103.23	—	103.23

第三十表（其一）续

		种苗费						家畜费					
		所得性总支出	购入实物减少额	固定财产折旧费	合计（所得性支出）	农业外支出	余额（农业经营费）	所得性总支出	购入实物减少额	固定财产折旧费	合计（所得性支出）	农业外支出	余额（农业经营费）
自耕农	1	4.5	—	—	4.5	—	4.5	5	—	20	25	—	25
	2	8.8	—	—	8.8	—	8.8	5.08	—	20	25.08	—	25.08
	3	3	—	—	3	—	3	5.3	—	—	5.3	—	5.3
	4	—	—	—	—	—	—	16	—	—	16	—	16
	平均	4.08	—	—	4.08	—	4.08	7.85	—	10	17.85	—	17.85
自耕农兼佃农	5	15	—	—	15	—	15	8	—	50	58	—	58
	6	153.5	—	—	153.5	—	153.5	49.5	—	50	99.5	—	99.5
	7	3	—	—	3	—	3	30	—	58	88	—	88
	8	1	—	—	1	—	1	53.6	—	120	173.6	—	173.6
	9	11.6	—	—	11.6	—	11.6	3.6	—	185	188.6	—	188.6
	10	2	—	—	2	—	2	9.6	—	60	69.6	—	69.6
	平均	31.02	—	—	31.02	—	31.02	25.72	—	87.17	112.89	—	112.89
佃农	11	11.4	—	—	11.4	—	11.4	5	—	30	35	—	35
	12	3	—	—	3	—	3	4	—	25	29	—	29
	13	—	—	—	—	—	—	16.5	—	—	16.5	—	16.5
	平均	4.8	—	—	4.8	—	4.8	8.5	—	18.33	26.83	—	26.83
总平均		16.68	—	—	16.68	—	16.68	16.24	—	47.54	63.78	—	63.78

第三十表　农业经营费(其二)

	机具费						各种材料费					
	所得性总支出	购入实物减少额	固定财产折旧费	合计(所得性支出)	农业外支出	余额(农业经营费)	所得性总支出	购入实物减少额	固定财产折旧费	合计(所得性支出)	农业外支出	余额(农业经营费)
自耕农 1	70	—	18.85	88.85	—	88.85	20	—	—	20	—	20
2	20.65	—	17.07	37.72	—	37.72	16	—	—	16	—	16
3	12.1	—	22.25	34.35	—	34.33	10.3	—	—	10.3	—	10.3
4	—	—	1.32	1.32	—	1.32	—	—	—	—	—	—
平均	25.69	—	14.87	40.56	—	40.56	11.58	—	—	11.58	—	11.58
自耕兼佃农 5	98.7	—	92.71	191.41	—	191.41	88	—	—	88	—	88
6	20.1	—	33.45	53.55	—	53.55	73.8	—	—	73.8	—	73.8
7	14.4	—	39.74	54.14	—	54.14	—	—	—	—	—	—
8	16.5	—	58.25	74.75	—	74.75	52	—	—	52	—	52
9	17.5	—	33.6	51.1	—	51.1	—	—	—	—	—	—
10	26	—	14.8	40.8	—	40.8	8	—	—	8	—	8
平均	32.2	—	45.43	77.63	—	77.63	36.97	—	—	36.97	—	36.97
佃农 11	8.55	—	21.55	30.1	—	30.1	—	—	—	—	—	—
12	3	—	24.99	27.99	—	27.99	2.3	—	—	2.3	—	2.3
13	—	—	—	—	—	—	—	—	—	—	—	—
平均	3.85	—	15.51	19.36	—	19.36	0.77	—	—	0.77	—	0.77
总平均	23.65	—	29.12	52.77	—	52.77	20.8	—	—	20.8	—	20.8

第三十表（其二）续

类别	序号	工钱 所得性总支出	工钱 购入实物减少额	工钱 固定财产折旧费	工钱 合计（所得性支出）	工钱 农业外支出	工钱 余额（农业经营费）	负债利息 所得性总支出	负债利息 购入实物减少额	负债利息 固定财产折旧费	负债利息 合计（所得性支出）	负债利息 农业外支出	负债利息 余额（农业经营费）
自耕农	1	1,249.44	—	—	1,249.44	—	1,249.44	76.5	—	—	76.5	76.5	—
	2	943.2	—	—	943.2	—	943.2	14.99	—	—	14.99	14.99	—
	3	813.65	—	—	813.65	—	813.65	118.38	—	—	118.38	118.38	—
	4	244.08	—	—	244.08	—	244.08	91	—	—	91	91	—
	平均	812.6	—	—	812.6	—	812.6	75.22	—	—	75.22	75.22	—
自耕兼佃农	5	5,953.52	—	—	5,953.52	—	5,953.52	11.85	—	—	11.85	11.85	—
	6	1,956.39	—	—	1,956.39	—	1,956.39	987.28	—	—	987.28	987.28	—
	7	1,084.80	—	—	1,084.80	—	1,084.80	15.3	—	—	15.3	15.3	—
	8	1,709.17	—	—	1,709.17	—	1,709.17	74.01	—	—	74.01	74.01	—
	9	659.43	—	—	659.43	—	659.43	331.6	—	—	331.6	331.6	—
	10	1,112.49	—	—	1,112.49	—	1,112.49	2.5	—	—	2.5	2.5	—
	平均	2,079.30	—	—	2,079.30	—	2,079.30	237.09	—	—	237.09	237.09	—
佃农	11	272.95	—	—	272.95	—	272.95	15	—	—	15	15	—
	12	82.25	—	—	82.25	—	82.25	50.71	—	—	50.71	50.71	—
	13	367.89	—	—	367.89	—	367.89	—	—	—	—	—	—
	平均	241.01	—	—	241.02	—	241.02	21.9	—	—	21.9	21.9	—
总平均		1,265.32	—	—	1,265.32	—	1,265.32	137.62	—	—	137.62	137.62	—

第三十表　农业经营费(其三)

		借款及手续费						地租					
	编号	所得性总支出	购入实物减少额	固定财产折旧费	合计(所得性支出)	农业外支出	余额(农业经营费)	所得性总支出	购入实物减少额	固定财产折旧费	合计(所得)性支出	农业外支出	余额(农业经营费)
自耕农	1	1.17	—	—	1.17	—	1.17	—	—	—	—	—	—
	2	1.2	—	—	1.2	—	1.2	119.77	—	—	119.77	—	119.77
	3	6.14	—	—	6.14	—	6.14	81.2	—	—	81.2	—	81.2
	4	0.9	—	—	0.9	—	0.9	—	—	—	—	—	—
	平均	2.35	—	—	2.35	—	2.35	50.24	—	—	50.24	—	50.24
自耕兼佃农	5	30	—	—	30	—	30	2,155.00	—	—	2,155.00	—	2,155.00
	6	28.45	—	—	28.45	—	28.45	2,233.00	—	—	2,233.00	—	2,233.00
	7	7.09	—	—	7.09	—	7.09	730	—	—	730	—	730
	8	10.78	—	—	10.78	—	10.78	880	—	—	880	—	880
	9	5.54	—	—	5.54	—	5.54	222.06	—	—	222.06	—	222.06
	10	0.41	—	—	0.41	—	0.41	536.64	—	—	536.64	—	536.64
	平均	13.71	—	—	13.71	—	13.71	1,126.12	—	—	1,126.12	—	1,126.12
佃农	11	2.18	—	—	2.18	—	2.18	568.4	—	—	568.4	—	568.4
	12	—	—	—	—	—	—	407.6	—	—	407.6	—	407.6
	13	—	—	—	—	—	—	223.3	—	—	223.3	—	223.3
	平均	0.73	—	—	0.73	—	0.73	399.77	—	—	399.77	—	399.77
总平均		7.22	—	—	7.22	—	7.22	627.46	—	—	627.46	—	627.46

第三十表（其三）　续

		捐税						建筑费					
		所得性总支出	购入实物减少额	固定财产折旧费	合计（所得性支出）	农业外支出	余额（农业经营费）	所得性总支出	购入实物减少额	固定财产折旧费	合计（所得性支出）	农业外支出	余额（农业经营费）
自耕农	1	153	—	—	153	—	153	52.3	—	64.91	117.71	64.75	52.96
	2	318.15	—	—	318.15	—	318.15	—	—	76.19	76.19	54.97	21.22
	3	155.52	—	—	155.52	—	155.52	—	—	33.73	33.73	17.03	16.7
	4	25.9	—	—	25.9	—	25.9	—	—	—	—	—	—
	平均	163.14	—	—	163.14	—	163.14	13.2	—	43.71	56.91	34.19	22.72
自耕兼佃农	5	560.9	—	—	560.9	—	560.9	—	—	212.97	212.87	141.32	71.55
	6	216.7	—	—	216.7	—	216.7	—	—	87.9	87.9	65.6	22.3
	7	310.68	—	—	310.68	—	310.68	—	—	63.78	63.78	45.9	17.88
	8	165.3	—	—	165.3	—	165.3	—	—	38.2	38.2	33.33	4.87
	9	141	—	—	141	—	141	—	—	61.27	61.27	30.75	30.52
	10	127.85	—	—	127.85	—	127.85	—	—	57.1	57.1	43.1	14
	平均	253.74	—	—	253.74	—	253.74	—	—	86.85	86.85	60	26.85
佃农	11	98.62	—	—	98.62	—	98.62	7	—	36.71	43.71	22.38	21.33
	12	138.55	—	—	138.55	—	138.55	—	—	56.45	56.45	38.45	18
	13	14.72	—	—	14.72	—	14.72	—	—	27.02	27.02	24.12	2.9
	平均	83.96	—	—	83.96	—	83.96	2.33	—	40.06	42.39	28.32	14.08
总平均		186.68	—	—	186.68	—	186.68	4.6	—	62.78	67.38	44.75	22.63

第三十表　农业经营费(其四)

分类	序号	杂项支出						合计					
		所得性总支出	购入实物减少额	固定财产折旧费	合计(所得性支出)	农业外支出	余额(农业经营费)	所得性总支出	购入实物减少额	固定财产折旧费	合计(所得性支出)	农业外支出	余额(农业经营费)
自耕农	1	3	—	—	3	—	3	1,635.41	—	103.76	1,739.17	141.25	1,597.92
	2	13.2	—	—	13.2	—	13.2	1,630.62	—	113.26	1,743.88	69.96	1,673.92
	3	4.6	—	—	4.6	—	4.6	1,297.19	—	55.98	1,353.17	135.41	1,217.76
	4	5	—	—	5	—	5	382.88	—	1.32	384.2	91	293.2
	平均	6.45	—	—	6.45	—	6.45	1,236.53	—	68.58	1,305.11	109.41	1,195.70
自耕兼佃农	5	1,092.80	—	—	1,092.80	1,050.00	42.8	10,371.37	-300.00	355.58	10,426.95	1,203.17	9,223.78
	6	412.9	—	—	412.9	380	32.9	6,724.56	68.65	171.35	6,827.26	1,423.88	5,394.38
	7	27.6	—	—	27.6	14.5	13.1	2,359.71	1	161.52	2,522.23	75.7	2,446.53
	8	7	—	—	7	—	7	3,698.79	-180.00	216.45	3,735.23	107.34	3,627.89
	9	5	—	—	5	—	5	1,610.93	—	279.87	1,890.80	362.35	1,528.45
	10	9.93	—	—	9.93	—	9.93	1,898.12	10.5	131.9	2,040.52	45.6	1,994.92
	平均	259.21	—	—	259.21	240.75	18.46	4,443.91	-89.53	219.45	4,573.83	537.84	4,035.99
佃农	11	9.6	—	—	9.6	—	9.6	1,240.64	-79.60	88.26	1,249.30	37.38	1,211.92
	12	13.26	—	—	13.26	11.26	2	707.17	—	106.44	813.61	100.42	713.19
	13	—	—	—	—	—	—	622.41	-26.53	27.02	649.43	24.12	625.31
	平均	7.62	—	—	7.62	3.75	3.87	856.73	—	73.9	904.1	53.97	850.13
总平均		123.38	—	—	123.38	111.98	11.4	2,629.20	-47.44	139.44	2,721.20	294.35	2,427.71

第三十表(其四)　续

分类	拟制支出 所得性总支出	购入实物减少额	固定财产折旧费	合计(所得性支出)	农业外支出	余额(农业经营费)	总计 所得性总支出	购入实物减少额	固定财产折旧费	合计(所得性支出)	农业外支出	余额(农业经营费)
自耕农 1	—	—	—	—	—	—	1,635.41	—	103.76	1,739.17	141.25	1,597.92
2	517.65	—	—	517.65	517.65	—	2,148.27	—	113.26	2,261.53	587.61	1,673.92
3	—	—	—	—	—	—	1,297.19	—	55.98	1,353.17	135.41	1,217.76
4	—	—	—	—	—	—	382.88	—	1.32	384.2	91	293.2
平均	129.41	—	—	129.41	129.41	—	1,365.94	—	68.58	1,434.52	238.82	1,195.70
自耕兼佃农 5	—	—	—	—	—	—	10,371.37	-300.00	355.58	10,426.95	1,203.17	9,223.78
6	—	—	—	—	—	—	6,724.56	-68.65	171.35	6,827.26	1,423.88	5,394.38
7	88	—	—	88	88	—	2,447.71	1	161.52	1,880.23	163.7	2,446.53
8	—	—	—	—	—	—	3,698.79	-180.00	216.45	3,735.23	107.34	3,627.89
9	—	—	—	—	—	—	1,610.93	10.5	279.87	1,890.80	362.35	1,528.45
10	—	—	—	—	—	—	1,898.12	-89.53	131.9	2,040.52	45.6	1,994.92
平均	14.67	—	—	14.67	14.67	—	4,458.58	-79.60	219.45	4,588.50	552.51	4,035.99
佃农 11	—	—	—	—	—	—	1,240.64	—	88.26	1,249.30	37.38	1,211.92
12	—	—	—	—	—	—	707.17	—	106.44	813.61	100.42	713.19
13	—	—	—	—	—	—	622.41	-26.53	27.02	649.43	24.12	625.31
平均	—	—	—	—	—	—	856.73	—	73.9	904.1	53.97	850.13
总平均	46.59	—	—	46.59	46.59	—	2,675.79	-47.44	139.44	2,767.79	340.94	2,426.86

第三十一表　农业纯收益

		农业毛收入	农业经营费	余额(农业纯收益)
自耕农	1	3,146.79	1,597.92	1,548.87
	2	2,839.51	1,673.92	1,165.59
	3	2,789.87	1,217.76	1,572.11
	4	1,082.54	293.20	789.34
	平均	2,464.68	1,195.70	1,268.98
自耕兼佃农	5	18,658.28	9,223.78	9,434.50
	6	11,995.02	5,394.38	6,600.64
	7	5,313.72	2,446.53	2,867.19
	8	7,707.31	3,627.89	2,079.42
	9	3,628.72	1,528.45	2,100.27
	10	2,847.77	1,994.92	852.85
	平均	8,025.13	4,035.99	3,989.14
佃农	11	2,279.80	1,211.92	1,067.88
	12	1,988.59	713.19	1,275.40
	13	1,013.20	625.31	387.39
	平均	1,760.52	856.13	910.39
总平均		4,868.54	2,426.86	2,441.68

第三十二表 晌均农业纯收益

		平均每晌农业效益			耕作面积
		农业毛收入	农业经营费	农业纯收益	
自耕农	1	101.48	51.55	49.93	31.0
	2	115.90	68.32	47.58	24.5
	3	116.24	50.74	65.50	24.0
	4	154.65	41.89	112.76	7.0
	平均	114.64	55.61	59.02	21.5
自耕兼佃农	5	118.09	58.38	59.71	158.0
	6	152.80	68.72	84.08	78.5
	7	112.58	51.83	60.75	47.2
	8	139.50	86.38	49.51	42.0
	9	138.89	58.33	80.10	26.2
	10	137.57	96.37	41.20	20.7
	平均	132.87	66.82	66.05	60.4
佃农	11	140.72	74.81	65.92	16.2
	12	147.30	52.83	94.47	13.5
	13	151.22	93.33	57.89	6.7
	平均	145.14	70.08	75.05	12.13
总平均		4130.49	65.05	65.44	37.31

五、各参考表

第三十三表　工钱明细表

类别	序号	年工 人数	年工 现金支付额	年工 实物·名称	年工 实物·数量	年工 实物·金额	年工 周转性支出·总人次	年工 周转性支出·人均每日	年工 周转性支出·金额	年工 合计支付额	月工 人数	月工 现金支付额	月工 实物·名称	月工 实物·数量	月工 实物·金额	月工 周转性支出·总人次	月工 周转性支出·数量	月工 周转性支出·金额	月工 合计支付额
自耕农	1	5	235	—	—	—	1,435.00	0.56	803.6	1,038.60	—	—	—	—	—	—	—	—	—
自耕农	2	3	215	—	—	—	915	0.57	521.55	736.55	2	61	—	0.57	—	182	0.57	103.74	164.74
自耕农	3	4	213	—	—	—	929	0.54	501.66	714.66	—	—	—	—	—	—	—	—	—
自耕农	4	—	—	—	—	—	—	—	—	—	—	—	—	—	—	—	—	—	—
自耕农	平均	3	165.75	—	—	—	819.8	—	456.7	622.45	0.5	15.25	—	—	—	45.5	—	25.94	41.19
自耕兼佃农	5	14	1,953.00	—	—	—	4,352.00	0.62	2,698.24	4,651.24	2	27	—	—	—	106	0.62	65.72	92.72
自耕兼佃农	6	5	730	—	—	—	1,601.00	0.64	1,024.64	1,754.64	—	—	—	—	—	—	—	—	—
自耕兼佃农	7	5	217.2	—	—	—	1,434.00	0.45	645.3	862.5	—	—	—	—	—	—	—	—	—
自耕兼佃农	8	5	233.95	—	—	—	1,560.00	0.64	998.4	1,232.25	—	—	—	—	—	—	—	—	—
自耕兼佃农	9	3	172.6	—	—	—	622	0.6	373.2	545.8	1	17.6	—	—	—	50	0.6	30	47.6
自耕兼佃农	10	3	291.6	—	—	—	868	0.61	529.48	821.08	1	10	—	—	—	30	0.61	18.3	28.3
自耕兼佃农	平均	5.83	599.71	—	—	—	1,739.50	—	1,044.88	1,644.59	0.67	9.1	—	—	—	31	0.66	19	28.1
佃农	11	—	—	—	—	—	—	—	—	—	1	123.35	—	0.66	—	120	0.66	79.2	202.55
佃农	12	—	—	—	—	—	—	—	—	—	—	—	—	—	—	—	—	—	—
佃农	13	1	32	—	—	—	311	0.65	202.15	234.15	—	—	—	—	—	—	—	—	—
佃农	平均	0.33	10.67	—	—	—	103.7	—	67.38	78.05	0.33	41.12	—	—	—	40	—	26.4	67.52
总平均		3.69	330.23	—	—	—	1,079.00	—	638.32	968.57	0.47	18.38	—	—	—	40.2	—	22.84	41.22

第三十三表　续

类别	序号	临时工								总计							
		总人次	现金支付额	实物名称	实物数量	实物金额	周转性支出人均	周转性支出金额	合计支付额	现金支付额	实物名称	实物数量	实物金额	周转性支出总人次	周转性支出人均每日	周转性支出金额	合计支付额
自耕农	1	83	164.38	—	—	—	0.56	46.48	210.84	399.36	—	—	—	1,518.00	0.56	850.08	1,249.44
	2	14	33.39	—	—	—	0.57	7.89	41.91	309.93	—	—	—	1,111.00	0.57	633.27	943.2
	3	58	67.67	—	—	—	0.54	31.32	98.99	280.67	—	—	—	987	0.54	532.98	813.65
	4	69	204.75	—	—	—	0.57	39.33	244.08	204.75	—	—	—	69	0.57	39.33	244.08
	平均	56	117.68	—	—	—		31.28	149.96	298.68	—	—	—	92.13		513.92	812.6
自耕兼佃农	5	450	930.56	—	—	—	0.62	279	1,209.56	2,910.58	—	—	—	4,908.00	0.62	3,042.96	5,953.52
	6	80	150.55	—	—	—	0.64	51.2	204.75	880.55	—	—	—	1,681	0.64	1,075.84	1,956.39
	7	124	166.5	—	—	—	0.45	55.8	222.3	383.7	—	—	—	1,558	0.45	701.1	1,084.80
	8	177	363.64	—	—	—	0.64	113.28	476.92	597.49	—	—	—	173.7	0.64	1,111.68	1,709.17
	9	35	45.03	—	—	—	0.6	21	66	235.23	—	—	—	70.7	0.6	424.2	659.43
	10	101	201.5	—	—	—	0.61	61.61	263.11	503.1	—	—	—	999	0.61	609.39	1,112.49
	平均	161.2	309.63	—	—	—		96.98	406.61	918.44	—	—	—	1,931.60		1,160.86	2,079.30
佃农	11	35	47.3	—	—	—	0.66	23.1	70.4	170.65	—	—	—	155	0.66	102.3	272.95
	12	10	77.65	—	—	—	0.46	4.6	82.25	77.65	—	—	—	10	0.46	4.6	82.25
	13	30	114.24	—	—	—	0.65	19.5	133.74	146.24	—	—	—	34.1	0.65	224.65	367.89
	平均	25	79.73	—	—	—		15.73	95.46	131.51	—	—	—	168.7		109.51	241.02
总平均		97.4	197.51	—	—	—		58.02	255.52	546.14	—	—	—	1,214.00		719.18	1,265.32

第三十四表　作物收成状况表(其一)

类别	序号	栗 耕作面积	栗 产量 主产品	栗 产量 副产品	栗 单位面积产量 主产品	栗 单位面积产量 副产品	高粱 耕作面积	高粱 产量 主产品	高粱 产量 副产品	高粱 单位面积产量 主产品	高粱 单位面积产量 副产品	玉米 耕作面积	玉米 产量 主产品	玉米 产量 副产品	玉米 单位面积产量 主产品	玉米 单位面积产量 副产品
自耕农	1	60	74	2,400	12.33	400	70	115	9,000	16.43	1,286	30	45	1,000	15	333
	2	60	81	2,700	13.5	450	30	49	3,900	16.33	1,300	35	52	800	14.86	229
	3	50	70	2,500	14	500	50	70	6,000	14	1,200	40	62	1,500	15.5	375
	4	5	7.5	250	15	500	20	25.5	3,000	12.75	1,500	20	41	700	20.5	350
	平均	43.75	58.13	1,963	13.29	449	42.5	64.88	5,478	15.27	1,288	31.25	50	1,000	16	320
自耕兼佃农	5	390	520	20,000	13.33	513	390	608	48,000	15.59	1,231	130	202	3,950	15.54	304
	6	215	284	13,200	13.14	614	140	245	21,000	17.5	1,500	100	170	3,000	17	300
	7	90	104.5	4,500	11.61	500	100	185	15,000	18.5	1,500	120	206	4,800	17.17	400
	8	90	136.5	5,400	15.17	600	120	216	18,000	18	1,500	35	78.5	1,400	22.43	400
	9	60	90	4,200	15	700	50	85	6,000	17	1,200	50	1080	2,000	21.6	400
	10	50	65	3,000	13	600	40	75	4,900	18.75	1,225	30	52.5	1,200	17.33	400
	平均	149.17	200	8,383	13.4	562	140	235.67	18,817	16.83	1,344	77.5	136.17	2,725	17.57	352
佃农	11	40	59	2,400	14.75	600	40	59	5,000	14.75	1,250	20	33	700	16.5	350
	12	30	38.3	1,200	12.77	400	25	31	2,600	12.4	1,040	30	56	1,200	18.67	400
	13	25	33	1,500	13.2	600	10	16.5	1,200	16.5	1,200	20	27	700	13.5	350
	平均	31.67	43.43	1,700	13.71	537	25	35.5	2,933	14.2	1,173	23.33	38.67	867	16.58	372
总平均		89.61	120.22	4,865	13.42	343	83.46	137	11,046	16.42	1,324	50.77	87.15	1,765	17.17	348

注：耕作面积单位：亩；主产品单位：石；副产品单位：捆。

第三十四表(其一)　续

	小麦 耕作面积	小麦 产量 主产品	小麦 产量 副产品	小麦 单位面积产量 主产品	小麦 单位面积产量 副产品	大豆 耕作面积	大豆 产量 主产品	大豆 产量 副产品	大豆 单位面积产量 主产品	大豆 单位面积产量 副产品	糜子 耕作面积	糜子 产量 主产品	糜子 产量 副产品	糜子 单位面积产量 主产品	糜子 单位面积产量 副产品
自耕农 1	40	29	4	7.25	1	45	34.5	3	7.67	0.7	10	6	200	600	200
自耕农 2	40	32	6	8	1.5	30	27.5	2	9.17	0.7	5	7.5	250	15	500
自耕农 3	30	20.7	6	6.9	2	40	38	2	9.5	0.5	—	—	—	—	—
自耕农 4	25	10.8	4	4.32	1.6	—	—	—	—	—	—	—	—	—	—
平均	33.75	23.12	5	6.85	1.48	28.75	25	1.75	8.7	0.61	3.75	3.38	113	9.01#	301#
自耕农兼佃农 5	100	68	15	6.8	1.5	340	315	15	9	0.4	10	90	300	9	300
自耕农兼佃农 6	100	58	20	5.8	2	150	142.5	10	9.5	0.7	—	—	—	—	—
自耕农兼佃农 7	40	34	4	8.5	1	80	74	4	9.25	0.5	5	7.5	200	15	400
自耕农兼佃农 8	30	22.5	5	7.5	1.7	70	107	4	15.29	0.6	—	—	—	—	—
自耕农兼佃农 9	30	22.5	3	7.5	1	50	45	3	9	0.6	—	—	—	—	—
自耕农兼佃农 10	30	19	5	6.33	1.7	40	36	2	9	0.5	—	—	—	—	—
平均	55	37.33	8.67	6.79	1.58	121.67	119.92	6.33	9.9	0.52	2.5	2.75	83	11#	332#
佃农 11	15	7.8	2	5.2	1.3	30	29.3	2	9.77	0.7	—	—	—	—	—
佃农 12	20	7.8	2	3.9	1	20	21	1	10.5	0.5	—	—	—	—	—
佃农 13	—	—	—	—	—	10	12	0.5	12	0.5	—	—	—	—	—
平均	11.67	5.2	1.33	4.46	1.14	20	20.77	1.17	10.39	0.59	—	—	—	—	—
总平均	38.46	25.55	5.85	6.64	1.52	69.62	67.83	3.73	9.74	0.54	2.31	2.31	73	10	316

注:耕作面积单位:亩;主产品单位:石;副产品单位:斤。

第三十四表（其二）

（单位：斤）

类别	编号	甜菜 耕作面积	甜菜 产量 主产品	甜菜 产量 副产品	甜菜 单位面积产量 主产品	甜菜 单位面积产量 副产品	亚麻 耕作面积	亚麻 产量 主产品	亚麻 产量 副产品	亚麻 单位面积产量 主产品	亚麻 单位面积产量 副产品	马铃薯 耕作面积	马铃薯 产量 主产品	马铃薯 产量 副产品	马铃薯 单位面积产量 主产品	马铃薯 单位面积产量 副产品
自耕农	1	5	(94)		(188)		10	(90)#		(90)#		20	30,000		15,000	—
	2	5	(51.36)		(102.72)		10	(50)#		(50)#		5	10,000		20,000	—
	3	10	(43)		(43)		10	(100)#		(100)#		—	—		—	—
	4	—	—	—	—	—	—	—	—	—		—	—		—	—
	平均	5	(47.09)		(94.18)		7.5	(80)#		(106.67)#		6.25	10,000		16,000	—
自耕农兼佃农	5	30	(350)		(116.67)		40	(200)		(50)		40	80,000		20,000	
	6	20	(197.71)		(98.86)		30	(300)		(100)		10	15,000		15,000	
	7	10	(126.49)		(126.49)		15	(60)		(40)		10	15,000		15,000	
	8	15	21,000斤(126.00)		(84)		30	12,000(420.00)		(140)		—	—		—	
	9	5	12,000斤(53.00)		(106)		10	4,000(100.00)		(100)		5	7,500		15,000	
	10	50	(54)		(108)		10	(94)		(94)		—	—		—	
	平均	14.17	(151.2)		(106.7)		22.5	(195.67)		(86.97)		10.83	19,583		18,073	
佃农	11	5	(57.1)		(114.2)		10	(45)		(45)		—	—		—	
	12	5	(41.06)		(82.12)		—	—		—		—	—		—	
	13	—	—	—	—	—	—	—	—	—		—	—		—	
	平均	3.33	(32.7)		(98.2)		3.33	(15)		(45)		—	—		—	
	总平均	8.85	(9,182)		(103.75)		13.46	(112.23)		(83.38)		6.92	12,115		17,507	—

昭和 14 年 2 月

绥中县凌家屯官庄升科地调查报告书

秘

满铁·调查部

昭和十四年二月

綏中縣
凌家屯　官莊升科地調查報告書

備鎔。調查部

前　言

　　一、受满洲国国务院土地制度调查会的委托,于昭和13年12月11日至18日一周间,前往锦州省绥中县凌家屯进行土地勘查。本篇即是总结了勘查结果,然后向该土地制度调查会做的报告书。

　　二、由于调查期间的短暂以及资料搜集的不充分,如果不进行补充调查,肯定会出现许多难以判断的问题。因此对于那些问题,从其他同一性质的土地以及民间习惯等类推作了主观判断,对于此点在此事先坦白说明。

　　三、本官庄的升科地虽经历了清末因拂下①而进行的私有化,但是现在仍维持一种由旧管理人—庄头和世袭佃户—永佃户分割所有的形态。在这一点上,它实际是一种稀有的异型特种地。但是,由于拂下后已经经历了约三十年,调查清代庄园制度的遗留制度——特别是大凌河牧马群的饲养关系有很大的困难,就连寻找那些能够讲述当时状况的老人也很难。因此,本调查采取以下考察方针:基本没有引用那些采访结果;把重点放在了委托的要点即永佃关系的阐明;同时参考了原管理人家保存的旧记。

　　四、随着今后满洲国地籍整理事业的发展,在原奉、吉两省所属的各县里,将陆续兴起与本官庄升科地相同以及类似性质的永佃关系的土地。如果本次报告能在判断纠纷上起到些许作用,本人将不甚荣幸。

　　五、本次调查得到了绥中县地籍整理局监查官西村好夫先生特别的配合与援助,在此谨表谢意。

昭和14年1月30日

满铁调查部

嘱托　天海谦三郎

康德6年2月1日

绥中县凌家屯官庄升科地调查报告书

土地制度调查会

委员　天海谦三郎

---

① 译者注:拂下,(政府向民众)出售、转让、处理(公物)的意思。

目 录

第一 概说

本案中的纷争地是清代锦州管理庄粮事务衙门(略称为管庄衙门或管庄公署)管辖的内务府官庄(一种官有地)的一部分。清末光绪三十二年大放之后,其性质完全变化,成为完全的个人私有地。在所谓官庄升科地这一地目之下,作为每年给绥中县纳固定的地税的土地,并不是王公庄地。因此,为了能更好地理解本报告,首先有必要略述一下官庄制度的梗概。

(一)官庄的种类

内务府官庄隶属于锦州庄粮衙门管辖,一般称呼为锦州官庄或山海关外官庄,它可以分为(1)粮庄(2)纳粮庄(3)纳租庄(4)纳银庄。其中的粮庄按其庄地的多寡分为头等(即一等)至四等四个等级,因以大粮即稗为主要纳租物又有大粮庄这一别名。而且由于每年的立冬至立夏这半年间饲养大凌河牧厂的官马,一般也称为养马官庄;它的管理人庄头可以称为大粮庄头或养马庄头。

(二)官庄的沿革

由于与锦州官庄的设立沿革有关的文献不完备,因此除了设立年代明确的官庄例如乾隆五十六年用大凌河牧厂开荒空地而新设的二等粮庄38庄、三等粮庄28庄共计66庄,以及嘉庆年间由既设的粮庄改设而成的纳粮庄16庄、纳银庄15庄等共计97庄之外,其余的官庄由此可以推断大体上是清朝建国初年创设的。而且,清初编设的官庄中亦因其庄户归属原因的不同而区分为带地投充官庄和非带地投充官庄。所谓带地投充官庄即官庄编设前后,把投充(即归顺)清朝的人民及其随带的土地总括利用,照原样编设成官庄,与此同时认可其承袭佃耕的官庄。换言之,在官庄的庄地是庄户垦耕开熟之后的原有私产这一点上,应与其他创设官庄区别对待,丈放的时候,尊重这类官庄沿革的特异性,对其采取了免除缴纳地价等优惠政策。但是带地投充官庄的数量非常少,根据整理的当时的记录来看,在丈放庄地总面积135万6千7百余亩中勉强达到3万零460余亩。

(三)官庄的数目

锦州官庄的庄数因时代不同而有增有减,对于这些增减的记录以及叙述,没有太多必要理会。总而言之从清初的216庄(粮庄211、纳粮庄1、纳银庄4)到嘉庆年间渐增到341庄(粮庄303、纳租庄34、纳银庄4)。但是到了丈放当时,只剩粮庄216庄(一等62、二等30、三等24、四等100)纳粮庄45庄、纳租庄4庄、纳银庄19庄等共计284庄。对清室王公懿亲的分赐可以看作其减少的主要原因。

(四)官庄的庄地

官庄组织的一大要素——土地被称为庄地,按照惯例,以一名官庄管理人或者管理人与数名庄户的名义承领。按照制度规定,各官庄承领庄地数大约如下表所示:

庄种		每庄承领庄地亩数(亩)	每庄承领庄地晌数(晌)
粮庄	一等	5,400	900
	二等	5,100	850
	三等	4,500	750
	四等	3,900	650
纳银庄		3,000—5,000	833.3
纳粮庄		900	150
纳租庄			

备注: 据本案的当事者前庄头凌云阁所述,其一等粮庄的承领庄地数与前表相比多 50 晌,而且其 1 晌拥有 6.13 亩的实际面积。因此,各庄实际承领庄地的亩数应该要比上列表中所列数额多。

但是,正如上表仅仅列出了设庄初期的大体标准一样,实际情况是,即使在同级同种官庄间也不免有些许参差出入。

而且,国家为了维持这些官庄负担的均衡,自雍正四年以来,进行了多次编审,也进行了庄级的变更。乾隆八年已经将这废除,没有进行再次编审。后来因邻接开荒的持续开垦或水冲沙压、私典盗卖等原因,直接或间接导致了庄地的增减。随着年代的推移,上述标准的庄地面积逐渐陷入混乱。结果,变得只具有微小的沿革意义,即:按照承领额来区分等级及庄种。将其与后述本官庄的实际情况进行对照自会明白这一点。

(五)庄户

官庄中设有负责官庄管理及佃耕纳租所需要的庄户。把庄户的首长称为庄头,庄头之外者被称为壮丁。壮丁中,为了与异姓外宗的壮丁进行区别,把与庄头一门近支有关系者称为亲丁。根据定例,各官庄由庄头一人,壮丁十人组织而成。壮丁主要从事庄地的佃耕纳租,庄头职掌管理征租。而且,在庄地承领时,庄头一人总括承领官庄全段,然后再让壮丁分段承领。庄头、壮丁是一样的,分别负责庄地承领经营的同时,庄头负责统率征租。根据地方以及沿革的不同,承领方法并不一致。虽说不能全部一致处理,但是不论哪种情况下,最重要的是:庄头必须是各官庄的首长、各官庄的代表者,对于庄地的承领、佃耕、租差的贡纳、壮丁的统率监督等只要与官庄的管理经营有关的事情都要负责任,从当差服役者这一点来看庄头和壮丁是相同的。

庄头、壮丁被编隶进官庄旗籍这一种户籍,他们拥有世袭的权力,并拥有专门从事官庄佃耕纳租的身份。换言之,庄头、壮丁在身份上从属于内务府即清朝父子相承相继专门从事官庄的管理佃耕,是一种特殊的农民。因此,庄户的家系与官庄庄地之间产生了密不可分的特殊关系。如果不是庄户,就不能担任官庄的管理佃耕。庄地名义上是官地,实际上是庄户的恒产。庄户以此解决衣食、赡养家人的社会形态逐渐形成,也就是说,官庄的管理佃耕被称为庄户生计的根源,这是一种独特的地位,有排除他人的侵占以及保障世袭独占的权利。

正如这样,庄地的得失直接影响到他们的生死存亡,也有可能给官庄制度的维持带来很大的阻碍。这在丈放之前,国家根据其地位(称它为缺)一定在庄户的家系上将独占以及世袭规定成必要的身份即所谓专缺、世缺。即使是国家,如无正当事由不能擅自罢免革退,而且保障其不被无故增租夺佃。当其官庄丈放之时,之所以对庄户采取拂下的优先顺位、拂下地价的低减以及佃耕关系的存续等特别考虑,实际上也是由于他们的沿革身份。总之,可以解释为这是由于官庄庄地的大部分是庄户祖先的原占垦开。

(六)佃户

在官庄中除了前述庄户之外,还包括租佃人。这些租佃人属于一般旗民籍,不隶属于官庄籍,但是他们与庄户一样,服务于官庄的佃耕。通过追溯租佃人佃耕的权源,可将其分为永佃户和现佃户(也称为现租户)两类。永佃户又称原垦户(可以略称为垦户)、原佃户或者老佃户。其有如下类别:(1)清初拥有原占既垦地者在官庄设立之际,其地正好被官庄征用(可称之为圈占),只好以将来世袭佃耕为条件服从庄头管理。可以说在圈地后仍被保留在一般旗民籍而没被允许转从官庄籍这一点上与带地投充庄户有稍微的差别;(2)设庄之后从事未垦庄地的开拓,对于自家开垦地段,被授予永远耕佃权能者;(3)付给典当、退价以及押租等一定的对价,从庄头或其继承人继受庄地的佃耕权,这不能够回赎,已经成为一种准永佃户者;(4)与(3)的情况基本相同,只是在通过付给押租或转租等对价、从原垦户或其继承人那里取得永佃权这一点上有所区别。他们对于庄地的佃耕丝毫也没有身份上的差役性质,而是起因于纯然的私法关系。虽如此说,这是他们支持安定一家生计的祖遗恒产。佃耕的渊源在于资本劳力的投入经营,即使是庄头也不准无故增租夺佃,世袭永远管业外没有别的事情做的人,其身份和壮丁是完全没有区别的。这是值得特别注意的一点。所谓现佃户就是,对于不归庄户或者永佃等承领的庄地即庄头自种或是属于庄头直辖但尚未设定永佃权的庄地,通过普通的租佃关系,获得租权的租佃人的总称。当其佃耕租期(通常一年,偶尔也有三年、五年的)期满的同时,其身份也随之消失。因此,事实上的佃耕期间的长短丝毫不足以左右权利的本质,如有需要,庄头可以在任何时候轻易地解除契约,可以自由地撤地夺佃。这是与永佃很重要的不同点。

(七)官庄的丈放

锦州官庄设立的目的原是为了让其为大凌河牧厂官马群的饲养当差,因此,光绪二十八年该牧厂的废止自然而然地促使不需要锦州官庄再继续了。光绪三十一年十月钦差垦务大臣廷杰奏请并获批准整理。翌年马上着手丈放,至宣统元年已完全结束拂下。现在列示其丈放要旨:将庄地分为上中下、沙碱及镇基等五等则,每亩地价按银2两1钱(上等地及镇基)1两4

钱(中等地)7钱(下等地)以及3钱5分(沙碱地)收取之外,还要附加征收各地价的一成五(一五经费)的手续费;在允许各官庄庄户及原佃户报领的同时,支给之时发放一定的执照,凭此承认其承领后的自由典卖,给予其完全的所有权;但是对带地投充官庄给予地价免除的优遇,这点前已叙述。关于庄地承领的名次,为了整理方便,首先由各官庄庄头优先拂下,只有当庄头无拂下资本或无拂下意愿时,给其开"无力承领具结"这种承诺书,然后移让给现在的丁、佃这些拂下的第二名次者。关于佃户自耕的空地以及三园,采取直接拂下给佃户的方法,以此防纷争于未然;报领的范围只限于各自的承领庄地,不能冒领越夺其他官庄或者丁、佃的分领地段;拂下后仍沿袭旧制,禁止庄头的增租夺佃,命令其存续以前的佃耕关系,为保护原垦户采取了周密的措施。这大概也是基于前述的官庄固有的特质。

最后,值得注意的一事是:庄户或佃户等呈递"无力承领具结",将自家的庄地出让给其他丁、佃的情况下,一定进行了结钱(庄头的场合)或退价(丁、佃相互间的场合)这一金钱的授受,以此提供承领权或佃耕权的对价。此事也可以证明他们如何认识对于官庄所拥有的管理及佃耕的本质,这是不容轻视的地方。

(八)丈放后的官庄庄地

锦州官庄丈放后被重新冠以官庄升科地的地目,在地券、征税底账等样式上与其他一般旗民地存在着稍微的沿革上的区别,除去其有永佃关系之外其他方面都是完全的个人私有地。对其处分不受任何限制,可以自由典卖,并且所有者对其所属县公署交纳国课是毋庸置疑的(上等8分、中等7分、下等6分)。

第二 关于地主凌云阁

(一)家系

本案官庄升科地业户凌云阁是汉军旗人,隶属于前清时代内务府正黄旗内管理下的旗籍,清初以来,历代相承,当差锦州管理庄粮事务衙门所辖内务府官庄的头等粮庄庄头即养马庄头。现在根据其家内现存家谱,姓名右下方旁注庄头是从始祖凌三才五世孙凌登甲开始的,尔后凌昭、凌福寿、凌锜、凌毓庆、凌松林、凌云阁等共12人。并且,通过乾隆三十七年六月的造报册中"头等庄头凌登甲名下红册地基册"这一题鉴正好可以推断凌家在乾隆年间开始任职庄头的。反之,调查嘉庆元年正月十一造报册时发现,其题鉴中有"凌文华名下红册段落四至册"以及"正黄旗朝多勒兀章京下庄头凌文华名下"的记述,由此证明,比乾隆当时任庄头的凌登甲早两代,相当于凌登甲的祖父的凌文华已经担任庄头一职。据此可以认为,凌家自乾隆以前已早早被任命为庄头、执掌该官庄的管理,这是不容怀疑的事实。据凌云阁陈述,凌家始祖原是山东省登州府黄县人,曾是明末参将孔有德麾下的一部卒。因随孔投向清朝,得到汉军旗籍。征战多年立数次战功,天下略定,殷切地希望回乡务农。

康熙八年,可能适逢山海关外官庄的编设,论功行赏,被择充任庄头,尔后于该地构建房居,以至今日。始祖以后累计有十五代,其中承袭庄头者共计 13 人。这一康熙八年庄头初任说不仅仅是凌云阁的个人陈述,这与当地普遍流传的说法即永佃户代表王兆庚等"该庄康熙六年开垦,八年开始安防(任命)庄头"的陈述完全符合,由此可以得知,凌氏的陈述未必是基于一家的利益拥护而进行的虚妄陈述。而且,据凌家的家谱及凌云阁的陈述,凌家至道光二十二年凌登甲的孙子一代,接充了因管理上的职务旷怠而被罢免(革缺)的位于锦西县红旗营子(高桥西约 7 满里)的二等粮庄及位于绥中县小寨(六股河北方)的钱粮庄头(即带地投充庄头)这两个庄缺(缺是庄头的地位),分别让其三子凌福全及四子凌福星承袭。从此时至尔后锦州官庄的丈放,一门同族共计承领三个官庄,乡党很羡慕其殷富繁荣。

(二)庄地数

凌云阁任庄头期间承领官庄庄地的面积按照定例理应是 5,400 亩,即 900 晌。实际情况到底是什么样子,现在根据嘉庆元年正月造报册来推算的话,其坐落及亩数如下表。

坐落村屯名	红册地		开垦地		合计	
长安寨	21 段	2,470.5 亩	1 段	498.4 亩	22 段	2,968.9 亩
打雀庄	3 段	517.3 亩	2 段	35.0 亩	5 段	552.3 亩
白草屯	3 段	75.9 亩	—	—	3 段	75.9 亩
计	27 段	3,063.7 亩	3 段	533.7 亩	30 段	3,597.1 亩
蛤喇河、涝头沟、伍台子、黑山口、平川营、前屯城东	230 段	898.31 晌 (5,391.1 亩)	—	—	230 段	898.31 晌 (5,391.1 亩)
总计	257 段	8,454.8 亩	3 段	533.7 亩	260 段	8,988.2 亩

即,承领庄地总计 260 段,面积为 8,988 亩 2 分,其地段主要聚集在打雀庄地方和前屯卫地方这两处。其中,坐落于蛤喇河至前屯城东这六屯的庄地,凌云阁称这一带的土地为前屯北地。除上列各村庄之外,还有一些分布在白石嘴、＊道岭、刘把什屯等地(同氏陈述),丈放前的流水账收入栏中,西山租款项的记账相当于此。但是,这与本案纷争永佃地完全没有关系,因此在此一概不问。同册中所谓长安寨这一村庄,在凌家屯附近现已不存,询问有关当事者也没得到可靠的陈述,《绥中县志》《绥中县事情》《宁远州志》(康熙二十一年编)及《绥中县图》等都没有关于它的记载。虽然揣摩其相当于现在的什么屯有失妥当,但是根据我参谋本部十万比一的地图(前屯卫),在打雀庄(打是崖的误记)之南大石槽西南附近有长安屯,长安屯与被认为是白草屯同音转讹的白沙屯(《宁远州志》记作白沙屯)亦即现在的柳河沟相邻接。由此大概可以推定,这些庄地聚集在以现在的打雀庄为中心的一带。若容许更进一步推测的话,所谓长安寨即长安屯,它可能是清初凌家屯的旧称。可能由于凌庄头家居住在此村,因此称其为凌家屯者逐渐增多,随着年代推移,旧屯名逐渐湮灭,最终从村民的记忆中消失。

长安屯名或许经历了如此变迁。凌家屯这一村庄名在上述诸文献中完全没有记载这一事实更让我认为值得作这一推测。总而言之,对照簿册上的登载顺序及我参谋本部地图等,可以知道长安寨、白草屯等村庄是与打雀庄、柳河沟等比邻接壤的非常亲近的村屯,这是不容怀疑的。而且,根据上述庄地册的领名者为庄头凌文华来看,不用说前表的庄地数相当于乾隆以前——清初设庄当时的原额庄地。

凌家中除了前面援用的嘉庆年间的造报册之外,还存有题为乾隆三十七年六月造报的红册地基册,关于当时官庄内佃户的三园承领者姓名、房屋间数、占用土地面积等有详细的记载。我认为这些三园专指那些后来增设的即单指不能免官庄租负担的,可以认为完全不包括设庄当时被圈占进官庄内的原垦户的原设三园。或许人口的增殖逐渐引起佃户分家,佃户的分家最终使三园的新设、增设成为必要。结果,父祖时代的农耕地变为子孙代的三园,这种情况应该不少。这在聚落发展上是自然的推移。因此可以想象,在此发生了存留地目变换前的庄地租差的地基(即三园),最后随着其数量的增大,以至有必要对其进行整理。

光绪三十一年即快要丈放之前的本屯租地册中,几乎全部佃户一直交纳的所谓"三元(元为园的同音同声传讹)租"实际上应该是与其属同一性质的土地,因此,不用多论,这些三园作为官庄的一部分被包括在前表原额庄地内。

上述乾隆当时的三园所在村屯中只有白草屯被置换成了流(与柳同音)河沟,至于其余的两村庄长安寨、打雀庄与嘉庆年间的造册所载完全没有差异。换言之,可以想象白草屯是流河沟的旧称或者是非常邻近的村屯。现在将这些按照村庄名表示,如下所示:

屯名	三园面积 (亩)	内场园 (亩)	菜园 (亩)
长安寨	27.9	2.0	1.3
打雀庄	51.1	0.5	9.9
流河沟	19.0	1.1	—
计	98.0	3.6	11.2

(三)丈放时的庄地面积

关于丈放当时凌云阁承领的官庄庄地的现在数量,由于没有任何可以作为凭证的簿册,故很难推定。但是,据其本人陈述,关于当时的庄地,有坐落在本屯即凌家屯的约250天地、坐落于打雀庄子及流河沟的约150天地,两者共计400天地(1天地按6.13亩算,共有2,452亩),加上西山即前卫东北一带的约100天地即613亩,总计仅仅达到约500天地(3,065亩)。这与前述嘉庆元年造报的原额庄地相比锐减约5,900余亩;与雍正4年定例承领额(5,823.5亩或者5,400亩)相比较,也减少了2,750余亩。关于减少的原因,凌氏亦不能确言。

反之,光绪二十九年的凌家流水账中,该年的凌家租钱收入为:

(A)直接纳入部分 5,858吊990文

(B)间接征收部分 4,806吊840文

即：合计10,665吊830文。其中（A）是居住在凌家屯、打雀庄、柳河沟等凌家附近村屯的佃民直接到庄头家交纳的租钱，（B）为代理催征者前往前卫地方，把征收的租钱汇总之后纳入租钱，这与所谓的西山租有关系。

当然，这些地租中应该包括上一年度的未纳部分、滞纳部分即陈租、旧缺的同时，也包括那些本应该年度交纳的地租年内没能完纳而滚入下一年度的租钱。因此，严格地说，不能把这些直接当作当年的地租全额。通过把上一年度的延纳部分与该年度的未纳部分差引相杀、彼此相抵，这样做便于将此数推算为庄地全体的地租，这与实际情况应该不会产生太大的差距。即，用此除以当时的租率每亩3吊500文可推算出庄地的面积为：

（A）1,673.99亩

（B）1,373.38亩

计3,047.37亩

合计3,047多亩，这与凌云阁的陈述（3,065亩）没有太大差距，应该可以将此看作丈放当时该官庄现有庄地额。

（四）凌庄头的丁佃

在凌云阁管理的官庄中只有本案纷争地所在地凌家屯、打雀庄及孤家子三屯不存在凌家的同宗——亲丁或异姓的庄户——壮丁，除了庄头的自作地、直辖地，其余的庄地全部委托给原垦户即永佃权者或现租户即一般租佃人耕种。

这不仅是凌云阁及其佃户—村民等众口一致的陈述，而且根据凌家现存的租地底册、各年度流水账的记载来看，也是很明确的事实。凌家屯中只有佃户凌玉支一人，承种庄地8亩。据村民等的陈述及庄头家谱（始祖可成→次子达→长子文富→六子十小子→长子色伦太→长子六十四→次子二小子→三子殿→长子玉支）来看，无疑他为凌氏一门亲丁。此外，前卫东北地方—西山地方的黑山口有凌家祖坟周边余地的佃户凌瑞林、凌贯林、凌墨林、凌富林等凌姓者数名。根据凌家家谱可以明白，他们是凌氏同宗亲丁。凌云阁否认凌家屯存在亲丁，并且佃户中的亲丁、壮丁绝对没有一人通晓所谓官庄庄户的庄地分配制度。综合考虑这些事实不难判断，至少在本案中的相关地区，凌姓亲丁的庄地佃耕很稀少。关于这一点，凌云阁的陈述为：因为官庄庄地在性质上是官地，所以即使在分宗的时候也不能把它均分相继给子孙。如果胆敢这样做，就是违法行为。因此，对于一门近支，我把不属于庄地的私产分割分与他们。总之，庄地必须由应该承袭庄头的长门大宗家系总括承继，不许他人觊觎。因此，关于庄地佃耕，虽是亲丁但基于血缘情谊稍微给予照顾这种情况成为原则的话，将对异姓丁、佃造成稍微的歧视待遇"，从这一陈述中也可以看出上述情况。凌家祖坟在前屯卫东北方的黑山口地方；并且将其四周余地委托给亲丁耕种；而且，作为看坟即墓城看守的报酬，对凌富林免除地租。从这些事实可以推测，其亲丁大多数居住在前卫地区，主要从事坐落于这一地区的庄地的分领佃耕。由于凌家官庄户籍簿即比丁册现已不存，查阅账册以及清楚记载西山（即前卫）地方的佃户姓名的东西都没有，因此在此仅说明上述推测的一端，仅供参考。

(五)永佃地

关于凌云阁庄头任职中的官庄庄地的承种状态,换言之即官庄内部的庄户及佃户等的个别佃耕面积,值得参考的记录现已不存,因此,直接就现在的永佃地进行说明。

根据锦州官庄丈放章程,官庄庄地原则上给各庄头优先拂下的第一顺位,如果庄头无拂下财力或无拂下意愿,能将拂下权移让给所属庄户或永佃户。但是对于三园以及与永佃的原垦明确相关的余地(原额庄地以外的续垦地),排除庄头的优先承领,直接认可永佃户的拂下。特别是,在永佃权源因由于原占开垦的场合下,听取永佃方的请愿,不允许庄头独占包领,确实采取了将庄地的大半直接承领给永佃户之类的非常适应实情的例外对策。而且,即使是归庄头拂下的庄地,对于丈放以前已经属于永佃户所有的,抑制庄头以因丈放而生的官庄私有化为借口而进行的恣意妄为,确实保护佃权。根据此立场,命令其存续以前的佃耕关系,不允许擅自增租夺佃。这是锦州官庄升科地仍然现存永佃地的原因,也是本案件这样的庄、佃纷争到处潜伏的原因。

反之,关于凌云阁官庄丈放之时,庄头及丁佃按何比例承领庄地,更详细地说,其庄地是庄头一人独占还是庄头及丁、佃分别承领,及至承领面积如何等问题,完全没有可凭据的文献,因此下面仅根据纷争当事者的陈述对其试着进行大致考察。

据凌云阁陈述,官庄庄地的承领方法有三种:(甲)庄头一人单独承领;(乙)移让给庄户及永佃户、让其承领;(丙)庄头及永佃户折半承领。属于(甲)的是庄头自己耕种的自耕地及委托租佃契约的现租地。属于(乙)的是丁、佃的三园及前卫东北方即西山一带的亲丁、永佃等的承种庄地。属于(丙)的是位于凌家屯、打雀庄及东孤家子等的永佃地,构成本案纷争地主体的亦是此处。暂且不论(甲)(乙),下面主要对属于(丙)的庄、佃分领地即永佃地进行说明。

在凌云阁居住的凌家屯一带,凌云阁与永佃户折半承领的分领地约730亩,丈放后按照章程命令,让原佃佃耕。根据凌氏陈述及现存事实,这些都很明白。而且,根据租地底册,民国20年时,以大租地的名目将其大部分让本案纷争当事者——永佃户承种,可以推定佃耕权源自官庄丈放当时的庄、佃分领即前述应当属于(丙)的凌家官庄升科地合计632.95亩(凌家屯186.8亩,孤家子140.8亩,柳河沟34.3亩,打雀庄子271.05亩)。下面根据佃户方提出的官准永佃户花名表,调查本案官庄地的拂下面积可知,承领地合计1,142.12亩,其中归庄头分领为504.24亩,归永佃户分领的是637.88亩,这与前述数字近似,可以认为这仅仅是由于同一沿革的土地因时间推移而招致的增减。即两者的差异在于(1)拂下后因凌家卖却而导致的减少,(2)丈放当时的分领佃户与现在的纷争相关者不一致,可以认为是由于分领庄地面积的参差不同。总之,本案纷争地(504.24亩)占凌云阁分领地总额的约70%,占相关永佃户等现在农耕地的约42.3%。特别是在后一种情况下,此等分领庄地的佃耕以外,没有一亩半垄私产者有8名(参考永佃户的私产项,此事是在纷争裁决上是非常值得重视的地方)。下面按屯别列出分领地。

屯名	民国 20 年时大租地（亩）	本案相关永佃地（亩）
凌家屯	186.80	165.37
打雀庄	271.05	202.52
东孤家子	140.80	136.35
柳河沟	34.30	——
计	632.95	504.24

(六) 现租地

属于前述（甲）的官庄升科地即归凌云阁单独承领的官庄庄地在沿革上其性质与永佃地完全不同，其收益处分完全属于业户。实际上除了家人耕种的自种地，凌家将其全部出租给村民，让其租佃，将这称为现租地或现地。现租地的佃户每年通过预付地租构成当年度的收益。其契约大部分通过口头约定，并不需要制作证书。正如这样，现租户的佃耕可以说仅仅是债权性质的赁贷借关系，待租期期满，业户可自由更换佃户，增加地租。

根据民国 20 年得租地底册，大同 2 年，坐落于现在凌家屯地区的凌家的现租地中，以晌为单位的有 26 日（1 晌为 6.13 亩，有 159.38 亩），以亩为单位的有 36 亩 4 分，合计 195 亩 7 分 8 厘。但是上述数量因卖却等原因逐年减少，至康德 3 年，只剩 19 晌半 13 亩 4 分即 134.87 亩。

年次	以晌为单位的	以亩为单位的	合计（亩）
大同 2 年	26.0	36.4	195.78
康德元年	25.0	33.7	186.95
康德 2 年	15.4	20.6	116.55
康德 3 年	19.5	13.4	134.87

(七) 结钱

锦州官庄拂下之际，在被授予优先拂下权的庄头自己不进行拂下的场合下，其定例是将其移让给丁、佃这些第二顺位者。在此场合下，必须附上庄头的"无力承领具结"以此作为转让承诺书。为了得到该具结，丁、佃必须付给庄头被称为结钱的金钱。这些都是已经说明过的地方。在凌云阁的官庄，本案纷争者永佃户等当时都对其庄地（计有 637.88 亩）提供每天地二三十吊至一百吊左右的结钱之后才可以承领，这是佃户及凌云阁一致陈述的地方。根据永佃户代表陈述，本来结钱是对庄头的救济方法，多年来依靠管理官庄而生活下来的庄头随着官庄的丈放而被罢免，结果不能继续征租上的中间榨取，考虑于此，采取此救济方法。换言之，这只是对失业庄头的一种救恤恩典，因此，与实际上的必要相比，可以说这只是对因废庄而失去一家恒产不能维持活计的贫乏庄头提供的供给性质的补助金。

对于像凌云阁这样富裕的可以说完全没有必要。虽其言非常值得听取，但是，作为实际问题,庄头贫富如何难以判别,比如允许甲而不允许乙,这样只会滋生争端。因此对其一律容忍,以此促使庄头转让,让丁、佃顺利承领。总之,结钱是对于庄头拂下优先权让渡的一种对价,正如本案纷争地这样,关于因由于庄、佃分领的永佃地,也可以认为其也含有拂下后确认永佃权的代偿性质。

(八)凌云阁的私产

凌云阁除了前述官庄分领地以外,无疑还有很多私产。凌氏陈述道:"官庄在制度上只限长子继承,因此,分家时即使是亲丁也不能分割庄地。按定例只能分给庄地以外的私有地。"另外,四世祖福寿兄弟分家时,把位于红旗营子及小寨的两官庄——这两官庄是代完以前罢免庄头的滞纳租额后接充金凌家的,分给三弟福源及四弟福星,固有的凌家屯官庄依然由长门继承,以至丈放当日。

这类事情对于那些官庄之外没有相当余资者很难办到,同时凌家在前述永佃地、现租地之外有所谓的自种地并由家人耕种的事实可以证明:凌家在官庄升科地之外有多数私有地。

根据凌家现存旧记得知,凌云阁五世祖凌昭当时(嘉庆十五年)置买了锦州羊圈子、十里台、温家屯及三道沟地区的宗室安禄名下的红册地 92 晌 1 亩 6 分(代金 1,199 两 4 钱 6 分)。关于该地,卖主安禄的胞弟安定称此为一家四门公产,认为买卖无效。但是上示文书之外,由道光七年二月十三日丈量的地亩花户清单被保管一事推断:不顾安禄的抗争,凌家对该地继续管业。但是,关于现在仍对其保有与否,由于缺乏调查,试着将上述置换产业的坐落、亩数等表示如下:

坐落			管理人(庄头)姓名		原价	道光七年丈量亩数	
锦州	十里台		赵万义	上地	707.30	647.64	
			赵万长	中地	212.46	219.97	
	羊官屯		赵德宝	下地	67.30	171.30	
		计			986.79	1,038.91	
孟家屯			赵万义	上地	293.74	上地	582.70
			赵万长	中地	131.91		
			赵德宝	下地	150.01	中地	358.90
		计			575.66		
马家凹子 苏家沟			赵万义	上地	273.36	下地	487.30
			赵万长	中地	168.56		
			赵德宝	下地	338.46		
		计			780.38	1,428.90	
合计					2,342.83	2,467.81	

第三　关于永佃户

凌云阁管理的官庄中,在凌家屯服务于庄地佃耕的亲丁只有凌玉支一人,除此之外不存在凌姓或外姓庄户,其庄地的大部分由原垦户即永佃户承种。这些前已叙述。而且,根据王兆庚等(本案永佃户代表)的陈述,他们的祖先都是在康熙二年为关外拓殖从关内或海南(山东省登州、莱州二府地方)被强制拨遣的政府移民(称其为拨民)。而凌云阁的祖先是圈占彼等祖先的开垦地而编成的锦州官庄的一管理人,在康熙八年被安放(称为任命)为庄头。也就是说,庄地的开垦在前,庄头的选任在后。只是因国家权力,自家开垦地被官庄征用,因为除此之外别无谋生道路,于是只好甘居官地民佃的地位,以年年履行贡纳义务为条件,从庄头那儿获得对原垦地永远管业的许可之后,父子相承相继,直至清末官庄废止。然后,官庄丈放之时,单独承领三园、私人拥有。与此同时,关于以前从庄头那里佃耕而来的永佃地,与庄头协调之后各折半分领;并且,只要是庄头分领的那半庄地,参考旧例,仍然持续丈放以前的永佃关系,直至今日。这是他们作为永佃户现在仍然承种凌云阁分领的官庄升科地,以及凌云阁每年除了征收规定的地租之外什么也不能做的原因。

但是,因为丈放造成的庄地私产化,是让佃户忧惧将来凌家增租夺佃的重要原因。当时的丈放当局(奉天全省垦务行局)特别发放租约,保障佃耕,以此确认他们拥有的永佃权不会因丈放而受到丝毫影响。这是他们自称官准(準、准声音相同)永佃户即国家公认永租佃人的理由。总之,他们的永佃权起因于庄地的原占原垦,可以得到国家的公开保障,可以永远让其子孙承袭,如有必要可以典卖让渡。此点构成本案纷争的核心,在问题的审理上值得慎重调查情况是否属实。以下立足于事实,顺次检讨永佃户的家系,首先根据佃户代表王兆庚等提出的官准永佃户花名单及家系表来调查相关当事者的姓名及血缘关系,结果如下所示:

凌家屯	王姓[兆庚、兆纯、文朗、永贵、永长、德富、德贵(贵又被写成桂,同音)银、永成]	9名
	赵姓(永清、永林、德荣)	3名
	郭姓(金、宽、义、清风、清雨、清云、清瑞)	7名
	张姓(云福、恩)	2名
	傅姓(长林)	1名
打雀庄子	张姓(九德、九龄、九田、九恩、九惠、九祥、九卿)	7名
	胡姓(文卿)	1名
	于姓(润林、作林、香林、汇川)	4名
	杜姓(纯)	1名
	周姓(文汉、辅光)	2名
	陈姓(殿桂、庆恩)	2名
	金姓(有、润)	2名

打雀庄子	高姓(文、勇)	2名
	单姓(汝林、辅臣、泽林)	3名
	王姓(玉珍)	1名
	阎姓(俊明)	1名
东孤家子	张姓(书绅、书祺、书林、永庆、书田)	5名

　　即,三屯有王、赵、郭、张、傅、胡、于、杜、周、陈、金、高、单及阎共14姓53户。虽说其中有本是同姓异宗(虽然同姓但没有血缘关系)者以及因现有家系知识不能追溯至三四代以前远祖、不能详述其门叶本支者,但是,根据命名辈行,不难想象,至少其中多数是出自同一祖先的血族宗亲。

　　例如,王永贵/永长、王德福/德贵、郭宽/义、郭清云/清瑞、高文/高勇、张书绅/书祺/书林等为胞兄弟关系,赵永清/永林、张九德/九龄、张九恩/九惠等为堂兄弟关系,郭宽/义与郭清雨、单辅臣与单泽林及张书绅兄弟与张永庆等为伯叔侄关系。果真如此的话,他们对于凌云阁分领的官庄升科地的永佃权大抵是由于因分家而造成的祖遗永佃地的分割相继。

　　关于王兆庚等人到底是不是官庄创设当初原垦户的后裔,在当事者之间没有特别争执,因此不需任何穿凿附会。但是为了慎重地进行调查,根据凌家现存的旧记及民国11年乃至18年的判词,姑且对此进行缜密的调查。

　　根据资料,当时的诉讼当事者佃户姓名如下:

	民国11年		民国17年		民国18年		民国19年	
李姓	从恩、德奎、云、润芝	4名	礼、德奎、德林、德福	4名				
周姓	文汉、文贵、文卿、仲三	4名	文汉、文桂、文举、文青	4名				
张姓	殿扬(九卿的父)	6名	殿扬、印文	12名				
	正荣(九惠的父)		永顺、瑞堂					
	印升(书田的父)		九如、九龄(堂兄弟)					
	书香(永庆的父、书祺的弟)		正莹、九恩(叔侄)					
	九恩		书祺、书林、书香(胞兄弟)					
	书祺		永和(与书祺等是叔侄)					

续表

	民国 11 年		民国 17 年		民国 18 年		民国 19 年	
于姓	庆恩(作林的父) 庆合(香林的父) 润林	3 名	润林 庆恩 庆和(和、合同音)	3 名				
陈姓	太(庆恩的父) 德(殿桂的父)	2 名	泰(泰、太同音) 德	2 名				
金姓	有、润、瑞、长桂	4 名	有、任(任、润音通)	2 名				
高姓	鸿儒、世清	2 名	殿一、林	2 名				
胡姓	百顺、百文、世卿 (文卿的兄)	3 名	百文、世卿	2 名				
杜姓	存	1 名	存	1 名				
阎姓					树凡、俊明	2 名	俊明	1 名
单姓					汝林、辅臣、济林	3 名	维藩、汝林、维翰(汝林的父)	3 名
郭姓					青瑞 另外 17 名姓氏不详			

据上可知:作为民国 11 年乃至 19 年的凌家永佃户,在本次纷争当事者中没有出现的姓氏只有李姓一家;与此相反,在本次纷争当事者中出现,但在民国 11 年乃至 19 年的诉讼当事者中没有出现的姓氏亦只有王姓一家;至于其他的周、张、于、陈、金、高、胡、杜、阎、郭、单等 11 姓与两者共通,可以发现其中往往是同一人或者父子、兄弟、叔侄关系。而且由此可知,本次纷争当事者的多数是民国 11 年以来的佃耕者。

下面对民国 20 年以后至最近的凌云阁的大租户即永佃户的姓氏进行调查,结果如下表:

郭姓	金、银、林、昆(金的兄,清瑞、清云的父)、有(清风的父)、清(清雨的父,宽、义的兄)、宽(清的弟,义的兄)、俊、义	9 名
王姓	银、德富、金喜(兆纯的祖父)、彦青(兆庚的父)、文朗、升(永成的父)、奎(永德、永长、永贵的父)、成(玉珍的父)	8 名
张姓	七恩、云福、瑞成、印升(书田的父)、九如、殿扬(九卿的父)、正荣(九惠的父)	7 名
周姓	国泰(长绪的父)、云(文汗)、奉、文举、银、富	6 名
赵姓	德荣、德有(永林的父)、德保(永清的父)(德有、德保是兄弟)、环	4 名
胡姓	百文(侄文卿)、世卿(文卿、世卿为兄弟,二人与百文是叔侄关系)	2 名

杜姓	存	1 名
李姓	顺、德福、德林、德奎、丰	5 名
于姓	入水、庆恩(作林的父)、庆奎(润林的父)、香林(庆合的子)	4 名
高姓	殿林、殿臣	2 名
陈姓	殿贵、太(庆恩的父)	2 名
金姓	有、在	2 名
付姓	景祥(长林的父)	1 名
史姓	永顺	1 名
单姓	维汉、维藩	2 名
阎姓	俊明	1 名
凌姓	玉支	1 名
计	17 姓	

即,郭姓以下17姓中,没有参与本次纷争的除了大同2年3月因地租滞纳而被撤佃的使姓及一门亲丁凌玉支二人外,只有李姓一家;其余14姓佃户举全族为永佃权的维护而奔走。而且,凌家租地底册中,将彼等租佃地记为大租地,规定每亩1圆1角的低廉地租,并与普通现租明确区别,据此可知,彼等属于民国初叶的永佃户。既然如此的话,关于没有参加民国11年—19年当时的诉讼的王姓,虽然不能仅仅依据当年的判词来推测是否为其永佃户,但是据此应该不难证明:彼与其他13姓一样,是大租户即永佃户的一部分。

根据凌家现存的光绪二十九年造立流水账应该进一步检讨:在官庄丈放以前,彼等到底是不是凌云阁的永佃户。但是该流水账中所谓的纳租者是否全部为永佃户,而不包含任何一名现租户或与官庄没有任何关系的私产租户,对于这一点完全没有办法确认。虽然存有一些疑问,但是在此暂且不予区分。当时纳租者的姓名如下表所示:

姓	名	纳租者数	其中与前节诸表中的佃户是同一人或有关系者
王		24 名	银、金喜(兆纯的祖父)、文朗、奎(永长、永桂的父)、成(玉珍的父)、彦青(兆庚的父)
张		15 名	正荣(九惠的父)、书绅、海(云福的父)、福有(恩的父,即富有)、玉朋(书绅等的祖父)、九祥、俊(九卿的祖父)
陈		9 名	太(庆恩的父)、殿贵(德的父)、德(殿贵的子)
姚	德升、德成	2 名	
席	玉恩、文玉	2 名	
金		10 名	润、瑞

姓	名	纳租者数	其中与前节诸表中的佃户是同一人或有关系者
郭		11 名	昆（清瑞、清云的父）、有（清风的父）、天桂（清、宽、义的父，清雨的祖父）
周		11 名	国太、云、奉、银、富
李		29 名	德富、德林
芦	旺、升、德福	3 名	
刘		9 名	
董	福	1 名	
傅	景隆、守义、守业	3 名	
赵		5 名	德有（永林的父）
柴 （又作才）	升、四、凤、庆恩、永任	5 名	
苏	一	1 名	
素	位堂	1 名	
孔	朝益	1 名	
宋	永德	1 名	
高		2 名	殿一（勇及文的父）、殿臣
阎	老俊、文远	2 名	
吕	长令	1 名	
崔	会、奉	2 名	
徐	老瑞	1 名	
于		4 名	庆元（汇川的父）、海（庆合的父，香林的祖父）、荣（庆奎的父，润林的祖父）
单	与俊、为贞、老廷、与文、老清	5 名	
胡		2 名	百令（世卿、文卿的父）
史 （又作使）	云	1 名	
廖	景太	1 名	
杜	永德	1 名	永德（纯、财的父）
凌	玉支	1 名	

据上表可知,光绪二十九年即官庄即将丈放之时,凌云阁的佃户王姓以下共有 31 姓 166 名,其中,到了民国时,从租地底册或诉讼当事者中消失的是姚、席、芦、刘、董、柴、苏、素、孔、宋、吕、崔、徐、廖等 14 姓,其余的 17 姓直至最近一直在佃耕凌云阁分领的官庄升科地。

除了李、凌二姓及大同 2 年因滞租而被撤地的史姓,其余 14 姓实际上与本次纷争当事者的姓氏完全相同。关于上述两者的血缘关系如何,只能依靠简单的佃户家系表,虽有很多不能推断,但是对其进行仔细对照可以发现,二者有共通的姓氏或多数有宗亲关系,即,其不一致的原因主要是世代辈行的前后。果真如此的话,应当可以推断:彼等对于本案官庄升科地的佃耕与官庄丈放以前的祖遗永佃权的承继有关。

关于这些佃户到底是否如他们自称的那样是清初原垦户的后裔,由于完全没有凭据,在此仅对其作大概推定。乾隆三十七年凌云阁的六代祖凌登甲报告官庄地段内设置的佃户的三园实况的红册地基册,其占有者是否网罗了当时官庄的全部佃户以及其佃户是不是全部是永佃户等问题仍值得怀疑。总之,可以知道的事实是:大约 167 年前,在打雀庄子一带的官庄内,王姓之外有 18 姓旗民占用凌庄头经营的庄地,即如下表所示(姓名下标示原籍社甲):

长安寨		打雀庄子		流河沟	
王成义	归安社二甲	王义智	怀来社三甲	王 玢	三泉社六甲
王成里	归安社二甲	王 杰	怀来社八甲	王 奇	三泉社六甲
王君石	归安社二甲			王致思	三泉社六甲
李自玉	绥来社二甲	李永章	正黄旗青太牛录	李 存	归化社九甲
		李德	归安社十甲	李文玉	归化社十甲
		李得甲	归安社十甲		
		李得荣	归安社十甲		
		李得会	归安社九甲		
		李文明	归化社十甲		
陈永龙	乐极社二甲	陈文选	归化社四甲	陈永德	乐极社二甲
陈永德	乐极社二甲	陈文祥	归化社四甲		
陈大智	乐极社二甲				
陈大广	乐极社二甲				
郭士起	定新社十甲				
郭士宝	定新社十甲				
郭永明	定新社十甲				
傅 祥	归化社八甲				
常淮信	方来社二甲				
柴国忠	全隆社九甲				

续表

长安寨		打雀庄子		流河沟	
		周文仓	怀来社十甲	周自荣	全隆社十甲
		单良玉	怀来社一甲		
		高　朋	归化社十甲		
		张朝相	德来社六甲		
		胡应林	归德社八甲		
		金邦彩	方来社九甲		
		宋守业	安平社八甲		
		田自里	锦平社五甲		
		董朝相	归化社八甲		
		林起云	归德社八甲		
		孙得荣	归化社十甲		

　　试着将上表与该官庄丈放直前的纳租者相对比发现,此处有彼处无的仅有常、宋、田、林、孙五姓,其余与乾隆中叶的三园租户的姓氏完全相同。但是,与现在的纷争当事者相比较,除去有无出入、对照不便的凌家屯、长安寨、流河沟、孤家子四屯,在此主要就与二者登载共通的打雀庄子一屯进行调查,发现:乾隆年代的三园租户在本案相关者中姓氏消失的只有宋、田、董、林、孙等五姓,与前者相比只有常、董两姓的出入。而且,更进一步调查此等三园租户的原籍发现:同屯中同姓者几乎无一例外社甲出身相同,而且从命名习惯上可得知其属于同一家系的血亲。并且,社甲是康熙初叶宁远州属的行政区划,这从《锦州府志》(《辽海丛书》第三辑)及《宁远州志》(同第七辑)等书中可以取得到确证;绥中县是将清末旧宁远州治的西境划出来新设的县治。如果知道这些,不难判断:该红册地基册中所谓三园租户的大多数至迟是在乾隆时因在该地方定居被委托佃耕凌家所管庄地的佃户。而且,根据丈放之前的纳租者与现在称自己为官准永佃户的本案当事者在同一村屯生活并且姓氏相同这一点,谁都不敢断定两者间没有血缘关系。这在聚落发展历史及汉民族宗亲聚居习俗上是理所当然的,据此可以大胆论断:本案当事者是乾隆时三园占用者的后裔。据以上推断,可以确认无误的是:彼等佃耕颇有渊源,之后在同一家系中接连不断传承相继。

　　往年官庄丈放之时,奉天全省垦务行局发给所谓租照,在禁止业主增租夺佃的同时,承认佃权的辗转典卖,以此防止庄佃间不断酝酿的纠纷。至此可以领会其缘由了。以上不厌其烦地对官准永佃户的家系进行追根溯源的目的实际上亦在此处。在资料中有如下陈述:

　　此项佃权关系自属永佃性质。(民国18年4月10日最高法院东北分院民事第三审判决)

　　查本案被上诉人佃与上诉人等之地亩,系光绪末年奉天垦务丈放之庄地,有呈案租约为证,此项佃权关系自属永佃性质云云。(辽宁高等法院民事第二审判决18年控字第375号

理由)

　　将胡姓之外的 32 户或者郭姓之外的 17 户佃户,不费任何穿凿,直接判定为永佃权者。这也证明,关于此点没有任何异论疑义。

第四　关于永佃权

　　通过以上说明可以明确的是:本案相关当事者佃户等作为官庄编设以来,至少是乾隆中叶以来的世袭永佃户,其佃耕的由来非常久远。下面就对此永佃权的内容逐次检讨,剖析其实质。

(一) 佃耕的世袭

　　官庄升科地佃户王兆庚等对于凌云阁分领地的佃耕肇始于清朝国初祖先的开垦,而后约三百年世代相继,传承给子孙,以至今日。这些内容前项已经略述,在此不必再叙。清末丈放之后,官庄的性质由官地变为承领者私产,于是,仅仅是租差督催者的庄头也基本上变为原管领地的业户,他们也就拥有了行使用益处分的权能。正因此,不知这些永佃户在丈放以后到底能不能持续佃耕原状,关于这个问题应该有必要稍作说明。

　　光绪三十一年十月钦差垦务大臣廷杰的《酌拟变通办理奉天锦州府属官庄旗民各地章程》中的第二条,关于官庄的拂下顺位及庄头拂下地在丈放以后的佃耕关系,有如下规定:

　　凡裁缺各庄头与获罪被革者不同,该庄地拟先仅该庄头缴价承领,但所领不得逾于原额,亦不准指领他庄头之地,仍交原额租种,并查户部定例"不准无故增租夺佃违者治罪"云云(参考内务府官庄)。

　　据上可知,锦州官庄丈放之际,在给予庄头优先的第一顺位拂下权的同时,也附加了限制:在处理隶属于其拂下庄地中的原佃时,命令其存续旧佃耕关系,不准无故增租夺佃。正如官庄庄地原佃者屡述:原本是因为祖先的开垦而取得的祖遗佃权,通过相继或者退、转租等行为而成为继受者,其取得需要一定的劳力、资本等投入,不准他人的任意侵害。因此,如果因为国家的丈放乃至庄头拂下后的行政处理,其权利被剥夺、佃耕关系被解除的话,这不仅会让官庄的整理陷入停顿,也会威胁到数十万佃户的生计,形势所趋可能会激发动乱。于是奏办奉天垦务行局于光绪三十三年,对于该官庄的佃户,发给所谓的租约,一方面以此确认保障佃权,另一方面对庄头的业权给以限制——延续原佃耕关系及禁止无故增租夺佃。这是将官庄升科地与一般私产明确区别的原因所在。即,在同租约中:

　　照得官庄佃户久已相安,此次清丈地亩,准裁缺庄头备价承领,防其依恃业主增租夺佃,亟应由官酌中定租,以免争执,而安农业云云。

　　之所以有以上内容,想来这是忧虑庄头承领官庄升科地之后,依仗其新取得的业户权能,任意变更旧佃关系,进而引起争讼,这才采取措施防之于未然。

　　如上述那样,依照丈放章程以及基于该章程而发给的租约,被承认存续佃耕关系的官庄升科地的佃户,在丈放后,与丈放前相同,应该可以连绵不断让子孙传承佃耕。这些不用赘述。

参考民国 20 年造立凌家租地底册可以发现,如下所示,有不少佃户名下傍注子或侄等相继者名字,或者有涂抹添记。这实际上可以认为是业户(凌云阁)允许官庄升科地永佃权世袭的实证。据相关当事者陈述,关于佃户更名过户,并不需要很繁琐的手续,只要在纳租时口头告知凌氏即可。

周国泰	子 长绪		于庆恩	子 作林
王 奎	子 永	德长	于庆奎	子 润林
		长次	张正荣	子 九惠
		贵四	张殿扬	子 九卿
王 林	子		张印升	子 书田
胡百文	侄 文卿		高殿林	高永(永、勇同音,借用)
王 成	子 玉珍		于香林	(庆合子)
高 殿①	永林			

(二) 佃耕地的分种

承种凌云阁分领官庄升科地的永佃户只要不欠租就永远不被撤地夺佃,而且其佃耕种的让渡也被允许。关于这样做的结果,理论上如何暂且不论,实际上,其永佃地被当作一种准私产对待,他们同业主几乎没有区别。或许这是不能避免的。也就是说,彼等将其永佃地看作是祖遗田产,家族分居、家产相继时,与其他的纯粹私有家产一起,一律分割,分给子孙,尔后只要按照各自的分得额向凌家纳租即可,凌家对此亦无特别干涉,放任佃户所为,收租时或变更其名义,或把那些以祖先名义的各分得者的分担纳租额记载账上。不过也有一两个佃户认为永佃地的分割继承会成为违法的根源,因此主张分家时适当地将其范围限制在祖遗的纯私产。可是这太过拘泥于制度的空谈,不符合当今实情,然而,这一事实却证示佃户对于永佃地的分种自由。下面根据纷争当事者提出的各种文契类对其进行例证。

(1)分家单中所表现出的分种

居住在东孤家子的张书绅、书麒(麒又作祺)、书麟(麟又作林)及书香都是凌云阁官庄升科地永佃户张瑞成的儿子,宣统二年十月,以"世事繁杂、人心不齐、难以理处"为原因,共同商议之后,分居各养。当时家产相继之时,亦将祖遗佃耕大租地,即凌云阁分领的锦州官庄升科地,像其私产一样均分,在兄弟间分割。现在从该家书中将各自的分种地摘记如下:

书绅	十天地大租靠北长垄壹拾九条,短垄在内(四至略,以下皆以此为准)
	五天地大租靠北计垄贰拾七条
	八天地大租靠南计长短垄九拾六条

---

① 译者注:原书中,在"高殿""永林"上画有三角符号;原文中加圈圈的此处加的是下划线。

书绅	十天地大租靠北长垄壹拾九条,短垄在内(四至略,以下皆以此为准)
	五天地大租靠北计垄贰拾七条
	八天地大租靠南计长短垄九拾六条
书麒	十天地大租靠南计垄叁拾叁条
	五天地大租当中计垄贰拾八条
	八天地大租当中计垄叁拾八条
书麟	十天地大租当中计垄叁拾叁条
	五天地大租当中计垄贰拾七条
	八天地大租当中计垄叁拾八条
书香	十天地大租当中计垄叁拾五条
	五天地大租靠南计垄贰拾八条
	八天地大租靠北计垄叁拾八条

为了更加容易理解,作如下图示:

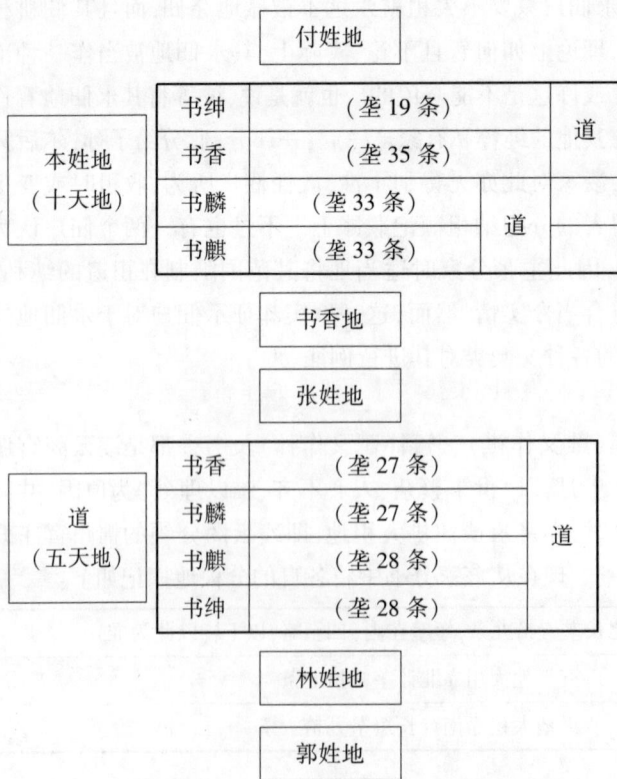

```
                        ┌──────────┐
                        │  付姓地   │
                        └──────────┘
┌──────────┐   ┌──────┬──────────────┬──────┐
│          │   │ 书绅 │ (垄 19 条)   │      │
│  本姓地   │   ├──────┼──────────────┤  道  │
│ (十天地)  │   │ 书香 │ (垄 35 条)   │      │
│          │   ├──────┼──────────────┼──────┤
│          │   │ 书麟 │ (垄 33 条)   │      │
│          │   ├──────┼──────────────┤  道  │
│          │   │ 书麒 │ (垄 33 条)   │      │
└──────────┘   └──────┴──────────────┴──────┘
                        ┌──────────┐
                        │  书香地   │
                        └──────────┘
                        ┌──────────┐
                        │  张姓地   │
                        └──────────┘
┌──────────┐   ┌──────┬──────────────┬──────┐
│          │   │ 书香 │ (垄 27 条)   │      │
│          │   ├──────┼──────────────┤      │
│  道      │   │ 书麟 │ (垄 27 条)   │      │
│ (五天地)  │   ├──────┼──────────────┤  道  │
│          │   │ 书麒 │ (垄 28 条)   │      │
│          │   ├──────┼──────────────┤      │
│          │   │ 书绅 │ (垄 28 条)   │      │
└──────────┘   └──────┴──────────────┴──────┘
                        ┌──────────┐
                        │  林姓地   │
                        └──────────┘
                        ┌──────────┐
                        │  郭姓地   │
                        └──────────┘
```

道 （八天地）	书香	（垄 38 条）	沟
	书麟	（垄 38 条）	
	书麒	（垄 38 条）	
	书绅	（垄 38 条）	

沟

正如上述,将祖遗的官庄升科地—永佃地三段各自分割成大略同样的垄数(垄数的异同仅因其长短不同,其实际面积应该是相同的),然后佃耕。与此同时,通过"大租"二字将其与其他的私有家产稍作区别。据此不难想象对于本案纷争地的永佃户分种是非常自由、基本上被看作是私有地这一现状。

（2）租地底册中所表现的分种

检查民国 20 年造立的凌家租地底册发现,业户凌家承认上述永佃户的官庄升科地分种的自由这样的实例有很多,如下所示。

郭昆

其名下于民国 20 年纳付地租计 21 圆,分纳情况为长子青瑞 9 圆 8 毛半、次子青云 11 圆 1 毛半,民国 21 年青瑞 9 圆 3 毛半、青云 9 圆 4 毛,康德 2 年青瑞 9 圆 8 毛 3、青云 7 圆 6 毛半,这些旁注表现出永佃地在同胞间的分割相续。

王奎

其名下注记永德、永长、永桂等三子的姓名,在明示其所佃耕的官庄升科地因分家而被三子分割相继的同时,也证实:在其纳租关系上,永贵(桂、贵同音,借用)10 圆 5 角(民国 21 年)、10 圆(大同 2 年)、11 圆 8 角(康德元年),永长及其子 5 圆(民国 21 年)、5 圆零 5 分(康德元年),永德 6 圆(大同 2 年),各自分担纳入。由此也可以看出,在凌家,永佃地在亲族间的分种被允许。

张瑞成其名下有永佃地 132.4 亩,此地租 145.64 圆由其寡妇张甯氏及四子按下示比例分纳。

（单位:圆）

分纳者		民国 21 年	大同 2 年	康德元年	康德 2 年	康德 3 年
书祺（麒）		36.40	—	—	28.00	—
书林（麟）		36.40	36.40	36.40	—	58.00
永和 永顺	（书绅子）	36.40	32.20	18.20	—	—
张甯氏（老太太）		36.40	36.40	—	—	—
书香		—	—	72.60	32.40	55.00

续表

分纳者	民国21年	大同2年	康德元年	康德2年	康德3年
二有(血缘关系不明)	—	—	23.40	—	—
泰和堂(血缘关系不明)	—	—	—	54.60	—

因该家的分割地其后又进行了合并辗转,分担纳租额亦依年份而有所变动,与前述(1)的分家单对照起来看的话,很容易发现其兄弟间分割承种这一事实。

高殿臣

其名下永佃地当初是上等地7亩6分,地租8.36圆。康德元年高殿臣、高林二人折半分种,凌云阁亦按照尔后两人的分得土地面积让其分纳地租。将这与资料相对照可以发现这是不容争议的事实。

阎俊明

在其名下,康德4年的条中有"三门①又退一天剩半川天,大门剩半天、二门剩三天"等注记,表示将永佃地48亩4分在其三子间分割承种。而且,其分种关系并不是由该年开始,民国21年以前已经存在。康德4年以后,兆奎、兆恩、兆瑞、树藩等被记作纳租者,明确说明其对各分得财产的交纳。

(3)本屯地租帐中所表现出的分种

关于凌家现在的光绪三十一年正月吉日立本屯地租帐,检查郭姓的三园地租可以发现如下事实:

郭天贵(桂)	4吊文	郭　春	2吊文	郭天福	1吊文
郭天吉	2吊文	郭　昆	2吊文	郭天禄	1吊文
郭　喜	2吊文	郭天祥	1吊文	郭喜林	1吊文

合计16吊文的三园租按4∶2∶1的比例分课给同姓九门。虽说上述事实因门叶分支的血缘关系不明而稍微含有推测成分,但其第一次分家时按每股4吊让四门均分后,三门进行了再分割、折半之后变为每股2吊,后来这2股因为第三次分家变为每股1吊。略想可知其经历了如此推移。另一方面,查看王姓的情况时发现:

王　喜	8吊250文	王大信	2吊000文	王大悦	6吊250文

如上那样,也有不均分的例子。后二者分纳之和正好等于王喜一人的租额。这可以看作是偶然巧合,但这也过于巧合,反而把它看作是同宗血亲间将祖遗三园进行分割后的结果更为

---

① 译者注:原文中文圈圈,此处加下划线。

妥当。此等事例,如王文朗、王延青各 12 吊 500 文;李逢年、李逢财各 6 吊文;李升、李仓、李汶各 750 文;陈有、陈德各 2 吊 500 文;相对于金玉财的 4 吊文,金殿臣、金玉存、金成存及金义等各 2 吊文;李元庆、李元富各 4 吊文;高殿臣、高殿一各 25 吊文;李森、李金各 2 吊 440 文;吕桂斯、吕义各 1 吊 500 文等等,这些在册内随处可见。将这些都看作是均分祖遗三园后的结果应该不会太过臆断。三园既已如此,农耕地岂有与其推测不同之理。将这些与前述租地底册中所表现的丈放后的事实相对照可以发现,这是理所当然的判断。

(4)执照上表现出的分种

查看资料永佃户佃耕关系一览表可以发现这一事实:郭俊、郭义两人的承租地其执照番号都是已字第 112 号,其面积各上地 3 亩 9 分,各分担大租 4 圆 2 角 9 分;赵德有、赵德保二人对于执照番号已字第 85 号地各佃耕 2 亩 1 分,各交纳大租 2 圆 3 角 1 分。如上这样,究竟为何同一番号的执照地由二人均分。已经确证,赵德有、德保(保又作宝,同音同声之音通)其父(利城)相同,无疑其分种的原因是由于祖遗田产的均分。虽然关于郭俊等家系,与前者相同,由于缺乏准确证据而不能擅自臆断,但是,对照命名习惯及永佃地分割相承等实例,大略可以得出相同的结论。果真如此的话,这也成为永佃地分割的一个例证。

此外,与永佃户等的提出有关的官准永佃户花名单中的高文、高勇及张书绅、书麒、书林、永庆(书香之子)各兄弟、叔侄等分家之后,长门以外的各户陈述说没有持有租约,这实际上也证示了同一事实。由此可充分想象,永佃地的分割承继即分种是被如何普遍地实施。

(三)庄地的承领

清末锦州官庄丈放之时,国家将庄头置于承领者第一顺位,给予壮丁及永佃户优先拂下权。这些前已屡述。果然如此的话,那从实际中寻找证据。

(1)当时的庄头不一定都是富裕的资产家,其中大部分庄头因多年奢侈生活,破产倾家,陷入困境,以致僭越法禁、私典盗卖官庄庄地。

(2)在沿革上与庄头相并、有庄地领名的壮丁也不少。其领名因由于祖先的开垦或是私产的献纳,即使庄头亦不能侵害。

(3)庄头、壮丁等所谓庄户之外,仍有永佃户,他们在设庄当初主要从事官庄的垦耕,只因忌避被编隶入官庄籍而作为普通民人、以佃耕为世业。

(4)通过典、押、转租或者与此类似的法律行为,从庄户或永佃户手中接受官庄庄地的让渡、成为事实上的佃耕者亦不在少数。

大凡这类事实没有拘泥于丈放章程的规定,官庄整理之际,对庄头的优先承领予以调整,得以防止其独占拂下。

换言之,一方面庄头虽有优先承领之有利条件,但不能筹措必需资金;另一方面,一代代佃耕官庄而获得生计的丁、佃们,其各自的可以称为祖遗准家产的分领庄地是固定的,他们极力排斥庄头的承领。特别那些通过典、押、转租等行为而掌握用益实权的事实上的佃耕者,如果得不到付给对价的返还,当然不会承认原主的承领。官庄内部的事情正是如此。如果有人认为锦州官庄全部按照丈放章程规定的那样—全部归庄头阶级独占拂下的话,那才是犯了不能穷究事实真相的大谬误。居住在义县筲帚屯的庄头许春声的官庄中,有庄地总计 3,000 余亩,其中庄头的自领地及通过移让归丁、佃承领的仅有 1,100 余亩,其余的 1,800 余亩悉数归刨山户即原垦永佃户 153 名分割承领。这只是偶然发现的一个实例,如若仔细穿凿会发现同种案件会随处可见,这是毫无疑问的。

如果这样的话,本案官庄升科地的实际情况如何?据凌云阁陈述,庄头及凌自身承领的庄地仅有以其居村凌家屯为中心一带的地段约 730 亩,其余庄地的大部分悉数移让给庄户及永佃承领;像存在于西山即距其居村较远的前卫东北方的庄地那样,考虑到经营上的不方便,全部认可丁、佃的报领,没有自领一亩庄地。而且对那 700 余亩自领地进行考察后发现这一事实:其中高达百分之九十属于与永佃户分领的分领地,非常少的一部分可以看作是凌云阁一人的单独承领地。总之,凌云阁承领的官庄升科地中除了极少的自种地及现租地,其余都是附带永佃权的庄地,在沿革上,这不能单独拂下,两者协调互让,对庄地折半分领。实际上这些土地的性质可以被认为是庄、佃分领地。即使是庄头(凌云阁)承领之后,只要有关分领地,仍然要存续原佃的佃耕关系,在用益处分上要受到佃户的种种束缚。因此这与所谓单独承领地相比较,其权限有很大的不同,这是需要特别注意的地方。以下依据民国 20 年正月造立租地底册及官准永佃户花名册,通过检讨庄、佃间的庄地分领比例来阐明实际情况。

(1)根据租地底册得到的分领率

佃户名	承领地执照番号	庄地总额(亩)	庄头分领额(亩)	永佃户分领额(亩)	永佃分领额比率(%)
郭银	巳字第 126 号	21.80	7.10	14.70	67.4
周国泰	巳字第 76 号	6.90	3.45	3.45	50.0
张七恩	巳字第 57 号	13.80	4.60	9.20	66.7
张云福	巳字第 145 号	6.80	5.10	1.70	33.3
计		49.30	20.25	29.05	58.9

(2)依据官准永佃户花名册得到的分领率

佃户名		丈放前租地总额	佃户分领额	庄头分领额	佃户分领额比率(%)
王兆庚		31.40	15.70	15.70	50.0
王兆纯		51.70	26.20	25.50	52.6
王文朗		42.00	15.80	15.80	50.0
赵永	清林	8.40	4.20	4.20	50.0
郭 金		24.00	12.00	12.00	50.0
张云福		10.20	5.10	5.10	50.0
王永贵		19.20	9.60	9.60	50.0

续表

佃户名		丈放前租地总额	佃户分领额	庄头分领额	佃户分领额比率(%)
王永长		9.20	4.60	4.60	50.0
郭　宽		7.80	3.90	3.90	50.0
郭清风		21.60	10.80	10.80	50.0
郭清雨		6.40	3.20	3.20	50.0
王德	富贵	21.40	10.70	10.70	50.0
张　恩		9.20	4.60	4.60	50.0
王　银		7.74	3.87	3.87	50.0
郭　义		7.80	3.90	3.90	50.0
傅长林		8.90	4.45	4.45	50.0
郭清云		14.00	7.00	7.00	50.0
郭清瑞		17.80	8.90	8.90	50.0
王永成		7.00	3.50	3.50	50.0
赵德荣		6.40	3.20	3.20	50.0
张九德 张九凌 张九田		50.00	25.00	25.00	50.0
张九恩 张九惠		30.00	15.00	15.00	50.0
胡文卿		69.40	34.70	34.70	50.0
于润林		20.00	10.00	10.00	50.0
张九祥		32.50	22.20	10.30	68.3
张九卿		36.90	17.10	19.80	46.3
杜　纯		16.80	7.70	9.10	45.8
周文汉		11.70	5.85	5.85	50.0
于作林		7.80	3.90	3.90	50.0
陈殿贵		7.60	3.80	3.80	50.0
王玉珍		6.20	3.10	3.10	50.0
金　有		8.10	4.05	4.05	50.0
金　润		6.40	3.20	3.20	50.0

佃户名	丈放前租地总额	佃户分领额	庄头分领额	佃户分领额比率(%)
高　文	25.40	12.70	12.70	50.0
高　勇				
于香林	6.20	3.10	3.10	50.0
单汝林	6.90	3.45	3.45	50.0
陈庆恩	6.90	3.45	3.45	50.0
单辅臣	9.40	4.70	4.70	50.0
周翰光	7.60	3.80	3.80	50.0
于萨川	5.48	2.74	2.74	50.0
单泽林	9.40	4.70	4.70	50.0
阎俊明	24.20	12.10	12.10	50.0
张书绅(外三名)	397.20	264.80	132.40	66.7
张书田	7.90	3.95	3.95	50.0
计	1,142.12	637.88	504.24	55.9

　　正如前表明确显示的那样,官庄丈放当初,庄头及永佃户的庄地分领比例大体上以折半均分为原则。只因三四户佃户方多领致使在总计上永佃方占 55.9%,庄头方占 44.1%。结果,庄头的分领地在亩数上为 133 亩 6 分 4 厘,在比例上为 11.8%,可以看出这处于劣势。

　　应该很容易推测出,除了以上的庄、佃分领地之外,也有彼此没有关系、可以各自单独承领的庄地。即,对于庄头来说这是指直接经营的自种地及现租地等,此种庄地在沿革上尚未设定对于业主权有重大限制的他物权①,庄头可以依照自己的意图自主支配,关于承领丝毫不会引起纷争,其次对于永佃户,其佃耕地必然追随庄头的管理权,因此,贫乏得不能行使优先承领权的庄头暂且不论,像凌云阁这样富裕的庄头的官庄中,将其优先权无偿移让给丁、佃让其单独拂下这类事情在事实上不可能存在。因此,关于凌家屯一带的永佃户,本项中所谓分领地及后述三园之外,永佃户单独承领地是完全没有的。之所以在官准永佃户花名单中对此种拂下地完全没有登载,或许是由于此等缘故。只是在此应该注意的是:丈放之际,对于永佃地的分领,凌云阁在征收 1 天地二三十吊至百吊左右的结钱之后才将承领权移让给佃户。归根结底,要承领永佃地段,永佃户除了要交纳成规地价及一成五经费等之外,对于庄头还要支付可以看做是一种拂下权移让费的额外费用。在考察分领地性质时此点值得特别铭记。

　　下面需要附记的是永佃户单独承领的三园。由于官庄三园的定义过于琐杂且与本案相关地并无关系,因此此处仅略述其事实。

---

① 编者注:法学术语,指在他人所有的物上设定或享有的权利。

现在凌云阁家中有簿册《乾隆三十七年六月造报头等庄头凌登甲名下红册地基册》,其中有许多旗民与现存永佃户姓氏相同,合计占用 98 亩房园、场园及菜园等,这些前已叙述。而且,调查光绪三十一年新正月吉日即丈放直前制定的本囤地租帐可以发现,当时的佃户中有很多人在交纳耕地地租之外还交纳三园(原书中记的是园的略字元)租,想来,所谓三园租无疑是指对于乾隆当时调查登册的地基及其后增设的永佃户子孙占用三园等的官庄地租。

有关三园,丈放章程允许占用者即永佃户单独承领,因此其成为庄头优先拂下权的例外(永佃户代表王兆庚等陈述)。在三园是人类生活的据点这一性质上,这是理所当然的措施。而且,凌家现在的民国 20 年造立租地底册的记账中三园租完全绝迹,这可以证明上述永佃户代表的陈述是可信的。总之,以前的官庄三园,可以说随着丈放,同凌云阁的租用关系消失,完全变为永佃户的私有地。

(四)永佃地的优先买收

附带像永佃权这样强大的他物权的官庄升科地业户常常受他物权的限制,不能自主处分。即使是不得已而行使处分的场合下,也必须先与永佃户商量,若有意愿应让其优先买得,不能无视此顺序直接让渡给第三者,这是满洲通行的习惯,一般称这为先仅留买权。

锦州官庄丈放之时,规定了其承领者顺位,其准则为第一庄头第二壮丁、永佃户;根据时宜往往认可庄佃同顺位这一例外,实际上这也是尊重上叙习惯。而且,许多实例证明,此习惯即使在今日仍未丧失效力,有关这种特种地,常常成为解决问题的准则。

于是将这与本案官庄升科地的实际情况相对照,结果发现光绪三十三年丈放结束后,经由业户即凌云阁之手对永佃地进行出卖处分的例子并非没有。现在为避免繁杂,将其表示如下。

佃户姓名	卖却地地券编号及面积	出售年月	买主姓名	卖价	备注
(1)史永顺	巳字 143 号上地 5.40	康德元年	傅景龙	大洋 200 圆	
(2)张九如	巳字 291 号上地 8.33	不明	不明	不明	现存 16.66 亩
(3)杜存	巳字 325 号上地 2.56	康德 4 年	机场	不明	
(4)胡百文	巳字 308 号上地 7.20	康德 4 年	机场	不明	现存 4.07 亩
(5)周奉	巳字 319 号上地 5.10	康德 4 年	周文汗	不明	
(6)高殿臣	巳字 303 号上地 1.57	康德 4 年	机场	不明	现存 2.23 亩
(7)周文举	巳字 300 号上地 3.80 巳字 301 号上地 7.85	康德 4 年	周文举	不明	
(8)李德富	巳字 307 号上地 1.74 3.41	康德 4 年	机场 不明	不明	
(9)李德林	巳字 312 号上地 3.48 1.57	康德 4 年	机场	不明	

续表

佃户姓名	卖却地地券编号及面积		出售年月	买主姓名	卖价	备注
(10)李德奎	巳字306号上地 1.69	3.41	康德4年	机场 不明	不明	
(11)李丰	巳字277号	上地 3.70	康德4年	金壬	大洋260圆	其中业户分得156圆
(12)赵环	巳字294号	上地 9.20	大同元(3)年?	王玉恩	大洋160圆?	

　　上列12例中,除去因绥中机场设置而被征用的及因买主不明而无法调查优先买收事实的,可以看作是凌云阁无视原佃的优先顺位而直接卖与第三者的有(1)(5)(11)及(12)四例。与此相对,依照一般惯行让原佃优先留买的只有(7)周文举一例,加上被推测为原佃近亲留买的(5)周奉—周文汗一例,可以证明上叙先仅留买惯行被遵守的实例勉强达到两例。果真如此的话,对于本案官庄升科地的永佃户的优先买收权是不是已经变为过去的遗制、现在已不被尊重,这是需要详细研究的地方。

　　据凌云阁陈述,佃户史永顺、周奉及赵环三人,正如在撤佃项目下详述的那样,都是吗啡或鸦片的吸食者,且因欠租等,足以撤佃,而且,赵环是一个在撤地当时几乎将祖遗私产荡尽的浪费者,不用说,三者都无优先留买资格。

　　可是,凌云阁仍然尊重彼等的留买,在卖给第三者即另卖之前,首先询问有无留买意愿,待明确其无意愿之后方才将之另卖。情况正如这样,因此可以说,原佃以外的另卖只剩(11)李奉—金壬一例。但是,在此种场合下,因无法向当事者取证,不能明示没有依据优先留买惯行的内情,对此只能抱憾。至于买主不明的各场合,想来是由于留买者即原佃本人已故,才将其姓名省略。对照下表数例事实可知,即使是普通的赁贷借之现租关系,仍然认可其优先留买的顺位,因此不可以一概把这些当做无稽之谈而排斥。

　　现租户的优先留买例子:

租户姓名	执照番号	面积(亩)	卖价(圆)	买主姓名	出卖年月
郭　银	巳字128号	4.35	240	郭　银	康德3年
郭桂林	巳字127号	4.45	350	郭桂林?	康德元年
郭喜林	巳字127号	4.45	不明	郭桂林	康德元年?
刘会文	巳字133号	10.10	不明	不明(刘会文?)	民国20年?
刘会文	巳字134号	9.20	不明	不明(刘会文?)	民国20年?

(五)永佃地卖价的分与

　　处理官庄升科地时,给予原佃户优先留买之第一顺位,只有当原佃户无留买资力或无留买

意愿等情况下,才可以将之让渡给第三者,将这称为另卖,这些前项已经详述。而且,不难想象,业户的另卖有以下两种场合,即:

(1)业户以维持永佃关系的现状为条件,仅仅将自己所持有的业主权(类似于上级所有权)让渡。

(2)业户消除永佃关系,将自己所持有的业权完全单一化,然后让渡。

第一种情况下,官庄升科地在业户与永佃户并立之下即分割所有的形态下而继续存在,这种移动只发生在业户间,换言之,此种场合下官庄升科地的让渡仅仅意味着业户业权——实际上就是征租权——所谓上级所有权的买卖,对此,佃户不受任何影响,旧态依然,用益继续存在。因此,承买者即新业户对佃户每年除了征收从前的地租之外,不能做夺其土地、增加地租等侵害佃户权益的行为。如果以买得为借口,行旧业户以上之要求的话,只会徒招佃户反抗,因此没有一人敢这样做。

在第二种情况下,原状之分割所有形态被整理,变为单一完全的业主权,旧业户将其移转给新业户。换言之,在其土地买卖之前,业户事先以适当方法消除附带的永佃权,需要涤除原佃关系。即,在此种场合下,关于业权的调整,大体上第一要归并永佃权,第二对调整之后的业权进行买卖。因此,永佃户与新业户之间不像在第一种场合下那样存有繁杂的交涉。

此处所谓永佃地的卖价分与是指,第二种情况下的官庄升科地买卖之际,作为回收永佃权的补偿,业户付给永佃户的一种对价。当然,作为永佃地回收的救济手段有种种方法,业户可以提供与撤回地相匹敌的替换地,也可以给付金钱以外的物品等等,但一般通例是,从购买人即新业户那里收受的卖价中分出一部分给永佃户,以此充当永佃权的补偿。或许永佃地的另卖大部分是因为旧业户的资金周转不灵,而永佃的贫乏也不容许其优先留买。另一方面,新业户即购买人亦不愿继续分割所有,无论付出多大的代价,都希望完全消除永佃关系,结果,原佃最终以收受一定的对价为条件只好同意业户的授受,进行退佃。

现在将本案官庄升科地中,凌云阁将永佃地的卖价分与给永佃户的两三实例列示如下。

(1)李丰永佃地的卖价分与

在凌家现存的民国20年正月吉立的租地底册中,关于李丰永佃地的出售,记账如下。

本堂得洋　182百圆

由康德4年卖与金壬名下　112百

即凌云阁于康德4年将佃户李丰耕种的巳字277号上则地3亩7分另卖给叫金壬的人。而豫厢堂(凌家的堂名)只收到相当于其地价洋260圆的60%,即150圆,有关其余额140圆(全地价的40%)的授受完全没有记账。不仅有确证证明业户没有独占,而且将此种情况下所进行的永佃户卖价分得与该地一般惯行相对照可知,分领者除了原佃户李丰之外别无他人。这在道理上或许是理所当然的解释。有关永佃地的另卖,业户负有分与卖价的责任和义务。

(2)于庆元等十名永佃地的卖价分与

康德4年因绥中机场扩建,凌云阁分领的官庄升科地中出租承种给于庆元、李德林、胡全、李德富、李德奎、于香林、高林、王银、王文朗及杜纯等十名的土地均被征用。然而关于地价的领受,业户(凌云阁字子陛)与各该佃户间产生纷争,都主张各自固有的权利,互不相让。治理县市时不能将这放置不管。因此绥中县当局在调查该地的沿革及永佃权本质之后,裁断分配比率为业户60%、永佃户40%,这获得当事者双方同意,纠纷得以顺利解决。不过,在当时的土地所有权转移地价分割契约中制定"但类此土地尚有多数,嗣后无论何人不得以此为例"等等,声明上述地价的分割方法只是一时的权宜变通方法,不能成为先例。虽说如此,总而言之,对照同一性质的业佃间纠纷的和解手段除此之外别无妙策这一事实之后自会明白,这只是一场安心之言。只是其分割率未必是不变的,会适当地临机应变,适宜增减,这些不言自明。

有关业佃间永佃地卖价的分割虽然只能列出上述两个实例,但是据王兆庚之外的佃户等陈述,即使在机场征用前,凌云阁需将卖价折半分给永佃户,并且,依照同一惯行,若是在原佃优先留买自己的永佃地的场合下,决定其留买价格大致以普通卖价的半额为准。大概此种情况下,原佃户有权扣除在另卖的场合从业户那里理应被分配的卖价半额,也就是作为被回收的永佃地的补偿应该得到的分得额。即,此惯行为:提供普通买卖价格的半额之后方能留买。这在道理上也是理所当然的。总的来说,永佃地另卖之际,永佃户的分得卖价实际上具有永佃权回收的对价这一性质,这非常类似于官庄丈放当时对于庄、佃优先承领权移让的结钱或对价。实际上永佃户阎俊明主动地退回其永佃地,作为补偿要求付给所谓退价,业户凌云阁以赠送黍米一石五斗作为报偿(凌云阁陈述)。以上充分证示,回收此种沿革土地所附带的永佃权决不是无偿的,其惯行是一定要付给一定的对价。

(六)对于增租夺佃的保障

在此种场合下,即属于前清时代官庄、职田等所谓广义的旗地的土地,在沿革上业主不亲自用益、委托给庄户或永佃户垦耕的场合下,对业主附加了不准擅自增加地租及撤回土地等限制,也就是户部则例所谓的增租夺佃禁令。本案纷争地的前身——锦州官庄亦适用于该法条,庄头如无正当理由,不准增租夺佃,可知这一项是从以前开始就有的。

然而,清末锦州官庄丈放之时,可能是由于给予各官庄管理人即庄头优先承领的优惠,因此庄头认为奇货可居,富裕者竭尽全力,贫乏者亦融资借债,相竞为承领而拼命奔跑。但是,或许是急于使用新取得的业权,有不少人企图驱逐那些多年来以官庄佃耕为生计的丁、佃,而让那些对直接经营有利的新地租耕。因此,到处簇生棘手的租佃争议,纠纷之极,势必促成骚动。于此,当局认为,持续丈放官庄地附带的佃耕关系的原状是解决纷争的唯一善后处理方法。有关归庄头拂下的庄地,在允许原佃存续的同时,另一方面使庄头不能以因丈放而致的私产化为借口而增租夺佃,以此明确保护永佃权之基本宗旨。增租夺佃之禁令实际上构成此种永佃权的核心,是本案审决上的关键。因此,下面不厌其烦,说明其由来之处。

本来,在锦州官庄整理之际,有关庄头拂下地,事先倡导增租夺佃禁令存置必要性者,实际上是奏请丈放的钦差垦务大臣廷杰其人。其证据是,光绪三十一年十月奏请的《酌拟变通办理奉天锦州府属官庄旗民各地章程》第二条中有如下内容:

凡裁缺各庄头与获罪被革者不同,该庄地拟先仅该庄头缴价承领,但所领不得逾于原额,亦不准指领他庄头之地,仍交原地租种,并查户部定例"不准无故增租夺佃,违者治罪"云云。

而且,光绪三十二年二月八日附"奏办奉天垦务行局告示"中有如下内容:

奏定章程第二条：先仅该庄头缴价领地，但所领不准逾于原额，领地后仍归原地租种，并查户部定例"不准无故增租夺佃，违者治罪"等语云云。

这几乎是将原奏文言原封不动地引用，由此可明确知道，廷杰之有关丈放庄地的原佃存置的奏请原案通过了并被批准执行此案。

只是该告示后段中：

至不准增租夺佃，揆之例义，原以庄头领地供差，恐其勒索刁难佃户，故设此禁令。今庄头既备价承领，地属己产，利权由业主自主。例载地主实欲自种，佃户虽不欠租，亦应退地。况与情事不同，唯纷纷撤佃，必起事端，或由官酌中定租，另立租约，无故不准擅行增夺云云。

有以上说明，户部则例之禁令本是为防备庄头借供奉差役之名进行种种勒索之弊害而制定。

现在，丈放之后，庄地化为庄头的私产，当然要承认其自主支配。特别是，即使是旧例，在业主自作的场合下，即使佃户无欠租之责任，作为例外，也可能会允许撤佃。鉴于此处以及考虑到官庄的私产化势必促使业、佃间的纷争频发，当局事先在裁决租额的同时，重新发给租约，以此限制业权的行使。附隶于现在凌云阁承领的官庄升科地的永佃户所持有的租约或许皆是基于上述防备而发给的。在同约中有"此次清丈地亩，准裁缺庄头备价承领，防其依恃业主增租夺佃，亟应由官酌中定租，以免事执"及"中稔之年，每亩交租东钱叁吊五百文，嗣后如无欠租情事，即辗转典卖，亦不准增租夺佃，违者照例究办"等记载，裁定凌云阁承领地的原佃地租每亩一律为东钱3吊500文，与此同时明确规定今后只要无欠租事实不准增租夺佃，总之，这可以理解为基于上述原委而对丈放后官庄升科地的永佃关系进行限制之物。

也就是说，归凌云阁承领的官庄升科地中，有关那些继续让丈放以前的原佃佃耕的土地，凌云阁不能以取得业权为理由征收高于当时公定租额（每亩东钱3,500文）以上的地租，除非欠租，不能撵出原佃。更进一步可以说，通过光绪三十三年度发给的租约，设定于官庄升科地的永佃权，其保障被革新，永远用益的权利被确认。

另外，在此应该注意的是，户部则例之增租夺佃禁令与光绪三十三年发给租约中的有相异之处。前者中，业主实际上意欲自种的场合下，即使佃户无欠租事实，作为例外也允许其撤地。因此只有在（1）佃户有欠租事实之时（2）业主有自种之意思之时这两种场合，佃户不能得到该禁令的保障。然而，后者中，因明记有"嗣后如无欠租情事，即辗转典卖，亦不准增租夺佃"，因此业主可以撤地夺佃的场合仅限于欠租这一场合，可以认为，其余场合，如业主的自种、佃权的典卖等完全不能成为撤佃的理由。果真如此的话，可以认为：设定于官庄升科地上的永佃权以官庄的丈放庄头的承领为划期，得到了进一步的扩大、强化，只要不滞纳地租，可以永远承袭用益，若有必要，可以随时典卖让渡，业主每年只能征收定额地租。

以上主要对前清时代乃至民国初叶有关增租夺佃的保障进行了说明。民国6年在奉天省制定了该省单独施行的"奉天省永佃地亩规则"（全文17条），将之适用于除前清时代皇室地及王公地以外的全部永佃地亩，所谓永佃权经受本质几乎完全改变之影响，增租夺佃之禁令亦因此不容套袭旧规，在解释上增加许多变更。这实际上是满洲国地政上的大变，对永佃制度的阐明确实有值得刮目之处。因对该规则进行通盘考究着实不易，并且稍微超出本项说明范围，故在此仅就该规则的实施如何调整本案官庄升科地的业、佃关系,特别是对增租夺佃禁令带来的变动进行探讨。

甲　增租禁令的界限

奉天省永佃地亩规则的第九条中,关于业户在何种场合下可以增加永佃地地租有如下规定:

地主佃户间契约定明田赋由地主完纳者,若所收田租不足完纳田赋时,原约虽经定明永不增租,地主对于佃户得要求加至敷纳田赋及地租旧额。

上述规定明示:(1)在规定了由地主负担交纳田赋(地税)的永佃契约中,(2)在地租(田租)的收入不足以完纳田赋的场合下,(3)地主在旧地租之外,(4)以交纳田赋必需额为限度,(5)可以要求地租的增额,(6)此种场合下,佃户即使以当初契约中的"永不增租"与地主对抗,也不能拒绝上调。本条立法之当否暂且不论,通过将之适用于本案官庄升科地,以前凌云阁分领的永佃地根据户部则例或租约,无论事由如何一概不准增租。民国 6 年以后,当其地租的收入不足以支付凌氏负担的田赋时,在本条规定的限度内可以公开要求增租,佃户即使援引租约中所谓"不准增租"之条款也不能拒绝。总之,奉天省永佃地亩规则的实施大致给永佃户的增租保障划了一定的限度,在其界限内,原则上可以允许业主增租,也就是说,为适应经济形势的变动,对于增租禁例之旧法加入必要的缓和措施,以此来调节业、佃间的摩擦。

不过,关于其界限及增租原因该规则中有明条,并不是使增租保障全盘无效,因此,若业户的要求越出划线一步,佃户可以根据旧规拒绝增租要求。

反之,在本案官庄升科地中,查询业户凌云阁对永佃户增租的实例可知,民国 3 年以后至民国 17 年,总共有四回。其结果是,由奏办奉天垦务行局裁定的原额东钱 3 吊 500 文变为现在的 1 圆 4 角 7 分,其间有纳租物件的变更、货币的建值及换算率等,极其繁杂,现将其简约表示如下。

年月	增租额	地租(每亩)	备注
光绪三十三年一月		东钱[1] 3.500 吊	奏办奉天垦务行局裁定,当时 8 吊换算为奉洋 1 圆,即相当于奉洋 4.375 角
民国 3 年	东钱 3.000 吊	东钱 6.500 吊	与永佃张书祺争讼,后和解,不再言增租,而是以津贴的名目增纳 3 吊,其他永佃大都仿照此例,相当于奉洋 8.125 角
民国 7 年	东钱 6.500 吊	东钱 13.000 吊	县里按照耕地面积强制认购省公债,因此凌要求先纳下一年的永地租,应允之后,结果成为先例,最后招致事实上租额倍增 对于民国 12 年胡世卿等 33 户的争讼,有上记增租判决,业、佃间重新缔结契约

---

[1]　编者注:此处的东钱是清至民国时期流通于我国直隶、奉天、吉林等部分地区的一种特殊钱法。

续表

年月	增租额	地租(每亩)	备注
民国 9 年	东钱 11.000 吊	东钱 24.000 吊	与永佃于庆源等诉讼之后,结果增租成上记数额
民国 15 年 10 月	东钱 10.000 吊	东钱 34.000 吊	与永佃郭青瑞等 17 户诉讼之后增租成上记数额,相当于奉小洋票 4.25 元,以当时奉洋 3.98 圆＝大洋 1 圆的换算率,交纳银洋
民国 17 年 7 月	大洋 4 角 (即奉小洋 8 圆 8 角)	奉小洋 10.425 圆	地租 13 吊即奉小洋 1.625 圆,加上田赋及警学保甲各捐大洋 4 角即换算成奉小洋 8 圆 8 角
民国 20 年 1 月		洋 1.1 圆	一律如此,何年契约未详,永佃侧虽主张 1.07圆。此处根据凌家租地底册
康德 3 年	国币 3 角 7 分	国币 1.47 圆	在以前的地租(含田赋、亩捐)1.1 圆中加入村费 0.34 圆及义仓费 3 分

备注:根据凌云阁以及永佃户代表王兆庚等的陈述,本件官庄升科地的地租从原来的 3 吊 5 百文东钱涨到 7 吊,从 7 吊涨到 13 吊,又从 13 吊涨到 24 吊,最终涨到了现在的 1 圆 2 角。在这件事情上两个人的叙述是一致的。与前面的表格有些不同之处,但现在无法再去调查其来源,并且根据资料发现,民国 9 年永佃户于庆源等人已经一直负担着 24 吊的地租,尽管如此,在 2 年后,民国 11 年命其只准对张继先收取原有的地租的两倍即 7 吊,同时不允许将金有等 30 人的地租涨到与于庆源一样,只准继续收取原有的 13 吊地租,并且其后民国 18 年 4 月,在凌云阁对胡世卿等 30 户之间的诉讼中,判决"以被上诉人在民国 13 年缴纳的 13 吊折合现行的银元价格为准",证明当时他们所缴纳的地租仍然没有超过 13 吊。另外,民国 17 年 7 月前面提到的当事者之间的诉讼判决理由中,有"既然经本厅(指奉天高等审判厅)于民国 12 年间判令增加为 13 吊,自然应该以 13 吊为旧的地租额"等。正如民国 12 年胜诉结果显示的一样,永佃户的地租增加到 13 吊。另外,关于民国 20 年 1 月凌云阁对严俊明等的撤佃上诉判决事项中记录有"于是陆续增加,到民国 15 年增加到每亩租金为 13 吊东钱"。在民国 15 年租金确实曾增加 13 吊,这些事实说明增加租金并不是针对永佃地全体同时且一律进行的,根据有没有获得同意有些地区早有些地区晚,各个地区很混乱,这才越来越接近真实情况。

根据上述说明,毫无疑问业户凌云阁数次增加其分领里的官庄升科地的佃地租。这样的话,前面所叙述的民国时期制定的关于永佃户的增租问题的户部规例、租约以及奉天省永佃规则等所谓保障,在进入民国时期时即形同虚设,完全丧失其效力。接下来专门研究法院在判决时允许增加地租的理由。

通过各个判词可以明显看出,法院在任何场合判断可否增租的标准,都是奉天省永佃地亩规则第 9 条的规定,完全不引用户部规例或者租约中关于增加租金的保障。因此解决纷争的关键总是业主凌云阁从永佃地收取的地租是否相当于该佃户所负担的政府赋税这一点上。本来,锦州官庄升科地的田赋,根据丈放章程,规定每亩地上等 8 分、中等 7 分、下等 6 分。因为本件永佃地基本上属于上等地,对于凌云阁来说,需要缴纳的政府赋税仅为 1 亩地 8 分。

另一方面,佃户的地租是每亩 3 吊 500 文。8 吊宁远市钱相当于银元 1 块,根据这个市价换算的话,刚好是银元 4 角 375,只要没有其他特别的事由,凌云阁手中仍然有两者之间的差额 3 角 575。从中完全找不出凌云阁要求增租的根据。然而正如前面所述,实际上本件永佃地的地租由 3 吊 500 文增加为 34 吊。这到底是为什么呢? 判决中就这一点完全没有给出准确的理由。只不过有下例记录:

民国 3 年控诉人等已经加给津贴 3 吊(合奉大洋 3 角有余),以之抵补所增加的粮赋,尚有盈余。到民国 7 年,绥中县按照地亩劝募公债,被控诉人再次与各租户商量预支 1 年的租钱。

按照现时情形,被上诉人所说的不够缴纳田赋及警、学各种捐税,都属实情。并且国家赋税增加,地主负担很重。

增加地租的理由是政府赋税的增加或是公债的耕地分摊额等,主要只是由于业主的负担加重,完全没有涉及到租、粮的精细比较。因此,如果仅仅凭这个,不能推定地租的收入不足以缴纳政府赋税。永佃户金有等对凌云阁的控诉判决中有一节是"这项地亩,每亩原定地租是 3 吊 500 文,由被控诉人纳粮 8 分,被控诉人认为政府赋税一直增加,说现在每亩地要纳粮 1 角 8 分 4 厘 8 毛、杂费 5 分、加亩 3 分等等,经查每亩地 1 角 8 分 4 厘 8 毛,减去原来缴纳的 8 分,实际上是 1 角零 4 厘 8 毛,再加上杂费 5 分以及加亩 3 分,折合洋元 5 厘 4 毛,共计 1 角 9 分多。民国 3 年,控诉人等已经加给了津贴 3 吊(折合奉大洋 3 角多),用来抵补所增加的粮赋,还有盈余——被控诉人请求增租,其第 1 条理由,实际上毫无根据。"

将所谓负担增加的原因详细例举出来,与永地租的过于不足进行对比,也许可以说这是唯一的例外的事件,但是不无画龙而不点睛的感觉。因此对于进行增收政府赋税的原因,不得不在其他的事例中探究。

凌云阁对金有等 30 名佃户要求增加永地租的第 1 个原因中提到"现在百物昂贵,经济状况有所变化,并且国家赋税加重,地主的负担很重"。这说明地主负担加重的原因,除了国家赋税加重以外,还有物价的上涨、经济状况的变动。凌云阁对胡世卿等 33 名佃户的上诉判决中说到"至于以经济状况的变更、政府赋税的增加等情况,说明佃户地主之间的收益有重大变动,以此作为增加地租的理由,尚属事出有因"。胡世卿等 32 名佃户对凌云阁的上诉判决说到"被上诉人因为经济状况变动,请求增租,经判决,结果是每亩每年增为 13 吊,包含田赋及一切杂捐"。应该理解为其理由相同。物价上涨的反面,也就是意味着货币价值的下降。勿庸赘述,特别是旧政权时代,货币体系紊乱是众所周知的事实。这里所谓增租的主要原因就是经济状况的变动,也就是货币——奉票低落的直接影响,这是显而易见的。资料中提到"只因钱法变动,存在着不增加地租就不能够上缴政府赋税的理由"。钱法变动无疑是指奉票的低落,并且上缴政府赋税必须使用现银。银元、纸币交换差的增大必然引起地租价值的减低,可以看成最终必然伴随着地租的增加。资料中记载"加上田赋以及警、学、保、甲各捐现大洋 4 角(折合奉小洋 8 圆 8 角)"。民国 17 年,需要用奉小洋 22 圆兑换当时现大洋 1 圆。因此,凌云阁为了上缴每亩 4 角的政府税收必须准备奉小洋 8 圆 8 角,这正是一个再好不过的例子了。

如前所述,凌云阁对官庄升科地增加地租主要起因于奉天省的货币制度败坏——经济状况的变动,而政府赋税的增加只不过是伴随的一个间接诱因。不言而喻,在严格意义上直接把它解释为增加地租的原因是不恰当的。也就是说其增加佃税是随着奉票的低落而引起的。只不过是名义上的增加地租,决不意味着实质上的涨价。在郭青瑞等17户对凌云阁的上诉判决其中一节记载有"现因为亩捐学、警各项捐税额增加,地主所收的地租不够缴纳捐税,依照上开规定,可以要求增加地租。原有的地租金额,如果因当时所用的货币价格低落,也并非不可请求折合银元来计算。但是增加的数额,必须以能缴纳田赋为限。折合银元,必须以签约当天的市价为准,不过任意请求增加过量的地租"。

起因于货币价值低落的增加地租的要求,必须依据兑换现银的价格。并且,其增加的数额必须以能够缴纳田赋的金额为限。另外,其兑换率必须以当时的市价为依据,不允许任意提出过当的要求。到民国20年以后,特别是由于满洲国建国确立货币制度以后,大租也就是永地租一律稳定,这标志着增加地租的争议终止,无须多言,康德3年增加地租的一种,地税3角7分,完全是源于绥中县修改征税制度的结果。将其理解为增加地租,这是不正确的。详细地说,就是一直以来对永佃户实行的是直接缴纳捐税的制度,村费3角4分以及义仓费3分同年起改为由业主一个人负担,永佃户将原有金额地租以及其他费用同时交给凌云阁,凌云阁将这些钱汇总之后缴纳税金。也就是佃户的个别分纳制更改为业主一括包纳制,这对于捐税负担的数量以及负担人都完全没有任何实质性的变化,也不能以此来说明地租上涨了。

接下来应该注意的是前面所述的虽说是名义上的增加地租,但必须征得永佃户的同意,并且为了满足这一要件,是需要经过几次不容易的交涉的。这个和资料中收集的判决多数是围绕着增加地租问题业主和佃户之间的争议诉讼,应该归为同一类事情。极为困难的是佃户事实上一边接受了永佃地增加地租,并且一边不将其称为增加地租,使用津贴这样的称呼。特别是郭青瑞等的上诉判决,一方面允许增加地租到东钱34吊,认为业主的要求是正当的,但是断然拒绝了业主主张原租约无效的要求,判决认定除了佃户们放弃的一部分权利之外,该条约仍然有效。因此,有关永佃地增加地租的保障绝不可以轻视,这一点值得我们关注。

乙　撤地夺佃的实情

官庄升科地的永佃户是世袭的,其佃耕由子孙世袭,并且不需要业主的同意,可以自由地转让佃耕。同时只要不存在欠租的事实,绝对不可以撤地夺佃,当时有这种保障,如前所述。但是,这个撤地夺佃的保障在民国6年末,由于奉天省永佃地亩规则的实施,发生了根本性的变化,不得不让人觉得几乎完全丧失了其效力。特别是最近满洲国民法物权篇的实施,把这个当作解释使用。当然会引发各种疑问。只是,在此我们暂且不谈这个,先专门依据凌家现存的租地底册,探寻在民国20年以后有无实例,以事实来探讨该保障的效果如何。这是我们应该采取的方法。

现经翻阅凌家租地底册,发现如下4例记载撤回永佃地的例子。

(1)佃户史永顺　租凌云阁分领地已字第143号官庄升科地上则地5亩4分,每亩地交纳地租1圆1角,总计每年应该交纳5圆9角4分。但是,民国16年以后到民国20年持续未履行合约,拖欠地租。因此,凌云阁以此为由,在大同2年春天3月后撤回永佃地,自己耕作,并于第2年康德元年以200大洋将地卖给傅景龙。并且,根据该底册,凌氏于撤佃那一年的12月26日收取史永顺大洋8圆,并于某年某月(年月不详)收了28(单位不明)。凌云阁陈述,撤佃的时候,没有收到任何钱、谷物或者其他可作为赔偿的东西。与之相反,永佃户们说,长久以来,不论是哪个佃户,必定分获地价的一半,这已成为惯例。要弄清楚真相是很困难的,但是该佃户的姓名下注记了"付过 28",这或许就是应该分给原来佃户的地价的分配额——换句话来说,毫无疑问这记载的是作为收回永佃权的代价给原来佃户的分与额。尤其,该注记是用铅笔标注的,可以推测为是之后因为忙而草草记录了有关补充部分,因此似乎宁可相信永佃户方面的陈述。并且,据凌云阁所述,该佃户是吗啡中毒者,已于康德 2 年逝去。

（2）佃户周奉　该佃户租凌云阁分领地巳字第 319 号官庄升科地上等地 5 亩 1 分,每亩地交纳地租 1 圆 1 角,总计每年应该交纳 5 圆 6 角 1 分。康德 4 年,其永佃地被业主收回,并卖给同族周文举。而租地底册中丝毫未记载上述撤佃的理由。以此,在此我们不推测其撤佃的理由。

只不过,凌云阁对此作了如下的陈述:

周奉本人以"种不起"为由,擅自将其永佃地转租给李德富。本来周奉只不过是该地的一个佃户,在没有征得本人同意的情况下转租该地,这样的行为是违法的。因此我才敢撤佃。本来我将该地卖给周文汗的时候,首先与周奉商议,询问他是否要买。无奈他无力购买,无法行使优先购买的权利。不得已我才将该地卖给周文汗。当然周奉对此买卖并无反对。另外,对于撤佃,卖价的一部分就不用说了,也没有支付其他任何的赔偿,完全是无偿撤佃。也就是说,根据上述内容,我们可以看出本项永佃地是以永佃户的转租为由撤佃的。然而,永佃户不需要通告业主可以自由地将其佃耕地转让,是由租约和奉天省永佃规则共同明确许可的,不仅如此,实际上这在佃户之间也是通行的惯例。如前所述,这是无人质疑的现状。因此,很难完全相信凌氏的陈述。总之,凌氏与周奉以外的永佃户,倘若转租其租地,无论是谁或者无论什么时候,都不妨碍凌氏以同样的理由撤租。不过,因为我们无法得知其真相,只能暂且将其放置不管。

这件事作为因转租而撤回永佃地的例证,实在值得引起注意。

（3）佃户赵环　该佃户租凌云阁分领地巳字第 294 号官庄升科地上则地 9 亩 2 分,每亩地交纳地租 1 圆 1 角,总计每年应该交纳 10 圆 1 角 2 分。大同元年,该地被业户卖给王玉恩,租地被撤。

现根据业主的陈述,其撤租的理由如下:

该佃户是鸦片中毒者,将共计约 60 晌的祖传家产基本都卖完了。因此虽然没有做出如欠租这样的不当行为,为了预防其将来把租地典卖押租而撤租。在撤租的时候,给与该佃户衣服、物品若干。但是这只是基于亲戚关系的私情,并不是作为撤回永佃权的赔偿。

（4）佃户阎俊明　该佃户租凌云阁分领地巳字第 111 号官庄升科地上则地 18 亩 8 分,同时租第 89 号上则地 17 亩 5 分、第 273 号上则地 12 亩 1 分,3 块地共计 48 亩 4 分,每亩地交纳地租 1 圆 1 角,总计每年应该交纳 53 圆 2 角 4 分。但是后来被业主撤回了一天半即 12 亩 2 分租地。

由于在调查的时候忘记询问撤租的时间及理由,这一点暂不明确。及至康德 4 年,三门即该佃户的第三个儿子退回其继承地的一半。推定撤佃的理由一样——因农耕劳力不够不能租种。

（5）佃户周国太　该佃户租凌云阁分领地巳字第 76 号官庄升科地上则地 6 亩 9 分,在佃耕时死亡。自那以来,其永佃地以该佃户的遗孀周张氏的名义继续承租,但是到民国 20 年 2 月 28 日,凌云阁以村民郭际先、凌作舟、郭秀山、张佐卿等 4 人为中间人,在周张氏所持有的正字第 52 号租约上添加文字,意在周张氏死后撤回上述永佃地。

不过,关于上述撤佃的添记,周张氏的养子指出这只是凌云阁单方面的行为,目不识丁的周张氏完全不知道,更何况同意其行为。同年旧历七月五日,周张氏将其亡姐的长子李恩收为继子,将所有的家产包括上述永佃地全部让其继承,根据这件事也可以证实上述添记是绝不可能有的事情,以此为由认为添记无效。关于当时添记的实际情况当然还需要调查。总之,根据这件事例不难推测,当可以预见永佃户没有子嗣时,业主想撤回其出租的永佃地。

根据前述各项事例可以看出,凌云阁以佃户欠租、转租、欠缺治产能力或者没有子嗣等事实为理由,可以立即撤回永佃地。另一方面,永佃户援引增租夺佃的禁令,到最后好像也不能保障其佃耕,这或许是事实。但问题是撤佃是否都如凌云阁的陈述一样如此简单容易地实施?尤其是例如转租以及缺乏治产能力等能够作为正当的理由获得永佃户的接受吗?更何况无偿撤回,果真可以完全相信凌的陈述,没有问题吗?以上几点都是撤佃事例中存在的问题。而且永佃户阎俊明、单维藩、单维幹等 3 人以胡世卿对凌云阁关于增加地租的诉讼尚未判决为由,从民国 16 年到民国 18 年间暂缓缴纳地租,因此,凌云阁提出了撤佃的诉讼。对此,锦州地方法院认为这不应该与故意拖欠地租同样看待,没有答应凌的撤佃要求。

另外,绥中县司法公署初级第一部因同样的理由对阎俊明、单辅臣、单汝林、单济林等 5 人永佃地撤回的诉讼事件中,认为其缓缴地租的理由是正当的,驳回凌云阁的撤佃要求。如这些事例所示,撤回永佃地是极为困难的问题,对于凌云阁关于撤佃的陈述我们宁可不与相信。何况作为佃户,只要没有上述的违法行为,业主绝对找不到撤佃的借口。因此可以理解为,所说的撤地夺佃的保障,到现在仍然保有其效力。

（七）永佃权的让渡

甲　丈放前的转租

本案的永佃地在丈放以前作为锦州官庄一等粮庄庄地是在制度上以内务府为主体的官有地之一。因此,无论是庄头,还是庄丁,又或是佃户,能否处置其承租种植的庄地,依照盗卖官田律的禁条是非常明确的。不过,管理的不周密与实权滥用相结合,最终结果与法令达到完全脱离的境地,从一些事例我们可以看出。也即是说这些种官庄地的丁、佃,因无力、迁移或其他原因不能从事其承租地段的佃耕,或者不想佃耕的时候,在制度上必须将地租地交还庄头(称作缴回或者退),庄头可以按顺序采取自种、出租或者其他最合适的管理方法。然而实际上,几乎没有人这样正确的退地。丁、佃自己选择愿意继承的人直接授予其佃耕权,这样的做法是惯行的通例。但是,根据凌云阁的陈述,在这种情况下,庄头可以根据其固有的管理权阻止地租地的让渡,在必要的情况下,可以或者强制其退回庄地,或者将购得人的范围限制在各官庄的丁、佃之内。不管在哪一种情况下,丁佃必须将情况告知庄头并取得庄头的同意,这是必要条件。

对于上述情况,作为纷争当事人的永佃户中也有一些人表示承认。但是,其多数只不过是制度上的具文不是必须履行,宁可说事实上,不给庄头任何通知,佃户之间自由地辗转让渡是更为普通的做法。而且就算庄头知道其让渡地租地,也没有制止的实力。只要佃户按规定缴纳地租,庄头对其他的事情一概不问。无论佃耕者是李还是张,都无必要追究。所谓"粮从地出""粮随地转"或者"谁种地,谁拿租子"等俗语,都如实地说明了该惯行做法。另外永佃权让渡的自由不是别的,正是左券。但是官(或者是旗)地民佃的观念上,让渡时,胆敢用典卖名义制作转租契约、押租契约的,还是需要谨慎考虑。

在这次调查的时候,永佃户一方出示的相关各种文契中,可以看作与前述永佃权相关的有1至7共7份转租契约书。下面先摘录其要项,不探讨纷争相关人员的陈述是否妥当。

永佃户所持有的官庄庄地转租实例一览表

文契名目	面　积	出租者	转租者	行为名称	对价	对价追增额	地租	立约年月	有无回赎
转租地文约	凌庄头官地1段1晌	王文焌	王贵林	押	押租550吊	12吊	小租25.0吊	光绪三十年二月十八日 三十一年四月追增	有
押转租地文约	凌庄头官地1段2块	张景岳	王金玺	租	押租100	—	官租10.0吊	光绪二十七年十一月二十三日	有
押转租地文约	凌庄头官地1段2块	张秃子	王庆春	租	押租150	—	官租10.0吊	光绪三十年十二月十日	没允许追增
转租地地文约	林姓官地1段2晌	王彦卿	董勋	租	押租365	—	现租35.0	光绪二十五年十一月二十二日	无
转租	凌庄头旗地半晌	旗人王桂成	王文烺	转租	当价钱155	—	官租12.5	光绪二十七年二月二日	有
押租地文约	凌庄头地1段2晌	王郭氏王青春	王庆春	租	押租钱1,100	—	现租不明	光绪三十年十月三十日	无
	旗地1段4亩	王文焌	王祯	租	押租钱106	30	现租7.0	宣统元年元月二十六日 宣统元年十二月十二日(追增)	无

根据上表,凌庄头的官庄佃户制作了称为转租契约、押转租契约或押租契约等各种文书,辗转让渡各自的承领庄地,并且,在转租(也有只写了租的文书,实际上是转租)的时候,要给称为押租钱或者转租钱的对价,同时,其后官租、小租或者现租等要交给庄头的官庄租负担完全转嫁给转租者即新佃户,可以看出做为地租者即纳租义务者完完全全执行着"谁种地谁拿租子"这句俗话。而且,这类文书中明确记载着"钱到许赎",且撩价即对价钱的追加的例子有

2个,把佃权让渡的对价记做当价,尽管表面以押或是转租的名义来记载,实际上将其理解为典(当)的假装行为更为妥当。然而更进一步仔细揣摩契约当事者的意思,"钱到许赎"这句话只不过是考虑便于将来追加撩价即让渡价格。实际上,一旦租出就没希望赎回。换句话来说,其目的是为了杜绝性让渡佃耕权,这样推测更加能够揭穿真相。张秃子对王庆春的押转租地契约中约定出租后允许撩找(追增),另外,王彦卿对董勋、王青春对王庆春、王文焌对王祯等各个契约中都没有约定回赎,足以证明其永佃权是杜绝性的让渡。更何况上述转租庄地的大部分都在签立契约后还没有被赎回,事实是现在都归属于转租权者的分领。

其次,根据凌家现存的光绪三十一年新正月吉日立本屯地租账,证实了该官庄在丈放前,凌庄头默认永佃户让渡永佃权,没有对其转租行为加任何制止。该地租账完全是流水账的样式,佃户姓名每半页分别记账,详细记录其名下出租地的地名及租额等,可以发现其中记载"租○○○名下地"或者"代○○○钱"的内容非常多。这大概是讲述甲对本来不是其承租的庄地即乙或丙等第三者名义的承租地缴纳地租的事实。换句话来说,庄头凌云阁承认原佃户乙或丙已经将其承租地段转租给甲一直使用和收益的事实,在征租册中明确记载甲的纳租义务发生的由来,遵从所谓"谁种地谁拿租子"转嫁地租的惯例,从这件事当中可以看出。下面摘录该账簿中这类事例。

转租权者(新佃户)	出租者(原佃户)	转租地租额(吊文)	转租权者纳租额总计(吊文)
崔 奉	赵 奎	25.000	25.000
张 海	陈 二	4.000	31.000
赵德荣	郭 有	12.500	39.500
郭天贵	郭 喜	12.500	89.500
赵德有	陈 有	25.000	27.500
史 云	陈 治	25.000	27.500
王 贞	王 其	7.000	9.500
王永清	王 喜	5.000	30.820
王文朗	王文玉	2.750	90.250
傅守义	郭 有	50.000	91.500
以上为凌家屯			
刘全隆	孔姓(三园)	0.500	43.500
	张姓(三园)	2.000	
	刘姓(三园)	5.500	
	任姓(三园)	0.500	
刘全贞	刘 实	2.000	14.000
	刘 升	6.000	

转租权者(新佃户)	出租者(原佃户)	转租地租额(吊文)	转租权者纳租额总计(吊文)
张 喆	张 中	87.800	236.900
	周 实	28.000	
张 俊	张 中	28.000	137.230
王玉堂	姚 福	11.500	21.000
于 荣	周 实	22.500	97.750
	胡百令	48.000	
	陈 德	12.500	
赵国柱	李 俭	3.000	6.000
陈 太	胡百令	25.000	29.000
王殿臣	王永庆	30.000	32.000
赵中良	高 全	55.000	181.000
	高 富	13.000	
	于 安	15.000	
	陈 德	12.500	
	张正荣	22.500	
	高殿臣	60.000	
单为汉	李 锐	25.000	86.000
李德林	李 义	25.000	26.500
苏 一	高殿一	37.000	37.000
高殿一	李 贵	15.000	66.000
	高殿臣	15.000	
	王 姓	粮9斗	粮9斗
赵国荣	姚 福	11.500	56.500
	周 凤	45.000	
董 福	李 俊	0.950	3.450
赵 恩	王 勤	11.500	50.000
	高 君	13.500	
	王起(三园)	2.000	

续表

转租权者（新佃户）	出租者（原佃户）	转租地租额（吊文）	转租权者纳租额总计（吊文）
金成存	金 开	10.000	33.000
	金顺玉	21.000	
	金顺玉	粮 2.250	粮 2.250
李 俊	王 起	11.500	12.450
胡百令	阎 接去	116.000	504.000
	陈太代	25.000	
	赵思 接去	25.000	
	于荣代	48.000	
金 升	董 福	25.000	51.600
	金玉喜	6.250	
	金 发	10.000	
王君相	姚升（三园）	3.000	3.000
单为财	李海（三园）	3.000	3.000
以上为打雀庄子			

　　以上列出的佃户都并非一般的现租户,在第3项中已经详细描述过,他们是官庄编设以来的原垦户。并且在某某名下的旧佃户中往往有与纳租者即做为转租权者的新佃户同姓的。不难推测他们或者是因父子、叔侄等血缘而产生的继承关系,不过名字属于同字辈份的占大部分,从这一点来看,不容置疑他们只不过仅仅是同辈之间的授受。其外姓异族间的得丧移转都意味着官庄地的佃耕权的让渡,做为管理人的庄头只需要听他们在纳租时的报告并依样记账登册,以备在将来收租时方便,这一点不言自明。

乙　丈放后的转租

　　官庄丈放的结果是归凌云阁私有,关于官庄升科地附带的永佃权让渡问题,丈放之后(光绪三十三年正月二十九日)奏办奉天垦务行局认为采用租约中的语句全部发给永佃户是最妥当而且方便的做法,该租约中记载:

　　今佃户○○○租中业户凌云阁名下巳字　　　　　号上则地　亩　分,中稔之年,每亩交租东钱3吊500文,以后若无欠租情况,即辗转典卖,也不准增租夺佃,违者照例查办。

　　也就是说,在丈放后可以继续佃耕凌云阁分领地的佃户们,只负有每年1亩地缴纳东钱3吊500文地租的义务。即使将其承租地辗转典卖给第三者也不需要受业户的拘束。换句话说,无论凌云阁愿不愿意,佃户都有权利自由地辗转让渡其承租地。业户不能以此为由进行撤地夺佃。本来"即辗转典卖"这句,也可以解释为典卖处分的自由是业户独自的权利,也就是说业户对自己承领的官庄升科地可以不问佃户的意思自由地典卖让渡,只是新典得或买得的新业户不能对原佃增租夺佃。

这是不通情理的曲解乃至误读。通过对照文章的前后的主旨以及其无视原佃户优先买卖惯例的事情就非常明确了。也就是说,作为丈放后的措施,国家对凌云阁承领的官庄升科地附带的佃户就像丈放前一样,承认他们作为特殊的世袭佃户可以永远使用佃耕、获得收益。因此应该理解为世袭佃户所伴随的固有的永佃权可以自主的处分。实际上,王兆康等一直认为佃耕权是官准(公家认可的意思)的永佃权,应该是根据前例的租约。

在这次的调查中,关于凌云阁承领的官庄升科地的永佃权让渡的事实,完全无法掌握佃户一方能够明显证明这些的文书。在业户一方提出的租地底册中可以找出一些符合此情况的实例,下面将其列出。

(1)在凌家最近的租地底册中,佃户张九如的名下民国 21 年腊月初十日收租钱大洋 18 圆 3 毛的右边标注着"过张九龄",大同 2 年腊月二十二日收租大洋 13 圆的右边注记着"过幸文元过陈玉山 X 圆"等。所谓的"过"这个字,是用在通例过拨、过割等纳租义务者名义变更的情况下的字,意味着甲乙两者之间权利的得失转移,在这个情况下,原佃户张九如佃耕的官庄升科地转租给张九龄、陈玉山,其结果是转租权者即新佃户当然要承担缴纳地租的义务,以自己的名义直接缴纳。也就是说可以理解为凌云阁已经对永佃权的授受表示了同意。

(2)同册中,佃户王成子玉珍名下,民国 21 年冬月收租钱 3 圆 4 毛 1 分右边标注着"过董德富",这跟前面一样说明其将承租地让渡给董德富,然后由董来交租。

(3)同册中,佃户金有名下,大同 2 年腊月二十一日收租 2 圆 2 毛右下方标注着"过于洪林",金有所负担的地租一半都转嫁给洪林,显示其将官庄升科地的一半永佃权让渡给该人。

(4)同册中,佃户周文举名下租巳字 300 号上地 3 亩 8 分右边标注着"周富名下",可以看出上述承租地原来是周富佃耕的地方,文举继承了该地并被转嫁了地租。

(5)同册中,佃户阎俊明名下,民国 21 年腊月初十收租大洋 17 圆 7 毛 3 分右下方标注着"恩过张九令",证明俊明的儿子兆恩、兆瑞两人的承租地让渡给张九令。

另外,大同 2 年腊月二十六日收租大洋 5 圆的正下方标注着"杜麻交",该承租地的地租已归杜麻缴纳,同册还显示其后康德元年腊月初六、康德 2 年十月二十五日杜麻及杜存继续负担该承租地地租。而且,康德 2 年十月二十五日附记账册显示,阎兆瑞及同树藩分得的凌家官庄升科地都转租给单溙林并由其纳租。

(6)同册中,佃户于庆奎之子润林名下,21 年腊月初十收租大洋 12 圆右边标注着"过张九令",大同 2 年腊月二十二日收租钱大洋 11 圆右边标注着"过单维汉幸了",可以看出其承租地从于庆奎转给张九令,而后又让渡给单维汉。

上边列出的所有例子中,可以推测转嫁纳租义务的"过"这个字,说明凌云阁官庄升科地的永佃户公然而且自由地辗转让渡佃耕权,并且业户(凌云阁)对此只管追认该事实,向新的负担纳租义务的现在的佃户每年收取一定的地租,不能施加任何支配性的干预。岁月的流逝以及征租时的方便性,让租户不得不渐渐地更换租册上的名义。结果新作成的租册,事实上的佃户与名义上的佃户大概一致,正如这儿援用的租地底册一样,两者隔离不一致绝对没留下痕迹。该底册作成的时候即民国 20 年的记账一个"过"都没有,毫无疑问所有的"过"都是民国

20 年以后的事情。

从这也可看出,佃户间的永佃权的辗转让渡在丈放前后完全没有变化,旧态依然一直持续至今。

第五　关于永佃户的私人财产

永佃户作为本案件当事者除了上述的分领地之外到底还有多少私人财产呢? 这在本案件的判决上有着极为重要的关系。有没有一个东西可以作为衡量标准,既可以如实地反映私人财产的有无或多寡即他们的资产构成,又可以看出他们将来的生活因本永佃地的得失会受到什么样的影响? 因而特地在此探讨一下。

永佃户的私人财产包含两个方面:(甲)纯粹的私有土地;(乙)相当于私有土地的永佃地。(甲)又可分为(1)官庄丈放的时候和庄头对半分领的官庄升科地和(2)不是这样的土地两种。下面分项说明其现状,弄清楚永佃户们的资产状况。

(甲)纯粹的私有土地

1.分领的官庄升科地

本项私有财产是指在清末锦州官庄丈放之际,和庄头(凌云阁)经过协商对半分领的自家永佃地。关于分领时的面积,已经在第四永佃权这一项解释过了,这里仅专门就承领以后由于分家或是买卖等与原来的数额产生了不同的情况进行陈述,其他一切略去不提。

(1)因分家减少的土地

所有者	分领原来数量(亩)	分割数量(亩)	现存量(亩)
赵永清	4.2	2.10	2.10
赵永林		2.10	2.10
张九德	25.00	8.33	8.33
张九凌		8.33	8.33
张九田		8.33	8.33
张九恩	15.00	6.60	6.60
张九惠		8.40	8.40
张书绅	264.80	66.20	66.20
张书棋		66.20	66.20
张书林		66.20	66.20
张永庆(书香的儿子)		66.20	66.20

(2)因买卖而减少的土地

（单位：亩）

所有者名	分领原额	出卖额	现存额
郭清风	10.80	10.80	0.0
王德富	10.70	10.70	0.0
王德贵			
胡文卿	24.70	34.70	0.0
张九祥	22.20	15.30	6.9
陈殿桂	3.80	3.80	0.0
金　有	3.20	3.20	0.0
金　润			
高　文	12.70	12.70	0.0
高　勇			
单汝林	3.45	3.45	0.0
陈庆恩	3.45	3.45	0.0
于汇川	2.74	2.74	0.0
阎俊明	12.10	12.10	0.0
王文朗	15.80	5.20	飞行场(?) 10.6—为官方所占

(乙)分领地以外的私有地

本项私有财产是指与官庄升科地完全没有关系的一般旗民地,是祖先或者永佃户自身买得的土地。拥有本项私有财产的佃户有如下14人。

佃户	面积(亩)	佃户	面积(亩)
王兆庚	88.00	于润林	5.00
王兆纯	16.00	杜　纯	12.00
王永贵	12.10	周文汉	8.00
郭清雨	41.00	金　润	12.00
郭清瑞	7.30	单辅臣	25.00
王永成	4.20	张永庆	12.50
赵德荣	8.30		

续表

佃户	面积（亩）	佃户	面积（亩）
张九恩 张九惠	8.00	总计	259.40

2.准私有地

本官庄在丈放时,庄地的一部分由庄头及永佃户对半分领,且只有庄头的地继续让原佃户耕种。这种永佃地就是本案件纠纷所涉及的土地。实际上永佃户已经将其视为一种祖传的私有财产,正如我们屡次讲到的一样,不需要选择业主可以一直经营。本项所谓的准私有地就是指这种永佃地,而本项土地一部分也因为绥中飞机场的建设被收用,结果下述永佃户的佃耕地即准私有财产就减少了相应的数量。

（1）因买卖而减少的土地

（单位:亩）

佃户姓名	永佃地原来数量	卖出数量	现存数量
胡文卿	34.70	3.13	31.57
	7.20（？）		6.47（？）
杜　纯	9.10	2.45	6.55
		2.65（？）	6.35（？）
陈殿桂	3.80	1.30	2.50

（2）因分家而减少的土地

佃户姓名	永佃地原来数量	卖出数量	现存数量
赵永清	4.20	2.10	2.10
赵永林		2.10	2.10
张九德		8.33	8.33
张九凌	25.00	8.33	8.33
张九田		8.33	8.33
张九恩	15.00	8.40	8.40
张九惠		6.60	6.60
张书绅		33.10	33.10
张书祺（麒）	132.40	33.10	33.10
张书林		33.10	33.10
张永庆		33.10	33.10

参考以上的增减永佃户作为本案件当事者其个人私有财产的状况如下表所示

(单位:亩)

佃户名	分领地	私有地	纯私产总计	永佃地	(A)准私产总计	(B)合计	(A)对(B)百分比	备注
王兆康	15.7	88.0	103.7	15.7	15.7	119.4	13.1	
王兆纯	26.2	16.0	42.2	25.5	25.5	67.7	37.7	
王文朗	10.6	—	10.6	15.8	15.8	26.4	59.8	分领地原来数量15.8亩
赵永清	2.1	—	2.1	2.1	2.1	4.2	50.0	分领地原来数量8.4亩,永佃地原来数量4.2亩
赵永林	2.1	—	2.1	2.1	2.1	4.2	50.0	
郭　金	12.0	—	12.0	12.0	12.0	24.0	50.0	
张云福	5.1	—	5.1	5.1	5.1	10.2	50.0	
王永贵	9.6	12.1	21.7	9.6	9.6	31.3	30.7	
王永长	4.6	—	4.6	4.6	4.6	9.2	50.0	
郭　宽	3.9	—	3.9	3.9	3.9	7.8	50.0	
郭清风	—	—	—	10.8	10.8	10.8	100.0	分领地原来数量10.8亩
郭清雨	3.2	44.2	44.2	3.2	3.2	37.4	8.6	
王德富王德贵	10.7	—	10.7	10.7	10.7	21.4	50.0	
张　恩	4.6	—	4.6	4.6	4.6	9.2	50.0	
王　银	3.87	—	3.87	3.87	3.87	7.74	50.0	
郭　义	3.90	—	3.9	3.9	3.9	7.8	50.0	
傅长林	4.45	—	4.45	4.45	4.45	9.9	50.0	
郭清云	7.0	—	7.0	7.0	7.0	14.0	50.0	
郭清瑞	8.9	7.3	16.2	8.9	8.9	25.1	35.5	
王永成	3.5	4.2	7.7	3.5	3.5	11.2	31.2	
赵德荣	3.2	8.3	11.5	3.2	3.2	14.7	21.8	
张九德	8.33	—	8.33	8.33	8.33	16.66	50.0	分领地、永佃地原来数量都是25亩
张九龄	8.33	—	8.33	8.33	8.33	16.66	50.0	
张九田	8.33	—	8.33	8.33	8.33	16.66	50.0	
张九恩	6.6	4.0	10.6	8.4	8.4	19.0	44.2	
张九惠	8.4	4.0	12.4	6.6	6.6	19.0	34.7	

佃户名	分领地	私有地	纯私产总计	永佃地	（A）准私产总计	（B）合计	（A）对（B）百分比	备注
胡文卿	—	—	—	31.57	31.57	31.57	100.0	分领地原来数量是34.7亩，永佃地原来数量是34.7亩
于润林	10.0	5.0	15.0	10.0	10.0	25.0	40.0	
张九祥	22.2	—	22.2	10.3	10.3	32.5	31.7	
张九卿	17.1	—	17.1	19.8	19.8	36.9	53.7	
杜 纯	7.7	12.0	19.7	6.55	6.55	26.25	24.9	分领地原来数量9.1亩
周文汉	5.85	8.0	13.85	5.85	5.85	19.7	29.7	
于作林	3.9	—	3.9	3.9	3.9	7.8	50.0	
陈殿桂	—	—	—	2.5	2.5	2.5	100.0	分领地原来数量3.8亩，永佃地原来数量39亩
王玉珍	3.1	—	3.1	3.1	3.1	6.2	50.0	
金 有	4.05	—	4.05	4.05	4.05	8.1	50.0	
金 润	—	12.0	12.0	3.2	3.2	15.2	21.1	分领地原来数量3.2亩
高 文 高 勇	—	—	—	12.7	12.7	12.7	100.0	分领地原来数量12.7亩
于香林	3.1	—	—	3.1	3.1	6.2	50.0	
单汝林	—	—	—	3.45	3.45	3.45	100.0	分领地原来数量3.45亩
陈庆恩	—	—	—	3.45	3.45	3.45	100.0	分领地原来数量3.45亩
单辅臣	4.7	25.0	29.7	4.70	4.7	34.4	13.7	
周辅光	3.8	—	3.8	3.8	3.8	7.6	50.0	
于汇川	—	—	—	2.74	2.74	2.74	100.0	分领地原来数量2.74亩
单泽林			4.7	4.7	4.7	9.4	50.0	
阎俊明	66.2	—	—	12.1	12.1	12.1	100.0	分领地原来数量12.1亩
张书绅	66.2	—	66.2	33.1	33.1	99.3	33.1	
张书祺	66.2	—	66.2	33.1	33.1	99.3	33.1	分领地原来数量132.4亩，永佃地原来数量264.8亩
张书林	66.2	—	66.2	33.1	33.1	99.3	33.1	
张永庆	66.2	12.5	78.7	33.1	33.1	111.8	29.6	
张书田	3.95	—	3.95	3.95	3.95	7.9	50.0	

第六　关于永佃地的现租

现在继续租凌云阁所有官庄升科地的现租户的详细情况如资料所示,只不过这些现租户中除了作为本案件当事者的永佃户王兆庚等外还有 18 人混在其中。他们一方面以永佃户的资格世袭佃耕凌云阁的分领地,另一方面作为现租户同凌氏签订普通的佃耕合同,在与永佃地完全不同的条件下持续租地耕种。关于永佃户形成现租关系的原因,仅仅是基于其所经营的农地不够,此外没有任何沿革性的原因(当事者双方的陈述)。并且现租基本上租种的都是凌云阁固有的自种地或者直营地,属于即使在官庄丈放之前也完全没有永佃关系制约的土地,因此下面专门就地租以及撤佃这两项进行简单的探讨,以便明确其与永佃地的区别。

(1)兼做现租户的永佃户

根据民国 20 年制定的现租底册,既是本案件当事者永佃户又是现租户即按照普通的地租合同一直佃耕凌云阁的私有土地的人或者曾经佃耕过的人如下所示:

王兆庚　民国 20 年以父亲王彦青(青又写作卿,谐音)的名义租种凌云阁所有的 3 天地,每天地缴纳地租 20 圆。

王兆绅　民国 20 年让其祖父王金喜租种凌氏所有的 3 天地,每天地缴纳地租 20 圆。

现租户王金禧的禧与喜同音,属假借字,是同一个人。另外大同 2 年—康德元年的 2 年间,其以每天地 20 圆的租金租种凌氏所有的 4 天地。

赵永林　赵永清　以其父赵德宝(德保?)的名义自大同 2 年以来一直租种凌氏所有地。

郭　金　以其子青涟的名义于大同 2 年租种凌氏所有的 1 天地。

赵云福　民国 20 年以每天地 21 圆的地租租种巳字 82 号上则地,大同 2 年以后至今的现租关系如资料所示。

郭　宽　大同 2 年以后(除康德 2 年)的地租关系如资料所示。

王　银　大同 2 年以后持续了现租关系。

郭清云　民国 20 年现租祖坟前 91 号上地 0.17 亩,缴租 3.5 圆。

赵德荣　民国 21 年以 13 圆地租租种凌氏所有的半天地,大同 2 年以后的亲租关系的详情如资料所示。

张九祥　民国 20 年以后现租巳字第 332 号、第 97 号官庄升科地共计 10 亩 3 分。

(2)现租地的地租

现租地的地租根据业主与租户之间的合同而定。按惯例是耕种前让现租户缴纳一年的地租。其数额是根据供求状况或增或减,根据年份的不同自由伸缩变化。这与永佃地的租额一成不变且在秋收后缴纳不一样。通常我们把前者称为"活租",后者称为"死租",这个称呼最能说明两者的特征。

如上所述,现租地的地租是"活租"也就是有增减的弹性,由此特征产生的第一个结果就是业主可以自由地增加其租金数额。

佃户郭银的现租地(3 天地)的地租在大同 2 年约定的是每天地 20 圆,到康德 2 年增加了 75%即 13 圆一下增长至 33 圆。

同是佃户的刘襄,其现租地(1 天地)也增加了相同的比率。

同是佃户的赵德荣,其现租地(1 天地)地租由最初的 20 圆至康德 2 年增长到 33 圆,康德 3 年又增长到 37 圆。

同是佃户的王银,其现租地(1 天地)由大同 2 年的 20 圆至康德 2 年增长到 37 圆。

同是佃户的张云福,其现租地(4 天地)由大同 2 年的 22 圆至康德 2 年增长到 27 圆(36 圆?)5 角,其后 3 年增长到 40 圆,前后增长了两次。

地租逐年增加,无法阻挡,都可以作为其为活租的实证。其他如此类似的增加地租实例随处可见。

也就是说,现租户对其地租的增加完全没有法律上的保障。这与永佃地的地租在民国 20 年以来固定为每亩 1 圆 1 角,从那时起到现在成冻结状态是不能一视同仁的。

(3)现租地的撤佃

现租地在最初订立合同的时候也不是没有规定 3 年或 5 年等一定的佃耕年限,不过,通例是 1 年 1 租即每年需要更新 1 次合同。实际上,按照惯例租佃人每年农耕开始前就预先缴纳(上打租)地租才被允许当年的耕种。因此,作为当事人到了更新日期,而没有能力继续更新的时候,租佃合同在其期间满的同时立即被解除,失去其效力,业主可以撤地另租。

当然,租佃人的退佃也是完全自由的。看看民国 20 年至康德 4 年仅仅几年时间里凌云阁所有地的现租关系,几乎没有始终持续佃耕的租佃人。与之相反,可以发现更换佃户、变换地段、甚至撤地另租或撤佃另卖等实例频频出现。这既真实地反映了现租的特征,又与永佃地有不可分割的关系,可以看出所谓撤佃的保障完全不能适用于现租地。

与现租户业主凌云阁的关系如上所述,且这种关系具有不因对方是租佃人还是永佃户而发生任何变化的特征。因此作为现租户的永佃户将关于永佃地增租夺佃的保障原样引用在现租地上,与业主对抗,在条理上也是说得通的。

第七 处理上考虑的要点

(一)本件附属凌云阁所有官庄升科地的永佃户是自官庄编设以来的世袭租佃人,因此,其耕种权几乎可以与所有权匹敌,是一种强大的他物权,一般把这称为永佃权。关于这点已经略有涉及。所谓永佃权,根据其产生的原因有的可以看作土地负担(土地债务),有的又可以解释为分割所有权。在此我们仅遵循旧例将其概称为永佃权。关于永佃权,旧民法(第 842 条)中规定,所谓的永佃权就是支付地租永久在他人土地上耕作或者牧畜的权利。

以此将永佃权定义为支付地租、永久在他人土地上耕作或者牧畜的权利。但是,奉天省在民国 6 年末制定的奉天省永佃地亩规制这一单行法规开始实施,除前清皇室地及王公地以外的所有永佃关系土地全部适用。本件纠纷地本来就属于其适用范围,因此,规制凌云阁等业、佃关系的永佃权性质应根据专门特别法,即该规则与旧民法中所谓的永佃权需要分别解释。这作为本案件处理的前提工作,首先需要对奉天省地亩规则进行慎重的研究。

(二)满洲国的新民法即现行民法规定

物权除本法及其他法律规定以外,不可创设。(第176条)

关于物权的种类采用法定制限主义,且限定其种类分为占有权、所有权、地上权、耕种权、地役权、典权、留置权、质权及抵押权等9种。不承认所谓的永佃权,只不过在民法物权篇施行法第2条中规定,根据从前的法令作为物权被认可而在民法物权篇中没有规定的,除了有特别的规定以外,根据以前的法令仍然有效。

虽说所谓永佃权在设令民法上不属于法定物权,但根据从前的法令即关系旧政权时代的施行的奉天省永佃地亩规则现在仍然保有其效力。但是,问题是当制定新民法时将永佃权从法定物权中排除的理由到底是什么? 若是立法的精神还未涉及到永佃权的所有权,为了除去制限苛重的弊病,那么在很近的将来永佃权将废绝。换言之,如果把摄取所有权和转换耕种权当做理想,那么每次有机会就要暂时观察一下立法的趋向,保持相同步调。这样当然就不用苦苦考虑目前的混乱状态。重要的仅仅是其转化如何、摄取如何,这也是需要预先考虑的一点。

(三)奉天省永佃地亩规则是仿效日本的永租佃权整理而制定的法令。其资本主义色彩最为浓厚的一点,是不是可以说就是其非常符合今日的社会立法呢? 在这一点上还存在很多疑问。特别是该规则将永佃权的最长时间限定在50年,在其实行前就否认当事人之间"永不撤佃"的约定这一点,不得不说它完全重蹈日本失败的覆辙。而且,不难预料其存续期间的临近(康德34年期满)必定促使永佃户认识到自己的处境,两者相互等待,如果不出现企图改变这一制度的偏颇不备的运动,是不会停止的。何况,最近土地立法的动向是各国竞相杜绝富豪兼并土地,努力维持引导并保护自作农制定,因此利用这一优势最低限度也要对该规则资本主义性质的法规加大调整幅度,这一点是不言而喻的。另外,该规则对于其适用范围外的前清皇室土地及王公土地,一方面要向业主即前清皇室或者王公府缴纳租差即地租,另一方面作为广义的旗地也不能免除旗租(一般称为钱粮,实际上是田赋即公课)。证明现在的"一地二粮"的谚语所说的是事实。这个是否正确就不必多说了。时至今日,这些土地基本上在丈放后都成为民间的私有财产,其在丈放前的庄佃关系(分割所有—永佃关系)持续至今就像本件官庄升科地完全没有保留可以选择的余地。仅仅这两点,可以说歧视这个的理由完全失去了根据。其次,该规则对起因于开垦荒地的永佃地的另卖,规定业主应该分给永佃户的劳金数量仅为时价或者买卖价格的三成(该规则第14条)厚待地主而薄待永佃户,不仅仅给人一种不公平的感觉,而且完全无视了永佃户的优先留买权,在这几点上对于该规则的实施价值存在诸多疑问,这也是第3点研究这个问题的原因所在。

(四)其次必须考虑的问题是关于本件官庄升科地业、佃之间纠纷的真正原因,需要进行彻底地调查,据本委员的理解其原因就是下面两项。

(甲)本件官庄升科地是一地两主,换句话说,在名义上呈现出是凌云阁的所有地,但其实权却由永佃户掌握,凌云阁除了每年收取定额地租之外,基本上不能行使作为所有权者的任何权利,甚至不得不承认其永佃权的相续性、让渡性,完全处于分割所有的状态。

这种情况是维持现状即完全保留了永佃户关系的现状(大多数永佃户衷心希望如此,完全没有期望取得所有权)。如果绝对不允许一地两主的状态继续存在,一心实现所有权的完全单一化,就像整理方针所标榜的那样,应该妥善处理的问题是维持现状,也就是尊重永佃户的既得权利,这关系到多方利益,肯定会带来一些影响。但并不足以成为问题。但是如果其整理方针会立即引起所有权的收取或耕种权的转换,关于上述几点当然需要加以思考。

(1)调整方法

A 由业主(上级所有权者)购买永佃户(下级所有权)改为业主的完全所有地。

B 由永佃户(下级所有权)购买业权(上级所有权),永佃户提升为所有权者。

C 按照一定的比例将纠纷地段分给业主及永佃户,两者相独立取得各自分得地段的完全所有权。

不论决定按照三者中的哪一种方法都不能放松注意的是本案件的纠纷地在清末丈放时,已经分割下发给庄、佃的土地,且源于沿革上的理由,仅限于凌云阁的分割地,现在仍然不能废除永佃户,而且永佃地大致都是零散的地段,基本上不能进行再次分割,如果硬要分割的话,有可能会丧失其作为农耕地的经济利用价值。永佃户大部分除了本件佃耕地以外极少有人有其他的纯私人财产,一旦其使用和收益减少、薄弱立即会在生计上蒙受致命性的损伤,或者处于难保没人陷于一家离散的悲惨境地的状况。与之相反,业户凌云阁在本件纠纷地以外还拥有广大面积的自耕地、现租地等经营地,这个得失的影响应该会轻微。

(乙)不能领会永佃户无知愚昧的地籍整理精神,凭业主即凌云阁的单独申告直接误以为所有权的统一调整是将来要进行的,其结果当然导致了他们既得的永佃权失去了效力,即使不至于完全丧失,至少难以避免其效力的薄弱化——沦落到耕种权程度的物权的命运,以上的误解迫使永佃户陷入过度的不安,最终导致了今日所见的动摇。

这种情况显示了保护永佃权的实质,一方面根据民法物权编施行法或土地登录法等的规定,实行永佃权的登记,以此尽量扫除永佃户脑海里的忧惧不安,另一方面说明地籍整理的真正精神,将申告者仅限定于业主凌云阁。这仅仅显现出处理上的方便,绝不是可以马上决定永佃有无得失的规则,只是让民众理解这一点。这表明他们的希望只在拥护永佃权即保持现在的佃耕关系这一点,并不是硬要与凌云阁争夺所有权的有无、权限的大小,这一点可以断言。

(2)调整机构

不论任何机构,都存在一个问题就是是否能最为妥当地处理前述调整中出现的冲突。在这一点上,屈指可数的有地籍整理局绥中县支局、绥中县公署及该县协和会支部,且上述三个机构各有其长短得失,很难取舍,直截了当地说,直接跟地籍整理或一般县政相关的前两个机构的工作一旦行动,很可能混入强制性要求的感觉甚至引发效法,因此尽可能地避免这样,凭借协和会这样的以官民融洽为使命的机构来调节斡旋反而有希望找到妥善公平的解决方法。

(五)最后需要注意的是满洲各地特别是旧奉、吉两省所辖各县内潜在的与本件纷争地同性质或者同类型的永佃关系随着地籍整理事业的进展渐渐显出其原貌,到处都反复出现同类型的纠纷,这是当局在处理中可以想象的困惑。现在本委员在康德3年末海城县公署听说该县纸方屯一带(牛庄的东面)有成片的前清宗室克勤郡王府变卖的庄地,发生了与之相关的撤佃纠纷。另外在这次调查的时候也听说靠近绥中县山海关的地方及兴中、盘山两县管辖内也正在酝酿同类纠纷。依据满洲国土地制度的沿革,这种土地被旧政权时代官地清丈局或垦务局等的整理排除在外,或者在该整理之前就已经由王公宗室即所谓的业户之手被直接变卖了,且永佃关系完全没有调整,这类事件绝不少见。而且上述的几个例子只不过是冰山一角,应该可以说问题还深藏在密云里。果真如此的话,急着解决其局部的个别问题是否妥当就不是最值得考虑的问题了。也就是说站在总体角度上来看的话,追究其纷争的原因一举解决诉讼根源,同时树立首尾一致、条理井然的对策,使之适用全国,适用所有的案例,不言而喻需要建立不会前后相反、渐渐分离的举措。这个做得如何,尽早设立永佃地调查委员会,使其承担职责,确立恒久的善后纲要,这实在是顺理成章的事情,也是应该预先予以考虑的一个关键点。

康德 3 年 6 月 12 日

北经经济资料第 20 号

康德 2 年度北满农家收支状态调查

哈尔滨铁路局

北满经济调查所

目 录

康德 2 年度北满农家收支状态调查

一、概说

本调查是为了了解康德 2 年度北满农家的收支状态而做的,从今年 2 月上旬开始大约进行了一个月。在调查康德 2 年度北满农作物收获的闲暇之余,在农耕规模相对较大的主要地方以可作为标准的 24 户农家为对象进行了听取调查,并以此为基础统计了一些信息。然而由于调查时间有限,因此不能做十分充分的调查,再加上调查户数不够多,而且调查事项尚有不完善之处,所以如果说本调查结果能全面反映出北满农家经济状况,当然是过于轻率的。即便如此,至少我们可以看到与前一年相比,农家收支状态是有所好转的。

事实上,在我等看来,除局部地区以外,康德 2 年度末农民生活状态总的来说比较安定,农民想必能够以良好的经济状态迎来新年。

二、关于调查农户

1.迁入年月

调查的 24 户农家的迁入详细情况如下:

未满 10 年	6 户
11—30 年	11 户
31—50 年	3 户
50 年以上	3 户

2.按农户分(大、中、小农)

大农(100 晌以上的种植面积)	4 户
中农(30 晌以上不足 100 晌的种植面积)	11 户
小农(不足 30 晌的种植面积)	9 户

(注)区分大、中、小农并不考虑耕地的借贷关系,仅考虑其种植面积。

3.按自耕农佃农分

自耕农	12 户
自耕兼佃农	5 户
佃农	7 户

4.调查农户所在地区

京滨线地方(双城、榆树)	4 户

滨北线地方(绥化、海伦、望奎)　　　　　4户

齐北线地方(拜泉、讷河、依安、克山)　　7户

滨洲线地方(明水)　　　　　　　　　　　3户

滨绥线地方(宁安、延寿)　　　　　　　　2户

松花江下流地方(宝清、富锦)　　　　　　3户

其他地方(泰来)　　　　　　　　　　　　1户

根据统计结果可以看到,农家平均每户的种植面积为850.7晌、家庭成员数18人、长工数5.6人;耕农一人平均种植面积是6.7晌、役畜11.5头、猪9.3头、家禽18.2只、拥有马车台数1.5台;而种植面积1晌平均所需役畜为0.2头、猪0.2头、家禽0.3只;平均1头役畜的耕作面积是4.4晌。

但是,如统计资料一览表所示,大、中、小农会有各自不同的结果。

三、农户收入

农家收入的大部分来自收割谷物的收入、地租以及副业收入,这些我们都努力尽可能合理地去进行估价统计。然而有的收入估价起来很困难,就要排除在外,即自然增加产生的如家畜、家禽类乃至蔬菜等的收入。

但是像价格很明确的如自给自足的肉类、茎秆等,则根据当地的时价被算入副业收入中。

根据上述方法所统计的按农耕规模的大小以及按地方得出的每一晌地的总收入如下表所示,本年度平均收入(54圆66钱)与去年的平均收入(37圆90钱)相比,增加了16圆76钱,其增收的原因主要是小麦的丰收及各农作物一直保持高价。

另外,本年度值得一提的是水豆灾害。这次水豆灾害对经济界造成了深重且大范围的影响,同时其间几大利害关系错综复杂,因此,单就对农家经济的影响上看,无法立即作出判断。

所调查农家1晌地平均收入如下所示(国币圆):

1.大、中、小农的各自收入

类别	大农	中农	小农	平均
农作物	46.03	33.80	33.02	35.55
地租	12.21	10.86	16.85	13.30
副业	3.28	4.47	8.38	5.81
合计	61.52	49.13	58.45	54.66
去年合计	34.12	48.20	31.11	37.90
增减比较	(+)27.40	(+)0.93	(+)27.34	(+)16.76

2.自耕农佃农各自收入

类别	自耕农	自耕兼佃农	佃农	平均
农作物	38.87	33.60	31.24	35.55
地租	13.30	—	—	13.30
副业	4.70	4.94	8.35	5.81
合计	56.87	38.54	39.59	54.66

3.调查农户所在地统计的收入

地方	农作物	地租	副业	合计
京滨线地方	41.43	—	5.09	46.52
滨北线地方	48.90	18.00	3.91	70.81
齐北线地方	28.99	15.76	4.50	49.25
滨洲线地方	25.25	6.18	3.46	34.89
滨绥线地方	25.09		15.69	40.78
松花江下游地方	45.75	16.85	9.36	71.96
其他地方	25.63	—	2.22	27.85
平均	35.55	13.30	5.81	54.66

4.对比前一年度北满各地谷物平均市价(本地满洲斗每石价格)

品名	1935 年度	1934 年度	增减比较
大豆	12.98	9.09	(+)3.89
小麦	16.46	15.20	(+)1.26
高粱	9.42	7.99	(+)1.43
谷子	9.42	7.60	(+)1.82
白米	8.27	6.64	(+)1.63
糜子	11.33	10.25	(+)1.08
小豆	12.00	9.27	(+)2.73
绿豆	20.00	12.50	(+)7.50
旱稻	13.00	10.64	(+)2.36
稗子	3.80	3.96	(−)0.16
红粟	6.50	*	*
小麻子	7.63	7.63	—

续表

品名	1935年度	1934年度	增减比较
苏子	13.82	11.27	(+)2.55
荞麦	7.00	*	*
大麦	*	4.54	*
燕麦	*	3.92	*

备注: * 表示不明。

5.农作物的收入

作为商品作物卖出的有大豆、小麦、苏子和小麻子四种,其种植面积比例占52%,从农作物总收入来说占约60%,其他的大致是农民经常食用的粟、高粱、白米、糜子和稻子等,种植面积是48%,占农作物总收入的40%。

各商品作物平均一晌地的收入如下表所示:

对比去年每晌地的平均收入   (单位:国币圆)

品名	本年度	去年	增减
大豆	37.20	27.31	(+)9.89
小麦	55.19	35.52	(+)19.67
苏子	41.05	44.09	(−)3.04
小麻子	26.02	15.49	(+)10.53

另外,本年度收获农作物的总平均收入是35圆55钱,与去年的24圆79钱相比增收了10圆76钱。

6.地租收入

地租率根据各地方及土地的好坏存在很大差距,地租的收付状态也是多种多样的,因此地租收入的实际情况很难把握。本次调查的范围集中在相对上层农家,且因为调查户数较少,因此多少感到不能完全适用所有农户。即便这样,仍然可以看出地租的收入成绩还是极好的,本年度一晌地平均收入是13圆30钱,与去年的6圆07钱相比增收了7圆23钱。

7.副业收入

根据本调查结果显示,农家的副业收入仅占收入总额的10%,将它换算成种植面积平均每晌地的收入来看的话,大农是3圆28钱,中农是4圆47钱,小农是5圆44钱,自耕农是4圆70钱,自耕兼佃农4圆94钱,佃农8圆35钱,总平均值是5圆81钱,相比去年的7圆04钱减收了1圆23钱。

四、农户支出

农家支出的总额中,生活费占了其中大约 36%,居支出费用的第一位,其次是工资和其他支出分别占了 16%,以下依次为牲畜饲养费占 12%、杂费 8%、税金 7%、种子费占 5%。

本年度一晌地的平均支出是 40 圆 55 钱,与去年的 30 圆 05 钱相比支出费用增加了 10 圆 50 钱。其增加的主要原因是消费以及受农作物价格影响而导致的生活费和其他支出(主要是地租)的增加引起的。

按农家的经营规模及所在地列出的支出概要如下表所示:

1.大、中、小农每晌地的支出

类别	大农	中农	小农	平均	去年平均	增减比较
税金	3.76	2.34	2.02	2.45	1.94	(+)0.51
种子费	2.03	1.86	2.08	1.97	1.13	(+)0.84
工资	8.32	5.96	5.72	6.26	6.99	(−)0.73
其他支出	6.06	6.67	7.17	6.78	3.40	(+)3.38
主食费	8.50	7.41	12.01	9.32	3.49	(+)5.83
副食费	5.54	4.61	7.25	5.75	4.17	(+)1.58
饲料	5.47	4.05	5.03	4.66	4.27	(+)0.39
杂费	3.74	2.96	3.64	3.35	4.66	(−)1.31
合计	43.42	35.86	44.92	40.55	30.05	(+)10.50

2.自耕农佃农每晌地支出

类别	自耕农	自耕兼佃农	佃农	平均
税金	3.35	2.45	0.93	2.46
种子费	1.59	1.44	2.30	1.97
工资	7.36	6.73	4.06	6.26
其他支出	9.96	2.66	9.66	6.78
主食费	10.45	7.39	8.76	9.32
副食费	6.35	4.78	5.43	5.75
饲料	4.59	2.69	5.45	4.66
杂费	3.33	3.18	3.49	3.35
合计	47.38	31.32	40.10	40.55

3.各调查农户各所在地平均每晌地支出

类别	京滨线地方	滨北线地方	齐北线地方	滨洲线地方	滨绥线地方	松花江下游地方	其他地方	平均
税金	3.13	2.34	2.06	2.48	1.10	4.10	0.63	2.46
种子费	1.78	2.83	1.43	0.83	2.05	2.60	4.39	1.97
工资	7.44	6.34	5.18	5.85	2.75	11.21	0.29	6.26
其他支出	4.55	14.57	3.29	—	4.97	—	5.44	6.78
主食费	8.15	10.13	8.32	5.73	11.19	15.10	7.35	9.32
副食费	5.36	6.19	4.36	3.58	6.53	11.61	2.72	5.75
饲料	4.25	5.91	4.53	3.46	5.96	5.10	1.85	4.66
杂费	3.94	3.09	3.46	2.38	4.29	3.70	1.13	3.35
合计	38.60	51.40	32.63	24.31	38.84	53.42	23.80	40.55

4.生活费

生活费的大部分是食物费用,调查地农民一般将粟、玉米、高粱、糜子之类当作主食,其中粟占了40%,其次,从调查农家每人每天平均主食量来看,大农是4.8合,中农4.4合,小农3.5合,自耕农4.3合,自耕兼佃农3.6合,佃农4.1合,其平均是4.1合,和去年的4.8合相比相差0.7合。每户农家一年间的平均主食量及其价格是,小米(精制谷子)148斗8升(231圆19钱),高粱135斗(118圆10钱),玉米112斗5升(94圆59钱),其他79斗7升(143圆46钱)。

另外,伙食费又分为主食费和副食费,将长工、临时工也当作家庭人数来算的话,农户每人每天平均所需经费是,主食费大农5.6钱,中农4.8钱,小农5.5钱,自耕农5.7钱,自耕兼佃农4.7钱,佃农4.5钱,其平均是5.2钱,与去年的2.4钱相比增加了2.8钱;而副食费大农5.8钱,中农3.2钱,小农3.0钱,自耕农4.0钱,自耕兼佃农2.4钱,佃农2.6钱,平均是3.6钱,相比去年的3.1钱增加了5厘。而且其中副食费中面粉所占比例最高,为59%,肉类占了16%,盐13%,豆油7%,其次按顺序排列分别是酒、砂糖、其他杂货等。另,每户农家一年间的副食量及价格如下所示:

面粉1,586.3斤44圆40钱,盐359.8斤39圆92钱,肉类433.3斤85圆61钱,豆油185斤33圆52钱,酒类118斤24圆06钱,砂糖11.5斤2圆87钱,其他18圆33钱,合计2,693.9斤248圆71钱。

再者,从经营面积来看每晌是:

◎主食费 { 大农8圆50钱,中农7圆41钱,小农12圆01钱
自耕农10圆45钱,自耕兼佃农7圆39钱,佃农8圆76钱

◎副食费 { 大农5圆54钱,中农4圆61钱,小农7圆25钱
自耕农6圆35钱,自耕佃农4圆78钱,佃农5圆43钱

如上述,主食费的平均额是9圆32钱,相比去年的3圆49钱增加了5圆83钱,而副食费

的平均额是 5 圆 80 钱,与去年的 4 圆 17 钱相比同样多出了 1 圆 63 钱的支出费用。

(**参考**:1.大、中、小农各自平均每晌支出表;2.自耕农、自耕兼佃农各自平均平均支出表)

◎衣服费 1 个人 1 年间平均费用大农是 4 圆 96 钱,中农 3 圆 74 钱,小农 4 圆 19 钱,自耕农 4 圆 52 钱,自耕兼佃农 4 圆 25 钱,佃农 3 圆 32 钱,本年度的总平均是 4 圆 30 钱,与去年的 3 圆 33 钱相比其支出增加了 97 钱。

◎交际费农家每人 1 年间平均是大农 4 圆 68 钱,中农 1 圆 99 钱,小农 1 圆 68 钱,自耕农 2 圆 59 钱,自耕佃农 3 圆 43 钱,佃农 1 圆 07 钱,总平均是 2 圆 32 钱,相比去年的 2 圆其支出增加了 32 钱。

5.大、中、小农平均每晌支出

类别	大农	中农	小农	平均	去年平均	增减比较
1 人 1 年间衣服费	4.96	3.74	4.19	4.11	3.33	(+)0.78
1 人 1 年间交际费	4.68	1.99	1.68	2.32	2.00	(+)0.32
1 人 1 年间长工工资	56.64	53.85	68.33	59.00	61.97	(−)2.97
1 人 1 天临工工资	0.53	0.59	0.57	0.57	0.47	(+)0.10
1 人 1 天主食量	4.8	4.4	3.5	4.1	4.8	(−)0.7
1 人 1 天主食费	0.056	0.048	0.033	0.052	0.024	(+)0.028
1 人 1 天副食费	0.058	0.032	0.020	0.036	0.031	(+)0.005
1 人 1 天伙食费总计	0.114	0.080	0.085	0.088	0.055	(+)0.033

注:主食量因为是用当地的斗、合来表示的,所以并不能准确得出其平均量。

6.自耕农佃农生活费每晌支出

类别	自耕农	自耕兼佃农	佃农	平均
1 人 1 年间衣服费	4.52	4.25	3.32	4.11
1 人 1 年间交际费	2.59	3.43	1.07	2.32
1 人 1 年间长工工资	57.83	61.67	58.85	59.00
1 人 1 天临时工工资	0.60	0.57	0.53	0.57
1 人 1 天主食量	4.3	3.6	4.1	4.1
1 人 1 天主食费	0.057	0.047	0.045	0.052
1 人 1 天副食费	0.040	0.024	0.026	0.036
1 人 1 天伙食费总计	0.097	0.071	0.071	0.088

7.各主要地区生活费每晌支出

地方	1人1年间衣服费	1人1年间长工工资	1人1天临时工工资	1人1天主食量	1人1天主食费	1人1天副食费	1人1天伙食费总计
京滨线地方	6.82	50.21	0.53	4.1	0.050	0.037	0.087
滨北线地方	3.01	51.29	0.50	4.5	0.053	0.049	0.102
齐北线地方	4.00	56.75	0.63	4.6	0.051	0.031	0.082
滨洲线地方	2.56	60.32	0.57	4.2	0.042	0.026	0.068
滨绥线地方	3.50	80.00	0.40	2.8	0.060	0.032	0.092
松花江下游地方	3.91	58.00	0.77	3.1	0.061	0.047	0.108
其他地方	2.00		0.40	4.5	0.046	0.017	0.063
平　均	4.11	59.00	0.57	4.1	0.052	0.036	0.088

8.饲料费

役畜、猪以及家禽类的饲养费占农家总支出的12%,其中大部分是役畜饲料费,每户农家平均牲畜数量是役畜11.5头,猪9.3头,家禽类18.2只。一年间的平均饲料为大豆4石1斗41圆21钱,豆粕141袋47圆58钱,高粱18石5斗155圆16钱,其他杂粮16石2斗75圆39钱,粟壳17.252斤40圆62钱,合计359圆96钱,平均1头的饲养费是1年31圆30钱。

平均每晌饲料费是大农5圆47钱,中农4圆05钱,小农5圆03钱,自耕农4圆59钱,自耕兼佃农2圆69钱,佃农5圆44钱,总平均是4圆66钱,相比去年的4圆27钱增加了39钱。

9.其他支出

仅次于生活费的主要支出是工资和租借土地地租的支出,在本次调查中,农户平均使用长工人数以大农为最高,达16人,中农4人,小农1.2人,自耕农2.6人,自耕兼佃农4.7人,佃农1.8人,总平均5.6人,较去年的平均7.6人减少了2人。或是由于今年调查农家的经营规模与去年不同,实际情况可能大同小异。

另外,将从事农耕的全体成员计算在内,得出每人平均种植面积是大农6.4晌,中农6.8晌,小农6.6晌,自耕农7.2晌,自耕兼佃农6.6晌,佃农5.8晌,平均6.7晌,与去年的7.8晌相差1.1晌。

◎各地方长工工资都是平均1人1年59圆61钱,比去年的61圆97钱少了2圆36钱,其减少无特别理由。

◎临时工工资平均每天56钱,较去年的47钱高出了9钱,这反映出了临时工雇佣困难及生活费的上涨。其次,看其每晌的平均工资,大农是8圆32钱,中农5圆96钱,小农5圆72钱,总平均是6圆26钱,与去年的6圆99钱相差73钱。

◎包含国税及地方税的每晌税金情况是大农3圆76钱,中农2圆34钱,小农2圆02钱,平均2圆46钱,相比去年的1圆94钱增加了52钱。这大概是由于地方上各种设备的配置导致的地方税的增加。

　　◎每晌地的种子费是大农 2 圆 03 钱，中农 1 圆 86 钱，小农 2 圆 08 钱，平均 1 圆 97 钱，相比去年的 1 圆 13 钱增加了 84 钱。这大概是由于播种作物的变化及市场价格的变动导致的结果。

　　◎平均每晌地的其他支出（主要是地租），大农是 6 圆 06 钱，中农 6 圆 67 钱，小农 7 圆钱，平均 6 圆 67 钱，与去年的 3 圆 40 钱相比增加了 3 圆 38 钱，几乎增加了一倍的支出，主要原因基本可认为是其所需缴纳粮食的市场价上涨。

　　◎平均每晌杂费（衣服费、交际费、马具及其他附属品），大农是 3 圆 74 钱，中农 2 圆 96 钱，小农 3 圆 64 钱，平均 3 圆 35 钱，与去年的 4 圆 66 钱相差 1 圆 31 钱。

五、平均每晌收支差额比较

以上述收支计算所得基本数字为基准，比较平均每晌的盈亏情况。

1.按大、中、小农划分

类别	收入	支出	差额	去年	增减比较
大农	61.52	43.42	18.10	9.09	（+）9.01
中农	49.13	35.86	13.27	7.30	（+）5.97
小农	58.45	44.92	13.53	5.23	（+）8.30
平均	54.66	40.55	14.11	7.85	（+）6.26

2.按自耕农佃农划分

类别	收入	支出	差额
自耕农	56.87	47.38	（+）9.49
自耕兼佃农	38.54	31.32	（+）7.22
佃农	39.59	40.10	（-）0.51
平均	54.66	40.55	（+）14.11

3.北满各地方

地方	收入	支出	差额
京滨线地方	46.52	38.60	（+）7.92
滨北线地方	70.81	51.40	（+）19.41
齐北线地方	49.25	32.63	（+）16.62
滨洲线地方	34.89	24.31	（+）10.58
滨绥线地方	40.78	38.84	（+）1.94

地方	收入	支出	差额
松花江下游地方	71.96	53.42	(+)18.54
其他地方	27.85	23.80	(+)4.05
平均	54.66	40.55	(+)14.11

昭和 12 年 6 月 7 日

北经经济资料第 60 号

昭和 11 年北满农家收支状态调查

满铁·北满经济调查所

目 录

昭和 11 年北满农家收支状态调查

一、概说

本调查是为了了解昭和 11 年北满农家的收支状态而做的,从今年 2 月中旬开始大约进行了一个月。利用北满农产品实际收成调查的闲暇,就主要地方农家进行了实地听取调查,并以此为基础统计了一些信息,然而由于调查时间有限,且调查户数极少(14 户),再加上调查事项有诸多不完善之处,整体上只能粗略带过,因此如果说本调查结果能全面反映北满农家经济状况是很轻率的。但综合调查统计结果和调查员的客观观察来看,农家经济持续复苏,渐渐从事变后的逆境中复原,似乎可以看到充满前景的曙光。

二、关于所调查农家

1.迁入年月

所调查的 14 户农家的迁入详细状况如下:

未满 10 年	3 户
10 年以上 30 年未满	7 户
30 年以上 50 年未满	1 户
50 年以上	3 户

2.农家划分(大、中、小农)

大农(100 晌以上的种植面积)	2 户
中农(30 晌以上未满 100 晌的种植面积)	5 户
小农(未满 30 晌的种植面积)	7 户

(注)区分大、中、小农并不考虑耕地的借贷关系,仅考虑其种植面积。

3.按自耕农佃农划分

自耕农	6 户
自耕兼佃农	4 户
佃农	4 户

4.调查农家所在地区

京滨线地方(双城、榆树、扶余)	3 户
滨北线地方(望奎)	1 户
齐北线地方(拜泉、克山)	3 户

滨洲线地方(安达、青冈、肇东、肇州)　　　4 户
滨绥线地方(密山、宁安、延寿)　　　3 户

根据统计结果可以看到，调查农家总平均 1 户的种植面积为 46.2 晌，家庭成员数 16.3 人，长工数 6.7 人，耕农 1 人平均种植面积是 6.9 晌，役畜 12.9 头，猪 11.8 头，家禽 12.8 只，拥有马车台数 1.6 台。种植面积 1 晌平均所需役畜 0.3 头，猪 0.3 头，家禽 0.3 只，平均 1 头役畜的耕作面积是 3.6 晌。

但是，如统计资料一览表所示，大、中、小农会有各自不同的结果。

三、农家收入

农家收入的大部分来自收割谷物的收入，副业以及地租收入这些，我们都努力尽可能合理地去进行估价统计。然而有的收入估价起来很困难，就要排除在外，即自然增加产生的如家畜、家禽类以及蔬菜等的收入。但是像价格很明确的如自给自足的肉类、茎秆等，则根据当地的时价被算入副业收入中。根据上述方法计算出的所调查农家 1 晌地总平均收入为 59 圆 73 钱，这与去年的平均收入 54 圆 66 钱相比增加了 5 圆 07 钱，其增收的原因主要是去年商品作物价格下降，还发生了水旱灾害，而对比今年并没有特别大的灾害，而且似乎今年谷物市价整体上涨。

所调查农家 1 晌地平均收入如下所示(国币圆)：

1.大、中、小农的各自收入

类别	大农	中农	小农	平均
农作物	39.71	48.66	40.15	43.13
地租	1.18	4.50	—	3.39
副业	7.41	7.60	18.88	13.21
合计	48.30	60.76	59.03	59.73
去年合计	61.52	49.13	58.45	54.66
增减比较	(−)13.22	(+)11.63	(+)0.58	(+)5.07

2.自耕农佃农的各自收入

类别	自耕农	自耕兼佃农	佃农	平均
农作物	38.93	51.46	41.09	43.13
地租	4.50	1.18	—	3.39
副业	7.82	15.15	19.37	13.21
合计	51.25	67.79	60.46	59.73
去年合计	56.87	38.54	39.59	54.66
增减比较	(−)5.62	(+)29.25	(+)20.87	(+)5.07

3.各调查农家所在地的收入

类别	农作物	地租	副业	合计
京滨线地方	54.35	2.66	8.42	65.43
滨北线地方	33.11	—	39.64	72.75
齐北线地方	39.57	1.18	5.54	46.29
滨洲线地方	39.31	6.33	12.58	58.22
滨绥线地方	43.89	—	21.91	65.80
平均	43.13	3.39	13.21	59.73
去年平均	35.55	13.30	5.81	54.66
增减比较	(+)7.58	(−)9.91	(+)7.40	(+)5.07

4.对比前一年度北满各地谷物平均市价

(单位:圆/满洲石)

品名	1936 年度	1935 年度	增减比较
大豆	17.54	12.98	(+)4.56
小豆	19.45	16.46	(+)2.99
高粱	11.45	9.42	(+)2.03
玉米	11.21	*	*
谷子	12.36	9.42	(+)2.94
苏子	14.40	13.82	(+)0.58
其他豆类	15.00	*	*
小豆	19.20	12.00	(+)7.20
稻子	7.50	10.64	(−)3.14
糜子	18.00	11.33	(+)6.67
绿豆	27.50	20.00	(+)7.50
稗子	6.67	3.80	(+)2.87
大麦	5.00	*	*
小麻子	11.33	7.63	(+)3.70
荞麦	9.50	7.00	(+)2.50
燕麦	5.38	*	*
胡麻	30.00	*	*
亚麻	(100 斤)1.40	*	*
向日葵	8.00	*	*

备注:*表示不明。

5.农作物的收入

农作物的收入占农户总收入的76%,且从农作物收入的明细来看,作为商品作物卖出的有大豆、小麦、苏子、小麻子四种,大约占39%,而作为农民主食的粟、高粱、玉米、糜子、稻米等占59%,其他作物占2%。

商品作物平均1晌地的收入如下:

对比去年每晌地的平均收入　　　　　　　　　(单位:圆)

品名	本年度	去年	增减
大豆	62.17	37.20	(+)24.97
小麦	41.27	55.19	(−)13.92
苏子	51.68	41.05	(+)10.63
小麻子	33.53	26.02	(+)7.51

另外,本年度收获农作物的总平均收入是43圆13钱,与去年的35圆55钱相比增收了7圆58钱。

6.地租收入

地租不仅根据各地方及土地的好坏有所不同,而且地租的收付状态也是多种多样的,因此地租收入的实际情况很难把握。而且这次所调查的农户与去年不同,因此显示的结果也与去年相反,也即今年度地租收入是总收入的1%,每晌地平均收入是3圆39钱,与去年的13圆30钱相比减收了9圆91钱。

然而本结果由于上述原因也不见得就是正确的。

7.副业收入

农家的副业收入相当于收入总额的23%。这个比例从不同农户来看,大农占15%,中农13%,小农32%,自耕农15%,自耕兼佃农22%,佃农32%,其中可以看到中小农的副业收入比例远高于大农。平均每晌地副业收入是大农7圆41钱,中农7圆60钱,小农18圆88钱,自耕农7圆82钱,自耕兼佃农15圆15钱,佃农19圆37钱,总平均是13圆21钱,相比去年的5圆81钱增收了7圆40钱。

四、农家支出

农家支出的总额中,伙食费占了其中大约32%,居支出费用的第一位,牲畜饲养费占18%,其次是工资和其他支出分别占了15%,其他杂费占12%,税金和种子费各占4%。

本年度1晌地的平均支出是58圆06钱,与去年的40圆55钱相比支出费用增加了17圆51钱。这个支出数额可能比实际情况多一点(因为这是对农户的问卷调查原封不动进行统计的结果),特别是在中小农中大概有三成的误差。

按农家的经营规模及所在地统计的支出概要如下表所示：

1.大、中、小农每晌地的支出

类别	大农	中农	小农	平均	去年平均	增减比较
税金	2.04	2.19	2.20	2.17	2.46	(−)0.29
种子费	2.36	2.50	1.95	2.20	1.97	(+)0.23
工资	8.73	13.05	4.44	8.41	6.26	(+)2.15
其他支出	5.56	11.49	20.33	3.32	6.78	(−)3.46
主食费	8.05	7.35	13.23	10.39	9.32	(+)1.07
副食费	2.69	6.18	7.63	6.40	5.75	(+)0.65
饲料	6.70	8.92	10.12	9.20	4.66	(+)4.54
杂费	1.30	4.53	8.34	5.97	3.35	(+)2.62
合计	37.43	56.21	68.24	58.06	40.55	(+)17.51

2.自耕农佃农每晌地支出

类别	自耕农	自耕兼佃农	佃农	平均	去年平均	增减比较
税金	2.42	2.59	1.40	2.17	2.46	(−)0.29
种子费	1.79	2.64	2.39	2.20	1.97	(+)0.23
工资	8.58	11.48	5.13	8.41	6.26	(+)2.15
其他支出	—	11.29	15.36	13.32	6.78	(+)6.54
主食费	10.37	9.44	11.37	10.39	9.32	(+)1.07
副食费	7.18	4.90	6.73	6.40	5.75	(+)0.65
饲料	11.30	9.06	6.20	9.20	4.66	(+)4.54
杂费	6.02	2.67	9.21	5.97	3.35	(+)2.62
合计	47.66	54.07	57.79	58.06	40.55	(+)17.51

3.调查农家各所在地平均每晌地支出

类别	京滨线地方	滨北线地方	齐北线地方	滨洲线地方	滨绥线地方	平均	去年平均	增减比较
税金	3.13	2.50	1.45	2.02	2.03	2.17	2.46	(−)0.29
种子费	2.73	1.72	2.84	1.48	2.16	2.20	1.97	(+)0.23
工资	10.23	2.00	10.31	10.83	4.25	8.41	6.26	(+)2.15
其他支出	12.58	18.50	6.19	10.30	21.24	13.32	6.78	(+)6.54
主食费	10.10	16.50	6.77	10.44	12.19	10.39	9.32	(+)1.07

类别	京滨线地方	滨北线地方	齐北线地方	滨洲线地方	滨绥线地方	平均	去年平均	增减比较
副食费	5.99	10.46	5.14	6.48	6.61	6.40	5.75	(+)0.65
饲料	14.47	3.64	9.06	7.44	8.27	9.20	4.66	(+)4.54
杂费	4.23	16.00	4.45	4.01	8.51	5.97	3.35	(+)2.62
合计	63.46	71.32	46.21	53.00	65.26	58.06	40.55	(+)17.51

4.伙食费

支出总额中,伙食费如前述占了32%,其中主食费占20%,副食费占12%。

伙食费分为主食费和副食费,将长工、临时工算入家庭人数的话,从农户每人每日平均所需经费来看,主食费是大农8.2钱,中农6.2钱,小农5.0钱,自耕农5.6钱,自耕兼佃农7.3钱,佃农5.0钱,其平均是5.9钱,与去年的5.2钱相比增加了0.7钱;而副食费是大农2.9钱,中农5.4钱,小农2.8钱,自耕农4.6钱,自耕兼佃农3.4钱,佃农2.8钱,平均是3.7钱,相比去年的3.6钱增加了1厘。而且主食谷类的比例中粟占37%,玉米27%,高粱6%,其他3%;副食中面粉所占比例最高,为31%,其次是肉类占了34%,盐18%,麻油8%,大油(猪油)7%,豆油6%,酒及砂糖等其他占了6%。

另外,农家一年间的副食量及其价格如下所示:

麦粉534斤(46圆43钱)肉类402斤(106圆85钱)盐311斤(33圆08钱)麻油140斤(26圆68钱)大油122斤(9圆00钱)豆油97斤(37圆45钱)酒79斤(21圆59钱)砂糖14斤(2圆18钱)总计1,699斤(283圆26钱)

下面,从经营面积来看每响是:

主食费 { 大农8圆05钱,中农7圆35钱,小农13圆23钱
自耕农10圆37钱,自耕兼佃农9圆44钱,佃农11圆37钱

副食费 { 大农2圆69钱,中农6圆18钱,小农7圆63钱
自耕农7圆18钱,自耕兼佃农4圆90钱,佃农6圆73钱

而且,主食费的平均金额是10圆39钱,相比去年的9圆32钱增加了1圆07钱,而副食费的平均金额是6圆40钱,与去年的5圆75钱相比多出了0.65圆的支出费用。

注:由于所调查农家的数量较少,在按经营规模进行比较时难免会出现一些矛盾。

(参考:1.大、中、小农各自平均每响支出表;2.自耕农、自耕兼佃农各自平均每响支出表)

◎衣服费每人1年间平均费用大农是1圆81钱,中农3圆85钱,小农2圆03钱,自耕农2圆97钱,自耕兼佃农2圆20钱,佃农2圆61钱,总平均是2圆65钱,与去年的4圆11钱相比其支出减少了1圆46钱。

◎交际费农家每人1年间平均是大农1圆82钱,中农3圆84钱,小农1圆34钱,自耕农2圆40钱,自耕佃农3圆11钱,佃农1圆34钱,总平均是2圆30钱,相比去年的2圆32钱其

支出减少了 2 钱。

5.大、中、小农各自的支出

类别	大农	中农	小农	平均	去年平均	增减比较
每人 1 年间衣服费	1.81	3.85	2.03	2.65	4.11	(-)1.46
每人 1 年间交际费	1.82	3.84	1.34	2.30	2.32	(-)0.02
每人 1 年间长工工资	94.50	97.19	56.67	87.59	59.00	(+)28.59
每人 1 天临时工工资	0.84	0.75	0.64	0.72	0.57	(+)0.15
每人 1 天主食量	5.20	3.40	2.90	3.40	4.10	(-)0.70
每人 1 天主食费	0.082	0.062	0.050	0.059	0.052	(+)0.007
每人 1 天副食费	0.029	0.054	0.028	0.037	0.036	(+)0.001
每人 1 天伙食费总计	0.111	0.116	0.078	0.096	0.088	(+)0.008

注:主食量因为是使用各地方的当地斗来表示,所以并不能准确得出其平均量。

6.自耕农佃农各自的支出

类别	自耕农	自耕兼佃农	佃农	平均
每人 1 年间衣服费	2.970	2.200	2.610	0.650
每人 1 年间交际费	2.400	3.110	1.340	2.300
每人 1 年间长工工资	86.310	87.250	90.180	87.590
每人 1 天临时工工资	0.590	0.770	0.800	0.720
每人 1 天主食量	3.000	4.400	3.100	3.400
每人 1 天主食费	0.056	0.073	0.050	0.059
每人 1 天副食费	0.046	0.034	0.028	0.037
每人 1 天伙食费总计	0.102	0.107	0.078	0.096

7.各主要地方支出

类别	京滨线地方	滨北线地方	齐北线地方	滨洲线地方	滨绥线地方	平均
每人 1 年间衣服费	3.370	2.500	4.140	2.020	1.330	2.650
每人 1 年间交际费	5.280	1.250	1.960	1.330	1.300	2.300
每人 1 年间长工工资	90.000	—	102.000	86.080	60.000	87.590
每人 1 天临时工工资	0.690	0.500	1.050	0.630	0.700	0.720
每人 1 天主食量	3.400	2.100	5.900	4.000	2.600	3.400
每人 1 天主食费	0.072	0.025	0.053	0.065	0.055	0.059

续表

类别	京滨线地方	滨北线地方	齐北线地方	滨洲线地方	滨绥线地方	平均
每人 1 天副食费	0.060	0.016	0.034	0.038	0.028	0.037
每人 1 天伙食费总计	0.132	0.041	0.087	0.103	0.083	0.096

8.饲料费

役畜、猪以及家禽类的饲养费占农家总支出的 18%,其中大部分是役畜饲料费,每户农家平均牲畜数量是役畜 12.9 头,猪 11.8 头,家禽类 12.8 只。1 年间的平均饲料为豆粕 116 袋 98 圆 82 钱,高粱 144 斗 207 圆 13 钱,谷子 170 斗 166 圆,其他杂粮 102 斗 57 圆 83 钱,干草36,400 斤 104 圆 95 钱,合计 634 圆 73 钱,平均 1 头的饲养费是 1 年 49 圆 20 钱。

9.其他支出

其他支出主要是工资和地租支出,在本次调查中,农户平均使用长工人数为大农 14.1 人,中农 8.9 人,小农 3.0 人,自耕农 5.4 人,自耕兼佃农 10.7 人,佃农 4.6 人,总平均 6.7 人,较去年的平均 5.6 人增加了 1.1 人。另外,将从事农耕的全体成员计算在内,得出每人平均种植面积是大农 8.8 晌,中农 6.9 晌,小农 4.4 晌,自耕农 6.5 晌,自耕兼佃农 9.9 晌,佃农 6.0 晌,平均 6.9 晌,与去年的 6.7 晌相差 0.2 晌。

◎各地方长工工资都是平均每人 1 年 87 圆 59 钱,比去年的 59 圆多了 28 圆 59 钱。

◎临时工工资平均每天 72 钱,较去年的 57 钱高出了 15 钱,像这种工资上涨的情况,其主要原因应该是生活费的上涨及劳动力不足。

◎包含国税及地方税的每晌地税金是大农 2 圆 04 钱,中农 2 圆 19 钱,小农 2 圆 20 钱,自耕农 2 圆 42 钱,自耕兼佃农 2 圆 59 钱,佃农 1 圆 40 钱,平均 2 圆 17 钱,相比去年的 2 圆 46 钱减少了 29 钱。这大概是由于地方上各种设备的配置计划而导致的去年地方税的增加。

◎每晌地的种子费是大农 2 圆 50 钱,小农 1 圆 95 钱,自耕农 1 圆 79 钱,自耕佃农 2 圆 64 钱,佃农 2 圆 39 钱,平均 2 圆 20 钱,相比去年的 1 圆 97 钱增加了 0.23 钱。这可能是农户报告的数额的误差所导致的。

◎平均每晌地的地租,大农是 8 圆 73 钱,中农 13 圆 05 钱,小农 4 圆 44 钱,平均 8 圆 41 钱,与去年的 6 圆 26 钱相比增加了 2 圆 15 钱。这是随着治安的恢复所带来的普遍现象,其比率的推算仍然需要更加充分的讨论。

◎平均每晌杂费(衣服费、交际费、马具、农具及其他附属品),大农是 1 圆 30 钱,中农 4 圆 53 钱,小农 8 圆 34 钱,平均 5 圆 97 钱,与去年的 3 圆 35 钱相差 2 圆 62 钱。

五、每晌收支差额比较

基于本调查结果的每晌平均盈亏比较如下:

1.按大、中、小农划分

类别	收入	支出	差额	去年	增减比较
大农	48.30	37.43	(+)10.87	(+)18.10	(-)7.23
中农	60.76	56.21	(+)4.55	(+)13.27	(-)8.72
小农	59.03	68.24	(-)9.21	(+)13.53	(-)22.74
平均	59.73	58.06	(+)1.67	(+)14.11	(-)12.44

2.按自耕农佃农划分

类别	收入	支出	差额
自耕农	51.25	47.66	3.59
自耕兼佃农	67.79	54.07	13.72
佃农	60.46	57.79	2.67
平均	59.73	58.06	1.67

3.北满各地方

地方	收入	支出	差额
京滨线地方	65.43	63.46	1.97
滨北线地方	72.75	71.32	1.43
齐北线地方	46.29	46.21	0.08
滨洲线地方	58.22	53.00	5.22
滨绥线地方	65.80	65.26	0.54
平均	59.73	58.06	1.67

参考附表：

1 大农、中农、小农收支统计一览表

2 自耕农、自耕兼佃农、佃农收支统计一览表

3 北满各地方农家收支统计一览表

4 北满农家收支统计调查表

注：

①面积单位是晌,主食量是用当地斗表示的,主食作物是把精白粮食换算成当地的时价统计的,收支额用国币元表示。

②大农、中农、小农的区别仅根据种植面积划定,一般种植 100 晌以上称为大农,30 晌以上为中农,不足 30 晌

为小农。

　③平均每人的种植面积是指从事农业的家庭农耕者以及年工、临时工经过人员换算后,用人数去除种植面积所得出的。

　④副业收入(平均一晌地)是指自己生产的牲畜饲料用的粟壳及干草类,自己宰杀牲畜所得肉类以及卖掉牲畜的收入,马车收入和被雇佣劳动收入等一年所得收入,再除以种植面积得出的。

　⑤税金平均每晌支出包括出租土地平均每晌所需国税。

　⑥其他支出是地租支出额除以经营面积得出的。

　⑦饲料平均一晌地的支出是自己生产的粟壳和干草类按当地时价计算,再除以种植面积得出的。

　⑧杂费平均一晌地的支出是衣服、交际、马具及其他杂费的年总数额除以种植面积得出的。

　⑨农作物的茎壳类中用作饲料的部分按当地时价换算计入,用作肥料及燃料时,大部分会将其扣除。

昭和 13 年 10 月

三宅博士北满视察谈

满铁·调查部

三宅博士北满视察谈

一、时间　昭和 13 年 7 月 15 日
二、地点　新京满铁分公司
三、出席者　满洲国、满铁、满拓及其他相关人士百余名

担任调查工作的主持人致词

主持人：请允许我向大家做一个简短的致词。

满洲国的经济资源开发，特别是北满的农业开发问题，目前已经从各个方面开始研究了。虽然也从农业政策方向讨论过，但主要以研究为中心。因此必须和当地的农业相关人士一同保持高度的重视。

解决满洲的湿地、碱地或是草原等各种土地开发问题，革新在寒冷的土地中经营农业的形态，要根据不同的地域改善经营方法。在北满由于急于将研究付诸实践，因此还存在着诸多问题。在这次的满铁调查中，劳烦三宅老师在满洲各地视察，然后从视察结果看现实中，在北满将来我们应该如何实现我们所说的目标。就此问题，我们特地在今天和满洲国农务司共同举办了这次的座谈，向三宅老师请教。

三宅博士是大学教授，主要研究化学，特别在土壤学、肥料学、营养化学方面是权威人士，在国内外都是举足轻重的人物。当然，现在另一方面也作为实地考察家，在过去，曾兼任北海道农业试验场场长的工作。这九年间，对于未开发的北海道各种农业资源的开发问题，进行过深入研究，并进行实践，为今日北海道农业开发创造了可圈可点的佳绩。除此之外，在此后还兼任了库页岛中央试验场场长一职，在职期间所作贡献突出，创下了丰功伟绩。

像先生这样在学问和实践方面都举足轻重的权威人士，这次能特地到和北海道、满洲同纬度的各地区视察，然后把视察的结果同北海道和库页岛地区的现状相比较，再把研究的概况和大家分享，我们都为有这样的机会而感到无比的荣幸。

我想先生今天一定有很多关于视察结果的话也想和大家聊聊，那么接下来我们有请三宅先生来为我们讲话。

三宅博士：我是刚刚承蒙介绍的三宅。（鼓掌）

我在日本寒冷地区的各种农业贡献能够得到介绍，我感到无比的荣幸。但是事实并非完全如此，我又是在很长一段时间里，从事与农事试验机构相关的工作，对于自己的工作我还有许多惭愧之处。

由于我在我国的寒冷地带进行过很长时间的农业试验，因此再观察这次的满铁到满洲国北方，证明和我们贫困潦倒的过去的经历是差不多的。如果各位中有谁能在满洲国北部的农业开发上给些意见的话，我很乐意去倾听，同时也很期待这种努力。和在满洲国的研究上已经活跃很多年的一些权威人士交谈之后，时隔两周，我又相继访问了较北的一些地方，前天晚上才从当地回来。

因此，我对于满洲国的农业特别是北满洲方面的知识还很欠缺，今天站在大家面前，恐怕很难有自信地说出自己的意见。只是对于视察时自己看到的和自己抱有疑问的地方,向当地居住的一些权威人士做了请教,以及之后把自己的一些思考归纳起来,以编成《答申书》的形式,供满铁的各位同志分享。

今天所做的报告并不全是我个人的预测。

今天我向大家说的是一些自己看到的情况,也许会有许多不对的地方,如有这种情况出现,希望大家多多包涵,并期望能相互交换意见。

另外我错误的地方,希望在座的各位能够指点出来。

农业很大程度上受到地方环境的限制,这一点不必多说,我认为根据所在环境的不同,其农业经营形式也必须有所不同。

在满洲国,可能会感觉到在不同的地方,环境要素也大不相同。然而,满洲国的农业可谓是无论去到哪里,看到的都是以同样的样式经营。这一点,不用说也知道,这和农业所在地居民多少有着联系。

因此,在北满开发上,要详细调查北满地方的自然环境。并以此为基础,才能决定为什么这些地方必须要实行这样的农业经营方式,或者是这个地方是这样的自然环境,必须实行这样的农业经营方式,又或者是根据农业地带的情况使北满的农业地带根据环境不同而做出明显的区分。我相信,立足于本地所特有的农业经营模式不断向前发展,对于满铁农业的开发有着尤其重要的作用。

那么,北满农业处在一个怎样的自然环境,关于这个问题,估计长年在此地生活的各位比我更加清楚。简单说来,今日北满的气候因素如何呢? 年平均温度从兴安岭到西北地区一般是零下 0.2 度到零下 0.4 度左右。并且,兴安岭以东一般是 1 度到 4 度。年平均气温比南满低非常多。然而,夏天的温度非常高,除去北满的极北地区外,其他地方都和南满温度差不多。观察今年七月的平均气温,除了极北地区外,其他地区一般在 20 至 23 度左右,和南满并无多大温差。还有兴安岭以西在夏天最高温度为 40 度左右,远远比南满高。

我们观察年降水量后,会发现在北满的铁路沿线附近的年平均降水量为 600 至 700 毫米。北满的哈尔滨附近及其北方地区稍少一点,为 500—600 毫升。并且降水量由东向西逐渐减少。兴安岭以西减少到每年 300 毫升左右,属于最干燥的地方。而且北满和南满的降水密度也在不断变化,这是显而易见的。接着,土壤的(从性质方面看土壤的)生成是受气候条件所控制的。气候条件不相同,土壤的性质也相异。

我们今天所说的北满是指从东北延伸到北部边境,一直到西部的兴安岭的那一带。可能是气候寒冷和潮湿的缘故,当地所生成的是叫作灰白土的土壤。而在南边稍微温暖的中央地区有适中的温度和适中的湿度,所以生成的是叫作褐色土的土壤。而其中一部分干燥的地方分布着和南方黑土类似的土壤和含盐土壤。在兴安岭以西的干燥地区,分布着像南方黑土、粟色土壤和含盐土壤这样在干燥地方才能生成的土壤。此外,农产品生长中所需的无霜期是什么情况呢? 在北满的南部和东部地区,大体上为 150 天左右。而越向西北地区推进,无霜期则越来越短。北满的西北一带,无霜期最短的地方只有 100 天到 110 天左右,甚至比这个值还低。

看了北满农业的情况调查结果后,我们会发现北满的自然环境地方差异特别大。

今天我们所讲的这些要素只是极其简单的一部分,是从所有的要素中提取一部分出来思考而已。只能把那些刚刚提到的从兴安岭以西的极其干燥的未开发的土地作为游牧地保留闲置着。

如果将来要开发,有很多问题有待深入研究。现在把它作为游牧农业地带,像其他地带一样,要考虑在这样的环境之下应该种植怎样的农产品比较合适。但是农民们已经进入该地区并进行耕种了。不用我多说,这是众所周知的事情。高粱这样的农产品在北满地区的南部是可以种植的,但是到了北部种植高粱的危险性就很大,我认为还是不要进行种植比较好。

这些在北满地区所种植的农作物,有大豆、粟、玉米、马铃薯、蚕豆(空豆)或者是小麦等,其他的还有亚麻或甜菜(砂糖萝卜)等各种农产品。今天所说的只是这些地区的主要农产品。

在北满,可以种植像这样的农产品,然而就像先前说的,由于从南至北,温度也递变,而且无霜期也在缩短的原因,农产品恐怕很难全部都栽培起来。

因此像大豆或者玉米、粟等这类农产品在北部恐怕无论如何也不可能栽培出来。但是说到这个地带是什么样的地带,位于哪些地区旁边时,由于先前我也一直没有为此深入内地多方考察,并不能说得完全正确,想听取大家的意见来进行判断。黑河省以北有个叫作呼玛的地方,还有兴安北省等北方地区(指地图),大豆、粟等农产品的收获是非常困难。因此,同样是北满,除了兴安岭所谓的游牧农业地区,北满大体上可分为两种类型的农业地带。北方地区像以小麦为主体的农业地带那样,以小麦、燕麦、黑麦,还有豆类农产品如蚕豆(空豆)、根菜类如马铃薯、小麦、燕麦等为主要种植物的农业地带。除此之外的北满地区是收获大豆、粟、马铃薯以及小麦和玉米这些农产品的农业地带。

北满农业大体上分为3个农业地带(一边指着地图),一个是游牧区,一个是小麦栽培区,还有一个是大豆、小麦、粟和玉米的种植区,这三个是北满农业地带的划分。因资料不足,大体上只能划分为这三个农业地区。

然而,北方的农业地带自然周期和种植周期非常短,因此,一年当中农民只有一半时间耕作,一半以上的时间都是室内劳动。自然就必须考虑在这样的农业地带中如何有效地利用自己的劳动。

在这种条件下,最终必须寻求其他有利的劳力利用方式,自然就必须发展家畜养殖。

发展家畜养殖的原因是由于相关地区的土地收成存在丰年与凶年差异,有时蒙受霜冻灾害,那么自然丰年和凶年的差额就更大。为了最大限度的避免遭受重大自然灾害,饲养家畜就变的非常重要。这就构成了必须发展家畜养殖的主要原因。

在此地发展家畜养殖,就必须种植饲料作物。种植何种饲料作物,从当地的实际情况来看,紫花苜蓿的长势良好,原本在日本种植的禾本科牧草鸭茅在此地也可以越年生长。此外,把长势不好的野草转化为牧草,从而可以种植种类多样的禾本科牧草,同时也丰富了当地的牧草种类。

同时,在这种情况下,大量种植家畜食用甜菜也是非常必要的。青贮饲料方面,由于北满和南部都种植玉米,北部可以种植向日葵,因此也完全没有什么问题。总之,家畜饲料方面没有问题,其他的野草也可以被充分利用,这就是眼下的情况。因此,在此地发展家畜养殖不仅没有后顾之忧,而且对北满的农业经营是非常有必要的。

北满西部(地图所示)是游牧地区,以小麦种植为主,还发展了豆类如植物蚕豆,根菜类如马铃薯。原本为了发展家畜养殖,当地种植了种类多样的牧草,家畜业才得以发展。东部以大豆等豆类为主,也种植了粟、玉米和马铃薯等。此外,为了发展家畜养殖,还种植了饲料作物。由此来看,我认为此地的农业经营是非常完善并且无风险的。

针对在此地发展何种家畜养殖,进行了大量的讨论,最终决定饲养奶牛。饲养奶牛,培养酪农,已成为最令人期待的事情。

当然供应军马和饲养其他役畜也非常必要,但是奶牛养殖是经营的主体。在这种情况下,我认为培训酪农是最为必要的。

这样看来所谓北满农业也可以说是此地北方的农业,与我们库页岛的农业极为相似。另一地带即北满南部的农业,和北海道的农业处于类似的状态。我认为如果用相同的方法经营,北满的农业也一定会发展良好。

但是,这个地方和库页岛的农业相似,与北海道的农业发展条件相似,我们应该从这些地方发展的过程中,注意一些经验教训。比如说,必须注意排水设备的完善。

一般在北方,排水设施在保证农产品的生产安全和农产品的生产扩大中都非常必要。

排水设施的完善,一方面可以降低地下水位,另一方面能够使冻结的土壤提早融解,促进地表温度的上升,这对农业是非常必要的。

此外,此地农业的改良必须注意维持和增进土地的肥力。

在这种寒冷的地带,几乎没有风化作用。因此在农业种植时,土地肥力实际上消耗很快。因此对于土壤肥力的保持要给予充分的重视,这一点非常重要。所幸的是,满洲因其冬天寒冷,土地结冰,土壤的风化作用和盐碱地化几乎都会停止。夏天高温,降雨较多。一方面加速了土壤的风化作用,农产品充分吸收风化作用带来的营养物质,长势旺盛。因此反而没有什么营养物质的流失。这是满洲农业的优势所在。然而,满洲农业无法做到无肥经营耕作,因此,大力维持和增进土地肥力对满洲农业的发展极为重要。

此外,在农业经营上,我们不仅要注意的是对宅地防风林的设置,种植防风林或水源涵养林,以及薪炭备用林,对于促进满洲尤其是北满农业的健全与发展来说非常必要。

接下来,水源对北满和南满的农业来说有怎样的影响,不仅有各种记载,而且有很多权威的说法。我想大家对此已经有所了解。

一般,北满的降雨量相对来说较少,然而雨量和土地含水量的关系相当好。因地下有冻结层或是其他各种原因,总之,雨量和含水量的关系极为平衡。

此外,与南满相比,北满降雨的密度要小。当北满雨季时,降水的密度相当大,但是渗透到地下的却很少。并且,雨水变成流水,侵蚀土壤,这种情况也有很多。

在这种情况下,植树造林非常必要。但在此基础上,对于林地的选择才是主要任务。另外,我们今天高呼维持土地肥力,在解决满洲土地肥力的问题上,燃料问题的解决是根本的。如果燃料问题得以解决,土地肥力的问题也自然可以解决。

实际上，对于北满农业的开发，首先要说的是，对防风林和薪炭备用林、水源涵养林等设施应该投注主要精力，尤其是防风林格外重要。不仅如此，在解决燃料问题的同时也应该采取措施解决土地肥力问题。这些都是非常重要的工作。

说到饲料作物，首先要指出，北满有种类多样的饲料作物，并且在过去收获颇丰。但是对于饲料作物的研究也是刚有头绪，今后需要解决的问题还很多。此外，在北满农业的有畜农业的基础上，实现优良家畜的目标。现在的饲料作物还难以养殖出优良的家畜，应该把主要精力放在饲料作物的研究上，这对北满农业的开发非常重要。另外，还需要在加紧对指导者的培训上下功夫。

在发展北满农业的道路上，有必要考虑一些独特的见解，以建立更加适合农业耕作的耕作法。

现在，满洲的农民还在以极其原始的方法进行耕作。总之，现在的农业技术让人感到遗憾。我认为有更好的农业耕作方法，因此有必要研究合适的农业耕作方法。

例如，对北满的土壤深耕问题，还需要多想办法。

此外，在北满农业开发上，必须注意的是对于北满农业的有畜农业，设置共同放牧场的问题。在夏天，把家畜移至共同放牧场，实现饲料的经济化是非常必要的。因此现在必须考虑共同放牧场的设置问题。

其他方面，诸如提高农产品的商品价格，确保其销路等问题是理所当然应该加以注意的。但我希望大家能抛开这些方面的问题，完全从科学的角度来看满洲农业。

当然品种的改良和病虫害的防治是极为重要并且理应受到重视的问题。就北满农业的开发来说，应该给予以足够的关注。特别是关于病虫害，北满的植物、动物和一般的生物一样，夏天数量很多，冬天因天气严寒数量非常少，不能够跨年生存的动植物均具有北方特性。

农产品也只能生长在夏天而不能跨年生长。因满洲夏天极为炎热，所以必须种植耐高温的农产品。换言之，一方面要种植南方的农产品，另一方面也要种植北方的农产品以抵御霜冻之害。我认为对此的研究很有趣并且非常重要。

换句话来说，满洲的平均气温要比同纬度日本的平均气温低，然而在种植期的夏天时的平均气温反而要高。由此来看，不得不说满洲的农业有良好的自然条件。

以上对满洲农业简单快速地进行了大体的浏览，并且对其要点也作了分析。接下来要谈论的是，北满农业对北海道和库页岛农业的模仿情况。在北满农业的开发上，应该先与库页岛或是北海道农业发展进行对比，引进当地农业发展先进的技术、知识，带领当地人民从事农业开发，北满的农业一定会取得我们所期待的结果。

今后，从我国将会有大量移民来到此地。但并不是为了让他们移民到此与当地满人进行相同的农业经营，而是为了最终把我们的文化、知识传授给当地农民先驱者，实现由此形成的农业经营方式。

针对这点，只要从北海道或是库页岛带来具有丰富经验的人，让他们成为北满农业开发的指导者。这将是北满农业开发的捷径。

前天晚上回来后，昨天遇到公主岭的突永先生时，他给我推荐了奉天农业大学出版的松野传先生的作品《对于北满的拓植农业,北海道农业的新使命》。昨夜回来拜读了,希望大家都能品读。这本书写得非常好,看过此书的人肯定比听了我的长篇大论要更加获益匪浅。

该作品想必已为大家所熟知,我在此就先介绍到这里。如对我的发表内容有疑问,请尽管提出,我也会对此问题不断探索研究。正如刚刚主持人所提到的那样,我希望我们能像举行座谈会一样。我的讲话就到此为止。

(鼓掌)

昭和 15 年 4 月 20 日

北经调查特第 27 号

北满农家经济调查报告(其一)

南满洲铁道株式会社

北满经济调查所

序

一

在现在战时经济的状况下,满洲农业在日满综合经济中的重要性愈发加重,且满洲农业界各种根本问题一直未得到解决,累积至今,眼前的农业增算问题等等都涉及根本问题,无法得到解决。

这些有关农业的所有问题都需要的是关于农家经济的确实的实态调查资料。

本报告对这种问题起到了作为基础资料的作用,本报告是持续实施了3年多的农村经济记账调查的第1年度统计发表。

因为调查户数很少以及记账很少完成等,内容方面量不够充实,不能充分实现其目的,对此甚感遗憾。本报告计划逐编逐报,上述缺陷随着时间的推移得到了克服,实现了内容的充实,达到了预期的目的。

一　本报告因为是原簿日志的记账内容,仅收集发表了纯农家经济部门。

二　本报告欠缺的各部门生产费问题及所得劳动部门计划在第2年度以后的集计中一起总结补充。

三　尽管对这类资料的需求非常紧迫,本报告的发行时期太迟了,对此深感惭愧。这是由于本调查方法是初次实行,负责人自身尚不熟悉自不必说,对记账农家调查的理解不够,缺乏热情也是原因之一,还存在着日志的记账处理不充分,收集困难的问题。

四　以上这些缺陷在今后的追踪报道、报告中予以补充。

五　本调查的记账指导及统计由大桥兴一担任。

昭和 15 年 3 月

北满经济调查所

目 录

第二章　统计方法　/ 800

农家经济调查报告书

第一章 调查的目的、方法及调查农家的选定

本调查的目的在于弄清楚满人农家经济的状态,使之有助于各种农业政策的计划与实施,由调查机关联合会农家经济调查分科会统管,各地调查机关合作进行同等调查。

本调查将分科会版的"农家经济簿"发给各个农户让他们记账。本簿是将京都大学的大槻教授及现奉天农大的永友教授等进行内地有畜农家经济调查时编写的东西改编成适合满人农户使用的东西。

各个农户在本簿中事无巨细都要记入:财产状况、每天的作业及现金、实物收入与支出以及其他一切与农家经济相关的事情。

本调查将以前在哈铁产业处调查的东西在双城堡、阿城、牛家3个地域分9户继续调查,调查农户的选定、村庄的制定都继续保持原样。

本调查方法是专门依照调查机关联合会的分科会的指导而实施的,统计及发表形式也以该分科会的合议决定的项目为准,目的是这样做可以统一各机关的统计发表形式,方便作为资料使用。

第二章　调查结果

　　本调查是根据上述调查地点一年间的农家记账内容总结而成。但由于农家不可能完整地按照制作的表格如实填写内容，并且对于满人农家而言，本簿内容极为复杂，填写中出现了认识错误以及记账中的误记、漏记等问题。修改这些错误非常困难，可能出现无法统计的情况。我们本年度在记账方面另外制作了简单的日记账本，让他们填写大幅账本，然后由调查负责人在月底时把内容誊写一遍。

　　填写日记，要事无巨细地列上每天的开销，这需要相当热心，而且要对记账感兴趣。对于目前的满人农家而言，是一件有困难的事。并非每户填写的状况都能达到良好程度，可能还不及期望状况的一半。这种状况尤其反映了地域差别、文化程度差异。例如，本次调查地点当中，牛家的记账情况基本未被采用，3 户的统计都放弃了。

　　最终，我们统计的是双城堡大白家村的 3 户、阿城县火烧蓝旗屯 3 户当中的 2 户，共计 5 户。其余 4 户的情况无法统计。

　　统计的时候，我们遇到种种疑问及可能作假之处，统计起来煞费苦心。不过，我们尽可能从资料中挑选出较真实的内容，并且进行了多次补充调查，努力勾画出当地农户真实的经济生活。

　　虽然统计的农户仅有 5 户，但在汇总的时候，我们按户操作，并且把双城、阿城按地域区分，整理成两方相互对照的形式来发表。

　　本次调查所涉及的双城、阿城两地在地理条件、耕地占有面积方面有很大差异，并且其经营模式也有很多不同之处。双城位于最佳农业地带，农户耕地很充足，而阿城与之相反，每户都没有足够的耕地，主要依靠农业之外的收入。两地农家对比差异如此之大的经济状况很有意义，因此我们把各项指标都做成了便于对比的形式。

第一节　农家经济的基础

第一　农家的构成

　　在双城平均每户家庭成员是 11 人，其中男性 6.0 人（54.5%），女性 5.0 人（45.46%），大致相同。按年龄来看的话，6 名男性中处在 21 岁到 60 岁的壮年期能够参加劳动的有两三人，占全家人口的 30.00%，其他 15 岁以下的是 2.7 人，占 24.54%，5 名女性中 21 岁到 60 岁之间的有两三人（20.91%），其他 16 岁到 21 岁之间的有 1 人（此人今年 19 岁，7 月会结婚成为别人家的人),15 岁以下的 2 人,男性女性都没有 60 岁以上的。

上述情况从与农业劳动的关系来看的话,平均每个家庭 11 人当中主要从事农业的人平均每户仅 1.3 名男性,另外仅有 4.3 名常备劳动力,辅助性劳动力有 2.3 名男性,其他的 3.7 名男性 3 名女性与劳动完全没有关系。

从从事农业的人与和农业完全无关的人的比例来看,男性劳动力为 2.3 人(其中 1 人是辅助性的)占 14.38% 而 3.7 名男性比例为 23.13% 不参加劳动,全部的女性即 5.7 人比例为 35.63% 不参加劳动,最终劳动力为 2.3 人(14.38%)而非劳动力为 9.4 人(58.75%),此外还有常备劳动力 4.3 人(26.87%)。明显可以看出当地一般自家劳动力利用不充分,比较多地依靠雇佣劳动力。

接下来分别看看各户家庭构成情况,如下所示。

第 1 号农户全家共 8 人,其中男性 5 人,女性 3 人,男女的比例大致相同。按年龄来看,男性中 21 岁到 60 岁之间处于壮年期的有 3 人,从劳动关系来看,男性中仅有 1 人主要从事劳动,另外仅有 1 名辅助性劳动力,其他的 3 名男性 3 名女性完全不参加劳动。

第 2 号农户全家共 11 人,男女比例为男性 6 而女性 5,从年龄来看,男性 6 人中 21 岁到 60 岁处于可以参加劳动时期的有 3 人,另外 15 岁到 10 岁的有 3 人,5 名女性中 21 岁到 60 岁的 2 人,另外 20 岁到 16 岁的 1 人,6 岁的 1 人,20 岁到 16 岁的 1 人(今年 7 月结婚嫁到别人家),实际上到年末本户女性只有 4 人,全家共 10 人。

从从事农业的关系来看,男性 6 人中主要从事农业的仅 1 名,加上辅助性劳动力 1 名(该人不直接从事任何农活,是监督人员)仅 2 人,其他的 4 名男性 5 名女性完全不参加劳动,另外有年工 3 人,年工中也有 2 人是打更人(值夜班以及打水等)和羊倌儿(专门管理羊的人),专门从事农业的仅 1 人,因本户户主担任爱护村长等名誉职务,农业与家庭人口相比而言其经营面积很少。

第 3 号农户全家共 14 人,人数较多,其中男性 7 人女性 7 人,人数相同。从年龄来看,7 名男性中 21 岁到 60 岁处于壮年期的 4 人,不满 15 岁的 3 人,女性中 21 岁到 60 岁的 3 人,15 岁到 11 岁的 3 人,还有 1 人是 3 岁幼儿。

从本户劳动人口来看,处于壮年期的 4 名男性中有 2 人主要从事从业,辅助性劳动力 1 人,年工 5 人,与前 2 户相比,劳动力比较多,属纯佃户,耕种着 60 响以上的大面积土地,过着比较富裕的经济生活。

与双城 3 户调查农家相比,阿城的 2 户调查农家的情况分别如下所示。

平均家庭成员为 15.5 人,其男女比例为男性 8.5 人占 54.84% 而女性 7 人占 45.16%,按年龄来看,男性 8.5 人中 21 岁到 60 岁的壮年人口 4 人占 25.81%,其他 1 岁到 5 岁的 1.5 人,6 岁到 10 岁的 1 人,11 岁到 15 岁、16 岁到 20 岁各 0.5 人,女性中 21 岁到 60 岁的 3 人(19.35%),其他各年龄层分别 1 人。

从劳动关系来看以上平均家庭人口的话,男性中主要从事农业的有 2.5 人,占家庭总人口的 13.89%(本劳动关系百分率是将雇佣劳动力也加入家庭总人口数中来计算,以下都相同),作为辅助性劳动力男性 1.0 人,女性 2.5 人共 3.5 人,占 19.44%,另外年工 1 人(5.56%)、月工 15 人(8.33%),与农业完全无关的男性 5 人占 27.78%、女性 4.5 人占 25.00% 共计 9.5 人占

52.78%。因为当地农家经营的农作物中包含比较需要集中栽培的甜菜,子女劳动力也可以使用,这些自家劳动力作为辅助性劳动力也比较多地使用,且当地因地理的关系,耕地面积不充分,最终需要依靠农业以外的收入补充生活。与双城的农户相比,农业经营方面在自家劳动力可以利用的范围内利用,尽可能让剩余劳动力用在农业以外的收入上。当地调查农户各户的家庭状况如下。

第4号农户全家共20人,是个大家庭,其中男性11人而女性为9人,按年龄来看,男性11人中21岁到60岁的壮年人口4人,其他各年龄层分别有1人,60岁以上1人。女性中21岁到60岁的4人,其他11岁到15岁的3人,10岁以下2人。

上述家庭从劳动关系来看,主要从事农业的男性2人,辅助性劳动力男性1人、女性2人共计3人,另外,年工劳动力2人、月工3人,完全不劳动的男性8人、女性7人共计11人,与家庭总人口相比可以劳动的人口相对较少。

第5号农户全家共11人,男女比例为男性6人而女性5人,按年龄来看与其他农户一样21岁到60岁的相对较多,其他各年龄层分别大概1人。

从劳动状态来看,主要从事农业的3人,辅助性劳动者男性1人、女性3人,共计7人之多参加劳动,完全不参加劳动的仅有2名男性、2名女性共4人。

本户耕地面积与劳动人口相比相对较少,即使在农忙时期也基本上没有雇佣劳动力,基本上全部依靠自己劳动力来经营。

以上阿城方面的农户与双城方面相比,也存在着农作物种类反面的原因,不过事实上一般自家的劳动力得到了充分利用。下面将各户的家庭构成分别表示出来。

家庭构成表(一)

地名	农家号	自耕租佃类别	各年龄层家庭成员数 男						
			1—5	6—10	11—15	16—20	21—60	60以上	总计
双城堡	第一号	自租佃	2	—	—	—	3	—	5
	第二号	自租佃	—	2	1	—	3	—	6
	第三号	租佃	1	1	1		4		7
	平均		1	1	0.7		3.3	—	6
	比例(%)		9.09	9.09	6.36		30		54.54
	第四号	自租佃	2	2	1	1	4	1	11
	第五号	自租佃	1	—	—		4	1	6
	平均		1.5	1	0.5	0.5	4	1	8.5
	比例(%)		9.68	6.45	3.32	3.32	23.81	6.45	53.03

家庭构成表(二)

地名	农家号	自耕租佃类别	各年龄层家庭成员数 女							合计
			1—5	6—10	11—15	16—20	21—60	60 以上	总计	
双城堡	第一号	自租佃	—	—	—	1	2	—	3	8
	第二号	自租佃	1	1	—	1	2	—	5	11
	第三号	租佃	1	—	3	—	3	—	7	14
	平均		0.7	0.3	1	0.7	2.3	—	5	11
	比例(%)		6.36	2.75	9.09	6.36	20.91		45.46	100
	第四号	自租佃	1	1	3	—	4	—	9	20
	第五号	自租佃	1	1	—	1	2	—	5	11
	平均		1	1	1.5	0.5	3	—	7	15.5
	比例(%)		6.45	6.45	9.68	3.23	19.35		45.16	100

家庭构成表(三)

地名	农户号	自耕租佃类别	合计	家庭成员内部分工									不从事农业的成员		
				从事农业的成员											
				主要从事农业成员			辅助性务农成员			总计					
				男	女	总计	男	女	总计	男	女	总计	男	女	总计
双城堡	第一号	自租佃	13	1	—	1	1	—	1	2	—	2	3	3	6
	第二号	自租佃	14	1	—	1	1	—	1	2	—	2	4	5	9
	第三号	租佃	21	2		2	1	—	1	3	—	3	4	7	13
	平均		16	1.3	—	1.3	1	—	1	2.3	—	2.3	3.7	5.7	9.4
	比例(%)		100	8.13		8.13	6.25		6.25	14.38		14.38	23.13	35.63	58.75
	第四号	自租佃	25	2	—	2	1	2	3	3	2	5	8	7	15
	第五号	自租佃	11	3	—	3	1	3	4	4	3	7	2	2	4
	平均		18	2.5	—	2.5	1	2.5	3.5	3.5	2.5	6	5	4.5	9.5
	比例(%)		100	13.89		13.89	5.55	13.89	19.44	19.44	13.89	33.33	27.78	25	52.78

家庭构成表(四)

地名 \ 农户号	自耕租佃类别	年工及月工			备注
		年工	月工	总计	
双城堡	第一号　自租佃	5		5	第1号农户的男性,29岁,拿工资生活
	第二号　自租佃	3		3	第2号农户5月1位32岁女性死亡,1位19岁女性结婚
	第三号　租佃	5		5	第3号农户四月生1个男孩
	平均	4.3		4.3	
	比例(%)	26.87		26.87	
	第四号　自耕兼租佃	2	3	5	
	第五号　自耕兼租佃	—	—	—	
	平均	1	1.5	2.5	
	比例(%)	5.56	8.33	13.89	

第二　农家财产的构成

在双城平均每户年初的积极财产①为 8,077 圆 53 钱,其中土地价格占 3,793 圆 33 钱,相当于积极财产的 46.96%,其次是建筑物价格为 1,268 圆 33 钱,相当于积极财产的 15.70%,接下来是大动物价格为 1,002 圆 67 钱,负债相对较少,平均为 46 圆 66 钱,净资产为 8,030 圆 87 钱。

在阿城平均积极财产为 4,643 圆 49 钱,其中土地价格为 1,714 圆 05 钱,占积极财产的 36.91%,建筑物价格紧接土地为 1,425 圆,相当于积极财产的 30.69%。负债 85 圆。净资产为 4,558 圆 49 钱。

上述情况按各个家庭来看,如下所示。

第一号农户在年初的积极财产为 14,220 圆 87 钱,其中土地价格 7,850 圆,占积极财产的 55.20%,其次是建筑物 3,110 圆相当于 21.87%,其他有大型植物价格(燃料用植物)12.00 圆占 8.44%,负债 140 圆。净资产 14,080 圆 87 钱,现金额 14 圆 57 钱,太少了。

第二号农户积极财产是 5,633 圆 38 钱,土地价格是最主要的为 3,350 圆,相当于积极财产的 59.47%,没有负债。

第三号农户积极财产是 4,378 圆 36 钱,该农户是佃户,土地仅有宅基地 180 圆,大动物为 1,640 圆是主要财产,占积极财产的 37.46%,没有负债,该户虽是佃户,也经营着 60 多响的大面积土地,是富农,因此耕马及农具等是主要财产,大动物之后是大型机械器具价格为 608 圆,

---

① 编者注:法学术语,指能对主体产生积极、有益的收益的财产,如物权、知识产权和债权等。

占 13.89%。

第四号农户是阿城地区相对财产较多的大农户,积极财产 6,831 圆 44 钱,其主要财产是土地,为 2,564 圆 10 钱,是第一位,相当于积极财产的 46.96%,其次是建筑物价格 2,050 圆占 15.70%,负债额是 120 圆,除此之外净资产是 8,711 圆 44 钱。

第五号农户属于中等农户,其积极财产是 2,455 圆 54 钱,土地价格 864 圆(37.53%)及房屋价格 800 圆(30.01%)两项基本上占了积极财产的大多数,负债额是 50 圆,净资产额是2,405 圆 54 钱。

从以上各户的财产构成来看,各户都把土地作为财产的主要部分,建筑物次之,这是因为本次调查的农户主要属于自耕兼租佃阶级,像第三号农户一样的纯佃户基本上没有土地,因此当然其主要财产是耕马、耕具等经营农业用的机械器具。

一般而言,本次调查地域基本上不把大型植物视为财产,植树仅供充当燃料及建筑用途。

接下来用表表示出各户财产构成情况的详细状况。

财产构成及占积极财产的比重

	双城 No.1 佃户 数额	占比(%)	双城 No.2 佃户 数额	占比(%)	双城 No.3 佃户 数额	占比(%)	双城 平均 数额	占比(%)	阿城 No.4 佃户 数额	占比(%)	阿城 No.5 佃户 数额	占比(%)	阿城 平均 数额	占比(%)
固定财产 土地	7,850.00	55.2	2,350.00	59.47	180	4.11	3,733.38	46.96	2,564.10	37.53	864	36.19	1,714.05	36.91
建筑物	3,110.00	21.87	320	5.68	375	8.56	1,268.33	15.7	2,050.00	30.01	800	32.58	1,425.00	30.69
大植物	1,200.00	8.44	425	7.54	—	—	541.67	6.71	420	6.15	—	—	210	4.52
大动物	860	6.05	508	9.02	1,640.00	37.46	1,002.67	12.41	1,060	15.52	510	20.77	785	16.91
大型机械器具	565	3.97	256	4.54	608	13.89	476.33	5.9	135	2.85	75	3.05	135	2.6
合计	12,585.00	95.53	4,859.00	86.25	2,803.00	64.02	7,082.38	87.68	6,289.00	92.06	2,249.00	91.59	4,269.05	91.94
流动财产 准实物 小植物	21	0.15	10.8	0.19	48	1.1	26.6	0.33	12.9	0.13	9	0.37	10.95	0.24
小动物	181	1.27	402.82	7.15	220	5.02	287.93	3.32	230	1.13	77	3.14	153.5	3.31
小型机械器具	67.1	0.47	60.63	1.08	100.38	2.29	76.04	0.94	55	0.41	28.1	1.14	41.55	0.89
小计	269.1	1.83	474.23	8.42	368.38	8.41	370.57	4.59	297.9	1.67	114.1	4.65	206	4.44
实物 未贩卖物	305.9	2.15	252.38	4.49	578.2	13.21	373.02	4.68	132	0.34	23	0.94	77.5	1.67
买入实物														
中间生产物	46.3	0.33	46	0.64	430	11.19	190.77	2.36	75	0.47	32	1.3	53.5	1.15
小计	352.2	2.48	288.38	5.13	1,058.20	24.4	569.79	7.05	207	0.81	55	2.24	131	2.82
总计	621.3	4.37	763.21	13.55	1,435.58	32.81	940.33	11.64	504	2.48	163.1	6.89	337	7.26
现金及准现金	14.57	0.1	11.17	0.2	138.78	3.17	54.84	0.68	37.44	0.55	37.44	1.52	37.44	0.81
计(积极财产)	14,220.87	100	5,633.38	100	4,378.36	100	8,077.54	100	6,831.44	100	2,455.54	100	4,643.49	100
负债(削除财产)	140	—	—	—	—	—	46.67	—	120	—	50	—	85	—
差额(净资产)	14,080.87	—	5,533.38	—	4,378.36	—	8,030.37	—	6,711.44	—	2,405.54	—	4,558.49	—

第三　农业经营地的构成及耕地经营概况

在双城平均每户经营地的面积是45.9晌,其中耕地面积是44.7晌,其明细构成为自有地11.0晌,借用地33.7晌。

耕地之外,宅基地是0.7晌,园地是0.5晌,各自的比率为耕地占97.4%,而宅基地为1.5%,园地为1.1%。自有地全部面积是11.9晌,占25.95%,借用地是34.0晌,占74.1%。一般而言,该调查村庄中不仅仅是本次调查的农户,大部分农户自作地只有一点点,租佃地占大多数。

阿城平均每户的所有土地面积只不过是16.0晌,其中耕地面积15.0晌,各种土地面积的百分比是耕地93.75%,占土地个大部分,另外,宅基地0.6晌,占3.75%,园地0.4晌,占2.5%。

自有地和借用地(借入地)的比例是自有地总面积是8.45晌,占52.81%,其中耕地7.95晌,另外宅基地0.8晌。与之相对,借用地(借入地)4晌占25%。借用地中耕地为3.5晌,宅基地0.1晌,园地0.4晌,除上述土地外,典入地有3.55晌,占22.19%。

就耕地的利用状况来看,双城平均耕地面积44.9晌。各户都将大部分耕地用来耕种普通作物,其中大豆占14.7晌,相当于32.7%,其次高粱9.7晌,占21.61%,再次粟7.6晌(16.93%),另外小麦4.1晌(9.13%)。粟、高粱、玉米等自家必需农作物和大豆、小麦等经济农作物的比例大致相同。

特殊农作物亚麻及甜菜各种植1晌左右,这些并不是根据各农户自己的喜好种植的,而是作为义务必须种植上述数目。

即当地的普遍情况是作为主要食物的普通三大作物各户都同样占大部分面积,其次是作为经济作物的小麦一般农户都有种植。

阿城耕地的利用状况在普通三大作物为主这一点上跟双城没有很大差别,但是与双城相比,各户都把甜菜作为重要农作物种植,其种植面积也跟其他主要农作物大致相同,这一点比较特殊。与粟、高粱等自家用农作物相比,作为经济作物除了大豆,甜菜也是重要农作物,与小麦在北满农业中的重要性相比,甜菜是更具有重要性的农作物。

关于各种农作物的种植比例,双城各种农作物差距不大,当地各种农作物的耕种面积大致相同,没什么大的差距。

在当地,作为自家必需农作物粟,种植面积是3.5晌(22.88%)、高粱2.5晌(16.34%)、玉米1.8晌(11.78%),大致占51%,与之相比,经济作物大致占40%左右,与双城相比,经济作物的种植面积较少。

各户耕地的利用状况基本上没有大的差距,经营面积较小的农户除了自家必需农作物之外基本上没有种植其他作物,经营面积越大当然其经济作物的种植面积一般也会增加。

下表显示了经营地的构成及耕地利用状况。

经营地的构成状况

地名	农户号	自有地、借入地各种地	所有地	借入地	典入地	总计	占比(%)
双城堡	第一号	耕　地	23.0	23.5	—	46.5	96.9
		宅基地	0.5	—	—	0.5	1.0
		园　地	1.0	—	—	1.0	2.1
		总　计	24.5	23.5	—	48.0	100.00
	第二号	耕　地	10.0	14.0	—	24.0	91.4
		宅基地	0.8	0.4	—	1.2	6.9
		园　地	0.3	—	—	0.3	1.7
		总　计	11.1	14.4	—	25.5	100.00
	第三号	耕　地	—	63.5	—	63.5	98.7
		宅基地	0.3	0.2	—	0.5	0.8
		园　地	—	0.35	0.35	0.35	0.5
		总　计	0.3	64.05		64.35	100.00
	平均	耕　地	11.0	33.7	—	44.7	97.4
		宅基地	0.5	0.2	—	0.7	1.5
		园　地	0.4	0.1	—	0.5	1.1
		总　计	11.9	34.0	—	45.9	100.00
	比例(%)		25.9	74.1		100.00	
阿城	第四号	耕　地	9.9	3.0	7.1	20.0	95.4
		宅基地	1.0	—	—	1.0	4.6
		园　地				—	
		总　计	10.9	3.0	7.1	21.0	100.00
	第五号	耕　地	6.0	4.0	—	10.0	90.9
		宅基地	—	0.2	—	0.2	1.8
		园　地	—	0.8	—	0.8	7.3
		总　计	6.0	5.0	—	11.0	100.00
	平均	耕　地	7.95	3.5	3.55	15.0	93.75
		宅基地	0.5	0.1	—	0.6	3.75
		园　地	—	0.4	—	0.4	2.50
		总　计	8.45	4.0	3.55	16.0	100.00
	比例(%)		52.81	25.00	22.19	100.00	

地名 \ 农户号 \ 作物		大豆	粟	高粱	小麦	玉米	小豆	糜子	亚麻	甜菜	其他	总计
双城堡	第一号	15.0	7.0	10.0	4.0	3.0	2.0	2.0	0.5	1.5	1.5	46.5
	第二号	9.0	3.0	6.0	2.0	1.0	1.0	1.0	—	0.5	0.8	24.3
	第三号	20.0	12.0	13.0	6.5	3.0	3.0	2.0	1.0		2.55	63.85
	平均	14.7	7.6	9.7	4.1	2.5	2.0	1.7	0.5	0.7	1.6	44.9
	比率(%)	32.74	16.93	21.6	9.13	5.11	4.41	3.79	1.11	1.56	3.56	100.00
阿城	第四号	5.0	4.0	4.0	—	2.5	05.5	1.0	—	2.0	1.0	20.0
	第五号	5.0	3.0	1.0	—	1.0	—	0.5	—	2.0	—	10.5
	平均	4.0	3.5	2.5	—	1.8	0.5	0.7	—	2.0	0.5	15.3
	比率(%)	26.14	22.88	16.34		11.76	1.96	4.58		13.07	3.27	100.00

第二节　农家经济的决算

第一　农家所得

1.毛收入

双城平均每户毛所得为 4,006 圆 10 钱,而阿城平均每户毛所得为 1,845 圆 40 钱,各户分别来说明的话如下所示。

第一号农户毛所得的总收入是 3,730 圆 64 钱,毛所得总计 4,308 圆 64 钱,增值额为 577 圆 65 钱;第二号农户毛所得总额为 2,586 圆 93 钱;第三号农户为 5,110 圆 10 钱,其中毛所得总收入 4,573 圆 20 钱,增值额为 536 圆 90 钱。阿城地区第四号农户毛所得额为 2,752 圆 73 钱,其中所得的总收入 2,781 圆 73 钱,只有该户增值额减少了 29 圆;第五号农户毛所得额 938 圆 07 钱,总收入 832 圆 37 钱,增值额为 105 圆 70 钱。一般而言在双城地区与阿城的农户相比,其毛所得额相当大,说明阿城该调查地区一般农户规模相对较小。

2.所得的支出

与毛所得相比,所得的支出方面,双城平均每户支出额为 2,457 圆 76 钱,大致相当于毛所得的六成;阿城平均每户为 912 圆 63 钱大致相当于租收总额的五成。

按各个农户来看的话,第一号农户是自耕兼租佃户,租收总额是 4,321 圆 29 钱而支出是 2,300 圆 48 钱,支出的比例大致相当于六成,第二号农户支出总额为 1,353 圆 56 钱,租收总额为 2,386 圆 93 钱,支出总额在六成以上,好像支出相对较多。第三号农户是纯佃户,其支出总额为 3,718 圆 56 钱,租收总额为 5,110 圆,支出相当于收入总额的七成多。与前两户相比,支出相对较多,可以看出佃户比自耕农、自耕兼租佃的支出要多。

第四号农户支出总额为 1,587 圆 07 钱,相当于租收总额的六成左右。第五号农户支出总额为 238 圆 18 钱,与租收总额 938 圆 07 钱相比,支出相对较少。

一般双城各户的支出相对较多,与之相反,阿城各户的支出相对较少,其最大原因大概是第一章所述的农业经营方面雇佣劳动力的多少。

3.农家所得

关于农家所得,双城平均每户所得为 1,548 圆 34 钱,而阿城平均每户所得为 932 圆 77 钱,因为阿城各农户一般经营规模较小,相应地农家所得比双城要少。

各项目 各家		租收所得			所得的支出				差额(农户所得)
		所得总收入	固定结果增值额及流动结局财产增加额总计	总计	所得的总支出	固定供用财产偿还额及流动供用财产减少额总计	伙食费总计	总计	
双城	第一号	3,730.64	577.65	4,308.29	1,940.31	76.90	283.27	2,300.68	2,020.81
	第二号	2,375.50	211.43	2,586.93	1,123.51	46.23	184.50	1,354.24	1,232.69
	第三号	4,273.20	336.90	5,110.10	3,239.16	149.40	330.00	3,718.36	1,391.34
	平　均	3,364.11	441.99	4,006.10	2,100.99	90.84	265.92	2,457.76	1,348.34
阿城	第四号	2,781.73	−29.00	2,752.73	1,139.57	105.30	323.00	1,387.07	1,163.66
	第五号	832.37	105.70	938.07	203.60	29.40	5.18	238.18	699.89
	平　均	1,807.03	38.35	1,845.40	681.59	67.45	163.59	912.63	932.77

第二　家计费及家庭负担家计费

关于每户农户家用,双城地方平均每户为 1,234 圆 55 钱,平均每人 112 圆 23 钱,阿城地方平均每户家用为 894 圆 43 钱,每人 58 圆 36 钱,大致上相当于双城每户家用的七成,平均每人的家用大致相当于双城的 1/2。一直以来满洲本土农户因其地域的文化设施等的差异其生活也有相应的差距。从本次调查结果来看,也可以看出因地域的不同生活上的差距。双城地方一般殖民历史比较悠久,文化程度远远高于阿城,且农业经营规模也存在差距,因此自然其家族成员负担的家用支出就会很多,两地家用支出上的差异产生于上述原因。

按各个农户来看,没什么太大的差距,但是双城地区与第一号农户及第二号农户相比,第三号农户平均每人有 20 多圆的差异。与自耕农及自佃户相比,第三号农户作为纯佃户,其支出较少,其原因当然是源于与自耕兼租佃者相比作为纯租佃者的阶级差别的生活,随着阶级的降低其生活也被缩小,这是自然而然的事实。

家计费及家庭负担家计费

各项目/各户		家用	伙食费	差额(家庭负担家用)	家庭成员人均家用		
					家庭负担家用	家庭成员数	人均家庭负担家用
双城	第一号	1,677.56	283.27	1,394.29	1,394.29	8	174.29
	第二号	1,354.68	184.50	1,170.18	1,170.18	11	106.38
	第三号	1,456.18	330.00	1,126.18	1,126.18	14	80.44
	平 均	1,496.14	265.92	1,230.22	1,230.22	11	111.84
阿城	第四号	1,521.55	322.00	1,199.55	1,199.55	20	59.98
	第五号	594.49	5.18	589.31	589.31	11	53.57
	平 均	1,058.02	165.59	894.43	894.43	15.5	58.36

第三 农家经济结余

农家经济平均每户剩余双城为 313 圆 69 钱,阿城为 38 圆 35 钱。

当年受惠于特别良好的气象状况,农业收入比历年稍好,但是秋初谷物的市场价格特别便宜,经济方面不富裕的农户在收获期谷物价格特别便宜的时候销售谷物,因此在收入这一方面与在旧历正月以后销售谷物的农户相比平均每石相差 7.8 圆到 10 圆,根据销售时期的状况如何,该年的收入有相当大的差异。双城的调查农户收获的谷物除一部分外基本上都在高价期销售,第一号农户基本上在谷物市价良好时期销售了全部谷物,因此与其他农户相比剩余比较多,第三号农户是佃户,但其剩余相比较经营面积而言比较少,因为佃户的大宗支出与谷物市价无关必须提前支付,所以剩余自然就相对较少。第四号农户是阿城地区的调查农户,当地基本上都没有多余的谷物可以用来销售,且与该户的经营面积相比,家庭成员相对较多,支出也较多等等,都是剩余较少的原因。

农户经济剩余

各项目/各户		农户所得	家庭负担家用	差额(农户经济剩余)
双城	第一号	2,020.48	1,407.29	613.19
	第二号	1,232.69	1,170.18	62.51
	第三号	1,391.54	1,126.18	265.36
	平 均	1,548.24	1,234.55	313.69
阿城	第四号	1,165.66	1,199.55	−33.89
	第五号	699.89	589.31	110.58
	平 均	932.78	894.43	38.35

第四　农家年度内纯收入

纯财产增加额平均双城为 317 圆 02 钱,阿城为 38 圆 35 钱。与各种农业经营条件都很好的双城方面相比,在地理及其他几个条件方面稍差的阿城的平均纯财产增加额当然会比较少。

根据各农户所说,本年度的经济状况与历年相比稍好,其增加额相对较多的主要原因是各农户都增加了还未销售的现货。

各户一年内纯收入如下表所示:

农家年度内纯收入

各户	各项目	年度末纯财产额	年度初纯财产额	差额(年度内纯财产额)
双城	第一号	14,694.06	14,080.87	613.19
	第二号	5,705.89	5,633.38	72.51
	第三号	1,841.14	1,575.78	265.36
	平　均	7,413.70	7,096.68	317.02
阿城	第四号	6,677.55	6,711.44	−33.89
	第五号	2,527.12	2,416.54	110.58
	平　均	4,602.34	4,563.99	38.35

第五　财产价格变动导致的盈亏

农户全年因纯财产增加金额与农户家计节余的差而产生的收入。因财产变动产生的盈亏由于各户均未进行财产买卖而为零。这点通过下面的账本得以表示。

价格变动产生的盈亏

各户	各项目	全年纯财产增加金额	农户家计节余	差额(因财产价格产生的盈亏)
双城	第一号	613.19	613.19	—
	第二号	62.51	62.51	—
	第三号	265.36	265.36	—
	平均	317.02	317.02	—
阿城	第四号	133.89	133.89	—
	第五号	110.58	110.58	—
	平均	38.35	38.35	—

第三节　农家经济成果的构成

第一　所得的收入构成

从双城的情况来看所得收入的构成,平均1户有3,584圆11钱的收入,其中现金收入为2,750圆21钱,占了76.73%。大部分为货物交易,金额为833圆90钱,占了36.72%。

阿城和双城比较起来,平均为1,745圆10钱,其中现金收入为1,063圆,占62.53%。货物交易所得金额是682圆10钱,占了39.09%。大体两地的现金和货物在家计收支所得金额中的比例是一样的。

从双城的各种类收入关系来看,和其他各户一样大豆收入为主要的收入来源。双城总收入为3,584圆11钱,其中大豆收入为1,058圆53钱,占了29.5%。其次是粟的收入为748圆13钱,占了20.9%。另外,高粱收入为476圆79钱,占了13.3%。这三种作物以外的其他作物的收入金额总数也是很少的。

阿城的大豆收入为453圆,占26.1%。其次粟的收入为272圆32钱,占15.6%。此外是经济作物(甜菜)收入为206圆30钱,占11.8%。甜菜是当地重要的农作物,在收入来源中,对于双城和其他的东北地方的农业来说,就相当于小麦那样重要。

阿城的收入和其他地方比起来,最鲜明的特色就是以经济作物收入和工资收入为重点。

各户分别来看,第一号农户共计3,730圆69钱,其中现金收入为3,118圆76钱。占83.6%的大部分的家计开支为611圆88钱,不超过16.4%。其细分为大豆作物收入1,099圆70钱,占29.5%。粟作物收入为760圆23钱,占20.4%。现金收入为443圆50钱。货物的家计开销为316圆75钱。粟作物为家庭生计开销的大宗开销。此外,高粱作物收入为536圆08钱,占14.9%。其他的种类基本都是同样比例的少数金额。

第二号农户是6,376圆50钱,其中现金收入为1,651圆47钱,占69.49%。货物交易金额为725圆03钱,占30.51%。其细分为大豆作物收入为689圆90钱(29.0%)。粟作物为451圆75钱(19.1%)。高粱作物为313圆10钱(13.02%)。此外是玉米作物为268圆30钱(11.3%)。这些主要作物之外是小麦作物为144圆(6.1%)。另外蔬菜为83圆80钱(3.5%)。

第三号农户单靠种植小麦作物收入所得金额的占大比例,为4,645圆20钱。现金收入为3,480圆40钱,占了74.92%。货物交易为1,164圆80钱,占25.08%。此农户大豆作物收入为1,386圆(29.8%)。粟作物收入为1,032圆40钱(22.2%)。高粱作物收入的561圆20钱(12.1%)。大豆,粟和高粱作物总共占了收入的大部分。

第四号农户的收入为2,549圆83钱,现金收入为1,613圆45钱,占63.28%。货物交易金额为936圆38钱,占了36.72%。

这之中大豆作物收入为515圆20钱,占了20.2%。此外,粟作物的收入为399圆44钱,占了15.8%。另外经济作物甜菜的收入为80圆60钱,占了11.0%。普通农作物的收入对于支付地租和家庭开支是微不足道的,因此很大部分要依靠农业以外的收入。

　　第五号农户的所得收入总额为839圆57钱,其中现金收入为512圆55钱,占了62.05%。货物交易收入为327圆02钱,占了38.95%。收入和其他农户比起来差距并不大。此户农家的收入来源中并无特别之处。大豆收入为290圆,占了34.5%。粟的收入为145圆20钱,占了17.3%。高粱收入为92圆60钱,占了11.0%。此外,甜菜收入为132圆,占了15.7%。大豆和甜菜收入占了现金收入的大部分。此外,货物方面的家庭开销收入很多。

　　总而言之,从像以上的双城的所得收入来看,主要收入来源为像大豆、粟、高粱和小麦、玉米等的普通农作物。而从阿城来看,普通农作物当然也是收入的主要来源,但是和其他地方比起来具有很大特色的是它在经济作物甜菜和农业以外的收入也很多。下面是对每户分别的详细记述。

所得收入的构成

地名	农户	种类 / 项目	大豆	粟	高粱	玉米	小麦	其它杂粮	经济作物	养畜生产物	财产利用收入	工资收入	杂收入	蔬菜	补助金及捐助金	总计	占比(%)
双城	No.1	现金所得收入	1,999.70	442.5	556.08	183	*	*	28.5	28	187	22	189	120.4	—	3,118.76	83.6
		用于家计的生产及收获货物	—	*	—	*	—	*	—	*	—	—	100.95	—	—	611.88	16.4
		合计	*	769.25	*	*	*	*	*	*	*	*	294.95	102.48	—	3,730.64	100
		比例(%)	20.5	20.4	14.5	7	*	1.77	*	1.1	3.7	0.6	7.9	2.7	—	100	—
	No.2	现金所得收入	180	*	—	*	*	*	*	*	*	*	57.9	46	—	*	60.49
		用于家计的生产及收获货物	—	*	—	*	*	*	*	*	—	*	151.18	27.8	—	725.03	39.51
		合计	*	*	21.15	*	*	*	*	*	*	*	*	*	—	2,376.50	100
		比例(%)	*	22.2	12.1	4.1	6.1	*	*	*	2.5	*	2.8	3.5	—	100	—
	No.3	现金所得收入	3.4	277.6	—	112.1	—	*	—	—	63	20	—	135	—	3,480.49	74.92
		用于家计的生产及收获货物	*	*	*	*	—	*	*	*	—	—	201.6	53.5	—	*	25.08
		合计	*	*	*	*	*	*	*	*	*	*	201.6	188.5	—	4,645.20	100
		比例(%)	*	*	*	*	*	*	*	*	1.3	0.5	4.3	4.1	—	100	—
	平均	现金所得收入	*	*	*	*	*	*	*	*	86.67	24.6	82.3	94.49	—	2,750.21	76.73
		用于家计的生产及收获货物	*	*	*	*	—	*	*	*	—	—	152.01	30.43	—	833.95	23.27
		合计	*	*	*	*	*	*	*	*	*	24.6	235.21	124.92	—	3,584.11	100
		比例(%)	*	*	*	6.8	*	8.7	*	*	2.4	0.6	6	3.5	—	100	—

续表

地名	农户	项目	大豆	粟	高粱	玉米	小麦	其它杂粮	经济作物	家畜生产物	财产利用收入	工资收入	杂收入	蔬菜	朴助金及捐助金	总计	占比(%)
阿城	No.4	现金所得收入	*	*	*	*	*	—	*	*	*	403.28	42	—	—	1,613.45	63.28
		用于家计的生产及收得货物	*	*	*	*	*	4.4	*	*	—	—	295.6	63.45	—	936.38	36.72
		合计	*	*	*	*	*	*	*	*	*	*	247.6	63.45	—	2,549.83	100
		比例(%)	*	*	*	*	*	*	*	*	4	15.3	13	2.5	—	100	—
	No.5	现金所得收入	*	*	21	—	*	*	*	—	7.2	20	—	10.35	—	512.55	61.01
		用于家计的生产及收得货物	*	*	*	*	*	*	*	*	—	—	56.72	—	—	327.02	38.95
		合计	*	*	11	*	*	*	*	*	7.2	20	56.72	10.35	—	839.57	100
		比例(%)	34	17	11	—	*	*	*	*	*	2.4	6.8	1.2	—	100	—
	平均	现金所得收入	397	48.09	62.5	*	—	—	*	*	54.6	211.6	21	5.18	—	1,063.00	60
		用于家计的生产及收得货物	56	224.32	53.13	*	—	*	—	41	—	—	181.16	31.72	—	682.1	39.09
		合计	453	272.33	115.63	*	—	*	*	*	*	211.65	202.16	36.9	—	1,745.10	100
		比例(%)	26.1	15.6	6.6	*	—	*	*	*	3.1	12.1	11.6	12.1	—	100	—

第二 所得的开支构成

从收入的支出来看,在双城平均1户的支出为2,096圆66钱。其支出构成情况为:地租979圆94钱,居总额的第一位,超过了46.9%。由此可以看出,对于佃农来说地租支出是很繁重的。

薪金支出为588圆23钱,占了28.2%。这些都是对于北满从事农业的农户来说非常重要的支出。

其中欠债利息为235圆85钱,占了11.4%。这类费用对于所得的支出来说是不可忽视的。不仅是该被调查的农户,对于其他各户来说,欠债利息也是今年来农户经济方面不断增加的沉重负担。此外,支出的主要方面包括,饲料费用为85圆96钱(4.3%);租税及各种征收费用为92圆27钱(4.6%)。

在阿城平均1户的支出总额为593圆84钱。从其支出构成情况来看,和双城一样地租支出为223圆50钱,占了37.6%。薪金支出为147圆73钱,占了24.9%。其次为饲料费用为90圆74钱,占了15.5%。

当地各户在农业经营以外也会大量利用家畜来作为动力,因此饲料费用的比例在支出费用中占很大比重。此外,支出的主要方面还包括租税及各种征收费用的39圆84钱,占了6.7%。

像以上这些各户的地租支出,薪金和负债利息等支出占了所有支出的大部分。其他的支出金额都较少对于整个支出的构成没有太大影响。

下面是对各户支出构成状况的统计。

所得支出构成

		肥料费	饲料费	种苗费	家畜费	机具费	各材料费	药剂费
双城	No.1	20	74.4	36.5	—	21.7	—	2.4
	No.2	10	48.77	21.04	—	*	—	4.8
	No.3	—	134.7	6	4.42	*	—	—
	平均	12	85.96	21.18	1.47	24.01	—	2.4
	比例(%)	0.8	4.3	1.3	0.2	1.4	—	0.3
阿城	No.4	—	146.78	12.56	—	22.8	—	0.62
	No.5	—	34.69	0.07	—	2.7	0.8	0.76
	平均	—	90.74	6.71	—	17.75	*	0.69
	比例(%)	—	15.5	1.4	—	2.2	*	0.2

续表

		薪金	负债利息	地租	租税公课	建筑费	临时支出	合计
双城	No.1	412.22	279.75	752.88	137	80	5.6	1,940.31
	No.2	431.53	211.8	263.9	87.35	1.3	14.4	1,123.51
	No.3	*	216	1,936.00	52.45	—	—	3,239.16
	平均	588.23	235.85	979.94	92.27	0.7	6.67	2,096.66
	比例(%)	28.2	11.4	46	4.6	0.1	0.5	100
阿城	No.4	275.46	114	324	64	3.66	—	983.88
	No.5	*	—	123	15.68	1.6	3.6	203.8
	平均	147.73	57	223.5	39.84	2.63	1.6	593.84
	比例(%)	24.3	3.6	37.6	6.7	0.5	0.3	100

第三　家计费的构成

从双城1户家计费用构成情况来看,1户平均为1,496圆44钱。其中现金支出为665圆31钱,占总额的44.47%。实物支出金额为830圆83钱,占55.53%。

分别来看家计费用,饮食费用为866圆16钱,是整个家计费用中最多的,占57.9%。

从饮食费用的内容来看,主食费用占了很大部分,为666圆(44.5%)。现金支出为57圆22钱。实物支出金额为608圆78钱。作为主食的大多为粟、玉米和小麦粉糜子(满人是大黄米)等。

副食物为101圆77钱,占了6.8%。现金支出为32圆64钱。货物交易为69圆13钱。

其他的为调料如盐、油及酱油等的现金支出为58圆64钱,占了3.9%。

嗜好品如烟草、白酒为主的物品,全都是现金支出。

饮食费用之外的另一项是冠婚葬祭费用,为254圆94钱,占了17.0%。调查表示农户中有两户有葬礼、婚礼,因此今年的这项费用比往年多一些。主要是因为葬礼而花费了较多钱。

其次是电费和煤气费用,为172圆72钱,占了11.5%。其中现金支付的煤油费和火柴费用为19圆81钱。燃料等实物消耗额为152圆91钱。这些以外大都是些数额很少的消费,比如日常用品费用和被服费为68圆56钱,占了4.6%。其他的费用:家具什物费用为19圆13钱(1.3%);应酬花费24圆43钱(1.6%)和杂费32圆39钱(2.2%)。

教育和娱乐费用各户的支出都很少。

在阿城平均1户的支出额为1089圆18钱。其中现金支出为452圆05钱,占了41.70%。货物交易额为637圆13钱,占了58.30%。

分别来看这些支出费用,饮食费用为754圆30钱,占了69.6%。其次是电费和煤气费用为220圆35钱,占了20.3%。日常用品费用和被服费用为34圆87钱,不超过3.1%。

除此之外主要花费是冠婚葬祭以及应酬费。如冠婚葬祭费用为22圆12钱,占了20%;应酬花费为11圆42钱(1.0%)。除了这些以外的花费数量都很少。

当地和双城以粟子、玉米等为主食不同,是以粟、高粱为主食。饮食费用中主食费用为506圆58钱,占总额的46.7%。副食费用为33圆10钱,占了12.3%。调味料费用为80圆02钱,占了7.4%。嗜好品花费为34圆60钱,占3.2%。这些消费物品中除了和双城的玉米不同是食用高粱外,其他的都基本是相同。

那么要说明其支出构成的话,第一号农户的总支出1677圆56钱,其中现金支出为1,065圆68钱,占超过63.53%。此农户和其他参与调查农户比起来实物消费额大大增加的原因是:由于今年该农户的母亲去世了,葬礼花费了现金631圆65钱,这占了总支出的37.7%。葬礼费用之外是饮食费用为690圆55钱,占41.2%。除此之外和其他农户一样的电费和煤气费花费了127圆13钱,占7.6%。

第二号农户总支出为1,354圆68钱,其中现金支出为538圆88钱,占39.7%。货物交易为815圆80钱,占60.22%。费用的构成情况大致和其他农户相同。

第三号农户为1,456圆18钱,其中现金支出为665圆31钱(26.88%)。实物消耗额为1,064圆80钱(73.12%)。和其他农户比起来现金支出金额比货物交易金额的份额要少。

该户的饮食费用为1,050圆35钱,占72.1%,占了家计支出的大部分。从现金支出比重较小这点可以看出该户生活较富裕。

第四号农户的支出为1,583圆85钱,其中现金支出为646圆97钱。实物消耗额为936圆88钱,其比例为现金支出额的40.8%。实物消耗额所占比例59.15%。

饮食费用为1,021圆71钱,占64.5%。其次是电费和煤气费为365圆22钱,占23.1%。其他费用所占比例都很少。

第五号农户为既是自耕农也是雇佣农的农户。家计支出的比重少,为584圆1,414钱。其中现金支出为257圆12钱,占44.02%。自家物品消耗额为327圆02钱,占55.98%。

该户的家计费用基本全部是饮食消费,为486圆86钱,超过了83.3%。除此之外是燃料费用的75圆48钱(3.9%)。其他都是小额支出。

下面是各户的家计构成费用的明细情况。

家计费用的构成

地名	农户	种类\项目	伙食费				小计	衣物及日常用品	居住费	家具什物费
			主食	副食	调料费	嗜好品				
双城	No.1	现金家计支出	48.8	29.21	60.97	45.64	184.62	50.45	—	1.25
		生产物及收得	478.85	27.08	—	—	505.93	—	—	—
		小计	527.65	56.29	*	40.64	690.55	50.4	—	1.9
		比例(%)	31.5	3.4	2.6	2.7	41.2	3.9	—	0.1
	No.2	现金家计支出	48.65	56.53	2.25	35.51	192.96	80.66	1.6	*
		生产物及收得	607.39	57.23	—	—	664.62	—	—	—
		小计	665.35	113.87	*	*	857.58	*	*	*
		比例(%)	48.4	8.4	3.9	2.6	63.3	6.5	*	2.8
	No.3	现金家计支出	74.21	12.17	62.7	38.07	187.15	74.58	—	18.06
		生产物及收得	740.2	123	—	—	863.2	—	—	—
		小计	814.41	135.17	62.70	38.07	1,050.35	*	—	18
		比例(%)	55.9	9.3	4.3	2.6	72.1	5.1	—	1.2
	平均	现金家计支出	57.22	32.64	68.64	39.74	188.24	68.56	*	*
		生产物及收得	608.78	69.13	—	—	677.92	—	—	—
		小计	666	191.77	58.64	39.74	866.16	68.06	*	19.13
		比例(%)	44.5	6.8	3.9	2.7	57.8	4.6	*	1.3
阿城	No.4	现金家计支出	123.36	54.44	102.17	40.46	390.43	42.68	*	13.01
		生产物及收得	469.73	161.55	—	—	631.28	—	—	—
		小计	163.09	*	152.17	40.46	1,021.71	42.68	*	13.01
		比例(%)	*	13.6	0.5	*	64.5	2.7	2.4	0.8
	No.5	现金家计支出	79.75	39.86	57.86	28.74	296.21	27.94	—	1.33
		生产物及收得	*	10.35	—	—	*	—	*	—
		小计	*	*	*	28.74	486.86	*	—	1.33
		比例(%)	52.9	8.6	0.9	*	83.3	*	—	0.3
	平均	现金家计支出	136.56	47.15	80.02	34.6	298.32	34.81	26.8	7.17
		生产物及收得	370.02	85.85	—	—	455.37	—	—	—
		小计	506.58	*	*	*	754.29	*	*	7.17
		比例(%)	46.7	12.3	7.4	3.2	*	*	2.4	0.7

地名	农户	项目＼种类	煤电费	保健卫生费	教育费	娱乐费	应酬费	婚丧费	杂费	合计	占家计总费用的比重(%)
双城	No.1	现金家计支出	21.18	60.45	—	16.21	22.3	631.65	76.17	1,065.68	63.53
		生产物及收得	105.93	—	—	—	—	—	—	611.88	36.47
		小计	127.1	*	—	16.21	22.3	631.65	76.17	1,677.56	100
		比例(%)	7.6	3.6	—	1	1.3	37.7	4.5	100	
	No.2	现金家计支出	39.76	60.26	0.65	4	25.5	93.95	11.2	538.88	39.78
		生产物及收得	151.18	—	—	—	—	—	—	815.8	60.22
		小计	181.04	*	*	4	25.5	93.95	11.2	1,354.68	100
		比例(%)	13.4	4.4	—	0.3	1.9	6.9	0.8	100	
	No.3	现金家计支出	7.5	23.22	—	6.35	25.5	39.23	9.8	391.38	26.88
		生产物及收得	201.6	—	—	—	—	—	—	1,064.8	73.12
		小计	209.1	23.22	—	6.35	25.5	39.23	9.8	1,456.18	100
		比例(%)	14.4	1.6	—	0.4	1.8	2.7	0.7	100	
	平均	现金家计支出	19.81	47.36	0.22	8.85	24.43	254.94	32.39	665.31	44.47
		生产物及收得	152.91	—	—	—	—	—	—	830.83	55.53
		小计	172.72	41.36	0.22	8.85	24.43	254.94	32.39	1,496.44	100
		比例(%)	11.5	3.2	—	0.6	1.6	17	2.2	100	
阿城	No.4	现金家计支出	59.62	12.45	—	1.9	22.84	41.26	9.19	646.97	40.85
		生产物及收得	*	—	—	—	—	—	—	936.88	59.15
		小计	365.22	12.45	—	1.9	22.84	41.26	9.19	1,583.85	100
		比例(%)	23.1	0.8	—	0.1	1.4	2.6	0.6	100	
	No.5	现金家计支出	18.76	0.39	—	—	—	2.98	0.5	257.12	44.02
		生产物及收得	56.72	—	—	—	—	—	—	327.02	55.98
		小计	75.48	0.3	—	—	—	2.98	0.5	584.14	100
		比例(%)	*	0.1	—	—	—	0.6	0.1	100	
	平均	现金家计支出	39.13	6.38	—	0.95	11.42	22.12	4.85	452.05	41.7
		生产物及收得	181.16	—	—	—	—	—	—	637.13	58.3
		小计	*	*	—	0.95	11.42	22.12	4.85	1,089.18	100
		比例(%)	20.3	0.4	—	0.1	1	2	0.3	100	

第四　财产的收入及支出构成

1.财产的收入的构成

在北满地区的一般农家中除了一些特殊地区的农户以外其他农户在财产方面的收入都是很少的。也有因出售家畜而获得收入的农户,但出售土地和建筑物是绝对没有的。即便是出售家畜也是因为不得已的苦衷而卖掉的。各户在财产方面的收入大多也只有借出款这类的事情。

本调查中的农户也只是因为贷款而存在相当数额的收入,此外可以说没有其他财产方面的收入。另外就现在的农户来说,在没有特殊关系的情况下,不像以前那样进行未付款等项目,比如赊买。资本家可以随意从农户那里榨取钱财的买青田制度以及收取巨额利息等情况现在被禁止了。因此即使是地主又或者是有钱的商人等,在没有特殊关系的情况下也不可以赊卖。随之财产收入也只有贷款等途径。当然像前面所说的那样,在一些特殊地区的农家中,有些人拥有自家附近山林,这时可以通过变卖财产而换取收入。但是本调查中的农户只有贷款收入,双城的平均户数达到了 1,076 圆 67 钱这一高额,而作为赊买的收入只有第一号农家,这个农家仅用 45 钱购买了日用品,从而产生了未付款。

阿城平均为 250 圆,是比较少的数额。

仅从此调查就得出结论的话太过草率了。如今对于各农户来说让他们觉得难以喘息的是年复一年增加的欠款。这是现今经济情况的影响所致,而且也是理所当然的事。这种倾向特别在以往的中农身上,感觉最为强烈。特别是像第一号农户、第二号农户这样的佃户阶层一直以来可能是都以老爷自居,但是可以推测后来欠款越来越多了。

像第五号农户这样的下层雇农者除了借债别无他法,因此在经济方面对于生活有着很强的不安感。

如下是各户欠款的记录。

财产方面的收入

		固定财产				准现金		负债		
		土地	动物	大动物	大机具	贷款	为收入金	欠款(借入)	未还金(赊账)	财产收入
双城	第一号	—	—	—	—	—	—	1,290.00	0.45	1,290.45
	第二号	—	—	—	—	—	—	1,340.00	—	1,340.00
	第三号	—	—	—	—	—	—	600.00	—	600.00
	平均	—	—	—	—	—	—	1,076.67	0.15	1,076.82
	比例(%)	—	—	—	—	—	—	100.00	—	100.00

续表

		固定财产				准现金		负债		财产收入
		土地	动物	大动物	大机具	贷款	为收入金	欠款(借入)	未还金(赊账)	
阿城	第四号	—	—	—	—	—	—	500.00	—	500.00
	第五号	—	—	—	—	—	—	—	—	—
	平均	—	—	—	—	—	—	250.00	—	250.00
	比例(%)	—	—	—	—	—	—	100.00	—	100.00

2.财产的支出构成

财产的支出各户基本是因偿还欠款,也有些是因购买大型机械器具的费用支持。

换言之,双城的 3 户全部还清了欠款,其 1 户平均金额为 1,123 圆 32 钱。阿城仅 1 户在这方面有支出,他的还款金额为 360 圆。其他还有贷款 20 圆和机具购入支出 74 圆 40 钱。

财产方面的支出的构成

		固定财产				准现金		负债		财产的支出合计
		土地(购入)	建筑物(新建)	大动物(购入)	大具(大机具)	贷款	未收回金(赊账金)	欠款(偿还)	未偿还金(归还)	
双城	第一号	—	—	—	—	—	—	1,430.00	—	1,430.00
	第二号	—	—	—	—	—	—	1,340.00	—	1,340.00
	第三号	—	—	—	—	—	—	600.00	—	600.00
	平均	—	—	—	—	—	—	1,123.33	—	1,123.33
	比例(%)	—	—	—	—	—	—	100	—	100
阿城	第四号	—	—	—	74.40	20.00	—	360.00	—	454.40
	第五号	—	—	—	—	—	—	—	—	—
	平均	—	—	—	37.20	10.00	—	180.00	—	227.20
	比例(%)	—	—	—	14.4	4.4	—	792	—	100

第四节　农业经营的决算

在本节中,把作为重要收益活动的经营部门农业经营与其余的经济收益分开,计算其他经营成果的状况。

第一　农家经济经营中的农业经营计算

作为农家经济经营的农业经营也叫做小农经济,是将自己所拥有的土地、资本以及家庭农业劳动力统一组织起来进行经营的经营体制。

所以,从农业毛收入中扣除农业经营费算出的农业纯收益是自耕地、所有资本和自家劳动力所获得总报酬。

1.农业毛收入

双城的农业毛收入为1户平均3,524圆57钱,占毛收入的88%。

毛收入的构成从内容上分开来看,第一位的大豆是1,065圆29钱,占30.2%。其次是粟作物为888圆22钱,占24.9%。第三位是高粱作物,为476圆76钱,占13.5%。

这三个种类占了接近毛收入全额的68.6%。从这点看来,这三种作物不仅在当地,对北满一般的农户都是很重要的农作物,占了耕作面积的大部分。

其中其他作物中小麦作物占6.9%,为244圆47钱;玉米作物占6.8%,为238圆93钱。其他的基本都对各农户来说是很少的收入。每晌收入为平均79圆07钱。

在阿城平均1户为1,377圆25钱,占毛收入的74.7%。

从毛收入的各个种类的构成情况来看,位居第一位的大豆占31.2%,为413圆85钱。第二位是粟作物占20.8%,为269圆82钱。第三位是经济作物甜菜,为206圆30钱,超过15.9%,由此也可看出甜菜作物在当地农业经营中占重要地位。第四位是高粱作物,为126圆63钱,占10.3%。第五位的畜牧为112圆78钱,占9.2%。此外,玉米作物为80圆27钱(7%)。其余都是金额很少的。

在当地的农业毛收入中,甜菜作物收入占15.9%。北满农业中小麦代替高粱成为最重要的作物,这个是当地农业经营的特殊之处。此外,当地的平均每晌收入金额为891圆82钱,和双城比起来收入多了810圆。

下面是对上述做出的说明。

第一号农户为345圆34钱占毛收入的82.8%。分种类来看,居第一位的大豆为1,098圆70钱,占31.8%。居第二位的粟为783圆25钱,占22.7%。第三位的高粱为532圆08钱,占15.4%。杂粮类的小豆、糜子、大麦等合计金额为360圆73钱,占10.5%。另外,小麦为217圆40钱,占6.3%;玉米为222圆70钱,占6.5%。其他的是蔬菜经济作物亚麻、养牲畜用的物品收入为99圆,占2.6%。每晌收入为74圆27钱。

第二号农户——农业毛收入金额为2,211圆05钱,和毛所得相比为85.4%。

其构成情况为大豆占32.5%,为719圆28钱,居于首位。第二位的粟为381圆05钱,占17.2%。其次是高粱为333圆70钱,占15.1%。再其次玉米为290圆64钱,占7.7%。每晌平均来看为92圆13钱,在收入中也占较大比重。

第三号农户——总额为4,825圆50钱,占毛所得的94.4%。

该农户居于第一位的是粟作物为1,443圆25钱,占31.5%。其他参与调查的农户有30%以上都是以大豆为主,而该户却不同,粟居于第一位。其次才是大豆,为1,377圆90钱,占

28.2%。居于第三位的高粱为 564 圆 50 钱,占 11.3%。这些占了收入的大部分。

该户因经营的面积大,所以收入的种类也较多。其他的杂粮收入为 695 圆,占 14%。杂粮有大黄米(糜子)、大麦、小豆等。这些以外都是数额较少的。此外,每晌为 76 圆,和双城的其他两户相比稍少。该农户和其他两户比起来单位面积收益较差的原因是:佃农。自耕农和佃农比起来,可以看出佃农收益上是不利的。另外由此也可反过来证明,经济规模上大面积经营必然是有利的。

第四号农户收入为 1,667 圆 94 钱,占毛收入的 66.2%。分种类来看,居于第一位的大豆为 505 圆 70 钱,占 28.2%。粟居于第二位,为 376 圆 44 钱,占 20.3%。第三位的经济作物甜菜为 280 圆 60 钱,占 6.4%。畜牧为 195 圆 56 钱,占 10.6%。玉米为 85 圆 64 钱。这些之外为少量蔬菜和少许杂粮。双城的各农户的毛收入大部分都来源于普通作物大豆、粟、高粱和小麦等。而阿城地区的第四号农户居首位的当然也是大豆,而各个种类的收益率却不像双城那样偏重于大豆和粟两种或者包括大豆、高粱、小麦等的 3 种作物。各个种类几乎都占相同的比重。收入来自多数种类,比较特殊的是:经济作物甜菜和畜牧的收益率相当,这也算是当地农业经营的经济特色。

每晌收入为 94 圆 99 钱,是参与调查的农户中最多的。

第五号农户——收入额为 854 圆 15 钱,占毛收入的 91.1%。

收入的来源大豆为 312 圆,居于首位,占 36.5%。其次是粟,为 163 圆 20 钱,占 19.2%。高粱为 99 圆 60 钱,占 8.8%左右。

每晌收入为 85 圆 42 钱。

2.农业经营费

在双城平均 1 户的农业经营费用为 2,114 圆,占所得支出 2,457 圆 76 钱的 86%。

经营费用分种类来看构成情况如下。居于第一位的是地租,为 984 圆 26 钱,占 46.7%。其次是薪金,为 848 圆 95 钱,占 41.7%,居第二位。以下的费用种类和前面两者比起来数额较少,依次为:饲料费 85 圆 96 钱(4.1%)、机具费 71 圆 12 钱(3.4%)、种苗费 21 圆 18 钱(1.1%)、家畜费 20 圆 44 钱(1.0%)、建筑费 15 圆 28 钱(0.8%)、肥料费 12 圆(0.6%)、拟制支出 6 圆 67 钱(0.3%)、药材费 2 圆 40 钱(0.3%)。

此外,对耕地面积来说,单位面积的经营费用为 47 圆 30 钱。阿城的参与调查农家平均经营费用为 724 圆 61 钱,占所得支出费用 912 圆 73 钱的 79.4%。

从费用的种类来看,薪金支出为 280 圆 39 钱,占 44.4%,居第一位。地租为 223 圆 50 钱,占 35.4%,居第二位。其后依次是:饲料费 61 圆 38 钱(9.7%)、机具费 30 圆 17 钱(4.8%)、建筑费 27 圆 36 钱(4.3%)、种苗费 6 圆 77 钱(1.1%)等。当地经营费用中比较不同的是饲料费稍多。这是因为在当地大多数农户都因副业需要牛、马的原因,和其他地方比起来需要更多饲料。此外,单位面积经营费用为 48 圆 31 钱,大体上和双城农户没有太大差别。

下面是分户来进行说明。

第一号农户——1,861 圆 32 钱,占所得支出费用的 80.9%。其中,地租为 752 圆 88 钱,占 41.2%;薪金 751 圆 29 钱,占 41.2%。此外依次是:饲料费 74 圆 40 钱,占 4.8%;机具费为 41 圆

49 钱,占 2.9%;种苗费为 36 圆 50 钱,占 2.7%;建筑费为 27 圆 30 钱,占 2.2%;肥料费 20 圆,占 1.8%;家畜费 12 圆 50 钱,占 0.9%。

第二号农户——整体和第一号农户相同。居于第一位的是薪金 610 圆 05 钱,占 58.5%。地租为 263 圆 90 钱,占 25.4%。其他的费用和第一号农户没有太大差别。此外单位面积经营费用为 43 圆 53 钱。

第三号农户——该户为纯粹的佃耕,经营费用总额为 3,436 圆 71 钱,占所得支出费用的 92.5%。分种类来看,居首位的地租占 46.7%,为 984 圆 26 钱。薪金为 848 圆 95 钱,占 41.7%。其余费用和前两户基本相同。

第四号农户——1,049 圆 93 钱,是所得支出费用 1,401 圆 38 钱的 74.9%。薪金为 537 圆 71 钱,超过了 57.2%。此外是地租为 324 圆,占 30.9%;饲料费为 88 圆 07 钱(8.4%)。每晌稍多一些,为 52 圆 50 钱。

第五号农户——农业经营费用的重要种类为薪金支出。该农户因主要是靠自家劳动力,所以和其他农户比起来经营费用数额较少。总额为 215 圆,是所得支出费用的 90.2%。每晌仅不超过 21 圆 50 钱。由此可以看出薪金对于北满一般的农业经营费用有着很大影响。其中地租为 123 圆,占 57.2%。薪金为 23 圆 08 钱,占 11.2%。其余是饲料费 34 圆 69 钱,占 16%;机具费 17 圆 70 钱,占 8.2%。

如上所述,经营费用的多少,如不算地租,那么完全决定于薪金的多少。此项费用也关系着经营规模大小的收益,因此应当以其为中心,重点研究。研究薪金关系也是将来解决北满农业经营问题的关键。

3.农业纯收益

双城参与调查的农户平均 1 户纯收入为 1,410 圆 32 钱,占毛收入的 46.1%,占经营费用的 53.9%。以 1 晌为单位来看纯收入为 31 圆 55 钱。

阿城平均 1 户为 628 圆 58 钱,占毛收入的 49.9%,占经营费用的 50.1%。大体上两地在毛收入上户均比例没有太大差别。

按每晌来看,当地各户的差别有 42 圆 57 钱。第一号农户为 1593 圆 01 钱,占毛收入的 48.1%,占经营费用的 53.9%。每晌纯收入为 34 圆 26 钱。第二号农户四晌耕地的纯收入为 1,166 圆 32 钱,占毛收入的 52.8%。每晌为 48 圆 60 钱。

第三号农户为 1,388 圆 79 钱,占毛收入的 28.8%。耕地面积为 635 晌,每晌为 21 圆 88 钱,收入稍微少点。

第四号农户的耕地面积为 20 晌,为 618 圆 01 钱,占毛收入的 37.1%,占经营费用 1,049 圆 93 钱的 62.9%。收入的比例较少,每晌为 30 圆 90 钱。

第五号农户为 10 晌纯收入为 639 圆 15 钱,每晌超过 63 圆 92 钱,占毛收入的 74.8%还多,占经营费用 215 圆的 25.2%。

于是,通过本调查得出:经营面积小,纯收入所占比例就大。但遗憾的是因参与调查的农户数很少,无法得出最终结论。因失去很大的经营面积,投机方面的经营规模也随之变小。由此可以看出在一定范围内依靠自家劳动力经营是最富裕的。也可以说雇佣劳动力和纯收入间,有着必然的联系。

农业纯收入

| | | 农业毛收入
(圆) | 农业经营费
(圆) | 扣除(纯收入)
(圆) | 耕地每晌收入 | | |
					净入(圆)	耕地面积(晌)	每晌(圆)
双城	第一号	3,454.34	1,861.33	1,593.01	1,593.01	46.5	34.26
	比例(%)	100	53.9	46.1	—	—	—
	第二号	2,211.05	1,044.72	1,166.32	1,166.32	24.0	48.60
	比例(%)	100	47.2	28.8	—	—	—
	第三号	4,825.50	3,436.71	1,388.79	1,388.79	63.5	21.88
	比例(%)	100	60.0	40.0	—	—	—
	平均	3,524.57	2,114.23	1,410.32	1,410.32	47.7	31.55
	比例(%)	100	60.0	40.0	—	—	—
阿城	第四号	1,667.94	1,049.93	618.01	618.01	20.0	30.90
	比例(%)	100	62.9	37.1	—	—	—
	第五号	854.15	215.00	639.15	639.15	10.0	63.92
	比例(%)	100	25.2	74.8	—	—	—
	平均	1,261.04	632.46	628.58	628.58	15.0	42.57
	比例(%)	100	50.1	49.9	—	—	—

第二　企业经济经营中的农业经营计算

所谓的作为企业经济经营的农业经营就是现实中的小农经营。通过薪金雇佣劳动的雇主以资本主义型企业经济经营的方式进行经营。

从毛收入中扣除农业企业经济经营费用后得出的为农业企业经济经营纯收入,是对农户所有的土地及资本的综合报酬。

1.农业毛收入(参考第二部分的第一点)

双城平均1户的收入为3,524圆57钱,阿城平均为1,377圆25钱。各户分别来看,第一号农户为3,454圆34钱,第二号农户为2,211圆05钱,第三号农户为4,825圆50钱,第四号农户为1,667圆94钱,第五号农户为854圆15钱。

2.农企业经济经营费

在双城农业企业经济经营费用平均1户为2,234圆92钱,在阿城平均为823圆21钱。

从各户分别来看,第一号农户为1,953圆33钱,第二号农户为1,142圆73钱,第三号农户为3,608圆71钱,第四号农户为1,229圆93钱,第五号农户为416圆30钱。

农业企业经济经营费用

		农业经营费用（圆）	概算家庭薪金额（圆）	小计（企业经营）（经济经营）（圆）	备注
双城	第一号	1,861.33	92.00	1,953.33	家庭薪金按实际务农日数以每天50钱换算得出
	第二号	1,044.73	98.00	1,142.73	
	第三号	3,436.71	172.00	3,608.71	
	平均	2,114.25	120.67	2,234.92	
阿城	第四号	1,049.93	180.00	1,229.93	
	第五号	215.00	215.00	416.50	
	平均	632.46	190.75	823.21	

3.农企业经济经营纯收益

双城的农业企业经济经营纯收入平均为1,299圆65钱,占农业毛收入3,524圆57钱的36.6%。农业企业经济经营费用为2,234圆92钱,占毛收入的63.4%。阿城平均1户为437圆83钱,占毛收入的34.9%。双城的收入率要稍高些。

各户分别来看,第一号农户为1,501圆01钱,占毛收入的43.5%,经营费用的56.5%。第二号农户为1,068圆22钱,占毛收入的48.3%,经营费用比例稍低点,为51.7%。第三号农户为1,216圆79钱,收入较低,占25.2%,经营费用为3,608圆71钱,占74.8%。第四号农户为438圆01钱,占毛收入的26.2%。经营费用为1,229圆93钱,比例高达73.8%。第五号农户的纯收入为437圆65钱,占比例较高,为51.2%。经营费用为416圆50钱,占48.8%。

农业企业经济经营纯收入

(单位:圆)

		农业毛收入	农业企业经济经营费用	扣除（农业企业经济经营收入）
双城	第一号	3,454.34	1,953.33	1,501.01
	比例(%)	100	56.5	43.5
	第二号	2,211.05	1,142.73	1,068.22
	比例(%)	100	51.7	48.3
	第三号	4,825.50	3,608.71	1,216.79
	比例(%)	100	74.8	25.2
	平均	3,524.57	2,234.92	1,299.65
	比例(%)	100	63.4	36.6

续表

		农业毛收入	农业企业经济经营费用	扣除 (农业企业经济经营收入)
阿城	第四号	1,667.94	1,229.93	438.01
	比例(%)	100	73.8	26.2
	第五号	854.15	416.50	437.65
	比例(%)	100	48.8	51.2
	平均	1,261.04	823.21	437.83
	比例(%)	100	65.1	34.9

本年度的截止到此。

这份报告中的调查对象只有 5 户,户数较少。因此在调查量上难免是不充足的。因此本报告只能得出以上的这些结果,下面是根据这些结果得出的推论。

(1)在经营规模上来说大农经营的农业经营结果未必有利,这点大体可以从前面所述的各点中得到证实。

换言之,从双城参与调查的农户来看,第三号农户为单纯的佃农,经营面积为 63 晌亩,算是较大的大农经营农户。和其他农户比起来除了是最完全的佃农这点外,与其说经营方面各种条件有利,倒不如说和其他农户比起来如前所述收入要低。接下来让我们再次对参与调查的农户的各项进行分析。

正如其他表格显示的那样,经营面积较大,为 63.5 晌的第三号农户,从甲法来看平均 1 晌的纯收入为 21 圆 88 钱。经营面积为 43.5 晌的第一号农户为 34 圆 24 钱。从乙法来看第三号农户为 19 圆 12 钱,第一号农户为 36 圆 56 钱。对比来看,经营面积较小,为 10 晌的第五号农户从甲法来看平均 1 晌收入为 63 圆 92 钱,从乙法来看为 43 圆 77 钱。经营面积为 20 晌的第四号农户从甲法来看,为 42 圆 60 钱,从乙法看来,为 44 圆 52 钱。这两户经营面积较小的和前面两户经营规模较大的农户比起来,纯收入要多些。单凭这个结果来断定是不可能的,但是却可以推测出大规模经营未必就是一定有利的。

(2)从经营情况来看可以看出,小农(10 晌以内)经营未必就一定经营不好。

从第一点来看,小规模经营未必就比大规模经营不利。同时正如从其他表格得到证实的那样,在北满农业中经营面积较小的农户也充分可以好好经营,从而得到安定生活的。

通过此调查各种问题有了进展,然而遗憾的是要就此得出最后的结论,在内容上还稍微不充足。就北满农业整体来说,普通作物比重偏大。众所周知,在大面积经营中经营的好坏影响着生活的安定与否。相反,在小农较多的阿城却没有什么不安定感,每年那些小农都能过着较好的生活。对于农业经营形态的研究,关系着我们北满农业的发展。就这点,将后面年度的结果和成绩放在一起进行研究应该能发现比较重要的结论。

(甲法)分种类结算平均1晌收入(依据农户经济经营计算)

农户序号	经营面积（晌）	毛收入（圆）	经营费用（圆）	纯收入（圆）	各项占毛收入的比例		
					毛收入	经营费用(%)	纯收入(%)
第一号农户	46.5	74.27	40.03	34.24	100	53.9	46.1
第二号农户	24.0	92.13	43.53	48.60	100	47.2	52.8
第三号农户	63.5	76.00	54.12	21.88	100	71.2	28.8
第四号农户	20.0	94.99	52.50	42.49	100	62.9	37.1
第五号农户	10.0	85.42	21.50	63.92	100	25.2	74.8

(乙法)分种类结算平均1晌收入(依据企业经济经营计算)

农户序号	经营面积（晌）	毛收入（圆）	经营费用（圆）	纯收入（圆）	各项占毛收入的比例		
					毛收入	经营费用(%)	纯收入(%)
第一号农户	46.5	74.27	37.71	36.56	100	56.5	43.5
第二号农户	24.0	92.13	47.61	44.52	100	51.7	48.3
第三号农户	63.5	76.00	56.88	19.12	100	73.8	26.2
第四号农户	20.0	94.99	61.50	33.49	100	73.8	26.2
第五号农户	10.0	85.42	41.65	43.77	100	48.8	51.2

　　第一部分到此截止,此报告之后剩下的章节将汇总其他各事项以完成报告。第一年度暂且只统计了五户农户,仅凭这些统计项目结果就得出结论是很不可行的。这些要根据今后的年度统计结果来进行推测。

附录

第一章 农村概况

本章是对和正文相关的农户所在村庄概况的叙述。了解被调查农户和所在村庄的各种联系,就可以作为参考。本章对调查地所在的双城县大白家村和阿城县火烧蓝旗屯两个村庄进行说明。此外,因双城县牛家合计不到3户农户,所以这里省略不介绍。

第一 双城县大白家窝堡

位置 此村所在村叫铁道爱护村,属双城堡站管辖,位于距双城县县城大约7千米的西北方。本村位于距双城堡站约3千米的西北部。

本村在行政区划上属于爱护村也称兴礼村。爱护村由大白家村及其他几个村庄组成。行政中心位于以前的兴礼村,由村长进行管理。本村在附近村庄中有着悠久的历史,于120多年前的北满开拓时期建立,曾是历史上繁荣的村庄。满洲事变后因遭到当时的官兵和强盗侵害,经济开始走上衰败。现在已经丧失了从前在附近村庄中的领导性地位,成为实力一般的村庄。下面分别通过各项目加以说明。

1.人口

本村共33户,总人口为208人,其中男性111人,女性97人。

分职业种类来看人口构成,全家从事农业的自佃户为7户,佃户为4户,租佃雇农为2户,雇农20户。总的来说,本村的构成情况中自作者一户也没有。只有自佃户7户和佃户4户作为纯农业经营者拥有耕地。其他的22户——自租佃7户78人(男32人,女46人)。作为纯粹提供劳动力的雇农类农户有22户130人(男79人,女31人),全部都依靠为土地拥有者提供劳动力而生活。

在村内,主要从事农业的人,在总人数208人中有74人,其中29人为完全的雇佣劳动者的长工。29个长工中只有1人是屯外的人,其他的人全是屯内的人。长工以外从事农业的45人中,从事自家农业的只有9人,其他36人都是短工。

全村208人中,劳动者占了21.2%,占男子总人数111人的39.6%。

换句话说,本村的农业经营劳动关系中,自家劳动力9人中有4人从事农业。辅助从事农业的自家劳动力不超过5人。全部74人的劳动者中有7%为自家劳动力。本村的农业经营实际有90%以上依靠的是雇佣劳动力。

下表是对人口构成情况的记录。

分职业的人口构成表(大白家村)

农户序号	职业	家庭人数			雇佣劳动者	以务农为主者	摘要
		男	女	合计			
1 *	自租佃	5	4	9	3	5	以务农为主者中包括雇佣劳动者
2 *	租佃	7	9	16	5	6	雇农为纯劳动者也被作为租佃者计入
3 *	自租佃	5	3	8	5	5	作为雇农的人家的劳动力(可从事农业者)大多靠卖拾柴烧炭生活
4	自租佃	4	12	16	4	4	
5	租佃	4	5	9	6	8	
6	自租佃	3	2	5	5	5	
7	自租佃	1	2	3	1	1	
8	自租佃	4	2	6	—	2	
9	自租佃	3	1	4	—	1	
10	租佃	2	3	5	—	1	
11	租佃	4	2	7#	—	2	
12	雇农	2	3	5	—	2	
13	雇农	4	1	5	—	—	将自己土地的2晌租给别人生活
14	雇农	2	1	3	—	—	
15	雇农	4	3	7	—	1	
16	雇农	7	2	9	—	5	
17	雇农	5	3	8	—	2	
18	雇农	1	1	2	—	—	
19	雇农	1	4	5	—	—	
20	雇农	5	5	10	—	2	
21	雇农	1	2	3	—	1	
22	雇农	2	4	6	—	1	
23	雇农	1	2	3	—	1	
24	雇农	4	3	7	—	1	
25	雇农	4	3	7	—	2	
26	雇农	3	2	5	—	1	
27	雇农	2	2	4	—	1	

续表

农户序号	职业	家庭人数			雇佣劳动者	以务农为主者	摘要
		男	女	合计			
28	雇农	6	2	8	—	5	
29	雇农	4	2	6	—	3	
30	雇农	2	2	4	—	1	
31	雇农	5	1	6	—	2	
32	雇农	3	2	5	—	1	
33	雇农	1	1	2	—	1	
合计		111	97	208	29	74	
平均		3.4	2.9	6.3	0.9	2.2	

注：＊表示被调查农户。

2.土地

(1)土地的分配

本村所在地区由于自然条件有很多优良的农耕地。正如上述所述本村位于满洲事变所在境内,经济发展处于劣势。各户平均分配到的土地在满洲事变后也渐渐有所减少,特别是地主移居到村外,致使该村整体经营面积减少了相当大的一部分。

本村总体的土地面积为301.7晌。其中住宅地面积为7.6晌,占全部面积的2.6%;耕地面积为289.9晌,占96.0%。耕地中自耕地为74.6晌,其他的为地租地215.3晌。其他的废弃荒地之类的土地为4.2晌(1.4%)。

从上述33户看来,平均1户的住宅面积为0.23晌,耕地面积为8.79晌,其他土地为0.12晌。全部土地平均每户为9.1晌。从拥有土地的17户来看,每户平均耕地为自耕地4.4晌,佃耕地12.7晌,合计17.05晌,就总体土地来说为17.8晌。

(2)耕地的利用情况

耕地总面积为289.9晌,其中自耕地为74.6晌,如上所述佃耕地为215.3晌。就各作物的利用情况来看,如下所示。

第一位是大豆,为92晌,占总面积的31.5%。其次是粟,为63晌,占21.6%。第三位是高粱,为57晌,占19.5%。

其他主要作物为:小麦28.5晌,占9.8%;玉米26晌,占9%。其他的都是各户小面积的种植。

下表是对各户耕地所有关系及耕地利用明细情况的记录。

各户分类土地所有关系表

种类\农户	院子(含住宅地)			耕地			其他			合计			备注
	自己地	借用地	小计	自己地	借用地	小计	自己地	借用地	小计	自己地	借用地	小计	
1	0.8		0.8	12.0	12.0	24.0				12.8	4.0	16.8	
2	1.0		1.0		63.5	63.5	2.0		2.0	3.0	63.5	66.5	
3	1.0		1.0	22.6	22.0	44.6				23.6	22.0	45.6	
4	1.0		1.0	3.5	38.5	42.0				4.5	38.5	43.0	
5	0.8		0.8		54.0	54.0				0.8	54.0	54.0	
6	0.9	0.2	1.1	20.5	8.3	28.8				21.4	8.5	29.9	
7	0.3		0.3	5.0		5.0	1.5		1.5	6.8		6.8	
8				6.0	2.0	8.0				6.0	2.0	8.0	1.全村总户数为33户,其中19户自己拥有土地,其他4户完全没有土地
9	0.3		0.3	5.0		5.0	0.7		0.7	6.0		6.0	
10		0.2	0.2		3.0	3.0					3.2	3.2	
11					5.0	5.0					5.0	5.0	
12					1.0	1.0					1.0	1.0	
13					1.0	1.0					1.0	1.0	
14	0.2	0.1	0.3		2.0	2.0					2.1	2.1	
15		0.2	0.2		1.0	1.0					1.2	1.2	
16	—	0.1	0.1	—	1.0	1.0	—	—	—	—	1.1	1.1	2.*表示被调查农户
17	0.2		0.2	—	1.0	1.0	—	—	—	0.2	1.0	1.2	
18	—	0.2	0.2	—	—	—	—	—	—	—	0.2	0.2	
19	—	0.1	0.1	—	—	—	—	—	—	—	0.1	0.1	
合计	6.5	1.1	7.6	74.6	215.3	289.9	4.2	—	4.2	85.3	216.4	301.7	
土地所有者1户平均	0.44	0.05	0.40	4.4	12.7	170.5	0.22		0.22	4.5	6.32	17.8	
全村平均	0.20	0.03	0.23	2.25	6.5	8.79	0.12		0.12	2.58	6.32	9.10	
比例(%)	2.3	0.3	2.6	24.7	71.3	96.0	1.4		1.4	28.3	71.7	100.00	

各户土地利用情况

		大豆	粟	高粱	玉米	小豆	小麦	大麦	糜子	稻子	亚麻	甜菜	其他	合计	备注
1	自耕兼租佃	7.0	4.0	5.0	4.0		2.0				0.3		1.7	24.0	
2	租佃	20.0	13.0	15.0	5.0	2.0	6.5	2.0	2.0		1.0	1.0		67.5	
3	自耕兼租佃	15.0	6.0	10.0	3.0	2.0	4.0		2.0		1.0	1.6		44.6	
4	自耕兼租佃	15.0	9.0	8.0	3.0		5.0		2.0					42.0	
5	租佃	15.0	15.0	10.0	6.0	1.0	5.0		2.0					54.0	
6	自耕兼租佃	10.0	9.0	3.0	2.0		3.0		1.3		0.5			28.8	
7	自耕兼雇农	2.0	1.0	1.0			1.0							5.0	
8	自耕兼雇农	3.0	2.0	2.0			1.0							8.0	1.拥有耕
9	自耕兼雇农	2.0	1.0	1.0			1.0							5.0	地,住宅地
10	租佃兼雇农	1.0	1.0		1.0									3.0	和其他土
11	租佃兼雇农	1.0	1.0	2.0	1.0									5.0	地的,除
12	雇农	1.0												1.0	开农户序
13	雇农			1.0										1.0	号
14	雇农			1.0	1.0									2.0	2.＊表示被调查农户
15	雇农				1.0									1.0	
16	雇农				1.0									1.0	
17	雇农		1.0											1.0	
合计	雇农	92.0	63.0	57.0	26.0	5.0	28.5	2.0	9.3		2.8	2.6	1.7	289.9	
平均	拥有耕地农户（17户）	5.4	3.7	3.4	1.5	0.3	1.7	0.1	0.5		0.2	0.2	0.1	170.5	
平均	全村33户	2.8	1.9	1.8	0.8	0.2	0.9				0.1	0.1	0.1	8.79	
比例（%）		31.5	21.6	19.5	9.0	1.8	9.8	0.8	3.3		1.1	1.0	0.6	100	

（3）地价

当地附近的农耕地是最为优良的,因此各农户无论怎么样也不会转卖他们的土地。不仅是满人,就是日本内地的人也同样能够推出他们(农民)对于土地的喜爱之情。在当地像转卖土地之类的事可以说是完全没有的。因此对于售价的判定也是无法进行的,以下大体是假设若有转卖的时候,各人要价情况的综合。

上等地　　　　　　　　450 圆左右

中等地　　　　　　　　270—350 圆

下等地　　　　　　　　　　　200 圆左右

荒废地(湿林地)　　　　　　　120—170 圆

以上便是若要买卖土地时大体的一个交易要价情况。

(4)地租

地租一般情况为交纳现货平均 1 晌 2 石 2 斗,其明细通常为各户:大豆 8 斗,粟 8 斗,高粱 6 斗。

如由以上三种组合起来为 2 石 2 斗,有时也会因地主的希望,将以上三种中的某种替换成相当量的燃料用的高粱秆或者谷草来交纳。

此外,有时也会有如由佃农提供劳力等之类的特殊情况,但在当地,由于地主一般都不住在屯内,因此这样的情况和少。另外,也有佃农从地主那里租借住房或者视地租地的大小租借大型农具的情况。

3.农家经营形态及规模

(1)各农家经营面积的构成

	0.1—3.0 晌	3—5 晌	5—10 晌	10—15 晌	15—20 晌	20—25 晌	25—30 晌	30—35 晌	35—50 晌	50 晌以上	合计
户数	7	3	1	—	—	1	1	—	2	2	17
比例(%)	41.2	17.7	5.9			5.9	5.9		11.7	11.7	100

按经营面积的大小来看农户的构成情况,属于面积在 0.1—3.0 晌的的租佃雇农为 7 户,占土地(耕地)拥有农户的 41.2%。其次,面积在 3—5 晌的有 3 户,占 17.7%。5 晌以下的小农为 10 户,占了土地拥有农户的一半以上。面积为 5—10 晌的农户仅仅只有 1 户,占 5.9%。面积为 10—20 晌的农户 1 户也没有。面积在 20—25 晌的农户有 1 户,25—30 晌的农户也只有 1 户,占 5.9%。面积为 35—50 晌的大农农户有 2 户,占了 11.7%。面积在 50 晌以上的农户同样也为 2 户,占 11.7%。从本村的分经营面积农户构成情况来看,35 晌以上 60 晌以内的 4 户农户占了经营面积的大部分。其他的农户基本都是 5 晌以内的小农,大都依靠被前面 4 户大农经营的农户雇佣,提供劳动力而生活。

(2)各阶级每户耕地面积构成

	户数	实际耕作面积	每户平均面积	比例(%)	备注
自佃户	4	139.4	34.85	48.1	这其中 1 户为纯雇牛具农户
佃户	2	117.5	58.75	40.5	
自耕兼雇农	3	18.0	6.0	6.2	
租佃兼雇农	2	8.0	4.0	2.8	
纯雇农	6	7.0	1.2	2.4	
平均	17	289.9	17.05	100	

通过上表来看,自佃户为4户,其经营面积为139.4晌,平均1户为34.85晌,占总体的48.1%。佃户有2户,经营面积为117.5晌的40.5%,平均1户占58.75%。其他的为自作兼雇农是3户为18晌占6.2%;租佃兼雇农为2户为8晌,占2.8%;雇农是6户,仅占不超过2.4%。

如上所述,本村的耕地大体为6户自租佃及佃户所有。

4.农作物的种类及家畜

(1)农作物的种类

作物的种植情况正如上所述(参考耕地利用情况),在北满一般的种植都是大豆居于首位,除此之外其他作物的种植构成情况没有什么差别。此外,因当地有亚麻公司设立了工厂,也有些农户被半强制性地用极少的面积来种植亚麻。此外,也有少数种植甜菜的。对于这些之外的新作物的种植,农民是没有兴趣的。目前新作物当在当地的种植上一点意义也没有。

(2)家畜情况

当地中农业地区中土地条件是很优良的,相反农业收入以外几乎没有什么副业收入。

家畜也只是在耕马等必要的范围内被养殖。如下表所示,比重是很小的。

种类	马	牛	骡	驴	羊	猪	耕用家畜平均1头耕地面积
头数	27	—	12	5	33	90	7.4

注:计算耕用家畜平均1头的耕地面积作为耕马的马、驴包括在内,骡不计算在内。

如上被用于劳作的耕马主要为马、骡等(单独的1头驴的力量是不被认同的)。这样的耕马(马、驴)39头为9户农户所有,从全村33户农户来看,仅不超过一头余。平均1头的耕作面积为7晌4亩。

5.农业情况

(1)农作物栽培方法

①连续耕种法

在当地连轮作法和其他的北满地区并没有什么不同。如以大豆为中心,其他的如下表:

第一年大豆　　　　　依次种植高粱、小麦、玉米、粟等
第二年高粱　　　　　依次种植粟、黍子、玉米、小豆等
第三年粟　　　　　　依次种植小麦、高粱、大豆、玉米等
第四年小麦　　　　　依次种植大豆、粟、黍子、玉米等

通常如上那样和其他的各种作物配合起来进行轮作。但是根据春季和前年的粮食市面价格的变化,各地有可能因失去面积平衡而破坏这个常规,产生变化。

②耕种后整地

各种作物的栽培方法在北满各地是一样的。对于这一点有很多研究,并且资料也很丰富。因此在这儿大概介绍一下,不作更详细的说明。

即用犁杖翻耕,一般秋季收获后进行翻耕,临近春季播种的时候再耕一次地,用磙子或者

穰耙对大面积的土地进行碎土整地,这在各地是一样的。前茬如果是高粱的话,用镐头把根挖出来,又或者用壤耙重复把根压倒而进行整地作业。

③肥料

一般作物几乎没有施肥的工序,但是大概以三年一次的频率,对小麦作物施肥。

其方法是前茬即粟收成后,年内马上把每晌 20 马车左右的土粪拖到田里存放。在春季播种小麦和翻耕开始之前,洒在农田里。

其他几乎只对一部分的蔬菜施肥。

④其他

对于其他栽培方法的诸多事项,因为各地是一样的,所以在此省略。

6.劳动情况

作为屯内劳作者,从事农业的正如前面关于人口那章所述,总人口 208 人中有 74 人以主业或者副业从事农业,其中 29 人为常年雇佣劳动者。该村的自家劳动力利用情况和雇佣劳动力比起来显得很少。74 人的劳动力中从事自家农业的很少,只占 7%,其他的 93% 都是雇佣劳动力。这是因为当地的农业主要依靠雇佣劳动的原因。大体上这些劳动力依靠住在本村的雇农级的 23 户农户的 79 男子中可劳动者提供。特定的农忙时期以外,基本都是村内雇佣就足够了。但是,在播种期及中耕除草期及收获期的每年春季的 5 月到 7 月及 9 月末到 10 月就必须从屯外个应用临时短工。其原因就是农忙期间需要大量的劳动力,因此在此期间从屯外雇佣劳动力是必要的。

下表是日雇佣薪金及年雇佣薪金。

春　播种期　(4、5 月)　40 钱以内		跟做的　70—90 圆	
夏　除草中耕(6、7、8 月)　70—150 钱		打头的　100—130 圆	
秋　收获期(9、10、11 月)　50—200 钱		打更的　50—70 圆	
冬　调整期(12、1、3 月)　40—60 钱		半拉子　20—40 圆	
		猪羊倌儿　20—30 圆	

长工也有全部付现金的,大体为现金 30 圆分摊到青田(大豆)2 晌。现金 100 圆左右就可雇用到一个劳动力,原则上长工全部都住在雇主家里,不管是短工还是长工,伙食费都由主人负担。

7.交易情况

本村在距城内大约 7 千米的地方,大体上农产物的交易都在城内进行,有时也会因事先预定然后自己外出到哈尔滨去的情况也有。最近基本上交易都在合作社进行,而农民却大都对在合作社进行交易的制度表示不满。

结果由于合作社的交易制度的制约以及有时货物搬运到达后要等上 1 天甚至 2 天,并且又规定了一定的交易价格,因此农民大都对此感到不满,希望像从前那样自由交易。

第二　阿城县火烧蓝旗屯

本村是位于哈尔滨的东部,即旧北铁东部线的滨绥沿线的阿城站管内地区的爱护村。本村位于阿城县城西南方约 7 千米,由数个村庄组成被称作火烧蓝旗屯。该村由 500 多户组成。本调查以火烧蓝旗屯的其中一个村庄作为中心进行。

本村附近的自然条件都不太好,屯的前面因阿什河流经此处,地势较低的地方形成了很多湿地,屯的后方因丘陵绵延不适合作为农耕地。当地从 3 年前开始本村的东北地带的很大面积包括本村的一部分都成了日本军用地。此地因设置了很多兵舍、练兵场耕地面积更加少了。甚至有些农户是失去了自己所有的土地。而作为军用地被买去不得不搬到其他村去住的农户也有。整个村庄因很多好耕地在军用地内,耕作起来很不方便,耕地面积就更加缩小了。

1.人口

该村总户数为 58 户,分职业构成情况来看,如前所述该村由于地势原因及周围环境关系,耕地面积很少,而户数又很多,因此只依靠农业收入是不能生活的。结果依靠农业以外的副业收入生活的农户很多。

职业为全家从事农业的自作农有 9 户、自佃户 10 户、佃户 23 户、自作兼雇农 3 户、纯雇农 13 户。

本村的土地分配平等化,各户都有若干的耕地。此地没有北满一般的以大地主对耕地的独占化为倾向的特点,这是很有趣的事实。要探究其原因,本村的历史很悠久,因地理条件限制耕地很分散,这作为资本家的独占地带是很不利的,因此资本家的买卖很少。另一方面,农业以外的副业收入比重是很大的,因此现金流通很容易。由于这些原因该地没有大地主。因土地的平等分配,拥有若干土地的农户很多。

总户数为 58 户,总人口为 427 人,男女比例为:男子 239 人,女子 188 人,1 户平均为 7 人多。

其中劳动者数为 135 人。135 名的劳动者中从事年雇佣劳动的为 29 人,其中 17 名是村内人,12 名位其他屯的被雇佣者而居住在本村的。

以上劳动者人数占总人口的 34.4%,占男子总人数的百分比超过了 61.5%。从比率上来说,劳动力为自家消费的比率较大。这是因为本村的经营形态为以像甜菜这样妇幼劳动力也能够种植的作物,并且农业以外的副业也多种多样。因此没有被其他村庄雇佣的必要。无论怎样的劳动者都有很多能够从事的事。从农业经营中的劳动力的自家劳动力和雇佣劳动力的对比关系来看,投入农业经营的劳动力中大部分占 91.1% 为自家劳动力,雇佣劳动力仅有不超过 9%。

和北满农业经营中一般依靠雇佣劳动力这点比起来,该地基本不使用雇佣劳动力这种局部存在的经营形态引起我们很大的兴趣。投入精力研究像该村这样多种方式的经营,对于北满农业的经营面积和经营形态等的诸多问题是很有价值的。

下面是关于人口、户数的详细记述。

分职业人口表(阿城火烧蓝旗村)

农户序号	职业	家庭人数			长工	以务农为主的人数	摘要
		男	女	合计			
1	租佃	3	3	6	1	4	1.该地方因耕地很少,在北满农业中中农平均耕地面积为10晌以下,在此表中有3晌耕地的便被记为小农,不足3晌的为雇农
2	自耕兼雇农	11	8	19	1	4	
3	租佃	5	4	9	—	2	
4	租佃	6	4	10	1	4	
5	租佃	2	1	3	—	2	2.因该地耕地很少,一般到冬季以车马搬运为副业的很多。又因大体上很多农户自己拥有小面积耕地,因此此表中区分记作:自耕(租佃)兼雇农
6	租佃	4	1	5	—	2	
7	租佃	4	5	9	—	3	
8	租佃	3	3	6	1	2	
9	租佃	5	3	8	—	3	
10	租佃	4	3	7	1	2	3.因各户农业劳动者较多而耕地面积又较少,全职的从事农业的不多,一年中有4/6的人靠从事其他副业得到收入
11	租佃	2	3	5	1	2	
12	租佃	6	3	9	—	2	
13	租佃	5	2	7	—	3	
14	租佃	4	3	7	—	3	
15	租佃	4	6	10	1	4	4.*表示参与经济调查的农户
16	自耕兼雇农	5	4	9	—	3	
17	租佃	3	2	5	—	2	
18	租佃	3	2	5	—	1	
19	自耕兼雇农	7	6	13	1	4	
20	自耕兼雇农	2	3	5	—	2	作为雇农而自己拥有1.8晌土地
21	自耕兼雇农	3	2	5	—	2	
22	租佃	4	2	6	—	3	
23	自耕	4	3	7	—	1	
24	自耕兼雇农	7	3	10	—	4	
25	雇农	3	1	4	—	2	租借2.5晌土地进行耕作
26	自耕兼雇农	2	4	6	—	1	
27	自耕	2	4	6	—	2	
28	雇农	3	3	6	—	2	
29	雇农	6	5	11	—	4	
30	租佃	3	3	6	—	3	

续表

农户序号	职业	家庭人数			长工	以务农为主的人数	摘要
		男	女	合计			
31	自耕兼雇农	3	3	6	—	2	
32	自耕	4	1	5	—	3	
33	自耕	5	4	9	—	3	
34	雇农	6	3	9	—	4	
35	租佃	3	3	6	—	2	
36	租佃	4	3	7	—	3	
37	雇农	2	1	3	—	1	
38	雇农	2	1	3	—	1	
39	租佃	4	3	7	1	3	
40	自耕兼雇农	3	2	5	1	2	
41	自耕兼雇农	5	3	8	—	3	
42	雇农	1	1	2	—	—	
43	自耕	2	1	3	1	3	
44	自耕	7	4	11	—	4	
45	雇农	2	1	3	—	2	
46	雇农	4	2	6	—	2	
47	雇农	3	3	6	—	3	自己拥有 2.0 晌耕地
48	租佃	7	6	13	1	5	
49	自耕兼雇农	3	2	5	—	2	自己拥有 2.0 晌耕地
50	自耕兼雇农	6	2	8	—	4	
51	租佃	4	5	9	1	4	
52	自作	12	17	29	12	17	
53	雇农	3	2	5	—	1	
54	自耕	4	3	7	2	3	
55	自耕兼雇农	2	3	5	1	2	
56	雇农	5	3	8	—	3	
57	雇农	3	4	7	—	2	自己拥有 2.0 晌耕地
58	自耕	4	4	8	1	2	
合计	58 户	239	188	427	29	164	
平均		4.1	3.2	7.3	0.5	3.8	

2.土地

（1）土地的分配

当地由于上述多种原因，各户的耕地面积没有太大差别，都只是拥有小面积土地，其分配是平等化的。

本村总面积为459.7晌，其明细为：住宅27.6晌，耕地面积中自作地121.9晌、租佃地260.8晌，其次是荒废地及湿地之类的土地49.4晌。1户平均为住宅0.54晌，耕地中自作地2.39晌、租佃地5.11晌和其他土地0.97晌。各户平均总面积为9.01晌，面积较小。

（2）耕地的使用情况

下面来看耕地的利用情况，耕地的总面积为382.7晌。分作物种植面积来看，居于第一位的大豆为130.5晌，占全部耕地的34.4%；其次是粟为93.3晌，居于第二位，占24.6%；接下来是高粱为59.3晌，占15.7%。除以上三种作物外是当地的特色作物甜菜54.7晌，占总面积的14.4%，和大豆一样作为商品作物是当地重要的必种作物。

除上述的作物以外，各户分别会根据自己的土地利用情况，如果还有可利用耕地便会种植一些其他作物，合起来大致为玉米20.2晌、稗子14晌、糜子4晌，其次是些种植面积极小的野菜。

当地因各户平均的耕地面积很小，为了自给自足的目标，各户都会种植若干面积的自家必需作物如粟、高粱、糜子、玉米等。而像甜菜、大豆等商品作物的种植，一般都是在满足自给自足后有空余才会种植。

分作物种类面积来看，1户平均为大豆2.6晌，粟1.9晌，高粱1.2晌，甜菜1.7晌，其他作物如玉米0.4晌。

下表是各户耕地利用情况的详细记述。

各户土地类别占有关系表

	院子（包含住宅）			耕地			其他			合计			备注
	自己地	借用地	小计	自己地	借用地	小计	自己地	借用地	小计	自己地	借用地	小计	
1	—	0.5	0.5	—	10.5	10.5		7.0	7.0		18.0	18.0	
2	1.3	0.7	2.0	9.9	10.1	20.0	4.0	12.0	16.0	15.2	22.8	38.0	
3	—	—	—		2.5	2.5					2.5	2.5	
4		1.0	1.0		12.5	12.5	1.0		1.0	1.0	13.5	14.5	
5		0.1	0.1		6.7	6.7					6.8	6.8	
6		0.2	0.2		4.8	4.8					5.0	5.0	
7		0.8	0.8		11.5	11.5		1.0	1.0		13.3	13.3	
8		0.7	0.7		15.0	15.0	2.0		2.0	2.0	15.7	17.7	
9		1.2	1.2		9.8	9.8					11.0	11.0	

续表

	院子(包含住宅)			耕地			其他			合计			备注
	自己地	借用地	小计	自己地	借用地	小计	自己地	借用地	小计	自己地	借用地	小计	
10		0.6	0.6		9.4	9.4					10.0	10.0	
11		—	—		4.4	4.4					4.4	4.4	
12		0.1	0.1		8.4	8.4					8.5	8.5	
13		0.3	0.3		11.2	11.2	2.0		2.0	2.0	11.5	13.5	
14		—	—		8.0	8.0					8.0	8.0	
15	1.0	1.2	2.2		14.3	14.3				1.0	15.5	16.5	
16	1.0	0.6	1.6	5.0	5.0	10.0	4.0	1.0	5.0	10.0	6.6	16.6	
17	—	—	—	—	0.8	0.8	3.0		3.0	3.0	0.8	3.8	
18					3.5	3.5					3.5	3.5	
91	—	0.8	0.8	12.0	10.0	22.0	2.0		2.0	14.0	10.8	24.8	
20	0.2	—	0.2	1.8	—	1.8				2.0		2.0	
21	0.1	—	0.1	2.0	0.9	2.9	3.0		3.0	5.1	0.9	6.0	
22	—	—	—	—	4.0	4.0					4.0	4.0	
23	0.2	—	0.2	3.0	—	3.0				3.2		3.2	
24	0.5	—	0.5	6.0	6.5	12.5				6.5	6.5	13.0	
25	0.5		0.5	2.5	—	2.5				3.0		3.0	
26	1.1	—	1.1	4.9	0.7	5.6				6.0	0.7	6.7	
27	0.8	—	0.8	3.7	—	3.7				4.5	—	4.5	
28	0.5	—	0.5	1.5	—	1.5				2.0		2.0	
29	—	0.4	0.4		7.0	7.0					7.4	7.4	
30	0.2	—	0.2	2.0	1.7	3.7				2.2	1.7	3.9	
31	0.5		0.5	4.0		4.0				4.5		4.5	
32	0.6	0.4	1.0	5.0	3.0	8.0	4.4		4.4	10.0	3.4	13.4	
33	—	—	—	—	3.0	3.0					3.0	3.0	
34	—	0.1	0.1	—	6.5	6.5					6.6	6.6	
35	0.5		0.5	1.5		1.5				2.0		2.0	
36	0.3		0.3	3.0		3.0	0.2		0.2	3.5		3.5	
37	0.1		0.1	3.0	2.0	5.0				3.1	2.0	5.1	
38	1.0		1.0	2.0	0.8	2.8	1.0		1.0	4.0	0.8	4.8	

续表

	院子(包含住宅)			耕地			其他			合计			备注
	自己地	借用地	小计	自己地	借用地	小计	自己地	借用地	小计	自己地	借用地	小计	
39	0.2		0.2	0.3		0.3				0.5		0.5	
40	0.5		0.5	3.0		3.0				3.5		3.5	
41	0.5		0.5	3.0		3.0				3.5		3.5	
42	0.4		0.4	1.6		1.6				2.0		2.0	
43	1.0		1.0	2.0		2.0				3.0		3.0	
44	—	1.5		23.5		23.5	0.5		0.5	25.5		25.5	
45	0.4		0.4	2.0		2.0				2.4		2.4	
46	0.3		0.3	3.2		3.2				3.5		3.5	
47	—	0.5	0.5		14.5	14.5	0.3		0.3	0.3	15.0	15.3	
48	1.0		1.0	28.0		20.8	1.0		1.0	30.0		30.0	
49	—	0.2	0.2		20.8	20.8					21.0	21.0	
50	0.5		0.5	4.0		4.0				4.5		4.5	
51	0.5		0.5	2.0	7.5	9.5				2.5	7.5	10.0	
合计	18.7	11.9	27.6	121.9	260	382.7	28.4	21.0	49.4	166.0	293.7	459.7	
一户平均	0.30	0.23	0.54	2.39	5.11	7.5	0.56	0.41	0.97	3.25	5.76	9.01	

各户土地利用情况　　　　　　　　　(单位:晌)

农户序号 ＼ 作物类别	自耕/租佃	大豆	粟	高粱	玉米	小豆	小麦	大麦	糜子	稗子	亚麻	甜菜	其他	合计	备注
1		4.0	3.0	1.5								2.0		10.5	
2		5.0	4.0	4.0	2.5	0.5				1.0		2.0	1.0	20.0	
3			1.0	1.0								0.5		2.5	
4		4.0	4.0	3.0								1.0		12.0	
5		3.7	1.0	1.0								1.0		6.7	
6		1.6	1.0	1.2								1.0		4.8	
7		3.5	2.0	3.5						1.0		1.5		10.5	
8		6.0	5.0	2.5						0.5		1.0		15.0	
9		2.4	5.9						1.5					9.8	

农户序号＼作物类别＼自耕/租佃	自耕/租佃	大豆	粟	高粱	玉米	小豆	小麦	大麦	糜子	稗子	亚麻	甜菜	其他	合计	备注
10		2.5	3.0	2.5								1.4		9.4	
11		1.2	1.0	1.5						0.7				4.4	
12		4.7	3.7											8.4	
13		4.0	2.5	2.5				0.7				1.5		11.2	
14		4.0	2.0	1.0								1.0		8.0	
15		4.0	4.5	3.0						0.5		2.5		14.5	
16		3.0	3.0	1.6	0.4							2.0		10.0	
17			0.8											0.8	
18		1.0	0.5	1.0								1.0		3.5	
19		6.0	5.0	3.0	2.0							4.0		20.0	
20				1.0	0.8									1.8	
21		1.4	0.5	1.0										2.9	
22		2.0										2.0		4.0	
23		1.0	1.0	0.5								0.5		3.0	
24		5.0	2.5	2.0	0.5					0.5		2.0		12.5	
25		1.0	1.0		0.5									2.5	
26		2.0	1.0	1.0	1.0							0.6		5.6	
27		1.0	1.0									1.7		3.7	
28		1.0	0.5											1.5	
29		4.0	1.0	1.0								1.0		7.0	
30		1.0		1.0	0.7					0.5		0.5		3.7	
31					3.0							1.0		4.0	
32		1.5	3.0	1.5	0.5							1.5		8.0	
33		0.5	0.5	0.5	0.5							1.0		3.0	
34		3.5	1.0	1.0								1.0		6.5	
35			0.5									1.0		1.5	
36		1.0	1.0									1.0		3.0	
37		2.0	0.5	1.5	1.0									5.0	
38		1.0		0.8	1.0									2.8	

续表

农户序号 \ 作物类别	自耕/租佃	大豆	粟	高粱	玉米	小豆	小麦	大麦	糜子	稗子	亚麻	甜菜	其他	合计	备注
39					0.5									0.5	
40		1.0		1.5								0.5		3.0	
41		0.5		1.5	0.5							0.5		3.0	
42		1.0	0.6											1.6	
43		1.0		1.0										2.0	
44		10.0	4.0	4.0						1.0	1.5	2.0		22.5	
45		1.0	1.0											2.0	
46		1.0		0.7							1.5			3.2	
47		6.5	7.0									1.0		14.5	
48		10.0	5.0				5.0				2.0	6.0		28.0	
49		7.0	2.5	—	2.0					1.0	4.5	4.0		21.0	
50			2.5	1.0								0.5		4.5	
51		2.0	2.0	1.0	2.0					0.5		2.0		9.5	
合计		130.5	93.3	59.8	20.2	0.5	5.0		4.2	14.0		54.7	1.0	382.7	
全村每户平均		2.6	1.9	1.2	0.4		0.1		0.1	0.2		1.7		7.5	
比例(%)		34.4	24.6	15.7	4.3	0.1	1.3		1.1	3.6		14.4	0.3	100	

（3）地价

本地区的除了屯前方的小面积耕地外,耕地都不是很好,大概地价如下所示:

上等田地	150—200 圆
中等田地	90—140 圆
下等田地	70—90 圆
湿杨地	65 圆以下

地价大致从 200 圆到 70—80 圆。当地因为耕地面积不足,因此基本没有土地的买卖,就算是支出相当数量的现金也是买不到耕地的,如上的地价大致是记录在资料时的价格。当年作为军用地买卖的土地,官僚买去的上等地、下等地平均地价大概为 90 圆到 65 圆。

（4）地租

当地的租佃形态原则上是交纳货物,但由于当地耕地很少,各种作物的收获量只能满足自给自足的程度,因此一般在其他的交纳期交纳相当的现金的较多。

一般通常 1 晌交纳 1 石 2 斗,但根据土地的优劣情况有所区别:上等地为 1 石 1 斗、中等地为 9 斗、下等地为 6 斗。交纳的货物与佃户种植的作物没有关系,一般为大豆 4 斗,粟 4 斗,高粱或者玉米 4 斗。通常 9 斗和 60 斗的情况,都是三种作物等量交纳。

有时因农户的情况也有交纳大豆 6 斗,粟 2 斗和高粱秆 600 束到 1000 束的。

在北满大都是交纳 2 石 2 斗,然而因为当地的土地不是很优良,因此地租比较少。这是因为当地很多农户拥有的土地很少。佃耕的时候也大多是和亲戚有关系的典入地。存在着各种佃耕关系,因此佃耕关系和其他地方的单一关系情况不一样。这种情况对地租有着很大的影响。因此这也是在当地单纯的靠佃耕人很少,大多都是靠农业以外的其他各种各样的收入的原因。

佃农要负担与其他土地相关的租税杂费。

按规定,如果地主的佃耕面积在 5 晌以上,就有义务向农户租赁像其他土地一样的房屋。如果是在 7 晌以上,按约定就应租赁若干农具中的大农具。然而,事实上施行的很少。

3.农业经营形态及规模

(1)各农家经营面积的构成

	0.1—2 晌	2—3 晌	3—5 晌	5—10 晌	10—15 晌	15—20 晌	20—25 晌	25—30 晌	50 晌以上	合计
户数	6	6	13	12	8	1	4	1	—	51
比例(%)	11.8	11.8	25.5	23.5	15.7	2.0	7.8	2.0		100

由经营面积大小来看农户的构成,该村总户数 58 户中,多少有点耕地的为 51 户,其他 7 户为完全没有耕地的劳动阶级。

0.1 晌以上 5 晌以下的零细农级的占大多数,有 37 户,占 72.6%。其中,0.1 晌—2 晌的有 6 户,占 11.8%;2 晌—3 晌的同样有 6 户,占 11.8%;3 晌到 5 晌的户数居第一位,有 13 户,占 25.5%。5 晌以上的农户分为:5 晌—10 晌为 12 户,占 23.5%;10 晌—15 晌的有 8 户,占 15.7%;15 晌—20 晌的有 1 户,占 2%;20 晌—25 晌的有 4 户,占 7.8%。该村经营面积最大的有一户农户,经营面积为 28 晌。由此可以看出,在该村细农占了绝大多数。

从经营面积来看,在北满基本属于小农经营。

(2)各阶级每户耕地面积构成

	户数	实际耕作面积(晌)	每户平均面积(晌)	比例(%)	备注
自耕	1	28.0	28.0	7.4	
自耕兼租佃	6	80.0	13.3	21.0	
租佃	15	189.6	12.5	49.8	
纯雇农	29	83.1	2.9	21.8	
平均	51	380.7	7.5	100	

该村仅靠纯农业经营生活的自作者仅有 1 户。

自耕兼租佃户为 6 户,其实际面积为 80 晌,平均 1 户为 13.3 晌,占 21%。佃户为 15 户,平均 1 户为 12.5 晌,占 49.5%。雇农有 29 户,面积为 83.1 晌,平均 1 户拥有 2.9% 的经济。该村平均 1 户为不超过 7.5 晌的小面积经营。从这点也可以看出该村对农业以外收入的依靠程度。

4.农作物的种类及家畜

(1)农作物种类及百分比

该地种植作物的比重依次为:居第一位的大豆为 130.5 晌,占 34.4%;其次是粟为 93.3 晌,占 24.6%;第三位为高粱有 59.3 晌,占 15.7%;甜菜为 54.7 晌,占 14.4%。正如前面所说的,甜菜种植是当地的一大特色。

(2)家畜情况

在本村由于农耕地比较少,各户都以车马运输作为副业的关系,家畜在副业中的重要性比在农业中更大。因此,就算没有土地,也要拥有家畜狗等。

本村的家畜数量由下表表示:

种类	马	牛	骡	驴	羊	猪
头数	98	15	18	12		107

5.农业情况

(1)农作物栽培方法

①连续耕种法

该地和其他农村有所不同,甜菜种植是最重要的,因此其轮、连轮种植大致为如下所示。

如果第一年是种植大豆,那么接着就种植粟,再然后是种植高粱(玉米)。这之后是种植甜菜。如果是以种植粟为主,那么第二年就在种植如大豆、高粱等之后种植甜菜。为了除去根或者杂草,也会适当地套种些其他作物。

当然当地的轮作关系大致如上所述。但是也有时会根据前年的杂物行情来增减作物从而不按上述关系种植。

②耕种后整地

其他的各种农业经营法一般都和北满的没有什么差别。

整地方法是:在春季播种前用犁杖将土地翻起,如果之前种植的是高粱,那么就要事先用锄头将根挖起,这点各地没有什么不同。

③肥料

当地各农户都有养殖家畜,因此肥料一般使用堆肥和土粪。这种肥,一般用于小麦及蔬菜之类的作物。如果是甜菜施肥就必须要施用甜菜公司配给的化学肥料。

施肥方法为:收获后的田地平均 1 晌大约 20 车的土肥,用马将土肥运到田地放好,在春季种植前,将其撒播在田地里。

④其他

6.劳动情况

近年来，各地的薪金都在惊人地上涨。昭和14年的夏季和秋季的农忙期基本都上涨到2圆到3圆。如前面所说的，当地雇佣劳动力的需求量很小，因此一般农忙期都是被其他屯雇佣。昭和13年各时期的薪金如下所示：

春季　4月—6月上旬　　　　40—60钱

夏季　6月中旬—8月　　　　80钱—2圆

秋季　9月中旬—11月初　　　1.20—2圆

冬　　（调制期）　　　　　60—80钱

7.交易情况

本村附近最主要的交易地，位于阿城县城内。最近设立了农业合作社之后，虽然不受农民欢迎，但是由于"没办法"只好将货物搬运到合作社交易。有时也会因为正好有其他事情而外出到哈尔滨交易，不过这种情况近来正逐渐减少。大体上本村的概况如上所述。从农业经营方面来说耕地面积各户都很少，单纯依靠农业收入无法维持生活，因此各农户都在进行副业，如搬运附近河床上的沙石、赶马车载客等。因此和其他村比起来该村现金收入较多，生活也并不比其他村差，反而货物的流通处于有利地位。

第二章　统计方法

第一　农家经济的基础

1.家庭构成

今年年初对家庭人数分年龄进行了统计,下面是分从事农业情况进行的统计。

A.从事农业者:

以从事农业为主者——不计算能力,只统计一年农业劳动日数在 100 天及以上者

辅助从事农业者——不计算能力,劳动日数在 100 天以下者

B.未从事农业者:

主要从事家务者

从事其他事物

被抚养者

C.另外常工可分为以下两种:

年工——契约期为 6 个月及以上者

月工——契约期未满 6 个月者

2.农家财产的构成

本年度初财产分类如下:

农户纯财产＝积极财产-负债(消极财产)

$\qquad$＝(固定财产+流动财产+现金及准现金)-负债

$\qquad$＝{(土地+建筑+大型植物+大动物+大机具)+(准货物+货物)+(现金+准现金)}-负债

(1)所谓准货物为:小植物、小动物及小机具

(2)所谓货物为:未贩卖货物、购入货物及中间生产货物

(3)准货物包含贷款金额、未收入金额、赊账金额等

3.农业经营地的构成及经营状况

将田地、宅地及湿荒地等分别按所有、借入及典入来分类。

作物种植面积按大豆、粟、高粱、玉米、小麦及其他杂粮、经济作物及蔬菜等作物不同来分类。

第二　农户经济的决算

1.农家的所得

毛所得＝所得的总收入＋(固定财产增值额＋流动财产增值额)

(所得的总收入包括:所得的现金支出及生活中消费的生产和收获的实物部分)

所得的开支＝所得的总支出＋(固定使用财产的偿还金额＋流动使用财产的减少金额)＋伙食费

农户所得＝毛所得－所得支出

2.家庭负担家计费

家庭负担家计费用＝家计费－伙食费

(家计费用包含:家计现金支出、生活中消费的生产和收获的实物部分)

3.农家经济节余

农家经济节余＝农家所得－家庭负担家计费用

4.农家纯收入

农户纯财产增加金额＝次年度初(即年度末)财产－该当年度初财产

5.资产价格变动导致的盈亏

资产价格变动产生的盈亏＝农户纯财产增加金额－农户经济节余

第三　农户经济成果的构成

1.所得的收入构成

所得收入＝粟(现金所得收入、生活中消费的生产和收获的实物部分)＋(加上其他各种如粟作物这样的作物)＋养家畜产物(现金所得收入、生活中消费的生产和收获的实物部分)＋财产利用收入(生活中消费的生产和收获的实物部分)＋薪金及俸禄收入＋杂收入＋补助金及被赠予现金

2.所得的支出构成

所得支出＝肥料费＋饲料费＋种苗费＋家畜费＋机具费＋各种材料费＋药材费＋薪金＋负债利息＋地租＋租税公课＋建筑费＋预计支出

(预计支出为:为了购买所得货物、所得地租或货物薪金而支出所得收入的一部分)

3.家计支出的构成

家计支出＝饮食费(现金所得收入、生活中消费的生产和收获的实物部分)＋被服及身△费(同前)＋居住费(同前)＋家具家财费(同前)＋光热费(同前)＋保健卫生费(同前)＋教育费(同前)＋修养及娱乐费(同前)＋应酬费(同前)＋婚礼丧葬费用(同前)＋(各种负担(同前))＋杂费(同前)

4.财产的收入及支出构成

财产的收入＝(出售土地＋出售建筑物＋出售大型植物＋出售大动物＋出售大机具)＋(贷款归还收据＋未收入金收据)＋(借钱＋赊买)

财产的支出＝(购入土地+购入建筑物+购入大型植物+购入大动物+购入大机具)+(贷出贷款+赊买)+(偿还借款+支付赊账金)

第四　农业经营的决算

1.农家经济经营中的农业经营计算

农业毛收入＝毛所得—农业外毛所得

　　　　＝(所得的总收入+未贩卖货物的增加金额+固定财产增值金额)－(财产利用收入+薪金及俸禄收入+收得货物价格+其他农业外收入)

农业经营费用＝所得的支出–农业外所得的支出

　　　　＝(所得的总支出+礼品支出金额+购入货物减少金额+股东供用财产折旧金额)－{(农业外所得的支出+农业外购入货物减少金额+农业外固定供用财产折旧金额)+虚拟支出}

　　　　＝(所得的总支出+品支出金额+购入货物减少金额+股东供用财产折旧金额)－{(负债利息+农业负担外租税公课+农业负担外建筑物费用+其他农业外所得的支出)+(虚拟支出)}

(1)因租税公课无法明确区分因此全部算入农业外负担金额中

农业纯收入＝农业毛收入–农业经营费用

2.企业经济经营中的农业经营计算

企业经济经营费用＝农业经营费用+家庭农业薪金估价金额

(家庭农业薪金估价金额以普通男子一天 50 钱来估算)

企业经济纯收入＝农业毛收入–企业经济经营费用

第五　货币及度量衡的单位

货币都为国币。

度量衡如下所示:

度　　　米

量　　　1 石(传统的量器旧斗)——日本的量器约 1 石 7 斗

衡　　　1 斤——新满洲的斤约为日本的 133 匁

面积　　1 晌——旧面积单位——约为日本的 7 反 3 亩

昭和 15 年 9 月 7 日

北经调查特第 31 号

北满农家经济调查报告(其二)

北满经济调查所

凡　例

1.近年来随着战时经济体系的不断健全,农业生产的重要性日益增加,在农业中的各种问题需要认真地处理。在这样的情况下,像本报告这样针对各种农业问题的根本的基础资料就显得尤为重要。因此下面发表的是北经调查第 27 号北满农家经济调查报告的第二章昭和 13 年度的报告。

2.由于本应包括在本报告中的劳动经济方面的统计结果有不正确的问题存在,需稍后再发表,因此这次就只发表纯粹关于经济方面的。

3.关于本报告的调查村庄和统计方法省略不叙述,参考本报告其一的北经调查报告特 27 号。

4.本报告中的调查农户除了增加了 6 号农户 1 户之外,其他的都是前一年的农户。本报告是继续前一年的调查而进行的统计结果。

本报告的负责人　大桥兴一

统计助手　佐藤吉夫

昭和 15 年 9 月 7 日

北满经济调查所

目 录

第一章　调查目的、方法及调查农家的选定

　　本调查是以给各种农业政策计划的实施提供资料为目的,而对满人农户的经济状态进行详细调查的。在满洲国内各地,数年前就开始了调查,并在去年完成了所有调查成果的发表,本部分是其中第二年度的部分。

　　调查方法为:发给各农户经济日志,用以记录各农户的财产状况,包括每日的劳作及现金、货物的出纳等一切和农户经济相关的事物,然后对这些记录明细进行统计。其他的部分和前面年度是一样的,参考前年度报告(北经调查特第 27 号)。

第二章　调查结果

第一节　农家经济的基础

第一　农家的构成

1.家庭构成

满洲人自古以来就被称为九世同堂,他们非常讨厌分家,很尊崇大家族主义。

北满和南满比起来,大家族农户较少。说起来,自开荒移居盛行以来,大家族农户在各地都存在。一般以滨北、齐克沿线为中心的地方富裕农户较多,相应的大家族农户也较多。

现在各地存在的大家族农户基本都是北满开荒者的原住农户。因开荒成功者很多,他们在当地既是大农经营者同时也是资本家、大地主,并且是当地的权力支配者。

北满一般农户和南满比起来家庭人数稍少,大致在 5 人到 15 人之间,也有极少数超过 40人的大农户。

他们这些农户都以家中长者为中心,进行统治生活。

在大家族农户中,他们在一定范围内修建一栋或者两栋左右的住宅,然后将数十名的孩子每人分一个炕,各自生活。在同一栋中,自然服从以家长为中心进行的强制管理。作为聚居生活的经营和维持他们自觉地尊敬长辈,为了自家的繁荣,各人很好地遵守自己的职责和权限。大家族生活的成本自然而然地很高昂。在家庭中各自的职责和权限非常地分明,各自自然而然地服从着统治。由此可以看出他们似乎是生来就适应这样的大家族生活的民族。他们的大家庭生活比我们想象的有趣。

本调查农户中只有 4 号农户属于大家庭农户,该农户的家庭成员构成情况由附录中的第一表表示。

另外,其他农户中 1 号和 2 号农户在事变前在当地属于农户,但是事变后因经济衰败,只有原来的三分之一大小。其他的调查农户中只有 5 号农户属于小农,其他的都是中农级农户。其家族血缘关系的构成如其他表所示。

一般情况下满人都很讨厌分家,万一要分家大都是因为以下的理由。

(1)**经济方面的破产**

分家的原因有很多,但归结起来看经济方面的原因较多。过去过惯了大家庭生活的人中,渐渐出现了一些游手好闲的人,他们浪费着祖先留下来的财产,当将来的财产减少是显而易见的时候,就会通过亲戚会议来进行分家。另外,因经济方面的影响,年复一年的财产自然减少,到了要解决债务问题的时候,财产整理后发现从前的大家庭生活已经无法维持,从而导致了分家。这种原因在事变后变得很少,但是在事变前确实是最大的原因。此外,由于强盗绑架孩子而造成的财产损失,大家庭生活无法继续等等这些关于分家的经济方面的原因不胜枚举。

(2)家庭成员的不和

习惯大家庭生活的他们有时也会因经济破产为起因,产生诸多的家庭不和。此外,导致分家最多的原因是从其他家嫁进来的成员与他人感情不和的问题。

(3)政治方面的原因

这个所谓的政治方面的原因在事变前是完全没有的。满洲国建立之后由于施政方面的原因引起的像下面这样分家的例子是很多的。

因治安政策中的集体村庄的强制移居导致没有像从前那样能够提供给大家庭成员生活的房屋,从而导致无可奈何地分家。

特殊地区的人因要移居其他地方而分家。

大致上分家的主要原因如上所述。他们在分家的时候,不会依照像日本那样的法律上的继承权来进行。分家时不是作为长子就一定具有继承权利,完全是依据家长的意愿。此外,分家时不是说作为长子或者将成为户主就会分得多点财产。分家时根据应该要分家的兄弟人数(只限男子),将不动产和现金等其他东西平均分配。这种情况下,如果有未出嫁的女儿,则要将其结婚所用的费用进行估算并扣除之后再进行分配。这些是从前形成的惯例。

他们的家庭生活大体上就是如上所述。

对调查农户的家庭成员构成情况说明如下。

家庭成员的构成情况

本年度家庭成员的构成情况和前年是一样的。

换言之,本年度的自佃户(4户平均)平均1户的人数为13.5人,其明细为:男子7.7人,占57%;女子5.8人,占53%。

从他们的家庭成员和农业劳动关系来看,以务农为主的人中男子中有1.7人,占全家人数的12.6%。辅助从事农业的男子中有1人,占7.4%。女子中辅助从事农业的人为1.3人,占9.6%。结果,男女共计4人,占29.6%的人在从事农业劳动。其中,换句话说男子的2.7人,占20%;女子的1.3人,占9.6%。

其他的从事和农业完全无关的人,从事其他谋生行业的男子有0.5人,女子0.5人,合计1人,占7.4%。从事家务做饭等的男子有1人,女子有1.7人,合计2.7人,占20%。其他的老人小孩,完全不做家务或者家事的男子有3.5人,占25.9%;女子有2.3人,占17.1%。最终,男子5人中的37%,女子4.5人中的33.4%为不劳动的消费者。

雇佣劳动者为1户平均月雇佣者为1.5人,年工为3.3人。

佃户2户中,1户平均人数为男子6人,占46.1%;女子7人,占3.9%。

这之中,从劳动关系来看,以务农为主的有2人,占家庭总人数的15.4%。辅助从事农业的男子有 1 人,占 7.7%;女子有 1 人,占 7.7%。最终,男子 3 人,占 23.1%;女子 1 人,占7.7%,从事农业。其他的主要从事家事做饭的男子有 0.5 人,占 3.8%;女子有 3 人,占 23.1%;孩子和老人中男子 2.5 人,占 19.2%;女子 3 人,占 23.1%。合计从事劳动者男女共 4 人,占了30.8%。不劳动只消费的男女共 9 人,占了 69.2%。和自佃户比较起来,家庭中从事劳动者稍多些,不劳动的人数稍少些。

年雇佣劳动者中年工仅有 3.5 人。

大体上,今年的家庭成员构成情况如前面所述,和前面年度没有什么太大变化。在今年调查农户中的 1 号农户有 1 男孩出生,2 号农户有 1 女孩出生,3 号农户也有 1 女孩出生,4 号农户有 2 个男孩出生,孩子增加到了 5 人。调查的 9 户农户中,有 5 个孩子出生,由此可以看出农户的生育率之高。另外,在本年度中,1 号、2 号、4 号农户的年雇佣劳动者都减少了 1 人,而3 号和 5 号农户增加了 1 人。一般的受最近经济的影响,经营农业的困难和不利可以从年雇佣者的人数减少这点上可以看出。另外,最近的劳动者开始选择从事其他薪金更多的行业也是一个原因。

家庭成员构成表

| | 分年龄看家庭成员 | | | | | | | | | | | | | | 合计 |
| | 男 | | | | | | | 女 | | | | | | | |
	1—5	6—10	11—15	16—20	21—60	60以上	小计	1—5	6—10	11—15	16—20	21—60	60以上	小计	
第一号 自租佃	2	1	—	—	3		6	—	—	—	3	—	—	3	
第二号 自租佃	—	2	—	1	3		6	1	—	1	2	2	—	6	12
第四号 自租佃	3	3	1	1	4		13	1	1	3	—	4	—	9	22
第五号 自租佃	—	1	—	—	4		6	1	1	—	1	2	—	5	11
平均	1.2	1.7	0.5	0.5	3.5	0.5	7.7	0.8	0.5	1.0	1.5	2.0	—	5.8	13.5
比例(%)	8.8	12.5	2.3	3.7	5.9	3.8	57.0	5.9	3.8	7.4	11.1	14.8	—	53.0	100.0
第三号 租佃	1	1	1	—	4	—	7	2	—	2	1	3	—	8	15
第六号 租佃	1	1	—	—	3	—	5	—	1	2	—	2	1	6	11
平均	1.0	1.0	0.5	—	3.5	—	6.0	1.0	0.5	2.0	0.5	2.5	0.5	7.0	13.0
比例(%)	0.7	7.7	3.8	—	26.9	—	46.1	7.7	3.8	15.4	3.9	19.3	3.8	53.9	10.0

续表

	家庭成员明细															雇佣者		
	务农者							未从事农业者										
	为主		辅助		小计			从事家务		外地打工者		其他		小计			月工	年工	小计
	男	女	男	女	男	女	计	男	女	男	女	男	女	男	女	计			
第一号自租佃	1	—	1	—	2	—	2	1	1	1	1	2	1	4	3	7	—	4	4
第二号自租佃	1	—	1	—	2	—	2	1	2	1	1	2	3	4	6	10	—	4	4
第四号自租佃	2	—	1	2	3	2	5	2	3	—	—	8	4	10	7	17	4	2	6
第五号自租佃	3	—	1	3	4	3	7	—	1	—	—	2	1	2	2	4	2	3	5
平均	1.7	—	1.0	1.3	2.7	1.3	4.0	1.0	1.5	0.5	0.5	3.5	2.3	5.0	4.5	9.5	1.5	3.3	4.8
比例(%)	12.6	—	7.4	9.6	20.0	9.6	29.6	7.4	12.6	3.7	3.7	25.9	17.1	37.0	33.4	70.4	31.3	68.7	100
第三号租佃	2	—	1	—	3	—	3	1	4	—	—	3	4	4	8	12	—	6	6
第六号租佃	2	—	1	2	3	2	5	—	2	—	—	2	2	2	4	6	—	1	1
平均	2.0	—	1.0	1.0	3.0	1.0	4.0	0.5	3.0	—	—	2.5	3.0	3.0	6.0	9.0	—	3.5	3.5
比例(%)	15.4	—	7.7	7.7	23.1	7.7	30.8	3.8	23.1	—	—	19.2	23.1	25.1	46.1	69.2	—	100	100

备注:①和前年相比出生1名男孩,年工人数减少1人。

②和前年相比出生1名女孩,年工人数减少1人。

③和前年相比出生1名女孩,年工人数增加1人。

④和前年相比出生2名男孩,月工人数增加2人,年工人数减少1人。

⑤家庭成员没有什么变化,雇佣了1名年工。

⑥今年才加入调查,家庭人数为11人,其中4人基本是另行生活的。

2.雇佣劳动者

在当地大多数的年工和月工基本都是和雇主居住在同一地方。他们大都在这一地区有家庭,所以季节性地外出赚钱的人基本没有。

雇主和被雇佣者之间因为是在同一村庄常年居住的,所以大都是常年被同一雇主雇佣。雇主和被雇佣者不仅仅是单纯的雇佣与被雇佣关系,还因常年雇佣产生了感情,因此自然地形成了主从关系。这也是形成北满农业的封建气氛的原因之一。

从北满农村构成的现状来看,被雇佣劳动者阶层和雇佣他们的经营者阶层的构成比率在农忙时期之外,基本可以保证劳动力的需求和供给关系的平衡。平常村庄内的农业经营依靠村内的劳动力就已足够,所以只在特定的农忙时期才会雇佣外村的劳动者。

下表是本年度调查地的雇佣劳动者薪金情况。

a)年工

(单位:圆)

种类	双城地区(圆)	阿城地区(圆)	备注
打头的	130.00—200.0	140.00—220.00	通常年工工作为10个月,羊倌儿、猪倌儿和打更的为1年 大师夫因农户(雇主)的大小差别,薪金不同 在阿城地区因冬季运送沙石而雇佣雇工
跟做的	80.00—160.00	80.00—180.00	
打更的	30.00—60.00	35.00—70.00	
猪倌儿	15.00—40.00	20.00—45.00	
羊倌儿	12.00—30.00	15.00—40.00	
大师吏	30.00—85.00	45.00—95.00	
赶车的	—	95.00—230.00	

通常在农场劳动的年工雇佣期间为10个月,其他的为1年。薪金的支付大体上没有全部是现金支付的,大多是一部分现金,其他的为货物。用作为青田的一晌或者二晌支付前面所结算的金额的情况很多。近年来随着薪金的上涨,年工的薪金也上涨了很多,其中日工的薪金上涨尤为多。单纯的因青田的货物上涨而增加了收入的也很多。

劳动者的薪金支付定在秋季收获期之后的较多。但是由于他们在村庄内有家人,随时会提前预支些,因此在秋季结算的时候剩下来的薪金并不多,甚至有很多会出现赤字。

阿城地区和双城比起来薪金稍高。这是由于在阿城地区有很多农业以外的收入渠道,并且劳动者数量稍少的原因。

劳动者除了特殊情况之外,一般都是和雇主居住在一起,由雇主提供饮食。

b)日工

(单位:圆)

时期	双城地区	阿城地区	备注
播种期前	0.40—0.60	0.40—0.60	
播种期中	0.70—11.20	0.60—1.20	
中耕除草	0.80—1.80	0.80—2.00	
秋收期	1.00—2.00	1.00—1.80	
调制期	0.50—0.80	0.50—0.90	

日工薪金今年比去年稍有上涨,特别是在播种和除草中耕期、收获期由于特殊的天气原因,双城地区上涨到11圆50钱以上的有数天。

最近其他的劳动薪金因外村的控制得到抑制,制定了最高薪金。由于农业薪金至今没有此类制度因此日益上涨。作为雇主的农民就算知道这样对经营核算不利,但还是不得不支付高额的薪金。再加上最近受到经济方面的影响,加剧了生活的艰苦,农业核算也变得更加不利。在这个时候由外部压低农业薪金就显得尤为重要。

关于各户雇佣劳动者的记录见附录第二表。

第二　农家财产的构成情况

财产构成情况和前年基本没有什么变化。大致上各户因买卖而引起财产变化的特殊事情基本没有。仅有因建筑物、大动物、大机具等的折旧费用和未贩卖货物的增减以及负债的有无而引起的小变化,大变化基本没有。

今年自佃户(4 户平均)1 户平均的积极财产金额为 7,425 圆 68 钱。分别来看构成情况为:固定财产中的土地是最多的为 3,657 圆 03 钱,占全额的 49.25%;其次是建筑物为 1,531 圆 58 钱,占 20.6%;然后是大动物为 745 圆 88 钱,占 10.04%。这之外是金额较少的大植物 594 圆 50 钱,占 8.01%;大机具 249 圆 79 钱,占 3.3%;未贩卖货物为 254 圆 42 钱,占 3.43%;小动物 222 圆 70 钱,占 3.00%。其他的为:小机具 55 圆 38 钱(0.75%);间接产物为 47 圆 32 钱(0.65%);小植物为 13 圆 93 钱(0.37%),负债金额仅为 47 圆 50 钱,现金额为 53 圆 16 钱,占 0.72%。

积极财产中固定财产为 6,778 圆 78 钱,占 91.29%;流动财产合计金额为 393 圆 74 钱,占 7.99%;准货物为 292 圆 01 钱,占 3.93%;现货物金额为 301 圆 73 钱,占 4.06%。

在佃户中 1 户平均为大动物最多 934 圆 60 钱,占积极财产金额的 35.25%。其次是建筑物为 317 圆 50 钱,占 11.97%。然后是大机具 261 圆 50 钱,占 9.86%。其他的为未贩卖货物 469 圆 28 钱,占 17.70%;间接产物为 254 圆 50 钱,占 9.60%;小动物为 126 圆 50 钱,占4.77%;土地为 162 圆,占 6.11%;小植物为 28 圆 80 钱,占 1.09%;小机具为 60 圆 79 钱,占2.29%。佃户基本没有负债。

现金金额为 35 圆 70 钱(1.34%)。

本年度的纯财产金额为自佃户 1 户平均 4,284 圆 93 钱,佃户为 2,651 圆 17 钱。

各户的财产状况如下表所示:

各农户财产构成及占积极财产比例

农家	项目	固定财产						流动财产									现金及准现金	计(积极财产)	负债(还债财产)	扣除(纯财产)
		土地	建筑物	大植物	大动物	大机具	合计	准货物货物						间接产物	小计	合计				
								小植物	小动物	小机具	小计	未贩卖货物	购入货物							
各农户财产（自佃户）	No.1	7,580.00	2,085.00	1,500.00	804.5	545.3	13,865.10	21	181	67	269	426.55	—	46.3	472.85	741.85	87.11	14,594.06	—	14,594.06
	No.2	3,350.00	210.4	500	523	219.37	4,908.77	10.8	402.8	71.43	485.03	389.41	—	36	425.41	910.44	27.48	5,846.69	140	5,705.89
	No.4	2,564.10	1,965.40	378	1,060	174.5	6,141.60	12.9	230	55	297.8	103	—	75	178	475.9	60.05	6,677.55	—	6,677.55
	No.5	864	785.6	—	490	60	2,199.60	9	77	28.1	114.1	28.7	—	32	130.7	244.8	37.99	2,482.39	50	2,532.39
	平均	3,657.03	1,531.58	594.5	745.88	249.79	6,778.78	13.93	222.7	55.38	292.01	254.42	—	47.32	301.73	593.74	53.16	7,425.68	47.59	7,378.18
各农户财产（佃户）	No.3	180	335	—	1,569.2	438	2,522.2	48	222	100.38	368.38	859.95	—	490	1,349.95	1,718.33	44.4	4,284.93	—	4,284.93
	No.6	144	300	—	300	85	829	9.6	33	21.2	63.8	78.6	—	13	97.6	161.4	27	1,017.4	—	1,017.4
	平均	162	317.5	—	934.6	261.5	1,675.6	28.8	126.5	60.79	216.09	469.28	—	254.5	723.78	939.87	35.7	2,651.17	—	2,651.17
占积极财产比(%)（自佃户）	No.1	53.43	20.89	10.2	6.16	3.71	94.36	0.14	1.23	0.46	1.83	2.9	—	0.32	3.22	5.05	0.59	100	—	—
	No.2	57.3	5.31	8.55	9.05	3.75	83.96	0.19	6.89	1.22	8.3	6.66	—	0.61	7.27	15.57	0.47	100	—	—
	No.4	38.4	29.43	5.66	15.87	2.61	91.97	0.19	3.44	0.83	4.46	1.54	—	1.13	2.67	7.13	0.9	100	—	—
	No.5	34.8	31.65	—	19.74	2.42	88.61	0.37	3.1	1.13	4.6	3.97	—	1.29	5.26	9.86	1.53	100	—	—
	平均	49.25	20.63	8.01	10.04	3.36	91.29	0.19	3	0.74	3.93	3.43	—	0.63	4.06	7.99	0.72	100	—	—
占积极财产比(%)（佃户）	No.3	4.2	7.82	—	36.62	10.22	58.86	1.12	5.14	2.34	8.6	20.07	—	11.43	31.5	40.1	1.04	100	—	—
	No.6	14.15	29.49	—	29.49	8.35	81.48	0.94	3.24	2.09	6.27	7.72	—	1.87	9.59	15.86	2.66	100	—	—
	平均	6.11	11.97	—	35.25	9.86	63.2	1.09	4.77	2.29	8.15	17.7	—	9.6	27.3	35.45	1.35	100	—	—

第三　农业经营地的构成及耕地经营概况

关于农业经营地和前年相比基本没有什么变化。换言之,本年度佃户(4户平均)1户平均总面积为27晌7亩。其明细为:自己所有土地12晌4亩,这其中耕地为11晌5亩、住宅地6亩及其他的荒地3亩。借用地为11晌3亩,其中为耕地10晌9亩、住宅地2亩及其他土地2亩。另外,典入地今年为4晌,这4晌全部是耕地。此外,自佃户1户的经营地构成平均为耕地26晌4亩,占96.3%;住宅地位8亩,占3%;其他的土地5亩,占1.7%。

佃户(11户平均)1户平均耕地为38晌3亩,占整体的97.5%;住宅地仅有不超过8亩,占全体的2%;自己所有的土地为7亩和1亩的借入地组成;其他的为荒地2亩。

经营地的情况和前年基本没有变化。本年度比较特别的是:典入地为自佃户中的1号农户6晌、4号农户10晌。这是由于经营费用的不足而典入的,由此可以证明农户困难的经济状况,这是不得不加以注意的地方。(**注**:前年4号农户的典入地为7晌1亩,今年又多典入了2晌9亩。)

耕地经营概况

本年度各户的耕地利用状况大致跟去年是一样的,经营面积有稍微增加的倾向,这也只是占少数。

自耕农(4户平均)平均每户经营面积为26晌4垄,其中各农作物利用状况是粟的种植面积最多,6晌8垄占整个经营面积的25.8%;大豆6晌1垄占23.1%;高粱4晌8垄占18.1%;玉米2晌6垄占9.9%;甜菜和小黍一共1晌5垄占5.6%;糜子9垄占3.4%;这之外蔬菜等1晌3垄占4.9%。佃农(2户平均)的耕地利用状况:大豆7晌5垄占19.9%;粟最多,11晌8垄,占31.2%之多;接下来是高粱7晌,占18.7%;小黍3晌5垄,占9.4%;这之外,玉米3晌,小豆和糜子一共1晌3垄占3.6%;蔬菜类1晌5垄占4.1%。

各户的经营地构成如下所示:

经营地构成

自租佃

	No.1				No.2				No.4				No.5				平均(自租佃4户)			
	耕地	宅地	其他	合计	耕地	宅地	其他	合计	耕地	宅地	其他	合计	耕地	宅地	其他	合计	耕地	宅地	其他	合计
所有地	23.0	0.5	1.0	24.5	10.0	0.8	0.3	11.1	7.0	1.0	—	8.0	6.0	—		6.0	11.5	0.6	0.3	12.4
借入地	23.5			23.5	10.0	0.4		10.4	6.0			6.0	4.0	0.2	0.8	5.0	10.9	0.2	0.2	11.3
典入地					6.0			6.0	10.0			10.0					4.0	—	—	4.0
合计	46.5	0.5	1.0	48.0	26.0	1.2	0.3	27.5	23.0	1.0	—	24.0	10.0	0.2	0.8	11.0	26.4	0.8	0.5	27.7
比例(%)	96.9	1.0	2.1	100.0	94.6	4.4	1.0	100.0	95.8	4.2	—	100.0	90.9	1.8	7.3	100.0	95.3	3.0	1.7	100.0

租佃

	No.3				No.6				平均(租佃2户)			
	耕地	宅地	其他	合计	耕地	宅地	其他	合计	耕地	宅地	其他	合计
所有地		0.3		0.3		1.0		0.7		0.7		0.7
借入地	63.5	0.2	0.35	64.05	13.0			13.0	38.3	0.1	0.2	38.6
典入地												
合计	63.5	0.5	0.35	64.35	13.0	1.0		14.0	38.3	0.8	0.2	39.3
比例(%)	98.6	0.9	0.5	100.0	92.9	7.1		100.0	97.5	2.0	0.5	100.0

本年度的耕地利用状况大体上如上所示,与去年相比每个农户的耕地利用面积非常少,改变了一直以来以大豆为主要作物的方式,以粟为主要作物的农户很多。

原来,大豆、粟和高粱都作为重要的农作物占播种面积的大部分,这一明显的倾向到了本年度变成了种植更多自家消费的农作物,不仅是大豆的面积减少了,粟的面积也减少了,其他杂粮的面积增加了。可以推断出这一杂粮种植面积增加的倾向是受最近主要农作物价格统制和主要杂粮交易的影响,对统制之外的杂粮种类是有利的,而且在交易上很容易。另外,由于粮食和谷物市场的不协调造成的物资不足的影响就不用说了。

接下来,通过下面的表可以看出与去年相比各种农作物种植面积的变化。

作物的种植比率变化情况

年度＼作物	大豆	粟	高粱	小麦	玉米	小豆	糜子	亚麻	甜菜	其他	合计
昭和 13 年	32.7	16.9	21.6	9.1	5.1	4.5	3.8	1.1	1.6	3.6	100
昭和 14 年	23.1	25.8	18.1	5.6	9.9	3.4	3.4	0.1	6.6	4.9	100
增减(％)	(−)9.6	(+)8.9	(−)3.5	(−)3.5	(+)4.3	(−)1.1	(−)0.4	(−)1.0	(+)5.0	(+)1.3	

换言之,虽然根据上表作出决定性的推断有些早,但是与去年相比,不能说一直以来的主要农作物的种植偏向有什么大的变化,各种作物也就是杂粮种植面积普遍增加的倾向是应当认可的。另外,根据以上的看法,原来由市场重点主义逐渐向自需作物主义转变,应该注意它对最近经济状况的影响。

如前表所示,去年的大豆比本年度减少了9.6％,粟增加了8.9％,高粱减少了3.8％,玉米增加了4.3％,结果主要农作物大豆减少了,取而代之的是粟和其他杂粮类。

本年度的耕地利用状况如下表所示:

经营地构成情况 （昭和 13 年）

农户＼作物		大豆	粟	高粱	小麦	玉米	小豆	糜子	亚麻	甜菜	其他	总计
自耕	第一号	13.0	10.0	10.0	3.0	4.0	2.0	1.5	0.5	1.0	1.5	46.5
	第二号	6.0	7.0	4.0	3.0	2.0	1.0	1.0			2.0	26.0
	第四号	4.0	6.0	4.0		3.0	0.5	1.0		3.0	1.5	23.0
	第五号	1.5	4.0	1.0		1.5				2.0		10.0
	平均	6.1	6.8	4.8	1.5	2.6	0.9	0.9	0.1	1.5	1.3	26.4
	比例(％)	23.1	25.8	18.1	5.6	9.9	3.4	3.4	0.1	5.6	4.9	100

续表

作物＼农户		大豆	粟	高粱	小麦	玉米	小豆	糜子	亚麻	甜菜	其他	总计
佃户	第三号	15.0	20.0	12.0	7.0	4.0	2.0	1.5			2.0	63.5
	第六号	2.0	3.5	2.0		2.0	0.5	1.0		1.0	1.0	13.0
	平均	8.5	11.8	7.0	3.5	3.0	1.3	1.3		0.5	1.5	38.3
	比例(%)	19.9	31.2	18.7	9.4	8.1	3.6	3.6		1.4	4.1	100

第二节　农家的经济决算

第一　农家所得

1.毛所得

本年度的毛收入:自耕农(4 户)平均每户 2,823 圆 90 钱,佃农(2 户平均)每户 3,347 圆 43 钱,佃农的毛收入要多,总共 6 户,平均每户 3,085 圆 62 钱。

自耕农毛收入细目:总收入是 2,663 圆 41 钱,固定财产增加额是 160 圆 49 钱;佃农总收入是 3,301 圆 48 钱,固定财产增加额是 45 圆 95 钱。

这与去年相比如下所示:

换言之,本年度的毛收入一般每户都有增加,5 户平均起来与去年的 3,147 圆 22 钱相比本年度是 3,338 圆 72 钱,每户的毛收入比去年增加了 191 圆 50 钱。这只不过是由支出部门物价上涨所造成的增量。

2.所得的支出

本年度的花费与毛收入一样,一般来说每户都有增加,自耕农(4 户)平均每户 1,664 圆 6 钱,佃农(2 户)平均每户 2,364 圆 68 钱,总的来算,平均每户 2,014 圆 37 钱,大约比去年增加了 200 圆。

3.农家所得

从农家收入来看,本年度前面的各种支出是增加的,而毛收入却有稍微的减少,也就是说本年度,自耕农每户平均收入为 1,134 圆 86 钱,佃农平均每户 982 圆 75 钱,与去年相比每户只减少了 66 圆 92 钱,所以本年度物价上涨对支出的影响比对收入的影响要小。本年度的农家经济状况呈现出一般收入和支出增加率相差甚远的经济困难局面。

通过下面的表可以看出各家各个项目的收入与去年相比的差。

农家收入

自耕别	农家号码	毛收入			收入中的花费				差额(农家所得)
		总收入	固定财增加额流动财增加额	合计	总支出	固定提供使用的财产消费额流动提供使用的财产消费减少额	支付的伙食费	合计	
自耕	第一号	3,442.84	421.85	3,864.69	2,427.84	121.90	376.20	2,925.94	838.75
	第二号	2,829.40	118.20	2,947.60	1,175.15	46.23	327.60	1,548.98	1,398.62
	第四号	3,396.99	65.00	3,461.99	1,325.70	172.50	396.90	1,895.10	1,566.98
	第五号	984.40	36.90	1,021.30	254.40	29.40	12.40	286.20	735.10
	平均(4户)	2,663.41	160.49	2,823.90	1,270.77	92.51	278.28	1,664.06	1,134.86
佃户	第三号	5,327.10	70.90	5,398.00	2,290.15	119.40	425.00	3,834.55	1,563.45
	第六号	1,275.85	21.00	1,296.85	795.50	21.70	79.60	894.80	402.05
	平均(2户)	3,301.48	45.95	3,347.43	2,041.83	70.55	252.30	2,364.68	982.75
总平均(6户)		2,982.45	103.22	3,085.67	1,606.30	81.53	265.29	2,014.37	1,058.81

农家号码	去年			本年度			差额		
	毛收入	收入中的花费	农家收入	毛收入	收入中的花费	农家收入	毛收入	收入中的花费	农家收入
第一号	4,308.29	2,300.48	2,020.81	3,864.69	2,925.94	838.75	(−)443.60	(+)624.46	(−)1,182.06
第二号	2,586.93	1,354.24	1,232.69	2,947.60	1,548.98	1,398.62	(+)360.67	(+)194.74	(+)165.93
第三号	5,110.10	3,718.56	1,391.54	5,398.00	3,834.55	1,563.45	(+)287.90	(+)115.89	(+)171.91
第四号	2,752.73	1,587.27	1,163.66	3,461.99	1,895.10	1,566.98	(+)709.26	(+)308.03	(+)403.32
第五号	938.07	238.18	699.89	1,021.30	286.20	735.10	(+)83.23	(+)48.02	(+)35.21
平均	3,147.22	1,839.71	1,307.51	3,338.72	2,098.13	1,240.59	(+)191.50	(+)258.42	(−)66.92

注: 去年第六户农家的没能统计记载,所以只有5户。

第二　家计费及家庭负担家计费

本年度的家计费在量上与去年并没有大的差别,但因为物价上涨,所以各户的家计费也自然增加了。自耕农(四户)平均每户1,487圆53钱,家庭负担的家计费用为1,125圆87钱,伙食费为278圆28钱,家庭每个人的家计费就变为87圆29钱。

佃农(2户)平均每户家计费为1,373圆41钱,家庭负担的家计费为106圆98钱,家庭每个人的家计费为87圆22钱,与自耕农相比每人的家计费大体上没有差别。

总平均每户的家计费为1,373圆41钱,伙食费是265圆29钱,家庭负担的家计费为1,066圆,每人家计费为87圆22钱。

与去年相比如下所示:

农家号码	家计费			每人家计费		
	去年	本年	差额	去年	本年	差额
第一号	1,394.29	927.57	(−)421.72	174.29	108.06	(−)66.23
第二号	1,170.18	1,254.36	(+)84.18	106.38	104.53	(+)1.85
第三号	1,126.18	1,613.96	(+)486.78	80.44	107.60	(+)27.16
第四号	1,199.55	1,548.74	(+)349.19	59.98	70.40	(+)10.42
第五号	589.31	727.79	(+)138.48	53.57	66.16	(+)12.59

与去年相比一般各户的支出都在增加,只有第一号农家因为去年有成人礼和婚礼费用所以本年度的支出比正常数额相比减少了,大体上每户都是以每人大约10圆的程度在增加。

各户家计费用和与去年相比的情况分别表示如下:

家计费及家庭负担家计费

自耕别 \ 农家号码 \ 项目	家计费	伙食费	差额(家庭负担家计费)	家庭每人家计费		
				家庭负担家计费	家庭成员数(人)	每人负担家计费
自耕农 第一号	1,682.31	376.20	972.57	972.57	9	108.06
第二号	1,581.96	327.60	1,254.36	1,254.36	12	104.53
第四号	1,945.64	396.90	1,548.74	1,548.74	22	70.40
第五号	740.19	12.40	727.79	727.79	11	66.16
平均(4户)	1,487.53	278.28	1,125.87	1,125.87	13.5	87.29
佃农 第三号	2,038.96	425.00	1,613.96	1,613.96	15	107.60
第六号	479.60	79.60	400.00	400.00	6	66.67
平均(2户)	1,259.28	252.30	1,006.98	1,006.98	10.5	87.14
总平均(6户)	1,373.41	265.29	1,066.42	1,066.42	12	87.22

第三 农家经济节余

本年度农家的经济剩余每户都有所减少,大部分都处于赤字状态。换言之,自耕农(4户)平均每户只有8圆97钱的剩余,佃农(2户)平均每户是24圆23钱的赤字,总平均每户就是7圆63钱的赤字。

与去年相比如下所示:

农家号码	去年	今年	差额
第一号	(+)613.19	(-)133.82	(-)747.01
第二号	(+)62.51	(+)144.26	(+)81.75
第三号	(+)265.36	(-)50.51	(-)315.87
第四号	(-)33.89	(+)18.15	(+)52.04
第五号	(-)110.58	(+)7.31	(+)103.27

与去年相比,每户收入都减少了。

农家经济结余

自耕别	农家号码	农家收入	家庭负担家计费	差额(农家经济剩余)
自耕农	第一号	838.75	972.57	(-)133.82
	第二号	1,398.62	1,254.36	(+)144.26
	第四号	1,566.89	1,548.74	(+)18.15
	第五号	735.10	727.79	(+)7.31
	平均(4户)	1,134.84	1,125.87	(+)8.97
佃农	第三号	1,563.45	1,613.96	(-)50.51
	第六号	402.05	400.00	(+)2.05
	平均(2户)	982.75	1,006.98	(-)24.23
总平均(6户)		1,058.80	1,066.43	(-)7.63

第四 农家年内纯收入

本年度与去年相比财产增加额只是根据没有贩卖的实物的增加额来确定的,非常少。换言之,自耕农(4户)平均每户42圆43钱,佃农(2户)平均每户5圆14钱,大部分比去年减少了。这是因为本年度收入的实物减少了。

农产品的价格就自然而然增加了。因为本年度比正常年份的收入减少,所以每户的收入也减少了。

第五　财产价格变动产生的盈亏

该项完全没有变动,因此省略。

第三节　农户经济成果的构成

第一　所得的收入构成

本年度的收入与去年相比虽然有所增加,但这决不是收入本身有所增加,而只是由于物价变动自然使支出各方面有所增加,由收支关系所确定的收入就比去年要少了。特别是由于本年度农产品收获量减少,致使各户收入都减少了。

自耕农(4 户)平均每户所得额是 2,503 圆 71 钱,其中,实物所得额 698 圆 54 钱占 27.9%,现金所得额 1,805 圆 17 钱占 72.1%,与去年相比现金收入增加了。

佃农平均每户总收入 3,073 圆,其中实物收入是 2,078 圆 25 钱占 67.63%,现金收入 995 圆 03 钱占 32.38%,与自耕农相比,现金和实物都呈现出相反的倾向,证明农家的经营规模越大,农产品商品化程度越高。

从所得收入的细目来看,自耕农大豆的收入占主要,并且大部分成为现金收入共 549 圆 71 钱。实物收入很少,只有 5 圆 70 钱,总收入为共计 555 圆 41 钱,相当于全部数额的 22.18%。

仅次于大豆的是粟,现金收入为 465 圆 32 钱占 18.59%,与实物的收入差不多。

接下来是高粱收入 344 圆 86 钱占 13.78%,现金收入 313 圆 36 钱,实物收入是 31 圆 50 钱。除此之外是玉米收入,216 圆 43 钱占 8.64%,小麦 106 圆 0 钱占 4.23%,其他零星收入 248 圆 45 钱占 9.92%(零星收入中包括各种茎秆的收入)。

除上面所述之外的其他项目都是减少的,杂粮 133 圆 05 钱占 5.31%,特殊用途的作物 124 圆 60 钱占 4.98%,养畜收入 41 圆 31 钱(1.65%),租赁、俸禄收入 139 圆 15 钱(5.56%),蔬菜收入 113 圆 83 钱(4.55%)。

佃农平均每户的情况和自耕农没有什么大的差异,大豆居首位 888 圆 30 钱占 28.9%,现金收入 883 圆 10 钱占大部分,实物收入 5 圆 20 钱,仅次于大豆的是粟,651 圆 68 钱占 21.21%,高粱 382 圆 30 钱占 12.44%,接下来是杂粮 374 圆 5 钱占 12.17%,玉米 178 圆 30 钱占 5.80%,其他的很少,零星收入 196 圆 68 钱占 6.4%,蔬菜收入 115 圆 10 钱占 3.75%,小麦 132 圆 50 钱占 4.31%,特殊用途的作物 62 圆 80 钱占 2.04%。(与去年相比各户收入都减少了,因为本年度作物收获量比平均年份的收获量水平低。)

自耕农收入构成情况

收入类型　収入和比例	大豆	粟	高粱	玉米	小麦	杂粮	特殊用途作物	家畜产出物	财产利用收入	租赁及俸禄收入	零星收入	蔬菜	补助金及赠送金	总计	各项目比例(%)
一号　1.现金所得收入	939.4	501	536.44	214	200	224	73	12.6	—	20	45	89.5	—	2,854.94	82.92
一号　2.生产物及以现金相抵的家计	—	216.3	—	43.05	—	62.3	—	5.25	—	—	248	13	—	587.9	17.08
一号　3.计	939.4	717.3	536.44	257.05	200	286.3	73	17.85	—	20	293	102.5	—	3,442.84	100
一号　4.所得总收入比例(%)	27.28	20.83	15.58	7.47	5.81	8.32	2.12	0.52	—	.58	8.51	2.98	—	100	—
二号　1.现金所得收入	483	325	483	168	224	66	—	46	—	32	30.4	76.4	—	1,933.2	68.35
二号　2.生产物及以现金相抵的家计	—	333.6	—	206.4	—	86.6	—	7.4	—	—	186	75.6	—	895.6	31.65
二号　3.计	483	658.6	483	374.4	224	152.6	—	53.4	—	32	216.4	152	—	2,828.8	100
二号　4.所得总收入比例(%)	17.07	23.27	17.07	13.23	7.92	5.39	—	1.89	—	1.13	7.65	5.37	—	100	—
四号　1.现金所得收入	455.29	84	218	—	—	28.3	283.4	94	54	484.6	67	101.4	—	1,869.99	67.8
四号　2.生产物及以现金相抵的家计	22.8	217.6	44	161.2	—	12	—	—	—	—	343.4	87.2	—	888.2	32.2
四号　3.计	478.09	301.6	262	161.2	—	40.3	283.4	94	54	484.6	410.4	188.6	—	2,758.19	100
四号　4.所得总收入比例(%)	17.33	10.93	9.5	5.84	—	1.46	10.28	3.41	1.96	17.57	14.88	6.84	—	100	—
五号　1.现金所得收入	321.14	19.4	16	—	—	24	142	—	7.2	20	—	12.2	—	561.94	57.08
五号　2.生产物及以现金相抵的家计	—	164.4	82	73.06	—	29	—	—	—	—	74	—	—	422.46	42.92
五号　3.计	321.14	183.8	98	73.06	—	53	142	—	7.2	20	74	12.2	—	984.4	100
五号　4.所得总收入比例(%)	32.62	18.67	9.96	7.47	—	5.38	14.43	—	0.73	2.03	7.52	1.24	—	100	—
4户平均　1.现金所得收入	548.71	232.35	313.36	95.5	106	85.57	124.6	38.15	15.3	139.15	35.6	69.88	—	1,805.17	72.1
4户平均　2.生产物及以现金相抵的家计	5.7	232.97	31.5	120.83	—	47.48	—	3.16	—	—	212.85	43.95	—	698.54	27.9
4户平均　3.计	555.41	465.32	344.86	216.33	106	133.05	124.6	41.31	15.3	139.15	248.45	113.83	—	2,503.71	100
4户平均　4.所得总收入比例(%)	22.18	18.59	18.78	8.64	4.23	5.31	4.98	1.65	0.61	5.56	9.92	4.55	—	100	—

佃农收入构成情况

收入和比例	收入类型	大豆	粟	高粱	玉米	小麦	杂粮	特殊用途作物	养畜产出物	财产利用收入	租赁及俸禄收入	零星收入	蔬菜	补助金及赠送金	总计	各项目比例（%）
三号	1. 现金所得收入	1,434.8	806.35	598.6	80.6	265	161	47	9.6	63	20	—	115	—	1,226.15	25.1
	2. 生产物及以现金相抵的家计	4	314.6	—	139.4	—	423.1	—	12	—	—	250.05	83	—	3,657.95	74.9
	3. 计	1,438.8	1,120.95	598.8	220	265	584.1	47	21.6	63	20	250.05	198	—	4,884.1	100
	4. 所得总收入比例（%)	30.63	22.95	12.26	4.5	5.43	11.96	0.96	0.44	1.29	0.41	5.12	4.05	—	100	—
六号	1. 现金所得收入	274.4	48	120	42	80	80	78.6	4	24	48.9	44	—	—	763.9	60.51
	2. 生产物及以现金相抵的家计	6.4	134.4	46	34.6	—	84	—	1.45	—	—	99.3	32.4	—	498.55	39.49
	3. 计	280.8	182.4	166	76.6	—	164	78.6	5.45	24	48.9	143.3	32.4	—	1,262.45	100
	4. 所得总收入比例（%)	22.24	14.45	13.15	10.22	—	12.99	6.23	0.43	1.6	3.87	11.35	2.57	—	100	—
2户平均	1. 现金所得收入	883.1	427.18	359.8	61.3	132.5	120.5	62.8	6.8	43.5	34.45	22	57.5	—	995.03	32.38
	2. 生产物及以现金相抵的家计	5.2	224.5	23	117	—	253.55	—	6.72	—	—	174.68	57.7	—	2,078.25	67.62
	3. 计	888.3	651.68	382.8	178.3	132.5	374.05	62.8	13.52	43.5	34.45	196.68	115.2	—	3,073.28	100
	4. 所得总收入比例（%)	28.8	21.21	12.44	*	4.31	12.17	2.04	0.44	1.42	1.12	6.4	*	—	100	—

第二　所得的支出构成

本年度损失的构成除物价上涨带来的增加之外与去年相比基本上没有什么变化。

自耕农每户损失 1,211 圆 10 钱、佃农是 2,102 圆 98 钱,6 户平均每户 1,657 圆 04 钱。

损失构成细目:地租支出占了很大部分,自耕农平均每户 411 圆 76 钱占总的 34.0%,佃农 569 圆 80 钱占总的 65.71%,也即佃农除地租之外的支出很少。仅次于它的是劳动报酬支出,自耕农是 356 圆 05 钱占 29.40%,佃农 440 圆 50 钱占 20.95%,其他负债利息,自耕农 196 圆 70 钱占 16.24%,佃农 114 圆 50 钱占 5.44%。其他各项小额的如饲料费自耕农 89 圆 20 钱占 7.37%,佃农 86 圆 70 钱占 4.12%,种苗费自耕农 24 圆 99 钱占 2.06%,佃农 6 圆 40 钱占 0.31%。农具费自耕农 25 圆 13 钱占 2.07%,佃农 22 圆 10 钱占 1.05%。税费自耕农 75 圆 51 钱占 6.24%,佃农 36 圆 53 钱占 1.83%。除此之外建筑物的支出自耕农 7 圆 50 钱占 62%,佃农没有。

与去年相比如下所示:

收入中的支出构成

支出	费用 自耕农兼佃耕					费用 佃农			费用 总平均	比例(%) 自耕农兼佃耕					比例(%) 佃农			比例(%) 总平均
农户	No.1	No.2	No.4	No.5	平均	No.3	No.6	平均	总平均	No.1	No.2	No.4	No.5	平均	No.3	No.6	平均	总平均
肥料费	34	—	—	—	8.5	—	—	—	4.25	1.59				0.70				5.31
饲料费	103.2	49.3	169.6	34.69	89.2	146	27.4	86.7	87.95	4.82	4.2	12.79	17.02	7.37	4.28	3.45	4.12	5.31
种苗费	45.6	34	19.4	0.97	24.99	9.6	3.2	6.4	15.7	2.13	2.89	1.46	0.48	2.06	0.28	0.4	0.31	0.95
家畜费	—	—	7.9	—	1.98	5.6	4.5	5.5	3.52	—	—	0.6	—	0.16	0.16	0.57	0.24	0.21
农具费	39.4	34.4	24	2.7	25.13	36.4	7.8	22.1	23.62	1.84	2.93	1.81	1.33	2.07	1.07	0.98	1.05	1.42
各种材料费	—	6	—	0.8	1.7	—	7.1	3.55	2.62	—	0.51	—	0.39	0.14	—	0.89	0.17	0.16
医药费	3.6	6.5	4	0.76	3.71	—	4	2	2.85	0.17	0.55	0.3	0.37	0.31	0.51	0.51	0.1	0.17
劳动报酬	596.9	464.6	342.7	20	356.05	782.4	98.6	440.5	398.27	27.89	39.53	25.58	9.82	29.4	22.93	12.43	20.95	24.03
负债利息	388.8	234	164	—	196.7	186	43	114.5	155.6	18.17	19.91	12.37	—	16.24	5.45	5.42	5.44	9.39
地租	775.4	263	485.6	123	411.76	2,194	569.8	1,381.9	896.83	36.24	22.38	36.63	60.35	34	64.29	71.81	65.71	54.12
租税	137	57.35	92	15.68	75.51	42.45	24.6	38.53	57.02	6.41	4.88	6.94	7.69	6.24	1.54	3.1	1.83	3.44
建筑物费用	3.4	13	12	1.6	7.5	—	—	—	3.75	0.16	1.11	0.91	0.79	0.62	—	—	—	0.23
杂支出	12.4	13	4.5	3.6	8.37	—	3.5	1.75	5.06	0.58	1.11	0.34	1.77	0.69	—	0.44	0.08	0.31
合计	2,139.74	1,175.15	1,325.7	203.8	1,211.1	3,412.45	793.5	2,102.98	1,657.04	100	100	100	100	100	100	100	100	100

(单位:圆)

农家号码	去年	今年	差额
第一号	1,940.31	2,139.74	(+)199.43
第二号	1,123.51	1,175.15	(+)51.64
第三号	3,239.16	3,412.45	(+)173.29
第四号	983.88	1,325.70	(+)341.82
第五号	203.80	303.80	—

与去年相比大体上每户增加了150圆左右的支出,这是因为物价上涨了,更主要是因为货币升值了。

第三　家计费的构成

家计费的支出如前所述,但构成状况是自耕农平均每户的饮食支出占了大部分,为874圆63钱相当于64.11%,这当中主食617圆33钱,占44.85%,其他副食131圆22钱占8.98%,调味料74圆65钱占5.78%,嗜好品60圆25钱占4.48%,衣服85圆9钱占6.06%,卫生费27圆47钱占1.88%,光热费234圆66钱占16.05%。

农家家计费构成表

自耕兼佃农

费目	No.1 现金家计支出	No.1 以生产和收获的实物支付的家计	No.1 计	No.1 各种家计费用比例(%)	No.2 现金家计支出	No.2 以生产和收获的实物支付的家计	No.2 计	No.2 各种家计费用比例(%)	No.5 现金家计支出	No.5 以生产和收获的实物支付的家计	No.5 计	No.5 各种家计费用比例(%)	No.4 现金家计支出	No.4 以生产和收获的实物支付的家计	No.4 计	No.4 各种家计费用比例(%)	4户平均 现金家计支出	4户平均 以生产和收获的实物支付的家计	4户平均 计	4户平均 各种家计费用比例(%)
饮食费 主食费	53.2	507.15	560.35	41.54	66.3	638.4	704.7	44.54	98.15	209.65	307.8	53.75	249.8	520.9	770.7	39.90	110.81	491.52	602.33	44.85
副食费	34.18	40.18	74.36	5.51	61.44	60.18	121.62	7.83	53.1	16.7	69.8	9.83	70.05	189.13	259.18	13.32	54.69	76.58	131.27	8.98
调味品	78.15	—	78.15	5.81	56.9	—	56.9	8.6	63.4	—	63.4	8.56	100.18	—	100.18	5.15	74.65	—	74.65	5.78
嗜好品	75.85	—	75.85	5.62	48.05	—	48.05	3.04	39.9	—	39.9	5.27	78.1	—	78.1	4.01	60.25	—	60.25	4.48
小计	241.48	547.27	788.75	58.47	232.69	688.58	921.27	58.87	253.6	816.35	1,069.95	77.01	497.73	710.03	1,207.76	62.08	306.88	568.8	875.68	64.11
被子及服装费	103.38	—	103.38	7.56	116.4	—	116.4	7.35	36.4	—	36.4	4.92	84.2	—	84.2	4.33	85.09	—	85.09	6.06
居住费	8.6	—	8.6	0.64	1.6	—	1.6	0.1	2.1	—	2.1	0.28	67.6	—	67.6	3.47	19.97	—	19.97	1.12
家具购置费	27.2	—	27.2	2.02	48.5	—	48.5	3.07	9.5	—	9.5	1.29	24.4	—	24.4	1.25	27.4	—	27.4	1.91
光热费	49.6	151.19	200.79	14.88	62.19	162.1	224.29	14.18	26	78.49	104.49	14.12	77.8	331.3	409.1	21.03	53.89	180.77	234.66	16.05
保健卫生费	45.6	—	45.6	3.38	40.3	—	40.3	2.55	4.3	—	4.3	0.58	19.7	—	19.7	1.01	27.47	—	27.47	1.88
教育费	3.4	—	3.4	0.25	11.3	—	11.3	0.72	1.2	—	1.2	0.16	2.1	—	2.1	0.11	4.5	—	4.5	0.31
娱乐费	20.12	—	20.12	1.48	17.5	—	17.5	1.1	3	—	3	0.4	2.4	—	2.4	0.12	10.51	—	10.51	0.77
交际费	34	—	34	2.52	49.4	—	49.4	3.12	3.1	—	3.1	0.41	36.78	—	36.78	1.89	30.82	—	30.82	1.98
成人礼、婚丧及节日费	76.75	—	76.75	5.69	118.4	—	118.4	7.48	4.9	—	4.9	0.66	74.2	—	74.2	3.81	68.56	—	68.56	4.41
杂费	40.18	—	40.18	2.98	23	—	23	1.45	1.2	—	1.2	0.16	17.2	17.2	34.4	0.89	20.39	—	20.39	1.37
合计	650.31	698.46	1,348.77	100	721.28	860.68	1,581.96	100	345.35	394.84	740.19	100	904.31	1,041.33	1,945.64	100	655.31	748.82	1,404.13	100
各项目家计总额比例(%)	48.22	51.78	100	—	46.17	53.83	100	—	46.65	53.35	100	—	46.47	53.53	100	—	46.67	53.33	100	—

续表

费目	佃农 No.3 现金家计支出	实物支付和收获的家计	计	各种家计费用比例(%)	佃农 No.6 现金家计支出	实物支付和收获的家计	计	各种家计费用比例(%)	2户平均 现金家计支出	实物支付和收获的家计	计	各种家计费用比例(%)
饮食费 主食费	106.4	904.5	1,010.9	49.59	—	265.4	265.4	55.33	53.2	584.95	638.15	67.07
副食费	51.8	173.3	225.1	11.04	2	33.85	35.85	0.74	26.8	103.57	130.37	10.35
调味品	69.9	—	69.9	3.43	6.25	—	6.25	0.13	34.95	3.12	38.07	0.03
嗜好品	69.13	—	69.13	3.4	3.9	—	3.9	0.08	34.56	1.95	36.51	0.02
小计	297.03	1,073.8	1,370.83	67.46	12.15	299.25	311.4	64.92	154.59	686.52	841.11	77.47
被子及服装费	121.18	—	121.18	5.95	24.3	—	24.3	0.5	60.59	12.15	72.74	0.05
居住费	5.6	—	5.6	0.28	—	—	—	—	2.8	—	2.8	0.01
家具购置费	59.5	—	59.5	2.93	3.2	—	3.2	0.06	31.35	—	31.35	0.02
光热费	29.4	250.05	279.45	13.55	28.6	105.1	133.7	27.87	29	177.75	206.75	16.41
保健卫生费	34	—	34	1.68	—	—	—	—	17	—	17	0.01
教育费	6.5	—	6.5	0.34	—	—	—	—	3.25	—	3.25	0
娱乐费	12	—	12	0.6	0.8	—	0.8	0.02	6.4	0.4	6.8	0.01
交际费	34.4	—	34.4	1.69	2	—	2	0.04	17.2	1	18.2	0.08
成人礼、婚丧及节日费	79	—	79	3.9	3	—	3	0.06	39.5	1.5	41	0.03
杂费	32.5	—	32.5	1.6	1.2	—	1.2	0.02	16.25	0.6	16.85	0.01
合计	711.11	1,327.85	2,038.96	100	75.25	404.35	479.6	100	393.18	866.1	1,259.28	100
各项目家计总额比例(%)	34.89	65.11	100	—	15.61	84.39	100	—	31.22	68.78	100	—

教育费4圆50钱占0.31%,交际费30圆82钱占1.89%,成人礼、婚丧、过节等的费用68圆56钱占4.41%,其他杂费20圆39钱占1.37%,支付这些的现金支出是655圆31钱占53.33%,实物支出是748圆82钱占46.67%。平均来看佃农的家庭经济剩余的构成内容与自耕农没有大的差别,但佃农现金和实物支出相比,实物支出要多一些,现金是393圆18钱,占31.23%。而实物支出是666圆10钱,占68.78%,所占比率更大。佃农,主食占了大部分:638圆15钱占67.07%。总的来看,饮食是841圆11钱占77.47%,其他光热费是206圆75钱占16.41%,其他各项费用都比较少。

本年与去年相比数额一般都是增加的,现金支出的增加尤其显著,物价上涨对生活的影响很明显。

第四　财产的收入及支出构成

1.财产的收入构成

本年度的财产收入和支出,没有值得特别提及的。可以当做,各户都没有进行各种财产的买卖,该项目只是由负债产生的支出和收入。

收入方面,从4户自耕农的收入来看,1号农家卖大植物的为45圆,平均每户11圆25钱;4号农家回收的借款金额为50圆,平均每户12圆50钱。其他各户都是负债的,平均每户750圆那么多。

从两户佃农来说,3号农家借款620圆,1户只有310圆,6户平均来看,每户收入619圆17钱。各户收入如下表所示:

财产收入

自耕农、佃农	农家号码	固定财产			准现金		负债		财产收入合计
		卖土地	卖大动物	卖大植物	回收的借款金额(收到的欠款)	未回收的金额(接收)	贷出与收回金额(贷出与收回)	未付资金(赊买)	
自耕农	第一号	—	—	45.00	—	—	1,620.00	—	1,665.00
	第二号	—	—	—	—	—	780.00	—	780.00
	第四号	—	—	—	30.00	—	570.00	—	600.00
	第五号	—	—	—	—	—	50.00	—	50.00
	(4户)平均	—	—	11.22	12.30	—	750.00	—	773.75
佃农	第三号	—	—	—	—	—	620.00	—	620.00
	第六号	—	—	—	—	—	—	—	—
	(2户)平均	—	—	—	—	—	310.00	—	310.00
总平均(6户)		—	—	7.50	8.33	—	603.33	—	619.16

2.财产的支出构成

与收入相同,财产支出也基本上没有。

各户的还债情况是:自耕农(4 户)平均每户 667 圆 50 钱,佃农 310 圆 00 钱。其他,2 号农家的贷款额只有 20 圆。

财产收入和支出只能计入由借款而形成的项目上的收入和支出,借款与还款的差额又成为第二年的借款。

财产支出

农家号码	买土地	新建建筑物	买大器具	贷款	赊买	还款	付未还清的款	支出合计
第一号	—	—	—	—	—	1,480.00	—	1,480.00
第二号	—	—	—	20.00	—	640.00	—	660.00
第四号	—	—	—	—	—	550.00	—	550.00
第五号	—	—	—	—	—	—	—	—
平均	—	—	—	5.00	—	667.50	—	672.50
第三号	—	—	—	—	—	620.00	—	620.00
第六号	—	—	—	—	—	—	—	—
平均						310.00	—	310.00

第四节　农家经营的决算

本节就农家经营来说,把作为重要收益活动的经营部门农业经营与其余的经济收益分开,就可以计算其他经营成果的状况。

第一　农家经济经营中的农业经济决算

作为农家经济经营的农业经营也叫做小农经济,是将自己所拥有的土地、资本以及家庭农业劳动力统一组织起来进行经营的经营体制。

所以,从农业毛收入中扣除农业经营费算出的农业纯收益是自耕地、所有资本和自家劳动力所获得总报酬。

1.农业毛收入

自耕农(4 户)平均每户毛收入是 2,416 圆 67 钱,佃农(2 户)平均每户 2,990 圆 38 钱,总平均起来每户 2,703 圆 52 钱。

自耕农毛收入占毛所得的 90.69%,其中农业之外的收入占 1.71%。

毛收入中大豆居于首位,561 圆 66 钱占总的 23.24%,仅次于大豆的是粟 519 圆 03 钱占 21.48,接下来是高粱 314 圆 03 钱占 12.99%,玉米 245 圆 68 钱占 10.17%,杂收入 248 圆 45 钱占 10.28%,特殊用途的作物 135 圆 39 钱占 5.60%;其余,小麦 101 圆 28 钱占 4.19%,杂粮 115 圆 07 钱占 4.76%,其他都是数额较少的。

佃农大体上也是如此,大豆 862 圆 55 钱占 28.84%,粟 679 圆 43 钱占 22.72%,接着是高粱 397 圆 60 钱占 13.30,杂粮 385 圆 80 钱,占 12.90%都是主要的;其他杂收入 196 圆 68 钱占 6.58%,小麦 120 圆 75 钱占 4.04%。

1 晌的毛收入,自耕农 91 圆 54 钱佃农 84 圆 12 钱,佃农的要稍少一些。

与去年相比如下所示:

与去年相比的平均毛收入

农家号码	去年	今年	差额
第一号	74.27	76.16	(+)1.89
第二号	92.13	109.50	(+)17.37
第三号	76.00	75.12	(-)0.88
第四号	94.99	99.31	(+)4.32
第五号	85.42	99.41	(+)14.99

各户 1 晌的毛收入平均都有 7 圆左右的增加。

2.农家经营费

自耕农(4 户)经营费 1 户 1,285 圆 41 钱,佃农(2 户)平均每户 2,291 圆 58 钱,另外 1 晌的经营费自耕农是 49 圆 06 钱佃农要多 59 圆 83 钱。

从经营费细目来看自耕农劳动报酬是 575 圆 38 钱占总的 44.76%,地租 440 圆 10 钱占 33.24%。其他的费用数额较少。

佃农地租占大多数 1,388 圆 30 钱占 60.58%。

接着是 72 圆 18 钱占 31.03%,经营费当中的地租的支出占大多数就更不用多说了。

经营费与去年相比如下所示:

(单位:圆)

农家	前年	今年	差额
第一号	1,861.33	2,212.43	(+)351.10
第二号	1,044.73	1,245.51	(+)100.78
第三号	3,436.71	3,850.80	(+)414.09
第四号	1,049.93	1,360.47	(+)310.54
第五号	215.00	324.24	(+)74.24

3.农业纯收入

自耕农平均每户 1,131 圆 26 钱,佃农平均每户 1,048 圆 80 钱,佃农的要少是因为佃农在经营费上地租的支出比自耕农的要多很多。

　　就每晌来看,自耕农每户51圆45钱,佃农31圆15钱,与去年相比减少了相当多的数额。

　　每户的情况如下所示:

农业纯收益

农家号码		农业毛收入	农业经营费	纯收入	平均每晌纯收入
自耕农	第一号	3,541.29	2,212.43	1,328.86	28.58
	第二号	2,847.10	1,245.51	1,601.59	61.60
	第四号	2,284.19	1,360.47	1,123.72	48.42
	第五号	994.10	323.32	670.78	67.08
	平均	2,416.67	1,285.41	1,131.26	51.45
佃农	第三号	4,770.20	2,850.80	1,619.40	25.52
	第六号	1,210.55	732.36	478.19	36.78
	平均	2,990.38	1791.58	1,048.80	31.15

第二　企业经济经营中的农业经营计算

　　作为企业经营的农业经营实际上是将小农经营依据雇佣劳动的雇佣关系,作为经营资本主义的企业来进行经营的。所以从毛收入中扣除农企业经营费之后算出的农业企业经营纯收入是农家所有土地和资本的总报酬。

　　1.农业毛收入

　　该项目与第二部分第二节的农业毛收入相同,请参考。

　　2.农业企业经济经营费用

　　农业企业经营费,自耕农(4户)平均每户1,442圆97钱,佃农每户1,931圆56钱,比自耕农稍多。本年度一般每户都有一些增加。各户的企业经营费如下表所示:

农家项目		农业经营费	估计的家庭劳务费	合计(企业经营经营费)	备注
自耕农	第一号	2,212.43	111.15	2,323.58	家族劳务费的估算是按照平均每个劳动日95钱的方式计算出来的
	第二号	1,601.59	116.85	1,718.44	
	第四号	1,360.47	185.73	1,546.20	
	第五号	323.32	216.50	539.82	
	平均	1,285.41	157.56	1,442.97	
佃农	第三号	2,850.80	162.45	2,013.25	
	第六号	732.36	117.50	849.86	
	平均	1,791.58	139.98	1,931.56	

3.农业企业经济经营纯收入

自耕农平均每户 973 圆 70 钱,佃农平均每户 1,058 圆 82 钱,佃农的收益更多。这是因为佃农经营费中大宗的劳务费的支出中自家的劳动力消费最多。证明北满农业中劳务费支出是很重要的。

农企业经营纯收入

农家号码		农业毛收入	农企业经营经营费	差额(纯收入)	备注
自耕农	第一号	3,541,29	2,323.58	1,217.71	
	第二号	2,847.10	1,718.44	1,128.66	
	第四号	2,284.19	1,546.20	737.99	
	第五号	994.10	539.82	454.28	
	平均	2,416.67	1,442.97	973.70	
佃农	第三号	4,770.20	2,013.25	2,756.95	
	第六号	1,210.55	849.86	360.69	
	平均	2,990.38	1,931.56	1,058.82	

第三章　结论

本年度各农家的经济收支状况大体上如上所述，虽然与去年相比大体上有所增加，但是比起收入的增加支出的增加更多，所以收支差额就减少了。

尤其是本年度的作物收入状况比历年都少，这是收支差额减少的根本原因。农家陷入比去年更困苦的状态，借款也无法返还。现在的物价上涨还将持续到下一年度，将会使农家收支状况更加糟糕。

附录

第一表①

大家庭农户的家庭成员表(第四号农家) 第一表　A

号码	关系	姓名	年龄	在家里面的工作	号码	关系	姓名	年龄	在家里面的工作
1	户主	富贵恒	42	管理一般事务	10	外甥	富忠义	18	市内学校
2	妻子	关素贤	40	总指挥	11	外甥	富忠礼	14	小学生
3	父亲	富武成	66	什么也不做	12	外甥	富忠信	12	小学生
4	母亲	罜氏	57	什么也不做	13	外甥	富忠恺	8	小学生
5	哥哥	富贵山	44	保卫团团长	14	外甥	富忠伦	6	
6	弟弟	富海山	41	一般主要从事农业经营	15	外甥	富忠敏	5	
7	弟弟	富锡山	33	一般在农场干农活	16	大女儿	富致云	16	
8	弟妻(海山)	关氏	32	所有有关做饭的事	17	二女儿	富秋云	13	去年5月病死
9	二弟妻(锡山)	端氏	32	所有有关做饭的事	18	三女儿	富代弟	5	

第一表　B

号码	关系	姓名	年龄	工作
19	侄女	富福云	14	
20	侄女	富淑云		
21	大儿子	富贵铇	2	
22	四女儿	富玲云	1	

第三表

各户财产明细表　第一号农家

一　土地

旱地　23晌　@ ¥②300.00　$ 690.00

圆子　1晌　@ ¥450.00　$ 450.00

---

① 译者注:原文附录缺少第二表,可能影印的报告书不完整。

② 编者注:所有附录表中的@ ¥ $符号与原文一致,具体含义不明。

打场	0.5 晌	@ ¥ 420.00	$ 210.00
住宅地	0.5 晌	@ ¥ 600.00	$ 300.00
合计	25 晌		$ 7,850.00

注:除上述之外借用的旱地 23.5 晌@ ¥ 30.00 $ 705.00(没有记在财产上)

二　建筑物

住　　宅	5 间	@ 200.00	卖出收入 ¥ 16.00	$ 984.00
另外的住宅	2.5 间	@ 500.00	卖出收入 ¥ 16.70	$ 793.30
仓　　库	5 间	@ 250.00	卖出收入 ¥ 3.60	$ 1,246.40
马　　圈	1 间	@ 70.00	卖出收入 ¥ 4.00	$ 66.00
猪　　圈	1 间	@ 40.00	卖出收入 ¥ 4.40	$ 35.60
合　　计	14.5 间		¥ 44.70	$ 3,124.30

三　大植物

| 种类 | 数量 | 单价 | 增加额 | 金额 |
| 榆木 | 60 棵 | @ ¥ 25.00 | ¥ 120.00 | 1,620.00 |

注:本年度卖 10 棵 ¥ 450.00

| 合计 | 50 棵 | | ¥ 120.00 | 1,170.00 |

四　大动物

种类	数量	单价	花销	金额
马	1 匹	@ ¥ 50.00	¥ 12.50	¥ 37.50
马	1 匹	@ ¥ 150.00		¥ 150.00
马	1 匹	@ ¥ 150.00		¥ 150.00
马	1 匹	@ ¥ 180.00		¥ 180.00
马	1 匹	@ ¥ 150.00		¥ 150.00
马	1 匹	@ ¥ 150.00 (增值额)		¥ 150.00
马	1 匹	@ ¥ 30.00 (花销额)	¥ 57.00 (增殖额)	¥ 87.00
马	7 匹	¥ 12.50	¥ 57.00	¥ 900.00

五　大器具

种类	数量	单价	花销	金额
大车	1 个		¥ 8.00	¥ 112.00
大车	1 个		¥ 5.00	¥ 245.00
小车(旧车)	1 个		¥ 1.00	¥ 59.00
调制机	1 个		¥ 0.70	¥ 34.30
磨坊	1 个		¥ 3.75	¥ 71.25
唐风车	1 个		¥ 1.25	¥ 13.75
合计	6 个		¥ 19.60	¥ 545.30

六

	种类	数量	单价	金额
小植物	葱	350 斤	@ ¥ 0.06	¥ 21.00
小动物	猪	1 头	@ ¥ 64.00	¥ 64.00
	猪	1 头	@ ¥ 56.00	¥ 54.00
	猪	1 头	@ ¥ 34.00	¥ 34.00
	猪	1 头	@ ¥ 27.00	¥ 27.00
	合计	4 头		¥ 181.00
小器具	铁锹	3 个	@ ¥ 1.50	$ 4.50
	大锆	2 个	@ ¥ 3.00	$ 6.00
	二齿镐	2 个	@ ¥ 0.50	¥ 1.00
	塝子	1 个	@ ¥ 5.00	$ 5.00
	铁锹	3 个	@ ¥ 0.80	$ 2.40
	小犁	2 个	@ ¥ 6.00	$ 12.00
	大犁	1 个	@ ¥ 8.00	$ 8.00
	穰耙	4 个	@ ¥ 4.00	$ 16.00
	锄头	3 个	@ ¥ 4.10	$ 12.30
	木子	1 个		$ 3.50
	点葫芦	1 个		$ 2.00
	猪槽子	2 个		$ 12.00
计	耕作机			$ 87.90
	权子	10 个	@ ¥ 0.40	$ 4.00

续表

	种类	数量	单价	金额
	带子	4个	@￥1.50	$6.00
	扬锨	4个	@￥0.55	$2.20
	耙子	1个		$0.70
	锵耙	4个	@￥0.50	$2.00
	石磙	4个	@￥6.00	$24.00
	镰刀	8个	@￥0.60	$4.80
	铁子	5个	@￥0.50	$2.50
计(收获调制器具)				$4,630×0.5=2,315
	锛子	1个	@￥2.00	$2.00
	锯子	1个	@￥2.20	$2.20
	斧子	2个	@￥1.20	$2.40
	刨子	2个	@￥1.25	$2.50
	其他			$9.10×0.5=4.55
	合计			$134.00×0.5=67.00

各户财产明细表　第二号农家

一　　土地

种类	数量	单价	金额
耕地	10.0晌	@￥300.00	￥3000.00
院子	0.5晌	@￥400.00	￥100.00
院子	0.3晌	@￥500.00	￥150.00
合计	10.8晌		￥3,350.00

注: 除上述之外的备用耕地 6.0晌@￥300.00 $1,800.00 住宅用地 0.4晌@￥300.00　120.00(没计入财产)

二　　建筑物

			卖出费	增值额	金额
正屋	4.0间	@￥77.60	￥9.60	￥20.00	￥310.40

注: 除上述之外借用的住房 4.0间@￥98.42　　$393.70　(没计入财产)

三　大植物

种类	数量	单价	金额
榆木	25 棵	@ ￥23.00	￥575.00

四　大动物

种类	数量	单价	金额
马	1 头	@ ￥120.00	￥120.00
马	1 头	@ ￥140.00	￥140.00
羊	14 头	@ ￥22.88	￥319.00
羊	6 头	@ ￥9.00	￥554.00
合计			￥633.00

五　大器具

种类	数量	单价	折旧费	金额
大车	1	@ ￥95.00	￥11.88	￥83.12
马圈	1	@ ￥65.00	￥16.25	￥48.75
大槽	2	@ ￥15.00	￥6.00	￥24.00
板高	1	@ ￥20.00	￥1.00	￥19.00
捞子	3	@ ￥10.00	￥1.00	￥29.00
大锆	2	@ ￥16.00	￥0.50	￥15.50
合计	10		￥36.63	￥219.37

六　准实物

	种类	数量	单价	金额
小植物	葱	250 斤	@ ￥0.04	￥10.00
小动物	母猪	3 头	@ ￥98.33	￥295.00
	大猪	1 头	@ ￥65.00	￥65.00
	肥猪	2 头	@ ￥47.50	￥95.00
	小猪	5 头	@ ￥16.00	￥80.00
	鸡	16 只	@ ￥0.80	￥12.80
		600 个	@ ￥0.75	￥450
	合计			￥604.60

续表

	种类	数量	单价	金额
小器具	二子	2个	@ ¥0.50	$1.00
	大镐	1个	@ ¥3.00	$3.00
	铁锹	2个	@ ¥0.50	$3.00
	搒子	1个	@ ¥5.00	$5.00
	铁锹	2个	@ ¥0.80	$1.60
	小犁	2个	@ ¥6.00	$12.00
	大犁	1个	@ ¥8.00	$8.00
	穰耙	2个	@ ¥4.00	$8.00
	锄头	3个	@ ¥4.10	$12.30
	镰子	2个	@ ¥4.00	$0.80
	木碌子	1个		$3.50
	点葫芦	1个		$2.00
	猪槽子	2个	@ ¥6.00	$12.00
	计(耕作器具)			
	杈子	6个	@ ¥0.30	$1.80
	帚子	3个	@ ¥1.50	$4.50
	扬掀	3个	@ ¥0.55	$1.65
	耙子	1个	@ ¥0.70	$0.70
	锵耙	1个	@ ¥0.50	$0.50
	石碌	4个	@ ¥6.00	$24.00
	镰刀	3个	@ ¥0.60	$1.80
	铁叉子	2个	@ ¥0.50	$1.00
	计(收获调制机)			$35.95×0.5=17.9
	斧子	1个	@ ¥1.202	$1.20
	锛子	1个	@ ¥2.00	$2.00
	刨子	1个	@ ¥1.50	$1.50
	锯子	2个	@ ¥2.20	$4.40
	计(其他)			$9.10×0.5=4.55
	合计			$121.25×0.5=60.63

各户财产明细表 第三号农家

一 土地

种类

| 住宅 | 0.3 晌 | @ ¥ 600.00 | 180.00 |

注：除上述之外借用的地

耕地	63.5 晌	@ ¥ 300.00	¥ 19,050.00
场子	0.2 晌	@ ¥ 450.00	¥ 900.00
园子	0.15 晌	@ ¥ 300.00	¥ 450.00
房地	0.2 晌	@ ¥ 600.00	¥ 120.00

没有计入财产

二 建筑物

| 正屋 | 50 间 | @ ¥ 60.00 | 折旧费 ¥ 20.00 | ¥ 350.00 |

三 大动物

种类	数量	单价		金额
马	1 头	@ ¥ 180.00		¥ 180.00
马	1 头	@ ¥ 200.00		¥ 200.00
马	1 头	@ ¥ 200.00		¥ 200.00
马	1 头	@ ¥ 120.00	卖出费 30.00	¥ 120.00
旱地	1.0 晌	@ ¥ 135.00		¥ 135.00
合计	18.0 晌	¥ 2,544.10		

注：记除上述之外 ＊＊ 3.0 晌@ ¥ 150.00 ¥ 450.00

四 建筑物

种类	数量	单价	折旧费	金额
正屋	5.0 间	@ ¥ 294.00	¥ 30.00	¥ 1,470.00
正屋	6.0 间	@ ¥ 553.00	¥ 48.00	¥ 332.00
草厢子	1.0 间	@ ¥ 27.00	¥ 3.00	¥ 27.00
草棚	1.0 间	@ ¥ 36.00	¥ 4.00	¥ 36.00
合计	13.0 间		¥ 85.00	¥ 1,865.00

五 大植物

| 杂木 | 32 棵 | @ ¥ 11.81 | ¥ 67.00 | ¥ 378.00 |

六　大动物

种类	数量	单价		金额
马	1 头	@ ￥240.00		￥24.00
马	1 头	@ ￥20.00		￥20.00
马	1 头	@ ￥200.00		￥200.00
骡	1 头	@ ￥180.00		￥180.00
骡	1 头	@ ￥120.00		￥120.00
骡	1 头	@ ￥124.40	卖出费 14.40	￥124.40
骡	1 头	@ ￥250.00		￥250.00
骡	1 头	@ ￥260.00		￥260.00
驴	1 头	@ ￥80.00		￥80.00
骡	1 头	@ ￥15.00	增值额 20.00	￥35.00
合计	10 头	卖出费 4,440	增值额 20.00	￥1,534.40

七　大器具

种类	数量	单价	折旧费	金额
大车	2	@ ￥80.00	￥32.00	￥128.00
板仓	4	@ ￥45.00	￥18.00	￥162.00
碾子	1	@ ￥40.00	￥1.00	￥39.00
大槽	2	@ ￥20.00	￥8.00	￥32.00
大缸	8	@ ￥6.00	￥4.00	￥44.00
马圈	1	@ ￥70.00	￥10.00	￥60.00
猪圈	2	@ ￥25.00	￥10.00	￥40.00
板高棹	2	@ ￥10.00	￥2.00	￥18.00
合计	22		￥85.00	￥523.00

八　准实物

	种类	数量	单价	金额
小植物	葱	1,600 斤	@ ￥0.03	￥48.00
小动物	母猪	1 头	@ ￥80.00	￥80.00
	小猪	8 头	@ ￥6.00	￥48.00
	肥猪	3 头	@ ￥20.00	￥60.00
	鸡	40 只	@ ￥0.80	￥32.00
	合计			￥268.00

各户财产明细表　第四号农家

一　土地

种类	数量	单价	金额
旱地	9.9 晌	@ ￥144.00	￥1,425.60
园子	1.0 晌	@ ￥150.00	￥150.00
旱地	4.1 晌	@ ￥135.00	￥553.00
	2.0 晌	@ ￥150.00	￥300.00
旱地	1.0 晌	@ ￥135.00	￥135.00
合计	18.0 晌		￥2,564.10

注:除上述之外借地30 晌　@ ￥150.00　￥450.00。

二　建筑物

种类	数量	单价	折旧费	金额
正屋	5.0 间	@ ￥194.00	￥30.00	￥1,470.00
正屋	6.0 间	@ ￥553.00	￥48.00	￥3,270.00
草厢子	1.0 间	@ ￥27.00	￥3.00	￥24.00
草棚	1.0 间	@ ￥36.00	￥4.00	￥32.00
合计	13.0 间		￥85.00	￥1,865.00

三　大植物

杂木　　　　32 棵　　　　@ ￥11.81　　　　￥67.00　　　　￥311.00

四　大动物

种类	数量	单价	金额
马	1 头	@ ￥240.00	￥240.00
马	1 头	@ ￥200.00	￥200.00
马	1 头	@ ￥200.00	￥200.00
骡	1 头	@ ￥200.00	￥200.00
骡	1 头	@ ￥180.00	￥180.00
驴	1 头	@ ￥40.00	￥40.00
马	1 头		增值额 45.00
合计	7 头		￥1105.00

五　大器具

种类	数量	单价	金额
荷车	1	@ ￥56.00	￥56.00
荷车	1	@ ￥54.00	￥54.00
荷车	1	@ ￥32.00	￥32.00

各户财产明细表　第五农家

一　土地

旱地　　　　　6.0 晌　　　　@ ￥144.00　　　　￥864.00

注：除上述之外借用的地 4.0 晌　@ ￥120.00　￥480.00

二　建筑物

种类	数量	单价	折旧费	金额
正屋	2 间	@ ￥157.40	￥5.20	￥299.60
正屋	2 间	@ ￥392.80	￥14.40	￥771.20
合计	4 间			￥1,100.60

三　大动物

种类	数量	单价	金额
马	1 头	@ ￥180.00	￥180.00
马	1 头	@ ￥190.00	￥190.00
马	1 头	@ ￥140.00	￥140.00
合计	3 头		￥510.00

四　大器具

种类	数量	单价	金额
调制用子	1	@ ￥19.00	￥190.00
调制用扇车	1	@ ￥13.50	￥13.50
合计			￥132.50

五　准实物

	种类	数量	单价	金额
小植物	葱	430 斤	@ ￥0.03	￥12.90

续表

	种类	数量	单价	金额
	猪	3 只	@ ￥30.00	￥90.00
	猪	2 只	@ ￥15.00	￥30.00
小动物	猪	5 只	@ ￥8.00	￥40.00
	羊	7 只	@ ￥10.00	￥70.00
	合计	17 只		￥230.00

六 大器具

大车　　　　1 辆　　　　@ ￥60.00　　　消耗费用￥15.00　　　￥15.00

七 准实物

	种类	数量	单价	金额
小植物	葱	300 斤	@ ￥0.03	￥9.00
	肥猪	1 头	@ ￥35.00	￥35.00
小动物	母猪	1 头	@ ￥14.00	￥14.00
	小猪	4 头	@ ￥7.00	￥28.00
	合计	6 头		￥77.00

各户财产明细表　第六号农家

一 土地

种类	数量	单价	金额
住宅	1.0 晌	@ ￥144.00	$ 144.00
计	1.0 晌		$ 144.00
借用旱地	13.0 晌	@ ￥250.00	$ 3250.00

二 建筑物

种类	数量	单价	折旧费	金额
正屋(草房)3 间	@ ￥60.00	￥8.00	$ 180.00	
正屋(草房)	2 间	@ ￥60.00	￥8.00	$ 112.00
合计	5 间		￥16.00	$ 300.00

三　大物

没有

四　大动物

种类			金额
马			＄140.00
马			＄160.00
计			＄300.00

五　大器具

小车	折旧费￥5.70		＄85.00
计	小车	￥5.70	＄85.00

六　小植物

葱	320斤	@￥0.03	＄9.60
计			＄9.60

七　小动物

猪	1头	@￥33.00	＄33.00

八　小器具

种类	数量	单价	金额
锡犁	1个	@￥5.00	＄5.00
穰耙	1个	@￥3.00	＄3.00
锄头	1个	@￥0.30	＄0.30
镰刀	1个	@￥0.40	＄0.40
铁锹			＄0.70
木板	2个	@￥0.40	＄0.80
木耙			＄0.80
二齿镐			＄0.40
饲料槽			＄6.00
铡刀			＄12.00
饲料箱			＄4.00
石硫子	3个	@￥3.00	＄9.00
计			＄42.4×0.5＝＄21.20

九

玉米	0.4	@ ￥17.00	$ 6.80
其他豆类	12	@ ￥20.80	$ 25.00
计			$ 78.60

十　中间生产物

粟

粟秆	400 束	@ ￥0.04	$ 16.00
其他秆			$ 3.00
计			$ 19.00

十一　现金

| | $ 27.00 |
| 总计 | $ 1,017.40 |

昭和 15 年 10 月

北满经济调查特第 33 号

北满农家经济调查报告(其三)

北满经济调查所

序

　　战时经济：各方面的经济都处于紧缩状态，尤其是农村的经济状况，最近非常窘迫，农村经济这么快就陷入窘境被认为是受到最近农产品统制和劳动力问题的影响。

　　一　这个调查是从昭和12年开始的，今年是第三年。最近，农家经济的一般倾向是支出各个方面的数字上的不平衡，农民的生活确实很困难。

　　二　这个报告是去年的继续，也即昭和14年的分报告。与去年一样，只有农家经济的相关报告。

　　三　这个报告是在农村经济陷入窘境、有很多人想要对它各个方面的真实情况有一定了解的情况下进行的。通过简单地对经济状况的变化作报告，为大家提供了参考。在内容上有很多粗糙的地方在以后会有更详细的。

调查负责人　大桥兴一

北满经济调查所

昭和15年10月

目 录

第一章　调查目的、方法及调查农家的选定

　　这个调查是由两个年份的调查报告组成的,调查目的、方法和农家的选定条件等在第一年度的分报告中已详细说明,请参考。

第二章 调查结果

这个调查开始以来,进行得比较顺利,本年度的调查属于完结篇。

满洲人的农家已经有了两年的调查经验,并且最近其他机关也有调查,受到他们的启发很大,多年以来的日志记载也进步了,变得更加准确。

与第一年度相比成果更好。但是当地记录有牛的只有3户,与第一年结果差不多,最终因为这3户不能计入,有关调查都白费了。

结果本年度的报告与去年一样是双城堡3户和阿城3户共6户的报告。

第一节 农家经济的基础

第一 家族成员构成

家族成员的构成虽然基本上没有什么变化但本年度的调查农家,都有新出生的,尤其是1号农家男女各增加了1名,可以证明农村的出生率是很高的。

年内没有死亡的。从各户家庭成员的构成状况来看与去年没有什么变化。自耕农平均每户8.8人(59.4%)是男性,女性是6名(40.6%),从年龄来看,大多数是在20到60岁之间壮年期的男女,其中男性3.5人(23.6%)女性2人(13.5%)。其他每个年龄阶段大约有1人。

佃农平均每户男性6.5人(46.4%)女性7.5人(53.4%),女性要更多。

从劳动关系来看与去年没有什么变化。自耕农平均每户从事农业的男性是1.7人,占整个家族成员的11.5%;从事辅助农业劳动的男性是1人(6.8%),女性是1.3人(8.8%);与农事有关的男性2.7人,女性1.3人,其他人的劳动与农事一点关系也没有。

除此之外,从事农业之外的家务劳动者男性1人女性2人;外出谋求其他职业的男女都是0.5人,其他没有生产性的家族成员男性4.5人,女性2.3人。

佃农中平均每户从事农事的是2人,从事辅助农事劳动的男性1人,女性2人,5人都与农业有关系。除此之外做家务的男性0.5人,女性3人;外出的男性2人,女性2人。佃农与自耕农相比,与农业有关的劳动者要多一些,这一点与去年是一样的。

雇佣劳动力,自耕农平均每户月佣0.8人、年佣4人,合计4.8人。结果自耕农雇佣劳动力成了主体。

佃农平均每户月工0.5人、年工3人,合计3.5人(佃农年工的比例要大,是因为3号农家的经营面积大)本年度临时雇佣的工资暴涨,与多使用临时工相比,使用像年工这样的长期工比较划算,所以各农家都希望雇常工。而被雇的人,因为做临时工比较划算并不希望做常工而想要做临时工。各户的家庭成员构成状况如下所示:

家庭成员构成表(一)

农家 成员结构		自耕农						佃农			
		No.1	No.2	No.4	No5	平均	比例(%)	No.3	No.6	平均	比例(%)
男	1—5	1	1	4	1	1.7	11.5	2	1	1.5	10.7
	6—10	2	2	3	1	2	13.5	1	1	1	7.1
	11—15	1	—	2	—	0.8	5.4	1	—	0.5	3.6
	16—20	—	1	1	—	0.5	3.4	—	—	—	—
	21—60	3	3	4	4	3.5	23.6	4	3	3.5	25
	60 以上	—	—	—	1	0.3	2	—	—	—	—
	小计	7	7	14	7	8.8	59.4	8	5	6.5	46.4
女	1—5	1	1	1	1	1	6.8	2	1	1.5	10.7
	6—10	—	—	1	1	0.5	3.4	—	1	0.5	3.6
	11—15	—	1	3	—	1	6.8	2	2	2	14.3
	16—20	3	2	—	1	1.5	10.1	1	—	0.5	3.6
	21—60	—	2	4	2	2	13.5	3	2	2.5	14.3
	60 以上	—	—	—	—	—	—	—	1	0.5	3.6
	总计	4	6	9	5	6	40.6	8	7	7.5	11.3
合计		11	13	23	12	14.8	100	16	12	14	100

家庭成员构成表(二)

农家　　成员结构		自耕农						佃农			
		No.1	No.2	No.4	No5	平均	比例(%)	No.3	No.6	平均	比例(%)
从事农业的	主要劳动者 男	1	1	2	3	1.7	11.5	2	2	2	14.3
	主要劳动者 女	—	—	—	—	—	—	—	—	—	—
	辅助的 男	1	1	1	1	1	6.8	1	1	1	7.2
	辅助的 女	—	—	2	3	1.3	8.8	—	2	1	7.1
	小计 男	2	2	3	4	2.7	18.2	3	3	3	21.4
	小计 女	—	—	2	3	1.3	8.8	—	2	1	7.1
	小计 计	2	2	5	7	4	27	3	5	4	28.6
不从事农业的	主要做家事的 男	1	1	2	—	1	6.8	1	—	0.5	3.6
	主要做家事的 女	2	2	3	1	2	13.5	4	2	3	21.4
	外出的 男	1	1	—	—	0.5	3.4	—	2	1	7.1
	外出的 女	1	1	—	—	0.5	3.4	—	3	1.5	12
	其他 男	3	3	9	3	4.5	30.4	4	2	3	14.3
	其他 女	1	3	4	2	2.5	15.5	4	3	3.5	18
	小计 男	5	5	11	3	6	40.6	5	2	3.5	25
	小计 女	4	6	7	2	4.8	32.4	8	5	6.5	46.4
	小计 计	9	11	18	5	10.8	73	13	7	10	71.4
年工及月工	月工	—	—	2	1	0.8	—	—	1	0.5	14.3
	年工	4	4	5	3	4	—	6	—	3	85.7
	计	4	4	7	3	4.8	—	6	1	3.5	100

备注:①与去年比较多出生男子1名、女子1名。

　　　②与去年相比出生1名男子。

　　　③与去年相比增加1名男子。

　　　④与去年相比出生1名男子。

　　　⑤与去年相比出生1名男子。

　　　⑥与去年相比出生1名男子。

第二　农家财产的构成

　　关于本年度农家财产构成,年度内的财产几乎没有变化。有的只是未销出农产品量增减、各种财产的增值,以及消费额的变化造成的差异。

　　自耕农平均每户的固定财产6,816圆63钱,流动财产中的准实物291圆54钱,实物317圆98钱,小计629圆91钱,除此之外现金105圆95钱,负债各户平均134圆。余额中准财产

7,286 圆 43 钱，与此相对应，佃农固定财产 258 圆 65 钱，少量流动财产中准实物 216 圆 09 钱，实物 708 圆 83 钱，小计 924 圆 42 钱，现金 875 圆 47 钱，财产总额 2,664 圆 64 钱，佃农没有负债。

从上述各项目积极财产数额的百分比来看，自耕农固定财产 86.60%，流动财产 7.71% 现金只有 1.26%；佃农固定财产 62.87%，流动财产 34%，与自耕农相比流动财产所占比例很大，现金 2.59%。

以上那些与去年相比，各户都是流动财产中没卖的东西增加了，其他没有大的差异。

财产构成表(一)

（单位：圆）

财产	农产	各项实数								总平均
		自耕兼佃农					佃农			
		No.1	No.2	No.4	No.5	平均	No.3	No.6	平均	
固定财产	土地	7,850	3,350	2,564.1	864	3,657.03	180	144	162	1,909.52
	建筑物	3,020.6	300.8	1,880	771.2	1,493.15	335	284	309.5	1,098.6
	大植物	1,755	575	311	—	660.25	—	—	—	330.13
	大动物	949	529	1,105	460	763.25	1,569.2	300	934.6	820.39
	大器具	525.6	256	154	45	245.15	438	79.3	258.65	249.65
	合计	14,100.2	5,010.8	6,014.1	2,140.2	6,816.63	2,522.2	807.3	1,664.75	5,329.27
财产	农产	各项占积极财产比例(%)								总平均
		自耕兼佃农					佃农			
		No.1	No.2	No.4	No.5	平均	No.3	No.6	平均	
固定财产	土地	52.51	55.37	41	34.96	49.11	4.19	17.23	6.19	27.26
	建筑物	20.2	4.96	29.99	31.21	19.95	7.78	27.42	11.72	15.94
	大植物	11.74	9.55	4.73	—	8.73	—	—	—	4.47
	大动物	6.35	8.73	17.48	18.61	10.12	36.42	29.6	35.16	22.74
	大器具	3.52	4.22	2.18	1.82	3.13	10.17	7.36	9.8	6.47
	合计	94.32	82.83	95.38	86.6	81.04	58.56	81.01	62.87	76.88

财产构成表(二)

财产\农产			各项实数								总平均
			自耕兼佃农					佃农			
			No.1	No.2	No.4	No.5	平均	No.3	No.6	平均	
流动财产	准实物	小植物	21	10.8	12.9	9	13.43	48	9.6	28.5	18.55
		小动物	181	402.8	230	77	222.7	220	33	126.5	190.64
		小器具	67.1	71.43	55	28.1	55.41	100.88	21.2	60.79	57.21
		小计	269.1	485.03	297.9	114.1	291.54	368.88	63.8	216.09	266.38
	实物	未卖实物	491.4	432.61	123	135.6	295.66	809.05	99.6	454.33	348.65
		购入实物	—	—	—	—	—	—	—	—	—
		中间生产物	46.3	36	75	32	47.33	490	19	254.5	116.39
		小计	537.7	468.61	198	167.6	317.98	1,299.05	118.6	708.83	448.26
	计		806.8	953.24	495. *	281.7	629.91	1,667.43	181.4	924.42	728.08
现金及准现金			42.06	86.11	196.4	49.2	105.95	120.19	30.75	75.47	95.79
计(积极财产)			14,949.06	6,050.15	6,211.4	2,471.1	7,420.43	4,309.82	1,810.45	2,664.64	5,835.17
负债(消极财产)			290	200	46	—	134				67
差额			14,659.06	5,850.15	6,165.4	2,471.1	7,286.43	4,306.82	1,010.45	2,664.64	5,768.17

财产\农产			各项占积极财产比例(%)								总平均
			自耕兼佃农					佃农			
			No.1	No.2	No.4	No.5	平均	No.3	No.6	平均	
流动财产	准实物	小植物	0.14	0.18	0.1	0.36	0.02	1.12	0.9	0.21	0.22
		小动物	1.21	6.66	3.1	3.12	2.83	5.11	3.19	4.83	3.93
		小器具	0.45	1.18	0.6	1.14	0.58	2.34	2.04	2.38	1.58
		小计	1.8	8.02	3.8	4.62	3.43	8.57	6.13	7.42	5.73
	实物	未卖实物	3.29	7.14	1.7	5.49	3.81	18.78	9.56	17.14	10.58
		购入实物	—	—	—	—	—	—	—	—	—
		中间生产物	0.31	0.6	1.01	1.3	0.47	11.39	1.71	9.64	5.11
		小计	3.6	7.74	2.71	6.79	4.28	30.17	11.27	26.78	15.69
	计		5.4	15.75	6.58	11.41	7.71	48.74	17.4	34	21.42
现金及准现金			0.28	1.41	3.1	1.99	1.26	2.8	2.59	2.93	1.7

财产＼农产	各项实数								总平均
	自耕兼佃农					佃农			
	No.1	No.2	No.4	No.5	平均	No.3	No.6	平均	
计(积极财产)	100	100	100	100	100	100	100	100	100
负债(消极财产)	—	—	—	—	—	—	—	—	—
差额	—	—	—	—	—	—	—	—	—

第三　农家经营地的构成及耕地经营概况

本年度的农业经营地与去年相比没有什么需要特别记载的变化。去年自耕兼佃耕农(4户)平均每户总面积27晌7亩,本年度28晌6亩,每户只增加了9亩,耕地增加了1晌。内容是耕地27晌4亩,住宅用地7亩,其他(荒地)5亩。

以上面积中自有的和借入的分开来看,自有地中耕地10晌8亩,住宅地6亩,荒地3亩,共11晌7亩。借入地中耕地11晌8亩,住宅地1亩,其他2亩,共12晌1亩。佃农(2户)平均每户总面积39晌1亩7,其中耕地38晌2亩5,住宅地7亩5,其他1晌7,自有地只有住宅地6亩5,其他是借入地,耕地38晌2亩5,住宅地1亩,其他地2亩7,共39晌1亩7。

结果,本年度的经营地是自耕兼佃耕农每户耕地占95.8%,住宅地占2.5%,其他占1.7%。佃农平均每户耕地占97.7%,住宅地占1.9%,其他地占0.4%。

经营地构成

农户＼土地	所有	自有地	借入地	抵押地	计	比例(%)
No.1	耕地	20.0	23.5	3.0	46.5	96.9
	住宅地	0.5			0.5	1.0
	其他	1.0			1.0	2.1
	计	21.5	23.5	3.0	48.0	100.0
No.2	耕地	10.0	10.0	6.0	26.0	94.5
	住宅地	0.8	0.4		1.2	4.4
	其他	0.3			0.3	1.1
	计	11.1	10.4	6.0	27.5	100.0
No.4	耕地	7.0	10.0	10.0	27.0	96.4
	住宅地	1.0			1.0	3.6
	其他					
	计	8.0	10.0	10.0	28.0	100.0
No.5	耕地	6.0	4.0		10.0	90.9
	住宅地		0.2		0.2	1.8
	其他		0.8		0.8	7.3
	计	6.0	5.0		11.0	100.0
自耕兼佃耕平均	耕地	10.8	11.8	4.8	27.4	95.8
	住宅地	0.6	0.1		0.7	2.5
	其他	0.3	0.2		0.5	1.7
	计	11.7	12.1	4.8	28.6	100.0
No.3	耕地		63.5		63.5	98.7
	住宅地	0.3	0.2		0.5	0.8
	其他		0.35		0.35	0.5
	计	0.3	64.05		64.35	100.0
No.6	耕地		13.0		13.0	92.9
	住宅地	1.0			1.0	7.1
	其他					
	计	1.0	13.0		14.0	100.0

续表

农户　土地 　　　　所有		自有地	借入地	抵押地	计	比例(%)
佃农平均	耕地		38.25		38.25	97.7
	住宅地	0.65	0.1		0.75	1.9
	其他		0.27		0.17	0.4
	计		38.52		39.17	100.0
比例(%)						

耕地经营概况

耕地种植面积与去年大体上相同。本年度商品作物的种植面积稍微减少了,留作自家用的作物种植面积增加,特别是杂粮类的增加了。这种倾向是从去年开始的,本年度又有所增加。即去年自耕兼佃耕农(4户)平均大豆种植面积占23.1%,而本年度为20.8%;粟去年25.8%(6晌8)而本年度为28.1%(7晌8);高粱去年18.1%(4.8晌)而本年度为13.5%(3.8晌);小黍去年5.6%(1.5晌)本年度为6.2%(1.8晌);玉米去年9.9%(2.6晌)本年度11.3%(3.2晌);其他杂作物都是大同小异,一般都是自给作物明显增加了。

佃农(2户)平均,去年大豆7.5晌占19.9%,本年度8.5晌占22.2%;粟31.2%,11.8晌,本年度30.0%,11.5晌;玉米8.1%,3晌,本年度9.2%,3.5晌;高粱去年18.7%,7晌,本年度9.2%,3.5晌;小黍9.4%,3.5晌,本年度6.5%,2.5晌;剩下的就是其他作物,与自耕兼佃耕农没有大的差异,商品作物的种植面积要稍多一些。

第二节　农家经济的决算

第一　农家收入

1.毛收入

本年度的自耕兼佃耕农一般平均每户收入3,158圆49钱,细目为:总收入2,974圆29钱,固定财产增加额179圆70钱。各户与去年相比都有一些增加,没有什么特别的变化。佃农平均每户3,948圆27钱,细目为:总收入3,814圆57钱,固定财产增加额134圆20钱,佃农各户的毛收入基本上没有什么变化。

2.所得中的支出

毛收入中的开销,自耕兼佃耕农每户1,745圆81钱,细目为:总支出1,309圆67钱,固定财产减少额121圆16钱,伙食费312圆48钱。佃农平均每户2,656圆17钱,细目为:总支出2,217圆54钱,固定财产减少额130圆55钱,伙食费312圆18钱。收入中的开销与毛收入一样,各户没有什么变化,只是都稍有增加。

3.农家所得

本年度农家收入,自耕兼佃耕农平均每户1,413圆71钱,佃农平均每户1,292圆11钱,6户总平均1,373圆18钱,与去年相比各户都有些增加,这主要是由物价上涨带来的,没有其他原因。

各项目的内容如下表所示:

农家收入表

(单位:圆)

农家号码 / 项目类别		毛收入			收入中的开销				差额
		所得总收入	固定及流动财产增加额	计	收入中的总支出	固定及流动财产减少额	伙食费	计	(农家收入)
自耕兼佃耕	No.1	3,874.82	472.9	4,347.72	2,238.79	166.9	433.24	2,838.92	1,508.89
	No.2	3,279	27.6	3,306.6	1,298.45	46.23	386.31	1,730.99	1,575.61
	No.4	3,563.56	78.4	3,641.96	1,365.87	226.5	423.6	2,015.97	1,625.99
	No.5	1,197.78	139.9	1,337.68	335.58	45	16.75	397.33	940.35
	平均	2,874.29	179.7	3,158.49	1,309.67	121.16	312.48	1,745.81	1,413.71
佃农	No.3	6,183.55	243.6	6,426.15	3,678.43	239.4	532.21	4,450.04	1,976.11
	No.6	1,445.6	24.8	1,470.4	756.65	21.7	83.95	862.3	608.1
	平均	3,814.57	134.2	3,948.27	2,217.54	130.55	308.08	2,656.17	1,292.11
全户	总平均	3,254.39	164.54	3,421.75	1,612.3	124.29	312.18	2,049.27	1,373.18

经营地构成状况

(昭和14年)

农家号码		大豆	粟	高粱	小黍	玉米	小豆	糜子	亚麻	甜菜	其他	计
自耕兼佃耕	第一号	12.0	12.0	7.0	4.0	5.0	2.0	2.0	0.5	0.5	1.5	46.5
	第二号	5.0	7.0	3.0	3.0	3.0	1.0	2.0	—	—	2.0	26.0
	第四号	5.0	8.0	4.0	—	3.0	0.5	1.0	—	4.0	1.5	27.0
	第五号	1.0	4.0	1.0	—	2.0	0.5	—	—	1.5	—	10.0
	平均	5.8	7.8	3.8	1.8	3.2	1.0	1.2	0.1	1.5	1.2	27.4
	比例(%)	20.8	28.1	13.5	6.2	11.3	3.3	4.0	3.3	5.3	4.2	100.0

续表

农家号码		大豆	粟	高粱	小黍	玉米	小豆	糜子	亚麻	甜菜	其他	计
佃农	第三号	15.0	20.0	12.0	5.0	5.0	2.0	2.0	—	—	2.5	63.5
	第六号	2.0	3.0	2.0	—	2.0	1.0	1.0	—	2.0	—	13.0
	平均	8.5	11.5	7.0	2.5	3.5	1.5	1.5	—	1.0	1.3	38.3
	比例(%)	22.2	30.0	18.3	6.5	9.2	3.9	3.9	—	2.6	3.4	100.0

第二 家计费及家庭负担家计费

本年度农家收入如前所述,与去年相比大体上各户都有一些增加,家计费和家族成员负担的家计费如下所示。本年度家计费与农家收入一样大体上各户都有增加。

即,平均来看自耕兼佃耕农,平均每户家计费1,727圆40钱,其中细目中的支出额为每户305圆64钱,家族负担的家计费1,421圆42钱,每人消费96圆04钱。佃农平均每户1,602圆16钱,其细目中的支出额为322圆18钱,家族负担的家计费为1,279圆99钱,每人91圆48钱。因此,佃农与自耕兼佃耕农相比,每人大约少了5圆的消费,可以看出生活上的差别。

受本年度物价上涨的影响,家计费的支出比其他项目要多,各户的现金支出比率也比去年要多。

家计费及家族负担家计费

各户 \ 各项目		家计费	伙食费	差额	家族每人负担的家计费		
				家族负担家计费	家族负担的家计费	家族人员	每人家计费
自耕兼佃耕农	第一号	1,682.31	433.24	1,249.07	1,249.07	11.0	113.55
	第二号	1,845.26	348.95	1,496.31	1,496.31	13.0	115.10
	第四号	2,498.50	423.60	2,074.90	2,074.90	23.0	90.21
	第五号	883.13	16.75	866.38	866.38	12.0	72.20
	平均	1,727.30	305.64	1,421.42	1,421.42	14.8	96.04
佃农	第三号	2,528.07	560.40	1,967.67	1,967.67	16.0	122.98
	第六号	676.26	83.95	592.31	592.31	12.0	49.36(74.04)
	平均	1,602.16	322.18	1,279.99	1,279.99	14.0	91.48
六户总平均		1,685.59	311.18	1,374.44	1,374.44	14.5	94.72

第三 农家经济节余

本年度农家收入和家计费支出的状况如前所述,从这一收支结果来看,农家经济剩余比去年稍少一些。即自耕兼佃耕农平均每户剩余11圆02钱,佃农平均每户剩余7圆12钱。自耕兼佃耕农合佃农6户总平均每户剩余9圆07钱,与去年相比要少很多。其实农家收入和家计支出都增加了,但是家计支出增加率与农家收入增加率是不平衡的,所以最终导致本年度农家剩余减少了。由此可以看出物价上涨给农民生活带来了很大的影响。

农家经济剩余　　　　　　　　　　　　　(单位:圆)

类别 农家号码		农家收入	家族负担家计费	差额
自耕兼佃耕	第一号	1,508.89	1,249.07	(+)259.82
	第二号	1,575.61	1,496.31	(+)79.30
	第四号	1,625.99	2,074.90	(-)348.91
	第五号	940.35	886.38	(+)53.97
	平均	1,412.71	1,426.67	(-)13.86
佃农	第三号	1,976.11	1,967.67	(+)8.44
	第六号	608.10	592.31	(+)15.79
	平均	1,292.11	1,279.99	(+)12.12
(6户)总平均		1,352.41	1,353.33	(-)0.92

第四　农家年度内纯收入

本年度内纯财产增加额就是本年度农家剩余即财产增加额,自耕兼佃耕农每户11圆02钱,佃农每户7圆11钱。

本年度与去年相比没有卖出的实物有相当程度的增加,但是纯财产增加率比较少,因为其他财产中消耗的部分和财产减少额比去年增加很多,因此与去年相比本年度的增加率更多。

年度内纯财产增加额　　　　　　　　　(单位:圆)

类别 农家号码		年度末纯财产额	年度初纯财产额	差额年度内纯财产增加额
自耕兼佃耕	第一号	14,918.88	14,694.06	(+)259.82
	第二号	5,929.45	5,850.15	(+)79.30
	第四号	6,347.71	6,695.09	(-)347.38
	第五号	2,525.07	2,471.10	(+)53.97
	平均	7,430.28	7,427.60	(+)2.68
佃农	第三号	4,318.26	4,309.82	(+)8.44
	第六号	1,025.24	1,019.45	(+)5.79
	平均	2,671.15	2,664.64	(+)6.51

第五　财产价格变动导致的盈亏

如前面报告所述,农家大部分都没有财产买卖。因此如果这一年内发生了买卖财产的事情,那么那个农家肯定是到了揭不开锅的境地,而无法再进行农业经济经营。除此以外可以说一般完全没有财产买卖。本调查中的农家,因为2年内都没有进行财产的买卖,因此,没有由价格变动引起的盈亏也是理所当然的。

价格变动引起的盈亏

农家号码	类别	年度内纯财产增加额	农家经济剩余	差额(价格变动引起的盈亏)
自耕兼佃耕	第一号	(+)259.82	(+)259.82	0.00
	第二号	(+)79.30	(+)79.30	0.00
	第四号	(−)348.91	(−)348.91	0.00
	第五号	(+)53.97	(+)53.97	0.00
	平均	(+)11.02	(+)11.02	0.00
佃农	第三号	(+)8.44	(+)8.44	0.00
	第六号	(+)5.79	(+)5.79	0.00
	平均	(+)7.11	(+)7.11	0.00

第三节　农家经济成果的构成

第一　所得的收入构成

本年度的收入构成状况虽然比去年有所增加,但其他的构成状况基本上没有什么变化。

自耕兼佃耕农平均每户收入3,031圆12钱,其中现金收入2,185圆07钱,实物收入846圆05钱。

今年各项目收入大小顺序为:粟581圆25钱占19.3%,大豆580圆13钱19.2%,第三是高粱315圆20钱占10.5%,与去年一样这三种作物基本占了收入的全部。

佃农平均每户3,723圆38钱,其中现金收入2,488圆88钱,实物收入1,234圆50钱,其构成内容是:粟897圆75钱占24.1%,大豆775圆20钱占20.8%,第三是高粱555圆50钱占14.9%,其他杂费406圆30钱占10.9%,其他数额都很少。

到去年为止一些商品作物作为收入的主要作物占很大比重,与此相反,今年自家消费的杂粮作为收入的主要作物占了很大的比重,最近这种倾向越来越明显。

收入构成表①

自耕兼佃耕

收入项目	No.1 现金收入	No.1 实物相抵	No.1 计	No.1 总收入比例(%)	No.2 现金收入	No.2 实物相抵	No.2 计	No.2 总收入比例(%)	No.4 现金收入	No.4 实物相抵	No.4 计	No.4 总收入比例(%)	No.5 现金收入	No.5 实物相抵	No.5 计	No.5 总收入比例(%)	平均 现金收入	平均 实物相抵	平均 计	平均 总收入比例(%)
大豆	＊	5.13	＊	＊	＊	—	＊	＊	48.00	23.4	＊	14.1	＊	6.6	77.1	6.5	＊	8.79	580.13	＊
栗	＊	＊	＊	22.5	＊	＊	＊	＊	＊	＊	414.4	11.6	＊	＊	305.4	＊	＊	261.33	581.25	＊
高粱	＊	—	＊	＊	＊	—	＊	＊	＊	＊	＊	7.1	41.4	34.6	＊	6.4	＊	14.6	315.2	10.5
玉米	＊	＊	＊	＊	—	＊	＊	＊	＊	＊	＊	＊	—	—	＊	＊	＊	151.18	296.68	9.5
小麦	372	32	404	10.1	265.8	—	265.8	10.1	—	—	—	＊	—	—	—	—	159.45	8	167.45	5.5
杂粮	224	93.7	817.7	7.8	145.6	39.3	184.9	5.7	46	152	198.6	5.6	34.5	8.4	42.9	3.7	112.53	73.5	186.03	6.2
蔬菜	166.44	57.65	224.09	5.5	115	41.3	156.3	4	106.4	72.4	178.8	5.1	59.85	22.6	82.45	6.9	111.93	48.49	160.42	5.4
特殊用途作物	65	—	65	1.5	—	—	—	—	305.16	39.8	314.96	8.8	96	—	96	7.9	116.54	9.95	126.49	4.3
养畜生产物	13.4	3.2	16.6	0.3	34	8.7	42.7	1.4	13.2	80.4	93.6	2.6	—	—	—	—	15.15	23.08	38.23	1.3
财产利用收入	—	—	—	—	—	—	—	—	54	—	54	1.6	7.2	—	7.2	0.7	15.2	—	15.2	0.6
工资俸禄收入	20	—	20	0.4	36	—	36	1.1	663.8	—	663.8	18.6	91.63	—	91.63	7.7	202.66	—	202.66	6.8
杂收入	86.4	235.6	322	8	23	230	253	7	162	430	592	16.5	84	85.6	169.6	14.1	88.85	245.3	334.15	11.1
补助赠与现金	—	—	—	—	—	—	—	—	—	—	—	—	—	—	—	—	—	—	—	—
计	3,223.7	781.08	4,004.18	100	2,281.8	939.1	3,220.9	100	2,355.16	1,241.8	3,596.96	100	779.58	418.2	1,197.78	100	2,185.07	846.05	3,031.12	100
各项目比例(%)	71.04	28.96	100	—	70.09	29.91	100	—	65.48	34.52	100	—	64.55	35.45	100	—	72.09	27.91	100	—

① 译者注：＊为难以识别。

续表

农家收入项目	佃农 No.3 现金收入	No.3 实物相抵	No.3 计	No.3 总收入比例(%)	佃农 No.6 现金收入	No.6 实物相抵	No.6 计	No.6 总收入比例(%)	平均 现金收入	平均 实物相抵	平均 计	平均 总收入比例(%)
大豆	*	8.4	*	22.7	*	*	*	12.2	*	*	*	*
粟	*	450.7	1,550.7	25.4	*	*	244.8	*	*	*	*	24.1
高粱	952	—	952	15.6	128	31	159	11.8	*	*	*	14.8
玉米	*	189	459	7.5	*	86	*	12.6	*	*	*	*
小麦	435	52.2	487.2	8	—	—	—	—	217.5	26.1	243.6	6.60
杂粮	100	213.1	313.1	5.1	66	70	136	10.1	83	141.55	224.55	6
蔬菜	42	152.15	194.15	3.2	—	14	14	1	21	83.08	104.08	2.8
特殊用途作物	—	—	—	—	164	—	164	12.2	82	—	82	2.2
养畜生产物	20	24	44	0.7	—	4.8	4.8	0.4	10	14.4	24.4	0.7
财产利用收入	63	—	63	1	—	—	—	—	31.5	—	31.5	0.9
工资俸禄收入	20	—	20	0.4	107.9	—	107.9	8.1	63.95	—	63.95	1.7
杂收入	340.6	293.4	634	10.4	94.8	83.8	178.6	13.4	217.7	188.6	406.3	10
补助赠与现金	—	—	—	—	—	—	—	—	—	—	—	—
总计	4,072.06	2,032.09	6,104.15	100	905.7	436.9	1,342.6	100	2,188.88	1,234.5	3,723.38	100
各项目比例(%)	66.71	33.29	100	—	66.85	33.15	100	—				

第二　所得的开支构成

事变之后各种项目的支出都迅速增加,到了本年度,增加的速度更是惊人。

从本年度支出构成来看,自耕兼佃耕农平均每户1,309圆68钱,其细目为:最多的是地租的支出420圆10钱,基本上占了总支出的1/3;工资支出,376圆88钱,与地租的支出差别不大。

接着是负债利息,223圆35钱,除了这三项之外的饲料费为103圆63钱,数额很少。

除上述之外,肥料费12圆25钱;种苗费24圆47钱;器具费27圆44钱;租税和公共税捐75圆51钱,有点多;零星支出15圆22钱;建筑费用12圆33钱;药剂费3圆95钱;各种材料费5圆70钱。与去年相比增加很多的是工资、饲料、肥料费等。

佃农平均每户合计2,217圆54钱,与自耕兼佃耕农相比要多很多,因为佃农的经营面积更大(3号农家63晌)。同时与自耕兼佃耕农相比工资虽然少但地租的支出占了大部分,即地租1,388圆80钱工资479圆43钱,其他大部分都是小额支出。

肥料费正好26圆,饲料费97圆45钱,种苗费12圆83钱,家畜费6圆13钱,器具费26圆72钱,各种材料费3圆20钱,租税和公共税捐38圆53钱。与自耕兼佃耕农相比没有与土地相关的税金,建筑费用因为由地主提供,所以也没有。零星支出4圆28钱,其他药剂费1圆20钱。

负债利息与自耕兼佃耕农相比没有大的差别238圆,事实上佃农大部分都没有负债。因为该调查中被调查的农户只有2户,从经营面积来看算得上是大农家(3号农家)有相当多的负债支出,所以平均每户通常为238圆,但佃农基本上没有负债。

总之,因为本年度物价上涨,各种费用都以相同的比率增加了。这些数额增加与经营面积大小的增加是成比例的,比小农数额要少。

收入中支出的构成

费目 \ 农家号码 \ 自耕佃耕类别	肥料费	饲料费	种苗费	家畜费	器具费	各种材料费	医药费
自耕兼佃耕 No.1	23	140.45	23.4	—	37.86	4.43	2.4
No.2	26	39.4	48.5	—	39.9	7	4.6
No.4	—	198.16	24.3	4.5	19.6	8.16	6.4
No.5	—	36.5	1.65	—	12.4	3.2	2.4
平均	12.25	103.63	24.47	—	27.44	5.7	3.95
比例(%)	1.06	8.04	1.99	0.01	2.12	0.04	0.03

续表

费目 / 农家号码 / 自耕佃耕类别	肥料费	饲料费	种苗费	家畜费	器具费	各种材料费	医药费
佃农 No.3	52	158.1	24.05	7	45.28	3.4	2.4
No.6	—	36.8	1.6	5.25	8.15	3	—
平均	26	97.45	12.83	6.13	26.72	3.2	1.2
比例(%)	1.28	4.5	0.6	0.04	1.29	0.02	0.01

费目 / 农家号码 / 自耕佃耕类别	工资	负债利息	地租	租税和公共税捐	建筑物费	零星支出	合计
自耕兼佃耕 No.1	570.35	423	816	137	5.8	24.1	2,238.79
No.2	497.6	276	276	57.35	12.1	14	1,298.45
No.4	370.6	194.4	415	92	19.4	13.35	1,365.87
No.5	68.95	—	173.4	15.68	12	9.4	335.58
平均	376.88	23.35	420.1	75.51	12.33	15.22	1,309.68
比例(%)	28.99	17.18	32.22	5.89	1.06	1.28	100
佃农 No.3	894.35	248	2195	52.45	—	6.4	3,678.43
No.6	64.5	28	582.6	24.6	—	2.15	756.65
平均	479.43	238	1,388.8	38.53	—	4.28	2,217.54
比例(%)	21.68	10.82	59.01	1.73	—	1.73	100

第三　家计费的构成

本年度为调查的第三年,家计费与去年相比支出都有所增加。

农家经济中家计费的支出是最重要的,像现在这样被迫年年急速增加的年代,农家经济收支将和这一增加速度成比例,逐渐走向困难的境地。换言之,由于日中事变的发生,各方面的支出都在增加。从家计费的支出来看,农民们平时把家计费节约在最小限度内。对这样的农家来说,生活费的增加率影响很大,每年的现金支出都比前一年要多。

即本年度自耕兼佃耕农每户(4户平均)总支出 1,742 圆 61 钱,其中现金 888 圆 36 钱占51.45%,实物支出 836 圆 25 钱,占 48.55%。

本来作为农家的经济常识,农家一般依靠自家生产物来支撑大部分家计费的支出。因此它成为农家经济的主要依靠,但现在农家生活中,现金支出变得要比实物支出多,表明农家生活困难。再加上最近的物价比较高,可以推想农民的生活确实很困难。

支出细目与去年相比大体上相同,只是现金支出增加了,被服费用变成了最多的,本年度每户 120 圆 37 钱占总的 7.2%。

仅次于它的零星支出虽然数额少,但增加比例大,为 26 圆 53 钱,占 1.44%。

支出费目中最多的是饮食费 1,036 圆 70 钱占 61.74%,饮食费在家计费当中占了大部分。尤其是主食费,主食费 675 圆 25 钱中现金支出 144 圆 86 钱,实物支出 530 圆 39 钱,实物支出占了大部分。主食占 40.70%。副食费现金支出 76 圆 53 钱,实物支出 90 圆 35 钱,计 166 圆 87 钱 9.3%。调味料全部都是现金支出 103 圆 01 钱占 6.40%。该费目最重要的现金支出增加率仅次于被服费。

接下来比较重要的是光热费,现金支出 79 圆 83 钱,各种茎秆类的实物支出 215 圆 52 钱,小计 292 圆 86 钱,达 17.72% 之多。

光热费现金支出的都是用于买石油的,其他数额较少的是蜡烛和火柴,燃料费没有现金支出。

接下来是成人礼婚丧和节日费用,其现金支出为 92 圆 59 钱,占 4.54%,其中主要是正月和中元节时消费的比例较大,在家计支出中负担比较重。

除上述之外数额较少的还有家具家财费 41 圆 08 钱,现金占 2.38%;卫生费 36 圆 18 钱,现金占 2.05%;交际费 33 圆 03 钱,现金支出占 1.72%,农家所占比例较大。这是因为满洲事变后,在新的政治统治下,比以前增加了很多,以前交际费只是在正月和中元的时候对邻居和亲戚,现在又加上了对各个组织的交际费。

修养娱乐费 10 圆 86 钱,占 0.72%;教育费 4 圆 78 钱,占 0.21%,非常少;居住费 29 圆 53 钱,占 1.37%。佃农(2 户平均)每户平均与自耕兼佃耕农相比没有大的差别,现金支出较少,实物支出较多,合计 1,622 圆 99 钱,其中现金支出 638 圆 89 钱占 39.36%,实物 974 圆 10 钱,占 60.64%,与自耕兼佃耕农相比大部分的差异就在这一点上。饮食费现金支出 285 圆 51 钱,实物支出 781 圆 13 钱合计 1066 圆 64 钱。主食大部分是实物支出的,753 圆 92 钱中有 664 圆 05 钱是实物支出,现金支出为 89 圆 87 钱。

副食 175 圆 41 钱,实物支出 117 圆 08 钱,现金 58 圆 33 钱;调味料现金支出 62 圆 77 钱;嗜好品 74 圆 59 钱。

其他日常用品 121 圆 14 钱,光热费里有现金支出 40 圆 22 钱和实物支出 188 圆 60 钱,总计占了 228 圆 82 钱。

成人礼、结婚费用 70 圆 43 钱,都是现金支出。零星支出也都是现金支出 31 圆 15 钱,交际费 33 圆 30 钱,修养费 15 圆 35 钱,卫生费 13 圆 98 钱,此外,教育费 3 圆 90 钱,家具费 38 圆 28 钱,居住费 7 圆 20 钱。

如上所示,本年度现金支出很多,农家以很大的增长率在增加,结果在经济收支方面,处于良好状态的是中产阶级的农家,大农家和小农家因为物价上涨遭到重创。与调查开始的第一年度相比,生活变得极度困难。

农家家计费构成表（一）

自耕兼佃耕

费家 \ 费目	No.1 现金支出	实物支出	小计	比例(%)	No.2 现金支出	实物支出	小计	比例(%)	No.4 现金支出	实物支出	小计	比例(%)	No.5 现金支出	实物支出	小计	比例(%)	平均 现金支出	实物支出	小计	比例(%)
饮食费 主食费	84.14	583.24	667.38	39.67	83.4	659.1	742.5	40.24	305.4	560.2	865.6	34.64	106.5	319	425.5	48.18	144.86	530.39	675.25	40.7
副食费	48.9	62.18	111.08	6.6	87.4	58.4	145.8	7.89	106.6	210.2	325.8	13.04	63.2	21.6	84.8	9.6	76.53	90.35	166.88	9.3
调味料	107.34	—	107.34	6.38	83	—	83	4.5	142.6	—	142.6	5.71	79.1	—	79.1	8.95	103.01	—	103.01	64
嗜好品	90.92	—	90.92	5.41	69.15	—	69.15	3.75	153	—	153	6.12	53.2	—	53.2	6.03	91.57	—	91.57	5.34
小计	331.3	645.42	976.72	58.06	322.95	717.5	1,040.45	58.38	707.6	779.4	1,487	59.51	302	340.6	642.6	72.76	415.97	620.73	1,036.7	61.74
被服随身物品费	159.14	—	159.14	9.45	139.16	—	139.16	7.54	123.1	—	123.1	4.93	60.05	—	60.05	6.79	120.37	—	120.37	7.2
居住费	15	—	15	0.89	2.4	—	2.4	0.13	96.5	—	96.5	3.86	4.2	—	4.2	0.48	29.53	—	29.53	1.37
家具购置费	44.12	—	44.12	2.63	64.5	—	64.5	3.49	41.6	—	41.6	1.67	14.15	—	14.15	1.6	41.08	—	41.08	2.38
光热费	74.15	175.18	249.33	14.82	86.3	170.3	256.6	14.3	109.6	430	539.6	21.6	49.3	86.58	135.88	15.3	77.34	215.52	292.86	16.72
保健卫生费	50.4	—	50.4	2.99	62.1	—	62.1	3.37	26.4	—	26.4	1.06	6.2	—	6.2	0.7	36.28	—	36.28	2.05
教育费	4.2	—	4.2	0.25	11.2	—	11.2	0.61	1.6	—	1.6	0.06	21	—	21	0.24	4.78	—	4.78	0.31
娱乐费	23.18	—	23.18	1.38	9.15	—	9.15	0.4	4.9	—	4.9	0.19	6.2	—	6.2	0.7	10.86	—	10.86	0.72
交际费	28.5	—	28.5	1.69	56.3	—	56.3	3.05	45.5	—	45.5	1.82	1.8	—	1.8	0.2	33.03	—	33.03	1.72
成人婚丧节日费	93.53	—	93.53	5.56	174.2	—	174.2	8.44	96.9	—	96.9	3.88	6.7	—	6.7	0.76	92.59	—	92.59	4.54
零碎费用	38.19	—	38.19	2.27	29.2	—	29.2	1.58	35.4	—	35.4	1.42	3.3	—	3.3	0.38	26.53	—	26.53	1.44
合计	861.71	820.6	1,682.31	100	957.46	887.8	1,845.26	100	1,289.1	1,209.4	2,498.5	100	455.95	427.18	883.13	100	888.36	836.25	1,724.61	100
各项目占家计费总额比例(%)			100				100				100				100		51.45	48.55	100	

农家家计费构成表(二)

费目 \ 农家	No.3 (佃农) 现金支出	实物支出	小计	比例(%)	No.6 (佃农) 现金支出	实物支出	小计	比例(%)	平均 现金支出	实物支出	小计	比例(%)
饮食费 主食费	162.14	943	1,105.14	43.73	17	385.1	402.7	—	89.87	664.05	753.92	—
副食费	84.2	200.05	284.25	11.25	32.45	34.1	66.55	—	58.33	117.08	175.41	—
调味料	95.6	—	95.6	3.78	29.84	—	29.84	—	62.77	—	62.77	—
嗜好品	89	—	89	3.53	20.18	—	20.18	—	74.59	—	74.59	—
小计	430.94	1,143.05	1,573.99	62.29	100.07	419.20	519.27	—	285.51	781.13	1,066.64	—
被服随身物品	204.18	—	204.18	8.07	28.1	—	28.1	—	121.14	—	121.14	—
居住费	12	—	12	0.48	2.4	—	2.4	—	7.2	—	7.2	—
家具购置费	67.6	—	67.6	2.67	8.96	—	8.96	—	38.28	—	38.28	—
光热费	63	293.4	356.4	14.09	17.43	83.8	101.28	—	40.22	188.6	228.82	—
保健卫生费	27	—	27	1.07	0.95	—	0.95	—	13.98	—	13.98	—
教育费	7.8	—	7.8	0.32	—	—	—	—	3.9	—	3.9	—
娱乐费	29.5	—	29.5	1.17	1.2	—	1.2	—	15.35	—	15.35	—
交际费	62	—	62	2.44	4.6	—	4.6	—	33.3	—	33.3	—
成人婚丧节日费	133.4	—	133.4	5.27	7.45	—	7.45	—	70.43	—	70.43	—
零碎费用	54.2	—	54.2	2.13	3.1	—	3.1	—	31.15	—	31.15	—
合计	1,091.62	1,436.45	2,528.07	100	174.26	502	676.26	100	656.09	974.1	1,630.19	100
各项目占家计费总额比例(%)		100			27.26	72.74	100		39.36	60.64	100	

第四　财产的收入及支出构成

1.财产的收入构成

本年度在该项目上各户与去年相比没有什么变化,只是第二号农家出售土地有 300 圆的收入,其他各户都是负债的,自耕兼佃耕农平均每户 560 圆,佃农平均每户 345 圆。

各户的负债都有逐年增加的倾向,反映出农家经济的困难状况。

财产收入

农家项目		土地（出售）	建筑物（出售）	动物（出售）	大器具（出售）	出租收入（还债）	未回收的金额（接收）	贷出与回收金额（贷出与收回）	未付资金（余买）	财产收入合计
自耕兼佃耕	第一号	—	—	—	—	—	—	860.00	—	860.00
	第二号	300.00	—	—	—	—	—	680.00	—	980.00
	第四号	—	—	—	—	—	—	640.00	—	640.00
	第五号	—	—	—	—	—	—	60.00	—	60.00
	平均	75.00	—	—	—	—	—	560.00	—	635.00
佃农	第三号	—	—	—	—	—	—	600.00	—	600.00
	第六号	—	—	—	—	—	—	90.00	—	90.00
	平均	—	—	—	—	—	—	345.00	—	345.00

2.财产的支出构成

财产支出的构成与去年大体上相同,除了还债没有其他支出。自耕兼佃耕农平均每户 433 圆 75 钱,佃农每户 345 圆全部用来还债。

本年度的负债数额稍有增加,还债数额为自耕兼佃耕农没还完转入下一年度的很多。

财产的支出

农家项目		固定财产				准现金		负债		财产支出
		土地（购入）	建筑物（新建）	动物（购入）	大器具（购入）	出租金额（购入）	未收回的金额（余买）	还款金额（还债）	未付资金（已付）	
自耕兼佃耕农	第一号	—	—	—	—	—	—	540.00	—	540.00
	第二号	—	—	—	—	—	—	580.00	—	580.00
	第四号	—	—	—	—	37.00	—	555.00	—	592.00
	第五号	—	—	—	—	—	—	60.00	—	60.00
	平均	—	—	—	—	9.25	—	433.75	—	443.00

续表

农家项目		固定财产				准现金		负债		财产支出
		土地 (购入)	建筑物 (新建)	动物 (购入)	大器具 (购入)	出租金额 (购入)	未收回的 金额(余买)	还款金额 (还债)	未付资金 (已付)	
佃农	第三号	—	—	—	—	—	—	600.00	—	600.00
	第六号	—	—	—	—	—	—	90.00	15.00	105.00
	平均	—	—	—	—	—	—	345.00	7.50	352.50

第四节　农业经营的决算

农家经济中的农业经营是重要所得经济活动。本节把农家经济与其他方面的收入分开，从而计算其经营成果。

第一　农家经济经营中的农业经营计算

作为农家经济经营的农业经营又被称作小农经营，是把自有土地、资本以及家族农业劳动力统一组织起来进行的经营。

因此从农业毛收入中扣除农业经营费而算出来的农业纯收入是自耕地、所有资本和自家劳动力所获得的综合报酬。

1.农业毛收益

本年度的农业毛收入与去年相比有一些增加，自耕兼佃耕农（4户）平均每户毛收入2,824圆65钱，其中总收入2,938圆78钱，没有卖的实物增加额114圆38钱，固定财产增加额108圆，这些毛收入加起来共3,161圆16钱。与此相对应，农业之外的毛收入为336圆51钱。

本年度毛收入，粟624圆78钱，占22.1%，居首位。仅次于粟的是大豆，593圆72钱占21.1%。第三是玉米，311圆2。[①]

---

① 译者注：原文即到此处为止。从目录内容判断，缺失了一部分内容，原文未能收完整的报告书。

昭和 15 年 10 月 3 日

北满经济调查特辑第 30 号

从昭和 12 年到昭和 14 年北满农家收支状况调查

南满洲铁道株式会社

北满经济调查所

目 录

绪　言

　　本人在昭和 12 年到昭和 14 年三个年度调查了北满农作物收获量,这期间利用空闲时间听取了主要调查地区的农家的介绍。综合统计了这些调查结果而得出这一资料。因此,通过该报告推测北满农家经济的整体情况未免显得有些草率。只能窥其一,作为参考资料来发表。

负责人　庄司与一
昭和 15 年 10 月
北满经济调查所

一、概说

通过本调查可以窥见过去的三年间(从昭和 12 年到昭和 14 年)北满农家经济收支状况是怎样的。因此每年从 2 月(旧历正月后)对北满农作物收获量进行一个月调查的同时,也会顺带对主要地方农家进行实地考察,听取之后再进行综合。因为没有多余的时间并且调查项目未免也有不充分的地方,所以通过本调查直接推测北满农家经济的整体状况的话,未免过于草率。我认为虽然世界恐慌余波之后又开始了满洲国建国初期一时的困境,但是农民们努力地渡过了这一难关,而逐步走向安定的生活状态。虽然如此有时作为现实问题会有一些人为的或者自然的因素影响农民生活,并让他们陷入困境之中。作为能够了解一些这类因素的参考材料,本人大胆公开了这一资料,希望大家作为参考。

二、所调查农家的相关情况

1.按居住时间分类

	昭和 12 年	昭和 13 年	昭和 14 年
调查农家总户数	77	74	85
不到 10 年的	15	10	9
10 年到 30 年	41	32	38
30 年到 50 年	7	14	12
50 年以上	11	14	16
不清楚的	3	4	10

2.农家(大、中、小)

大农(耕地 100 晌以上)	5	13	8
中农(30 晌以上 100 晌以下)	33	48	53
小农(30 晌以下)	39	13	24

注:没有考虑大、中、小农的耕地借贷关系等,只是根据耕地面积来推测的。

3.自耕佃耕类别

自耕农	32	43	33
自耕兼佃耕农	16	15	18
佃农	29	16	34

4.调查农家所在地

京滨线地方(双城、扶余、德惠、榆树)

拉滨线地方(五常、舒兰)

滨洲线地方(肇州、肇东、安达、青冈)

(明水、林甸、兰西、景星)

滨北和北黑线地方(呼兰、绥化、绥棱、望奎、巴彦)

(应城、海伦、通北、北安)

哈尔滨地方(阿城、滨)

滨绥线地方(延寿、珠河、穆棱、东宁)

松花江下流地方(汤原、富锦、同江、东兴)

齐北和宁墨线地方(依安、克山、讷河、拜泉、克东、富裕、龙江、甘南)

图佳线地方(宁安、勃利、依兰、桦川)

虎林线地方(密山)

其他地方(泰来)

综合得来的所调查农家平均每户的各条件如下所示：

类别 \ 年份	昭和 12 年	昭和 13 年	昭和 14 年
每户耕作面积(晌)	47.1	73.8	48.5
农耕者每人(晌)	7.0	7.3	6.3
每头耕畜(晌)	4.4	5.3	5.7
每晌耕畜的头数	0.2	0.2	0.2
家族成员数	17.0	23.0	17.9
常工人数	6.7	10.1	7.6
耕畜头数	11.2	13.9	9.0
猪的头数	11.3	10.6	6.0
家禽数	13.3	10.4	11.8
所有马车数	1.5	1.8	1.4

并且正如合计资料一览表所示的那样，按各经营规模来看，还有不同的结果。因此一一列出进行比较。

三、农家收入

农家总收入中收获的谷物收入占了大部分。副业和地租收入等,即使尽量合理地把它计算在估价内容里,也必须除去其中很难估价的一部分内容。难以估价的收入有自然增加的家畜、家禽和蔬菜等的收入。然而估价额中比较明确的是,可以判断为自给自足的肉类、麦秆类、蔬菜等收入。一般按照市价估价,然后把它算在副业收入内。根据以上计算方法算出的所调查农家每晌的总平均收入为 89 圆 01 钱,这与去年的平均收入 100 圆 18 钱相比,减收了 11 圆 17 钱。但减收的原因从总体来看主要是与去年相比,由于仅次于水害的旱灾使每晌都减收了。

所调查农家每晌平均收入如下所示：

1.大、中、小农家每晌收入

种类	大农	中农	小农	平均
农作物	66.98	57.26	68.74	64.33
地租	15.66	10.15	21.87	15.89
副业	12.89	12.03	17.46	14.13
合计	95.53	79.44	108.07	94.35
13 年	91.41	103.00	110.54	100.18
增减比较	（+）4.12	（-）23.56	（-）2.47	（-）11.17
12 年	82.69	68.32	96.64	80.76
增减比较	（+）12.84	（+）11.12	（+）11.43	（+）8.25

2.自耕兼佃耕农每晌收入

种类	自耕农	自耕兼佃耕农	佃农	平均
农作物	59.98	62.46	62.25	61.42
地租	14.42	8.58	—	13.94
副业	13.43	10.48	15.54	13.65
合计	87.83	81.52	77.79	89.01
13 年	99.18	95.05	81.48	100.18
增减比较	（-）11.35	（-）13.53	（-）3.69	（-）11.17
12 年	77.46	78.16	72.68	80.76
增减比较	（+）10.37	（+）3.36	（+）5.11	（+）8.25

3.调查农家所在地每晌收入

种类	农作物	地租	副业	合计
京滨线地方	77.30	13.01	8.01	98.32
拉滨线地方	60.89	—	12.76	73.65
滨洲线地方	59.80	15.23	10.26	85.29
滨北及北黑线地方	62.42	11.51	12.62	86.55
哈尔滨地方	62.44	12.16	9.34	83.94
滨绥线地方	73.98	—	47.03	121.01
松花江下流地方	89.10	—	13.97	103.07
齐北和宁墨线地方	48.38	5.69	11.75	65.82

种类	农作物	地租	副业	合计
图佳线地方	61.57	31.58	15.72	108.87
虎林线地方	87.91	——	22.48	110.39
其他地方	33.19	——	21.56	54.75
平均	61.42	13.94	13.65	89.01
13 年	65.85	22.11	12.22	100.18
增减比较	(-)4.43	(-)8.17	(+)1.43	(-)11.17
12 年	54.19	13.09	13.48	80.76
增减比较	(+)7.23	(+)0.85	(+)0.17	(+)8.25

4.三年间平均每晌收入比较

年份	农作物	地租	副业	合计
昭和 12 年	54.19	13.09	13.48	80.76
昭和 13 年	65.85	22.11	12.22	100.18
昭和 14 年	61.42	13.94	13.65	89.01
与去年增减对比	(-)4.43	(+)8.17	(+)1.43	(-)11.17
增减率(把去年的看做100)	63	63	112	89
与 12 年的增减对比	7.23	0.85	0.17	8.25
增减率(把去年看做100)	113	106	101	110

5.三年间北满各地平均出售谷物市场行情的对比(按原北满每石价格)

物品名称	昭和 12 年	昭和 13 年	昭和 14 年
大豆	16.46	18.53	20.93
小黍	29.33	32.48	34.42
高粱	12.75	14.88	19.61
谷子	11.87	13.98	21.64
玉米	12.19	14.52	20.09
大黍	11.78	11.02	15.12
小豆	15.78	20.50	56.25
绿豆	17.00	*	*
芸豆	8.50	18.95	*
糜子	12.67	15.68	23.34

续表

物品名称	昭和 12 年	昭和 13 年	昭和 14 年
稗子	7.42	7.04	12.73
荞黍	9.13	11.50	9.83
水稻	18.00	17.15	30.64
旱稻	10.17	*	*
苏子	15.47	15.62	20.40
小麻子	12.46	13.03	23.67
亚麻	（100 斤）1.95	2.24	2.78
甜菜	（100 斤）4.80	6.00	6.00
燕黍	6.83	9.38	13.47
马铃薯	（100 斤）0.91	1.40	2.30
胡麻	*	*	50.00

备注：*该符号表示不明确。

6.农作物收入

农产品收入占农家收入的 80%，但从农产品收入的细目来看，北满农业中，作为商品作物买卖的为大豆、小黍、苏子、小麻子四种占 43%，农民经常吃的粟、高粱、玉米、糜子占 49%，其他作物占 8%。

本年度的每晌平均收入如下所示：

商品作物平均每晌收入　　　　　　　　　（单位:国币圆）

物品名称 \ 年份	昭和 12 年	昭和 13 年	昭和 14 年	14 年各物品所占比重(%)
大豆	55.56	75.50	54.67	24.9
小黍	75.41	75.87	52.79	15.5
苏子	52.37	45.30	16.36	2.2
小麻子	28.69	44.08	29.57	0.4

商品作物以外平均每晌的收入：

物品名称	收入(圆)	占本年度比重(%)
高粱	66.73	14.3
玉米	68.00	9.8

续表

物品名称	收入(圆)	占本年度比重(%)
谷子	65.89	22.7
大麦	47.08	1.1
糜子	72.65	2.2
粳子	139.09	1.6
稗子	68.95	0.5
小豆	101.06	0.3
荞麦	25.25	0.1
燕麦	41.19	0.1
亚麻	43.10	0.5
其他	*	
平均	61.42	

本年度收获物的总平均收入为 61 圆 42 钱,与去年的 65 圆 85 钱相比减收了 4 圆 43 钱。

7.地租收入

地租各地方根据土地的好坏来定,没有统一规定。地租的收入状态也是多种多样,要把握真实情况是很困难的,但是与去年不同,所调查的农家与去年相比,反而出现相反的结果。

即,本年度,地租收入的总收入为 2%,平均每晌收入 13 圆 94 钱,与去年 22 圆 11 钱相比减少了 8 圆 17 钱,本年度调查的地租收入成绩良好。

8.副业收入

农家副业收入占总收入的 18%,从农家经营规模的比例来看大农占 15%,中农占 17%,小农 20%。自耕农 17%,自耕兼佃耕农 14%,佃农 20%。小农和佃农的副业收入率与大、中农、自耕兼佃耕农相比,明显要高。并且从平均每晌收入来看大农 12 圆 89 钱,中农 12 圆 03 钱,小农 15 圆 54 钱,总平均 13 圆 65 钱,与去年 12 圆 22 钱相比增收了 1 圆 43 钱。

即小农和佃农仅靠农业收入不能支持一家人的生计,所以副业的收入很明显。因此我们应当关注副业的收入。

四、农家支出

农家支出总额中居于第二的是饮食费占 25%,最多的是工资支出占 28%,原因是劳动工资大幅度的增长。接着是杂费占 15%,其他支出和饲料费各占 12%,种子费 5%,税金 3%。

本年度每晌平均支出 94 圆 60 钱,与去年的 86 圆 25 钱相比支出增加了 8 圆 35 钱。原因是这些支出增加额是汇总佃农和中农的其他支出即农家上报的地租支付而得到的,数额可能比事实多少要多一些,并且和本年度小农的利润一样,地主的自耕农占了调查农家户数的大部分。

农家经营规模及所在各地方的支出概要如下所示：

1.大、中、小农家每晌支出

种类	大农	中农	小农	平均
税金	3.39	2.72	2.40	2.71
种子费	4.58	4.42	5.01	4.60
工资	27.34	25.97	20.67	24.60
其他支出	11.56	16.39	20.18	17.87
主食费	9.13	10.91	14.21	11.67
副食费	8.14	9.16	13.70	10.34
饲料	8.40	9.35	12.54	10.14
杂费	7.95	11.60	16.61	12.67
合计	80.49	90.52	105.32	94.60
13 年	76.88	85.93	91.13	86.25
增减比较	(+)4.61	(+)4.59	(+)14.19	(+)8.35
12 年	79.99	63.40	80.67	73.62
增减比较	(+)0.50	(+)27.12	(+)24.65	(+)20.97

2.自耕兼佃耕农每晌支出

种类	自耕农	自耕兼佃耕农	佃农	平均
税金	3.54	2.51	2.91	2.71
种苗费	4.63	4.98	4.36	4.60
工资	26.53	23.93	23.09	24.60
其他支出	—	10.46	22.31	17.87
主食费	11.06	10.51	12.89	11.67
副食费	11.35	9.15	10.00	10.34
饲料	10.51	9.13	10.31	10.14
杂费	13.89	10.99	12.37	12.67
合计	81.51	81.66	97.24	94.60
13 年	76.48	77.11	82.56	86.25
增减比较	(+)5.03	(+)4.55	(+)14.68	(+)8.35
12 年	64.25	65.58	72.83	73.62
增减比较	(+)17.26	(+)16.08	(+)24.41	(+)20.97

3.调查农家所在地平均每晌支出

种类	京滨线地方	拉滨线地方	滨洲线地方	滨北和北黑线地方	哈尔滨地方	滨绥线地方	松花江下流地方	齐北和宁墨线地方	图佳线地方	虎林线地方	其他地方	平均
税金	3.30	2.95	2.33	3.85	2.78	1.63	1.93	2.38	2.42	3.65	2.51	2.71
种苗费	4.59	2.48	3.47	5.05	3.84	5.24	5.69	4.41	5.95	6.11	1.46	4.60
工资	34.69	38.19	23.60	24.07	24.06	25.82	26.14	21.16	24.34	34.00	27.8	24.60
其他支出	21.43	9.18	18.36	15.39	34.17	20.60	25.79	14.61	16.28	—	—	17.87
主食费	16.31	20.11	10.02	10.28	12.56	16.27	17.15	8.23	13.46	19.36	7.88	11.67
副食费	10.46	14.77	8.60	10.62	12.14	16.21	13.20	7.76	11.46	19.33	7.82	10.34
饲料	11.93	13.60	8.65	8.84	22.48	18.87	7.85	8.58	9.39	14.27	8.94	10.14
杂费	13.09	13.75	9.26	12.29	22.62	16.50	12.58	11.21	14.76	21.52	9.44	12.67
合计	25.79	25.03	84.29	90.38	134.65	121.15	20.33	78.34	98.06	28.24	40.83	94.60
13 年	87.66	74.69	69.74	87.97	74.22	84.43	84.07	77.70	125.69	81.15	—	86.25
增减比较	(+)28.13	(+)40.34	(+)14.55	(+)2.41	(+)60.43	(+)36.72	(−)53.74	(+)0.64	(−)27.63	(−)57.09	(+)40.83	(+)8.35
12 年	67.27	71.83	53.46	85.96	71.41	90.55	82.25	53.74	76.11	90.57	—	73.62
增减比较	(−)48.52	(−)46.14	(+)30.83	(+)4.42	(+)64.24	(+)30.60	(−)61.92	(+)24.60	(+)21.95	(−)62.33	(+)40.83	(+)20.92

4.三个年度平均支出比较

年份	税金	种子费	工资	其他支出	主食费	副食费	饲料	杂费	合计
昭和 12 年	3.06	3.18	13.00	13.65	12.09	8.38	7.86	12.40	73.62
昭和 13 年	3.59	4.06	16.54	14.57	13.21	8.15	10.85	15.28	86.25
昭和 14 年	2.71	4.60	24.60	17.87	11.67	10.34	1.14	12.67	94.60
与去年相比增减	(−)0.88	(+)0.54	(+)8.06	(+)3.30	(−)1.54	(+)2.19	(−)0.71	(−)2.61	(+)8.35
增减率(把去年看做100)	75	113	149	123	88	127	93	83	110

续表

年份	税金	种子费	工资	其他支出	主食费	副食费	饲料	杂费	合计
与 12 年相比增减	(−)0.35	(+)1.42	(+)11.60	(+)4.22	(−)0.42	(+)1.96	(+)2.28	(+)0.27	(+)20.98
增减率（把 12 年看做 100）	89	145	189	131	97	123	129	102	128

5.饮食费

如前所述饮食费的支出总额占 25%,其中主食占 13%,副食占 12%。

把饮食费与副食费区别开,可以将常工、临时工都换算成家族成员数全部相加。农家每人每天所需经费:主食费大农 8.62 钱,中农 7.63,小农 6.82,自耕农 7.01 钱,自耕兼佃耕农 7.48 钱。佃农 7.97 钱,平均 7.49 钱,与去年 8.73 钱相比减少了 1.24 钱。

副食费大农 7.47 钱,中农 6.48 钱,小农 6.69 钱,自耕农 7.25 钱,自耕兼佃耕农 6.51 钱,佃农 6.11 钱,平均 6.63 钱,与去年 5.59 钱相比增加了 1.04 钱。

本年度主要食用的农作物的比例,粟 44% 居首位,玉米 27%,黄米 16%,高粱 6%,饭豆 4%,糜子 2%,其他 1%。

北满各农家一年平均食用的和每人每天食用的如下所示:

(1)主要食物

品名	昭和 12 年				昭和 13 年				昭和 14 年			
	1 户	每户	1 人	每日	1 户	每户	1 人	每人	1 户	每户	1 人	每人
	数量（合）	金额（圆）	数量（合）	金额（钱）	数量（合）	金额（圆）	数量（合）	金额（钱）	数量（合）	金额（圆）	数量（合）	金额（钱）
高粱	1,584	28.43	0.30	0.430	2,081	32.97	0.22	0.350	1,788	23.82	0.20	0.344
小米	12,192	238.73	2.00	3.600	24,623	397.18	1.60	4.140	13,842	230.77	2.00	3.367
玉米	9,057	107.98	1.40	1.636	14,807	164.50	1.33	1.710	8,476	102.99	1.20	1.487
黄米	3,481	77.12	0.53	1.160	12,849	178.18	1.34	1.860	5,000	109.51	0.70	1.582
糜子	117	4.09	0.02	0.050	270	4.59	0.03	0.050	586	10.97	0.08	0.159
小豆	506	9.07	0.10	0.100	1,089	21.43	0.11	0.220	652	15.09	0.09	0.218
饭豆	1,090	12.91	0.20	0.200	1,964	37.79	0.20	0.400	1,155	22.88	0.16	0.331
米	483	19.16	0.01	0.280	563	33.25	0.01	0.350	334	18.57	0.05	0.268
其他	111	2.04	0.03	0.024	*	*	*	*	*	*	*	*
合计	28,621	499.53	4.59	7.480	58,246	869.54	4.84	9.080	31,833	534.60	4.48	7.756

（2）副食费

品名	昭和 12 年				昭和 13 年				昭和 14 年			
	每户		每人每天		每户		每人每天		每户		每人每天	
	数量（斤）	金额（圆）	数量（斤）	金额（钱）	数量（斤）	金额（圆）	数量（斤）	金额（钱）	数量（斤）	金额（圆）	数量（斤）	金额（钱）
黍粉	431	47.45	0.65	0.72	663	83.70	0.07	0.87	416	58.73	0.06	0.900
肉类	377	107.19	0.06	1.64	807	189.29	0.08	1.98	386	151.86	0.06	0.202
盐	336	26.09	0.05	0.40	654	40.60	0.07	0.42	361	25.35	0.05	0.400
豆酱（酱）	143	10.45	0.02	0.16	—	16.25	—	0.17	45	9.12	0.06	0.160
豆油	159	33.97	0.02	0.55	407	54.14	0.04	0.56	201	42.51	0.03	0.700
粉条子	112	16.88	0.02	0.26	233	32.87	0.02	0.34	105	27.61	0.02	0.400
酒	86	21.47	0.13	0.32	195	45.64	0.02	0.48	82	27.07	0.01	0.400
大豆	1,132 合	18.60	0.17 合	0.28	1,687 石	21.34	0.18 合	0.22	0.855 石	14.93	0.12 合	0.300
其他	6	1.02	＊	0.23	＊	18.92	＊	0.20	65	61.29	0.01	0.900
合计	1,650 斤 1,132 石	283.12	0.95 斤 0.17 合	0.52	2,956 斤 1,687 石	502.75	0.50 斤 0.18 合	5.240	1,659 斤 0.855 石	418.48	0.300 斤 0.123 合	6.362

从每晌的经营,面积来看如下所示:

主食费	大农	9.13 圆	中农	10.91 圆	小农	14.21 圆
	自耕农	11.06 圆	自耕兼佃耕农	10.51 圆	佃农	12.89 圆
副食费	大农	8.14 圆	中农	9.16 圆	小农	13.70 圆
	自耕农	11.35 圆	自耕兼佃耕农	9.15 圆	佃农	10.00 圆

然而,主食费平均 1,167 圆,与去年的 1,321 圆相比少了 154 圆。副食费平均 1,034 圆,与去年 815 圆相比增加了 219 圆。衣服费用平均每人每年大农 647 圆,中农 598 圆,小农 604 圆,自耕农 585 圆,自耕兼佃耕农 684 圆,佃农 574 圆,总平均 604 圆,与去年的 904 圆相比减少了 300 圆。

由此可知本年度由于农家收入减少而物价较高导致了购买力的减弱。

满人的交际费与自古以来的惯例相比,支出增加了。农家平均每人每年大农 557 圆,中农 1,342 圆,小农 582 圆,自耕农 923 圆,自耕兼佃耕农 1,347 圆,佃农 1,024 圆,总平均 1,053 圆,与去年的 1,349 圆相比减少了 296 圆。

6.大、中、小农支出

种类	每人每年				每人每天			
	衣服费（圆）	交际费（圆）	常工工资（圆）	临时工工资（圆）	主食量（合）	主食费（圆）	副食费（圆）	事务费用总计（圆）
大农	6.47	5.57	187.41	1.66	5.4	0.0862	0.0747	0.1609
中农	5.98	13.42	158.42	1.63	4.5	0.0763	0.0648	0.1411
小农	6.04	5.82	143.13	1.71	3.5	0.0682	0.0669	0.1351
平均	6.04	10.53	158.56	1.65	4.4	0.0749	0.0663	0.1412

7.自耕佃耕农支出

种类	每人每年				每人每天			
	衣服费（圆）	交际费（圆）	常工工资（圆）	临时工工资（圆）	主食量（合）	主食费（圆）	副食费（圆）	食物费用合计（圆）
自耕农	5.85	9.23	160.54	1.65	4.4	0.0701	0.0725	0.1426
自耕兼佃耕农	6.84	13.47	164.13	1.59	4.3	0.0748	0.0651	0.1399
佃农	5.74	10.24	152.91	1.69	4.4	0.0797	0.0611	0.1408
平均	6.04	10.53	158.46	1.65	4.4	0.0749	0.0663	0.1412

注:主食量是按照原来的升。

8.各主要地方支出

类别线路	每人每年				每人每天			
	衣服费（圆）	交际费（圆）	常工工资（圆）	临时工工资（圆）	主食量（合）	主食费（圆）	副食费（圆）	食物费用总计（圆）
京滨线地方	7.09	5.51	172.51	1.27	4.6	0.0816	0.0535	0.1351
拉滨线地方	8.05	4.42	139.72	1.45	5.7	0.0995	0.0735	0.1730
滨洲线地方	6.12	4.74	176.01	1.79	4.7	0.0724	0.0614	0.1338
滨北和北黑线地方	7.10	15.68	144.33	1.38	4.8	0.0718	0.0805	0.1523
哈尔滨地方	6.84	4.28	89.26	1.43	2.9	0.0510	0.0486	0.0996

类别 线路	每人每年				每人每天			
	衣服费 (圆)	交际费 (圆)	常工工资 (圆)	临时工 工资(圆)	主食量 (合)	主食费 (圆)	副食费 (圆)	食物费用 总计(圆)
滨绥线 地方	7.22	6.93	239.44	1.60	4.5	0.0767	0.0747	0.1514
松花江下 流地方	4.73	3.03	137.92	1.78	5.2	0.1003	0.0610	0.1613
齐北和宁 墨线地方	6.26	17.04	154.68	1.89	4.4	0.0686	0.0640	0.1326
图佳线 地方	4.26	9.86	141.31	1.68	3.2	0.0868	0.0671	0.1539
虎林线 地方	2.75	8.85	163.11	1.53	3.2	0.0768	0.0876	0.1644
其他地方	3.93	2.50	187.50	1.20	2.5	0.0382	0.0380	0.0762
平均	6.03	10.53	158.46	1.65	4.4	0.0749	0.0663	0.1412

9.三年间平均每晌支出比较

年份	每人每年				每人每天			
	衣服费 (圆)	交际费 (圆)	常工工资 (圆)	临时工 工资(圆)	主食量 (合)	主食费 (圆)	副食费 (圆)	食物费用 总计(圆)
昭和12年	5.45	10.08	109.84	0.88	4.6	0.0720	0.0480	0.1200
昭和13年	9.04	13.49	144.02	1.10	4.8	0.0873	0.0559	0.1432
昭和14年	6.04	10.53	158.46	1.65	4.4	0.0749	0.0663	0.1412
与去年相 比增减	(−)3.00	(−)2.96	(+)14.44	(+)0.55	(−)0.4	(−)0.0124	(+)0.0104	(−)0.0020
增减率 (把去年 看做100)	67	78	110	150	92	86	119	99
与12年相 比增(+)减	0.59	(+)0.45	48.6(+)2	0.77	(−)0.2	0.0029	(+)0.0183	(+)0.0212
增减率 (把12年 看做100)	111	104	144	188	96	104	138	118

10.饲料费

耕畜、猪和家禽类的饲养费占农家总支出的 12%,其中大部分都是耕畜的饲料费,农家平均每家家畜数量如前所述。耕畜 9.0 头,猪 6.0 头,家禽类 11.8 只。

农家每年的和每头的饲料费如下所示:

北满农家一年平均饲料量及价格

品名	昭和 12 年度				昭和 13 年度				昭和 14 年度			
	每户		每人		每户		每人		每户		每人	
	数量(石)	金额(圆)	数量(石)	金额(圆)	数量(石)	金额(圆)	数量(石)	金额(圆)	数量(石)	金额(圆)	数量(石)	金额(圆)
大豆	2.118	31.01	0.196	2.87	2.653	41.84	0.191	3.01	1.699	38.48	0.199	4.51
高粱	11.049	122.12	1.022	11.52	52.000	278.82	2.368	27.21	3.803	205.28	13.01	24.07
谷子	2.162	18.66	0.200	1.75	4.883	50.25	0.551	3.61	1.284	18.25	0.150	2.14
玉米	0.666	6.16	0.617	0.57	16.01	15.60	0.115	1.12	1.218	20.01	0.145	2.35
稗子	—	—	—	—	1.432	—	0.102	—	0、165	3.65	0.019	0.45
豆粮	172 枚	71.29 枚	16 枚	6.61	216 枚	103.93	16 枚	7.47	77 枚	56.85	6 枚	6.66
大麦	0.126	1.59	0.012	0.15	3.277	—	0.233	—	0.124	1.87	0.014	0.21
谷草	*	95.80	*	8.88	*	180.90	*	13.00	*	118.14	*	13.85
其他	0.039	1.42	0.002	0.13	—	41.99	—	3.02	*	—	—	—
合计	16.160 石 172 枚	348.11	2.053 石	32.26	45.850 石 216 枚	81.333	5.563 石 16 枚	58.44	7.295 石 77 枚	462.49	2.026 石 9 枚	54.22

其他支出的主要部分包括工资、对租借地所征收的地租及杂费等,占总支出的 55%,与前一年相比增加了 1%。特别是在工资上,今年是 28%,比去年的 19% 增加了 9%,这反映了本年度由于劳动力不足导致了工资上涨及生活费增多的现象。

根据此次调查,农户平均产业工人人数为大农 15.6 人、中农 8.0 人、小农 4.3 人、自耕农 9.3 人、自耕兼租佃人 8.1 人、租佃人 5.8 人,平均 7.6 人,与去年的 10.1 人相比减少了 2.5 人。根据直接仍在从事农耕的全体人员而计算出的人均种植面积为大农 8.6 晌、中农 6.6 晌、小农 4.8 晌、自耕农 6.6 晌、自耕兼租佃人 6.8 晌、租佃人 5.7 晌,平均 6.3 晌,比起去年的 7.3 晌差了 1 晌。

◎各地常工的平均工资为人均每年 158.46 圆,与去年的 144.02 圆相比增多了 14.44 圆。

◎临时工工资为人均每日 1.65 圆,与去年的 1.10 圆相比增加了 0.55 圆。

◎包含国税及地方时的一晌地税金为大农 3.39 圆、中农 2.72 圆、小农 2.40 圆、自耕农 3.54 圆、自耕兼租佃人 2.51 圆、租佃人 1.91 圆,平均 2.71 圆,与去年 3.59 圆相比便宜了 0.88 圆。

◎一晌地种子的价格为大农 4.58 圆、中农 4.42 圆、小农 5.01 圆、自耕农 4.63 圆、自耕兼租佃人 4.98 圆、租佃人 4.36 圆,平均 4.60 圆,与去年的 4.06 圆相比相差 0.54 圆,这是由于种子的评定价格与谷物时价的变动。

◎一晌地的地租为大农 11.56 圆、中农 16.39 圆、小农 20.18 圆、自耕兼租佃人 10.46 圆、租佃人 22.31 圆,平均 17.87 圆,与去年的 14.57 圆相比增加了 3.30 圆,此种现象应该是因为各地不同的利率与时价的差异所致。

◎一晌地杂费(衣服费、交际费、马具、农具等附属品)的购入费为大农 13.89 圆、中农 11.60圆、小农 11.60 圆、自耕农 13.89 圆、自耕兼租佃人 10.99 圆、租佃人 12.37 圆,平均 12.67 圆,与去年的 15.28 圆相比减少了 2.61 圆。

五　每晌收支差额比较

根据本调查的结果,不同的经营规模及各地的一晌地盈亏情况如下所示:

1.大、中、小农户差别

类别	大农	中农	小农	平均
收入	95.53	79.44	108.07	89.01
支出	80.49	90.52	105.32	94.60
收支差额	(+)15.04	(−)11.08	(+)2.75	(−)5.59
13 年度	14.53	17.07	19.41	13.93
比较增减	(+)0.51	(−)28.15	(−)16.66	(−)19.52
12 年度	2.70	4.92	15.97	7.14
比较增减	(+)12.34	(−)6.16	(−)13.22	(−)12.73

2.自耕、佃耕差别

类别	自耕农	自耕兼租佃人	租佃人	平均
收入	87.83	81.52	77.79	89.01
支出	81.51	81.66	97.24	94.60
收支差额	(+)6.32	(−)0.14	(−)19.45	(−)5.59
13 年度	22.70	17.94	(−)1.08	13.93
比较增减	(−)16.38	(−)18.08	(−)18.37	(−)19.52
12 年度	13.21	12.58	(−)0.15	7.14
比较增减	(−)6.89	(−)12.72	(−)19.30	(−)12.73

3.北满各地差别

类别	收入	支出	差别	13 年度	比较增减	12 年度	比较增减
京滨线	98.32	115.79	(-)17.47	(+)7.49	(-)9.98	(+)25.27	(-)42.74
拉滨线	73.65	115.03	(-)41.38	(+)2.03	(-)39.35	(+)4.56	(-)36.82
滨洲线	85.29	84.29	(+)1.00	(+)7.66	(-)6.66	(+)3.00	(-)2.00
滨北及北黑线	86.55	90.38	(-)3.83	(+)32.57	(-)36.40	(+)0.65	(-)3.18
哈尔滨	83.94	134.33	(-)50.39	(-)1.74	(-)48.97	(-)2.75	(-)47.96
滨绥线	121.01	121.15	(-)0.14	(+)8.08	(-)8.22	(+)8.47	(-)8.61
松花江下流	103.07	110.33	(-)7.26	(-)4.96	(-)2.30	(-)12.23	(-)4.97
齐北及宁墨线	65.82	78.34	(-)12.52	(+)11.30	(-)1.22	(+)14.79	(-)27.31
图佳线	108.87	98.06	(+)10.81	(-)18.95	(-)8.14	(+)12.43	(-)1.62
虎林线	110.39	118.24	(-)7.85	(+)12.60	(-)20.45	(-)16.89	(-)24.74
其他	54.75	40.83	(+)13.92	—	(+)13.92	—	(-)13.92
平均	89.01	94.60	(-)5.59	(+)13.93	(-)19.52	(+)7.14	(-)12.73

4.三年间平均每晌收支比较

年次	收入	支出	差额
昭和 12 年	80.76	73.62	7.14
昭和 13 年	100.18	86.25	13.93
昭和 14 年	89.01	94.60	(-)5.59
对比 13 年增减	(-)11.17	8.35	(-)19.52
对比 12 年增减	(-)8.25	20.98	(-)12.73

(伪)满洲国建国以来整体来看逐年有好转的倾向,但是实际上大部分的农民是经营规模极小的零散农民。由于地租的高涨,生活必需品的涨价,旱涝洪水等引起的单位收获量低下等原因,零散农民不得不背负沉重的债务。现在光靠农业收入很难保障维持每个家庭的生计。因此很多人为了农产物以外的收入而奔波,这一现象也应该是有关当局要重视的问题。

可供参考的附表

1.从昭和 12 年到昭和 14 年,按大农、中农、小农分类的收支计算一览表

2.同年度,按自作农、自佃户、佃户分类的收支计算一览表

3.同年度,按北满地区分类的农家收支计算一览表

注：

1.面积单位为晌,主食量以原地区的斗(旧石)来表示,把精白谷类按照当地实价换算并加在主食作物上。收支额按照国币圆。

2.如果单靠农作面积的大小而决定大农、中农、小农等规模的话,那么100晌以上农作面积的农家定为大农,30晌以上为中农,未满30晌的为小农。

3.每晌收入、支出是按照总收支除以经营面积而得出的。

4.每个人的农作面积是总农作面积除以从事农耕的家族农耕者及年工,临时工的数而算出的。另外把临时工换算为年工的时候,按照北满农家的习惯,以平均300天(十个月)换算成一年工。

5.副业收入(每晌)是,提供给自家生产的家畜饲料用的粟皮以及干草类,自己屠宰家畜之后的肉类以及卖家畜的收入、马车收入、佣金收入等的年收入除以农作面积得出的。

6.每晌的税金支出中包括每晌租用地中包含的国税。

7.其他支出是地租支出额除以经营面积而得出的。

8.每晌的饲料支出额是按照市面价格换算自己生产的谷类以及粟皮、干草类之后除以农作面积得出的。

9.每晌的杂费支出有燃料、衣服、交际、马具及其他杂费的一年的总和,得出这一数字后除以农作面积就可以了。

10.农作物的麦秆类中可用于饲料的部分,按照市面价格换算出来。但是大多把用于肥料乃至燃料费的数字扣除。

11.衣服的费用,交际费的每人支出额是总额除以家人的数。

12.计算平均每晌的收入和支出时,为了方便根据算数平均来算。